國家社會科學基金重大項目“秦漢六朝字形全譜”（13&ZD131），
國家社會科學基金重大項目“新時期語言文字規範化問題研究”（12&ZD173），
教育部哲學社會科學研究重大課題攻關項目“學生語言能力發展研究”（11JZD041）成果

宋本《玉篇》研究

何瑞◎著

中国社会科学出版社

圖書在版編目(CIP)數據

宋本《玉篇》研究/何瑞著.—北京：中國社會科學出版社，2016.8

ISBN 978-7-5161-5004-7

Ⅰ.①宋… Ⅱ.①何… Ⅲ.①漢字—字典—中國—南朝時代②《玉篇》—研究 Ⅳ.①H162

中國版本圖書館CIP數據核字(2014)第247398號

出版人 趙劍英
責任編輯 張 林
特約編輯 文一鷗
責任校對 高建春
責任印製 戴 寬

出 版 中國社會科學出版社
社 址 北京鼓樓西大街甲158號
郵 編 100720
網 址 http://www.csspw.cn
發行部 010-84083685
門市部 010-84029450
經 銷 新華書店及其他書店

印刷裝訂 三河市君旺印務有限公司
版 次 2016年8月第1版
印 次 2016年8月第1次印刷

開 本 710×1000 1/16
印 張 36.25
插 頁 2
字 數 559千字
定 價 128.00元

《玉篇》調研的難點和思路

——何瑞博士所著《宋本〈玉篇〉研究》序

《宋本玉篇》在漢字發展史上的地位

調查研究古文字的學者，每每以《說文》為津梁，凡《說文》中見不到的，基本無法定位，胥籠統稱之為“所無”或曰“新增”。古文字經過漫長的隸變過程，將隸變的結果悉加楷書定型整理和分類貯存，唯有《玉篇》。從這個意義上可以說，《玉篇》是上溯古文字，下啟今文字的橋樑，积淀着基本的漢字資源。比如，出土古文字如戰國楚簡，記錄“平”詞往往加土符作“坪”且多作上下結構，長沙子彈庫《戰國楚帛書》“九州不坪(平)”、上海博物館藏《戰國楚竹書》第一冊《孔子詩論》第2簡“訟坪悳也”，字形作；《郭店楚簡·老子丙》第4號簡“安坪(平)大”用：“平”亦皆下從土上從平聲，語料庫查詢得到38次使用記錄。[①]檢《玉篇·土部》：“垩，蒲京切。《說文》曰：地平也。亦作坪。又音病。”《萬象名義·土部》：“垩，蒱京反。”[②]

如上揭，《宋本玉篇》的貯存特點，在於將歷代傳抄的歷史漢字各種古文字類型賦予一定的楷書形式，並界定由此帶來的各種字類關係。在楷字資源庫研製過程中，基本標識原則為：“古文”“籀文”“或體”“同上”等，凡是《宋本》用以上術語描述的，就認為是編者界定該字與所貯存字頭的關係。絕大部分情況下，該層次貯存的字形下面既沒有反切注音，也沒有給出釋義信息，只是現存版本對相當數量的重文異

---

① 《說文•土部》小篆已作左右結構。，並見臧克和劉本才《實用說文解字•土部》第425頁“坪”字下，上海古籍出版社2012年版。

② 也許由於刻寫視覺效果的影響，南北朝隋唐石刻用字，多呈現出將上下結構調整平衡為左右結構的趨勢。

體也採取了跟字頭地位相同的字體排列方式，這種排列方式聚合的楷字記錄共有22 794條。對歷史漢字古文字到楷字進行定型聚合，《宋本》不再仿效《說文》側重進行結構類型的分析，這種功能定位是符合楷字發展實際的。

《宋本玉篇》在楷字聚合整理、編排處理過程中，所增廣楷字結構，從數量上反映了唐代楷字發展的情況。對照唐代石刻等一次性寫定文獻用字，往往可以找到《宋本玉篇》新增出的對應字形。要是從這個關係來看，似乎可以印證該本重刻朱氏《重刊玉篇序》的說明：

顧氏《玉篇》本諸許氏，稍有升降損益。迨唐上元之末，處士孫強稍增多其字。既而釋慧力撰《象文》，道士趙利正撰《解疑》。至宋陳彭年、吳銳、丘雍輩又重修之。於是廣益者眾而《玉篇》又非顧氏之舊矣。予寓居吳下，借得宋槧上元本于毛氏汲古閣，張子士俊請開雕焉。梨棗之材，尺幅之度，臨橅讎挍之勤，不舍晨暮。并取《繫傳》《類篇》《汗簡》《佩觿》諸書，推源析流，旁稽曲證，逾年而後成書，爰屬予序其本末。以予思之，學奚小大之殊哉？毋亦論其終始焉可也。講習文字，于始窮理盡性，官治民察；要其終，未有不識字而能通天地人之故者。宋儒持論，以灑埽應對進退爲小學。由是，今之塾師，《說文》《玉篇》皆置之不問。兔園册子，專攷稽于梅氏《字彙》、張氏《正字通》。所立部屬，分其所不當分，合其所必不可合，而小學放絕焉。是豈形聲文字之末與？推而至于天地人之故，或窒礙而不能通，是學者之所深憂也。孫氏《玉篇》，雖非顧氏之舊，然去古未遠，猶愈于今之所行《大廣益本玉篇》，復上元本而古之小學存焉矣。[①]

由於《原本玉篇》殘缺，如果確實存在《萬象名義》傳抄《玉篇》文本關係，前者和後者兩相對照，即可大體分出《宋本玉篇》所存楷字基本時間層次。[②]逐部分類對照的結果，屬於《宋本玉篇》新增楷字5 298，分佈於139部，其中增字在100字以上的部首有14部，分別是水部、艸部、竹部、口部、心部、手部、蟲部、木部、山部、石部、人部、鳥部、目部、犬部。可以看出，與日常生活關係密切而且區別度較

① 《宋本玉篇•重刊玉篇序》，北京中國書店1983年據張氏澤存堂本影印。

② 《篆隸萬象名義》，抄者為日釋空海（遍照金剛），生當中土中唐。調查所據版本，為高山寺藏本，華東師范大學中國文字研究與應用中心字彙資料庫所使用抄本，為東京大學影印本。

高的偏旁部首，其構字能力明顯強於其他各部。調查報告從增長比例觀測分佈，分別統計出超過30%的部類。

在《宋本玉篇》5 000多個新增楷字當中，有511個字為異體字，接近新增字總量的10%。上述統計結果，一定程度上揭示了唐宋之際楷字使用變化的某些趨勢。①

關於《萬象名義》抄本特點

基於上述關聯，應該先談談《萬象名義》的文獻傳抄性質。

被敦煌文獻整理者題為《玉篇抄》的三片殘紙，庶乎有一斑之窺、一臠之嘗的功效。較之《萬象名義》義項僅僅抄取一字者，《玉篇抄》抄存相對完整。但較之《原本》所存，則業已基本刪除了有關書證來源標記。從僅存數字字序來看，《玉篇抄》“須”下次䇓、下次頿、下次顊、下次頾，跟《名义・須部》以下所次一致：

須→䇓→頿→顊→頾

唯“頾”字《萬象名義》作頱形，二抄本抄存異體字。另一殘紙抄存，在《萬象名義》屬“彡部”，《萬象名義》本部所傳抄字序為：

彡→彬→形→㐱→修→彰→㣎→彨→彫→彨→弱→彧→影→彣→彥

《玉篇抄》殘紙本部所存字序為：

彬（原抄字闕，據釋義及《萬象名義》所存當系“彬”字，《玉篇抄》該條所闕“或為”字，當系“斌”字）→彫（整理者據釋義所補，是）→彨（整理者據釋義所補，是）→弱（整理者據釋義所補，是）→彧（整理者據釋義所補，是）→影（整理者據釋義所補，是）

兩相對照，字序一致，唯《玉篇抄》該殘紙中間脫文。《玉篇抄》另一殘紙屬“髟部”，所存相聯髻、髷二字字序為髻→髷，亦與《名義・髟部》次第一致。《玉篇抄》該殘紙本部字頭“髟”下注音為直音，且存二音，而《萬象名義》“髟”下注音為“所銜反”，只抄存一音，這與《萬象名義》傳抄《原本》過程中的處理，也是一致的。《玉篇抄》“髟”下釋義抄混且殘缺為“長髟□□也”，對照《萬象名義》可補正

① 何瑞《宋本〈玉篇〉研究》第四章：“《宋本》新增字”，華東師範大學中國文字研究與應用中心2006屆博士學位論文。

為“長髮髟髟也”。①

如上述，《萬象名義》大體就是在唐代所見有關“《玉篇》抄本”基礎上完成傳抄的。顯然，就文本傳抄情況來看，具有如下一些特點：

⑴整部楷字抄存。《原本》到《宋本》，經過了大規模增改。所以，人們往往只是感覺《宋本》增加了貯存字量，不再考慮這個過程出現的損失。在這方面，《萬象名義》成為僅存的對照線索。如《宋本》“𣎳部第四百七十四”，凡1字，《宋本》存字頭1個，而《萬象名義》本部抄存6楷字；

⑵所抄存楷字，或影響某些部類的分合；

⑶所傳抄字形結構，體現出來的楷化變異規律，跟魏晉南北朝用字對應；由此對於歷史楷字發展過程的調查，提供社會用字實物的和傳抄貯存的完整座標；

⑷所傳抄楷字，保存南北朝去隸古不遠結構形體；

⑸所傳抄楷字，構成對照中古《說文》文字線索；

⑹所傳抄楷字，保存字形結構演變聯繫；

⑺所傳抄楷字，訂正《宋本》等字書傳刻用字錯誤；

⑻所傳抄楷字，補充宋代《說文》等脫文、異體；等。②

基於上述，《宋本玉篇》調研難點，大要存在如下諸端：一形體結構關係的辨析；二文本結構關係的梳理；三時間層次的區分。何瑞博士學位論文《宋本〈玉篇〉研究》，就是針對上述諸多難點而展開的。例如，土部第九：

凡三百五十五字（三百四十八字），字頭315。《宋本》《說文》《名義》共見134個。《宋本》《說文》共見149個（其中《說文》包括新附收錄13個）。《宋本》《名義》共見214個。

《宋本》土部新增字81個：墝、埳、堲、堩、墲、圠、圬、埭、墱、垷、堬、堎、塯、墒、垾、堈、圾、塛、墺、坔、垙、瑴、墻、圦、坩、堛、垻、墽、堠、堦、堝、垌、坰、埪、垘、城、壏、壜、

① 《玉篇抄》，見張涌泉主編《敦煌經部文獻合集》第8冊《小學類字書之屬》第3 803—3 804頁，中華書局2008年版。

② 具見臧克和《中古漢字流變》“《名義》綜論”部分。華東師範大學出版社2008年版。

墅、墻、墡、壈、埥、堉、㙞、垟、垺、埦、墊、壆、墼、坤、埇、圩、圵、堬、壕、墄、壏、塉、坬、塵、墌、坨、埬、墢、坑、壧、湼、堛、壈、墤、塢、墼、墖、塼、堰、呈、堉、壇、垮。

按《宋本》漏收字5個，分別是《說文》《名義》共見的“坻”和《名義》獨見的“垓、坒、坭、埭”，但“垓”即《名義》抄存之“坘”，也即“坻”之楷化稍變者，不計為《宋本》脫文。①

通過何瑞博士論文的上述定量分析，讀者不但直觀瞭解了《宋本玉篇》在唐代增加的幅度，而且還具體瞭解到增加的字形分別是哪些。各個時期斷代的漢字發展調查，至少要回答：某個時段裏社會上使用了多少字、哪些字，以及這些字在體制上體現了哪些時代性特點，要進一步回答本時期使用增加了多少字、哪些字，這些此消彼長背後的時代性因素（包括技術的媒介的文化的體制等）是什麽，呈現這些消長變化，還得進行跨時段的對比統計分析。否則，所謂發展就無從談起。因此，斷代的文字使用調查，其實是件困難的事情。

何瑞同學在攻讀本專業博士學位期間，進德修業，潛心鑽研，为歷史漢字及其應用研究領域奠定了扎實的研究基礎。

《宋本玉篇》積澱了歷史漢字楷字的基本資源，集中體現著楷字的傳承和定形。對《宋本玉篇》進行傳承變異類型的共時與歷時的定量調查，呈現基本的時間層次，對於認識楷字的基本傳承變異規律，認識楷字定形歷史，揭示漢字規範歷史，建設漢字資源庫，完善中文字元集，都是重要的課題。但是由於《宋本玉篇》上承《原本玉篇》，中經唐人增字改編，時間層次複雜，增加了課題操作的難度。何瑞同學在“唐宋字書時間層次研究”等專案所研發資料庫支援下，承擔了上海市哲學社會科學“《宋本玉篇》研究”專案青年項目支持，集中時間，潛心調研，深思明辨，在下列領域取得了突破性進展：

首先，通過對《宋本玉篇》的整理及新增字所出時間層次的調查，發現其與大徐《說文》及新附字有諸多相參協之處，《宋本玉篇》當屬宋代重修本並無疑義。通過《原本玉篇》《萬象名義》等存在內在傳承關係的文本對照比較，區分了《宋本玉篇》基本文獻結構，為各專題的定量統計分析區分了大致的時間層次。

① 何瑞《〈宋本玉篇〉研究》第四章：“《宋本》新增字”。

其次，第一次基於定量統計，分析了唐宋之際《玉篇》新增字的分佈和頻率。第一次基於定量統計，調查了《宋本玉篇》貯存的異體字類型及來源。

再次，利用《玉篇》資料庫，為現代大型語文工具書如何更好利用《玉篇》楷字資源進行了專題探索。

還有，首次將《宋本玉篇》貯存楷字與現代漢字常用字、通用字進行比較，觀察常用字通用字在《玉篇》中的分佈傳承比例，為現在楷字的規範整理直接提供參考資料。

何瑞博士論文的完成，可以說是近年來歷史漢字時間層次研究領域所取得很有分量的全新收穫，在漢字發展及應用領域將產生影響。由於課題容量很大，若干專題今後可以深入發展。作者的有關《玉篇》調查研究，為走向漢字應用研究，打下了很好的基礎。南宋朱熹詩句有云：

舊學商量加邃密，新知培養轉深沉。

卻愁說到無言處，不信人間有古今。①

近幾年，何瑞結合語用所工作，複于漢字標準應用、漢字認知等相關領域，②用力勤，積累厚。以何瑞博士的品德修養和專業基礎，相信會在有關研究上取得更多成就。

臧克和

2013年江南夏始春餘

① 朱熹《鵝湖寺和陸子壽》。

② 中古以降《宋本》新增字量，接近或超過30%的增長部類，其主要分佈領域，往往體現出漢字使用及認知發展的某些趨勢。

目　　錄

緒　　論*

一、引言《玉篇》在漢字史上的重要地位

《玉篇》是中國漢字發展史上的第一部楷书字典，它上承《說文》下開百世楷書字典先例，在漢字楷化定形方面基本完成了從古文字到今文字定形聚合的過程，所貯存的歷史漢字涵蓋了現代漢字的基本范圍。

《玉篇》是魏晉六朝時期顧野王奉旨所撰。魏晉南北朝時期，漢字的發展演變呈現出兩個方面特點：從文字形體說，從漢末到魏晉時期，楷書漸為成熟並成為通行書體，編撰以楷書為主的字典勢在必行；從文字數量說，在隸變和楷化定形過程中，字形變化異體增多，社會使用中的訛變俗字盛行於世，漢字數量急劇增多。顧野王《玉篇序》所陳："設教施法，無以尚兹。經世治俗，豈先乎此？但微言既絶，大旨亦乖。故五典三墳競開異義，六書八體今古殊形。或字各而訓同，或文均而釋異。百家所談，差互不少；字書卷軸，舛錯尤多。難用尋求，易生疑惑。" 針對六朝之際文字各體兼備異體迭出且使用混亂的局面，顧氏奉命"總會衆篇，校讎羣籍，以成一家之製，文字之訓備矣"，在前世字書羣籍基礎上，注重對當時社會用字收集整理，著重對楷書漢字的規范與定形。

顧氏原本《玉篇》卷帙浩繁，又隨時間推移漢字數量仍不斷增益，因而唐時有孫強增字減注本盛行於世，顧氏原本《玉篇》漸次湮滅。清末於東瀛發現的原本《玉篇》殘卷僅約相當於原帙八分之一。唐時日本高僧空海據原本《玉篇》撰成《篆隸萬象名義》，體制內容與原本《玉篇》皆極為相近，可看作原本《玉篇》的節本，"拿來對原本《玉篇》

---

* 本文屬下列課題研究成果之一：教育部人文社會科學重大課題"唐宋字書收字時間層次研究"；上海市社會科學青年項目(2004EYY001)"宋本《玉篇》歷史漢字傳承與定形"。

進行補正”[①]。

目前保存完好的宋本《玉篇》是宋陳彭年在唐孫強增字減注本基礎上重修過的本子，較顧氏原本《玉篇》所貯存的歷史漢字數量已大為增益。“《玉篇》以被歷代增益改變，面目全非的代價，換得了流傳至今的地位。”[②]歷代對《玉篇》進行增刪補正，雖未能全原帙之面目，卻使之在社會中廣為通行使用並流傳至今，其深層原因也是值得我們關注的。

據我們統計，宋本《玉篇》（澤存堂本）共收楷書大字字頭22 804字，其中屬唐宋之間新增有5 298字，占全書總字量的23.2%。異體字有7 514字，占全書總字量的33%。根據現代漢語常用表與通用字表對比調查，宋本《玉篇》與現代常用字有3 309字的重合，約占全書的14.5%，與通常字有6 156重合，約占全書的26.9%，分別為現代常用字94.5%，現代通用字的87.9%。從以上數據看，宋本《玉篇》既有傳承歷史漢字的穩定性又有不斷與時俱進的特色，實際上“傳承積澱了中古到唐宋時期歷史漢字系統的基本部分”[③]。

宋本《玉篇》以楷書形式將各個時間層次積澱下來的歷史漢字收集整理並予以定形規范，成為研究中古歷史漢字的重要坐標。一千多年來數經歷代傳抄官修盛行不衰，成為後世楷書字典編纂之范例。

二、國內外研究現狀

對《玉篇》的研究前賢時學多有涉及為本書探討撰写提供了寶貴參考資料和研究基礎。宋本《玉篇》自清初為朱彝尊發現並刊刻以來，其漸取代元刊本《玉篇》而居通行地位。孫星衍、段玉裁皆據之以校定《說文》。宋本《玉篇》成書之時亦經校刊，朱氏《重刊玉篇序》有言：“張子士俊……臨槧讎挍校之勤，不舍晨暮。並取《繫傳》《類篇》《汗簡》《佩觿》諸書，推源析流，旁稽曲證，逾年而後成書。”清人鄧顯鶴著《玉篇校刊札記》序言：“出所記《篇》《韻》正誤……乃召工摹寫精刻別為校勘記一卷，坿卷末，其中然訛誤太甚者……一切仍舊而匯集其說於《札記》糾正中。”並對其重刻宋本《玉篇》進行了勘誤，又鈕玉樹《說文玉篇校錄》整理出221組兩書字形相異者。綜上所述，清人關於《玉篇》所做

① 臧克和：《原本玉篇文字研究•序》，齊魯書社2004年版，第5頁。
② 臧克和：《原本玉篇文字研究•序》，齊魯書社2004年版，第1頁。
③ 臧克和：《原本玉篇文字研究•序》，齊魯書社2004年版，第5頁。

的研究工作因時代所限，多為宋本《玉篇》版本的校勘。

清末黎庶昌出使日本時發現原本《玉篇》殘卷，並刊印入《古逸叢書》，其後羅振玉又於日本蒐補之，引起學界的廣泛關注，《玉篇》研究漸為盛行。20世紀有羅常培、鄭師許、周祖謨、胡吉宣等多位先生撰文著述中對《玉篇》有專案研究。據我們收集整理，從二十世紀初至今一個世紀中主要有42篇，各文字學專書對其進行的評介不計在內。

建國以前著述目前所見僅見5篇，如鄭師許《〈玉篇〉研究》（1935年）、鮑鼎《〈玉篇〉誤字考》(1925年）、張煦《〈玉篇〉原帙卷數部第敍說》（1934年）對《玉篇》版本及收字情況及原本《玉篇》體例作出考證。關於注音部分有汪桂年《玉篇反切考》（1935年）、羅常培《經典釋文和原本玉篇反切中的匣於兩紐》（1939年）對音韻體系進行考求。

建國後單篇論文約為37篇，多發表於90年代以后，主要集中在以下幾個方面：(一)《玉篇》版本情況。關於原本《玉篇》的成書年代，原本《玉篇》的失傳年代及殘卷的傳抄年代考證；宋本《玉篇》成書時間及與孫強本關係，其中較多涉及朱序真偽問題。(二)《玉篇》體例。《玉篇》上承《說文》，下開百世，其編排體例頗受人關注。在分部、部首排列、字序、釋字例證方面多有所創新，亦有經驗得失。黃孝德總結《玉篇》特點時說：“在編排體例上《玉篇》較之《說文》已有了長足的進步，它奠定了我國楷書字典的編寫基礎。”(三)《玉篇》音系。《玉篇》是我國第一部用反切注音的字書，其反切用字對研究中古漢語的語音極有價值。周祖謨據《篆隸萬象名義》用系聯之法求得9組39聲類。近人對《玉篇》語音特點及語音系統亦多著述。(四)語源文字探考。原本《玉篇》對同聲符同源字已有相當明確表述與收集，對形聲字及詞源學等研究有著重要的作用。(五)《玉篇》的校勘。周祖謨、胡吉宣諸先生多有校勘之功。其中以胡氏《玉篇校釋》最為詳備，以宋本《玉篇》為基礎，匯入原本《玉篇》殘卷內容，並輯出各材料引原本《玉篇》文字，重排字序，最大限度複原了顧氏《玉篇》面貌。（六）關於《篆隸萬象名義》（簡稱《名義》）的研究。《名義》是日本空海仿照原本《玉篇》节本《玉篇钞》而作，其價值在於“可以拿來對原本《玉篇》補正”①。

---

① 臧克和：《歷史漢字的貯存、傳播與變異》（二），中國文字研究（第六輯》，廣西教育出版社2005年版，第129頁。

海外關於《玉篇》的研究主要在日本，較早且在國內有一定影響的是井崗慎吾所著《玉篇之研究》①，20世紀90年代後，丁鋒教授亦發表有關於原本《玉篇》、宋本《玉篇》及《名義》比較刊考的多篇論文。

上述文章著述多從編排體例、收錄字數、版本流傳、歷史地位等方面進行考評，極少有對《玉篇》文獻層次進行系統的整理研究及對各個層次所貯存的歷史漢字做出窮盡性統計分析。對《玉篇》的研究多著力在版本源流考辨，或在辭書字典學方面的價值意義，或對文化史詞匯史的考察，從歷史漢字傳承與定形方面對宋本《玉篇》的本體研究較少。

二十一世紀以來，對《玉篇》字形本體進行研究的專著漸為增多，臺灣孔仲溫先生《〈玉篇〉俗字研究》、呂浩博士《〈篆隸萬象名義〉研究》、朱葆華博士《原本〈玉篇〉研究》等為代表的大批博碩論文，皆為宋本《玉篇》文獻層次區分與內部貯存的字際關係調查研究提供了翔實可靠的材料。

三、本書的研究范圍

宋本《玉篇》對漢代以降至唐宋間的傳承字、新增字及各類歷史漢字字形進行整理與定形，反映不同時期歷史階段的社會用字及古文字到今文字定形中隸變楷化的過程。在研究中國歷史漢字發展演變規律時，“清理古文字到今文字階段的傳承變異類型和規律，建設符合中國文字發展實際的歷史漢字庫，都離不開對《玉篇》所積澱歷史漢字進行分層次的調查、整理和研究。”②

本書研究的范圍是以宋本《玉篇》所貯存的歷史漢字為研究基點，以《說文》、原本《玉篇》、《篆隸萬象名義》為參照對象，進行《玉篇》文獻內部結構調查整理，對文獻結構層次進行區分找出宋

① 1934年4月28日《大公报》書評：“《〈玉篇〉之研究》岡井慎吾撰 此撰人之學位論文，東洋文庫為之刊行，列文庫論叢第十九種。年來東方文化學院言精印日本殘存之玉篇原本，影本雖附解說，要不免簡，而有所囿。此則於流傳刊刻，窮悉源委，校勘輯佚，蒐討備說。洵‘書誌學’中得未曾有之鴻篇，不僅小學家所當讀，亦所謂‘圖書館’家所宜讀者也。書分前后篇，前篇考論，復分正續：正篇考野王原本，箸分存之卷，錄影印諸本，明其體例，取關聯諸書互為比較，續篇考宋元明清及日本各改變之本，並及於日文之所謂玉篇，耶穌會士所刊之玉篇，朝鮮通行之玉篇。日本曩於字書即稱玉篇，明治前半猶然也。后篇專輯佚文，又分內處：其近似野王原文者入內篇，非然者入外篇。所輯多出日本古籍，凡得二千一百四十字。”

② 臧克和：《原本玉篇文字研究•序》，齊魯書社2004年版，第2頁。

本《玉篇》貯存的歷史漢字在不同時間層次的新增字；宋本《玉篇》對文本內部所呈現共時層面與歷時關係的異體字進行類聚及分類描述，找出漢字發展變化的規律，總結漢字的優化原則；對宋本《玉篇》傳承字進行調查共時與歷時的考察，通過與不同時期的社會用字情況進行調查分析；與後世大型工具書承用情況對照整理，以可靠的量化統計分析來說明宋本《玉篇》在整個漢字史中的規范作用和實際影響。

四、本書的主要內容和方法

"中國文字史上第一次同文字是秦時的小篆，結果失敗了。這第二次定隸書（即現在楷書），卻成功了。楷書體到現在還行用，已經經過一千二百年了。"[①]《玉篇》作為流傳至今的第一部楷書字典，著重於漢字楷書字形的規范定形、字際關係的匯集整理，在楷書規范史上中有著不可忽視的價值與深遠影響。

我們以宋本《玉篇》所貯存的歷史漢字研究必須考慮到整個漢字發展演變的歷史，必須借鑒古文字學、傳統文字學的理論方法和研究成果。文字學界往往有兩種偏好傾向，一是偏重古文字形體的歷史研究，一是只顧及眼前現實使用情況。

因此在宋本《玉篇》的歷史漢字研究中盡量避免此兩種傾向。現代漢字采用定量研究與定性分析相結合的方法對字量字頻統計分析、正形規范整理、結構分析，使漢字研究進入一個新的發展階段，這些值得我們借鑒吸收。但過分強調技術統計手段，忽視本體理論深入探討，不能"放眼整個漢字楷書的全部歷史、借鑒傳統漢字學研究的方法和成果。這種重實用、輕理論、不考慮漢字歷史發展的觀念，在一定程度上影響了現代楷書漢字整理研究的科學性。"[②]

基於以上認識，本文的整理研究以漢字發展歷史為背景，借鑒古文字學、傳統文字學的理論方法和成果，從宋本《玉篇》貯存歷史漢字共時平面的字際關係及歷時層面傳承關係著眼，主要是對異體字關係及歷代新增字調查分析研究，對其來源類型、存在數量、分布狀態及結構位

---

① 唐蘭：《中國文字學史》，上海古籍出版社2005年版，第14頁。
② 章瓊：《現代漢語通用字對應異體字整理》，巴蜀出版社2004年版，第6頁。

置進行分析統計，對其內部規律做進一步的總結和論述。

本文采用定量與定性研究相結合[①]、動態與靜態相參照、共時平面與歷時層面考索相結合的方法，對宋本《玉篇》相關文獻層次與歷史漢字貯存情況進行研究。“從定性到定量，然後再從定量回到定性——從量的測定結果，經過分析研究，深化對本質的理解，這才是定量分析的最終目標。”[②]

歷史漢字是靜態的，社會用字是動態的，而現實使用中漢字的動態與靜態不是截然一分為二的。漢字的歷史傳承性必然帶來中古漢字對現代漢字規範性產生多少影響的問題。我們從社會用字方面來考察漢字，在使用過程中主要有兩個主要層面，一是傳抄過程中字形的選取使用和傳播影響，二是社會用字層面上通用漢字使用情況。因此在歷史漢字的類型界定及傳承方面，主要是考慮漢字的規範化使用即通用性。對於通用漢字及常用字規範整理也是一個不能忽視的方面，通用漢字的歷史跨度長，而且與常用漢字相比，超出其範圍的字量要如何確定，也是長期以來不能釐清的問題。對通用字表和常用字表字量字種的選取，也需要通過對歷史漢字的不斷深入研究，我們可從對宋本《玉篇》的整理研究中取得更為準確可靠的資料和選取範圍。

“在傳統的古文理論研究中，一般無法做到在全面系統的統計分析基礎上提出確切的說法，而只能是觀點+例子。利用語料庫的窮盡統計功能，就可以為理論研究提供堅實的材料基礎。”[③]在研究方法上使用数字化手段，綜合利用前代資料與當代最新的科学研究成果，运用計算語言学分析方法及数据庫支持，對研究材料進行窮盡分析，從而得出全面細致、可延伸擴展的定量統計分析結果與定性研究結果。

五、本書的研究意義和價值

“楷書從它出現到今天已經有一千多年了，它也有各種變化，有些

① 陳原：《語言和人》，商務印書館2003年版，第160頁。

② “對漢語進行‘定量’的測定，繼而再做‘定性’的分析，是進入電子時代，在資訊科學體系從事語言研究的新視野、新手段和新方法。通過抽取樣本（text），建立語料庫，統計‘字種’（type）、‘字頻’，進而觀察和分析‘使用度’，尋求分佈和‘搭配’規律，是當前辭彙研究緊密化的發展趨勢。”陳原《語言和人》，商務印書館2003年版，第156頁。

③ 張再興：《ACCESS數據庫在語言文字研究與教學中的應用》，江西高校出版社2003年版，第152頁。

字還經歷了復雜的演變過程。而這方面往往被傳統的文字學家所忽略。在一些文字學家眼中，楷書似乎沒有什么變化。其實現代常用字里面確實有那樣一些字，它們的歷史並不那樣清楚，還要花大力氣去研究。這些字與我們的關係更密切，好比研究歷史，近代史跟我們關係就比古代史更密切一樣。”①

《玉篇》是現存最早的從古文字到今文字的歷史漢字總匯，它以楷書形式將唐宋以前各個時間層次積澱下來的歷史漢字記錄定形，成為研究中古歷史漢字的重要坐標。關於中古時期漢字楷化定形問題，在漢字發展史上具有著獨特的地位與重要性，但目前研究相對薄弱，而《玉篇》較為完整地保存了歷史漢字楷化定形的各種結果。

本書著眼於歷史漢字的傳承與定形及現代社會用字中字形規範問題，力求對《玉篇》研究相關資料收集整理並對國內外論文研究材料進行窮盡性搜集整理。我們著重於對漢字本體及社會用字狀況考察，以期找出漢字發展變化的規律。楷化定形是今文字階段在隸變后又一次形體變革，導致漢字由圖象表意向符號化轉變得更加徹底。其間異體紛呈，由偏旁的混同或省簡造成俗訛字呈現出漢字構字理據性弱化與記號化特點，整個漢字系統有著約定俗成的簡化趨勢，這也是現今簡化字中得以適用推廣的基礎和本質原因，只是現在的簡化是激變，而過去是社會自然選擇淘汰的漸變過程。《玉篇》實現了今文字的楷化定形，體現出漢字形體的符號化與記號化趨勢，並對漢字構形系統的簡化與優化有著深遠影響。

從現實意義上看，我們對於宋本《玉篇》與後世字書及計算機用字的傳承情況進行對比分析，補正近現代辭書編纂及中文信息處理字符集中未加收集整理的歷史漢字。這也是宋本《玉篇》所體現出的不可忽視的社會功用價值之一。

---

① 趙振鐸：《字典論》，上海辭書出版社2001年版，第49頁。

第一章

《玉篇》的文獻結構層次（上）

第一節 《玉篇》的作者及成書時代

一、《玉篇》作者顧野王

《玉篇》作者是南朝梁陳之際顧野王。

顧野王，字希馮，吳郡（即今江蘇蘇州）吳人。生於梁武帝天監十八年(公元519年)，卒於陳宣帝太建十三年(公元581年），歷六十三春秋。

（一）吳地顧氏

吳郡，即今江蘇蘇州、吳縣一帶，是古吳國之地。

錢穆《史記地名考》[①]有：

> “楚考烈十五，春申君徙封於吳。（《史記•六國表》）”
>
> “春申君因城故吳墟，以自為都邑。”（《史記•春申君列傳》）
>
> “高祖二，荊都吳。”又“高祖十二，荊更為吳國。”（《史記•漢興以來諸侯年表》）
>
> “十二年，立沛侯劉濞為吳王，王故荆地。”（《史記•荊燕世家》）

漢時吳王劉濞即有開銅礦，鑄“半兩”錢，煮海鹽，設官市，免賦稅等種種舉措開發吳國。从漢末以後，吳地經濟發展迅速，至今仍是國內經濟發達和富饒的地區。《史記•貨殖列傳》中有“吳自闔廬、春申、王濞三人招致天下喜遊子弟，東有海鹽之饒，章山之銅，三江、五湖之

---

① 钱穆：《史記地名考》，商務印書館2001年版，第931～932頁。

利，亦江東一都會也。”[①]可見一直為楚人所聚居開發，漢時江東一帶已極為繁榮。

三國時期東吳孫氏兄弟對江南進行大力開發，使得“由東吳開始的六朝時期，落後的江南成為與北方相對抗的政治舞臺，它的經濟獲得了巨大的發展。”[②]同時孫氏為獲取政權的穩固，對江東大族極力拉攏合作。因此“孫吳政權建立後，吳郡四姓[③]充作郡吏的數以千計。”[④]

六朝時北方戰亂不斷，社會動亂造成農業、手工業和商業凋敝，而江南物產豐富，地廣人稀，永嘉喪亂後北方士族和民眾大量南遷，促進了南北文化交融，逐漸形成江南文化區、中原文化區、關隴文化區，是“對當時及後世影響深遠的三大文化區”。[⑤]江南文化區受吳越文化的影響，吳地成為人才萃集、富庶繁榮之地。

“隋唐開始，中國進入了一個輝煌燦爛的時期。這一階段，中國的政治中心仍然在北方黃河流域，但是經濟中心已經開始向南轉移了。歷史學家一般認為，唐朝之所以在歷經安史之亂和藩鎮割據之後統治仍然可以延續下去，經濟上的一個重要原因是中央王朝還可以得到南方的經濟支援。這一階段的另外一個特點，就是科舉取士取代了以前的依靠門第選官的制度。由於隋唐以後統一王朝的科舉選官制度，作為文化昌盛的大姓，顧氏很多成員都進入政界，四處為官，舉家跟隨；加上顧氏人口繁衍，吳地土地狹小，因此從顧野王之後開始，顧姓逐漸分佈到其他地方。……五代以後顧氏就散居各地，已經難以一一考實了。但是吳地的顧氏始終最多、最集中，蘇州地區作為顧氏根據地的情況一直未變。……唐代顧氏宗族基本都是顧野王銅坑系的後人。”

顧氏是江南大姓，發源於浙江省境的會稽（今浙江省紹興市）[⑥]。從

---

① 司馬遷：《史記•貨殖列傳第六十九》，中華書局1997年版，第3 267頁。
② 白壽彝：《中國通史》第五卷，上海人民出版社，1995年12月，p. 74。
③ “汉魏六朝时与陆、朱、张合称为吴郡四姓。自三國顧姓崛起，直至隋唐，顧姓一直是我國江東四大姓之一。”参見李學勤主編《中華姓氏譜•顧姓卷》，現代出版社，2002年，第33頁。
④ 白壽彝：《中國通史》第五卷，上海人民出版社，1995年，第71頁。
⑤ 朱大渭：《魏晋南北朝文化的基本特征》，《文史哲》1993年第3期。
⑥ 歷史上顧姓源出有三：1. 出於己姓，為夏朝時昆吾氏之後，以國名為氏。2. 出自姒姓，為越王勾踐的後裔顧余侯之後代，以祖上封號為氏。後劉邦封助戰有功的勾踐七世孫搖為東海王，其子為顧余侯，子孫留居會稽，其支庶子孫以其封號的第一字為姓，稱為顧氏。史稱顧姓正宗。3. 出自少數民族有顧姓或他族改姓顧氏。主要參見李學勤主編《中華姓氏譜•顧姓卷》，現代出版社，2002年，第3頁。

四千多年前顧氏族人就主要繁衍遷徙於今長江下游的江蘇、浙江一帶。先祖為越王勾踐。顧姓歷代名人多出自南方，而且世代繁衍，逐漸遍佈全國各地。

據顧姓家譜記載[①]，為鞏固政權，東漢政府下令受封的越族首領帶領族眾離開原來居住地，移徙到江淮一帶。越族回到祖先故地太湖平原後，開始穩定發展。“顧家雖然出身越族，但是在早期飽經動盪遷徙、亡家毀國之苦後，在以後的長期歷史進程中逐漸選擇尊文重學、經藝傳家的發展方式。顧姓的後人也因此受惠，顧家因此成為一個文化昌盛的族羣，歷代傑出文化人才層出不窮，這是在江南乃至全國各個大姓中比較突出的。”[②]

顧野王仕於南朝梁陳兩代，官至黃門侍郎，追謚右將軍，為兩朝之名士重臣。世居蘇州銅坑。[③]《武陵[顧氏]宗譜彙編》以野王為第三十世始祖，子孫繁衍流蔓，散佈四方。

（二）顧野王生平

野王生平事跡《南史》與《陳書》所記載大略相同。《陳書•列傳第二十四》有六百餘字，《南史•列傳第五十九》皆參之照錄，僅刪簡二百餘字，內容無所出入。故顧野王事跡應以《陳書》所載為準切。

《陳書》作者名為唐代姚思廉，實为姚察、姚思廉父子二人合著。《新唐书•姚思廉傳》：“初察在陳嘗修梁、陳二史未就，死以屬思廉。……詔與魏徵共撰《梁》《陳書》。思廉采謝、炅、顧野王等諸家言，推究綜括為梁陳二家史，以卒父業，賜雜綵五百段。”姚思廉是在充分利用其父及前人已做史著舊稿基礎上，完成《梁書》《陳書》的撰史工作。

姚察（533—606年），先後在梁、陳、隋三朝做官，參與修史工作。《冊府元龜》有：“姚察為東宮學士，太子深加禮異，情越羣僚，宮內所須方幅手筆，皆付察立草。又數令共顧野王遞相策問，常蒙賞擊。”姚思廉（557－637年），曆仕陳、隋，唐三朝，父子皆曾與野王同

① 顧心毅纂修《顧氏重匯宗譜》(民國稿本，不分卷46冊)，書名據版心題。此譜以安朱為一世祖。安朱秦時出任閩中郡長，其孫期視，漢文帝時為顧余侯，後遂以顧為姓。至十八世為三國吳丞相顧雍，三十世為南朝顧野王。

② 李學勤主編《中華姓氏譜•顧姓卷》，現代出版社2002年版，第14頁。

③ 顧野王墓位於蘇州吳中區市郊石湖西岸横塘鄉澄灣前下周村，1982年被列為蘇州市文物保護單位。

朝為官，故其所記事跡應為切當，可為憑據。

顧氏家族奉行“尊文重學、經藝傳家”遵儒重道的傳統精神，逐漸形成一支文化昌盛的族羣。《陳書》記：“祖子喬，梁東中郎武陵王府參軍事。父烜，信威臨賀王記室，兼本郡五官掾，以儒術知名。”①可知野王祖父顧子喬曾任梁武陵王府參軍事，父顧烜，任梁臨賀王記室，皆在朝為官，並以儒術之名享譽當世。

野王生長於有深厚儒學文化的家族環境中，秉承家學淵源。自幼敏而好學，聰穎超群，七歲讀《五經》，並知曉大旨。少時即能屬文作賦，“九歲能屬文，嘗製《日賦》”，頗具文采，為時人所稱贊。曉察天文地理，年少隨父任職建安，十二歲撰就《建安地記》二篇。年稍長時便博覽羣書，遍觀經史，博聞強識，對各類書體及奇字僻言無不精通，也為其後撰寫《玉篇》積累了必要條件。

梁武帝大同四年（538年），野王二十歲時任太學博士，後遷中領軍臨賀王府記室參軍之職。

野王工於詩文，才識超羣，在做梁宣城王蕭大器幕客時，得到蕭大器的賞識信任。野王又多才多艺，善寫丹青，擅长绘製人物画像，尤工草蟲。宣城王做揚州刺史時，曾於東府修造學舍，“野王及琅邪王褒竝為賔客……乃令野王畫古賢，命王褒書贊，時人稱為二絶。”（見《陳書·顧野王傳》）

因宣城王甚愛其才，故向父梁太子蕭綱舉薦野王。梁太子蕭綱即後世所稱的簡文帝，蕭綱自身具有極高文化修養，对社會文功教化十分看重。《梁書》贊道：“太宗幼年聰睿，令聞夙標，天才縱逸，冠於今古。文則時以輕華為累，君子所不取焉。及養德東朝，聲被夷夏，洎乎繼統，寔有人君之懿矣。……及居監撫，多所弘宥，文案簿領，纖毫不可欺。引納文學之士，賞接無倦。恒討論篇籍，繼以文章。高祖所製《五經講疏》，嘗於玄圃奉述，聽者傾朝野。”野王在序中亦稱頌梁蕭綱太子殿下“留心圖籍，俛情篆素”，有“糾先民之積謬，振往古之重疑”的宏圖偉略。

六朝以來文字滋益繁多，社會使用極為混乱。“考吾國文字孳乳，

① 《南史》與《陳書》“顧野王傳”比較，《陳書》記為“梁東中郎”，而《南史》較之少一“郎”字。

六朝以降，混亂至甚，《顔氏家訓》《經典釋文》等書皆多感歎。”[①]東漢《説文》收九千餘字，已無法適應四五百年後字孳乳繁多用字情況，其間亦有《字林》之類字書出現，但由於自身與時代的原因皆未流傳下來。原因大致有二：一是随着时代演进所收字量不足，二是非钦定御製之書，常不具备廣泛影響。是時蕭綱太子乃命顧野王編撰《玉篇》。

野王奉敕而“研考六經，校讎百氏”搜羅考證漢魏齊梁以來古今文字形體、訓詁之異同，“總會眾篇，校讎羣篇”撰成“一家之製，文字之訓備”的《玉篇》。《玉篇》以楷字為編排對象，廣收各體，訓義詳備，是繼許慎《説文解字》中國文字史上又一座豐碑。

《玉篇序》所言成書於大同九年（公元543年），編撰歷時約五年，野王時年二十五歲。成書之初上呈太子蕭綱，蕭綱嫌其過於繁帙，詳略未當，命蕭愷刪改之。《梁書》記有“愷博學，於文字尤善，使更與學士刪改。”蕭愷是梁知名學士，才學譽望过人，深得太子蕭綱信任賞識。蕭綱曾對左右贊嘆“王筠本自舊手，後進有蕭愷可稱，信為才子。”以蕭愷卒年推算当時年三十九，長於野王約十四歲，從威望與學識上皆可擔此任，因命蕭愷審定《玉篇》，詳略未當處刪簡刊定，至此《玉篇》乃成。

後野王丁父憂返鄉，“體素清羸，裁長六尺。又居喪過毀，殆不勝衣”。適逢侯景之亂，雖是弱質羸體，卻胸懷磊落，深明大義，“乃召募鄉黨數百人，隨義軍援京邑”。率鄉人以援王師，野王“及杖戈被甲，陳君臣之義，逆順之理，抗辭作色，見者莫不壯之”。後兵事不舉，“京城陷，野王逃會稽，尋往東陽，與劉歸義合軍據城拒賊”。（見《陳書·顧野王傳》）

梁太清二年三月（公元548年）侯景攻陷臺城，梁武帝蕭衍淪為階下囚，五月餓死。侯景虛立蕭綱為梁簡文帝，梁朝名存實亡。

承盛元年三月（公元552年），梁太尉扬州刺史王僧辯軍、司空南徐州刺史陳霸先軍與侯景激戰，侯景敗逋為部將所殺。是年，侯景之亂平定。梁太尉王僧辯對野王忠義才干十分贊賞，“深嘉之，使監海鹽縣”。（見《陳書·顧野王傳》）

---

① “番禺劉昌齡陶福祥林國賡校字”，見《小學匯函本》所收《干禄字書》《五經文字》《九經字樣》總序。

梁紹泰二年（公元556年），陳霸先做宰相，任命野王為金威將軍、安東臨川王府記室參軍，不久遷为府諮議參軍。

《陳書•高祖本紀》載："辛未（公元557年），梁帝禅位於陈。"

梁亡入陳，陳霸先為陳武帝，年號永定。在經歷長期社會戰亂動蕩後人心思定，經濟與文化進入相對平穩發展時期。

野王仕陳期間深得陳主寵信，常伴侍陳武帝左右。陶宗仪《說郛》記述："野王，字休倫，仕陳武帝，為門下侍郎。博綜羣書，廣搜經籍，撰梁《瑞應圖》七十卷，《御覽》三百六十卷，宫人各念一卷，常隨駕行，内人謂之着脚御覽。"

陳文帝天嘉元年（公元560年）野王補撰史学士，後加封招遠將軍。

陳光大元年（公元567年）野王除鎮東鄱陽王諮議參軍，又太建二年（公元570年）遷國子博士。後主在東宮時，野王兼東宮管記，本官如故。孝宣帝太建六年（公元574年）除太子率更令。領大著作，掌國史，知梁史事，兼東宮通事舍人。

野王在東宮時，太子門下收納有諸多名冠當世的文人學儒，其中有"濟陽江總，吴國陸瓊，北地傅縡，吴興姚察，竝以才學顯著，論者推重焉"。江南文化作為一鼎足峙立，野王於當時文壇之地位顯重，且頗具清望。

野王治學謹嚴，學風樸實，相傳"豫章有墨沼，傳為顧野王研池"。（《吴都文粹續集》）其後子弟中人才輩出。《新唐書》載："（虞世南）與兄世基同受學於吴顧野王餘十年，精思不懈，至累旬不盥櫛，文章婉縟。"又"世基辭章清勁過世南，而贍博不及也，俱名重當時。"虞世南與其兄虞世基皆於陳時受學於顧野王，皆有所成，以才俊聞名當時。隋代陳後，兄弟二人被征入長安，時比之"二陸"（陸機、陸雲）。虞世南歷經南朝陳、隋、唐三朝，官至秘書監，以學問德行著稱當世，書法開初唐之風。

後"遷黄門侍郎，光禄卿，知五禮事，餘官竝如故。太建十三年（581年）卒，時年六十三。詔贈祕書監。"（《陳書》）

時隔三年，陳至德二年（公元584年）又贈右衛將軍。

唐許嵩《建安實錄》又備一說："（太建）十二年庚子六月，大風吹壞皐門中闥。是月，黄門侍郎顧野王卒。"按此説野王卒於公元580

年，與《陳書》《南史》有出入。觀《建安實錄》又記：“（野王）又撰《玉篇》二十卷。”《建安實錄》可能存在傳抄“魚魯豕亥”之錯或勘刻不精之誤，故書“三十卷”誤作“二十卷”，“十三年”誤作“十二年”，故不以為生平卒年之證。

野王的生平功績，顧公廟碑有辭贊曰：“（野王）少以篤學至性知名，在朝無過辭失色。觀其容貌，似不能言，及其勵精力行皆人所莫及。第三弟充國早卒，野王撫養孤幼，恩義甚厚其。……志踰其貌，勇溢於義，內孝外忠，罔見其闕。當是時東南繼統不一，典章制度，綴輯僅存，使後世可考而知焉，公與諸儒之力也。”①

朱葆華教授《原本玉篇研究》中編著有“顧野王年譜”，所記野王生平事跡與當時史實及社會背景甚詳，可資參考，在此不再贅言。

野王一生著作頗豐。《陳書》载：“《玉篇》三十卷、《輿地志》三十卷、《符瑞圖》十卷、《顧氏譜傳》②十卷、《分野樞要》一卷、《續洞冥記》一卷、《玄象表》一卷、《通史要略》一百卷、《國史記傳》二百卷、《文集》二十卷。”其中《通史要略》、《國史記傳》二書“未就而卒”。以上諸書除原本《玉篇》有部分殘卷存世外，皆已亡佚。

在《陳書》所列著作外，據唐陸德明《經典釋文》載：“《爾雅》梁有沈旋集衆家之注，陳博士施乾，國子祭酒謝嶠，舍人顧野王竝撰音。既是名家，今亦采之，附於先儒之末。”可知顧野王做東宮舍人曾撰《爾雅音》。宋王欽若《冊府元龜》亦記有“顧野王為舍人撰《爾雅音》”。清馬國翰《玉函山房輯軼書》據陸德明《經典釋文》、邢昺《爾雅疏》輯野王《爾雅音》一卷。另清末王仁俊在《玉函山房輯軼書補編》中輯有野王《輿地志》一卷。“《輿地志》大約在宋代尚有少量抄本存在，因此在《太平御覽》《方輿勝覽》等書中，有較多的引用，但在一些著名書目中都不著錄。估計該書至遲在元代已經失傳。”③

在這十幾種的著作中，關於文字聲韻訓詁方面有《玉篇》和《爾雅

① 《吳都文粹續集》引自《四庫全書》（文淵閣本），建中靖国元年為公元1101年。

② 魏晉時期譜牒盛行的原因：九品中正制鞏固了門閥政治，士族為“維持門第血統的固定性”，遂有“辨別姓族”和“編寫譜牒”的風氣出現。定譜就可記載世宗源流，又是士族被品評的根據，官位獲得皆以家譜為憑，宋齊以後，政府甚至設立專人負責掌管理士的家譜，譜牒之學便發展成為一種專門學問。

③ 李迪：《顾野王〈輿地志〉初步研究》，《內蒙古師大學報》（哲社版）1998年第3期，第65頁。

音》二書，《爾雅音》今已不存，顧氏原著《玉篇》亦未完存，今可見僅余約八分之一殘卷本。

朱葆華教授《原本玉篇研究》中輯錄野王诗文十五篇，輯自《樂府詩集》《文苑英華》《初學記》《詩紀》《藝文類聚》《玉篇》。此外，在《石倉歷代詩選》《御定淵鑒類函》《升庵集》《古樂苑》亦有顧氏詩文零星散見。

二、成書时代背景

（一）成書時間

《玉篇•序》："梁大同九年三月二十八日，黃門侍郎兼太學博士[①]顧野王撰本。唐上元元年甲戌歲四月十三日，南國處士富春孫強增加字。"唐封演《封氏聞見記》："梁顧野王撰《玉篇》三十卷，凡一萬六千九百一十七字。"宋晁公武《群齋讀書志》有："《玉篇》三十卷，右顧野王撰,唐孫強又嘗增字,僧神珙反紐圖附於後。"唐《隋書·經籍志》："《玉篇》三十一卷，陳左將軍顧野王撰。"[②]《日本國見在書目錄》中記："玉篇卅一卷，陳左將軍顧野王撰"[③]究竟《玉篇》成於梁時還是陳時，顧野王完成時是否年僅二十五歲，歷來多有質疑與說解，如胡樸安認為"二十五歲撰《玉篇》三十卷，無足異也。"[④]朱葆華認為"《玉篇》的編寫始於梁大同四年，完成於梁大同九年，歷時五年。……（野王）以二十五歲之年齡完成《玉篇》稍顯年輕，但這並非沒有可能。"我們認為前人所說無誤。

首先，《玉篇》的完成時代當在梁時。《陳書》《南史》記："先是太學博士顧野王奉令撰《玉篇》，簡文嫌其書詳略未當，以愷博學，於文字尤善，使更與學士刪改。"以上可知兩點，一是《玉篇》為奉太子敕命而撰，成書於梁时。二是書成進呈蕭綱太子（即簡文帝），蕭綱以為其書繁帙且詳略未當，曾命蕭愷等博學之士再加以刪改。《梁書》

① 因顧野王曆梁陳兩朝為官，梁武帝大同四年（538年）任太學博士，陳孝宣帝太建六年（公元574年）以後遷黃門侍郎，兩官職不同朝且有先後之分，故《玉篇·序》中"梁大同九年三月二十八日黃門侍郎兼太學博士顧野王撰"所記不確。

② 《玉篇》分為30卷，而《隋書•經籍志》《日本國見在書目錄》同記為31卷，可能是將序文與表啟合為一卷計入。

③ 宮內廳書陵部所藏室生寺本《日本國見在書目錄》，東京，名著刊行會，1996年，第21頁。

④ 胡樸安：《中國文字學史》，商務印書館1973年版，第85頁。

記蕭愷卒於梁太清二年（公元548年）侯景之亂時，因此《玉篇》不可能是顧野王在陳朝所撰而為前朝蕭愷等學士刪改。

清人王昶《春融堂集·玉篇跋》認為《玉篇》成於梁武帝之時，至簡文帝時進呈。鄭師許認為“蕭愷受命刪改，在大清二年以前，其時猶為梁武帝之世；至侯景之亂，蕭愷亦死，則書早已出矣。”認為“王氏之說亦未為得”，當成書並呈於梁武帝之時，鄭說可信。

又據《佛祖歷代通載》卷九所載：“癸亥東魏改武定，沙門尚圓為武陵王遣宮中鬼怪，一稱南無佛陀，鬼皆失所，自爾安靜。是年黃門侍郎顧野王《玉篇》成。”北朝東魏武定元年為公元543年，佛經傳抄求實，《玉篇》成於梁大同九年當無疑義。

《隋書·經籍志》所称“陳左將軍”為野王歿後三年追贈謚號，在陳至德二年。朱葆華認為“顧野王一生經歷了梁陳兩個朝代，按照一般的通例，一個人所屬的朝代往往以其最後所在的朝代為准。……梁《隋書經籍志》《日本國見在書目》等也是根據顧野王後半生所仕曆之朝代的官銜來題記的，並非根據《玉篇》成書之時代來題記的。”[①]古人以謚號為敬稱，應不足以為判斷時間標志。

其次，《玉篇》初稿完成時，野王年二十五歲，頗為年輕，歷有爭論於此，恐以其年不能成此巨著。考備前文所述，我們認為顧氏具備完成此書的個人條件与外在环境条件。

1. 個人條件

顧氏秉承遵儒重學的家族風尚，且自幼聰敏好學，很早就顯示出過人的文學修養與才華。據《陳書·顧野王傳》記：“七歲讀《五經》，略知大旨。九歲能屬文，嘗製《日賦》。領軍朱異見而奇之，年十二隨父之建安，撰《建安地記》二篇。長而遍觀經史，精記嘿識，天文地理，蓍龜占候，蟲篆奇字，無所不通。”這時野王學識素養已漸為完備，從知識結構與儲備上看已具基本條件。梁大同四年時“（野王）除太學博士，遷中領軍臨賀王府記室參軍，臨賀王府記室參軍。”當時為宣城王賓客，“王甚愛其才”因而向其父太子蕭綱推薦，才有野王後來奉敕編纂《玉篇》的機會，正是內在條件與外在機遇的結合才促成編纂的起

① 朱葆華：《〈玉篇〉寫作及成書年代考》，《中國海洋大學學報》(社會科學版)2003年第4期，第65頁。

因。

2. 外在环境

一是社會安定國力昌盛，國家注重文化事業。梁武帝蕭衍在位五十二年，文韜武略，初中期國力昌盛，經濟繁榮“自魏晉以降，未或有焉”。（《梁書·武帝紀》）

二是對前代字韻之書的傳承積累。《隋書·經籍志》記東漢《説文》後至梁《玉篇》成書間有“梁有《演説文》一卷，庾儼默注，亡。《説文音隱》四卷；《字林》七卷晉弦令呂忱撰。《字林音義》五卷宋揚州督護吳恭撰。《古今字書》十卷；《字書》三卷；《字書》十卷；《字統》二十一卷楊承慶撰。”所以顧野王之《玉篇》是在繼承前人的基礎上“總會眾篇，校讎群籍，以成一家之製”，並非跨越四五百年的横空之作。

三是奉命編撰，並得以憑借國家權威力量頒布推行。當時野王任太学博士，在编纂資料上占有絕對優勢便利条件，歷時五年乃成，又經蕭愷等飽學之士刪定，並依靠政府力量推廣，故能雖經數度增刪卻能流傳至今，可見社會影響深廣度不可低估。

（二）時代背景

文字之始，漢字形體就在不斷演變。文字之體有古文、籀書、篆書、鳥蟲殳書、隸書、八分、真書等諸多名目。進入魏晉南北朝時期，漢字的發展演變呈現出兩個方面的特點：從文字形體說，從漢末到魏晉時期，楷書漸為成熟並成為通行書體，楷書取代隸書和篆書的趨勢越來越明顯，編撰以楷書為主的字典勢在必行；從文字數量說，這個時期異體俗字盛行於世，漢字的數量急劇增多，因此陸續出現了多種注解詳細的字書。

漢安帝建光元年（121年）許慎完成《說文解字》（下稱《說文》），是第一部對漢字古文字進行系統彙集規整貯存的字典。

《說文》以篆書編制全篇編排，採取上篆下隸形式編排，後世字書皆遵從此例。如錢保塘在《字林考逸·序》中說：“呂氏原書雖不可見，然江式成為附托《說文》，隱別古籀奇惑之字，文得正隸，不差篆意，張懷瓘稱為小篆之工，亦《說文》之亞。是其書亦當如《說文》，先作小篆，附以古籀，於說解音切之文，則用隸書，與《玉篇》之純用隸書者不同。”《魏書·江式傳》有：“式於是撰集字書，號曰《古今文字》，凡四十卷，大體依許氏《說文》為本，上篆下隸。”《說文》以下字書之體式皆是上篆下隸，其編纂體例仍未突破前人窠臼。

魏晉六朝時社會動蕩朝代更迭，事物名目日漸繁賾，南北互通，民族交融，佛學翻譯成風，文字各體兼備又多增繁奇異，又是新書體紛繁迭現的高峰，此時楷書漸成為全社會通用的書體。

魏晉六朝時期顧氏《玉篇》沿用《說文》部類說，以隸書楷字為文字之起的形制創建，是適應當時社會發展的。“自東漢以後，小學呈現不少新氣象。……《玉篇》一反《說文》以小篆為主體的編輯方針，而成為我國現存第一部楷書字典。”①

南朝梁時又與東漢相隔四五百年之久，字量激增且古今文字交織並存，於楷化定形過程中異體迭出，以小篆字形为首的《說文》及上篆下隸編排形式的字書已無法適應當時社會廣為通行的楷字實際使用需求。如果沒有相應的楷書字典對社會出現各種字體的收載整理，無法實現文字的社會功用性。

漢以後建碑立德開鑿摩崖成爲風氣，在文字隸變楷化過程中，石刻文字亦是各體兼備，且出自工匠之手自然受到當時社會通行使用文字影響，故俗訛字紛呈。秦公《廣碑別字》所收“淵”字形如下：

> 淵漢曹全碑碣渆漢三老諱字忌日碑𣿄漢景君碑　淵晉張朗碑 渕宋爨龍顏碑㴊北涼沮渠安周碑 淵魏彭城武宣王妃李氏墓 渕大燕女道士馬凌虛墓誌　渕魏比丘僧智造像淵魏西河王元琮墓誌 渊魏東平王元略墓誌　渊齊趙顯等造像殘碑渕隋張業墓誌　渕唐張璬墓誌 渁唐崔韶墓誌

書中所記“淵”字从漢到唐在不同碑文中有多達50种写法，宋本《玉篇》楷字字頭“淵”下有古文“囦”，亦屬會意結構異體字。六朝時期常用字形因形近或省簡或訛寫變異及常用偏旁的混淆情況不可勝數，因而漢字異體激增。各地民間也流行大量方言異體俗字。

外來文化的滲透影響，尤其是六朝時期佛教盛行，佛經翻譯與宣講

① 胡奇光：《中國小學史》，上海人民出版社2005年版，第12頁。

教義成為普遍活動，上自梁武帝下至百姓皆信佛，佛教寺院獲取了政治經濟上的特權支持。“劉宋的僧尼數爲3.6萬人，南齊爲3.25萬人，梁爲8.27萬人。”①佛教信仰的大眾化帶動了翻譯佛經的繁榮。據隋翻經沙門及學士等撰《眾經目錄》記：“披檢法藏詳定經錄，隨類區辯總為五分，②都合2 109部5 058卷。”以東漢時《說文解字》所收字量用於魏晉時佛學翻譯典文事物已出現諸多不協。“為了翻譯佛教經典，佛學家翻譯家們根據漢字六書原理，創造一些新字以適應新情況。初期的翻譯取音譯的時候較多，這更刺激了漢語新字的產生。”③《玉篇》注重吸收當時佛經用字，至今仍使用的“袈裟、嚫、賧、搋、毱、跏趺”皆未見於《說文》但見收於《玉篇》。又如《玉篇》所收“閦、羼、踶、䟄、薩”皆指明出自“釋典”，“吔，出《陀羅尼》”。據丁福保《佛學大辭典》：“多他，Tathā，又作多吔。”又見於《可洪音義》十五“多吔，此云滅諦。”《古今圖書集成・明倫彙編・人事典》“鬚部”有“後魏佛吔耶舍”。此字並不見於《說文》及前諸字書，當為魏晉六朝時期佛經譯手自造新字。當時譯經寫經與抄錄寫手水準參差不齊，俗、訛、通假字充斥其中，也是造成當時社會使用層次上文字混亂的重要因素之一。

文字體式的混亂，造成使用上的困難。針對這種情況，歷代皆有規范漢字的舉措。早在東漢靈帝、魏正始年間，政府采取刊立石經大規模規範字体的舉措，即採用當時通行隸書字體。南北朝時期楷書成為通用的主要書體，適應社會發展應用的新字大量產生，搜集整理漢字進而規範社會用字形成了一個迫切要解決的問題。蕭綱做太子時即“留心圖籍，俛情篆素。糾先民之積謬，振往古之重疑”，野王受命起而規範漢字，理所必至。

“兩漢為小學創立時代，魏晉至五代為小學發展時代。”④六朝時期處於小學的發展階段，兩漢時期羣儒注經形成鼎盛之勢，魏晉隋唐時期

---

① 王青：《魏晉南北朝時期的佛教信仰與神話》，中國社會科學出版社2001年版，第13頁。
② 單本（原來一本更無別翻）合三百七十部一千七百八十六卷，重翻（本是一經，或有二重翻者，乃至六重翻者）合二百七十七部五百八十三卷，賢聖集傳（賢聖所撰，翻譯有原）合四十一部一百六十四卷，別生（於大部中抄出別行）合八百一十部一千二百八十八卷，疑偽（名雖似正義沙人造）合二百九部四百九十卷。
③ 張箭：《佛教對漢語文字辭彙的影響》，《成都大學學報》（社科版）2004年第2期，第54頁
④ 胡奇光：《中國小學史》，上海人民出版社2005年版，第12頁。

是訓詁學的深入與擴展期，小學字書、韻書、纂集類等書也得到長足發展。

據宋本《玉篇》統計，全書中有2 584字條下引135種書共計3 026次。其中依照據形說義原則用部首統帥文字《說文解字》（1 337）、《字統》（4）、《字林》（2）、《字書》（29）等，屬依物類分篇彙集同訓字的《爾(尔)雅》（196）、《廣雅》（47）、《博雅》①（10），纂集聲訓以明語源《釋名》（5）；溝通方言詞與標準語音義的《方言》（39）等。

另引書在百條左右的《詩》（247）、《書》（107）、《周禮》（97）、《易》（88），主要集中在經典羣籍類。從現存宋本《玉篇》亦可略窺顧野王“總會衆篇，校讎羣籍，以成一家之製，文字之訓備”的宗旨。

綜上所述，《玉篇》是應時代而生，集前之大成，經後世多次增修刪節流傳至今最早的楷書字典。

第二節 《玉篇》的流傳与刊刻

一、源流概說

顾野王編纂《玉篇》，是我國現存最早大規模的楷書字典，經歷代編修因而貯存了歷史漢字的基本時間層次，在中國語言文字學史上有著極爲重要的位置。

南朝梁大同九年（公元543年）太学博士野王“總會衆篇”“文字之訓備”寫畢進呈，因篇帙過繁成書之初即因梁簡文帝蕭綱“嫌其詳略不當”命蕭愷等衆學士删改節略。

後歷二百年至唐代上元元年（公元674年）孫強複爲《玉篇》增字減注，原本漸次湮滅。唐時除廣爲流行的孫強本外，還有各種刪節《玉篇》的手抄本子。宋馬端臨《文獻通考》云:“《像文玉篇》二十卷。《崇文總目》：‘唐釋慧力撰，據顧野王之書裒益眾說，皆標文示像。’《玉篇解疑》三十卷。《崇文總目》：‘道士

① 《博雅》三國時期魏張揖撰，隋代因避煬帝楊廣的諱，《廣雅》改名為《博雅》，後複用原名。

趙利正[①]撰，刪略野王之說以解文字。’”

南宋樓鑰《攻媿集》之“宇文廷臣所藏吳彩鸞《玉篇鈔》跋”云：

> 始余讀文簫傳，言吳彩鸞書《唐韻》事，疑其不然。後於汪季路尚書家見之，雖不敢必其一日可辦，然亦奇矣。為之賦詩，且辨其為陸法言《切韻》。茲見樞密宇文公所藏《玉篇鈔》，則又過之，是尤可寶也。既謂之‘鈔’，竊以為如《北堂書鈔》之類，蓋節文耳。以今《玉篇》驗之，果然。不知舊有此《鈔》而書之耶，抑彩鸞以意去取之耶？有可用之字而略之，有非日用之字而反取之。部居如今本，皆以朱字別之，而三字五字，止以墨書。字之次序皆不與今合，皆不可致詰。輒書前歲所與汪氏詩跋於左，庶來者得以覽觀。今《玉篇》唯越本最善，末題吳氏三十一孃（娘）寫。問之越人，莫有知者。楷法殊精，豈亦彩鸞之苗裔耶。

元陸友仁《研北雜誌》云：“宇文廷臣之孫，家有吳彩鸞《玉篇鈔》。”據此可見《玉篇鈔》分部之序不變，內容上刪節至簡“三字五字，止以墨書”，字序又與今本不合“不可致詰”。據此記載可知當時《玉篇》抄節本之盛，人人皆可抄寫自用或鬻出。

日本藤田佐世《日本國見在書目錄》著錄有《玉篇抄》十三卷。此類節本《玉篇》今已不傳。

另從唐宋時佛經字書中可輯得《玉篇》條目若干，如《一切經音義》《龍龕手鏡》等所引《玉篇》與原本《玉篇》及今宋本《玉篇》對比，重合度不高，各有詳略出入，恐多因《玉篇》手抄節本面貌不同所致。今天所能看到的各種字書所引《玉篇》及見於敦煌、吐魯番等處殘存《玉篇》葉子所呈現的《玉篇》版本情況異態紛呈，多是抄手在抄錄過程中的自行刪節選取的主觀因素與客觀條件（快捷、便攜、實用的需要）所致。

《一切經音義》中所引《玉篇》與現存原本《玉篇》、宋本《玉篇》皆有異同。徐時儀先生認為“《玉篇》成書後，蕭愷等學士作有刪

① 《宋志·小學類》有道士謝利貞《玉篇解疑》三十卷。朱序稱“道士趙利正撰《解疑》”，而謝啟昆《小學攷》作“宋道士謝利正”撰，而不詳其生平，稱其書刪略野王之說，並詮釋疑義，今不傳。

改。唐高宗上元元年（647年），又有孫強的增字減注本及《玉篇抄》一類的節本流行。玄應、慧琳撰音義時，顧野王《玉篇》原本、孫強增字減注本及《玉篇抄》等並行於世，”玄應《音義》僅引一條“㳌，《玉篇》皮冰反。”宋本《玉篇》：“㳌，蒲監切。”元刊本《玉篇》：“㳌，蒲監切。水泛也。”與玄應《音義》不相一致。且“㳌”未見於《說文》、原本《玉篇》殘卷及《名義》，當為唐宋間新增字。徐時儀先生認為“很可能後人修訂所增補”，不可作為《玄應音義》引用過唐時《玉篇》版本的依據，其說可從。

唐釋慧琳於唐建中末年至元和二年(783—807年)在《玄應音義》基礎上撰《一切經音義》（又稱《慧琳音義》），釋義時對原本《玉篇》有大量征引。“《慧琳音義》所引《玉篇》共2 005條，其中在現存原本《玉篇》殘卷中可以檢索到該字的條目共132條，減去重出的65條，《慧琳音義》實際引用原本《玉篇》共67條……《慧琳音義》所引的可以在原本《玉篇》殘卷中找到的條目與原本殘卷內容相同的占40%，不同的占27%，有異有同的占18%，有其字無其義的占10%，其他占4%。”[①]可看出唐德宗時期所著《慧琳音義》引用的仍多是原本《玉篇》，且與現今所見原本《玉篇》殘卷吻合程度不能達到半數以上。

遼僧行均的《龍龕手鏡》成書於遼聖宗統和十五年前，即宋太宗至道三年（公元997年）之前，“所引《玉篇》298條，其中與今本《玉篇》完全不同和部分不同多達229次，占79%的比例。”“這中間肯定有許多是行均的草率所致，但把近80%的完全不同和部分不同都歸結為行均的草率是很難說得過去的，行均所見《玉篇》是否本來就與今《玉篇》相差懸殊呢？如行均果真另有所本，這些不同倒可以說明異本《玉篇》之貌。”[②]查檢《四部叢刊續編》所收《新修龍龕手鑑》只有69條與宋本《玉篇》相合，說明在唐宋之際《玉篇》仍存在多種異本，行均所見應是流傳於北方遼國的一種《玉篇》節本。

宋大中祥符元年（1008年）陳彭年邱雍等人，奉詔重修《切韻》，稱為《大宋重修廣韻》。其中所引《玉篇》68條，切音方面有41條與宋本《玉篇》不同，只有17字切音用字相同，相同比例僅占約五分之一。

---

① 李霞：《〈慧琳音义〉引〈玉篇〉考》，“首屆佛經音義研究國際學術研討會”，上海師范大學人文與傳播學院，2005年8月。

② 鄭賢章：《龍龕手鏡研究》，湖南師范大學出版社2004年版，第14頁。

字頭與釋義應與玉篇較多保持一致，仍有14條與宋本《玉篇》存在著釋義或字頭上的差異。

北宋祥符六年(公元1013年)陳彭年奉旨重修《大廣益會玉篇》並“頒行於普率”，重修前盛行的孫強本遂不行於世，故世人多認為孫強本早已亡佚。

《玉篇》自成書至今已逾千年，長久以來在國內外廣為傳播刊佈，其間歷經多次修編及傳抄過程，版本情況十分複雜。

現存版本既有原本、增字減注本、重修本、節本之別，又有國內刻本與國外世傳本之異。

國外《玉篇》分爲世傳寫本與敦煌寫本，分藏於日本、俄羅斯、英國及德國等不同地方，其中日本所藏數目種類最多且最有價值。

唐貞觀四年（630年）日本開始派遣遣唐使來唐朝交流學習，不僅帶回大量佛經，也包括不少經史之書。李偉國先生認為“《玉篇》當即在其時由留唐學生和僧人抄錄傳入日本”。①

日本高僧空海（法號遍照金剛）九世紀初葉（804—806年）入唐，回國後據《玉篇》等編撰《篆隸萬象名義》（以下簡稱《名義》），歷時約八年②，可看成是《玉篇》節本。

其後《玉篇》亦有多種版本流傳到日本。如《新書等請來法門等目錄》記有唐代來華留學的日本僧人宗睿所攜歸“印子《玉篇》三十卷”③。宗睿是日本入唐的高僧之一，曾留學於長安西明寺。咸通六年(865年)歸國，帶走圖書一百三十四部，經卷一百四十三卷，其中即包括四川雕版《玉篇》本子。

“元明之際，《玉篇》再次東渡扶桑……日本寬永八年版的《大廣益會玉篇》，除有日文注音外，其他皆與建德周氏藏元本一字不差。”④上海圖書館亦藏此本，版式內容與黃孝德先生所言一致。

清光绪初年黎庶昌、羅振玉於日本东京发现原本《玉篇》，“观其

---

① 胡旭民、李偉國：《原本〈玉篇〉的發現和傳抄的時代》，《辭書研究》1984年第6期，第135頁。

② “（《名義》）原書未有序跋，僅從題名來看，當撰述於空海被淳和天皇詔命為大僧都的天長四年（827）到圓寂的835年的八年間。”參見丁锋《原本〈玉篇〉殘卷的版本源流及其與〈篆隸萬象名義〉的傳承關系》，《文學•言語學論集》第8卷，熊本學園大學，2001年，第76頁。

③ “印子即指印本，目录中所记《唐韵》、《玉篇》都是剑南西川的雕版印书。”參見張樹棟等《中華印刷通史》“古代篇”，臺灣印刷傳播基金會，2004年，第162頁。

④ 黃孝德：《〈玉篇〉的成就及其版本系統》，《辭書研究》1983年第2期，第150頁。

注文翔實，內多野王案云”，遂斷定為“真顧氏原帙也。”後中華書局將黎本、羅本匯集影印，另獲日本東方文化學院影印之卷八心部五字並印，題名《原本〈玉篇〉殘卷》。

鑒於歷史上的中日文化頻繁交流，《玉篇》版本流傳情況亦是比較復雜，故不能貿然斷定何時為最早或是最晚傳入，而且也存在著《玉篇》版本源流可能是多源的，“日藏《玉篇》殘卷從最廣泛的視野來看，有顧野王原本、蕭愷刪改本、孫強增字本（即上元本）、蕭愷刪改孫強增字本甚或其他版本等多種可能性。”①

俄藏和英藏敦煌《玉篇》所存都只有一葉，与其说是残卷，不如稱爲殘葉。在俄罗斯科学院东方学研究所圣彼得堡所藏敦煌《玉篇》殘葉，該殘卷內容與今本及在日本發現的原本殘卷均有所不同，應該是在原本基礎上刪改過的另一個本子。該殘卷包含“彡、須、髟”3部中“彰、彫、彨、弱、彧、影、須、顊、頿、顐、額、髟”共12個字頭。1989年李偉國先生赴俄列寧格勒參與整理俄藏殘卷，並撰文指出“《玉篇》殘卷內容雖較傳世本為豐富，但對於某些義項，也有刪節的可能”。李偉國先生認為應是唐時《玉篇》的一種手抄節本，“可定名為《玉篇抄》殘卷”。

國內藏本主要為唐孫強、宋陳彭年等人修訂過的《玉篇》本子。

唐宋間《玉篇》流傳頗廣，宋前修訂過《玉篇》的不止孫強一人。在隋唐時主要是抄本流通，為便於抄寫使用，對卷帙繁重的著作常加以刪節，故出現如蕭刪本、孫強增字減注本、《玉篇抄》、《像文玉篇》、《玉篇解疑》等多種本子。

宋時印刷業逐漸發達，陳彭年輩奉旨重修後又請命廣刊天下，故後出本子較為統一，傳承脈絡漸為明晰。

陳建裕《〈玉篇〉版本研究》認為：“經過孫強、陳彭年等人的修訂，《玉篇》原本特色蕩然無存，這固然是一大損失，但《玉篇》前後的許多字書今都已佚失，而《玉篇》獨傳於世，增刪者之功不可埋沒。”②

清人莫友芝《郘亭知見傳本書目》卷三載：“《重修玉篇》三十卷，梁顧野王撰，張士俊澤存堂仿宋本，新安汪氏明善堂本，曹楝亭五

① 丁鋒：《〈大廣益會玉篇〉刪改〈玉篇〉增補內容考》，（日本）《調查研究》2005年，第72頁。

② 陳建裕：《〈玉篇〉版本研究》，《西藏大学学报》(汉文版)，1999年第2、3期，第99頁。

種本，道光中新化鄧氏覆張本，劣，附《札記》。《天祿後目》有宋刊本三部。明司禮監本，部次稍不同，注亦稍略，然仍是宋人重修之本。萬曆初，元益王府刊本。汪士鐘家有北宋本。（《原本玉篇殘卷》，黎氏在日本刊）”

葉德輝《書林清話》“明以來刻本之希見”亦評：“康熙甲申，張士俊澤存堂刻《玉篇》《廣韻》，此為考據經學者必備之書，而亦非十分希見之本。陳澧《東塾讀書記》云：‘《玉篇》《廣韻》有張士俊本，未見。鄧顯鶴重刻本絕佳。’東塾負一時重名，而不求板本，毋乃良工示人以璞，非所宜也。”①

近人張之洞范希曾《書目答問補正》“《玉篇》三十卷”條：“梁顧野王原本，唐孫強增字，宋陳彭年等重修。澤存堂本，小學匯函重刻張本，鄧顯鶴重刻張本附劄記，曹楝亭五種本，又明經廠大字本。范[補]：《四部叢刊》影印元刊本《玉篇》三十卷，附宋刊本總目一卷。又黎氏古逸叢書影日本舊鈔原本《玉篇》殘本三卷半，上虞羅氏亦影印此殘本。”②

《玉篇》歷經元明清及近代為諸書家學者所傳刻，又有多種版本存世：

1. 元刻本

元佑二年圓沙書院刻本，建安鄭氏本，建安蔡氏本，詹氏進德書堂本，鐵琴銅劍樓藏本，開封府本等。

2. 明刻本

明初刻本，永樂中朱氏本，宣德辛亥清江書室本，弘治五年詹氏進德刻本，萬歷元年益王府刊本，內府本，南京國子監本，開封府翻本，劉氏明德書堂刻本，福建書坊本等。

3. 清刻本

張氏澤存堂本，曹楝亭五種本，古經解匯函附小學彙函本，清道光中新化鄧氏覆張本，新安汪氏明善堂本等。

4. 近代影本

《四部叢刊》初編本，《叢書集成》初編本，中華書局《四部備要》排印縮印本，北京書店《宋本玉篇》，中華書局《大廣益會玉篇》

① 葉德輝：《書林清話》遼寧教育出版社1998年版，第188頁。
② 張之洞撰，范希曾補正：《書目答問補正》，上海古籍出版社2001年版，第59頁。

《原本玉篇殘卷》《篆隸萬象名義》。

據不完全統計，國内現有二十多種本子（非近代影印本），主要分為兩種版本：一是元建安鄭氏本，元刻本、明刻本多據此本；一是清康熙年間張士俊覆刻借於毛氏汲古閣本，朱彝尊作序，又世稱‘朱序本’，清后刻書多據此本。

現《四部叢刊》所刊《玉篇》版本即為“上海涵芬樓借印建德周氏藏元刊本”，屬“鄭氏元刊本”。清初“朱序本”一出，即為後世學者重視，取代了“鄭氏元刊本”的流行地位，其後又有多家翻印，清代有曹楝亭五種本、小學彙函本、新化鄧氏本，新安明善堂本等，近代有中華書局用宋體字排印的《四部備要》、中國書店影本《宋本玉篇》、中華書局影本《大廣益會玉篇》等均屬此本。

將“朱序本”與“鄭氏本”相對照，發現有牒文有無、卷目劃分、字序排列、注文繁簡、各部字數等多方面的不同，所收字形體各有正訛。“郑氏本错讹、义项和引例删削较朱序本多，但亦有朱序本所无者。”[①]我们在實際使用中可以利用不同版本間差異互相比勘。

歷來學者認為“朱序本”與“鄭氏本”同屬廣益本，但我們在整理中發現存在較大差異，究竟“朱序本”與“鄭氏本”關係如何，實際差別有多大，是否同來源於宋時重修本，我們另專文討論。

以下主要就本文涉及《玉篇》不同版本進行探討比較。

二、原本《玉篇》殘卷

（一）發現時代與整理經過

清光绪初年，遵义黎庶昌出使日本，在东京发现原本《玉篇》零卷（简称《黎本》），認定為“顧氏原帙”，於東京柏木探古處及各地搜集到多種殘卷鈔本，輯成《玉篇殘卷》，收入《古逸叢書》（1884年）。

黎氏等初得四卷（1882年）：第九卷（言部至幸部共23部）、第十八卷部分（放部至方部共12部）、第十九卷部分（水部缺首尾）、第二十七卷部分（糸部到索部共7部）。黎氏認為，雖只四卷亦是可貴珍品，“非宋本可得比肩”。其後（1884年）日本西京知恩方丈徹定又代

① 陳建裕：《〈玉篇〉版本研究》，《西藏大学学报》（汉文版）1999年第2、3期，第99頁。

為借來高山寺東大寺崇蘭館和久邇宮親王（佐佐木宗四郎）所藏兩卷：第九卷中部分闕文（冊部至欠部共5部）、第二十二卷（山部至壘部共14部）。

上世紀初於日本發現並刊印的《玉篇》殘卷，引起學界的廣泛注意。但由於黎氏所見《玉篇》以傳寫副本居多，故其中頗多訛抄和殘損處，黎氏“就此卷與張士俊仿宋本校”，用二徐本《说文》加以比勘，羅振玉稱“雖改字然皆精確可見，可見當日校刊之縝密。”但亦有黎氏系手抄摹寫原本殘卷副本，且頗多臆改之處，有以訛定訛之誤，很大程度上改變了原本《玉篇》本來面目。

羅振玉東游日本在早稻田大學文庫得見原本卷子，所見《玉篇》情況為“起言部訖幸部，為部二十有三。展卷不數行已驚其書法之勁妙，詢出初唐人手。因出黎刻校之，則筆意全失。知黎氏輾轉傳摹上木，未得見原本也。因詳校卷首十余行，知黎氏刊版時頗有校改，惟原本字雖經蟲蝕尚可辨認，而黎氏往往槪失致不可識，又有原本之行次者。”

羅氏采用當時最先進的照相技術影印原本卷子，據原本拍攝，清晰準確，共分為兩次完成。第一次為1916年冬拍攝卷九言部至幸部，與黎本同。第二次為1917年春，“又購崇蘭館所藏冊至欠五部，已於西京博物館見某寺所藏魚部，殘字尺許，已又假得高山寺所藏糸之大半及古山寺所藏糸部至索部，凡殘卷四，乃課工寫影，將以為前書之續，冊至欠五部，原在第九卷。冊字至㵐字之間，顧前書已印行，不及補入。魚部雖殘十三行而為《經籍訪古志》所未載，黎刻本亦不及。糸部黎刻，據影照本尚不失其真，而糸至索諸部，則據影寫本上版。”至此，羅本《玉篇》面世。

羅本與黎本有所異同，如魚部殘卷黎本未收，卷十九水部殘卷等羅本未收，羅氏曾嘆惜道“黎刻所有而予未獲觀者，異日若幸得邂逅，再賡續焉”。羅本之影印原本存真性極佳，而黎氏有撫刻之時有校勘之功，故如羅氏所言“黎刻與原本當並行，以資互證”。

1931年至1934年，日本東方文化學院將原本《玉篇》殘卷以殘卷原裝形式全部影印，作為“東方文化叢書”第六輯陸續行世。共為七卷：

1. 卷第八，昭和十年用東京藤田氏古梓堂文庫藏本影印（竹苞樓舊藏）。

2. 卷第九，昭和七年用早稻田大學圖書館藏抄本影印（田中光顯舊藏）。

3. 卷第十八之後分昭和十年用大阪藤田男藏抄本影印（奈良東大寺尊勝院・柏木探古舊藏）。

4. 卷第十九，昭和十年用大阪藤田男藏抄本影印。（尊勝院舊藏）

5. 卷第二十二，昭和九年用神宮文庫藏“延喜”抄本影印。

6. 卷第二十四，用京都大福光寺藏抄本影印。

7. 卷第二十七，昭和八年用京都高山寺、近江石山寺藏抄本影印。

其中卷八心部僅六字，為黎刊、羅刊所無。至此日本現存原本玉篇殘卷已全部印行問世。且全用原裝以珂羅版精印，卷子形制墨色深淺悉如原卷，可謂仿古復原卷子最精者。

1985年9月，中華書局將黎本、羅本匯集影印。同時將日本東方文化學院影印之卷八心部，僅殘存五字，列於卷首一並匯印，題名《原本〈玉篇〉殘卷》，這是目前我國流行的印本。

1995年始上海古籍出版社陸續《續修四庫全書》（簡稱《續修》），其中經部小學類收入了原本《玉篇》殘卷。《续修》本收原本《玉篇》殘卷所據為日本東方文化叢書本影印殘卷。其與中華書局本有所不同①：第一，《續修》本無重復内容，中華書局所錄羅本與黎本有重復者，而《續修》本單用原本影印。第二，羅氏未收，黎本獨有的部分，《續修》本所據乃日本東方文化學院影印本。第三，卷二十二魚部、卷二十七糸部殘卷前後有佛經文書，《續修》本悉數收入，中華書局本所收羅本則無。朱葆華《原本〈玉篇〉文字研究》評價道：“《續修》本具有重要的研究價值。”只是《續修》本所據為影印本而非原本卷子，故印刷質量不高，有許多地方漫漶不清，是其遺憾之處。

另據丁鋒先生於日本考察原本殘卷，指出東方文化學院影印出版的《玉篇零卷七卷》卷軸本（即東方文化叢書），“亦未收現藏東京安田文庫的卷十九水部上段”。故現在日藏原本《玉篇》殘卷原帙仍未完全

① 朱葆華：《原本〈玉篇〉文字研究》，齊魯書社2004年版，第29頁。

影印出版，我們期待早日得到更完整的影印本。

（二）成書年代

關於原本《玉篇》卷子的抄寫年代及在日本流散時間，目前學界仍有多種説法難定，主要有以下幾種：

1. 清人黎庶昌《書原本玉篇後》："相傳為唐宋間物……真迺顧氏原帙也。"

2. 日澁江全善、森立之《經籍訪古志》："若此本之傳，則遠在孫強增字以前，真為顧氏原帙也。"孫強增字在高宗上元年間，故認為此本當定在公元674年之前。

3. 日柏森探古跋原本《玉篇》殘卷十八後："定是隋唐間抄本。"

4. 清人羅振玉從書法角度判斷"展卷不數行，已驚其書法之勁妙，洵出初唐人手。"認為應初唐時所抄寫。

5. 胡旭民、李偉國據卷十八之卷末的"□云四年"一行題識，認為當在"公元704和770年"又李偉國等據影印本之背见佛经字，推測最晚也應早於唐代。

6. 張煦據《名義》撰寫年代推斷：公元806年至835年間，《玉篇》原帙尚存。

7. 丁鋒從卷軸本背面所見佛經文書年號來推卷二十二、卷二十七"當均不晚於日本的平安朝（794-1192）前半期，中國的唐末五代。"卷九背面的年號"治安元年八月廿八日（1021）"、"康平六年七月廿（1063年）"晚於前兩卷，但"也不會晚於日本平安中期，中國北宋初天禧五年（1021年）"。[①]且"從殘卷背面寫經的記載來判斷，原本《玉篇》（在日本）流散的時代不早於十一世紀末（1086年）"。

綜上所述，可知原本《玉篇》抄寫時間最早的斷在隋唐，最晚的斷在唐宋間，且在日本的再次抄寫傳布的時間應在北宋初年之前。

（三）內容體例

唐封演《封氏聞見記》所載："梁朝顧野王撰《玉篇》三十卷，凡一萬六千九百一十七字。"據岑仲勉先生《跋封氏聞見記》和餘嘉錫《四庫提要辨正》考證，封演唐玄宗天寶末年中進士科，代宗時大歷中

---

① 丁锋：《原本〈玉篇〉殘卷的版本源流及其與〈篆隸萬象名義〉的傳承關係》，《文學·言語學論集》第8卷，熊本學園大學，2001年，第3頁。

期任邢州刺史，德宗時貞元中歷官至朝散大夫、檢校尚書、吏部郎中、兼禦史中丞。《封氏見聞記》為其晚年作品，故語必尚實，足資考證。從所整理原本《玉篇》殘卷情況看，羅本共有1 138字，黎本與羅本不重複有933字，殘卷總計2 071字。以顧氏原本為16 917字計，現存殘卷約為原書的八分之一。

從說解體例上看，原本《玉篇》保存有廣征博引的書證體例具有文字學訓詁學方面參考價值，體現顧氏辭書編纂思想的 “野王案”眞實反映了六朝時期社會用字的使用情況。

如“喪（喪）”字說解：

> 喪（喪），思唐反。《毛詩》：受福不喪（喪）。《傳》曰：喪（喪）也。《白虎通》：喪（喪）之言亡也。死謂之喪（喪），言其喪（喪）亡不可復得也。生者喪痛之亾（亦）稱曰喪（喪）。孔甲喪（喪）斯衰裳。《易》曰：不封不樹，喪（喪）期無數。《孝經》之喪（喪）親是施生者也。野王案：居服中為喪（喪）也。《禮記》生則養，死則喪（喪），喪（喪）畢則祭。居喪（喪）讀喪（喪）禮喪（喪），禮喪（喪）復常讀樂章是也。又音思浪反。《尚書》百姓如喪（喪）孝妣。野王案：喪（喪），亾（亦）喪也。《禮記》子上之母死而不喪（喪）是也。又曰玩人喪德，玩物喪志。野王案：喪，猶失正也。《國語》喪南國之師。《禮記》子夏喪（喪），其子而喪（喪），其明是也。《禮記》秦穆公即公子重耳月喪（喪）上不可以久矣。鄭玄曰：喪（喪），謂亡失位者也。古文為䘮字，在㗊部。

此字例引書11處，“野王案”出現三次，對其中常見“亡也、居服中（為喪）、喪（失）也、失正也”之義分別舉例加案語逐項分析，最後將異體字不同寫法注明異部互見。正是胡樸安先生總結的：“其注解亦有條例，先出音，次證，次案，次廣證，次又一體，略有五種，雖不必每字注解五例俱全，而大概如是。”濮之珍先生評有：“《玉篇》釋字，先反切注音，然後釋義，引證之外，有時加按語說明，異體字附後，注明另見。和《說文》相比，《玉篇》更近於現代字典的形式。”①

《玉篇》上承《説文》《字林》等字書，下開百世楷書字典先例，其編排體例對後世影響頗大。《玉篇》的分部、部序及字序皆與《説文》有密不可分關係，因原本《玉篇》卷帙不完，詳細論述見宋本《玉篇》部分。

相對刪減增益的宋本《玉篇》，顧野王之原本《玉篇》有許多獨具特色之處，故在此簡略析之：

1.《玉篇》的“總會眾篇，校讎羣籍”的引書

原本《玉篇》引證十分豐富，訓詁價值極高。陳建裕曾統計原本《玉篇》言部，正文大字共312個，注文11 161字，引書達559處，內容涉及經史子集等方面，其中小學佚書就引了5種164處。②

黄孝德先生據黎氏刊本的引書進行過詳細統計，得引書五十三種，注釋十七家。“其中最早的《尚書》《周易》《毛詩》《論語》諸書；最晚是成書於晉泰始十年的《諸葛亮集》（274年）和晉張隱著《文士傳》。這最晚的兩種書也比《玉篇》成書的梁大同九年早200多年。這個引書的下限，足可補證清人黎庶昌、楊守敬、李慈銘等人關於《玉篇》零卷是顧氏原本的結論。”③

據我們測查，黎本引書2 603處，共120種不同書名寫法，合併後約為78種，羅本引書3 140處，共109種不同書名寫法，合併後約得88種。④

引用頻次在百次以上的依次為：黎本《傳》（111）、《毛詩》（128）、《埤蒼》（128+6+1）、《字書》（138+1）、《爾雅》（150）、《廣雅》（187+1+1）、《説文》（497+3）；羅本：《聲類》（105+1）、《尚書》（109+1）、《方言》（109）、《蒼頡萹（篇）》（116+2+2+1）、《傳》（120）、《爾雅》（120）、《左氏傳》（121+1+1）、《禮記》（150+6+1+1+1）、《毛詩》（155+1）、《廣雅》（208）、《字書》（222）、《説文》（627+12）。

從這些引書目錄中可以看到，原本《玉篇零卷》所引書籍，已涉及

---

① 濮之珍：《中國語言學史》，上海古籍出版社2002年版，第181頁。

② 陳建裕：《〈玉篇校釋〉簡評》，《平頂山師專學報》1998年第10期，第47頁。

③ 黄孝德：《〈玉篇〉的成就及其版本系統》，《辭書研究》1983年第2期，第148頁。

④ 因顧氏原本書目常省略過簡，此處合併書名按可以確定者計，過於簡者不可確定不計入，故此書目種類數有可能偏多。下統計書目頻次亦將不同寫法可確定為一書之數依次相加。

後來圖書分類中經史子集四大部類的大部分重要著作。而且對小學類字書的徵引，很多是已經亡佚了的，在此可以略窺其原本面目，有極高的文獻版本參考價值。

2. 獨具特色的"野王案"

在字典纂集過程中加入自己的觀點按語與訓釋，是前代字書與後世字典所未見，故"野王案"是極具個性的編纂體例。野王案廣泛涉及了字形收集整理辨析、字義訓釋、字音方面多音多義字的問題。有時對一個字頭下多種字義訓釋時，先引羣籍論證，加"野王案"表明自己觀點，再引書以證之，再復加"野王案"引申概括或強調指出，最多達一字中出現6次"野王案"。近人學者鮑鼎評道："其書每字之下博引經籍，其有自下己意者，則加'野王案'三字，與廣益本判若天壤。"①從"野王案"中可以瞭解顧野王的辭書編纂思想，發掘其在文字學及訓詁學上的一些獨到見解。朱葆華博士《原本〈玉篇〉文字研究》一書中專有"'野王案'通考"一章述及，其解甚詳。

3. 廣為收集異體並涉及對多種文字現象的"互見"法

李建國在《漢語訓詁學史》《漢語規範史略》中盛贊原本《玉篇》的獨特之處："'總會眾篇，校讎羣籍，以成一家之製。'收字大抵本《說文》，《說文》之外，網羅《蒼》《雅》，並采時俗；字異義同，兩部或數部並存互見，保存了魏晉以來異體簡字，為社會用字趨簡留下空間，又為研究同源詞（字）提供資源。"趙振鐸認為："《玉篇》最大的特點在於處理重文異體。《說文》在每字之下列出重文，《玉篇》則採用了互見的辦法。"

顧野王時代並沒明確提出異體概念，各家所說《玉篇》廣收異體，實際"異體"包含"異體字"在內的文字變異關係。原本《玉篇》"異部互見"中不僅包含大量異體字亦有對同源分化字、合併字等情況的相容並收。最多處亦達六部六字共見，如吅部"咢"字：

> 咢，魚各反。《周禮》占夢所掌六蔑二曰咢。杜子春曰：謂敬咢也。《毛詩》或歌或咢。《傳》曰：徒歌曰咢也。《爾雅》徒擊鼓謂之咢咢。《荘子》所以咢人。野王案：咢，然直言也。《大戴

① 鮑鼎：《〈玉篇〉誤字考》，《學衡》1925年第44期，第1頁。

禮》出言以咢咢是也。《淮南》下無垠咢之門。許叔重曰：無垠咢無形，兆端之皃也。《說文》：諤，訟也。《字書》或為諤字，在言部。或為閳字，在頁部。或為愕字，在心部。古文為噩字，在㗊部。《廣蒼》以土有垠坎為堮字也，在土部。

原本《玉篇》的“異部互見”是顧氏對六朝時期文字之訓及異體的廣泛收集與整理，將分處於不同部之有淵源關係或異體關係的字互相系聯起來的一種編排方法。分別注明此類字在不同部所出，彼此互相呼應，很大程度上方便了讀者查檢和比較使用。

三、《篆隸萬象名義》

（一）成書概況與發現時代

《篆隸萬象名義》是日本高僧空海所撰。空海(774—835年)，法號遍照金剛，俗姓佐伯，有深厚的漢學和佛學功底。九世紀初葉（804—806年）入唐，受學於長安青龍寺高僧惠果，得密宗正統真傳，歸國時攜去大量佛典經書，並著有《御請來目錄》，其中記有顧野王《玉篇》。

《篆隸萬象名義》即是空海回國後，升任東大寺沙門大僧都時(827年)，據顧氏《玉篇》所作，歷時約八年①，可看作原本《玉篇》的節本。

傳世本《名義》為日本山城國高山寺所藏鳥羽永久二年（1114年）之傳寫本，這個大約相當於中國宋代末所抄寫的本子，由於出自域外人之手，仍然保留了唐寫本文字的書體特征。這個傳寫本也是日本現存最古的辭書文獻，被日本奉為國寶。②1927年日本崇文院影印，收入《崇文叢書》第一輯，1995年中華書局據崇文院本縮印，是現今國內流行的《名義》本子。

（二）《名義》與《玉篇》的關係

楊守敬《日本訪書志》於《篆隸萬象名義》目下云：“今以此書（《篆隸萬象名義》）與五殘卷樣，則每部所隸之字一一相合，絕無

① “空海為大僧都在日本淳和天長四年（公元827年），卒於仁明承和二年（公元835年），此書之作當在八二七—八三五年之間，即當唐文宗太和年間。”參見周祖謨《論〈篆隸萬象名義〉》，《問學集》中華書局，1966年，第894頁。又“（《名義》）原書未有序跋，僅從題名來看，當撰述於空海被淳和天皇詔命為大僧都的天長四年（827）到圓寂的835年的八年間。”參見丁锋《原本〈玉篇〉殘卷的版本源流及其與〈篆隸萬象名義〉的傳承關系》第76頁。

② 呂浩：《篆隸萬象名義研究》第一章“綜述”，博士論文，2003年，第1頁。

增損淩亂之弊；且全部無一殘闕，余以為其可寶當出《玉篇》五殘卷之上。”又於原本《玉篇》跋中云：“日本釋空海所撰《萬象名義》，其分部隸字，以此殘本校之，一一曶（吻）合，則知其全書皆據顧氏原本，絕無增損淩亂。” 楊氏認為《名義》祖述原本《玉篇》，“非推出《廣益玉篇》上，直當一部顧氏原本《玉篇》可矣”。

周祖謨先生《論〈篆隸萬象名義〉》有：“今取黎庶昌所刻原本《玉篇》及羅振玉影印本原本《玉篇》殘卷與《名義》相比，二者分部隸字相合無間，足證楊氏之說甚碻。”周先生從部目內容及字數規模等方面考證，亦認為《名義》是原本之節本，並從《萬象名義》與原本《玉篇》、宋本《玉篇》及《說文》三個方面進行“比觀異同，略論得失”，認為“《名義》一書，誠足珍貴。”

呂浩教授認為“《名義》材料主要來源於顧野王《玉篇》，基本上保留了顧氏《玉篇》面貌。”在《〈篆隸萬象名義〉研究》一文中從《名義》的字形與字音比較，認為比原本少640字，主要是脫漏了古文籀文等重文。但“《名義》保存了原本《玉篇》的基本面貌，因而在釋義方面也就保存了大量的中古以前字書義項以及漢人舊注，在收字方面保存了漢魏齊梁間流行的俗字”。

即然《名義》與原本《玉篇》關係密切，我們從避諱及行文體例等方面來看其前後相承的一致性。

1. 避諱字考

呂浩《〈篆隸萬象名義〉研究》中“（《名義》）基本保留了顧野王《玉篇》的原貌。因而顧書中若有避諱，《名義》一般也會沿襲下來。顧野王是南朝梁代人，因而他的書中避梁諱。”①《名義》全文避“順”“衍”字諱。

南朝梁武帝之父為蕭順之，“順”為梁武帝追尊其父為太祖文皇帝所諱。陳垣《史諱舉例》：“梁武帝父順之，時有避‘順’為‘從’之例”。《梁書》稱順陽郡為南鄉，《南齊書》“順”字多易為“從”。故顧野王原本《玉篇》中凡“順”字皆改為“從”，今本《玉篇》經數次重修已不再避此諱，只有《名義》較完整地將原本避諱保留下來。

原本《玉篇》：“諱，柯核反。《毛詩》不長夏以諱。《傳》曰：

① 呂浩：《篆隸萬象名義研究》第六章“避諱例”，博士論文，2003年，第74頁。

諽，更也。野王案：諽猶改變也。《周易》天地革而四時成，湯武革命從乎天是也。”

按：《名義》、宋本不見引書。《周易》曰：“湯武革命，順乎天而應乎人”。此處“順”字避諱為“從”。

《說文》：“婼，不順也。《春秋傳》曰：‘叔孫婼。’”

《名義》：“婼，敕略、胡石二反。不從也。”

《玉篇》：“婼，丑略切。不從也。又音兒，婼羌。”

按：此亦為顧氏避梁諱將改 “順”為“從”，而非新增義。《汉语大字典》“婼”字下引《玉篇》曰：“婼，不从也。”未察為避諱改字而復增一義，所引義項不當。

原本《玉篇》：“謜，於萬反、於阮反。《說文》：謜，慰也。《聲類》：謜，從也。野王案：此亽（亦）婉字，在女部也。”

按：《名義》、宋本皆未見“謜”字，與其字位相對應字為“詤”，可知為一字之形傳抄有變。《名義》：“詤，於萬反。慰也。從也。婉字。”宋本《玉篇》：“詤，於万、於阮二切。慰也，從也。亦作婉。”皆承原本《玉篇》之訓釋義項，可惜《聲類》今已不傳，我們只能從其異體字“婉”的訓釋中尋找佐證。《毛詩•靜女》：“燕婉之求，籧篨不鮮。”注云：“婉，順也。”《廣雅•釋詁》：“婉，順也。”《說文》：“婉，順也。从女宛聲。《春秋傳》曰：太子痤婉。”皆訓“婉”為“順也”。《名義》：“婉，烏遠反。從也。曲也。約也。”釋為“從也”應是來自原本《玉篇》。胡吉宣《玉篇校釋》云：“《新臺》：燕婉之求。《傳》本訓順。顧避梁諱改為‘從’。”宋本《玉篇》：“婉，於遠切。婉媚。《說文》云：順也。”乃是“今本不知顧氏著書體例，既誤刪鄭注，又盡去所稱引書，而改引二徐《說文》。”①可知此字亦為顧氏避諱改“順”為“從”例證。此類避諱例甚多，不一一列舉。

《名義》全書僅出現一次“順”字。“台，我也，養也，順也。”見口部。查《方言》卷一：“台，養也。”郭注曰：“台，猶頤也。”《爾雅・釋詁下》：“頤，養也。”以“台”“頤”訓“養也”。“順”當是“頤”之誤寫字。

① 胡吉宣：《玉篇校釋》，上海古籍出版社1989年版，第586頁。

梁武帝名蕭衍，故原本《玉篇》、《名義》字頭中皆無“衍”字，宋本《玉篇》亦無此字，但三書皆有“愆”等字，宋本《玉篇》另有“飬”“椼”等字。《詩經•小雅》：“釃酒有衍”。《周禮》：“微聲韽，回聲衍。”《說文》收“衍”字，其後《切韻》《唐韻》中亦有“衍”字。清周廣業《經史避名匯考》卷一二曰：“顧野王《玉篇》於大同九年上，故‘行部’無‘衍’字。”可知“衍”為顧氏撰書之初有意避諱字，後宋本重修時當是失察未增此字。

“衍”字出現在《名義》釋義中只有一例。《名義•人部》：“儲，直於反。衍字。具也。救也。皆也。究也。慎也。”《說文》：“儲，偫也。”《玉篇》：“儲，直於切。偫也。又儲副。”故《名義》傳抄有誤，“衍”應為“偫”之誤。《〈篆隸萬象名義〉校釋》“儲”下釋為：“偫字。”下注：“‘偫’字原訛。”①

原本《玉篇》“糸部”是殘卷中保存最為完整的收字最多部，與《說文》收字逐條對比，發現未收“統、綱”兩字，當為六朝避梁諱字，顧氏有所不錄。

《說文》：“綱，維紘繩也。从糸岡聲。”顧氏《玉篇》避梁太子蕭綱名諱，原本《玉篇》避而不收“綱”字，《名義》亦不收“綱”字。宋本《玉篇》：“綱，古郎切。大繩也。”其字位在部末第389字，前後緊鄰第388、391字“緣、緺”皆為新增字，可知為唐宋重修時補增字。

另一避諱字“統”，未見於前人所書。

陳垣《史諱舉例》“南北朝諱例”中提及梁武帝蕭衍、其父蕭順之、其子簡文帝蕭綱，“衍”“順”“綱”皆避諱，卻未見避“統”字。查《世說新語箋疏》有：“《晉書•江虨傳》吳士鑑注云：‘《世說》注《晉安帝紀》曰：“散祖正，散騎常侍。”案祖統改為祖正，蓋梁世避諱，凡統字皆作正。《識鑒篇》注引車頻秦書徐正，即載記之徐統，此可證也。’”余嘉錫案：“此避昭明太子之諱，吳說是也。”可知“統”字為梁世避諱昭明太子諱，昭明太子早歿，故多不見諸書言諱字。《梁書•昭明太子傳》卷八：“昭明太子統，字德施，高祖長子也。”《南史》同，又云：“小字維摩”。《昭明太子傳》中有“中大

---

① 呂浩：《〈篆隸萬象名義〉校釋》，上海古籍出版社2006年版，第21頁。

通三年（公元531年）四月乙巳薨，时年三十一。”野王成書於梁大同九年（公元543年），故亦避“統”字。

《名義》亦避“統”字，只有一處未避。《名義•見部》：“覫，妨堯反。統視也。”而“統”字未見於《説文》及其他字書。《説文》：“覫，目有察省見也。从見票聲。”宋本《玉篇》：“覫，妨饒切。目有察省見也。又方小切。”《集韻》：“覫，紕招切，音飄。明察也。與瞟同。”義皆同《説文》。《廣韻》：“覫，《字林》云：‘目有所察。’”皆未見“統視”語，懷疑《名義》之“統”字為衍文或後世日本寫定者所加。從字序上看，宋本《玉篇》“糸部”從第376字“絨”至460字“纗”皆為唐宋新增字，“統”字位於部末列為第415字，故宋本《玉篇》“統”字亦為唐宋間增補字。

從避諱字看，原本《玉篇》《名義》皆避“順”“衍”“統”“綱”四字諱，而宋本《玉篇》除“衍”字外皆補入部末新增部分，故可看出原本《玉篇》與《名義》當是直接相承的，而宋本《玉篇》是經過後人多次增刪補充的修訂本子。

2. 與孫強本關係

孫強修訂《玉篇》當在唐上元元年（公元674年），《篆隸萬象名義》成書時間在日本淳和天長四年（公元827年）至仁明承和二年（公元835年）間，即唐文宗太和年間。故《名義》晚於孫強本近150年。究竟空海在當時有沒有見到過孫強本，而且在編纂《名義》時有沒有參照孫強本。從關係上看《名義》與原本《玉篇》最為接近，究竟《名義》與孫強本有沒有必然聯系呢？

劉尚慈《〈篆隸萬象名義〉考辨》云:“空海之《名義》應該是以原本《玉篇》為基礎，補入了《象文玉篇》之篆書，又借鑒了孫強《玉篇》及趙利正《玉篇解疑》而編纂的。”

陳建裕認為：“《名義》成書晚於上元本近150余年，《名義》所本是顧氏原本還是上元本尚難確定。楊守敬認為《名義》本於顧氏原本，周祖謨亦持此論。筆者將《名義》與原本《玉篇》殘卷相對比，發現原本《玉篇》殘卷將《説文》重文均立為字頭，而《名義》許多卷中又盡去之。僅以殘卷所存2 049字與《名義》相較，《名義》少收原本《玉篇》所立《説文》重文字頭128字。以此推之，原本《玉篇》收字及字數與《名義》有一定的出入，故說《名義》盡本原本《玉篇》似不可信。”①認為借鑒當時《玉篇抄》類節本並補入了孫強本《玉篇》等材料。劉尚慈、陳建裕兩位先生看法一致，認為《名義》應是參照了當時的上元本。

雖從時間上看空海所撰《名義》在孫強本之後，但唐代有多種抄寫本並行於世，所以從其字量較原本《玉篇》無所增益倒略有縮節看，陳劉兩先生之說還可商榷。“空海齎歸《玉篇》不見得就是梁唐修訂本，可能是別本，甚或為顧野王原本。而梁唐兩代的修訂也不見得在版本上是垂直相襲的，也可能各為別本。”②

在唐代多種手抄本並行，如見於書目著錄的有《玉篇抄》《象文玉篇》等等，而更多是抄手在抄錄過程中按需自行刪節選取。如現在看到的各種字書類中及見於敦煌、吐魯番等處《玉篇》殘葉所呈現《玉篇》版本情況並不一致。

從唐宋時佛經字書中可輯得《玉篇》條目若干，如《一切經音義》所引《玉篇》與原本《玉篇》，《龍龕手鏡》與宋本《玉篇》對比，多有不同，詳見前文所述。究其原因，恐多因《玉篇》手抄節本面貌不同所致。唐宋際有多種《玉篇》手抄本流傳於世，孫強本亦屬手抄本一種，只是因其精通文字之學（宋郭忠恕《汗簡》錄中有孫強《集字》中的古文32條），其所增字減注本頗為精當切用，故漸通行於世。

故空海所帶回的《玉篇》有可能是原本，亦有可能本身就有《玉篇抄》之類的節本，但孫強的增字減注本的可能性不大。

我們認為原因有三：一是唐際孫強本的影響范圍，二是空海在中國的活動時間與范圍，三是現有《名義》的篇帙規模與選字情況。

孫強對《玉篇》的修訂並非只是刪節壓縮，而是增字減注後仍有二十二萬餘字，較當時諸多減注抄本仍顯得過於厚重。而且孫強身為地處南國的一介寒士，名不見經傳的身份地位與所處地理位置似乎很難短時期內使“孫強本”南北通達。

關於《玉篇》雕版印刷刊行的最早記載在唐咸通六年（865年）有“四川印子”，在此之前《玉篇》的流行主要靠抄寫者的傳播，如“吳

① 陳建裕：《〈玉篇〉版本研究》，《西藏大學学报》(汉文版)1999年8月第14卷，第100頁。
② 丁鋒：《〈大廣益會玉篇〉刪改〈玉篇〉增補內容考》，（日）《調查研究》2005年，第72頁。

彩鸾、吳三十一孃（娘）”即是當時較為優秀且具傳奇色彩的抄手。因此《玉篇》版本一致並可以大范圍發行時間當在印刷業漸為發達的唐末宋初。而在唐代《玉篇》的傳播仍依靠手抄本，故有多種《玉篇》手抄節本並行於世，孫強本亦系手抄本，較其他多種節本又有增字，可知孫強本並不見得輕便易攜，在當時客觀條件下其通行度未必很廣。

再者，空海的主要活動范圍是在當時（804年）的京城长安青龙寺，專心精研於佛法並得惠果密宗真傳。他回國時所攜歸的大量漢書佛學典籍主要是佛教經卷部分，如《御請來目錄》中記有："新釋等經都合一百四十二部二百四十七卷，《梵字真言贊》等都四十二部四十四卷，《論疏章》等都三十二部二百七十卷，《華嚴經》一部四十卷”等等。空海並非致力於漢籍的收集整理，故不可能對當時《玉篇》各種版本有特別收集偏好及精選甄辨能力，他所見有可能是當時流行的有限幾種本子，其中不一定包括孫強本。而且同一時期的慧琳在《玄應音義》基礎上著《一切經音義》（約在783—807年），所據仍多為原本《玉篇》，可知當時原本《玉篇》存世且仍廣為通行。

故我們懷疑當時空海是否見到孫強的本子，或以此為編纂《名義》時删改原本《玉篇》的參考依據。如果空海看到孫強本並參照孫強本編纂《名義》，其收字規模應是大大超出現所見的篇幅。

綜上認為，《名義》更類似屬於介於原本與上元本之間的某種手抄節本的形態，盡管較原本《玉篇》釋義與切音皆有較大删改[①]，在字頭對應上也有微小差異，[②]但在大體規模上還是真實保留了原本的面貌。

周祖謨先生認為："今《名義》之部目次全與現存《玉篇》殘卷相合，即字數亦與唐封演所記之數相若。除注文但采訓詁，不引經傳，與宋本《玉篇》相近外，其余一依原本《玉篇》，絕少增損淩亂，正可據以考見顧書分部隸字之情形。”且“今《萬象名義》無一殘闕，保存原本之全體面目”。[③]臧克和先生認為："在原本《玉篇》即南朝《玉篇》不完整的情況下，對照《名義》，可以認為是基本反映了唐代所見《玉

---

① "顧氏原本玉篇真相，今頗存於萬象名義之中，而其所出反切卻與今大廣益本相異。”參見落照《〈玉篇〉反切考》，《大公報》1934年4月28日第3版。

② "《名義》收字16277字（除去重出的），其中200餘字不見於宋本《玉篇》，與《殘卷》相應的部分有28字為《殘卷》所無。”參見吕浩：《〈篆隸萬象名義〉研究》，博士論文，2003年，第2頁。

③ 周祖謨：《論篆隸萬象名義》，載《問學集》，中華書局1966年版，第903頁。

篇》原貌。”[①]故我們從字形方面依據《名義》（作為原本《玉篇》的參照物）進行時間的斷代還是有一定的可行性。

因為《名義》是目前所見最大程度上保存了《玉篇》原本的規模與字量，故我們將《名義》作為《玉篇》在流傳過程中一個重要參照項，將其與原本《玉篇》、宋本《玉篇》及其所上承的《說文》進行不同時期上的文字形體對照，對中古時期漢字傳承與變異的大致面貌有定量定性的整理認識。

呂浩《〈篆隸萬象名義〉研究》一文中認為：“借助《名義》了解《說文》與後世字書之間的過渡情況，借助《名義》校訂《說文》和《玉篇》，借助《名義》來完善現代辭書的編撰，借助《名義》來考察中古用字情況，考察中古語音情況，還能借助於《名義》進行一些有效的訓詁實踐。”

但《名義》是對原本《玉篇》的刪節改編，於字音義上多有脫奪訛寫之處，其間又幾經轉抄並有“抄胥省之”情形，在字形字義上有許多訛奪之處。“但寫者非精究小學之人，訛字別字殊難辨識，必待用心分辨始明。”我們認為以《說文》、原本《玉篇》及宋本《玉篇》又可對於《名義》進行校訂勘正，“以還空海原書之面目”，亦千載之快事也！[②]

四、上元本《玉篇》

唐上元元年間（公元674年），南國富春處士孫強對顧氏《玉篇》增字減注，在當時影響頗大，世稱“上元本”或“孫強本”。上元本刊世之後流布頗廣，原本漸次湮滅。

在南宋初年晁公武《郡齋讀書志》和陳振孫《直齋書錄解題》[③]中均有“孫氏增本，陳彭年等重修《玉篇》所據亦爲孫本”，可知南宋之時孫強“上元本”仍有流傳於世。又據《四庫全書總目》所言：“《永樂大典》每字之下皆引顧野王《玉篇》云云，又引宋重修《玉篇》云云，

① 臧克和：《歷史漢字的貯存、傳播與變異》（二），載《中國文字研究·第六輯》，廣西教育出版社2005年版，第139頁。

② 參見周祖謨《論篆隸萬象名義》，載《問學集》，中華書局1966年版，第918頁。

③ 《直齋書錄解題》未見寫就時間，因陈振孙卒於南宋理宗三年（1262）春之前，則《直斋书录解题》成书必在更早时間。

二書並列。是明初上元本猶在，而其篇字韻中所載《玉篇》全部乃仍收《大廣益會本》而不收上元舊本，顧孫原帙遂不可考。”可知“上元本”至晚在明初仍在，後因“廣益本”流行而漸佚。

“上元本”歷來被認為是增加字數最多，已初具今本的規模。又有學者認為“廣益本”僅是在“上元本”基礎上進行了字形審定勘校而幾未做增刪工作，故在此有必要作一討論。

（一）上元本成書時間

現刊行於世的廣益本卷首均有：“唐上元元年甲戌四月十三日，南國處士富春孫強增加字。”此題記當為孫強本成書時間無疑，但唐時高宗李治和肅宗李亨都曾用“上元”作年號，故後人學者對此有兩說。

一為唐高宗上元元年（公元674年）。胡朴安《中國文字學史》、劉葉秋《中國字典史略》、路廣正《訓詁學通論》等文中所見。一為唐肅宗上元元年（公元760年）。黃孝德《〈玉篇〉的成就及其版本系統》，胡旭民、李偉國《原本〈玉篇〉的發現和傳抄時代》，錢劍夫《中國古代字典辭典概論》，周祖庠《原本玉篇零卷音韻》等持此說。

唐高宗上元元年與肅宗上元元年相差85年，由於孫強此人史書無記載，只有宋郭忠恕《汗簡》收有孫強《集字》古文，故無法從作者生平考證上元本成書時間。但歷史上雖有兩個“上元”年號，與之相佐有干支紀年並未重合，與《玉篇》題記所附干支紀年“甲戌歲”相吻合是公元674年的唐高宗上元元年。唐肅宗上元元年(公元760年)干支紀年為“庚子歲”，依題記對照與孫強增字時間不符，故排除此說。前人學者多有所考，如陳建裕《〈玉篇〉研究二題》，孔仲溫《〈玉篇〉俗字研究》等，當可依之。

（二）上元本所刊字數

《玉篇》序前題記所述：“梁大同九年三月二十八日，黃門侍郎兼太學博士顧野王撰本，唐上元元年甲戌歲四月十三日，南國處士富春孫強增加字。三十卷凡五百四十二部，舊一十五萬八千六百四十一言，新五萬一千一百二十九言。新舊總二十萬九千七百七十言。”其下有雙行小注“注四十萬七千五百有三十字”。

《四庫提要》認為是附在宋人敕牒之後，楊守敬在《日本訪書志》中亦說“據《廣益》本於祥符牒後載，舊……言，新……言，新舊總……言。”近人學者劉葉秋、錢劍夫等也認為這是宋人重修所做的統計。朱葆華《原本<玉篇>文字研究》亦認為“‘新舊總二十萬九千七百七十言’指的是宋代重修的《大廣益會玉篇》，這是毫無疑問的”。但李偉國先生提出疑義：“‘三十卷凡若干部，新若干言舊若干言’云云，明明是緊接‘孫強增字’而言”，不應該是宋人後加的統計數字。

據宋王應麟《玉海•藝文•小學》“梁《玉篇》、祥符新定《玉篇》”條：“《隋志》……今本三十卷，梁大同九年三月二十八日黄門侍郎顧野王撰……唐上元元年甲戌四月十三日孫強增加字，舊一十五萬八千六百四十一言，新五萬一千一百二十九言。（總二十萬九千七百七十言，注四十萬七千五百三十字）祥符三年二月己酉，太常博士丘雍上《篇韻筌蹄》三卷。六年九月學士陳彭年、校理吳鋭、直集賢院丘雍上准詔新校定《玉篇》三十卷。請鏤板，詔兩制詳定改更之字，天禧四年七月癸亥板成。”

王應麟之説從時間層次上可將編纂增删之事劃分為三段：一是梁時顧野王撰，二是唐時孫強增加减注，三是北宋陳彭年奉詔新校定。從行文看在“孫強增加字”下有新舊言總計之數，故此題記應是孫強所記。

楊守敬等認為“注四十萬七千五百有三十字”為原本《玉篇》注文之總字數，且“舊一十五萬者，孫強等删除注文，增加大字，並自撰注文之數也。新五萬有奇者，陳彭年等增加大字並自撰注文之數也。或者不察，乃以顧氏原本注文為簡，孫強、陳彭年注文為繁，傎之甚矣。”①以现存原本残卷所收字數與篇帙規模看楊说可信。

依《玉篇•序》所言，唐孙强先將原本《玉篇》注文删簡至158 641字，在此基础上又新增注文51 129字，总计209 770字，此數應為已佚“上元本”总字数。楊守敬等對《玉篇》總字數進行過統計，“以《廣益》本合大字注文並計之，實只二十萬有奇”。現據“《玉篇》数据库及信息平台”統計宋本《玉篇》释文字數约有181 670字，與楷字字頭22 804字相加，全篇正文總計204 473字，再加部序目錄字數，與孫強本字數基本一致。故我們推測《玉篇》的增字減注工作在唐上元年間已基

① 楊守敬：《日本訪書志》，載《楊守敬集》，湖北人民出版社1988年版，第83頁。

本完成。

據唐《封氏見聞錄》記："梁朝顧野王撰《玉篇》三十卷，凡一萬六千九百一十七字。"顧氏初撰《玉篇》收16 917字，以原本注文四十余萬字平均，每個大字字頭下平均用24字，而從顧氏殘卷所存近十萬看實際平均每大字頭約45字。宋本《玉篇》全文總計204 473字，以22 804字頭[①]（以楷書大字字頭為准）所用字量平均不足9字。

我們選取原本《玉篇》保存相對完整的且收字百字以上的部首進行對比統計，平均用字情況列表如下：

字数 \ 部首 \ 版本	原本	原本残卷						宋本（泽存堂本）				
	全部	糸部	食部	山部	阜部	羅本	黎本	糸部	食部	山部	阜部	全部
部首收字	16 917	392	144	147	133	1 139	938	459	220	296	193	204 473
各部总字数	407 530	19 229	4 705	4 002	7 567	50 150	42 287	3 876	1 578	2 173	1 870	22 804
平均字数	24	49	32.7	27.2	56.9	44	45	8.4	7.2	7.3	9.7	8.97

可知原本《玉篇》每字注释平均用24字，从原本残卷實際统计平均字来看，皆高於此平均用字量。原本《玉篇》之書證龐博，注文翔實，亦有學者（楊守敬等）認為原本注文之數應不包括大字字頭，按此說法，原本字數平均應在25字左右。或以為日本所見可為顧氏原帙未被蕭愷刪減本[②]，故每字頭下注文平均字數較多，可備一說。

"上元本"字數"新舊總二十萬九千七百七十言[③]"，以16 917到22 804字頭為基數平均計算，每字頭下平均字數應在12—9字之間，如果字頭亦有二萬二千字左右，平均字數與現"澤存堂本"大致相當。

從字數總量看，如前面所言宋本《玉篇》在"上元本"基礎上無大規模增修。而宋陳彭年的"校勘玉篇"所費五年，究竟是著重對注文

① 本篇统计数据均来自"《玉篇》数据库及信息平台"，华东师范大学中国文字研究与应用中心研制开发。

② "因此日藏《玉篇》殘卷從最廣泛的視野來看，有顧野王原本，蕭愷刪改本、孫強增字本（即上元本）、蕭愷刪改孫強增字本甚或其他版本等多種可能性。"參見丁鋒《〈大廣益會玉篇〉刪改〈玉篇〉增補內容考》，（日）《調查研究》2005年，第72頁。

③ 楊守敬：《日本訪書志》，載《楊守敬集》，湖北人民出版社1988年版，第83頁。

的增删還是對字形的勘定，後人一直不得其解。“此本（宋本）與日本發現的原本有很大出入，但究竟孫強改了多少，宋人改了多少，如何增字，如何減注，至今仍不甚清楚。”①

如果“上元本”增字減注的工作應已基本完成，那麼宋人所做工作應該主要集中於修訂字形與廣益義項。將清初重現的宋本與元明時期流行的元刊本相比較，篇訓文字訛謬之處宋本與元刊本各有不同。歷來學者認為宋本與元刊本同屬宋重修後的廣益本，從兩者比勘情況看，我們認為元刊本當為宋本後之刪節本。

宋本《玉篇》與“上元本”字量規模上相當，故朱彝尊所言“宋槧上元本”亦有條件可能，不能斷然認定是“英雄垂老欺世”刪去牒文偽稱上元本。宋本《玉篇》與“上元本”“宋代重修本”及元刊本關係如何，詳見第二章討論。

五、宋本《玉篇》

（一）宋本《玉篇》成書時間

1. 刻工考

楊守敬在《日本訪書志》中記有：“《大廣益會玉篇》三十卷，北宋槧本”，此書現為日本宮內廳書陵部所藏，又稱“圖書寮”，我們將其與宋本《玉篇》作一比較。

王肇文②所记日藏“圖書寮③”版本：

> 《大廣益會玉篇》三十卷 分毫字樣一卷 梁顧野王撰 唐孫強增字
>
> 宋寧宗朝浙中刊本（半葉十行，序二十字，正文小字雙行二十七到二十八字）
>
> 白口，左右雙邊，板心上記字數，下記刊工，框高23釐米，廣15.9釐米。

① 李偉國：《俄藏敦煌〈玉篇〉殘卷考釋》，載《中華文史論叢》（第五十二期），上海古籍出版社1999年版，第186頁。

② 王肇文：《古籍宋元刊工姓名索引》，上海古籍出版社1990年版，第315頁。

③ “圖書寮”是公元701年（日本文武天皇大寶元年），根據“大寶令”而創建的。所謂“寮”，在當時是作為中央一級的“省”的下轄機構。楊守敬《日本訪書志》中言所見《大廣益會玉篇》為“北宋槧本”，且“款式全與澤存堂本同，首亦無大中祥符牒，而野王序前亦有新舊字數。”現為日本宮內廳書陵部所藏，實所見為“南宋本”。

> 刊工[①]分二批。
>
> 第一批有：方堅、王玩、朱玩、吴志、吴益、吴椿、宋琚、李倚、李億、沈思忠、金滋、徐佐、高異、張榮、陸選、趙中、劉紹、魏奇。
>
> 第二批有：方至、何昇、吴目、李培、秦暉、曹榮、陳觀仁，（蔡）壽甫。

據王肇文《古籍宋元刊工姓名索引》、張振鐸[②]《古籍刻工名錄》，版內所記人名大都為南宋浙中杭州地區名刻工。

張氏澤存堂覆刻宋本《玉篇》版式為：白口，左右兩欄，黑單魚尾，半葉十行，每行大字20字（小字27或28字），版心處有大小總字數、上中下卷之分、頁碼、刻工名，框高14.8釐米，寬11.5釐米。[③]

值得注意的是宋本《玉篇》版心記有38位刻工名，與圖書寮本刻工名錄無差別，其中名稱出現10版以上的主要刻工有沈思忠（20）、方堅（20）、宋琚（12）、吴志（14）、吴益（18）、李倚（16）、吴椿（16）。（詳見論文附表1.2：“宋本《玉篇》刻工名表”）

關於這些刻工的時代，可從一些明確屬於南宋刻本的古籍版本中得知。查《古籍宋元刊工姓名索引》可知，宋琚、李倚、金滋、方至、何昇等於慶元六年（1200年）同刻《春秋左傳正義》。《索引》又記宋琚前後共參與《春秋》等24種書版制作。

由於同期雕刻書板需要集中很多刻工互相協作才能按時完成，南宋時期浙中地區為印書出版業三大中心之一[④]，大小書坊皆長期或短期招募有刻工制版開印，刻工於版心刻記自己名字有按工取酬責任到人之意。從《玉篇》的刻工所刻頁數分配及同時刊刻的數部書板時間與地域分布上來推斷，今所見宋本《玉篇》應在宋寧宗趙擴時所刊刻，其大致年代

① 與張氏宋本個別刊工名有所出入，疑應是張氏刻寫有部分失誤。

② 張振鐸：《古籍刻工名錄》，上海書店出版社1996年版，第68頁。

③ 所據為中國書店影印本，故大小尺寸縮至印刷版面32開大小，但從框寬高比例上數據大致一致。

④ “北宋初期，四川刻書最為興盛，這是自唐、五代沿襲下來的。到北宋後期，浙江地區刻書最為精美。南宋時代，福建刻書數量之多居全國首位。因而形成宋代著名的三大刻書中心。”參見張樹棟等《簡明中華印刷通史》，廣西師範大學出版社2004年版，第82頁。

應在慶元年間。

2. 避諱字考

宋本《玉篇》避諱字情況比較複雜，因屬清康熙年間覆刻“毛氏汲古閣本”，康熙時避諱已漸趨嚴格，故張氏澤存堂本《玉篇》應避當朝及前朝兩者諱，且當朝諱應嚴於前朝諱。

宋人避諱之例最嚴[①]。宋人洪邁《容齋隨筆·三筆》十一云：“本朝尚文之習大盛，故禮官討論，每欲其多，廟諱遂有五十字。”宋代“國諱”須避皇帝七世祖以上名諱，故從宋本《玉篇》避諱字上亦可大略推知傳刻時代。

有學者提出今張士俊澤存堂本“本避皆北宋諱，而不避南宋諱。如‘匡、筐、框、玄、朗、檠、儆、炅、楨、徵、桓、晅’諸字均作缺筆諱……顯然是避宋太祖始趙匡胤及其始祖趙玄朗、祖父趙敬，還有太宗趙炅、欽宗趙桓諸人之名諱”，因此推知“張士俊所據宋本，是南宋的刊本”。[②]

我們發現避諱有兩種情況，一是嚴格避諱字，如“玄”，通篇73字皆避，且有涉及“玄”字者皆缺筆，如“玹、伭、頦、胘、泫、掹、訤、怰、痃”。二是並未為嚴格避字，“竟、璄、境、傹、讀、檠”，“徵、懲”等字避皆非通篇一致。如宋太祖曾祖諱“珽”，書中避諱並不嚴格，在“笏”字下釋“珽也”未缺筆，且有“挺、艇、廷、蜓”等字皆未避讳。

試究其原因，我們認為《玉篇》通篇避諱不一致的原因是，因不同歷史時期層積下的各種避諱情況所致。

其一，嚴格避諱字當為當朝避諱。

宋本《玉篇》為朱彝尊“借得宋槧上元本於毛氏汲古閣，張子士俊請開雕”，既是清人覆刻本，必遵時諱。

朱彝尊為清初著名學者，浙江秀水人，生於明崇禎二年（1629年）卒於清康熙四十八年（1709年）。《清史稿》稱其“博學多識，凡天下之書，無不披覽。康熙十八年以布衣入選，二十年充日講起居注官，入值南書房，賜紫禁城騎。”

① 陳垣：《史諱舉例》“宋諱例”，中華書局1962年版，第124頁。
② 孔仲溫：《〈玉篇〉俗字研究》，臺灣學生書局2000年版，第5頁。

張士俊應為清代中期通識版本學的刻書家，刻有《澤存堂五種》本，其余四種為宋本《廣韻》《佩觿》《字鑑》《羣經音辨》，因版本刻工精良，為後世学者所重。《欽定四庫全書總目》記有："《羣經音辨》七卷，爲康熙中蘇州張士俊從宋槧翻雕……《重修廣韻》五卷，爲蘇州張士俊從宋槧翻雕……《字鑑》秀水朱彝尊從古林曹氏抄得，始付長洲張士俊刊行之"。

張氏即以"梨棗之材，尺幅之度，臨橅讎挍之勤，不舍晨暮……逾年而後成書。"朱彝尊為之作序落款"康熙四十有三年六月既望，南書房舊史秀水朱彝尊序，時年七十有六。"可知覆刻本當在公元1704年完工，故此書屬清代早期，故僅避康熙名諱"玄、燁"两字，不避後世清帝名諱。且此避諱之法與成書於康熙五十五年（1716 年）《康熙字典》一致，"玄"字與"燁"都缺最後一筆。

查檢宋本《玉篇》可知"玄"字通篇避諱，且"燁"僅作字頭出現，下所從字或以"爛"字替代或直接刪去。對照四部叢刊所收"元刊本"有"燁，爲輒切。燁燁，火光皃。"而張氏宋本《玉篇》刪去釋文中"燁燁"，且作為字頭之"燁"缺末筆寫作"熚"。

其二，未嚴格避諱字當為前朝名諱。

宋太宗祖"敬"，書中避"敬、璥、儆、擏、獘、憼、警、驚"等字。太宗父"弘殷"，避"弘、殷"二字，故"弘、吰""殷、慇"時有缺筆。太宗匡胤避"匡、郋、距、眶、恇、筐、框"等字，仁宗避"禎、貞、彭、揁、楨"等字，皆有避字前後不一致疏漏处。

宋太宗始祖"玄朗"，避"玄、朗"二字。"朗"字出現53次，其中"朗"字頭不避，切音字及釋文中避者有"盰、亮、莌、莌、翃、曭、瞇、眪、骯、廜、翀、黨、錛、曭、羙、螃"共16字，其余37字均不避。且同版内所刻"骯、髒"，其上字"骯"下切音字"朗"缺末兩筆，下字"髒"切音字"朗"無缺筆。

宋真宗避"桓"字，書中"揯、堩、恒"字頭缺末筆，而"桓"做字頭時卻未避諱。據統計，"桓"作為切音字釋全書出現17次，其中"智、悗、悹、莡、鋑、溥"6個字頭下有缺筆避諱，而在"搏、舊、鄟、觀、鬏、慱、莞、苴、欒、濼、狟"11個字頭下不避。如"溥、瀵”處同一版內，而上字中有缺末筆，下字中無缺，可見同一刻工或寫手對此字避諱亦是比較隨意。故從刻寫質量上看，宋本《玉篇》極有可能是當時社會上廣為流行的坊刻本①。

（二）宋本《玉篇》的名稱與刻本性質

1. 宋本《玉篇》名稱所指

宋代重修《玉篇》又稱《大廣益會玉篇》。

清朱彝尊作序有“顧氏《玉篇》本諸許氏，稍有升降損益。迨唐上元之末，處士孫強稍增多其字，……至宋陳彭年、吳銳、丘雍輩又重修之，於是廣益者眾。”朱氏認為宋時重修《玉篇》，理當“大廣益”。

清之學者皆以為宋代陳彭年輩奉敕重修時增廣益者眾，因而後世稱之為《大廣益會玉篇》即指宋時重修本《玉篇》。

臺灣孔仲溫先生在《玉篇〈俗字〉研究》中對此提出三點質疑：1. 宋人著錄無《大廣益會玉篇》之名；2. 宋刊本《玉篇》猶存《玉篇》之名；3. 敕牒未見改名之旨。因而推斷說“（大廣益會）這樣的稱名反倒像元明以後，書坊刻書為增廣銷路，招攬顧客而稱其本為‘全本’‘足本’的意思，似乎不與御敕修纂、雕印頒行那端莊穩重的性質相符。”②認為北宋陳彭年等重修時並未定名為《大廣益會玉篇》③，此名“應該最早不會早過南宋初年”。

但現眾多學者仍認為在宋修成之時即名《大廣益會玉篇》，“宋代官方不僅廣益了《切韻》，名作《廣韻》，也廣益了《玉篇》，名作《大廣益會玉篇》，即宋本《玉篇》。”④“宋重修《玉篇》賜名《大廣益會玉篇》……重修本‘擴大、增廣、補益、會合’”且“從書名可以窺見重修者乃至朝廷對《玉篇》增字的刻意追求、無比重視與至高評價。”⑤

---

① 坊刻本指書商自主編刻圖書並經營書業的書坊，唐代已經出現，至兩宋而極盛。北宋的開封，南宋的杭州皆為印刷出版業中心。雕版印刷興起以後，許多書坊都建立手工作坊，從事雕版、校對、印刷、裝訂等工藝，自雕自印自銷，成為手工業和商業的聯合體。規模較大的書坊有常年的雕印作坊，規模較小的書坊大抵是臨時招集刻工，刻完即散。

② 孔仲溫：《玉篇俗字研究》，臺灣學生書局2000年版，第5頁。

③ 既然不是北宋刊本……其改易原有書名而作《大廣益會玉篇》，這是很有可能的。更何況書中三十卷，每卷的卷首都是作‘《玉篇》卷第0’的形式，由這種卷首與每卷首書名不一致的情形看來，不禁讓人懷疑這書首的書名是後來改換的……”參見孔仲溫《玉篇俗字研究》臺灣學生書局，2000年，第5頁。

④ 陳燕：《从〈玉篇〉反切比较论中古时期的标准音》，《天津師范大學學報》2001年第5期，第76頁。

⑤ 丁鋒《〈大廣益會玉篇〉删改〈玉篇〉增補內容考》（日），《調查研究》，2005年，第71頁。

自元以後所見稱名皆為《大廣益會玉篇》，今存“元刊本”“明刻本”書名及目序卷次內皆標為“大廣益會玉篇某某”。元明清稱宋重修《玉篇》統為《大廣益會玉篇》，今人為便於稱名順承前代所指，因循稱“宋本”“今本”“重修本”“廣益本”，皆指“大廣益會玉篇”名下各種版本，在實際使用時因所指版本情況不明造成了不少的混亂。①

朱彝尊在序中稱所借為“宋槧上元本”，後人多依《四庫全書總目提要》質疑朱氏私自刪去牒文而偽稱“上元本”。②又朱序本卷首題“大廣益會”之名，故有學者據此認為“此本既非朱氏所云‘宋槧上元本’，亦非《大廣益會玉篇》原刊本（原刊本必有牒文）”，③但必定屬於廣益本。中華書局1987年影印張氏澤存堂本題為《大廣益會玉篇》，“朱序本”即是廣益本。

“朱序本”為南宋間坊刻本，必受當時社會影響。顧千里、黃丕烈曾說：“南宋時建陽各坊刻書最多，惟每刻一書，必借倩不知誰何之人，任意增刪換易，標之新奇名目，冀以衒價，而此書多失其真。”故坊間刻賈為廣銷路，書成之時再加稱時下流行之“大廣益會”④之名亦無不可，且全文僅見書名一處為“《大廣益會玉篇》”，其余皆稱為“《玉篇》”，與元刊本處處皆稱為“《大廣益會玉篇》”不相一致。從內容上看，“朱序本”所收字序與附有重修牒文之鄭氏“元刊本”釋字各有異同，注文增刪改動，版式排列亦有很大差別。故不能單憑有無牒文與書名即斷定朱氏作偽。目前我們僅能見到南宋以後刻本，故“大廣益會”之名來源於何時我們暫不做定論。

由於清代樸學的發達，學者對“宋本”的重視程度也是空前的。故張氏朱序本一出，其他的本子則身價大跌。“宋本”的刊行本除澤存堂刊本外，有《四庫全書》“重修《玉篇》”、曹楝亭五種本、清道光中新化鄧氏覆張本、《小學彙函》本、近代中華書局《四部備要》本、中

① 如《漢語大字典》凡來自《玉篇》之字皆以“今本”“原本”或直引《玉篇》，查其“主要引用書目表”所引《玉篇》版本有三種以上，分別屬原本《玉篇》、宋本《玉篇》、元刊本三種版本，稱引僅標明“《玉篇》”或今本原本，使人不能分辨來源何處。

② 此處非朱氏之偽作，楊守敬《日本訪書志》所記“（《大廣益會玉篇》）款式全與澤存堂本同，首亦無大中祥符牒……今以此本照之，一一吻合，是則刪除牒文亦係宋人。謂竹垞誤以大中祥符本為上元本，可也，謂張氏刪牒作偽，不可也。”

③ 陳建裕：《〈玉篇〉版本研究》，《西藏大学学报》(汉文版)1999年8月第14卷，第99頁。

④ 宋本《玉篇》目錄之首僅見一處“大廣益會玉篇一部並序”其余處皆為“玉篇卷第……”，與鄭氏本每卷卷首皆有“大廣益會玉篇卷第……”有明顯不同。

華書局叢書集成初編、《小學名著六種》等皆出自宋本《玉篇》。1983年中國書店影印時稱為“宋本《玉篇》”，此稱名可與元刊本有較明顯區分，更符合朱序本為南宋刻版的實際情況。

2．宋本《玉篇》刻本性質

據上文從刻工可知宋本《玉篇》為南宋槧本。

從字所避諱情況寬與嚴不同看，宋本《玉篇》避宋諱所忽甚多，而清人避清諱無一疏失。張氏覆刻毛氏汲古閣本，兼“取《繫傳》《類篇》《汗簡》《佩觿》諸書，推源析流，旁稽曲證，逾年而後成書”，後人覆刻當以存真為首要標準，故避諱不嚴之處應多屬南宋刻本之疏。為何南宋刻本有此如多疏忽之處呢？我們試從當時出版印刷業發展角度來分析。

“兩宋三百年間，雕版印書已被社會各階層所接受，逐漸產生並形成了官府、私家和書坊刻本這三個層次、三種類型的刻本。”①

從不同出版系統看，兩宋時期主要有官府刻書與民間刻書兩類。北宋時主要為官府及中央政府刻印書籍。除國子監刻書之外，中央政府各機關部門也都刻書，如崇文院、秘書監、太史局、德壽殿、左司廊局等，有些部門則刻些與本職相關的專業書籍。公元986年到1034年崇文院與國子監校刻了《說文解字》《廣韻》《玉篇》以及《集韻》《孔部韻略》等字書、韻書。據周祖謨《〈大廣益會玉篇〉跋》：“宋景祐中《崇文總目》有《玉篇》三十卷，云顧野王撰，雖未明言為孫強本，然目錄中別無孫書，足滋人疑。”因顧氏《玉篇》原本宋時已散佚，故疑崇文院所刻《玉篇》雖未明言為孫強本，然“考之於兩宋之著述，亦但言孫強之增字，而絕無道及原本或原本與孫本之異同者。”故崇文書院所刻應為經孫強增字本《玉篇》而非顧氏原本，也有可能是宋時重修本。

官刻本具有比較雄厚的財物實力，刊刻不計成本力求刻印精美、校勘審慎，為世所稱道。故對避諱和審校標準極嚴，如封建帝君、聖賢或尊長的名諱當避字或有所缺省，而從宋本《玉篇》避諱情況多有疏忽看，應不屬於官府刻本。

“宋代官方刻書在北宋時期以中央為多，到南宋時，則以地方為多。”①南宋時官刻漸趨衰微，民間刻書印刷業發展並成熟起來。宋人葉

① 嚴佐之：《古籍版本學概論》，華東師大出版社1989年版，第26頁。

夢得在《石林燕語》中評論道“今天下印書，以杭州為上”。

民間刻書主要有私宅刻書、書坊刻書兩大類。私宅刻本大多以發揚學術傳播文化為旨，並不以售賣贏利為目的。故在校勘方面態度也比較認真，對聖人嚴格避諱，而宋本對此類字“丘、尼、軻”等均無規避。

書坊刻書唐代已經出現，至兩宋而極盛。南宋的杭州地區已有眾多書坊、書齋、書軒、書林、書堂、書肆、書棚、經籍鋪、紙馬鋪等云集，雕版印刷興起以後，書商自主編刻圖書並經營書業，許多書坊都有刻印作坊，自雕自印自銷，十分便捷。此時通俗類及蒙學讀物為通行主體，書商選取時下仍在通行《玉篇》本子翻刻為宋本亦是可行。

其次，宋本《玉篇》相對照中發現許多字形之訛誤，早在1925年就有學人據日藏原本《玉篇》殘卷對《玉篇》進行校勘，考宋本《玉篇》誤字186處[②]，現與《說文》等書比勘，多數可確定為宋本之錯訛。

切音釋文字形近訛誤，常見有“又/义/叉”“日/曰”“王/玉”“全/金”“上/止”“干/於”“迴/迥”“大/犬”“隹/佳”“市/巿”“九/丸”“未/末”“疸/疽”“鞀/鞀”“經/絰”等，形近相混之例不下百處，應是版本未精之證。

楷字字頭亦有校勘不精之處。如足部“跐”字兩處重出：“跐，時紙切。樹也。//跐，丁戾切。蹋也。”元刊本有：“跮，丁戾切。跮蹋也。”與宋本《玉篇》其中一重出字“跐”音義全同。又《廣雅•釋詁》有“跮，蹋也。”《康熙字典》引《玉篇》“跮，蹋也。”可知宋本《玉篇》第134頁“跐”應作“跮”。又如，宋本《玉篇・囗部》：“囲，亦作押。”對照元刊本有“囲，亦作柙”，異體字對應不同。查《說文》可知“囲”來源於 “柙”之古文“𠙴”，釋為“檻也。以藏虎兕”，《玉篇》隸楷定為“囲”。故“柙”“囲”為異體關係，與“押”無關。可見宋本刻寫時“木”與“扌”相混致訛。

宋本《玉篇・頁部》：“鵮，口咸切。鶆鵮也。”頁部出現鳥部字，不合“據形系聯”之理，且“鵮”字在鳥部又重出。元刊本《玉篇・頁部》：“顄，口感切。顢顄。” 頁部有“顄”無“鵮”，且“鵮”僅在鳥部出現。疑此字宋本有錯。《康熙字典•頁部》：“顄，《玉篇》

---

① 張樹棟等：《簡明中華印刷通史》，廣西師範大學出版社2004年版，第75頁。
② 鮑鼎：《玉篇誤字考》，載《學衡》，1925年，第44頁。

口咸切，與鴿同，鶼鴿也。”鶼鴿即比翼鸟，“頟”与“鴿”同。此处可能是受“鶼”字偏旁泛化的影响而写作“鴿”，宋本頁部此字應改作“頟”。

部首統領下字形常因俗訛或刻版求簡省發生相混同形現象，如“瓜”字及作偏旁時皆用“爪”，如“鬥部”其屬之字亦從“門”；“衣部”字或從“衤”等等。

注文傳抄錯訛，如言部字“訇”：

《說文》：訇，騃言聲。从言，匀省聲。漢中西城有訇鄉。

原　本：訇，呼泓反、胡蠲反。《西京賦》沸卉砰訇。《說文》騃言聲也……

宋　本：訇，駭言聲也。又鄉名。

元刊本：訇，駭言声也。

據原本《玉篇》殘卷所引《說文》釋文無誤，宋本“騃”誤為“駭”字，元刊本未加審改，錯與宋本同。

取“原本”、“名義”、“元刊本”諸本與宋本《玉篇》對比整理，舛訛不勝枚舉。昔學人嘆道“倘得（原本《玉篇》）完本觀之，則廣益本[①]之誤又不在凡幾矣”。[②]

我們認為只有以盈利為目的的坊間刻書才可能對雕版刊刻質量要求不嚴，但求其速成見利。宋本《玉篇》對諱字多所忽略，在校審方面亦存在諸多疏漏之處，當屬私刻本中的坊刻本。

（三）宋本《玉篇》的內容和體例

1．內容

⑴《玉篇》前序（以出現前後順序排列）

①重刊玉篇序

宋本《玉篇》首為朱彝尊之“重刊《玉篇》序”。全文如下：

小學之重於古久矣。《周官》保氏掌養國子教之六書。漢制：

① 此處“廣益本”仍指“朱序本”，乃沿習清人說法認為宋本《玉篇》即是“廣益本”。
② 鮑鼎：《玉篇誤字考》，載《學衡》，1925年，第44頁。

太史試學童，能諷書九千字以上乃得爲吏；吏民上書，字或不正，輒舉劾。自《凡將》《元尚》《滂喜》諸篇均失其傳，而《爰歷》《博學》爲閭里書師所合，入之《倉頡篇》中，許慎據以撰《說文解字》。古本部分，自一至亥者是已。顧氏《玉篇》本諸許氏，稍有升降損益。迨唐上元之末，處士孫強稍增多其字。既而釋慧力撰《象文》，道士趙利正撰《解疑》。至宋陳彭年、吳銳、丘雍輩又重修之。於是廣益者眾而《玉篇》又非顧氏之舊矣。予寓居吳下，借得宋槧上元本於毛氏汲古閣，張子士俊請開雕焉。梨棗之材，尺幅之度，臨橅讎挍之勤，不舍晨暮。並取《繫傳》《類篇》《汗簡》《佩觿》諸書，推源析流，旁稽曲證，逾年而後成書，爰屬予序其本末。以予思之，學奚小大之殊哉？毋亦論其終始焉可也。講習文字，於始窮理盡性，官治民察；要其終，未有不識字而能通天地人之故者。宋儒持論，以灑埽應對進退爲小學。由是，今之塾師，《說文》《玉篇》皆置之不問。兔園冊子，專攷稽於梅氏《字彙》、張氏《正字通》。所立部屬，分其所不當分，合其所必不可合，而小學放絕焉。是豈形聲文字之末與？推而至於天地人之故，或窒礙而不能通，是學者之所深憂也。孫氏《玉篇》，雖非顧氏之舊，然去古未遠，猶愈於今之所行《大廣益本玉篇》，復上元本而古之小學存焉矣。

康熙四十有三年六月既望

南書房舊史秀水朱彝尊序　時年七十有六

朱氏所稱所借“宋槧上元本於毛氏汲古閣”，歷來為後人所詬議。（詳見“第二章第一節未序辨偽”）《四庫全書總目提要》云：“刪去重修之牒，詭稱上元本，而大中祥符所改“大廣益會”之名及卷首所列字數仍未及削改，可謂拙於作僞。彝尊序乃謂勝於今行大廣益本，殆亦未見所刊，而以意漫書歟。”《四庫提要辯證》中說“彝尊雖老，寧至既聾且瞶乎？此蓋英雄欺人，欲自表彰其能存古代小學之功耳”。徐時棟在《煙嶼樓讀書志》中亦說“朱序蓋高年錯記”。後人多據《四庫提要》一說質疑朱氏私自刪去牒文而偽稱“上元本”，朱氏作偽其時已成定論。直到楊守敬於日本訪見“北宋槧本”《玉篇》才始得大白真相，其《日本訪書志》有："（《大廣益會玉篇》）款式全與澤存堂本同，首亦無大中祥符牒……今以此本照之，一一吻合，是則刪除牒文亦係宋人。謂竹垞誤以大中祥符本為上元本，可也，謂張氏刪牒作偽，不可也。" 從日藏"圖寮本"存本面貌可知，宋本《玉篇》卷首無牒文非朱氏欺世作偽而自行刪去。

②《玉篇》檢字表

分為上中下部，每部各十卷，每卷有總統部之計數，卷下列各部的部首字切音與部序。疑為宋人或更早為方便查檢所加，元刊本無此檢字表。

③《玉篇》序文

正題標為"《大廣益會玉篇》一部"，其下分為三段，一為所刊字數統計，一為顧野王自序，一為野王呈上進啟。

大廣益會玉篇一部（並序）凡三十卷

梁大同九年三月二十八日，黃門侍郎兼太學博士顧野王撰本，唐上元元年甲戌歲四月十三日，南國處士富春孫強增加字。三十卷，凡五百四十二部。舊一十五万八千六百四十一言，新五万一千一百二十九言，新舊捻二十万九千七百七十言（注四十万七千五百有三十字）。

昔在庖犧，始成八卦。暨乎蒼頡，肇創六爻，政罷結繩，教興書契，天粟晝零，市妖夜哭，由來尚矣。爰至玄龜龍馬負河洛之圖，赤雀素鱗摽受終之命，鳳羽爲字，掌理成書，豈但人功，亦猶天授。故能傳流奧典，鈎探至賾，揚顯聖謨，耀光洪範。文遺百代，則禮樂可知；驛宣萬里，則心言可述；授民軌物，則縣方象魏；興功命衆，則誓威師旅。律存三尺，政仰八成。聽稱責於附別，執士師於兩造。勒功名於鍾鼎，頌美德於神祇。故百官以治，萬民以察。雕金鏤玉，升崧岱而告平；汗竹裁縑，寫憲章而授政。莫不以版牘施於經緯，文字表於無窮者矣。所以垂帷閉户，而覿遐年之世；藏形晦跡，而識遠方之風。遵覽篆素以測九垓，則靡差膚寸；詳觀記録以游八裔，則不謬毫氂。鑒水鏡於往謨，遺元龜於今體。仰瞻景行，式備昔文；戒慎荒邪，用存古典。故設教施法，無以尚兹。經世治俗，豈先乎此？但微言既絶，大旨亦乖。故五典三墳競開異義，六書八體今古殊形。或字各而訓同，或文均而釋異。百家所談，差互不少；字書卷軸，舛錯尤多。難用尋求，易生疑惑。猥承明命，預纘過庭，總會衆篇，校讎羣籍，以成一家之製，文字之訓備矣。而學慙精博，聞見尤寡，才非通敏，理辭彌躓，既謬先蹤，且乖聖旨。謹當端笏擁篲，以俟嘉猷。

啓：竊聞兩儀俶啓，九皇始君。情性初動，有巢肇制。三聖代立，十紀遞興。龍牒浮河，龜書起洛，八卦既陳，六爻攸叙，篆素之流是焉而出。至於精課源妙，求其本始，末學敷淺，誠所未詳。雖復研考六經，校讎百氏，殊非庸菲所能與奪。謹依條例同異，具以上呈。伏惟聖皇馭寓，膺籙受圖，德尚昊軒，功超嬀姒，通妙廣運，乃聖乃神。經天曰文，止戈爲武，百工維理，庶績咸熙。勸以九歌，撝之八柄，修文德以來要服，舞干戚以格有苗。是故仁風所扇，九服蒙靈，正朔可班，四荒懷德。取衣雒樹，則肅慎識受命之興；夷波海水，則越裳知聖人之德。豈但中和樂職，近播岷峨，德廣所覃，旁流江漢。殿下天縱岳峙，叡哲淵凝。三善自然，匪須勤學；六行前哲，寧以勞喻。是以聲覃八表，譽決九垓，規範百司，陶鈞万品，猶復留心圖籍，俛情篆素，糾先民之積謬，振往古之重疑，簡冊所傳，莫令比盛。野王沾濡聖道，沐浴康衢，不揆愚淺，妄陳狂狷。徒夢收腸，終當覆瓿；空思朱墨，燿必無傳。悚悸交心，罔知攸錯。謹啓。

敕牒前之統計字數當為上元本孫強所加，前文“上元本字數”已討論過，此不再贅言。卷首《序》之正文敘述了顧野王奉敕編纂《玉篇》的緣起與經過，“猥承明命，預纘過庭，總會衆篇，校讎羣籍，以成一家之製，文字之訓備矣。”啟分別對“圣皇”和“殿下”進行頌揚，應是進呈梁武帝與梁太子之表。顧氏所撰《玉篇》，書雖修於梁武帝之時，所奉卻是當時梁太子蕭綱（即後來的簡文帝）之命。此說清人已有所論，朱葆華《原本〈玉篇〉文字研究》亦有詳述。宋本、元刊本所附《玉篇序》一致。

《法苑珠林》中有：“梁顧野王，太學之太博也，周訪字原，出沒不定。故《玉篇序》云：‘有開春中君墓得其銘文，皆是隸字。’春中是周末六國，同時隸文，則非吞併之日也。”雖未見於《玉篇》現存序文之中，應是佚文或是後人之偽托，但其“周訪字原（源）”，廣為收集各種字形之審慎態度，可從《玉篇》之廣收各體文字中略窺一斑。

⑵卷次

《隋書•經籍志》有：“《玉篇》三十一卷，陳左將軍顧野王撰。”宋鄭樵《通志·藝文略》亦記：“陳左將軍顧野王《玉篇》三十一卷。”日藤田佐世《日本國見在書目錄》中記：“玉篇卅一卷，陳左將軍顧野王撰。”①另《弘決外典抄》《絳雲樓》皆載為三十一卷，劉葉秋、孫鈞錫認為可能是卷首序文和表啟合為一卷。亦有學者認為“雖有此可能，但從抄自原本《玉篇》的空海《篆隸萬象名義》卷首列有三十卷、五百四十二部首的《總目》，並稱為‘篆隸萬象名義第一’與正文的第一卷同稱‘卷第一’看來，恐怕所謂多出一卷正是指此。”②鄭師許據《玉篇序》之佚文推測“若《法苑珠林》所引果真顧氏之書……而辨明字體之沿革，或另為一卷，則《隋書•經籍志》三十一卷之數或不誤耶。”③查上海圖書館所藏日本慶安二年(1649年)書林余氏日刻元刊本，即為三十卷並首一卷（共10冊線普裝），故前人有可能以多加部分增為一卷。

《建安實錄》記：“（野王）又撰《玉篇》二十卷。”應是傳抄訛寫，有學者說“所載野王撰著若干種名目次第及其卷數，皆同《陳書》，獨此《玉篇》三十卷作二十卷，則二十云者，必三十之訛文也。”④

目前實見各版本皆三十卷，以《陳書》《封氏聞見錄》之說為是。

⑶卷末附文字字形聲韻圖例

澤存堂宋本卷末載有《新加偏傍正俗不同例》11例、《類隔更音和切》3例、《分毫字様》124组共248字、神珙《四聲五音九弄反紐圖》並序，並張士俊後記。

《分毫字様》為區別形體相近似字而設立，兩兩對照，注明音義區別，對現代漢字的正形辨誤仍具有借鑒意義。如：

---

① 宮內廳書陵部所藏室生寺本《日本國見在書目錄》，東京，名著刊行會，1996年，第21頁。

② 孔仲溫：《〈玉篇〉俗字研究》，臺灣學生書局2000年版，第12頁。

③ 鄭師許：《〈玉篇〉研究》，《學術世界》第1期第4卷，1935年。

④ 張煦：《〈玉篇〉原帙卷數部第敘說》，《山東大學文史叢刊》第1期，1934年。

缀缁，上去偃反，下語偃反，並脣破皃。
杲果，上公老反，日色。下公禍反，果福。
囚囚，上得立反，動也。下似由反，禁人。
甲甲，上古狎反，兵甲。下女洽反，取物。
已巳，上居里反，身也。下羊已反，止也。

《分毫字様》作為針對漢字形體的專項辨析，是對楷書字形進行規範整理的開創性工作。宋本《玉篇》正文中一些因刊刻之誤亦可由此處得以糾正，如“言言”“已巳”等。錢劍夫認為是：“創造性的‘辨字’方法。直到今天……辨別正體和錯別字的書，也仍然是以這個《字樣》為藍本，或者說這個《字樣》即其濫觴。”

《康熙字典》卷首設有“辨似”一欄，列舉了大量形體相似的字，從“二字相似”到“五字相似”分為四種情況。題下有說明：“筆畫近似，音義顯別，毫釐之間，最易混淆，閲此庶無魯魚亥豕之誤。”如：丁——丅，厂——厂，木—术—朩—朩等，對漢字的正字正音都具有很高的實用價值，應緣於《玉篇》創建的“辨字”方法，並有所繼承發展。

《玉篇》中的《分毫字様》雖不能斷定為顧氏原創，但將宋本《分毫字様》與元刊本所附《分毫字辨》相比較，宋本反切用語為“某某反”，元刊本改為“某某切”。①唐安史之亂後德宗李適忌諱“反”，故改“反”為“切”，可知《分毫字様》所出現時間至少在唐中期以前。

《新加偏傍正俗不同例》共十一個，分為注音和標形兩種。正音采用反切法（2例）與直音法（8例）。

丶，知柱切；厂，音漢；厽，音累；几，音殊；市，音弗；丿，音瞥；厶，音私；幺，於條切。

區別字形有1例“从，同從”。

① 從版本關係上看元刊本較宋本晚出，且《分毫字辨》錯訛處竟有四十余處，應是後世傳刻中出現的訛誤。

《說文·从部》：从，相聽也。从二人。凡从之屬皆从从。
　　從，隨行也。从辵、从，从亦聲。
《玉篇·从部》：从，疾龍切。相聽也。今作從。
《玉篇·從部》：從，才用切。隨行也。又在蹤切。

可知《玉篇》“從”合併《說文》“從”“从”兩字。“從”既有“听從”義，又有“隨行”義，作為六朝時期今字通行。

辨別古今字音《類隔更音和切》共3例，如下：

它，恥何切，今託何切。
碥，方顯切，今卑顯切。
陵，符逼切，今皮逼切。

“它”舌上音從舌头音中分化出来。“碥”“陵”都是轻唇音從重唇音中分化出来後，读音发生了改变。造成这种情况的主要原因是语音的發展變化。以聲母为例，“原本《玉篇》时代轻重唇音尚未分化，轻重唇混切现象比宋本明顯；原本舌头舌上混切，宋本与此不同，或分清混切的舌头舌上音，或在保留混切的基礎上，增加一个音和切。”①所附的《类隔更音和切》旨在表明古今字音发生了變化，故單獨列出。

《新加偏傍正俗不同例》《類隔更音和切》字例過少，疑為未完成之作或後人脫漏或補入不全。反切法用“某某切”而不用“某某反”，可能與《分毫字樣》非同一時期附入。元刊本合併《分毫字樣》等為《新編正誤足注玉篇廣韻指南》，更似宋人重修本後刊刻逐次增修。但元刊本並無此《新加偏傍正俗不同例》《類隔更音和切》兩例，應是非同一版本系統相承。

《四聲五音九弄反紐圖》，為沙門和尚神珙所撰，包括序、五音聲论、五音之图和九弄图。强调四声与五音的重要性，為研究反切講求“等韻”所用，應是唐人附入的。《韻鏡》序云：“沙門神珙，號知

① 李英：《原本〈玉篇〉與宋本〈玉篇〉反切比較研究》，天津師范大學2003年碩士論文，第4頁。

音韻，嘗著《切韻圖》，載《玉篇》卷末。”[①]宋晁公武《羣齋讀書志》有：“《玉篇》三十卷，右顧野王撰，唐孫強又嘗增字，僧神珙《反紐圖》附於後。”故知唐孫強本即附有神珙《反紐圖》，非後人所加。

2. 體例

《玉篇》上承《說文》《字林》等字書，下開百世楷書字典先例，其編排體例對後世影響頗大。清人已多有評述，今人學者也多有研究成文。周大璞先生評價極高：“編寫體例上，《玉篇》較之《說文》已有長足進步。它奠定了我國楷書字典的基礎。此後字典的編寫都不過在《玉篇》體例基礎上逐漸改進，逐漸完善罷了。”[②]

(1)分部說

《玉篇》對《說文》540部有所調整和增刪，分為542部。與《說文》相同有529部。其中48部字形對應稍有差別，“丄/上、玨/珏、凵/亼、㗊/囂、聿/肀、夏/戛、歺/歹、冎/另、肉/ 内、亏/亐、亯/享、㫗/旱、畐/畗、華/蕐、員/貟、朙/明、彔/录、朩/朮、林/𣏟、宮/宫、呂/吕、丘/北、㐺/乑、兆/ 兆、禿/秃、首/𩠐、県/県、卮/巵、卯/夘、冄/冉、彑/彐、豚/豚、舄/兕、㹜/犾、黑/黒、尣/尢、幸/㚔、大/大、瀕/頻、川/巛、仌/冫、戶/户、乁/乀、甾/甶、堇/𡌆、𠂤/阜、内/厹、厶/厶 ”[③]。究其原因，多是《說文》小篆字形與後世通行隸楷字體不同，故易受楷化隸定或今俗文字的影響。

《玉篇》刪並《說文》部首“哭、延、教、眉、白、㗊、㱃、后、弦、畫、大”，共11部。具體情況如下：

刪去“哭”部2字“哭、喪”並入“吅”部，刪去“延”部2字“延、延”並入“廴”部，刪去“畫”部2字“畫、晝”並入“書”部，刪去“教”部2字“教、斆”並入“支”部，刪去“眉”部2字“眉、省”並入“目”部，刪去“㱃”部2字“㱃、歠”並入“欠”部，刪去“后”部2字“后、㖃”並入“口”部，刪去“弦”部4字分別並入

① 張麟之：《韻鏡》（永祿本），江蘇教育出版社2002年版，第1頁。
② 周大璞：《訓詁學初稿》，武漢大學出版社1987年版，第121頁。
③ 對照部首字形斜線前來自《說文》，後來自《玉篇》。
④ 《說文》“后部”有2字“后、㖃”其中“后”字未見於《玉篇》大字字頭，而釋文出現多達35處，故認為孫強等在刪並部首時漏收此字。另一字頭“㖃”歸《玉篇》“口部”。

“弓”“皿”“玄”[①]三部，刪去“大”部8字“大、奕、奘、臭、奚、爽、奰、㚖”並入“大”部，刪去“白”部7字並入“老”部、“白”部[②]，刪去“䀠”部3字[③]。

《玉篇》取消所轄字較少的部首，對由於隸變楷化同形或形體相近的部首采取合併包容的辦法，將《說文》11部共32字重新調整歸部。

同時，《玉篇》較《說文》增設“磬、云、喿、冘、處、索、兆、𣎵、弋、單、丈、父、書”十三部。

其中“磬”部收9字“磬、殸、罄、磬、磬、磬、磬、磬、磬”，“云”部收4字“云、ㄹ、黔、侌”，“喿”部收3字“喿、鞄、𩊜”，“冘”部收2字“冘、䚉”，“處”部收3字“處、䖏、䖏”，“索”部收3字“索、䋎、䋎”，“兆”部收2字“兆、𠦜”，“𣎵”部收1字“𣎵”，“弋”部收4字“弋、䑪、弋、弋”，“單”部收2字“單、䵐”，“丈”部收3字“丈、㚈、䇐”，“父”部收5字“父、爹、爸、爹、爺”，“書”部收7字“書、書、畫、書、書、晝、書”。

《玉篇》所增13部共收48字，《說文》中未見的新增字有“殸、罄、磬、磬、磬、磬、磬、磬、云、ㄹ、黔、侌、鞄、䚉、處、䖏、䖏、䋎、䋎、兆、䑪、弋、䵐、㚈、䇐、爹、爸、爹、爺、書、書、畫、書、弋、𩊜”，共35字，約占部首總字數的73%。可見顧氏是考慮了時代變化與漢字增益而進行部首改革的。

對於刪部與增部歷來學者做統計結論不一致，其原因可能是《說文》《玉篇》部首對照非唯一形體關係。如清錢大昕《十駕齋養新錄》記刪10部，增12部，其中所刪部首未記“畫”，增部未計“書”。錢氏認為：“又《說文》‘書’字在聿部，今改為部首，而併‘畫’部入焉。此部分之不合於《說文》者也。”故不計入。鄭師許所計增刪部目與數量與錢氏同，增刪部首亦各少一部。孫鈞錫《中國漢字學史》統計部數與本文相同，但刪去部目應為“教”而非“敖”。陳建裕《〈玉篇〉部首說略》結論亦同本文，但刪去部為“大”非“力”，增“冘”非“沈”，

① 《說文》“弦部”有4字“弦、盭、玅、竭”，“弦”歸《玉篇》“弓部”，“盭”歸《玉篇》“皿部”，“玅、竭”歸《玉篇》“玄部”。

② 《說文》“绝部”有7字“绝、皆、魯、者、𦏧、𣈆、百”其中“者”入“老部”，“𦏧”入“白部”，其余5字散見於《玉篇》注文中，字頭中未收，疑為刪並部首時遺漏。

③ 《說文》“䀠部”3字“䀠、䁊、䁊”皆不見於收《玉篇》，疑為刪並部首時遺漏或字形有改動。

皆疑為筆誤所致。

將宋本《玉篇》與《說文》、原本《玉篇》、《名義》相比勘，可知宋本《玉篇》173部有增益，新增字總計5 656個，除去同部或異部重出字及同形字45個，共計5 611字。新增之數，有適應語言發展新造字，亦有因楷化定形時產生的異體字與歷史積澱的俗訛字。如宋本中有僅存形音未見其義的未識字607個，其中有511字為新增字，比例為84.2%。

偶有少於同部多為小部並入大部而本部刪去，如原本“兮部”下“虧”“肹”分別歸入宋本“亏部”“肉部”。亦有刪去《說文》部首及所屬字而未見收於他部，如《說文》邑部“文184，重6”實際統計正文字頭181字，《說文》、宋本兩書共見6字，《說文》、《名義》、宋本三書共見174字，《名義》、宋本較《說文》少一字“邑”[①]，疑為誤刪或漏收或傳寫過程中脫落。值得注意是《說文》“䣈部”3字“䣈、鄉、䢽”皆不見於收《玉篇》，應為唐宋人刪並部首時遺漏或據小篆隸定字形有所不同，疑為後字書之“郒[②]、鄉、郷[③]”。

又如宋本增“爿部”而無屬字，學人多有疑問。胡樸安先生云：“爿部只有部首一爿字，不知是何意義增添此一部。”朱葆華認為“《名義》祖述《玉篇》，已為學術界所公認，因此原本《玉篇》爿部當也有其所統帥之字”。現查檢《名義》“爿部”，下收有6字“爿、牀、牘、牫、牖、牒”，可能顧氏以為“爿、牀、牘、牫、牖、牒”之義與床笫相關，故增“爿部”。宋本“爿部”下未見“牀、牘、牫、牖、牒”5字，而前部“片部”有12個新增字且多數未明其義，應是後世多次傳寫過程中發生訛變而丟失，我們將在新增字部分加以討論。

由於《说文》劃分部類的基礎是小篆字體，因此它与後世隸書、楷书字形多有捍格之處，難以檢索且不切實用。《玉篇》對《說文》部首進行楷化定形調整合併，可謂開部首改革之先河，“對《說文》部首進行刪併、增補，是為了適應漢字楷化和漢字數量激增的時代要求，基本

① “（澤存堂本）‘邑’部且比《說文》少九字，可見後世對於邑之言語，無專門名詞也。”其數字與本文統計結果不符，且此說與我們認為《玉篇》幾乎完全在《說文》收字基礎上增益觀點不同。參見胡樸安《中國文字學史》，第89頁。

② 《說文•䣈部》：“䣈，鄰道也。”徐鉉按：“今隸變作郒。”王筠《說文解字句讀》：“郒，鄉音，義皆同，祇是一字。兩邑祇是一邑。兩鄰望衡對宇，中央闕然為道，故曰鄰道。居南者北向，居北者南向，故反一邑以見意。”但此形未見於《名義》及宋本《玉篇》。

③ 《說文•䣈部》：“䢽，里中道。”王筠改為“里”為“邑”，言“群書作衖”。《名義》、宋本《玉篇》均收有“郷”、“衖”、“巷”，互為異體。

符合漢字形體發展變化的規律。”[1]後世字書多继之對部首加以調整歸並。如梅膺祚《字匯》在前人分部的基礎上对漢字分部进行全面改革分立214部，亦采用了删去有部无屬字的部首，取消屬字少的部首，合併部首等方法，成為後世廣為通行的編纂字書分部標準。

(2)部序排列

《玉篇》部首編排按照“始一終亥”，與《說文》大致相同，但中間部序卻多有不同。《說文》部首按“據形系聯”原則進行排列，著眼於字形，將形同、形近及相類部首類聚，形成一類，將540部分為14大類。《玉篇》部首排列以“以義類聚”為序，將542部按字義、屬性、類別分為30卷。

明樊維城《玉篇直音》卷部分類大致如下：天文類、地理類、時令類、人物類、身體類、衣服類、人事類、宮室類、珍寶類、器用類、花木類、鳥獸類、文史類、聲色類、干支類、數目類、通用類。

周大璞先生《訓詁學初稿》將《玉篇》30卷部首名稱定類如下：卷一天文；卷二地理；卷三人倫；卷四顏貌；卷五口舌；卷六上肢；卷七天文；卷八思想；卷九言語；卷十行止；卷十一宮室；卷十二木本植物；卷十三草本植物；卷十四蔬菜瓜果；卷十五五穀倉稟；卷十六禮器；卷十七兵器；卷十八金屬舟車；卷十九水及相關事物；卷二十日月氣象；卷二十一黑夜火燭；卷二十二山阜；卷二十三馬牛羊家畜；卷二十四鳥魚；卷二十五蟲蛇；卷二十六羽毛皮革；卷二十七絲索織物；卷二十八巾帛衣裘；卷二十九語詞；卷三十數位干支。

顧氏《玉篇》部首分合參照了許氏的《說文》立部原則，故“以義類聚”时不可避免受《說文》部首“據形系聯”的排列影響，同一大類下的各部間常有非屬此義類之字雜陳其列。

此類編排原則難以前後一致的情況，清段玉裁已有批評：“顧氏《玉篇》以‘而’部次於‘毛’‘毳’‘冄’之後。‘角’‘皮’之前，則其意訓‘而’為獸毛，絕非許意。”又“顧希馮《玉篇》，其目以義為次，而乖謬不可通者，如‘兄’‘弟’二目，次於‘人’‘兒’‘父’‘臣’‘男’‘民’‘夫’‘子’‘我’‘身’‘女’諸部之間，而不知兄之本義訓茲長，不訓昆；弟之本義訓韋束次弟，不訓叔

① 陳建裕：《〈玉篇〉部首說略》，《陰山學刊》1999年，第36頁。

季。訓昆訓叔季者，其引申之義耳。如顧目次，則此二篆失其本義。又如‘毛’部、‘而’部，次於‘羽’‘角’‘皮’‘革’部之間，而不知毛謂眉髮之屬，而謂人須，引申乃用於鳥獸。如顧目次，此二篆失其本義，謂以人體系諸物體也。”①

近人學者有鄭師許《玉篇研究》批評玉篇部目編排“殊難發見其一貫之理也”。胡樸安先生云：“‘二部’‘三部’不與諸數目字部相次。又‘釆’部次於‘七部’‘八部’之後，‘丸部’廁於‘九部’‘十部’之間，似又以據形系聯相次，是自亂其例也。”②孫鈞錫先生認為“因為標準不一，所以部序安排不夠科學合理”。范可育先生分析說：“主要原因是《說文》字目和部首都是篆字，所以能互相一致。而《玉篇》字目已變為楷字，歸部則仍不能完全擺脫《說文》影響，因而造成兩者之間的矛盾。”③

“據形系聯”的編排原則是因許氏需對小篆字形分析以釋本義而採用的方法，到六朝時文字形體經過隸變楷化已發生較大變化，再據楷書之形依照小篆部首系聯已非常人所能理解。且六朝時並注重文字實用，通行字體已為楷書，隨著社會發展用字不再強調本義，故亦無必要依照小篆字形系聯。顧氏在分部排列時既想依從《說文》，又不可能完全照搬不變，故將義相近或形相似的部首參照《說文》部序編在一起，以便於時人查檢。

如，《玉篇》卷一“一、上、示、二、三、王、玉、玨”與《說文》卷一部序“一、丄（上）、示、三、王、玉、玨” 相對照，僅多出一部“二”。再如《玉篇》卷十五屬“五穀倉稟”，下有“冖、冃、闩、㒳、㡀、襾、网”與《說文》“據形系聯”的部序“冖、冃、闩、㒳、网、襾”對照，《玉篇》只多增義為“敗衣”的“㡀”部。

《玉篇》很大程度上是繼承《說文》而來，漢字形義之間又有著密不可分的聯系，部首字亦不例外，故將兩書部首字序排列以“以義類聚”“據形系聯”特點截然分開是不現實的，只能說是大體上按某種方法優先排列而非嚴格對立起來。盡管《玉篇》由於部首繁多，排列中可能前後失照，次序不免混亂，但並不能否認《玉篇》對《說文》的編排

① 段玉裁：《說文解字敘注》，廣陵古籍出版社1997年版。
② 胡樸安：《中國文字學》，商務印書館1937年版，第85頁。
③ 范可育等：《楷字規範史略》，華東師範大學出版社2000年版，第2頁。

方法進行了改革嘗試，並對後世產生了巨大影響。

(3)字量統計

唐封演《聞見記》云："梁朝顧野王撰《玉篇》三十卷，凡一萬六千九百一十七字。"

胡樸安先生統計有："以張氏澤存堂本，據每部所記字之都數而總計之，共二萬二千五百六十一字"①，今各家介紹多同胡樸安先生之統計。

錢劍夫《中國古代字典詞典概論》持兩種說法："今從張氏澤存堂本據其每部所記字數總計，則為二萬二千五百六十一字。劉師培《中國文字學》又謂二萬二千七百二十六字。而注文達四十萬七千餘字，今本無此數。"②

劉志成先生認為"（《玉篇》）書成，梁時蕭愷等人即行刪改，《封氏聞見記》所錄字數也非原貌。今流行之張氏澤存堂本《大廣益會玉篇》，余統計共有字數為二萬二千五百零九，比封氏所見增多五千五百九十二字。"③

我們利用宋本《玉篇》数据库及信息平台④對全文楷書字頭進行統計，按部首所標字數合計為22 519字，因實際字數與部首標出字數有出入，故按實際楷書字頭統計，總計22 804字，較前面各家所說字數略有增加。

據封演所記原本《玉篇》字數為16 917字，相對於《說文》正字頭9 833（今本《說文》實際數字）增加7 084字。如除去《玉篇》（以宋本的統計）可與《說文》1 281個重文相對照的1 104個楷化字形，仍有5 980字的增量，增長比例為60.8%。今宋本《玉篇》收為22 804字，相對於原本《玉篇》有5 587字的增加，增長幅度達34.8%。但原本《玉篇》所存不全，我們也只能是大致推斷其不同時代漢字的增量與比例。

以宋本《玉篇》與原本所存每部所轄字量相比較，可以看出《玉篇》版本體系幾經重訂增字減注的工作，所轄有較大比例的增加。

以原本《玉篇》殘卷與宋本相比較，有23部字數無變化，有30部出現不同程度的增減變化，茲列如下：

① 胡樸安：《中國文字學》，商務印書館1937年版，第88頁。
② 錢劍夫：《中國古代字典詞典概論》，商務印書館1986年版，第59頁。
③ 劉志成：《中國文字學書目考錄》"玉篇三十一卷"條，巴蜀出版社1997年版，第40頁。
④ 華東師範大學中國文字研究與應用中心開發研製。

部首	原本字数	宋本字数	增減量	增減比例	備注
吅部	13	16	3	23.1%	
侖部	9	8	-1	-11.1%	原本多“龠斤”字，《名義》亦存“龠斤”，宋本未見，應為漏收。
冊部	4	5	1	25%	
嵒部	9	11	2	22.2%	
誩部	6	7	1	16.7%	
放部	3	4	1	33.3%	
左部	3	4	1	33.3%	
曰部	11	12	1	9.1%	
乃部	5	8	3	60%	
兮部	7	5	-2	-28.6%	原本多“虧、肹、号”三字，“号”宋本歸“号部”，“虧”宋本作“虧”見“亏部”，“肹”宋本漏收。
亏部	6	7	1	16.7%	
旨（旨）部	3	4	1	33.3%	
食部	144	220	76	52.8%	
舟部	64	110	46	71.9%	
欠部	103	148	45	43.7%	
嵬部	2	3	1	50%	
山部	147	296	149	101%	
屾部	2	4	2	100%	
屵部	10	8	-2	-20%	原本較宋本多“崩、岀”，兩字與今本《說文》“崩、岀”相對應。
广部	96	167	71	74%	
厂部	30	56	26	86.7%	
石部	160	292	132	82.5%	
糸部	392	460	68	17.3%	

部首	原本字数	宋本字数	增減量	增減比例	備注
素部	8	9	1	12.5%	
車部	175	248	73	41.7%	
阜部	133	193	60	45.1%	
𨸏部	5	4	-1	-20%	原本本部較宋本多“𨺅”字，宋本此字歸“火部”。
厽部	4	3	-1	-25%	原本較宋本多“絫”字，《名義》亦有此字，宋本漏收。
磬部	8	9	1	12.5%	
云部	2	4	2	100%	

由於《名義》相對原本現存各部字數上的均有少量删節，故在此我們不再做增減統計，宋本《玉篇》與《說文》、原本《玉篇》及《名義》的字量統計結果詳見第四章附表“四部字書部首字数对照表”。

宋本中有個別部首所轄字為一個，我們以為此部多為前有所承或是改動有所疑問。

如，《說文》有36部“三、凵、亼、久、才、乇、㐺、克、彔、耑、丏、冄、㠯、昜、莧、能、𡿨、燕、率、它、幵、四、五、六、七、甲、丙、丁、庚、壬、癸、寅、卯、未、戌、亥”所轄皆為1字。宋本《玉篇》中有21部“丏、莧、率、冉、凵、才、乇、亼、𡿨、耑、幵、𣶒、厂、录、六、七、丙、庚、壬、未、戌” 部內所轄1字。兩者相較，宋本《玉篇》有“𣶒、厂”兩部與《說文》收字不同。其中“厂”部《說文》收有兩字“厂、弋”，而《玉篇》將“弋”單列一部，《名義》亦同此分部字列，可以看出在六朝時“厂、弋”兩字已各有分化。而“𣶒”字宋本《玉篇》所轄為1字，歷來為學人所疑惑，比較《名義》亦有此部，而下收有“𣶒、𤗒、𤗓、𤗔、𤗕、牒”6字，故認為宋本《玉篇》此部下收字形有所訛，所轄字因形誤而羼入上部“片”部。

另外，整理宋本《玉篇》時發現，宋本部首統計字數與實際部內字數有差別，這些字數有些在元刊本中已有字數統計的修正，故我們將元刊本列為參照項。宋本《玉篇》共39部有字量出入，其中實際統計字數較少的有17部，實際字數較多而部首計數較少的有22部。

詳細情況茲列如下：

部序	部首	宋本部首計數	實際部内字數	增減字數	元刊本對照項
7	玉部	267	277	10	277
15	黃部	23	22	-1	22
20	邑部	178	278	100	278
23	人部	521	522	1	521
32	身部	28	27	-1	27
35	女部	418	419	1	418
36	頁部	119	200	1	199
48	目部	340	341	1	340
50	䀠部	12	13	1	13
65	髟部	108	107	-1	108
66	手部	645	642	-3	645
90	言部	382	482	100	482
127	走部	255	253	-2	253
157	木部	822	820	-2	822
162	艸部	1 054	1 055	1	1 054
166	竹部	506	507	1	507
183	朩部	13	12	-1	12
184	林部	4	3	-1	3
218	网部	93	92	-1	93
250	匚部	29	39	10	39
257	矢部	30	29	-1	30
285	水部	957	956	-1	957
297	雨部	150	151	1	150
304	日部	240	242	2	240
323	火部	293	294	1	293
351	石部	272	292	20	292
357	馬部	277	278	1	279
364	犬部	293	263	30	263

部序	部首	宋本部首計數	實際部內字數	增減字數	元刊本對照項
366	豕部	80	79	-1	79
381	龍部	8	9	1	9
390	鳥部	420	422	2	420
401	虫部	525	523	-2	525
408	貝部	143	144	1	144
420	角部	106	105	-1	105
425	糸部	459	460	1	482（元刊本有誤）
432	巾部	172	171	-1	172
435	衣部	294	295	1	294
450	共部	3	4	1	4
539	酉部	171	169	-2	169

我們認為宋本《玉篇》收字眾多，有些部首所收總字已過千數，故在實際刊刻過程中每部字數所轄甚多的大部會有少量字數統計上的出入是正常的，但亦不排除後世刊刻疏漏原因，故在此列出實際相差數字，以備考驗。

(4)字序排列

魏晉南北朝時期漢字經古文到今文的隸變楷化階段，楷書取代隸書和篆書勢在必行，異體字俗字盛行於世，因而六朝時漢字數量急劇增多。

《說文·敘》言："方以類聚，物以群分，同條牽屬，共理相貫，雜而不越，據形系聯。"而《玉篇》面對大量新增與異體字，很難做到如《說文》排列原則來一以貫之，故常在字序排列上前後失照。王力在《漢語史稿》中評價："《玉篇》體例很好，可惜字無次序，不便檢閱。" 范可育先生："在字的歸部問題上，《說文》比較嚴格地按照字的小篆形體歸部，《玉篇》則比較混亂。大部分字按字形歸部，但有一部分字則收字字形與部首不同。"①

但我們認為宋本《玉篇》字序並非完全無序，不便檢閱的主要原因大抵是六朝屬漢字楷化定形之際異體紛呈，且隨社會發展漢字數量激

① 范可育等：《楷字規範史略》，華東師範大學出版社2000年版，第2頁。

增，還未嘗試以偏旁或筆畫來排列字序，當時也未出現此類檢索方法，故不如後世之字書檢字方便易尋。

楊守敬將原本殘卷與宋本和元刊本比照，指出“考《玉篇》原本次第皆本《說文》，張刻宋本已有移易，然不甚懸絕，此（指元刊本）則任意排置，全無義例。”通過對《說文》、原本、《名義》、宋本三書的逐部逐字對照比較，發現《玉篇》字之次序絕大部分依從《說文》字序，宋本增字列於部末，個別字序“稍有移易”。倒是元刊本如楊說將宋本字序全部打亂重排，毫無道理可尋。楊寶忠博士亦指出“顧野王《玉篇》以《說文》為基礎編纂而成，凡《說文》所有之字，顧野王收於同部之前，列字次第大致依據《說文》；《說文》所無之字，顧野王補於同部之末。”①

我們將《說文》、原本殘卷、《名義》與宋本字序逐部對照，從四書的比較結果看，宋本、《名義》是對原本《玉篇》進行刪節的本子，故三書有較為一致的字序。宋本楷字字頭與原本、《名義》及《說文》有對應相承關係在前，而新增加補充字則位於部末。如：

《說 文·素部》:“素、𦅾、𦃃、𦆆、繛、𦂳”，共6字。

原本《玉篇·素部》：“𥿯、素、𦅾、𦃃、𦆆、繛、𦂳、彝(𦇫)”，共8字。

《名 義·素部》：“𥿯、素、𦅾、𦃃、𦆆、繛、𦂳、𦇫”，共8字。

宋本《玉篇·素部》：“素、𦁃、𥿯、𦅾、𦃃、𦆆、繛、𦂳、𦇫”，共9字。②

可知宋本比《說文》增加“𦁃、𥿯、𦇫”3字，較原本、《名義》多1字“𦁃”，此字應是對《說文》“素”的小篆字形“𦁃”楷化定形所增字。又宋本相對於原本、《名義》有“𥿯”“素”兩字順序互倒，也應是不同時間的隨著正字觀的不同而調整了相應字序。

又如，宋本《玉篇》較《說文》新增“父部”，可惜原本已殘未

① 楊寶忠：《大型字書疑難字考釋與研究》，北京師范大學博士學位論文2004年，第20頁。

② 宋本素部：“素，先故切。白也，本也，廉也，白緻繒也。𦁃，同上。出《說文》。𥿯，同上。”可知“素、𦁃、𥿯”為異體關系。

見，故與《名義》相對照。宋本“父部”有“父、爹、爸、箸、爺”共5字。《名義》“父部”有“父、爹、爸”共3字。宋本、《名義》共見3字，字序無變化，宋本新增字“箸”“爺”在部末。

將宋本《玉篇》與《說文》小篆重文對照，宋本中其看似無序增加隨意異體多與《說文》重文相契合，《說文》重文約1 281字，宋本與之對應有1 104字，重合率在85%以上。如：

《說文·丄部》：旁，溥也。从二，闕；方聲。㫄，古文旁。㫄，亦古文旁。雱，籀文。

《玉篇·上部》：旁，步郎切。旁猶側也……《說文》作旁，溥也。雱，籀文。旁、㫄，並古文。

《說文·㕯部》：商，从外知內也。从㕯，章省聲。式陽切。𧶜，古文商。𠫶，亦古文商。𧷸，籀文商。

《玉篇·㕯部》：商，舒羊切。五音，金音也。𧷸，籀文。𧶜、𠫶，並古文。

《說文·箕部》：箕，簸也。从竹；𠀠，象形；下其丌也。凡箕之屬皆从箕。居之切。𠀠，古文箕省。𠔏，亦古文箕。𠥱，亦古文箕。𠀡，籀文箕。𠥩，籀文箕。

《玉篇·箕部》：箕，居宜切。簸箕也。𠀠、𠔏、𠥱、𠀡，並古文。

以上可知，《玉篇》對《說文》重文字形進行了楷化定形，並在字际關係中大多保留下重文的異體關係與原貌。

在字頭的歸部上，《玉篇》對《說文》有些調整。《說文》比較嚴格的按小篆形體進行歸部，而相比《玉篇》則比較混亂。大部分按字形歸部，但有一部分字則收字字形與部首不同。如“失”歸“手部”，小篆形體為“𡗜”，而《康熙字典》、《漢語大字典》等歸“大部”；“乎”歸“兮部”，小篆字形為“乎”，《康熙字典》、《漢語大字典》等歸“丿部”；“再”歸“冓部”“再”，現《康熙字典》歸“冂部”，《漢語大字典》歸“一部”；“州”歸“巛部”，小篆字形為“州”，《漢語大字典》歸“丶”部。又如“秉”歸“又”部，小篆字形為“[illegible]”，《康熙字典》《漢語大字典》等歸“禾部”；“無”歸“亾部”，《康熙字典》、《漢語大字典》等歸“火部”。究其原因，主要是《說文》以小篆形體來劃分部首排列漢字，且著重於漢字本義，部首與字頭的配合多依從本義，故能夠相互協調一致。而《玉篇》以楷書字頭來安排漢字，應以楷化定形後的字形為準，但仍有部分漢字歸部上未擺脫《說文》的影響，因而造成部首與形體不相一致的矛盾。如“無”字，小篆字形為“[illegible]”，釋義為“亡也。从亡無聲。”可以明顯看到小篆字形“無”下有構件“亡”。而在楷書定形後省去構件“亡”，因此《玉篇》仍將“無”歸在“亾部”就顯得不合理了。

由此可知，《玉篇》是在繼承了《說文》部首與字序排列的傳統基礎上，對《說文》的部序字序進行了調整，並對《說文》部首增刪合併及楷書字形的歸部做了不少改革創新，從而開創了楷書字典改革的先河。

(5)說解體例

《玉篇》字頭和釋文均採用當時通行的楷書字體，每字頭下先注明反切，再廣引書證和各家注解，羅列各字義，既收本義也廣收引申義，再加野王按語與再引羣書，若有古文異體則附於文末。《玉篇》不再採用《說文》的說解方法，而改為注音釋義為主，這符合字書的實用性特點。黃孝德先生高度評價“在編排體例上，《玉篇》較之《說文》，已有長足進步，它奠定了我國楷書字典的編寫基礎。”①

濮之珍先生對《玉篇》說解體例有評介：“《玉篇》釋字，先反切注音，然後釋義，引證之外，有時加按語說明，異體字附後，注明另見。和《說文》相比，《玉篇》更近於現代字典的形式。”②

范可育先生《楷字規范史略》認為：“《玉篇》釋文與《說文》相比，有很大不同……後世字典釋文大體上都以《玉篇》為楷模。”

路廣正先生提出“顧野王《玉篇》同《說文解字》相比，最大的不同點在於它們的說解。”③

《說文》以六書來分析字形結構，注重並推求本義。《玉篇》從大量經典羣籍中徵引前人傳注，兼采各種字書，同時用按語形式加以補充訓釋。如：

---

① 黃孝德：《〈玉篇〉的成就及其版本系統》，《辭書研究》1983年第2期，第150頁。
② 濮之珍：《中國語言學史》，上海古籍出版社2002年版，第181頁。
③ 路廣正：《顧野王〈玉篇〉對許慎〈說文解字〉的繼承與發展》，《文史哲》1990年第4期，第64頁。

《說文·放部》：“放，逐也。從攴方聲。凡放之屬皆從放。”

原本《玉篇·放部》：“放，甫望反。《尚書》大放王命。孔安國曰：放，棄也。《左氏傳》：棄位而放，不可謂貞。杜預曰：放望，淫之別名也。又曰：放甲父於衛。杜預曰：舜罪黜免宥之以遠曰放。野王案：《尚書》放驩兜於崇山是也。《公羊傳》放□（效死）不立。劉兆曰：放，至也。野王案：謂至極也。《禮記》推而放諸南海而唯是也。《論語》虞仲夷逸居放言。苞鹹曰：放，置也。置不復言世務也。《說文》：放，逐也。《廣雅》：放，去也。放，散也。《字書》出遊也。又音甫往反。《公羊傳》放乎殺母弟。劉兆曰：放猶化也。《論語》放於利而行多怨。孔安國曰：放，依也。《廣雅》：放，效也。堯名放勛臣。”

《名義·放部》：“放，甫望反。置也。去也。散也。棄也。逐也。至也。”

宋本《玉篇·放部》：“放，甫望切。棄也，逐也，去也，散也。又甫往切，比也，效也。”

《說文》以六書原則分析“放”，認為是“從攴方聲”形聲字，僅列本義“逐也”。相比之下，原本《玉篇》說解義項大為增益，首為切音，次引各書證，次按語，共依次列十種義項“棄也，至也，置也，逐也，去也，散也，出遊也，化也，依也，效也”。《名義》收其中六義項，且次序有改動。宋本收其中五義項，又出一音，後加一義“比也”。宋本《玉篇》經唐宋際增字刪注，將義項置於書證之前，並注意切音與釋義配合更加緊密，對音義的選擇與增加更趨於細致和實用。

胡奇光先生認為：“與《說文》相比，《玉篇》的旨趣不在探求字的本義，因對《說文》所釋的本義，僅是引證，備為一說。相反，對字的常用義卻甚為重視。”①

查檢字書首先是為了正確讀音與明義，特別是常用讀音與釋義，至於造字之初本義如何，漢字起初如何構形的，則在實際使用中非必要了

① 胡奇光：《中國小學史》，上海人民出版社 2005年版，第116頁。

解的問題。《玉篇》較《説文》增加了在不同的語言環境中所存義項，“把字的常用義及引申義擺在首位”②，更具實用性，義項的分立與例證相配合已具後世字典之雛形。

(6)征引体例

六朝時期處於小學的發展階段，兩漢時期為經學發展鼎盛時期，魏晉隋唐時期是訓詁學的深入與擴展期，小學類字書、韻書、纂集類等書也得到長足發展。同時六朝時期歷經多次社會變革，南北文化交流，外域文化漸漸融入，佛典經義漸始盛行，為後世集大成之辭書的撰集創造了條件。

顧野王抱著“總會衆篇，校讎羣籍，以成一家之製，文字之訓備”宗旨，對經典文獻前人傳注博采眾長。《説文・敘》有：“今敘篆文，合以古、籀，博采通人，至於小大，信而有證。”《玉篇》之征引較《説文》更加廣博，成書之初便因卷帙過於宏富被蕭愷等刪減。胡吉宣先生説：“顧野王原書博引羣籍，旨在明文字之用。以今視之，則既提供逸書遺文之資料，更足為考訂古書之準繩，遠勝於宋元刊本也。”②《玉篇》之徵引體例即是以鉤稽故實、徵引出處的形式來探明文獻的詞語源流，並將説解語義與闡明文意的訓釋目的融於其中。

宋本《玉篇》經後人減注增字而篇帙大為縮減，諸多徵引材料已被刪節，較之原本《玉篇》徵引原貌差別極大。但宋本是流傳至今保存最為完整的本子，且即使刪減所引書名，仍保留了原書諸多注釋，故我們仍可依據宋本來窺《玉篇》徵引體例一斑。

①引書類

胡吉宣先生的《〈玉篇〉引書考異》中説：“余治《玉篇》隨手別為輯錄。即通行之廣益《玉篇》，若律以卷子原本引書體例，參以慧琳《經音義》，及日本羣籍所稱引，則廣益《玉篇》雖經刪去原引書名，仍足以考訂今所通行群書之謬誤。”③胡氏列出引書“40種，三百數十則”。

現據宋本《玉篇》統計，全書中有2 585字條下引133種書共計3024

---

① 胡奇光：《中國小學史》，上海人民出版社 2005年版，第116頁。

② 胡吉宣：《〈玉篇〉引書考異》，載吳文祺《中華文史論叢增刊•語言文字研究專輯》（上），上海古籍出版社1986年版，第96頁。

③ 同上書，第96頁。

次[①]。其中最早為《詩經》（《詩》《毛詩》）、《尚書》（《書》《尚書》）、《易》等，較晚有晉隆和中裴啟撰《語林》，六朝時王叔和《脈訣》。其中多種屬已逸亡之書，故宋本《玉篇》的引書可為後世提供寶貴的歷史文獻資料。

主要可分為以下幾類：1. 引字書類。顧氏在引用典籍作為例證時，有時直接引用字書的訓釋來說明字義。如《說文解字》（1 337）、《字統》（4）、《字林》（2）、《字書》（29）等，有些書（如《埤蒼》《字林》早已亡佚，而《玉篇》中尚可覓得吉光片羽。2. 引經史子集類，如《論語》（42）、《左氏傳》（83）、《呂氏春秋》（11）、《史記》（24+1）、《莊子》（33）、《老子》（8）、《上林賦》（9）《子虛賦》（7）等。3. 引方言俗語類，如《方言》（39）。4. 引訓詁雅言類，如《爾(尔)雅》（196）、《廣雅》（47）、《博雅》[②]（10）、《釋名》（5）。5. 雜家兵書其他類，如《司馬法》（1）、《謚法》（1）等。

除字書及訓詁類引用頻率較高外，引書在百條左右的《詩》（247）、《書》（107）、《周禮》（97）、《易》（88），主要集中在經典羣籍類。可看出顧氏"總會衆篇，校讎羣籍"的編纂思想得到通篇貫徹。

②引通人說

宋本《玉篇》所引通人說多承自原本《玉篇》及《說文》，通人多為當時或前世通識之人。《玉篇》共引通人25條，通人有鄭玄、韓康伯、孔安國、劉達、杜預、賈逵、劉兆、應劭、(司馬)相如、劉盟、服虔、王逸、郭璞、呂不韋、孔子、莊子、伊尹、樊光、孟康等。有"杜預、司馬相如、呂不韋、孔子、伊尹"共5人與《說文》引通人說名稱相同，但具體到字頭和內容的引用又不盡相同，可能與現流傳版本的變異有一定關係，更可能是顧氏大大擴展了引用通人說的范圍。

③對古籀文的采集

亦多承自《說文》重文，但又注重廣收異體俗字。范可育先生認為："由於整體上《玉篇》收字比《說文》要多。因此，從絕對數來

---

① 將可以認同為一書異名的已經合併，而有些過簡之書目暫作為一種統計。
② 《博雅》三國時期魏張揖撰，隋代因避煬帝楊廣的諱，《廣雅》改名為《博雅》，後複用原名。

看，《玉篇》所收古文、籀文比《說文》要多一些。一部分《玉篇》收而《說文》不收的字也有古文、籀文。”[①]我們統計《玉篇》所引古籀或體字形見於《說文》有1 104個，比例達85%以上，故《玉篇》對古籀文的征集不可能是完全直接來自《史籀篇》及六國文字，應該是既有對前人字書的采集特別是《說文》重文的引用，也有顧氏的“周訪字原，出沒不定”的博采考識的功勞。

（7）切音系統

《玉篇》不僅是保存至今的第一部重要的楷書字典，而且也是我國第一部用反切注音的字典。

關於反切的出現時間有以顏之推為代表的漢末說，以清顧炎武為代表的先秦說，以今人劉盼遂為代表的東漢初年說。現代影響較大的主要有兩種觀點：一種認為在漢末佛經翻譯中受梵文拼音學理的啟發而產生，以趙蔭棠先生《等韻源流》為代表，實際是顏之推、陳振孫二說的推闡；另一種認為漢語合音詞和反切語是內因，梵文或其他西域文字拼音學理的輸入是外因，以張世祿先生《中國音韻學史》為代表，這種認識則是顏之推、沈括、陳振孫三說的綜合，影響最大。[②]

反切注音方法在六朝時期已廣為應用，因此《玉篇》既保留了直音法又大量運用反切法注音，其反切用字對研究中古漢語的語音尤其六朝吳音極有價值。據我們對宋本《玉篇》反切統計，切字總數為65 847字，不重復切音字為2 596個，其中大部分為常用字。在宋本《玉篇》22 804個字頭對應切音中，以反切法注音的“切”字出現19 826次，其中“二切”有1 362例，“三切”有30例[③]，此處以“二切”“三切”注音字皆表示一字有多音而無意義區別。宋本《玉篇》以直音法注音的“音”字僅有942次，可知後世直音法已漸為反切法替代。

《玉篇》注重多音多義字的收集，首創多音多義字分開注音釋義的方法，為後世研究音韻及字義變化提供了依據。如：

原本《玉篇》：“猒，於冉反。《左氏傳》將以猒衆。杜預曰：以猒衆心也。《国語》曰堯猒帝心。賈逵曰：猒，合。《蒼頡

① 范可育：《楷字規范史略》，華東師大出版社2000年版，第5頁。
② 參見傅定淼《反切起源考》“反切起源舊說質疑”，上海古籍出版社2003年版，第5頁。
③ 我們已排除以“二”、“三”做反切上字或下字各有8例情況。

篇（篇）》伏令人心也。《廣雅》：厭，可也。《說文》曰：笮。野王案：鎮笮糸（亦）与壓字同。音於涉、於甲二反。壓，上眼也，損也，降也，在土部。飯飽之厭，音於豔反，在其部。厭之安静，音於詹反，為厭字，在心部。按持之厭為厭字，音於篹、烏牒二反，在手部。詞好為屡字，音於頰反，在女部。”

宋本《玉篇》：“厭，於冉、於葉二切。合也，伏也。又於豔切，飫也。”

據統計，原本殘卷有26例為多音多義字，多爲二音二義，皆承前一切音釋義後復加音義說解，多與異部互見字配合。

又如：

宋本《玉篇》：“行，下庚切。《說文》曰：人之步趨也。又胡岡切，行伍也。又胡孟切，行迹也。又乎浪切，次第也。《論語》曰：子路行行如也。行行，剛強之皃。”

宋本《玉篇》此類多音多義字有897例，其中包括三音三義字30例，四音四義者1例，可以看出對原本《玉篇》的多音多義字的釋字辦法有較好的繼承。

反切法較早采用的注音字當是平時易認易讀的常用字，故能反映一定時期的常用字匯量。在同一時期互相資證材料缺少的情況下，從“經驗的方法”[①]出發，可作為調查統計常用字量的參照系。如朱葆華以原本《玉篇》反切用字共904字與《說文》用字及現代常用漢字進行不同時期的比照，可以了解常用漢字在不同時代貯存及演變的大致過程。

《玉篇》基本上代表了南北朝時期南方雅言的語音系統。如顏之推《顏氏家訓•音辭篇》：“南染吳越，北雜夷虜，皆有深弊，不可具論。其謬失輕微者，則南人以錢為涎，以石為射，以賤為羨，以是為舐。”“涎、羨”為邪母字，“錢、賤”為從母字；“射、舐”為船母三等，“石、是”禪母字。“南人讀石為射，讀是為舐，是牀母三等與禪母無

① 朱葆華：《原本玉篇文字研究》，齊魯書社2004年版，第126頁。

分。”[①]顏氏所批評吳語從邪不分，船禪相混，據相關文章調查，此類現象在原本《玉篇》和《名義》及宋本《玉篇》中多見。

我們關注的是宋本《玉篇》經過唐宋間的增字減注工作後，對反切音的改動究竟有多大。

周祖謨先生指出：“今本《玉篇》雖經唐宋兩代重修增改，而其中保存原本反切者尚多。原本《玉篇》與《名義》之反切有闕誤者，可參考今本《玉篇》，確定其音類。”可知宋本《玉篇》对原本《玉篇》注音字的改動不大，與《名義》切音比較更多保留原本的切音字。宋本《玉篇》沿襲原本切语用字，保留了原有的语音特点，或是改变切語某字，以体现不同历史時期语音的變化情況。

臺灣楊素姿博士《〈大廣益會玉篇〉音系研究》採用“一則以音證史，一則以史證音，以這兩條理路進行交錯的研究”，提出“確認此《大廣益會玉篇》之音切，所代表的可能就是唐音……今本《玉篇》是宋人加以刊正字體後的孫強本《玉篇》”。蔡夢麒教授《從注音變動看宋本〈玉篇〉的來源》一文中，通過考證《廣韻》音系與宋本《玉篇》音系的關係，也認爲“陳彭年等沒有為《玉篇》大規模的增字，也沒有修訂注音”。[②]皆稱陳彭年重修《玉篇》時幾未做音切方面的改動。

陳燕先生將《經典釋文》反切與《說文》注音、《廣韻》和宋本《玉篇》相對照，其注音表現出前後一致性，認為宋代奉敕而編的官書注音同屬於《切韻》音系，代表隋唐宋時期的標準音。而原本《玉篇》與宋本《玉篇》代表中古時期两种標準音，两書聲韻調的較小差異表明中古時期某些語音發生的變化。“宋本《玉篇》是歷史上僅有的由官方對《玉篇》修訂的書，其與《切韻》系統語音呈一致性。所以它的修訂反映了宋代仍沿襲隋代的標準音，這可能與宋代和隋唐有著大致相同的國情有關。”[③]宋本《玉篇》經過宋代官修並與《切韻》語音系統呈現出更多的一致性。

---

① 周祖謨：《顏氏家訓音辭篇注補》，《問學記》（上冊），中華書局1981年版，第412頁。

② 蔡夢麒：《從注音變動看宋本〈玉篇〉的來源》，載《中國文字研究》第七輯，廣西教育出版社2006年版。

③ 陳燕：《从〈王篇〉反切比较论中古时期的标准音》，《天津師范大學學報》，2001年第5期，第76頁。

通過與原本《玉篇》、《名義》、大徐《說文》、重修《廣韻》及相關字韻書的對照，可看出宋本《玉篇》仍存在修訂增加字及據大徐《說文》增補義項例，我們認為此確為陳彭年費時五年所進行的一次詳加審定並有相當大程度校勘修訂的官修活動。

《廣韻》引《玉篇》68例，有44例與原本及宋本《玉篇》反切用字不同，約占五分之四。列表如下：

字頭	廣韻反切	玉篇反切
䓋	章移切	指兒切
褵	呂支切	力支切
蒒	疏夷切	色淄切
𡽱	力居切	力魚切
秩	甫無切	方無切
妋	甫無切	方無切
爐	落胡切	洛乎切
佪	戶恢切	胡雷切
裀	於眞切	於人切
溒	雨元切	於暄切
瀿	附袁切	扶元切
譬	職緣切	諸兖切
盄	止遙切	諸姚切
𢁉	彌遥切	音沙
儸	魯何切	力柯切
秢	郎丁切	力經切

字頭	廣韻反切	玉篇反切
獜	郎丁切	力丁、力仁二切
䍅	郎丁切	來丁切
篜	煑仍切	之升切
𥢑	於求切	於尤切
𥔂	冬毒切	音篤
篍	七由切	七周、七召二切
烋	香幽切	火虯切
䔷	巨金切	奇金切
䳞	過委切	九彼切
讉	胡罪切	胡退切
鋠	時忍切	食振切
弘	余忍切	羊忍切
嬛	戶板切	胡關切
舠	盧鳥切	力鳥切

字頭	廣韻反切	玉篇反切
䚩	市沼切	時遶切
鍏	徒果切	大罪、大果二切
䇦	烏朗切	於莽切
嬄	古得切	居夭、居�二切
𧃫	盧下切	力瓦切
𠞰	於丙切	於景切
𦯋	女久切	女紂切
䬻	如甚切	如枕切
澿	渠飲切	渠錦切
紞	都感切	丁含切
礃	都敢切	丁敢切
𣢾	子聿切	子律切
黻	符弗切	扶勿切
捩	練結切	力計、力結二切

六、元刊本①

（一）現存版本情況

“元刊本”主要指通行於元明清之際的“廣益本”，故傳世本子與

① 元刊本主要流行於元明兩代，清初“朱序本”一出，“元刊本”不再占主要地位，故此處將明刻本與元刻本合併討論。

各種書目綜錄收載較多，從地域看主要是分為國內與海外日本兩部分所存。

葉德輝《書林清話》云："大抵有元一代，坊行所刻，無經史大部及諸子善本，惟醫書及帖括經義淺陋之書傳刻最多。由其時朝廷以道學籠絡南人，士子進身儒學與雜流並進。百年國祚，簡陋成風，觀於所刻之書，可以覘一代之治忽矣。"①認為元代所刻惟有"淺陋之書"，且社會文化"簡陋成風"，對元刊本評價頗低。《書林清話》以筆記體記載眾多古代版刻、藏書、書林掌故。通篇共有二十處述及《玉篇》，關於元明《玉篇》刻本記述有九處，多本於《楊志》（楊守敬《日本訪書志》）、《楊譜》（楊守敬《留真譜》），亦散見於《森志》（森立之《經籍訪古志》）。

劉志成《中國文字學書目考錄》"元本玉篇"述："《大廣益會玉篇》歷經宋元明清，在流傳中版本又有變異。有建德周氏藏元本大中祥符六年重修《大廣益會玉篇》，又有日本寬永八年版《大廣益會玉篇》，除有日文注音之外，其他皆與建德本一字不差。"

從本章附表的版本收集整理上看，元代《玉篇》版本主要為私家宅刻書與坊刻書，未見元代《玉篇》官府刻本。故元刊本《玉篇》之亂次重排及注文為照顧版面整齊而刪減過多，乃至有因形害意之弊，疑多為坊賈所為，楊守敬云"殆坊賈欲均其注文字數，以便排寫，唯圖易於檢尋，不知依類相從之義"。因此，元刊本的版本價值遠小於宋本《玉篇》。

首先我們以楊守敬《日本訪書志》述其訪得元刊本《玉篇》為據，對日藏情況做一簡單了解。

《日本訪書志》中得日所存《大廣益會玉篇》"元刊本"四種，"明刊本"一種。現羅列之：

1.《大廣益會玉篇》三十卷（元刊本）

每半葉十三行，每行大字十九字，左右雙邊。首有大中詳符六年《牒文》，次野王《序》，次《進玉篇啟》。目錄後有"至正丙申孟夏翠巖精舍新刊"木記，又後有《新編正誤足注玉篇廣韻指南》，蓋據釋神珙《反紐圖》而增益，僧守溫等之《字母》為之。第一卷後又有木

① 參見葉德輝《書林清話·卷四》"元時書坊刻書之盛"，遼寧教育出版社1998年版，第93頁。

記，與前同。①

2. 《大廣益會玉篇》三十卷（元刊本）

每增葉十二行，四週雙邊，篇幅較至正本，鄭氏本尤廓，無刊板年月，蓋亦元槧。此書與張刊宋本異同之處，已見於正本、鄭氏本兩跋。②

3. 《大廣益會玉篇》三十卷（元刊本）

此本缺《牒文》《序》《啟》及《指南》一卷，本書卅卷皆全，其篇幅嬴於至正、鄭氏兩本，蓋亦元刻，每半葉十二行，四週雙邊，每卷有赤龍館印。③

4. 《大廣益會玉篇》三十卷（元刊本）

上本板式校至順本稍嬴，行款亦同，唯標題彼作大字，跨兩行，此則只占一行。《目錄》後有鼎形木記，中有篆書“宗文”疊二字，下有“建安鄭氏鼎新鄉梓”方木記。④

---

① 楊守敬附校記：此本以張士俊所刻宋本校之，此多大中祥符一牒，而每部文字次第不與張本同，殆坊賈欲均其注文字數，以便排寫，唯圖易於檢尋，不知依類相從之義。考《玉篇》原本次第皆本《說文》，張刻宋本已有移易，然不甚懸絕，此則任意排置，全無義例，但所據原本，當是祥符官刊，故仍存祥符一牒。張刊本無牒文，故朱竹垞認為上元孫強之本。然“大廣益會”之題未改，則亦從祥符本出也。二本同源異流，當有互相訂正處。此本卷首有“狩谷望之”印，又有“掖齊”印，即望之字也。望之博極羣書，其求古樓所藏祕本，為日本之冠，珍惜此冊，洵可貴也。

② 楊守敬附校記：茲復即每部字數合校之，如《須部》張刊本六字，此本少一“頚”字（與《天初琳瑯》所說合）；《長部》張刊本十六字，此本多一“镹”字；《土部》張本四百五十五字，此題“四百五十六字”，因就此部字字互對，乃知複一“垺”字（何按：實一字“垺”為“埒”字。），而說解不同。又張本有“埒”、“埌”、“墟”、“至”四字，而此本無之（至正本、鄭本同）。此本有“堥”、“墥”、“壤”、“塚”四字（至正本、鄭本同），而張本無之。然則他部之出入，何可勝紀。他日當合此數部，與張本一一對勘，姑為發其端於此。（何按：元刊本中有“頚，方乎、步侯二切。短須髮皃”宋本對應有兩字“頚，方乎、步侯二切。短須髮皃。亦作䫙。”“頚，詢趨切。待也。”可看出元刊本為“頚”之文而“頚”之釋文，與俄藏殘葉相比照，實為後世訛傳，故可知為元刊本錯抄，此部應為六字。李偉國評“元刊本無䫙（或頚或䫙），收頚字而釋文張冠李戴，尤謬。”）

③ 楊守敬附校記：按,岸本氏藏本與此體式相同，此似更在前，或彼即從此本翻雕，以其缺首《序例》，故宜置第四。其中文字異同，已詳前三卷。

④ 楊守敬附校記：相其字體，蓋亦元代刊本，其中與張刻宋本參差之亦，已略見至順本跋中，今復比校之：如《目錄》，宋本三十卷分爲上、中、下三冊，每十卷爲一冊，每冊有十卷之總目，每卷又有總目，非也。蓋野王《玉篇》三十卷，孫強本亦三十卷，每卷爲一軸，故應每卷有總目，斷無分上、中、下三冊之理。祥符官刊雖有增刪，改卷子爲摺疊本，亦必仍其舊。不然，即經重修，若嫌每卷葉數過少，何必不爲之合併，而仍三十卷也(小字：北宋官刊如《太平御覽》之類，亦每卷不及三十葉，此蓋猶沿卷子本之舊，以卷子本不能過長也)。至南宋則始爲之合併，而每卷相邊屬不隔流水矣。此本《目錄》通在第一卷之首，固非祥符舊式。然三十卷不分上、中、下，每卷各自爲首尾，不相接續，則又此本之勝也。又《目錄》張刻部首大字居中，部數旁注於下。此本部數陰識，部首陽識，疑此本爲古。此本每卷有“新宮城書藏”印，日本儲籍家之有名者。或謂所貴於舊本者，文字之異同耳，沾沾於《目錄》卷數之分合，似無關出入。余謂古書分合以唐、宋爲一大關鍵，蓋由卷子改摺本之故。今存北宋本尚多舊式，至南宋則面目全非，此唐宋《志》所以違異，而《崇文總目》又多不同於《讀書志》也。

5. 《大廣益會玉篇》三十卷（明刊本）

此本板式校永樂本稍縮，而行款相同。第一卷標題下有木記云“劉氏明德堂京本校正”，第三十卷末又有木記云“劉氏明德書堂新梨”。[①]

國內所藏元刊本《大廣益會玉篇》總數，多為元明清時期刻本，據黃孝德統計有26種本子。元時刻本主要有：元佑二年圓沙書院刻本，建安鄭氏本，建安蔡氏本，詹氏進德書堂本，鐵琴銅劍樓藏本，開封府本等。明時刻本有：明初刻本，永樂中朱氏本，宣德辛亥清江書室本，弘治五年詹氏進德刻本，萬歷元年益王府刊本，內府本，南京國子監本，開封府翻本，劉氏明德書堂刻本，福建書坊本等。近代《四部叢刊》所刊《玉篇》版本即為“上海涵芬樓借印建德周氏藏元刊本”。（詳見本章附表1.3“《玉篇》見存版本目錄”）

（二）內容體例

“元刊本”內容體例與宋本《玉篇》大致相同，我們著重其不同之處一一比較。

1. 元刊本序前有宋大中祥符六年九月二十八日牒文一篇[②]：

准大中祥符六年九月二十八日勑，都大提舉玉篇所狀，先奉勑命指揮差官校勘《玉篇》一部三十卷，近方了畢，遂裝寫淨本進呈，其進呈本今欲雕印頒行，伏乞特降指揮事，並據翰林學士右諫議大夫知制誥兼龍圖閣學士祕書監同修國史集賢殿修撰陳彭年等狀，昨據屯田郎中史館校勘吳銳、主客員外郎直集賢院丘雍校勘《玉篇》一部三十卷，再看詳別無差誤，並得允當者。竊以篇訓之文，歲月滋久，雖據經而垂範，終練字之未精，肅奉詔條，俾從詳閱，訛謬者悉加刋定，敷淺者仍事討論。式就編聯，頗爲愜當。儻頒行於普率，庶上助於欽明。事牒奉勑宜依，牒至准勑，故牒。

此牒《宋會要輯稿》崇儒四之四有記：“（大中祥符）六年九月，翰林學士陳彭年、集賢校理吳銳、直集賢院丘雍上準詔校定《玉篇》三十卷，請雕印頒行，詔令兩制官詳定更改之事。至天禧四年七月刻版

① 楊守敬附校記：案,《四庫提要》所著有明德堂刊本《廣韻》，余舊亦藏之，蓋《篇》《韻》合刊本，相其字體，當在明成化、弘治間。或以爲元槧本，誤也。此本《黃部》獨多一“黌”字，蓋又竄入者。

② 《大廣益會玉篇》，《四部叢刊初編經部》，商務印書館1936年版。

成，賜雍金紫。”與其牒文所稱事皆相合。楊守敬據牒文判定為宋重修官刊本，“（元刊本）所據原本，當是祥符官刊，故仍存祥符一牒”。

2．卷首附有文字字形聲韻圖例

四部叢刊所收元刊本卷首有《新編正誤足註〈玉篇〉〈廣韻〉指南》，其中包括：《字有六書》《字有八體》《切字要法》《辨字五音法》《辨十四聲法》《三十六字母五音行清濁傍通撮要圖》《三十六字母切韻法》《切韻內字釋音》《辨四聲輕清重濁總例》《四聲五音九弄反紐圖序》《五音聲論》《雙聲疊韻法》《四聲五音九弄反紐圖》《羅文反樣》《奇字指迷》《字當避俗》《字當從正》《字之所從》《字之所非》《上平證疑》《下平證疑》《上聲證疑》《去聲證疑》《入聲證疑》《分毫字辨》，當是與《廣韻》配合後人漸次增加之文。

將宋本《分毫字様》與元刊本所附《分毫字辨》相比較，宋本反切用語為“某某反”，元刊本皆為“某某切”①。《分毫字辨》當是《分毫字様》的全復本，但我們比較之下發現不同與錯訛處竟達四十余處。字辨中更多采用了當時俗寫字形，對切音字也有個別改動，而且字形傳抄中往往有錯。我們分別就字頭、切音與釋字錯誤略舉幾處，如：

“揮楎，上許歸切，指揮；下戶昆切，祭服。”按：此處上字切音用“歸”代“歸”，見收於《宋元以來俗字譜》，下字字頭“楎”應為“褌”，從“衤”不從“木”，可知刊刻時因形相而混。

“綆緶，上古否切，井索。下婢連切，緶縫。”按：此處上字為“古杏切”，下字為“婢連切”，皆誤。

“北比，上博墨切，南比。下毗至切，黨也。”按：南北仍訛寫為“比”。

澤存堂宋本卷末載有《新加偏傍正俗不同例》、《類隔更音和切》、《四聲五音九弄反紐圖》（並序）、《分毫字様》、《五音之

① 从版本关系上看元刊本较宋本晚出，且《分毫字辨》错訛处竟有四十余处，应是後世传刻中出現的訛误。

圖》，並張士俊後記。前二項字例與元刊本《新編正誤足註〈玉篇〉〈廣韻〉指南》不合。

3．除序文及篇名外，元刊本三十卷每卷卷首皆標“大廣益會玉篇”字様。

宋本《玉篇》目錄之首僅見一處“大廣益會玉篇一部並序”其余處皆為“玉篇卷第……”，與元刊本每卷卷首皆有“大廣益會玉篇卷第……”有明顯不同。但元刊本卷末有省略：“卷八”缺末尾卷終，卷第十五、第十七、第二十九末為“玉篇卷第十五、玉篇卷第十七、玉篇卷第二十九”，卷第十九末為“卷十九終”，局部看似為照應行文版式有所省略。

4．部首目錄

元刊本則於卷前部將三十卷五百四十二部首的目錄匯編為《〈大廣益會玉篇〉總目》。澤存堂本將全書三十卷分為上中下三篇，每篇各十卷。各篇十卷即列有部首總目，每卷卷首又列有該卷部目。

5．與宋本各部字數比較

將宋本與元刊本之部首字數對比，可看出各部字數有些小出入，元刊本計數較為準確，或可謂重刊校訂之功。對比情況如下：

部序	部首	宋本所轄字數	元刊本所轄字數	元刊本較宋本記數增減	實際對比情況
1	一部	9	8	-1	此部實為9字，元刊本計數有誤
7	玉部	267	277	+10	此部實為277字，宋本計數有誤
9	土部	355	356	+1	此部宋本實為355字，元刊本356字，較宋本增加1字“埒”（實為“埒”）
15	黃部	23	22	-1	此部實為22字，宋本計數有誤（三誤刻作二）
20	邑部	178	278	+100	此部實為278字，宋本計數有誤（二百誤刻作一百）
32	身部	28	27	-1	此部實為27字，宋本計數有誤
50	目部	12	13	+1	此部實為13字，宋本計數有誤

部序	部首	宋本所轄字數	元刊本所轄字數	元刊本較宋本記數增減	實際對比情況
61	須部	6	5	−1	此部宋本為6字，元刊本為5字，實元刊本刊刻有誤①
90	言部	382	482	+100	此部實為482字，宋本計數有誤
127	辵部	255	253	−2	此部實為253字，宋本計數有誤
140	宁部	3	2	−1	此部實為3字，元刊本有誤（三誤刻作二）
183	朩部	13	12	−1	此部實為12字，宋本計數有誤
184	林部	4	3	−1	此部實為3字，宋本計數有誤
250	匚部	29	39	+10	此部實為39字，元刊本有誤（三誤刻作二）
269	金部	473	472	−1	此部實為473字，元刊本有誤（三誤刻作二）
287	〈部	1	2	+1	此部實為1字，元刊本有誤
293	永部	3	2	−1	此部實為3字，元刊本有誤（三誤刻作二）
351	石部	272	292	+20	此部實為292字，宋本計數有誤
357	馬部	277	279	+2	宋本此部實為278字，宋本計數有誤
364	犬部	293	263	−30	此部實為263字，宋本計數有誤
366	豕部	80	79	−1	此部實為79字，宋本計數有誤
381	龍部	8	9	+1	此部實為9字，宋本計數有誤
401	虫部	525	525	−2	宋本此部實為523字，較元刊本少“蚓”字
408	貝部	143	144	+1	此部實為144字，宋本計數有誤
415	至部	10	30	+20	此部實為10字，元刊本計數有誤
420	角部	106	105	−1	此部實為105字，宋本計數有誤
425	糸部	459	482	+23	此部實為460字，宋本計數少1字，元刊本實為460，計數亦誤。
444	長部	16	17	+1	宋本此部實為16字，較元刊本少“镕”字
450	共部	3	4	+1	此部實為4字，宋本計數有誤
487	先部	2	1	−1	此部實為2字，元刊本計數有誤
539	酉部	171	169	−2	此部實為169字，宋本計數有誤

① 参見楊守敬《日本訪書志》，載《楊守敬集》，湖北人民出版社1988年版。及李偉國《俄藏敦煌《玉篇》殘卷考釋》，載《中華文史論叢》（第五十二期），上海古籍出版社1999年版。

宋本共有31部部首所記字數與元刊本所記字数有出入，有11部為宋本實際字數多於所標字數（不包括元刊本記數有誤者）。亦有10部宋本實際字數少於所標字數（不包括元刊本記數有誤者）。元刊本字數與實際稱引有誤者有11部（其中個別部字數統計兩本皆有差誤，如糸部）。

值得注意的是，有些部首宋本與元刊本皆存在所標字數與實際收納字數不一致現象，元刊本轄字多部存在較多缺字現象，我們認為是因字序打亂調整時前後失照或是歷代傳寫中有所疏漏，故與宋本每部下字對照時應有所注意，亦可作為對元刊本各部漏收字的補充刊正。

6. 各部字序

元刊本之字序打亂原本《玉篇》大體遵照《說文》的義例重排，其字序排列意圖不明，似乎只因為注文字數多寡和版面整齊。楊守敬云："考《玉篇》原本次第皆本《說文》，張刻宋本已有移易，然不甚懸絕，此（元刊本）則任意排置，全無義例。"通過宋本《玉篇》與原本、《名義》逐部對比，可驗證楊之說法。以四部叢刊初編所收元刊本為例，每半葉十三行，每行平均收列五或六字頭，每葉版面排列一致，字頭橫排呈水平對應，每行統為五字或六字，非常整齊，為照應版面而機械使用打亂原本字序或刪減注文。故楊守敬嘆："每部文字次第不與張本同，殆坊賈欲均其注文字數，以便排寫，唯圖易於檢尋，不知依類相從之義。"

為照顧版面齊整而將宋本《玉篇》合併的異體字關係拆分成水平的若干行，如：

宋　本：農，奴冬切。耕夫也，厚也。農，同上。辳、莀、𨏈並古文。

元刊本：農，奴冬切。耕夫也，厚也。農，同上。辳，古文。莀，亦古文。𨏈，並古文。

宋　本：難，奴丹切。不易之稱也。《說文》又作鸛，鳥也。䧱、鸛、雖，並古文。

元刊本：難，奴丹切，不易之称。《說文》亦作鸛，鳥也。䧱、鸛並古文。雖，古文。

7. 字頭比較

前人楊守敬曾做過宋本與元刊本各部字數與字頭的比較。“茲復即每部字數合校之，如‘須部’張刊本六字，此本少一‘[illegible]’字（與《天初琳瑯》所說相合）；‘長部’張刊本十六字，此本多一‘镕’字；‘土部’張本四百五十五字，此題‘四百五十六字’，因就此部字字互對，乃知複一‘埒’字[①]，而說解不同。又張本有‘埒’‘埌’‘壚’‘至’四字，而此本無之（至正本、鄭本同）。此本有‘堥’‘塧’‘壤’‘塚’四字（至正本、鄭本同），而張本無之。然則他部之出入，何可勝紀。他日當合此數部，與張本一一對勘，姑為發其端於此。”

《玉篇·須部》宋本有“須、𩑔、頿、顊、頩、䪼”6字，元刊本有“須、𩑔、頿、䪼、顊”5字，少“頩”字。於敏中《欽定天祿琳書目》亦云：“今核兩本，字數俱符，而澤存堂重刻本‘須部’反多一‘竨’字，又何說也。”

宋本“頩”之切音釋義有“方乎、步侯二切。短須髮皃。亦作䫌。”元刊本“䪼”字切音釋義為“方乎、步侯二切。短須髮皃。”而宋本釋“䪼”為“詢趨切。待也。”

兩本對比，可看出元刊本存“䪼”字頭而著“頩”字釋文，且兩本“立部”皆有“竨，相臾切。待也。”可知“䪼”“竨”實爲一字，後並作“須”字。故元刊本“䪼”釋為“短須髮皃”應是元刊本在刪簡之初或數度傳抄中將“頩”字義羼入“䪼”字下，脫漏“頩”字頭，故此部減為五字，實應為六字。

與俄藏殘葉“須部”所存“須、顊、頿、顊、䫌、（頩）、（䪼）”7個字頭與釋義比照，可知唐時《玉篇抄》須部尚無錯，且多一“䫌”字，當屬元刊本有誤。李偉國先生亦認為：“元刊本無䫌（或頩或䫌）字，收䪼字而釋文張冠李戴，尤謬。”

宋本“長部”有16字，元刊本“長部”計有17字，較宋本多“镕”字，切音釋義為“音容。飾也。”亦見於《廣韻·鐘韻》：“镕，餘封切。鎊（飾）镕。”《龍龕手鑑·長部》：“镕，飾镕。”《字彙·長

① 查對宋本與元刊本“土部”，楊守敬認為“乃知複一‘埒’字”，實“埒”應為“埒”字。

部》："䠍，飾也。"查《名義》此部存13字，未見"䠍"字。可知應為唐宋際新增字。

8. 切音比較

元刊本與宋本注音無大差別，但個別音互有訛誤。

（1）宋本無誤，元刊本切音誤者

宋　本：嬵，居夭、居黝二切。竦身皃。
嚞，力瓦切。嚞磋，不中皃。
蜈，五呼切。蜈蚣也。
寓，愚句切。寄也。亦作庽。
元刊本：嬵，居矣、居幼二切。竦身。
嚞，力无切。嚞磋，不中皃。
蜈，力呼切。蜈蚣。
寓，愚向切。寄也。亦作痛。

又如，宋本："跡，匹貝切，又蒲末切。急行皃。"元刊本："跡，匹具、蒲未二切。急行皃。"

按：《名義》："跡，扶未反。跛行皃。逋也。"《唐韻·末韻》："跡，蒱撥反。行皃。亦作䟱。"《廣韻·未韻》："跡，方味切。行疾。"又《廣韻·末韻》、《集韻·末韻》並蒲撥切。《類篇·足部》："跡，方味切。行急貌。或作踌。跡，又博蓋切，步行躐跋也。又蒲撥切，行皃。一曰猝也。又博勿切，《說文》跳也。又符勿切。"綜收五音，為後世字書最全。故知宋本二切音唐前已存，元刊本"匹具切"當為"匹貝切"之誤。元刊本的"蒲未切"亦可說通。宋本、元刊本皆有："迊，博未切。急走。""踌，甫味切。急行皃。"可知此音亦是可信，但從其他後世字韻之書多音情況看當據宋本"蒲末切"而來，或為陳彭年輩勘定改之。

（2）元刊本無誤，宋本有誤者

字頭	宋本	元刊本
偲	士才切	七才切

字頭	宋本	元刊本
娃	烏佳切	烏佳切
妾	士接切	七接切
頪	柔流切	渠流切
赴	亡遇切	匹遇切
芸	古軍切	右軍切
護	許縛切	許縛切
羠	因以、以脂二切	因以、以脂二切
帑	步九切	步丸切
罯	二典切	五典切①

從上例舉看，宋本與元刊本各有正誤，元刊本對宋本有不少勘定之處。但元刊本歷經多朝廣為流行，在長期的流通傳寫過程中不免有更多漫漶訛寫，故其錯訛之處相對宋本較多。

9．注文字數比較

元刊本全書字数共18萬余字，其中包含22 845字頭（據每部所記字數計），故平均每字头下注約8字。宋本全書字數近21萬，包括22 804個字頭，平均每字下注約9字，故元刊本較宋本每字下注相差近1字。元刊本全文較宋本減少約二萬五六千字，比較兩本所刪去字義主要是集中在所引書證及部分語氣詞。如：

宋　本：俗，似足切。習安也。《周禮》十有二教，六曰以俗教則民不偷也。

伶，來丁切。使也。《說文》云：弄也。益州有建伶縣。

作，子各切。《說文》云：起也。《周禮》曰：作六軍之士執披。作謂使之也。

元刊本：俗，似足切。習安也，風俗也。

伶，來丁切。使也，弄也。

作，子各切。起也，造也。

① “今本（宋本）《玉篇》二典切，圖書寮本同，元刊本五典切，他書未見。以日母一般只出現在三等韻，疑此今本切語上字‘二’乃‘五’之形訛，茲據元刊本改。”參見楊素姿《大廣益會玉篇音系研究》，臺灣中山大學，2002年博士論文，第158頁。

我們以兩本引《說文》進行對照，可以看出元刊本因篇幅版面所刪減的明顯差別。宋本《玉篇》有1 337處引《說文》，與今本《說文》對照，只有個別字可能是版本傳抄過程有細微差異。元刊本引《說文》共24條，其中1條為“說也”誤書作“《說文》”，故全書有23條。將元刊本引《玉篇》與宋本引《說文》對照，有7條仍存在字形傳寫中的差別。茲列如下：

1. 諾，荅也。《說文》：應言（譍）也。//諾，荅也。《說文》曰：譍也。

2. 謀，代人說文[①]（也）。與勦同。//謀，代人說也。與勦同。

3. 甘，甘心，快意也，楽也。《說文》：美也。//甘，甘心，快意也，樂也。《說文》曰：美也。从口含一。一，道也。

4. 術，法也。《說文》：邑中道。//術，食聿切。法術也。《說文》曰：邑中道也。

5. �，《說文》：行輕皃，又舉足。//趬，起也，高也。《說文》曰：行輕皃。一曰趬，舉足也。

6. 少，文蹈也。　//　少，《說文》曰：蹈也，从反止。

7. 㿉，氣滿也。癟，《说文》同上。又音備。//㿉，氣滿也。《說文》作癟，音備。

可看出，一是宋本較元刊本所引詳備，與今本《說文》完全一致，二是元刊本有未詳察審校之處，且對引《說文》等引書多有所節略，並刪去“云、曰、也”等引述語氣詞。

另外一些訓釋上有所增刪，字際關係亦有所補充。對釋義的增補，宋本有607字為有音無義，其中大部分為現代漢語中的未識字，而元刊本補有其義者有466字，盡管有些可能為妄加增補，但亦有大部分可相互補充參照。

宋本古文隸定字形時筆畫線條往往過於平直方正，而四部隸定筆畫線條化常非矯枉過正，具有一定的存真性。往往據此可以找出更真實的古文形體，如“工”之古文，《說文》重文“𢒄，古文工从彡。”宋本為“巨，古文。”將“彡”楷化為平直線條“三”，而元刊本為“，

① 元刊本有错。見《康熙字典》：“《廣韻》《韻會》《正韻》楚交切，《集韻》初交切。代人說也。”

古文。”仍可看出從“彡”之構件。

從以上比較看，宋本與元刊本的兩本優劣互見。朱序本雖被稱為“拙於作偽”的古本，但總體上看，宋本較元刊本而言，字形刊刻較為準確，字序有章可循，字注審慎翔實。元刊本歷經元明清數代整理重刊，其文漫漶臆補與脫漏竄改之處必不可避。正如徐鉉校訂《說文》所言“凡傳寫《說文》者，皆非其人，故錯亂遺脫，不可盡究。”但元刊本作為保存至今的重修《玉篇》同源異流的本子，對宋本《玉篇》的補正作用是不可忽視的。

因此我們據清刻本中勘刻較精的“朱序本”（即宋本《玉篇》，亦稱“澤存堂本”）为底本。以中華書局《原本玉篇殘卷》、《篆隸萬象名義》、《四部叢刊》所收“郑氏元刊本”相比勘校，利用《玉篇》數據庫及信息平台工具，對《玉篇》所積澱的歷史漢字進行分層次梳理對比與量化整理研究。

第二章

《玉篇》的文獻結構層次（下）

——宋本《玉篇》文獻結構层次問題

對於宋本《玉篇》的歷史定位問題，各家眾説紛紜。本章主要探討宋本《玉篇》与歷史流傳過程中的《玉篇》版本系統的關係，通過宋本與孙强上元本關係的討論，與原本《玉篇》殘卷、《篆隸萬象名義》（以下簡稱《名義》）、元刊本以及相關字書的對照，探討宋本的文獻價值及確定貯存歷史字匯的時間層次，以期在此基礎上對宋本《玉篇》貯存的歷史漢字整理及斷代有更準確的定位。

第一節 朱序辨僞

一、宋槧上元本説

朱彝尊《重刊玉篇序》稱“借得宋槧上元本於毛氏汲古閣”，歷來為後人所非議。究其原因，大致源於《四庫全書總目提要》（以下簡稱《四庫提要》）所云：“刪去重修之牒，詭稱上元本，而大中祥符所改‘大廣益會’之名及卷首所列字數仍未及削改，可謂拙於作僞。彝尊序乃謂勝於今行大廣益本，殆亦未見所刊，而以意漫書歟。”余嘉錫《四庫提要辯證》亦云：“彝尊雖老，寧至既聾且瞶乎？此蓋英雄欺人，欲自表章其能存古代小學之功耳。”徐時棟《煙嶼樓讀書志》雖不以朱氏有意作僞，但認為當屬“朱序蓋高年錯記”。眾家皆質疑朱氏私自刪去牒文而僞稱“上元本”，“被認為是稀世之珍的朱序本，一下子被打成是僞古本”①。

朱彝尊為明清際著名文學家和藏書家，其曝書亭藏書在2萬卷之

① 黃孝德：《〈玉篇〉的成就及其版本系統》，《辭書研究》1983年第2期，第151頁。

上[①]，著有《曝書亭集》。葉德輝《書林清話》“朱竹垞刻書之逸聞”亦有：“《雞窗叢話》云：‘竹垞凡刻書，寫様本親自校兩遍，刻後校三遍。今按：竹垞刻書有為他人校刻者，以張士俊澤存堂所刻《玉篇》《廣韻》《群經音辨》《佩觿》《字鑒》五種為最精。”[②]以其廣博學識，藏書之富，對版本刻書之精審而刻意作偽似不可信。

明代常熟毛晉，集藏書家、編輯家、校勘家和刻書家於一身，先後建有汲古閣、目耕樓藏書，積書達8.4萬卷。而且毛晉非常注重對善本的收集，曾張有榜文：“有以宋槧本至者，門內主人計葉酬錢，每葉出二百；有以舊鈔本至者，每葉出四十；有以時下善本至者，別家出一千，主人出一千二百。”[③]對於宋元刻本，毛氏不僅高價收購，而且雇用高明寫手以佳紙優墨，依照原書的字體行款進行影抄，如同原作。而且唐宋際上元本猶存，毛氏收藏並保存有南宋槧本上元本也是有條件的。

從上述分析上看，朱氏所借為上元本是極有可能的。李偉國先生亦認為：“不管朱氏的結論是否正確，有一點應當是肯定的：他認為此本是上元本。可惜他沒有說明理由。”[④]

朱氏所借毛氏汲古閣宋槧本是否為“上元本”，我們認為不能僅憑牒文有無的外在形式輕下結論，只有從《玉篇》版本系統的內部關係及內容方面詳加考察才能做出正確判斷。

據調查，朱氏所稱“上元本”仍是宋重修本《玉篇》，但无刪去牒文有意作偽之举，雖《四庫提要》判斷無誤，卻語多為不確。故我們在此略析《四庫提要》所據理由是否允當。

二、《四庫提要》論說

《四庫提要》直斥為朱氏作偽，其所據理由主要有四，我們對此四條逐一評析，以明朱氏是否有意作偽。

《四庫提要》所據理由之一：“一為曹寅所刊，與張本一字無異，

① “清代……朱彝尊……等等，藏書都達到2萬卷以上。”參見李瑞良《中國古代圖書流通史》，上海人民出版社2000年版，第409頁。

② 葉德輝：《書林清話》，遼寧教育出版社1998年版，第226頁。

③ 錢謙益：《牧齋有學集》卷三十一。

④ 李偉國：《俄藏敦煌〈玉篇〉殘卷考釋》，載《中華文史論叢》1999年第52期，第186頁。

惟前多大中祥符勑牒一道，稱重修本。”

據雍正《揚州府志》卷三十五記，《曹楝亭五種》為曹寅在奉旨完成《全唐詩》後所刻。清康熙四十四年(1705年)，江甯織造兼兩淮巡鹽禦史曹寅奉旨在揚州天寧寺開設揚州詩局，刊刻《全唐詩》，次年九月完工。《楝亭五種》成書之時當在康熙四十五年（1706年），因此時間上與朱氏本康熙四十三年（1704年）有先後之别。

又據李文藻《琉璃廠書肆記》記載:“楝亭掌織造、鹽政十餘年，竭力以事鉛槧。又交於朱竹垞曝書亭之書，楝亭皆抄有副本。”錢泰吉《曝書雜記》“郭氏《汗簡》”條：“竹垞翁喜勸人刻字書，若吳門張氏及曹氏楝亭所刻書，多發於竹垞翁，唐宋人小學書，今得傳布，竹垞翁力也。”①曹寅與朱彝尊為好友，朱氏藏書甚富，舉凡曝書亭藏書，曹寅都錄有副本，曹氏所刻《楝亭五種》本多來自朱氏。

張一民《朱彝尊與曝書亭藏書》亦考曰：“康熙四十四年至四十八年，曹寅奉旨刊刻《全唐詩》，朱彝尊利用其主持詩局之便，將曝書亭所藏宋人丁度《集韻》十卷、司馬光《類編》十五卷，推薦給曹寅，刊入《楝亭五種》之中。”②

可知曹寅《楝亭五種》中所收《大廣益會玉篇》來自朱彝尊藏書當無疑議，《四庫提要》認為曹本張本來源不同，為當世同時並出兩種本子，此為紀昀失察也。

《四庫提要》所據理由之二：“一爲明內府所刊，字數與二本同，而每部之中次序不同，註文稍異，亦稱大中祥符重修本。”又“重修張本既與曹本同，則亦重修本矣。乃刪去重修之牒，詭稱上元本。”認為當時並行“明內府”（即元刊本）有牒文稱“大中祥符重修本”，與曹寅本同，曹寅本又與張氏本相同，故三本是同一版本。其推論過程是:明內府是重修本，曹本有牒文，同明內府本，又曹本內容同張本，故明內府本、曹本、張本皆為重修本。

我們認為，清初朱彝尊借“毛氏汲古閣上元本”刊行於世，與前代之元刊本並存，稍後曹寅借朱氏藏書刻《楝亭五種》。朱序本、曹本，與元刊本實質上為清初並行的兩種本子。故三本的關係應當是:

---

① 錢泰吉:《曝書雜記》，臺北成文出版社1978年版，第3387頁。

② 張一民:《朱彝尊與曝書亭藏書》，《湖南圖書館》1992年第5期，第71頁。

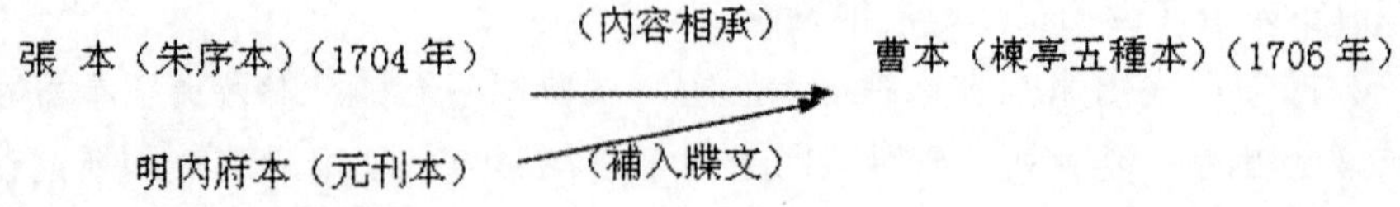

曹寅刊刻《楝亭五種》時可能認為兩者除“次序不同，註文稍異”外，無所區別，因而將元刊本牒文補入《楝亭五種》，以成補完之意。因此“重修張本既與曹本同”，乃是因曹本源於張本，與明內府本內容並無聯系。張本（朱序本）與明內府本（元刊本）相較，最大區別在於牒文的有無。曹本據明內府本補入牒文在後，不可因此斷定與明內府本同，再據曹本推定張本亦屬重修本。此種以後出版本推定之前版本偽作的方法是站不住腳的。

從版本刊刻質量看，朱序本為覆宋本，版心字數與刻工名保存完好，據王肇文《古籍宋元刊工姓名索引》所錄，今仍能與日本所藏“圖書寮”本版式刻工一一吻合，可推知朱序本如有重修牒文，更不可能有意刪去。楊守敬於日本見到的 “北宋槧本”（實南宋槧本）《玉篇》亦無牒文[①]，足證非朱氏有意刪之托古。葉德輝評有：“若曹寅所刻《小學五種》（即《楝亭五種》）《楝亭十二種》，又為內府刻《全唐詩》，則固勝於納蘭成德遠甚。然不如張士俊《澤存堂五種》，摹仿宋刻，極肖極精。自明至國朝，刻工如此之精研者，蓋亦尠矣。”[②]可知曹寅刻本與張氏覆刻宋本質量非可一比。

朱序本成書在康熙四十三年，早於康熙四十五年的《楝亭五種》本，後出增補本（《楝亭五種》）較前本（朱序本）多牒文，亦可說通。《四庫提要》據此斷定朱序本原有牒文而自行刪之的論據是不可靠的。

《四庫提要》理由之三：“大中祥符所改‘大廣益會’之名，及卷首所列字數仍未及削改”，又云：“彭年等進書表稱，肅奉詔條，俾從詳閱，訛謬者悉加刊定，敷淺者仍事討論。其勅牒所列字數稱，舊……新……新舊……。註四十萬七千五百有三十字。是彭年等大有增刪，已

---

① “（《大廣益會玉篇》）款式全與澤存堂本同，首亦無大中祥符牒……今以此本照之，一一吻合，是則刪除牒文亦係宋人。謂竹垞誤以大中祥符本為上元本，可也，謂張氏刪牒作偽，不可也。”參見楊守敬《日本訪書志》，湖北人民出版社1988年版，第84頁。

② 同上書，第200頁。

非孫强之舊。”

前文已有討論，孔仲溫先生認為書名應是南宋時坊間刻本為廣增銷路而附庸“大廣益會”，亦有學者（如朱彝尊等）認為是重修時所賜之名，尚不可定論。故僅從名稱看，“大廣益會”之名無法判定時代與版本情況，不足為憑。且今以“明內府本”同一源流的建德周氏“元刊本”與“朱序本”相比較，“朱序本”只於卷首標為“《大廣益會玉篇》一部”，篇中全文皆為“玉篇卷第……”，僅卷首出現“大廣益會”稱名1次；而“元刊本”則於每卷首與尾皆標明“大廣益會玉篇卷第……”，共54處①，有6處仍為“玉篇卷第……”前后不一致看，倒頗似坊間刊刻時未能全部改為“大廣益會玉篇”的情形。僅於卷首題為“大廣益會玉篇”的朱序本是南宋時期的本子，與全書盡標為“大廣益會玉篇”且內有牒文的元刊本相比，兩者在時間上與版本上存在著較大差異，“大廣益會玉篇”可能為南宋以來坊刻托名。而且兩者是前后相承的垂直關係還是各有所本的平行關係，並不能僅依據書名來加判定。

《玉篇》卷首所列字數疑為唐孫強所記，非宋人所加，前文亦有討論，此處不再贅言。（詳見第一章“上元本所刊字數”）

因此，《四庫提要》僅從卷首題名與所刊字數來判斷“非孫强之舊”，此說頗為牽強，不足為信。

《四庫提要》所據理由之四，云：“《文獻通考》載‘《玉篇》三十卷，引晁公武《讀書志》曰：梁顧野王撰，唐孫強又嘗增字，釋神珙反紐圖附於後。又載重修《玉篇》三十卷，引《崇文總目》曰：“‘翰林學士陳彭年與史館校刊吳鋭，直集賢院邱雍等重加刊定’是宋時玉篇原有二本。”又“考《永樂大典》每字之下皆引顧野王《玉篇》云云，又引宋《重修玉篇》云云，二書並列，是明初上元本猶在，而其篇字韻中所載《玉篇》全部乃仍收《大廣益會本》而不收上元舊本。”

《四庫提要》所指“《玉篇》三十卷”為孫強本，又收“重修《玉篇》”條，故“宋時《玉篇》原有二本”，上元本至明初尚存，且於《永樂大典》條目下可見。

馬端臨《文獻通考》云：“唐上元末處士孫強復脩野王《玉篇》，

① “元刊本”卷末有時省略：“卷八”缺末尾卷終，卷第十五、第十七、第二十九末為“玉篇卷第十五、玉篇卷第十七、玉篇卷第二十九”，卷第十九末為“卷十九終”，局部看似為照應行文版式有所省略。

愈增多其文，今行於俗間者，強所脩也。”馬端臨為宋末元初人，故可知上元本於宋元之時在民間仍存世且通行。因此《四庫提要》所言“宋時玉篇原有二本”不誤，但其據《永樂大典》引“顧野王《玉篇》”推斷“明初上元本猶在”，以今《永樂大典》存本查驗頗有疑問。鄭師許《玉篇研究》亦云：“惟《四庫全書提要》說明初上元本猶在，則疑莫能釋也。”

欒貴明《永樂大典索引》中輯得現存《永樂大典》字下所引《玉篇》427條，其引用例與今存兩種本子無大異。《永樂大典》字下所引書訓同《玉篇》訓釋時，有從上省略現象，僅標注切音。故以現存較完整材料比照，與朱序本內容相差無幾，與元刊本簡略之語更為相似。據查今所見《永樂大典》中並無兩種版本並稱，只有標明“顧野王《玉篇》”①一種引書。故此處列舉引例有差異條對比如下：

字頭	永樂大典	元刊本	宋本	按注
豧	音邕。似猨。八子也。	音邕。似猨。八子。	音邕。似猨。	宋本無“八子”義項。
頌	與恭切。形容。似用切，歌頌。	與恭切。形容也。又似用切，歌頌。	與恭切。形容也。又似用切，歌其盛德。《禮》：爲人臣，頌而無諂。	宋本有引書，注較繁。
瑚	河孤切。或作鍸。	河孤切。瑚璉。或作鍸。	何孤切。《論語》注云：瑚璉，黍稷之器。夏曰瑚，殷曰璉。或作鍸。	宋本引書注較繁，切音字不同。
癰	於恭切。疽瘡也。	於恭切。腫也，疽（疽）瘡也。	於恭切。癰，腫也。	宋本無“疽瘡”義項。
灉	紆用切。水自河出。又音雍	紆用切。《尔雅》：水自何（河）出。又音雍。	灉，紆用切。《爾雅》：水自河出爲灉。又音雝。	《永樂大典》與元刊本音同。

從以上引例比較，《永樂大典》與元刊本的相合度更高，而元刊本

① 《永樂大典》在引用《廣韻》時確有兩指，一為陸法言《廣韻》，一為重修《廣韻》，故疑是紀昀所記有誤。

屬宋重修本（有牒文）一支並無疑問，所以《四庫提要》提要所言《永樂大典》引自唐時上元本而非宋重修本並不可信，故疑紀昀“殆亦未見所刊，而以意漫書。”《永樂大典》所引為宋重修本一支（即元刊本）而非上元本，可知明時上元本已漸式微，而宋重修本占據流行地位。

不僅明時《永樂大典》所引為元刊本，而且當宋本《玉篇》重現於清代時，其後編修的《康熙字典》有9 775條引自《玉篇》，而實際對比發現有部分引例未見於宋本《玉篇》而存於元刊本中。

引例對比如下：

康熙字典	元刊本	宋本	按注
揀，《玉篇》古文竦字。	揀，先勇切。古悚字，敬也。	㩳，先勇切。古悚字。敬也。	字頭與元刊本同。
抸，《集韻》作荅切，音帀持也。《玉篇》：挈也。與挾同。	抸，阻合切。挈也。	維，子一、子列二切。擿也。又阻合切，挈也。俗作抸。	宋本無此大字字頭，《康熙字典》字頭及釋義皆與元刊本相合
搽，《玉篇》蒲摩切，音婆。斂聚也。按從紊，非婆音。又音義與㨰同，疑即㨰字之譌。	搽，蒲摩切。斂聚也。	㨰，蒲摩切。斂聚也。	宋本字頭為“㨰”，元本字頭為“搽”，《康熙字典》所從為元刊本。
殜，《玉篇》思祿切。	殜，思禄切。殉殜。	殜，思禄切。殉殜。	宋本“殜”構件為“朿”有誤，元刊本正確，《康熙字典》從之。
鋺，《集韻》於袁切，音鴛。《玉篇》鉏頭曲鐵。	鋺，於元切。鉏頭曲鐵也。	鋺，於元切。鉏頭曲鐵也。	宋本“鋺”構件為“宛”①，《康熙字典》從元刊本，選形不當。

《康熙字典》成書於康熙五十五年(1716年)，宋本《玉篇》覆刻完

① 《字彙•宀部》：“宼，與冤同。从兔在冂下，此正字也，後人作宀。”《正字通•宀部》：“宼，俗冤字。”

成於康熙四十三年(1704年)，相隔有12年之久，而張玉書等編者仍依元刊本為據，或以宋本加以補正。可知宋本《玉篇》在清初發現之時，所據地位及影響仍不及元刊本，故紀昀在《四庫提要總目》中直斥朱氏作偽，看來亦非空穴來風。

朱彝尊語："孫氏《玉篇》（上元本）雖非顧氏之舊，然去古未遠，猶愈於今之所行《大廣益會玉篇》（元刊本）。" 從元明清流行皆為元刊本看，朱氏所謂"今之所行《大廣益會玉篇》"當指元刊本，兩書面貌截然不同，故朱氏認為其所刊"孫氏《玉篇》"為"宋槧上元本"。乃以今推古，其想法雖有時代局限性，但也不無可能。①

所以《四庫提要》所持四點理由批駁朱氏有意作偽之說並不能成立。

三、《四庫提要》指誤

《四庫提要》云："梁大同九年黃門侍郎兼太學博士顧野王撰。"又云："考《永樂大典》每字之下皆引顧野王《玉篇》云云，又引宋重修《玉篇》云云，二書並列，是明初上元本猶在。而其篇字韻中所載《玉篇》全部乃仍收《大廣益會本》而不收上元舊本，顧孫原帙遂不可考。殆以重修本註文較繁，故以多為貴耶，當時編纂之無識此，亦一端矣。"

《四庫提要》記述《玉篇》版本源流關係中有諸多疏誤之處，其所言疏誤主要有以下四點。

一是顧野王在梁時並未任黃門侍郎官職。

顧野王曆梁陳兩朝為官，梁武帝大同四年（538年）任太學博士，陳孝宣帝太建六年（公元574年）以後遷黃門侍郎，兩官職不同朝且有先後之分，故《玉篇》題記有"梁大同九年三月二十八日黃門侍郎兼太學博士顧野王撰"，後人重修《玉篇》時誤合為一，《四庫全書總目提要》亦未詳考，因之舊說而誤。

二是以為顧氏原帙即上元本，將兩者混為一談。

我們以今存原本《玉篇》殘卷，其篇帙規模宏富而收字較之今本

① 但我們從實際版本調查對比情況看朱序本仍為宋重修本，朱氏認為借得"毛氏汲古閣本"當前溯為"宋槧上元本"之說確有想當然之處。

《玉篇》未有大增，而經唐上元年間孫強增字删注本，已遠非顧氏原貌，故此二者不可混同。

三是以為《永樂大典》時仍存上元本，並引為書證。

今查《永樂大典》未見有兩引《玉篇》者，倒是《廣韻》有兩書並列者，一為陸法言《廣韻》，一為宋重修《廣韻》。如《永樂大典》“終”字下：

> “終，陸法言《廣韻》：陟紀切，竟也。宋重修《廣韻》：又姓，漢有濟南終軍。又漢複姓，二氏。《東觀漢記》有終利恭，何氏《姓苑》云：‘今下邳人也。’《左傳》殷人七族，有終葵氏。”

按：《廣韻·東韻》：“終，極也。窮也。竟也。又姓，漢有濟南終軍。又漢複姓，二氏。《東觀漢記》有終利恭，何氏《姓苑》云：‘今下邳人也。’《左傳》殷人七族，有終葵氏。職戎切。”因《永樂大典》“終”字下義項“極也、窮也”前面已有交代，切音字無變化不再重復，故此處省去。其余重修《廣韻》其下注與今本重修《廣韻》一字不差。

以此驗之，倘如其時顧野王《玉篇》原本或孫強上元本尚在，不可能只引元刊本而未見有他更詳本子，只可能是明時上元本已不傳於世，並無《四庫提要》兩引之說。

四指上元本注簡而重修本注繁。

前文已對字數當屬孫強所做統計有論述，故紀昀以為總二十萬余字為宋人所加，認為上元本（顧氏原本《玉篇》）只有十五萬余言，而重修本新加五萬余言，故“重修本註文較繁，故以多為貴耶”。現以原本《玉篇》所存八分之一卷已達12萬余字之況，可知注四十萬當即所指原本《玉篇》（或蕭删本）總數。楊守敬云：“舊一十五萬者，孫強等删除注文，增加大字，並自撰注文之數也。新五萬有奇者，陳彭年等增加大字並自撰注文之數也。或者不察，乃以顧氏原本注文為簡，孫強、陳彭年注文為繁，傎之甚矣。”[①]故無論是新舊總二十萬余言的孫強本，還是其後勘定的重修本的規模，皆不可能注繁甚於此。紀昀感嘆言：“殆

① 楊守敬：《日本訪書志》，載《楊守敬集》，湖北人民出版社1988年版，第83頁。

以重修本註文較繁，故以多為貴耶，當時編纂之無識，此亦一端矣。”亦是無可附依。

綜上所述，依照紀昀遞而等之的推論，《四庫全書》（文淵閣本）所收“（宋）重修《玉篇》”為朱序本再補入敕牒，冠以“重修”之名。《四庫全書》之重修《玉篇》與現宋本《玉篇》（朱序本）除名稱有別外並無一字之異，我們不再另作為一種版本比較討論。

第二節　宋本與上元本的關係

一、各家所述

對於宋本《玉篇》與上元本的關係，各家皆有不同說法，大致分為兩類。

1．宋本乃上元本

承上所述，張氏刊刻的《玉篇》為覆宋本，朱氏作序言稱其所發現即上元本，且“愈於今之大廣益本”。

李偉國先生：“這部元刊本，從字頭字序到釋文，均與澤存堂本有異同，也許此本才是真正經宋人校正的本子。”又“元刊本倒似後之重刊本”，言下可反推朱序本為上元本。“不管朱氏的結論是否正確，有一點應當是肯定的：他認為此本是上元本。可惜他沒有說明理由。”但李偉國先生認為朱序本亦可能是“宋人對《玉篇》僅作了校勘，就如同當時校定《漢書》、《三國志》一樣，實未作‘重修’。”①

朱氏以為“今之大廣益本”（即元刊本）為宋之重修本，宋本《玉篇》與元刊本大不相同，推定為上元本。

我們認為元刊本屬宋重修本一支無誤，但元刊本是否就是宋重修本原本呢？而且字書的校勘編排與史書的校定是不一樣的，據史實只能做些有限的文字校定，而字書卻需對“日月滋久錯訛重生”做出修訂，更要隨時代變化而增添新字或新義，故“未作重修”之論未察其詳。

再者重修《玉篇》歷經元明清三代，其間是否有後人改動過重修本呢？從唐代《玉篇》有多種節本流傳於世看，因原本《玉篇》卷帙過

① 李偉國：《俄藏敦煌〈玉篇〉殘卷考釋》，載《中華文史論叢》1999年第52期，第186頁。

繁而加以刪減者不在少數。而且唐時孫強增字減注本字數即為二十萬余字，宋時奉旨重修只可能詳加勘定據時增補而非著力於刪削，相比元刊本全篇總字數不過十八萬余字，是否也是後世節本呢？我們未可遽然定論。

2. 宋本即重修本

（1）清人之說，多本於《四庫提要》

清以紀昀為代表，《四庫全書總目提要》云："（朱氏）刪去重修之牒，詭稱上元本，而大中祥符所改'大廣益會'之名及卷首所列字數仍未及削改，可謂拙於作僞。彝尊序乃謂勝於今行大廣益本，殆亦未見所刊，而以意漫書歟。"於敏中《欽定天祿琳書目》亦疑朱氏說不盡可信，曰："其實所謂上元本，即此大中祥符本也，以復孫氏之舊為辭，故去其牒耳。"前文所述，余嘉錫、徐時棟等皆持此觀點，指斥朱彝尊作僞，刪去牒文而稱上元本。

（2）近人之說

以1935年鄭師許為代表，其著《玉篇研究》考之甚詳，亦云："吾輩尤不敢置信（朱氏說）矣。考之各家書目，尚昭昭不見……今者顧氏原本尚有殘卷可見，而孫氏上元本，則已湮沒無聞，是亦有幸不幸存焉。"

（3）當代見述

隨著《玉篇》研究材料的豐富與深入，當代學者對宋本《玉篇》考識與記述更加詳細，語多中肯。

黃孝德先生認為："康熙年間發現的朱序本正是以孫強增字為底本，在宋大中祥符年間重修的《大廣益會玉篇》的原本或是比較接近原重修本的本子。"並通過與元刊本注音、字形、釋義及引例等方面的比較論證，說明"流行本（即元刊本）是朱序本基礎上進一步刪改而成的，是一個節略本。"[①]建德周氏藏元刊本為朱序本後之簡本。

陳建裕先生認為："朱張二人沒有作僞，朱序本也不是上元本，這都是可以肯定的。但是朱序本是大中祥符的原刊本還是重修本尚可商榷。"[②]"此本既非朱氏所云'宋槧上元本'，亦非《大廣益會玉篇》原

① 黃孝德：《〈玉篇〉的成就及其版本系統》，《辭書研究》1983年第2期，第151頁。
② 陳建裕：《〈玉篇〉研究綜述》，《贛南師範學院學報》1998年第4期，第72頁。

刊本（原刊本必有牒文）”①。

濮之珍先生亦有：“今日所見顧氏《玉篇》，為宋人重修本及元代節注本，孫強本已不可見。”②胡樸安、趙振鐸、張應德等先生略同此說，不再詳述。

我們對宋本《玉篇》的整理及新增字所出時間層次的調查，發現其與大徐《說文》及新附字有諸多相參協之處，朱氏未察此例，其失疏難免。雖朱彝尊所借毛氏汲古閣本為宋版，明顯優於當時通行的《大廣益本玉篇》（元刊本），以為必是上元本，卻不知元刊本乃元後所出重修本之節本，已非重修本原貌。

二、宋代重修《玉篇》

眾家認為宋本《玉篇》即宋重修本的論點主要分為兩類：

一是宋陳彭年等對上元本《玉篇》進行了大規模的增修。

如陳燕教授認為：“宋代官方不僅廣益了《切韻》，名作《廣韻》，也廣益了《玉篇》，名作《大廣益會玉篇》，即宋本《玉篇》。韻書與字書相輔而行，起到了規范語言文字的作用。”③認為《說文》《廣韻》《玉篇》俱是“宋代奉敕而編的官書，其注音具有相當的一致性。”

一是認為宋重修時未加刪改只是對字形勘定而已。

如楊素姿博士論文《大廣益會玉篇音系研究》有：“（陳彭年）針對‘練字未精’的部分，加以‘刊定’及‘討論’，恐怕正是此番重修之重點所在。”蔡夢麒博士比較了《廣韻》與《玉篇》差異，發現兩書收字並不一致，“《廣韻》中有3 314字是《玉篇》所沒有，《玉篇》有1 238字在《廣韻》找不到對應”因此認為“陳彭年等沒有為《玉篇》大規模的增字，也沒有修訂注音。”④

但究竟陳彭年對宋本《玉篇》做了哪些勘定工作？因上元本存世與否尚无定論。從內部整理及相關版本比較看，我們認為宋本在孫強本基礎

① 陳建裕：《玉篇版本研究》《西藏大学学报》(汉文版)1999年8月14卷，第99頁。
② 濮之珍：《中國語言學史》，上海古籍出版社2002年版，第178頁。
③ 陳燕：《从〈玉篇〉反切比较论中古时期的标准音》，《天津師范大學學報》2001年第5期，第76頁。
④ 蔡夢麒：《從注音變動看宋本〈玉篇〉的來源》，載《中國文字研究》第七輯，廣西教育出版社2006年版。

上未有大量增字，理由有以下幾點：

1. 字量增益的時間層次

周祖謨先生論“漢字的增繁與簡化”有：“晉宋以后，文字又日漸增繁。據唐代封演《聞見記・文字篇》所記晉呂忱作《字林》，有12 824字，後魏楊承慶作《字統》，有13 734字，梁顧野王作《玉篇》有16 917字，隋陸法言作《切韻》，有12 518字，都達一萬數千字。唐代孫強增字本《玉篇》有22 561字。到宋代司馬光修《類篇》就多至31 319字，到清代《康熙字典》就有47 000多字了。”①

漢字亦隨著社會政治、經濟、文化、科學的發展而增益，從時間上看是個漸進的過程。魏晉時期是文字混亂的時期②，古今文字交織並存，楷化定形過程中異體迭出字量激增，從六朝梁時至唐上元年間近二百年增益四五千字是可能的。相對於六朝時期唐時楷書已漸趨規范整理，如宋陳彭年重修《玉篇》時（1013年）新增四五千字，而同時代《類篇》（1066年）收字為三萬余字，較之在短短五十年間內又增益近萬字實非可能。

清於敏中《欽定天祿琳書目》：“考《宋史・藝文志》但有彭年重修《廣韻》而無重修《玉篇》，惟《文獻通考》載‘重修《玉篇》三（十）卷’。非此書，《書録解題》（宋陈振孙）云：丁度等既修《集韻》，奏言添字既多，與野王《玉篇》不相參協，乞委修韻官，別為《類篇》與《集韻》並行，則與《玉篇》不相蒙矣。” 我們認為正是因為陳彭年重修《玉篇》主要做校訂補義工作，而未大量增加新字，才有同時代的《類篇》达近萬字增量。③

2. 諸家所引上元本多與宋本相同

宋《佩觿》引《玉篇》共有10條，所記與宋本《玉篇》完全對應。郭忠恕為五代宋初人，《佩觿》卷首有“國子周易博士郭忠恕”題記，郭氏任此官職在後周廣順(公元951—953年)年間，書內言稱臣，推知成書當於五代後周(公元951—960年)。且郭氏卒於宋太宗太平興國二年（977年），亦早於宋真宗祥符六年陳彭年奉旨重修《玉篇》之時，故

① 周祖謨：《文字音韻訓詁論集》，北京大學出版社2000年版，第282頁。

② 唐蘭：《中國文字學》，上海古籍出版社1986年版，第14頁。

③ 亦見中華書局《類篇》出版說明：“宋丁度等編撰《集韻》時增字很多，與《玉篇》不相參協，故分出一部分韻字另編《類篇》。”

《佩觿》所引《玉篇》當為孫氏上元本。

《佩觿》引文與宋本《玉篇》原文對照表如下：

<table>
<tr><th></th><th></th><th>《佩觿》</th><th>宋本《玉篇》</th></tr>
<tr><td rowspan="3">卷末</td><td>1</td><td>磿，《玉篇》作磿，古三、紅談二翻，和也。</td><td>磿，古三、紅談二切。和也。</td></tr>
<tr><td>2</td><td>或，《玉篇》作戓。又作戓，各何翻，戓戕即牂牁也。</td><td>戓，各何切。
戓，各何切。爿牁，即牂牁也。</td></tr>
<tr><td>3</td><td>派，《玉篇》作𠂢，普的翻，又普賜翻，裁名也。</td><td>𠂢，普的、普賜二切。裁名也。</td></tr>
<tr><td rowspan="7">辯證</td><td>4</td><td>𠌶，《辨證》曰：按《玉篇》：羊箠、惟畢二切。草木華初生者。</td><td>𦬸，惟畢、羊箠二切。𦬸，華榮也。草木華初生者。𠌶，古文。</td></tr>
<tr><td>5</td><td>般，《辨證》曰：按《玉篇》：般从舟，云古班字，賦也。</td><td>般，步干切。大船也。又樂也。又北潘切。
班，布還切。《說文》云：分瑞也。又班次也，班賦也。</td></tr>
<tr><td>6</td><td>嶁，《辨證》曰：按《玉篇》：嶁，力宇切，古姓也。</td><td>嶁，力宇切。古姓也。</td></tr>
<tr><td>7</td><td>搥，《辨證》曰：《玉篇》搥，丁回切，擿也。</td><td>搥，丁回切。擿也。</td></tr>
<tr><td>8</td><td>撨，《辨證》曰：按《玉篇》：撨，先弔、先凋二切，擇也。</td><td>撨，先弔、先凋二切。擇也。</td></tr>
<tr><td>9</td><td>𢈇，《辨證》曰：按《玉篇》：𢈇同䅟，又徒忝切。</td><td>䅟，余染切。䅟𢈇，戶牡。
𢈇，同上。又徒忝切，閉門也。</td></tr>
<tr><td>10</td><td>角，《辨證》曰：按《玉篇》等字書皆云東方為觻觻，音祿。或作角字，亦音祿。</td><td>觻，盧谷切。東方音也。樂器之聲。今作角。</td></tr>
</table>

兩本內容無差別，只有《佩觿》第5條“般”注《玉篇》亦有古文為“班”字，而宋本《玉篇》未溝通“般”“班”兩字。可知宋本《玉篇》與孫強上元本《玉篇》未有義項上的差別。

3. 宋本《玉篇》引今本《說文》例

（1）引《說文》新附字

宋本《玉篇》有4字“塔、琖、倒、侲”直接引《說文》新附釋義。如：

《名義·土部》：塔，物聲。

《說文·土部》新附字：塔，西域浮屠也。从土荅聲。

宋本《玉篇·土部》：塔，他盍切。《字書》：塔，物聲。《說文》云：西域浮屠也。

“塔”作梵語之解未見收於《名義》，而宋本《玉篇》所收“西域浮屠”義引自大徐《說文》新附字，故當為陳彭年據宋本《說文》所加無疑。

《玉篇》在引《說文》及《說文》新附字時統稱《說文》，在排除屬《說文》逸字情況下，可斷定此為陳彭年修訂時對《說文》新附的直接引用。（詳考見第四章“陳彭年據《說文》新附字修訂宋本《玉篇》”）

（2）引宋本《說文》切音

許慎《說文》無切音，大徐校訂時加之①。宋本《玉篇》所引《說文》切音共42條，如：

《說文》：俑，痛也。从人甬聲。他紅切。

宋本：俑，餘種切。《禮記》曰：孔子謂爲俑者不仁。俑，偶人也。《說文》又他紅切，痛也。

《說文》：婄，肖也。从女咅聲。讀若竹皮箁。匹才切。

宋本：婄，布美切。《纂文》云：人姓也。《說文》又匹才切，不肖也。

《說文》：搒，掩也。从手旁聲。北孟切。

宋本：搒，博忙切。搒，略也。《說文》北孟切，掩也。

宋本《玉篇》引《說文》切音42例為：“塈、欲、屒、㾬、杚、堇、亅、𠄌、俑、倗、𡡮、媞、嫛、婄、娒、頒、瞿、髴、搒、怕、㦔、詶、祉、中、踔、𣘸、欃、柮、楅、屎、萎、蘻、市、沾、濕、

① 從現存唐寫本《說文·木部》殘卷看，唐人亦有對《說文》標注切音，故宋本《玉篇》切音不合例亦有可能來自大徐之前的唐人切音。

覞、气、柴、天、檡、辪、厺”，其中21條與今本《說文》切音相同。

（3）據今本《說文》增修字義例

《名義》：僰，平勒反。奴也。我也。

《說文》：僰，犍爲蠻夷。从人棘聲。

宋 本：僰，平勒切。屏之遠方曰僰，僰之言偪也。《說文》云：犍爲蠻夷也。

《說文》：桅，黃木，可染者。从木危聲。（上字為“楰”，下字為“杒”）

新 附：梔，木實可染。从木巵聲。

宋 本：梔，之移切。黃木，實可以染。《爾雅》曰：桑辦有葚梔。（上字為“楰”，下字為“杒”）

桅，俱彼切。黃木可染也。又五回切，舩上檣竿。

按：《說文》“桅”與宋本“梔”字序對應，且釋義同為“黃木，（實）可染者”。徐鉉誤“梔（梔）”為“桅”，於是木部新附“梔”字，《廣韻·紙韻》有“桅，短矛。或作𥍝。《說文》曰：‘桅，黃木，可染。’”陳彭年修《廣韻》據今大徐《說文》增“桅，黃木可染。”有誤。陳氏重修《玉篇》時又據大徐《說文》，又復參協《廣韻》釋義，宋本乃有“桅，俱彼切。黃木可染也。又五回切，舩上檣竿。”《名義》：“桅，媯彼反。長短不齊小戈也。”宋本“桅”字義与《名義》大爲不同，可知為陳彭年輩不審而径删《玉篇》原義。

無論是增添字義例（如“僰”），還是將錯就錯字例（如“桅”），陳彭年所增字例皆可在《名義》中找到相應字頭，因此我們認為陳氏所做的工作主要是據《說文》等字書對孫強上元本《玉篇》進行了勘定及增補釋義的工作。

4. 宋本《玉篇》引《說文》與大徐《說文》不合例

宋本《玉篇》引《說文》與今大徐《說文》有不合之處，我們認為亦屬陳彭年未據今本《說文》輕易改動者。

引文不一致處如下：

字頭	宋本引《說文》	《説文》原文
聝	古獲切。《說文》云：戰而斷耳也。亦作馘。	軍戰斷耳也。《春秋傳》曰："以爲俘聝。"从耳或聲。
唏	許几、許旣二切。《說文》云：笑也。一曰哀病不泣曰唏。	笑也。从口，稀省聲。一曰哀痛不泣曰唏。
听	魚隱切。仰鼻。《說文》云：笑皃。	笑皃。从口斤聲。
堊	烏洛切。《說文》云：白塗。一曰白土也。《爾雅》曰：牆謂之堊。郭璞云：白飾牆也。	白涂也。从土亞聲。
墀	除飢切。《漢書》注曰：丹墀，赤地也。謂以丹漆地。《說文》云：塗地也。	涂地也。从土犀聲。《禮》："天子赤墀。"
瀧	力奉切。塗也。《說文》木貢切。	涂也。从水从土，尨聲。讀若隴。
抪	普活切。《說文》曰：推也。	擠也。从手市聲。

5．宋本《玉篇》字形有誤例

宋本《玉篇》："盋，苦回切。鉢也。"

按：《廣韻》："鉢，器也。亦作盋。顔師古注《漢書》曰：'盋，食器也。'"慧琳《一切經音義》卷六六"扣鉢"條："鉢，半末反。俗用字也。《說文》中無。《玉篇》云：交州雜事記云：晉大康四年臨邑國王獻鉢及白水晶鉢。服子慎《通俗文》中從犮從皿作盋，古字也。"又慧琳《一切經音義》卷八四"盋盌"條："盋，半未反。《字書》正作盋，服虔《通俗文》云：盋僧應器也。錄文作鉢，俗字也。"從《經音義》知"盋"為"盋"正字，《通俗文》為漢時服虔作，"盋"字當於漢時已見。《名義》："鉢，補活反。"釋義有脫，而未見"盋"字。宋本《玉篇》亦未見"盋"字，《名義》未見"盋"。"盋"字序所處為宋本《玉篇・皿部》部末新增字，當為後人所加。然"盋"釋為"鉢"字，其形可疑。《廣韻・灰韻》："盋，苦回切。盋器，盂，盛者也。"《集韻・灰韻》："盋，器名。"《類篇》："盋，苦回切。器名。" 皆釋為器屬，可知宋前未有釋"盋"作首鎧義。自《正字通》始有："俗呼首鎧曰盋"。又《說文》新附："盋，食器也。盂屬。或从金从本。"宋程大昌《演繁露》"盋盂"

條："盋，音拨。今僧家名其食器為鉢。"又"盂，食器。若盋而大，今之所謂盋盂也。"胡吉宣《玉篇校釋》云："此'盔'亦訛字，正作盋，音博末切，云與鉢同……俗說首鎧為盔，苦回切，與盋形近誤合。"胡氏所說為是。宋本《玉篇》"盔"乃"盋"之訛寫，故後出之書皆為"盔"釋為器屬。因《廣韻》早於宋本《玉篇》，亦收"盋""盔"兩形，疑"盋"之形訛當早於宋本，當為唐孫強時即有失形。陳氏未校勘出宋本《玉篇》"盔"字形訛，亦未據《廣韻》或《說文》新附字增"盋"字。我們認為此亦陳彭年重修時不輕易增字之證。

當然，我們認為陳彭年重修時亦有增益新字例，但為數不多。如從字序看，宋本《玉篇》新增字中有部分字並非增在部末，而是零散分佈於宋本《玉篇》中，多為聯綿上下字，我們認為是陳彭年據當時後出字對《玉篇》進行了增補。如《說文》新附字："芙，芙蓉也。蓉，芙蓉也。"宋本《玉篇》亦收有："芙，芙蓉。蓉，芙蓉。""芙、蓉"兩字均為不見於原本《玉篇》、《名義》的新增字，"艸部"共收1 055字，"芙、蓉"位於第96、97字位，從字序上判斷，當屬陳彭年據今本《說文》新附字增字。又如宋本《玉篇》："婕，婕妤，婦官也。妤，婕妤。""妤"為宋本《玉篇》新增字。《唐韻·葉韻》："婕，婕妤。"《廣韻·魚韻》："妤，婕妤，婦人官也。亦作倢伃。"《說文》存"伃"無"妤"字，故當為陳彭年據《唐韻》《廣韻》等所增，此類情況可大致推知為宋陳彭年重修時的新增字。

第三節　宋本《玉篇》避唐諱例

孫強上元本成書於唐高宗上元元年（674年），故應避唐高宗"治"諱及唐太宗"世民"之諱。

陳垣《史諱舉例》有："唐制不諱嫌名，二名不偏諱。故唐時避諱之法令本寬，而避諱之風尚則甚盛。武德九年，有'世及民兩字不連續者，並不須避'之令。顯慶五年，有'嫌名不諱，今后繕寫舊典文字，並宜使成，不須隨義改易'之詔。……唐時諱法，制令甚寬。李溪既可抗疏力爭；宋昂並可十年不改。非如宋之《淳熙文書令》，廣避嫌名；清之乾隆字貫案，罪至梟首也。今唐人撰注諸史中之所以廣避者，習沿使然，實未遵貞觀、顯慶時詔令。”[1]故從其中可知唐時避諱不甚嚴苛。又“唐時避諱，有可特紀者，為缺筆之例，自唐時始。即有此例，則古籍文字，可以少所更易。故開成石經缺筆多而改字少，經典元本，賴是保存焉。”[2]唐時經典古籍中並不以改字為主，因而《玉篇》避諱例不甚明顯。但我們通過前後字書對照，還是可以看到不同時代在同一版本系統內的不少改動處。

唐高宗時避“治”諱，亦避前唐太宗“世民”諱，故“世改為代，或為系，從世之字改從云，或改從曳，民改為人，或為甿，從民之字改為從氏。治改為持，為理，或為化。稚改為幼。”[3]

顧炎武《九經誤字》“秖自疷兮”條：“《石經》作疷，從氏。宋劉彝以為當作痻，音民，病也。唐人避太宗諱，凡字從民者，皆省而為氏。今人書昬為昏，猶其遺法也。唐張參《五經文字》：愍（愍）字下云：緣廟諱偏旁準式省從氏，凡汦昏之類皆從氏。又珉字下云：莫中反，《禮記》作琘，是其例也。後人不解，或乃於氏下又添一畫，而讀為氐，則誤之甚矣。”

原本《玉篇》及《名義》（當為原本《玉篇》節本）反映六朝時期的字匯，而宋本《玉篇》為唐宋間增字減注的重修本，在時間層次上有一定的跨度，其在增字方面必然有著鮮明的時代特點。我們對照原本《玉篇》及《名義》，發現宋本《玉篇》存在大量避唐諱字例，主要表現在字頭、切音、釋義三個方面的改動。

一、增加新字

唐時避“世”字，故從“世”改為從“曳”，亦有從“枼”改為從“曳”，從“民、昬”改為從“氏、昏”等例。

唐張參《五經文字》云：“絏本从世，緣廟諱偏傍，今經典並準式例變。”唐顏元孫撰《干祿字書》時亦有“偏旁同者不復廣出”的整理原則，如“聡聦聰，上中通下正。諸從忩者竝同，他皆放此。”同偏旁的字如有相同的變異，只選擇一組，余可類推。故張參“今經典並準式例變”，當指從“世”字改皆為從“曳”之類改換為同音或義近偏旁。

① 陳垣：《史諱舉例》“宋諱例”，中華書局1962年版，第119頁。
② 同上書，第120頁。
③ 同上。

此類情況在宋本《玉篇》中已廣有收集，如凡從“世”之字多有異體從“曳”，且在宋本《玉篇》的新增字首次出現（非指唐前從“曳”字，如“玴”[①]），而未見諸《說文》、原本及《名義》者，多為唐時避諱所增字。並可據此法溝通新增字與傳承字間的變異關係，對於一些來源不明字或當時新造所出而漸隨時間退出流通使用層面的字形做一些探究。

1. 從“世”字改從“曳”例

（1）宋本《玉篇》：“枻，余世切。楫也。栧，同上。”

按：《廣韻》：“枻，餘制切。檝枻。”《類篇》：“枻、栧，以制切，楫謂之枻也。一曰柂也。或從曳。”《集韻》：“枻、栧，以制切，楫謂之枻也。或從曳。”《康熙字典》：“栧，《玉篇》與枻同。楫也。”

（2）宋本《玉篇》：“泄，弋逝切。水名，在九江。又思列切，漏也。洩，同上。”

按：《左傳•隱公元年》：“其樂也泄泄。”《唐韻》：“泄，餘制反。漏泄。亦作洩。歇。又姓，《左傳》鄭大夫泄駕。”《廣韻》：“泄，餘制切。水名，在九江。又音薛。洩，上同。”

宋本《玉篇》的“栧、洩”皆未見於原本《玉篇》、《名義》及前世字書，故應為唐時避諱新增字。

2. 從“枼”者字改從“曳”例

（1）宋本《玉篇》：“媟，思列切。慢也，嬻也。㛄，同上。”

按：《毛詩注疏・青蠅》：“幽王荒廢，媟近小人。”《方言》：“媟，狎也。”《說文》：“媟，嬻也。”《名義》：“媟，相烈反。慢也。嬻也。”《集韻・薛韻》：“媟，或作㛄。”“枼”與“曳”聲相近，故“㛄”為“媟”之易聲異體字。

（2）宋本《玉篇》：“抴，余世切。數也。又羊列切。拽，同上。”

按：《荀子•非相篇》：“接人則用抴。” 杨琼註：牽引而致之。《說文》：“抴，捈也。”《名義》：“抴，尹世反。抴捈也。數也。”《唐韻》：“拽，羊列反，又余例反。”《廣韻》：“抴，亦

① 《集韻》：“玴，《說文》：‘石之似玉者’。或從世。”於宋本《玉篇》及前代字書中見“玴”字，不能判斷唐時是否互為異體字，此字不做討論。

作拽。拕也。羊列切。又余世切。《集韻》：“抴（拽），《説文》除也。或從曳。”“抴”“拽”並為異體當無疑問。又，宋本《玉篇》：“揲，丈甲切，又時列切。數蓍也。”未見“揲”與“拽”“抴”溝通，但音義相合。《集韻》：“揲，《説文》閲持也。或作抴。”歷來從“枼”與從“世”字多相通，如《説文》：“緤，紲或从枼。”《荀子·榮辱篇》：“橋泄者，人之殃也。”楊琼注云：“泄與渫同。”據《集韻》所云可溝通“抴”“拽”“揲”三字間異體關係。

3. 從“民、昬”字改從“氏、昏”例

張參《五經文字》云：“愍，傷也。縁廟諱偏旁凖式省，從氏凡泯昏之類，皆從氏。”又顧炎武《九經誤字》有：“唐人避太宗諱，凡字從民者，皆省而為氏。今人書昬為昏，猶其遺法也。”可知今之從“氏”之字有相當部分在唐前為從“民”之字改換而來，現宋本《玉篇》中亦有此類改換法。如“黺”變為“黹氏”：

宋本《玉篇·黹部》：“黹氏，方千切。黹緶也。”（元刊本同）

按：此字為宋本《玉篇》部末新增字，原本《玉篇》“黹部”保存完整，且並收於羅本黎本兩處，皆未見此字。《名義》亦未見此字。《集韻·先韻》：“黺，民堅切，紩也。”又“卑緜切，紩也。”《類篇·黹部》：“黹攵，卑緜切。紩也。又民堅切。”此形與“黺”有右部構件“攴”“攵”差別，因字書中“攴”“攵”兩部件往往不分，故常見“黹攵”“黺”兩形混用。《康熙字典》：“黺，《玉篇》黹緶也。……《類篇》卑緜切，𠓜音邊。紩也。”並引《類篇》《玉篇》為“黺”，故知除宋本《玉篇》唐時增字改從“民”為從“氏”，后世字書皆未必改動。宋本《玉篇》收“婚”未見“婚”，《康熙字典》：“婚，婚或作婚。按：《説文》婚从昬，昬从民。經典以唐諱，改昬作昏，婚亦作婚。作婚爲正。”“婚”仍為“婚”之避諱字。但宋本《玉篇》此類避諱字不多。如《説文》：“敯，彊也。”與《類篇》《集韻》“敯，疆也”同。宋本《玉篇》“敯，眉隕切。勉也。”未有變化，又如“崏、敃、瑉”等多數皆未變“民”為“氏”。可知宋本《玉篇》為唐孫強所修時亦非從嚴遵諱，不似唐《五經文字》《九經字樣》等官方所頒正字書遵例嚴格。

4. 宋本《玉篇》所收從“曳”與從“世”之字有未溝通相互關係者，我們可以從釋義切音及相關字書的訓釋來溝通，我們認為避諱改字是造成異體的原因之一。如“呭、呭、詍、詍”：

（1）宋本《玉篇》：“呭，餘廿切。呭呭猶沓沓也。亦作呭。”

按：《說文》曰：“呭，多言也。”《名義》：“呭，余世反。舒散也。多言也。”《廣韻》：“呭，餘制切。呭樂。亦作呭。”《集韻》：“呭、呭，私列切，樂也。或從曳。”又《集韻》：“時制切，音誓。與詍同。語多也。或作詍。”

（2）宋本《玉篇》：“詍，余廿切。多言也。詍，同上。”

按：《說文》：“詍，多言也。从言世聲。《詩》曰：‘無然詍詍。’”原本《玉篇》：“詍，餘世反。《說文》詍詍，多言也。野王案：《毛詩》無然詍詍是也。或為呭字，在口部。”《名義》：“詍，餘世反。多言也。”《廣韻》：“詍，餘制切。多言。”《集韻》：“呭，以制切。語多也。或作呭、詍、詍。”《康熙字典》：“詍，《集韻》同詍。又人名。”

唐宋時新增字“呭、詍”與“呭、詍”為對應異體關係，雖宋本《玉篇》有刪節過簡之弊，未言明（1）（2）兩組字間異體關係，但從前文各字書之間訓釋看，宋本《玉篇》中的“呭、呭、詍、詍”四字可相互溝通，互為異體。

又如“絏”為宋本《玉篇》新增字，但未見宋本釋義與“紲、緤”溝通，原本《玉篇》中不見“絏”而“紲”“緤”為異體關係，可能是孫強等在增加“絏”字時忽略此組異體字的內在聯系，據張參《五經文字》：“絏本从世，緣廟諱偏傍，今經典並準式例變。”因此我們也認為“紲、緤、絏”在唐時為異體關係。

5. 溝通異體關係與考識宋本《玉篇》中有音無義字[①]，其中相當一部分為楷書未識字。從避諱例中可以發現一些改而未用因而變為后世未識死字的例子，可以據此做出異體歸類與字際溝通。

如“輰、鞢、靾”：

宋本《玉篇》：“輰，余制切。”

按：“輰”位於宋本《玉篇》部末，為唐宋間新增字，但有音無

① 宋本《玉篇》中“有音無義字”有607例，故專列一節討論，參見后“有音無義字”。

義，不知何所出。元刊本為“[illegible]，余制切。曳車也”，應是後人重刊時據形補義，未明其義。《集韻·祭韻》：“䩘，以制切。車馬贈亡謂之䩘。或从車作轉。” 宋本《玉篇》：“䩘，余制切。以韋贈亡人也。”由於皮革制品堅韌常用於制作車具或配飾，故有“車”“革”偏旁相混例。徐鉉認為“非皮革所爲，非車馬之用，不合从革。”可見“皮革所為”與“車馬之用”在日常生活中聯系密切，如《玉篇》中“軧、鞮”，“鞦、鞦”皆互注異體。“䩘”“轉”音同，“車”“革”偏旁相混互用，故互為異體。又《唐韻·祭韻》：“靾，餘制反。以馬鞍贈亡人。出《埤蒼》。”宋本《玉篇》“靾”釋義同《唐韻》，“䩘”為宋本《玉篇》新增字，未見於《說文》、原本、《名義》中，且所增字位於部末，故可知為唐際新加字。因唐避“世”諱，改從“曳”，故“靾”同“䩘”，故而“轉”“䩘”“靾”三字音義相同，互為異體關係。元刊本乃揣形度義，且未溝通異體關係，不以為信。《漢語大字典》《中華字海》皆有“曳車”義項，來源於《玉篇》，當是據元刊本所增，此處亦不為補充義項之據。

6. 據避諱改字法亦可溝通唐宋間新出訛形增字，以求正字之本源。

如“䎈、䎉、翍”：

宋本《玉篇》：“䎈、䎉，二同。羊制切。飛皃。”

按：“䎈、䎉”位於宋本《玉篇》部末，並為新增字。《名義》：“翍，餘世反。泄也。呭也。飛皃。”宋本《玉篇》：“翍，余勢切。翍翍，飛也。”“䎈”“䎉”“翍”三字音義全同，“翍”因避唐諱改從“世”為從“曳”之“䎈”字，為唐時新出字。《集韻·祭韻》：“䎈、翍，以制切。飛也。或從丗。”據宋本可知“䎈”“䎉”“翍”為異體關係。但《集韻·支韻》：“䎉，陳知切。翄䎉，燕飛貌。通作池。”《類篇》：“翄䎉，燕飛不至也。”皆未言“䎈、翍”與“䎉”相通，故懷疑宋本《玉篇》“䎉”當為“翍”形訛之變。元刊本“䎉”字原形爲“䎉”，其筆形似“丗”之簡寫未連。唐時亦有缺筆避諱之法，《九經字樣》有“卋、廿，音勢。卅年為一廿，從卅而曳長之。今廟諱作廿。”為“丗”缺筆之形，其形亦似“也”。“也”“丗”之形近易混，后世傳抄中亦有可能未審其形而混同，“翍”訛變為“䎉”。《康熙字典》：“䎉，《集韻》：陳知切，音馳。翄䎉，燕飛貌。通作池。又《玉篇》同䝘，飛貌。”分别收《集韻》《玉篇》兩義項，當未知宋本《玉篇》“䝘”乃“𧳜”之形訛寫。《漢語大字典》《中華字海》同上，皆未溝通“䝘”“𧳜”“䝘”三者通變異體關係，皆應補充。

二、改動切音

1. 將“世”字音改為“例、結、列、力、勢、介”等同音字。將原本、《名義》、宋本、元刊本對照，可以清楚發現此種前後變化。如：

原 本：䤶，之世反。《廣雅》：䤶，臭也。

《名義》：䤶，之世反。臭也。

宋 本：䤶，之例切。臭敗之味。

元刊本：䤶，之例切。臭敗味也。

由於原本殘缺不全，據前所述《名義》與原本的傳承關係，在此我們參照《名義》切音看宋本《玉篇》大體改動情況，如下：

字頭	《名義》	宋本《玉篇》	元刊本
腸	乙世反	乙厲切	乙厲切
䤶	之世反	之例切	之例切
櫗	亡世反	亡結切	立（亡）結切
𤕟	力世反	除例切	除例切
淛	止世反	之列切	之列切
䩢	世力反	丑力切	丑力切
掣	之世反	示勢切	示勢切
𧳜	餘世反	余勢切	余世切
䝘	之世反	之勢切	之勢切
靾	以世反	以勢切	以勢切
𢬍	尹世反	尹勢切	尹勢切
褹	牛世反	女介切	女介切
褹	牛世反	牛勢切	牛勢切
褉	弋世反	弋勢切	弋勢切

元刊本切音與宋本同[①]，但宋本《玉篇》切音並沒有全部改動，仍有

39例以“世”為反切用字。

2. “治”做反切上字時改為“持”“直”“丈”等同音字，共9例，做反切下字時改為“持”“夷”“其”“衣”等，共4例。例如：

原 本：飢，羈治反。《毛詩》時惄然如調飢。野王案：須食也。《說文》餓也。《蒼頡萹（篇）》餧。

《名義》：飢，羈治反。餓也。

宋 本：飢，几夷切。餓也。

元刊本：飢，几夷切。餓也。

由於原本殘缺不全，故我們仍參照《名義》切音看宋本《玉篇》大體改動情況，對比如下：

字頭	《名義》	宋本《玉篇》
眝	治旅反。張目也。	直旅切。張目也。
齝	治離反。齗齒見也。	直離切。齒齗見。
懟	治遂反。怨也。	直類切。《說文》云：怨也。又徒對切，愚也。
胄	治又反。後也。	直又切。裔也。
譵	治遂反。懟也。怨也。	直類切。怨也。或作懟。
篆	治轉反。書也。列書也 。	直兖切。史籀造篆，書似符。
瑑	治轉反。轂約也。	持轉切。珪有折鄂也。
韔	治高（亮）反。弓弢也。	持亮、丑亮二切。弓衣也。亦作韔。
紩	治銍反。納也。素（索）也。	持栗切。縫衣也。又納也，索也。古作鉄。
觞	治曀反。鷹字。	丈爾切。獸名。
甾	側治反。又与周反。甾古。㽒古。甾，今甾。	側持切。缶也。此古文。今作甾。亦作甾。
淄	側治反。水出大山。	仄其切。水名。
饑	羈治反。麦禾不熟。饑也。五穀不升為飢。	紀衣切。穀不熟也。
飢	羈治反。餓也。	几夷切。餓也。

① 只有一處例外，宋本《玉篇》：“翀，余勢切。翀翀，飛也。”元刊本：“翀，余世切。飛皃。”《名義》：“翀，餘世反。泄也。呭也。飛皃。”與《名義》切音字相同。

元刊本切音與宋本同，此處不再單列，但宋本《玉篇》切音並沒有全部改動，仍有9字以“治”為反切用字。

三、改動釋義

1. 直接刪去

常在不影響釋義情況下直接刪去避諱字，如：

原本：磏，來甘反。《說文》磏諸治玉石也。《字書》或為𣩎字，在歺部。

《名義》：磏，來含反。活（治）玉名。

宋本：磏，來甘切。磏玉。或作礛。

元刊本：磏，來甘切。磏玉。或作礛。

以原本《玉篇》與宋本對照，共有29字[①]，以《名義》與宋本對照，全書有44字[②]為直接刪去釋義“治也”。

2. 改字法

將諱字改為音近或義近之字，如將“治”改為“持”“理”，“稚”改為“幼”。如：

原本：繕，時戰反。《周礼》繕人掌王之用弓矢。鄭玄曰：繕之言勁也，善也。《左氏傳》征繕以輔孺子。杜預曰：繕，治也。《說文》：繕，補也。

《名義》：繕，時戰反。善也。治也。補也。

宋本：繕，市扇切。補也，持也，善也。

元刊本：繕，市扇切。補也，善也，持也。

又如：

原本：厤，來的反。《說文》厤一治也。古文《尚書》以此為厤，象日月星辰之厤字，在日部也。

《名義》：厤，來的反。治也。

宋本：厤，力的切。理也。亦作秝。

① 與原本《玉篇》對照，宋本有“誹、謍、護、譬、羲、平、告、嚴、軻、簻、方、治、汙、沐、亳、碎、磏、厤、府、序、庬、陭、繐、繕、縈、綜、經、織、約”，共29字對原本釋義“治”義項有節略。

② 與《名義》對照，宋本《玉篇》有“淄、知、越、營、蓺、埶、抑、乂、慆、摇、鏇、相、渥、爲、剔、薄、拳、竘、樸、沐、漠、臨、列、療、磏、靖、鞶、饑、飢、護、汨、攻、拂、夫、甸、導、剒、毒、屈、䆃、藺、濼、對、𩬈”，共44字刪去“治（某）也。”

元刊本：厤，力的切。理也。亦作秝。

對照《名義》釋義，可知宋本《玉篇》釋義大體改動情況，如下例：

字頭	宋本《玉篇》原文	《名義》原文
領	良郢切。《詩傳》云：領，頸也。又《禮》：領父子君臣之節。玄曰：領猶理也。	離景反。頸也。理也。治也。錄也。
㞐	兹力切。理也。	作結反。治也。
道	徒老切。理也，路也，仁義也。	徒老反。倫也。理也。說也。由也。路也。礼也。国也。語也。治也。直也。行也。從也。言也。
㬥	直信切。《說文》云：理也。	時升反。理治也。
敦	都昆切。理也。	都豚（豚）反。治也。勉也。怒也。
敤	口果、口卧二切。研理也。	口果反。擊。研（研）治也。推也。
黻	扶勿切。理也。	扶勿反。治。
厤	力的切。理也。亦作秝。	來的反。治也。
逸	以一切。過去也，奔也，縱也，逃也，理也。	餘質反。失也。治，逃也。縱也。奔也。置也。
嬖	魚吠切。理也。亦作乂。	魚廢反。治。
辯	皮免切。慧也，正也，理也。	皮勉反。別也。正也。治也。慧也。
乘	是升、是證二切。勝也，四馬也，升理也，計也，覆也，守也，一也。	是升反。勝也。計也。治也。登也。陵字也。覆也。去也。

又如：

《名義》：稙，竹力反。早也。穉升（叔）麦也。稚幼稼。

穉，又作稺。除致反。叔麦也。幼稚也。小晚也。

宋 本：稙，竹力切。早種也。

穉，除致切。幼禾也。

我們認為宋本《玉篇》可能遵避諱例有意識對原本《玉篇》的釋義系統進行過改動，刪去或避去“稚”等避諱字。

第四節　宋本《玉篇》重出字

臧克和先生指出："今天流行的《大廣益會玉篇》文本内部包含了正文和注釋兩個層次。兩個層次的結構似乎並不算復雜，但問題是每個層次裏都有包含異體關係。由於這種關係，連語言文字類工具書對於《玉篇》收字多少這類問題都很難説清楚。"①

從宋本《玉篇》的整理情況看，《玉篇》廣收當時通行的社會用字即正字和異體字。除正字外，其後以"同上""亦作""或作""又作""俗作""今作""古文"等體例將異體字作為單個字頭列出。因為其中存在著交叉重復與同形現象，至今諸多學者對《玉篇》字數統計結果不一②，除不同版本間差異外，其中一個不可忽視的因素是《玉篇》中存在重出字。如：

蛶，力輟切。蝻蚵。　　（宋本《玉篇》　虫部第四百一　第462頁）

蛶，呂說切。蟲名　　　（宋本《玉篇》　虫部第四百一　第463頁）

蛶，呂說切。蟲名。蝻蚵。（元刊本《玉篇》③虫部第四百一）

宋本《玉篇》"蛶"兩處重出，而元刊本對"蛶"字進行歸併處理。

《説文解字》中即有為數不少重出字，如"㐱、墬、希、迹、凵、右、否、吹、堀、愷、敎、敫、朓、冑、舌、芺、萑、詿、誤、鳿、鼓"21字皆為重出，其中有因分部不同而前後失照的重出，也有因隸定楷化後字形趨於一致的同形。馬敘倫《説文解字研究法》亦論及《説文》重出字，云："許書重出字，如右見口、又兩部，吁見口、於兩部，吹見口、欠兩部……欲知何者重出，當覈之六書，非可臆斷。"

宋本《玉篇》的重出從分佈位置看有同部重出與異部重出。我們通過對重出字義項音讀進行逐條對比分類，對在傳抄中發生的錯訛字校改訂正，並排除不做重文處理的形近字。找出屬於字頭重復出現還是同形

① 臧克和：《原本玉篇文字研究序》，載朱葆華《原本玉篇文字研究》，齊魯書社2004年版，第3頁。

② 錢劍夫《中國古代字典詞典概論》第59頁："今從張氏澤存堂本據其每部所記字數總計，則為二萬二千五百六十一字。劉師培《中國文學學》又謂二萬二千七百二十六字。而注文達四十萬七千餘字，今本無此數。"

③ 所據為《四部叢刊·初編·經部》所收建德周氏所藏元刊本。

關係，以明確宋本《玉篇》字數統計中重出同形情況。

經過篩選整理，去除宋本《玉篇》中楷書書寫形體有細微差異的形近字，如穀、穀，綺、絝，冑、胄，莿、莿，言、言，嵒、嵒，尉、尉，鬺、鬺等。字形完全相同重出字共284組，總計569字。

一、分部情況

從分部看，同部重出有62組125字，異部重出有222組444字，各占重出比例的22%和77%。①

（一）同部重出

同部重出字有62組，共125字。②

1. 音義相同

如：人部　侶，力莒切。《聲類》云：伴侶也。

侶，力莒切。伴也。陸機《草木疏》云：麟不侶行。

魚部　鮍，父脂切。鮍魚，狀如覆銚，鳥首魚尾，音如磬石。出《山海經》。

鮍，頻葵切。魚也，音如罄聲。

鳥部　鷒，徒丸切。鸛鷒。

鷒，大丸切。鸛鷒也。

肉部　腜，戶皆切。《說文》曰：脯也。

腜，胡皆切。腜，脯也。

在切音與釋義上無差別，處於同一部首的不同位置前後重複出現。還有火部“熣”、衣部“褳”、邑部“鄘”、日部“暖”、木部“棿”、犬部“猌”、艸部“薔”、艸部“藏”、虫部“蚌”、邑部“郕”、金部“鐩”、鳥部“鴔”、糸部“纍”。此類有17組，共34字。

2. 包孕關係

如：　魚部　鱅，娛容切。魚名。

鱅，魚容切。鱇鱅。

木部　楮，醜呂切。木名。

楮，醜呂切。《說文》曰：穀也。

① 本節所分部类字，每类10组以下悉数列出，10组以上则取4－10组列出讨论。

② “昧”字头在宋本《玉篇》日部第三百四（凡240字）三处重出，故不称为“对”而做“组”进行对比。

虫部　蝚，音柔。蟲名。

　　　蝚，如由切。蚷螻也。

鳥部　鷧，音懿。水鳥。

　　　鷧，鬱袚、於計二切。鸕鷀。

通常一字釋義為總稱類屬，另一字義為下屬概念或事物，即從釋義上一字頭可以涵蓋另一字。還有艸部“蔱”，虫部“蜉”，虫部“蚷”。此類有7組，共14字。

3. 互補關係

如：日部　昫，香羽切，又香句切。日光也。

　　　　　昫，欣句、許宇二切。暖也。亦煦同。

　　水部　潄，所救切。潄鐵。

　　　　　潄，所又、思候二切。盪也。亦作涑。

　　日部　昧，莫潰切。冥也。昧爽，旦也。

　　　　　昧，莫蓋切。明也。又斗柄。

　　　　　昧，莫割切。星名。

　　木部　槲，斯兮切。槺槲也。

　　　　　槲，先奚切。櫪槲也。

衣部“袲”、心部“惿”、土部“坃”、女部“嫪”、肉部“朧”、車部“軙”、口部“嗒”、木部“棤”、木部“棈”、木部“榛”、水部“浒”、水部“泬”、肉部“膸”、艸部“菩”、艸部“蒢”、虫部“螯”、衣部“襋”、金部“鉦”、齒部“齫”、言部“詆”。共24組49字。

4. 同形字

如：　口部　哈，所洽切。以口歃飲。

　　　　　　哈，五合切。魚多皃。

　　　宀部　宲，食質切。古實字。

　　　　　　宲，補道切。藏也。或作賲。

　　　木部　杕，徒計切。木盛皃。

　　　　　　杕，唐左切。船尾小梢也。

　　　水部　塗，達胡切。塗水，出益州。又塗塗，露厚皃。

　　　　　　塗，直都切。塗，塗也。

同形現象通常是由於部首歸併，筆劃變異及傳承過程中的楷化或訛變原因造成，同形字是分別為記錄不同的詞而造而形體偶然相同而無音義聯繫的字。如人部“僝”、木部“栝”、艸部“苾”、虫部“蛸”、虫部“蝃”、虫部“蠊”、金部“鋇”、阜部“隅”。同形異義，多是同形關係。此類有12組，共24字。

5. 傳抄錯訛

如：　艸部　蕩，荼盎切。蘭蕩。

　　　　　　蕩，同上[①]。

按：蘭蕩，應是蘭蕩。《廣韻》：“蘭，蘭蕩。”《四庫全書·新修龍龕手鏡》：“蘭蕩，上音浪，下徒浪反。毒草名也。”皆未見“蘭蕩”一詞。

足部　跊，時紙切。樹也。

　　　跊，丁戾切。蹋也。

按：元刊本《玉篇·足部》：“跊，丁戾切。跊蹋也。”讀音為dì，與宋本《玉篇》“跊，丁戾切。蹋也。”一致。又見《廣雅·釋詁二》“跊，蹋也。”所以宋本《玉篇》第一百三十四頁“跊”應是“跊”，釋義為“蹋”。

（二）異部重出

異部重出字有222組，共444字。

異部重出字量較多且情況比較複雜，我們也大致歸為音義大體相同，包孕關係，互補關係，同形關係，並找出傳抄錯訛字。

1. 音義相同

人部　　仚，許延切。輕舉皃。《說文》云：人在山上也。

山部　　仚，許延切。人在山上。

糸部　　繭，古殄切。蠶繭也。

虫部　　繭，古典切。蠶繭也。

水部　　頮，火內切。灑面也。

頁部　　頮，荒佩切。洗面也。

力部　　勓，苦兀切。勤也。

① 宋本《玉篇》同上字：“蓎，吐郎、丑良二切。蓫蓎、馬尾，蔏陸也。《說文》曰：枝枝相值，葉葉相當。”

骨部　　㔟，口骨切。用力也。

㡀部　　弊，同上。俗。①

収部　　弊，毗制切。俗獘字。

還有“𠾃”在阜部、攴部兩見，“漁”在水部、魚部兩見，“右”在口部、又部兩見，“尣”在尣部、冂部兩見，“熏”在火部、力部兩見，“欻”在炎部、欠部兩見，“屓”在屍部、貝部兩見，“孝”在子部、老部兩見，“縣”在県部、心部兩見，“忤”在心部、午部兩見，“庫”在車部、廠部兩見，“寑”在宀部、㝱部兩見，“音”在口部、丶部兩見，“甯”在宀部、用部兩見，“難”在堇部、隹部兩見，“迺”在乃部、辵部兩見，“暋”在攴部、日部兩見等等。音義對照有83組，還有古籀異體字21組。此類共計104組208字。

2. 包孕關係

巿部　　孛，步對切。彗星也。孛孛，不明皃也。

子部　　孛，薄背切。星也。又音勃。

菐部　　僕，步穀切。馭車也。

人部　　僕，薄沃切。僮僕。《說文》云：給事者也。

刀部　　朷，莫鹿切。朷桑也。

木部　　朷，都勞切。木名。

犬部　　臭，尺又切。香臭之揔稱也，犬逐獸走而知其跡，故字從犬。

自部　　臭，赤又切。惡氣息。

革部　　鞁，皮彼切。鞍上被。

皮部　　鞁，匕吉切。皮也。

㕢部　　㕢，苦怪切。犬息也。

又部　　㕢，苦壞切。㕢，息也。

此類有6組，12字。

3. 音近義聯

貝部　　賊，昨則切。劫人也。

戈部　　賊，在則切。盜也，傷害人也。《說文》作賊，敗也。

㚔部　　圉，魚距切。養馬者。又垂也，退也，禁也，使也。

囗部　　圉，魚舉切。養馬也。

① 宋本《玉篇》同上字：“敝，上同。壞也，敗也，極也，頓仆也。或作獘。”

赤部　䟭，喜力切。赤白，又怒皃。

色部　䟭，許力切。大赤色。

巾部　飾，屍食切。著也，章表也。

食部　飾，舒弋切。修飾也。

重出字音近義聯或為互補關係，通常在不同部有不同側重義項。此類61組，另有古籀異體字5組10字。共計66組132字。

4. 同形關係

犬部　狌，音壘，又音柚。似獼猴。

隹部　雉，五隹（佳）切。水名。又鳥名也。

我部　羛，《墨翟書》義字從弗。

羊部　羛，音希。地名。又音蟻也。

艸部　菟，音兔。菟絲，藥名。又音徒，地名。

兔部　菟，同上。又音圖。地名。

言部　這，籀文。（是“誕①”的籀文，讀音 dàn）

辵部　這，宜箭切。迎也。

字頭同形，但音義完全不同，我們認為多是同形關係，它們之間沒有相互聯繫。如月部與肉部，形同而意義完全不同。此類關係有39組，另有古籀異體字4組屬於同形關係。共43組，計86字。

5. 傳抄錯訛

一是偏旁部首混淆，如：

頁部　[illegible]，口鹹切。鶼鴿也。（宋本《玉篇》第七十八頁）

鳥部　鴿，知鹹、口鹹二切。鳥啄食。（宋本《玉篇》第四百五十頁）

“鴿”出在“頁”部，應為錯出，字頭應是“頜”。《康熙字典·頁部》：“頜，《玉篇》口鹹切，與鴿同，鶼鴿也。”元刊本《玉篇·頁部》：“頜，口感切。顢頜。”鶼鴿即比翼鳥，“頜”與“鴿”同。此處可能是受“鶼”字偏旁泛化的影響而寫作“鴿”。

一是傳抄中隨意或無意置換構件，如：

犛部　氂，莫袍切。犛牛尾。或作旄。（宋本《玉篇》第四百二十九頁）

毛部　氂，音毛，又音犛，又音貓。（宋本《玉篇》第四百八十頁）

① 宋本《玉篇》：“誕，徒旱、徒旦二切。大也，天子生曰降誕。”

二、重出現象分析

根據《玉篇》資料庫統計單字字頭有二萬二千八百餘字，其中字形重出有共285組計569字，占全字書總量的2.5%。字數較多的部首中出現較多重出字，可以看出當時編者對繁多字頭的統一編排還是有一定困難。

重出分部字數 / 統計	艸部	木部	肉部	日部	水部	口部
各部總字數	1 054	822	417	240	957	523
重出組數	30	25	22	19	15	14
重出字數	60	50	44	39	30	28

究其重出原因，大致情況有：

1. 兩字形相同，一為重出，一為本出。

馬敘倫《說文解字研究法》在“說文重出字”一文時說：“欲知何者重出，當覈之六書，非可臆斷。如右字，度之事理，初民口語之不足者，則以手助而形容之，是助之義得於手……以《玉篇》之左諭之，斯無疑也。”《說文》中“右”出於又部與與口部，審度其義可知在又部為本出字，而口部為重出字。

如宋本《玉篇》“仚”在山部釋作“人在山上”。在人部釋作“輕舉皃。《說文》云：‘人在山上也。’”從其本義可知山部為重出字。而《玉篇》中廣收義項，不注本義字形解釋，我們認為重出字與本字之別已漸為模糊。

2. 同一字兩部出現，以此字為部首統領一批字，同時又作為另一部的常用字重出。

如牀字，在木部釋作“安身之坐者”，同時又作為部首字，釋作“身所安也”。

3. 因為聯綿詞上下文照應而重出。

如盤螌，膟脷，蠨蛸、蜱蛸，螔蝓、螔蝚，鸛鶇、鸌鶇等字兼顧複音節詞性質讀音而兩收。

4．字際關係為異體字的古籀篆俗分散在不同部後重出。

如：　水部　　囦，古文。

口部　　囦，烏緣切。囦水。古文淵。

月部　　朙，古文。（為“朗[①]”古文）

肉部　　朙，良仰切。朖朙也。

“囦”分別在水部，口部重出，字形音義全同。“朙”在月部與肉部兩見，但同形義異，是同形字。古籀重文計為31組62字。分佈於上述各種重出情況內。

5．字形隸變或抄訛之誤重出。

如“月部”與“肉部”字形的混同，朓、朊、朦、朧、朙、臘、朏、腄、肬、[illegible]、肮等字皆兩部共見，只是隸變楷化後同形，實非一字，應是同形關係。跂、蹏，頟、鴿系傳抄之誤。

6．字數繁多上下失照而重複出現。

多見於同部重出。如火部“熣”，衣部“褄”，邑部“鄜”，糸部“纍”，人部“侶”，日部“暖”，木部“棿”，犬部“猌”，艸部“薔”，“藏”，虫部“蚌”，邑部“郲”，金部“鐩”，魚部“�株”等皆同部兩見。認為同部可以按同一字頭處理。如元刊本對“蜉”字歸併處理較為允當。

7．依從《說文》等字書的重出。

王筠在《說文釋例·存疑》也提及《說文》同部重出：“言部詿誤二字，小徐艸部苗字，皆兩見無異訓。”《玉篇》對《說文》收字及體例延承，因而兩書存有一定數量相同重出字。《說文釋例》“同部重文”和“異部重文”中引用多舉例“《玉篇》某重出”。如“船之或體躬。《玉篇》在身部。而船亦重出。”[②]

同時《玉篇》也對《說文》重出字進行合併。“吁”字在《說文》口部於部重出，馬敘倫認為：“於部吁字，說解雖詳，而實重出……《玉篇》口部有吁字，訓驚語也。於部無之，亦可為證。”[③]又如“吹”，《說文》於“口部”及“欠部”重出。《玉篇》合二為一，歸在口部，將《說文》“吹”釋義合併釋作“出氣也”。

---

① 宋本《玉篇》：“朗，力儻切。明也。亦作眼。”

② 王筠，《說文釋例》卷六，中華書局1987年版。

③ 馬敘倫：《說文解字研究法》，中國書店1988年版，第31頁。

宋本《玉篇》與《篆隸萬象名義》重文對比：

頪，力外切。《廣雅》云：疾也。《說文》云：難曉也。一曰鮮白皃。（宋本《玉篇·頁部》）

粸，力外切。鮮白也。　　（宋本《玉篇·米部》）

頪，力外切。疾也。難曉也。　（《名義·頁部》）

粸，力外切。鮮白也。　　（《名義·米部》）

與《名義》只有一組相同①，重合率較低，《名義》收字可能並非只來源於《玉篇》。

三、重出字的整理意義

宋本《玉篇》經唐宋增字後達到二萬二千餘字，如“艸部”收字達1 055個。又如“艸部、水部、木部、手部、心部、虫部、口部、人部、竹部”9部收字均超過五百字，所以“著錄既多，難免重出”②的情況也是有的。

宋本《玉篇》中占絕大多數是異部重出字，共222組444字，占重出比例77%，約占全字書總量的2%。如此大量的重出現象僅認為是《玉篇》收字的前後失照是不合理的，除上述分析原因外，極有可能是顧氏為查檢方便而在不同部分列，並著重對某義項有所側重的變通方法。

對《玉篇》大量的重出字進行分列歸類分析，對當時收字總數有較準確的統計，也可從中找出漢字隸變及楷化階段字形演變情況，對“一字多音多義”“同形字”“聯綿詞”等較難區分的情況進行整理。

同部重出字可以合併義項讀音，合併為單個字頭列出。

異部重出字情況複雜，不能簡單歸併義項後作單個字頭處理。異部重出字數眾多，諸多部首下很難歸併。如從常用角度來看，兩個部首都很常見的合體字，如鳴、鉤、杲、臭、琟等，無論歸入哪一部都是必要的。而且不同部下對重出字義項也往往有所不同側重，是否合併歸入一部，歸在哪一部更為方便，即使找出重出字與本出字，對於字書的目的是查檢便用的原則也應互存互見。在缺少較完的索引目錄的當時條件下，對重出字處理不能簡單歸併為同一字頭下，否則將打破字書的原貌

① 呂浩：《〈篆隸萬象名義〉重出字初探》（共列100組重出字），《古籍整理與研究》2003年第3期。

② 翁方綱《經義考補正》：“竹垞著錄既多，難免重出。”

體例[①]，更可能會引起漢字形音義的混淆。

原本《玉篇》作為第一部楷書字典，是中古時期字書的集大成者，對貯存定形楷字進而促進文字使用規整化一直產生著不可替代的影響。而宋本《玉篇》經歷代編修積澱了若干時間層次的歷史楷字，通過對宋本《玉篇》版本關係的探討及重出字排重工作，可以大致梳理該本所貯存歷史漢字的時間層次，從而為宋本《玉篇》字形字量的清理測查提供合乎斷代測查要求的可靠數據，為歷史楷字發展傳承規律的描寫打下基礎。

① 歷代字書字典的部首檢字法與正文字頭中往往有重出字在不同部首出現，如現行漢語字典字頭編排以音序為正文，有效避免了字形重出現象。而對多音字的處理又成為一種新的重出現象。如何利用最簡捷的檢索方式獲取最有效的資訊，也是對字書編撰的一貫要求。

第三章

宋本《玉篇》異體字研究

根據宋本《玉篇》各類貯存方式調查統計，其中異體字總數為7 514字，約占全書收字總量的三分之一。宋本《玉篇》歷經唐宋之際重修，故其所貯存的異體字際關係反映的不僅是六朝時期的使用情況及字際關係，亦包括唐宋之間的字用情況。宋本《玉篇》的異體字來源眾多，數量大、異體類型復雜、結構方式多種、實際關係多重。這些情況，是研究整理宋本《玉篇》歷史漢字不能忽略的重要部分。

第一節　異體字概說

一、古代異體現象

兩漢時期今文隸書已漸為盛行，由於隸變使漢字的形體發生巨大變化，導致異體字的大量產生和文字使用的混亂，東漢時社會使用異體俗字已成風氣。

許慎《說文解字•敘》所言：

> 世人大共非訾，以爲好奇者也，故詭更正文，鄉壁虛造不可知之書，變亂常行，以耀於世。……諸生競說字解經誼，稱秦之隸書爲倉頡時書，云父子相傳，何得改易。乃猥曰‘馬頭人爲長’‘人持十爲斗’‘虫者，屈中也’。俗儒啚夫，翫其所習，蔽所希聞，不見通學，未嘗覩字例之條，怪舊埶而善野言，以其所知爲祕妙，究洞聖人之微恉。①

針對時人喜以經過訛變的隸書形體說解字義及社會用字混亂的情

① 許慎：《說文解字•序》，中華書局1963年版。

況，許慎著《說文解字》對小篆字形進行了系統規范整理，並於小篆字頭之下收入篆字或體、古文、籀文等類型作為“重文”。“《說文》重文的10種呈現方式，實際上聚合了由於漢字歷時演變和共時演變而形成的兩種類型的異體字，前者籀文、古文、奇字，後者如篆文、小篆、或體、俗體、今文、通人說、文獻說。”①這是最早的異體字收集整理工作，也體現了許慎對於當時社會用字進行規范化的努力。

北魏江式因時代變遷字形紛亂上表求撰《古今文字》，其《上古今文字表》（《魏書·江式傳》）對漢字異體現象亦有所陳：

> 世易風移，文字改變，篆形謬錯，隸體失真，俗學鄙習，複加虛巧，談辯之士，又以意說，炫惑於時，難以厘改。故《傳》曰：‘以眾非非行正’。信哉！得之於斯情矣。乃曰：追來為歸，巧言為辯，小兒為觀，神蟲為蠶，如斯甚眾，皆不合孔氏古書，史籀大篆、許氏《說文》、石經三字也。凡所關古，莫不惆悵焉。

魏晉南北朝時期，“民間傳說與志怪、軼事之類小說盛行，民間俗語對當時社交語言頗有影響。”②且南朝時期駢文仍統占文壇，士大夫文人為追求辭采華美對仗工整，喜用僻言奇字。漢碑唐碑魏晉南北朝墓志造像皆盛行於當世，在文字隸變楷化過程中，石刻文字亦是各體兼備，受到當時社會用字影響，字形因形近或省簡或訛寫變異及混淆情況不可勝數，俗訛字紛呈，漢字異體激增。同時各地民間也流行大量方言異體俗字，無疑也使社會通用層面字量增加許多。

顏之推在《顏氏家訓·書證》收集對俗字的中列舉的俗字有：

> 詧，古察字也。假“䱇”為“鱔”，其來久矣。……或問曰：東宮舊事，何以呼鴟尾為祠尾？答曰：張敞者，吳人，不甚稽古，隨宜記注，逐鄉俗訛謬，造作書字耳。吳人呼祠祀為鴟祀，故以祠代鴟字；呼紺為禁，故以糸旁作禁代紺字；呼盞為竹簡反，故以木旁作展代盞字；呼鑊字為霍字，故以金旁作霍代鑊字；又金旁作患

① 王平：《〈說文〉重文研究》，華東師范大學2003年博士論文，第21頁。
② 鄒邑：《原本〈玉篇〉的編纂成就與宋本的比較研究》，《辭書研究》1988年，第61頁。

為鐶字，木旁作鬼為魁字，火旁作庶為炙字，既下作毛為髻字，金花則金旁作華，窗扇則木旁作扇，諸如此類，專輒不少。

陸德明《經典釋文·序》云：

近代學徒，好生異見，改音易字，皆采雜書。唯止信其所聞，不復考其本末。且六文八體，各有其義，形聲會意，寧拘一揆。豈必飛禽即須安鳥，水族便應著魚，蟲屬要作虫旁，草類皆從兩屮，如此之類，實不可依。

各家所言皆為社會使用中漢字的變易情況，所記大多亦為其時所見異體俗字現象。

顧氏《玉篇》作为六朝時最大規模的字書，對當時社會用字情況進行了全面的記錄整理，其中對漢字異體情況亦多有記述。原本《玉篇》殘卷2 087字有“今為”“今作”“今亦”“今並為”等所標記的“今”文字有156條，標為“今俗”“俗某字”較少，只有5字。“《玉篇》收錄的俗字是有選擇的，並非所有的俗字都收錄了，其中收錄的是那些典型的、有代表性的俗字。”①

漢魏六朝時期佛教始大為盛行，僧人為宣揚佛旨教義，大量翻譯佛教經典，“佛學家翻譯家們根據漢字六書原理，創造一些新字以適應新情況。初期的翻譯取音譯的時候較多，這更刺激了漢語新字的產生。”②由於譯經寫經與抄錄者水準參差不齊，俗、訛、通假字更是充斥其中。在外來文化的影響下，一定程度上造成當時社會使用層面上異體字增多。

“從漢代至南北朝，漢字發生了隸變、楷化等重大變化，完成了由古文字到今文以及今文自身發展演變成熟等一系列劇烈變化。伴隨著這一巨變，大量的異體、別字、俗字不斷出現。”③漢至六朝時期處漢字隸變楷化的定形時期，多種字體並存，文字異體迭出，故其間字書的收字量漸為遞增。據封演《封氏聞見錄》所記：

① 朱葆華：《原本玉篇文字研究》，齊魯書社2004年版，第110頁。
② 張箭：《佛教對漢語文字辭彙的影響》，《成都大學學報》（社科版）2004年第2期，第54頁。
③ 章瓊：《現代漢語通用字對應異體字整理》，巴蜀出版社2004年版，第21頁。

魏時有李登者，撰《聲類》十卷，凡一萬一千五百二十字，以五聲命字，不立諸部。晉有呂忱，更按群典，搜求異字，復撰《字林》七卷，亦五百四十部，凡一萬二千八百二十四字，諸部皆依《說文》，《說文》所無者，皆呂忱所益。後魏楊承慶者，復撰《字統》二十卷，凡一萬三千七百三十四字，亦憑《說文》為本，其論字體，時復有異。梁朝顧野王撰《玉篇》三十卷，凡一萬六千九百一十七字。

漢至六朝增字情況列表如下：（本表為行文方便並收列宋本《玉篇》）

時代	著者	書名	字數	增加字數
漢永元十二年（100年）	許慎	《說文》	9 353	
魏	李登	《聲類》	11 520	2 167
晉	呂忱	《字林》	12 824	1 304
後魏	楊承慶	《字統》	13 734	910
梁武帝大同九年（543年）	顧野王	原本《玉篇》	16 917	3 183
宋祥符六年（1014年）	陳彭年（修）	宋本《玉篇》	22 804	5 887

顧氏原本《玉篇》較《說文》增加7 564字，較《字林》增4 913字。即從東漢和帝永元十二年（100年）到梁武帝大同九年（543年）有443年，增字之多是前所未有，唐本《玉篇》據各家所書已達22 561字，宋本《玉篇》收字為22　804字，較原本《玉篇》又後增5 887字，可知字量激增最巨當在六朝隋唐時期，此時正處於漢字各體並存，異體迭出的隸變楷化定形時期。

根据宋木《玉篇》所贮存異體字情況調查统计，全書共有異體字

3 342組，合計7 514字，約占全書所收字頭總數的33%。其中標為“今”文的有302個，“俗”字的異體字有197個，標“正作某”有區別正俗的異體字有14個，此五百余字皆為六朝至唐宋間已廣為通行的俗用字的著錄，可知當時社會通用字已多非古之正字。另宋本《玉篇》中標為“古文”“古作”“古某字”等形式的古文有664字，“籀文”162字，“篆文”16字，“本作”64字，“同上”“同某字”等有1 506字，“或”體461字，“亦”體741字，“又”作14字，各類引書40字，其中有引《說文》有33字，可見宋本《玉篇》編者把對當時異體字的收錄整理作為一項很重要的工作內容。

胡樸安先生在《中國文字學史》中指出：

> （《玉篇》）激加之數甚巨，當不僅因社會事物繁賾，人類思想復雜，言語增加之關係。以今本玉篇核之（張氏澤存堂本），有一字變為兩字者……；有一字分為兩部者……；有實為一字以篆體隸體之寫法不同而分為兩字者……。此種疊牀架屋之增加，與社會事物人類思想毫無關係。

胡氏認為一字分化變為多字是字量增加的一個重要方面，因此也產生了大量的異體字。“在日常使用文字的時候，為了書寫的方便也在不斷破壞、改造正體的字形。”①從我們對宋本《玉篇》異體字的統計結果看，異體數量占到宋本《玉篇》字量三分之一，可知六朝至唐宋時期增字之巨，漢字的形體演變及社會使用中產生的異體字當為主要原因之一。

二、現代異體字界定

1. 異體字名稱

“異體”一詞，早在漢時就已出現。《漢書・藝文志》記載：

“周時史官教學童書也，與孔壁古文異體，卽奇字也。其跡則《石鼓文》存焉。”班固《藝文志》以劉歆《七略》為本，故《康熙字典》記此為《七略》所出。

① 裘錫圭：《文字學概要》，商務印書館1998年版，第67頁。

宋初遼國希麟《續一切經音義序》亦云：

“雖蟲篆變體，古今異文，離此六書，竝爲謬惑。春秋之末。保氏教廢。秦並海内，丞相李斯，考較籀文。別爲小篆。吏趨省易，變體稍訛。”

可見此時“異體”等同於“異文”“變體”，當指不同於古今書體而非異體字際關係。

至清人已用“異體”一詞來準確概括漢字異體現象。見《康熙字典》按語：“𢱧，扯、𢱧並从手此聲，字形橫直異體，从合，可也。”段玉裁於《說文解字·月部》“脃、膬”辨析中有進一步解釋：“膬，耎易破也。”又按：“脃，膬蓋本一字異體，《篇》《韵》皆云膬同脃。”其後朱駿聲多承用“異體”一詞來說明文字現象，如：

“迭，一曰此达字之異體也。”

“瀷，此潩字之異體。”

“䨼，按此字實卽離之異體，古音相同，許君未並亦其疏也。”

朱氏以“異體”一詞明確指稱兩字或數字之間音義全同而形體有區別的異體關係已多達數十處。

於清時及之前古籍文獻及古代字書整理中並沒有確定的異體字稱說，故異體字的稱名及種類繁多。如潘重規先生編《玉篇索引凡例》所言：

本索引凡加△為異體字，即書中注有“或作、古文、籀文、《周禮》作、《春秋》作、一作、古文作、本亦作、今俗作、篆作、籀作、俗亦作、《詩文》作、《說文》亦作、同上、上同、並上同、與某同、又某同、或某同、某字同、亦與某同、《說文》同上、《廣蒼》同上、《字書》某字、《聲類》某字、俗某字、亦或為、同上俗、或為、亦某字、俗、篆文、古為某、與某字同、或從某、俗從某、俗某字、古文以為某字”等，屬之。本索引凡加☆者為注文中正字，即書中注有“古文某、正作、古某字、今作、今為、今某字”等屬之。①

《<玉篇>索引》所依版本為宋本《玉篇》，據凡例不完全表述所記異體類型多達40種，正字亦有6種以上。一般字書對兩字之間異體關係表述並無相對固定的指稱，據對宋本《玉篇》異體字關係的整理，發現兩字或數字之間的異體字關係有著比較隨意的互指關係，如：

宋本《玉篇·尢部》：“尰，足尰也。亦作瘇。尰，同上。”

宋本《玉篇·疒部》：“瘇，足腫也。《詩》云：既微且瘇。籀文作尰。或作尰。”

宋本《玉篇》對異體關係的指稱有時為行文方便或相互照應，一字異體關係標識較為清晰，而另一字或數字則標識較為隨意，諸如“古、籀”相混、“亦、或”不分、“本、或”不分、“本、亦”不分等情況多見，只是有時為了分析字形或承接《說文》等書中有明確標引的異體關係，才會注為“篆作某、籀文作、古文作”等字際關係。以上所列異體名稱，恐亦非能窮盡宋本《玉篇》之異體關係，更有個別字例散見於各字行文之中，未見得全部輯出。如宋本《玉篇》：“悳，《說文》曰：外得於人，内得於己。今通用德。”指出古今字“悳、德”之間異體關係為今之“通行用字”。此種異體稱說多變亦是宋本《玉篇》異體字難於調查的原因所在。

2. 異體字的界定

基於建國後在近50年來對的異體字整理及字書編纂工作，文字學界從理論層面上對異體字進行持续研究討論，異體字定義趨於明確嚴謹。

據章瓊《異體字研究論著索引》一文，1999年以前全國發表的有影響的論文及專著有62種。②見於各類文字專著、論文、教材中關於異體字的定義則不下百種，我們選其中影響較大的各家說法，簡列如下：

①異體字是音義完全相同，只形體有所不同，在任何情況下都

① 潘重規主編，國字整理小組編輯：《玉篇索引》，臺灣“中央圖書館”，1983年。

② 參見張書岩主編《異體字研究》，商務印書館2004年版，第358頁。

可以互相代替的一組字。其中最通行的一個字叫“正字”，其余的稱為異體字。異體字過去也叫“重文”、“或體”或“俗體”。①

②異體字是一個字的不同寫法。兩個或幾個字形，必須音義完全相同，才能算是一個字的異體。②

③異體字指漢字通常寫法之外的一種寫法，也稱或體。這種字跟通常寫法相比較，或在形旁上有所不同，或在聲旁上有所不同。③

④異體字就是許慎《說文解字》中的“重文”。凡是音義相同而寫法不同的字，都叫做異體字。④

⑤異體字跟古今字的分別是，兩個（或兩個以上的）字的意義完全相同，在任何情況下都可以互相代替。⑤

⑥異體字，音同義同而形體不同的字。對正體而言，即俗體、古體、或體、帖體之類。⑥

⑦異體字就是彼此音義相同而外形不同的字。嚴格的說，只有用法完全相同的字，也就是一字的異體，才能稱為異體字。但是一般所說的異體字往往包括只有部分用法相同的字。嚴格意義的異體字可以稱為狹義異體字，部分用法相同的字可以稱為部分異體字。二者合在一起就是廣義的異體字。⑦

⑧異體字，從廣義方面說，是指今字體對古字體說的，如小篆對金甲文、隸書真書對小篆、行書草書對楷書，都是異體字。因為雖是一個同音同義的字，它們的形體卻不一樣。小篆是金甲文的異體，隸書和真書是小篆的異體。這是我們從漢字縱的發展說的。狹義的異體字是從漢字橫的發展說的。漢字的演變在每個階段，都有許多異體字，也就是不論金甲文或小篆、隸書、真書，都各有異體字。我們一般所說的異體字，是指隸書和真書說的，現限於兩千年來通行的方塊字——今體。⑧

---

① 楊五銘：《文字學》，湖南人民出版社1986年版，第262頁。
② 吕叔湘：《吕叔湘文集·第五卷》，商務印書館1993年版，第26頁。
③ 周祖谟：《中国大百科全书·语言文字卷》，中国大百科全书出版社1988年版，第448頁。
④ 劉又辛：《大型漢語字典中的異體字、通假字問題》，《文字訓詁論集》，中華書局1993年版，第90頁。
⑤ 王力：《古代漢語》，中華書局1981年版，第171頁。
⑥ 《大辞海·语言文字分册》，上海辞书出版社2003年版，第29頁。
⑦ 裘錫圭：《文字學概要》，商務印書館1988年版，第205頁。
⑧ 蔣善國：《文字學》，上海教育出版社1987年版，第134頁。

⑨专為表示某一個單音語素（音義的結合體）而創制的兩個或兩個以上的字形結構不同的字就構成了一個群體。……我們把這些處於同一個平面上的幾個形體不同的字稱作字群。……優選了其中一字形結構的字作為正選字居於正體的位置。……所余下來的，不論多寡，都稱為異體。①

⑩異體字一般指跟通行漢字同音同義而寫法不同的字；在特定的規范中，則指跟規定的正體字同音同義而寫法不同的字。②

亦有學者認為“傳統的異體字將異寫和異構現象放在一個平面圖上去研究，也是不太科學的。”提出“異形字”的概念，包括‘異寫字和異構字兩個層面’“根據字樣的記詞功能，我們首先將所有職能完全相同的字樣類聚在一起，稱為同職能字，又稱異形字。異形字內部實際上包含兩個層面，一個是異寫層面，一個是異構層面。”③王寧先生認為漢字構形中的共時關係即是“在同一個歷史時期的漢字之間的形體關係，包括異寫字、異構字。”④其說法相當於對異體字進行了時間關係的限定與形體結構方式的進一步細分。

以上各家觀點，皆為漢字音、義與形的關係的討論，即漢字的記詞職能與形體的關係，只是在對音義認同的范圍上不同，有些認為“任何情況下可以相互替代”，一些認為應有“廣義與狹義”的范圍之分，即異體字有狹義異體字和部分異體字之別，亦有非同一共時平面上的不同書體間形體相異情況等。這些分歧多產生於對異體字的范圍限定與理解不同。

漢字作為一種語言符號系統，異體現象實質是在一組形體有別的字記錄了語言中相同的詞，並且除此之外不再承擔記錄其他詞語的功能。在社會使用中，記錄語言的文字符號又是約定俗成的，故在不同時期或不同地域的人為記錄同一個詞而創造出不同的文字符號，相互之間就形成了異體關係。從社會使用角度看，異體現象應是一種文字符號系統的

① 李圃：《正本清源說異體》，《異體字研究》，商務印書館2004年版，第112—122頁。
② 張書岩：《〈規範漢字表〉對異體字的確定》，載《中國文字研究》（第五輯），廣西教育出版社，第67頁。
③ 王立軍：《宋代雕版楷書構形系統研究》，上海教育出版社2003年版，第5頁。
④ 王寧：《漢字學概要》，北京師範大學出版社2001年版，第91頁。

贅余，這點從根本上有別於其他文字現象。對同一個字不同形的討論應有著不同條件的限定，主要應從兩個方面加以區分：“從歷時角度看，同一個字是指形體上有歷史傳承關係、記詞功能相同的字符；從共時平面看，同一個字則是指形體結構和記詞功能都完全相同的字符。”①討論異體字，一般應立足於共時平面，在同一種書體、同一構形系統中討論。朱葆華教授從六朝時期的社會用字角度著眼，認為“異體字是在同一共時平面上音義相同用法相同而形體不同的一組字。”②

異體字的認同有兩個條件，一是應當屬於同一個共時平面上，二是記錄語言中同一個詞語且音義相同的一組字。在宋本《玉篇》異體字中包括有“籀文”“古文”“篆文”等來源的字形，因此類字屬經過隸定楷化的貯存於字書中的字形，是經過形體改造的楷書字形，故我們仍可判定其為屬於同一個共時平面的異體字際關係。

我們認為記錄語言中同一個詞而形體不同的一組字之間是互為異體的，並沒有正體異體的絕對區分。而通常認為異體與正體是相對而言的，即在一組異體字中應選出具有代表性的形體作為正體，而其他字形相對於此稱為異體字。對異體字的認定又是有著不同時期層次的區別，在不同歷史時期由國家正式頒布的正字之外都可稱為異體。如唐代盛行的字様學與各類正字石經等，認定除此之外的寫法都是異體，又如《五經文字》因避諱而改“民”為“氏”類的字形大部分是當時官刊正體，但在後世又成為異體。顏元孫在《干祿字書》（770年）自序中說：“所謂俗者，例皆淺近，惟籍帳、文案、券契、藥方，非涉雅言，用亦無爽……所謂通者，相承久遠，可以施表、奏、箋、尺牘、判狀，固免詆訶。所謂正者，有憑據，可以施著述、文章、對策、碑碣，將為允當。”將社會用字明確劃分為“俗”“通”“正”三種字體關係，可見顏元孫於唐時對異體字嘗試作出系統的劃分與整理。現代規范漢字的製定也是一定時期內對異體字進行形體的優選，因此異體字又“特指跟通常寫法（即規定的正體）有同音同義關係而寫法不同並被淘汰的字”。③

六朝時期社會用字混亂，異體迭出。但“《玉篇》時代沒有‘異體

① 章瓊：《現代漢語通用字對應異體字整理》，巴蜀出版社2004年版，第36頁。
② 朱葆華：《原本玉篇文字研究》，齊魯書社2004年版，第106頁。
③ 王鐵琨：《試論異體字的定義》，載《異體字研究》，商務印書館2004年版，第91頁。

字’的說法，更沒有和‘異體’相對的‘正體’。”[①]宋本《玉篇》中亦沒有明確提出異體字概念，僅有“琅、邪、郛、隧、牆、冢、畝、詆、腨、叉、秏、柰、蛇、虉”14字標為“正作”，其中“琅、邪、牆”等字皆為與俗字相區別，又有7字是表明新增字與原書已有字的異體關係，故宋本《玉篇》中亦是遵從原本《玉篇》異體字類聚方法，而對互為異體關係的字組之間不強調正異區別。因此宋本《玉篇》“異體字”是在某一歷史時期音義相同而形體不同的一組字，並在使用中可以完全替代的相互關係，我們認定這些字在這個時期是異體字。

第二節　宋本《玉篇》異體字

野王時代正是中國文字史上變革的時代，新興的隸楷取代了周秦的篆籀，今文字系統的形成在於對古文字系統進行大規模破壞與變革基礎上。隸變楷定時期，俗字蜂起，古籀篆隸並存一時，漢字形體紛繁複雜。“蓋字之初出，不免群視為俗；然其字不能不用，則習用焉而遂進於通；其積古相傳之字，則稱之為正。此雖若無謂，然實有節制改易，使其不至過速之用也。”[②]

漢時許氏著《說文解字》初衷是：“理群類，解謬誤，曉學者，達神旨。”為的是糾正“競說字解經誼”諸生和“不見通學”俗儒，不作日常通俗之用。因此許慎收字必據經典，漏收或不收許多相承傳寫異文及時俗要用之字。社會漢字字量巨增，使用新增俗字需要確立其合法地位。顧氏於《玉篇·序》即言當重視文字功用：“經世治俗，豈先乎此？”且感嘆文字不解而誤蒼生道：“但微言既絶，大旨亦乖。故五典三墳競開異義，六書八體今古殊形。或字各而訓同，或文均而釋異。百家所談，差互不少；字書卷軸，舛錯尤多。難用尋求，易生疑惑。”因而“總會衆篇，校讎羣籍，以成一家之製，文字之訓備矣。”顧氏通過對各種世俗用字的收入並對各體的進行楷化定形，使其成為形體穩定規範化的一部分。

宋本《玉篇》上承顧氏原本《玉篇》，又復經唐宋增修，故其字際

① 朱葆華：《原本玉篇文字研究》，齊魯書社2004年版，第107頁。
② 吕思勉：《文字學四種》“文字之變遷”，上海教育出版社1985年版，第234頁。

關係亦是反映了六朝至唐宋期間的異體狀況。“該字匯的特點在於將歷代傳抄的歷史漢字各種類型賦予一定的楷書形式，並界定由此帶來的各種字類關係。”①

一、異體字整理情況

1. 異體字的認同原則

“漢字作為字符和它的形體在概念層次上並不處於同一個層次，一個漢字基本字符可以對應多種形體。”②相應在整理歷史漢字中有字樣與字位之別，每一個字位可以由多個字樣組成。記詞功能相同的多個字樣，可以構成一個字位，同一個字位的每一種具體寫法就是這個字位的不同字樣，多個字樣之間互為異體關係。我們對同一字位下多個字樣之間關係的確定也就是對異體字之間的認同方法。

宋本《玉篇》異體字關係較為復雜，同一組異體字之間的關係認定既有雙向的，也有單向的，更多是單向與雙向混合類型的。我們以字母來代表不同的異體字，認同分析如下：

①雙向所指：A=B，B=A，則AB為異體字組。

如 示部：“禬，仕駕切。報祭也。古之臘曰禬。亦作蜡。”

虫部：“蜡，子亦切。蟲名。又與禬同。祭名也。”

按：“禬、蜡”互為異體字，故為異體字組。

②單向所指：A=B，B=C，則ABC三字為異體字組。

如 人部：“偘，可旦切。和樂皃。古文作侃。又苦旱切。”

人部：“侃，口旱、口汗二切。樂也。又強直也。偘，同上。”

按：“偘、侃”為異體關係，“侃、偘”為異體關係，則“偘、侃、侃”三字為異體關係。

③更多的是單向與雙向混合類，A=B，B=A=C，則A、B、C為異體字組。

如 尸部：“屡，子雷切。赤子陰。亦作峻。”

肉部 ：“朘，子雷切。赤子陰也。亦作峻。《聲類》又作

① 臧克和：《原本玉篇文字研究•序》，齊魯書社2004年版，第1頁。
② 同上書，第4頁。

厦。”

按：“朘、峻、厦”三字為異體關係。

以此類認同辦法，宋本《玉篇》中異體字組最多是“罔、网、圙、室、宀、网、網、囚”共有8字。

因篇幅關係，我們只將收字在4字以上的135組異體字組列表如下，異體字組起始字選用字頭字。

字組	字數	字組	字數	字組	字數	字組	字數
罔	8	吟	5	獄	4	襘	4
箕	6	弋	5	頻	4	桍	4
愆	6	商	5	餬	4	廙	4
研	6	尊	5	飴	4	鴨	4
氣	6	灾	5	靦	4	歷	4
鬲	6	難	5	醾	4	糟	4
躧	6	燧	5	疑	4	㬥	4
農	6	殺	5	囟	4	殂	4
錊	6	阡	4	庬	4	革	4
牆	5	蔆	4	吒	4	津	4
畫	5	幍	4	甶	4	赤	4
羸	5	陳	4	叐	4	賣	4
弻	5	隤	4	和	4	憧	4
蘖	5	濡	4	蹉	4	莽	4
麗	5	鬻	4	屮	4	蟲	4
墺	5	帽	4	視	4	蔥	4
秏	5	專	4	壺	4	敢	4
截	5	槃	4	辟	4	豹	4
靈	5	䅳	4	爲	4	煙	4
宜	5	話	4	栖	4	飲	4
退	5	乃	4	要	4	風	4
魅	5	犖	4	克	4	黔	4
雷	5	琴	4	克	4	次	4
宣	5	翼	4	鷦	4	汭	4
鞦	5	朗	4	㬇	4	創	4
庤	5	溢	4	毒	4	誘	4
匊	5	翻	4	鴉	4	冬	4

字組	字數	字組	字數	字組	字數	字組	字數
⿰歹月	4	齬	4	醊	4	亜	4
濟	4	斷	4	赴	4	珉	4
螘	4	⿰米建	4	壥	4	宋	4
⿰犭荅	4	𠬪	4	坎	4	晉	4
醬	4	剥	4	旁	4	墓	4
臿	4	浚	4	妻	4	艖	4
熹	4	彊	4	郊	4		

異體關係認同應限定在什么樣的范圍內，根據宋本《玉篇》異體字整理情況看，宋本《玉篇》異體字的認同原則應該限定於本書所標示出的異體字范圍，可得到唐宋間異體字際關係的真實存照，以及相互之間的認同范圍以及編者的正字觀。凡本書所標稱的異體關係，我們做出量化統計並整理成異體字表，參以宋本《玉篇》釋文調查的字用頻度及確定異體關係。（詳見本章附表4.1：“宋本《玉篇》異體字表”）在此異體字整理基礎上，一般不再根據外部字書將異體字范圍進一步擴大。

2．異體字分布層次

“《玉篇》所貯存的歷史漢字的情況，一般測查者都會感到非常混亂。這里存在幾個層次的問題：一個是《玉篇》文本內部的層次劃分問題；一個是文獻結構和歷代整理的問題。關於文本內部的層次劃分問題。由於出自歷代眾人之手，今天流行的《大廣益會玉篇》文本內部包含了正文和注釋兩個時間層次的積澱。兩個層次的結構似乎並不算復雜，但問題是每個層次里都包含異體關係。由於這種關係，連語言文字類工具書對於《玉篇》收字多少這類問題都很難說得清楚。”①

我們統計，宋本《玉篇》全文在字頭及正文中出現的異體字情況統計，共有異體字3 342組，合計7 514字，約占全書所收字頭總數的33%。

又因“歷來調查研究者大都忽視了存在於釋文中字量的統計，其實該層次貯存的異體字數量是很大的”。②未貯存在字頭的異體字數量最易被忽略，我們再統計未出現正字字頭的異體字有327字（對應323組異體字），占全部異體字總量的4.3%，情況如下：

① 臧克和：《原本玉篇文字研究·序》，齊魯書社2004年版，第4頁。
② 同上。

　　䍚、侳、𦷨、䆐、㕾、剷、㧯、𣬹、㶩、直、𠥎、𣧩、㢡、𠂊、
媌、㛹、婞、𡧇、㭸、𡻹、㟍、㡚、㡯、𦋺、弜、㤝、𢠧、㞆、拒、
𢪊、𣀅、昿、𣏒、𥻗、㰯、址、𣦸、𣪩、毒、𣭿、𣯍、㳍、㹊、𤎵、
𤛋、㼚、䀏、𡪨、畵、㫁、𥊯、祛、㯳、𥢽、篁、𦔵、𥼸、𦃕、𦊧、
𦃃、翌、耂、𦖷、𦗾、膈、𦢊、臣、艛、𦪴、𦲷、𧄵、𧇡、𧇭、𧉮、
𧏡、㧗、訑、𧪲、讓、谸、𧾷、𨊃、轉、𨫼、𨮂、𨻲、𨽻、𩃭、𩐨、
須、𩔰、𩙬、𩥶、𩪷、䰇、鬲、㚤、𪊍、䳄、𪆮、𪆗、𪘭、㒟、𠀙、
𠴫、婚、巘、帕、忝、𠣃、旍、𥿷、朁、𣐂、𣮍、沿、𠄎、盱、𥗋、
𧙕、粘、牪、𣩚、䔢、䖝、𧓼、邮、峻、𧛕、𧵈、鄋、𨣧、鬮、𧧬、
𩓤、𩇯、𩣘、𠖥、𦺩、𧮡、丰、乏、亏、亘、享、倏、光、丹、宜、
冴、刁、𠣌、前、𠛂、卓、即、却、原、厠、叟、吣、呃、咲、嗅、
𡂗、噑、𡄸、𠑷、坧、坪、𡋸、㘰、執、滕、壠、奔、奴、嫫、嫮、
孽、寳、㐺、尿、属、峗、崗、巷、帡、幙、幸、幻、𢉀、𢊁、彝、
㦌、㥠、惛、懸、戞、截、抆、𢴨、㩉、散、敲、敷、斥、昞、更、
朞、朩、柝、查、栗、㯤、樊、櫑、欵、殲、毑、毒、毭、没、涬、
涗、溰、溺、為、烷、燗、熈、熏、爛、爵、犴、𤝔、獐、珋、睔、
疊、研、碟、票、竒、籯、粟、粦、糊、紭、缉、罕、䮔、耋、耿、
肦、脊、膌、舉、艘、艮、艹、莫、華、菱、蓇、葽、虆、蔭、蘂、
虜、蛷、蜂、蜃、螋、螟、蠐、蠧、袎、袘、裍、裙、覃、𡟭、哳、
鬲、賫、赬、跅、軶、邦、鄉、鈆、鍦、鏄、𢡃、栞、𠛨、𢻹、韇、𢦏、
𢱢、㲄、𪍒、𢿧、䋁、𠔏、陁、陰、隍、雩、鞍、韯、𩁹、顋、𩪏、䰕、
鬾、鳰、鵝、鴠、鷴、鹺、黎、鼛、齓、齵、齸

　　此327字又可分為8種異體關係，其中“本作”11字，“古文”7字，“或”55字，“今文”51字①，《說文》6字，“俗”34字，“亦”159字，“又”2字。以“亦或”字量最大，其次為“今文”，可見一些字形還未從一般社會通用字層面進入字頭貯存層次。

　　3. 對異體訛誤字的排除

　　由於宋本《玉篇》所收異體字數量較多，而版本情況只是相對較為完整，在整理過程中往往發現宋本《玉篇》對異體字的貯存並不完全可

① 其中有五例“𠣌、寳、執、厠、前”皆標為“古文某”，實際字頭未中出現相對應的古文，故我們此處按今文統計。

靠，故仍需要考辨後再進行異體字歸組。如：

宋　本：优，徒感切。《詩》云：髧彼兩髦。或作优。
墫，七旬切。《詩》云：墫墫舞我。《爾雅》云：蹲蹲，喜也。或作墫。亦作蹲。
元刊本：优，徒感切。止也。《詩》：髧彼兩髦。或作忱。
墫，七旬切。《詩》云：墫墫舞我。《爾》：喜也。或作罇。亦作蹲。

宋本所記字形為本字重復，當為偏旁形近混訛，此類情況應多種版本比照，找出其原存字形。我們主要以原本《玉篇》、《名義》、元刊本以及《說文》進行對照，其中元刊本與宋本《玉篇》內容體系最為接近，在異體字形保存方面的完整性與參照性較好。

二、異體字統計及來源

（一）統計情況

1．數量及種類

對宋本《玉篇》進行異體字情況統計，共有異體字3 342組，合計7 514字，約占全書所收字頭總數的33%。其中“古”文664字，“籒”文162字，“篆”文16字，“本作”64字，“正作”14個，“今”文302個，“俗”字197個，“同上”“同某”字等有1 506字，“或”體461字，“亦”體741字，“又”作14字，各類引書40字，其中有引《說文》有33字，可見宋本《玉篇》編者把對異體字的收集整理作為一項很重要的重修內容。

2．各部分布情況

我們此處統計的是出現在大字字頭位置的異體字在各部的分佈情況，不包括處於釋文層面的327個異體字。因未歸入各部的327個異體字多為合體字，如果我們進行拆分歸部，就必然遇到會應歸何部及所歸部內不同層次異體字統計數量的問題，為避免造成各個層次的異體字統計數量的混亂，我們不對此類字再進行歸部。

部首	字數
艸部	287
木部	263
水部	255
虫部	170
心部	156
糸部	155
手部	152
土部	149
言部	142
口部	140
人部	138
衣部	126
肉部	126
金部	124
竹部	120
鳥部	113
女部	108
火部	99
辵部	97
食部	87
革部	83
目部	81
日部	79
犬部	78
阜部	76
玉部	75
疒部	73
山部	72
車部	71

部首	字數
刀部	70
足部	68
石部	68
馬部	67
宀部	66
巾部	65
頁部	62
魚部	60
禾部	60
示部	53
雨部	52
攴部	52
酉部	48
田部	46
米部	46
貝部	45
角部	42
广部	40
門部	39
邑部	39
羽部	38
网部	37
歹部	34
穴部	34
隹部	34
牛部	33
欠部	33
彳部	33
皿部	32

部首	字數
髟部	30
厂部	28
瓦部	28
麥部	27
韋部	26
弓部	25
走部	24
耳部	24
鹿部	23
毛部	23
尸部	23
又部	23
骨部	22
匚部	21
力部	21
風部	21
齒部	21
戈部	20
勹部	20
黑部	19
豸部	19
豕部	19
囗部	18
大部	18
缶部	18
羊部	18
斤部	17
舟部	16
冫部	16

部首	字數
鬼部	16
見部	16
夊部	16
子部	15
身部	15
皮部	15
鼠部	14
矢部	13
収部	13
白部	13
止部	13
鼻部	12
月部	12
鬲部	12
黽部	11
血部	11
立部	11
林部	10
鼓部	10
行部	10
二部	10
履部	9
鹵部	9
矛部	9
戶部	9
尢部	9
虍部	9
吅部	9
虎部	9

部首	字數
赤部	9
臼部	9
香部	9
麻部	8
面部	8
耒部	8
龠部	8
豆部	8
老部	8
多部	7
音部	7
亏部	7
甘部	7
曰部	7
巛部	7
中部	7
舌部	7
上部	7
匕部	7
丵部	7
乃部	7
壺部	7
冃部	7
素部	7
丌部	7
黃部	7
炙部	6
亼部	6
钦部	6

部首	字數	部首	字數	部首	字數	部首	字數	部首	字數
囪部	6	卩部	5	絲部	4	厶部	4	夰部	3
鬥部	6	弜部	5	尾部	4	支部	4	夭部	3
長部	6	出部	5	龍部	4	筋部	3	幺部	3
夕部	6	聿部	5	雲部	4	丿部	3	鹽部	3
釆部	6	箕部	5	王部	4	交部	3	龜部	3
叀部	6	弟部	5	兔部	4	丮部	3	丑部	3
琴部	6	寸部	5	共部	4	甲部	3	曲部	3
嗇部	6	桀部	5	文部	4	象部	3	巫部	3
八部	6	彡部	5	谷部	4	亼部	3	來部	3
生部	6	舁部	5	辛部	4	己部	3	明部	3
死部	6	亯部	5	克部	4	凶部	3	士部	3
瓜部	6	正部	5	酋部	4	盾部	3	臤部	3
丹部	6	系部	5	磬部	4	壴部	3	囧部	3
一部	6	殺部	5	韭部	4	丶部	3	舜部	3
工部	6	西部	5	晶部	4	重部	3	厽部	3
夲部	6	色部	5	爪部	4	癶部	3	赤部	3
玄部	6	熊部	5	云部	4	帛部	3	卯部	3
桼部	6	入部	4	冊部	4	卜部	3	四部	3
斗部	6	麤部	4	竝部	4	旨部	3	叒部	3
殳部	6	用部	4	巤部	4	之部	3	思部	3
裘部	5	書部	4	气部	4	蟲部	3	司部	3
丨部	5	須部	4	蓐部	4	畐部	3	久部	3
冂部	5	臥部	4	頻部	4	櫜部	3	刃部	3
誩部	5	危部	4	左部	4	癸部	3	兕部	3
皃部	5	萑部	4	辰部	4	屵部	3	放部	2
丠部	5	會部	4	北部	4	方部	3	負部	2
片部	5	隶部	4	旡部	4	飛部	3	予部	2
从部	5	乙部	4	申部	4	豐部	3	氏部	2
舛部	5	它部	4	自部	4	井部	3	史部	2

部首	字數
戉部	2
寅部	2
狀部	2
是部	2
十部	2
異部	2
兆部	2
弋部	2
市部	2
由部	2
冖部	2
乁部	2
儿部	2
敝部	2
叕部	2
林部	2
弄部	2
皀部	2
比部	2
辟部	2
泉部	2
至部	2
三部	2
青部	2
喿部	2
不部	2

部首	字數
宁部	2
倉部	2
齊部	2
夂部	2
桼部	2
丵部	2
品部	2
臣部	2
勹部	2
矢部	2
䍜部	2
帀部	2
且部	2
茍部	2
疋部	2
牙部	2
瓠部	2
丂部	2
我部	2
畕部	2
亥部	2
先部	2
喜部	2
卂部	2
匸部	2
吕部	2

部首	字數
烏部	2
兄部	2
丮部	2
稽部	2
犛部	2
秝部	2
彣部	2
号部	2
炎部	2
垚部	2
壹部	2
五部	2
燕部	2
句部	2
京部	2
午部	2
毋部	2
九部	2
亞部	2
毌部	2
勿部	2
戊部	2
兮部	2
㒳部	2
秃部	2
告部	2

部首	字數
豊部	1
劦部	1
小部	1
龏部	1
里部	1
几部	1
巜部	1
豈部	1
瞿部	1
壬部	1
步部	1
可部	1
冉部	1
辡部	1
包部	1
東部	1
舛部	1
耑部	1
率部	1
氶部	1
而部	1
冘部	1
鼎部	1
華部	1
丁部	1
易部	1

部首	字數
索部	1
冓部	1
夫部	1
巳部	1
干部	1
乚部	1
束部	1
奢部	1
雔部	1
屾部	1
雥部	1
非部	1
𣏟部	1
廴部	1
此部	1
先部	1
嵬部	1
能部	1
奞部	1
有部	1
旦部	1
印部	1
凶部	1
臣部	1

宋本《玉篇》有418部存在異體字，其中有17部的異體字在100個以上。分別是："艸部、木部、水部、虫部、心部、糸部、手部、土部、言部、口部、人部、衣部、肉（肉）部、金部、竹部、鳥部、女部"，收異體較多的部首作為漢字偏旁構件時，其構字能力顯然較其他部首作為偏旁構件要強許多。

另據宋本《玉篇》新增字調查，唐宋間新增字5 298字分佈於139部，其中新增字在100字以上的部首有14部，分為是"水部、艸部、竹部、口部、心部、手部、虫部、木部、山部、石部、人部、鳥部、目部、犬部"。可看出與日常生活關係密切且筆畫較為簡單易寫的偏旁部首的構字能力較強於其他各部。

宋本《玉篇》異體字與新增字兩者共見字進行分部對比，發現兩者有著極高的一致性。以兩者所據各部首的前十位相比較，只有異體字在"糸部、土部"的頻度位次與新增字在"山部、石部"兩部的頻度位次不相重合，其余八位皆分佈在大致相當的頻度位置。比較如下：

序號	1	2	3	4	5	6	7	8	9	10
異體字	艸部	木部	水部	虫部	心部	糸部	手部	土部	言部	口部
新增字	水部	艸部	竹部	口部	心部	手部	虫部	木部	山部	石部

異體字與新增字的字量分別為7 514字與5 298字，而且兩者字量分佈范圍並未有太大重疊，重合字只有511個，只占到異體字總量的6.8%，占到新增字總量的9.6%，因此這種相似性絕非偶然或是選材雷同所致。兩者的統計皆有幾乎一致的分佈變化，反映出在從六朝至唐宋時期的新增字與異體字分別選用常用構件對漢字結構進行了改造和優化，從兩個方面來看形聲偏旁的類化在唐宋期間已趨於穩定，形聲字產生呈現出規律性變化，整個漢字體系呈現出符號化的趨勢。

3．表音構件統計

聲符	頻次
交	22
分	19
昔	19
且	19
今	18
句	18
合	18
爾	18
干	18
妟	17
它	17
氏	17
隹	17
多	17
支	17
㐱	17
此	16
叟	16
卑	15
由	15
也	15
夾	15
每	15
是	15
其	15

聲符	頻次
日	15
曷	15
重	15
裔	14
亶	14
夋	14
人	14
比	14
弗	14
咼	13
木	13
壽	13
矢	13
者	13
各	13
炎	13
耑	13
宛	13
占	13
戔	13
予	13
米	13
台	13
幵	13
包	13

聲符	頻次
齊	13
翏	13
古	13
軍	13
來	13
辛	13
麗	13
辰	13
方	12
圭	12
或	12
土	12
豆	12
弋	12
夗	12
失	12
賣	12
奚	12
享	12
粦	12
鬼	12
殳	12
工	11
申	11
鹿	11

聲符	頻次
肖	11
焦	11
可	11
兒	11
畾	11
咸	11
莫	11
而	11
折	11
氏	11
虒	11
毛	11
番	11
召	10
共	10
录	10
矛	10
勺	10
盧	10
甚	10
昜	10
孚	10
芻	10
公	10
斯	10

聲符	頻次
舟	10
畢	10
止	10
巨	10
卓	10
卒	10
廣	10
臬	10
面	10
束	10
丁	10
甫	10
垔	10
冘	10
枼	10
雚	10
几	10
甲	10
冬	10
叚	10
單	10
非	10
亡	10
金	10

宋本《玉篇》異體字具有聲符功能的偏旁構件共1 147個，對聲符構件出現在10次以上的統計顯示有124個，其中排在前十位的分別是“交、分、昔、且、今、句、合、爾、干、妄”與宋本《玉篇》新增字的前十位聲符構件“周、東、非、同、乍、令、合、英、唐、頁”相比較並無重合字，可知在聲符音段分佈並沒有重合處，兩者相同之處在於對於表音聲符構件的選擇皆為筆畫較少字形，應是形聲字造字中選擇聲符時考慮的一個基本條件。

（二）異體字的來源

宋本《玉篇》異體字來源包括兩個時間層次，一個是原本《玉篇》對異體的收集整理，一是唐宋間新增的異體。雖宋本《玉篇》不如原本《玉篇》講求異體來源“原原本本，信而有徵”，但我們仍可參照原本《玉篇》殘卷的現存內容中的尋繹異體字的較早來源。

1. 引自《說文》重文

《說文》重文是宋本《玉篇》異體的最重要來源。宋本《玉篇》對《說文》重文的引用分為兩種方式，一是明顯標注《說文》“亦某字”“為某字”“或某字”等，此類有81例。一是未明顯標注引《說文》重文，通過宋本《玉篇》異體字與《說文》重文的對比，發現有1 104字異體可直接對應，故雖未標引自《說文》，此類來源亦應算作據《說文》異體字。（參見附表3.2“《玉篇》異體與《說文》重文對應字表”）

2. 以《字書》《聲類》為主的小學類書

《字書》見載於《隋書·經籍志》，未存著者。朱葆華教授認為“此書大抵抄錄諸家字學之書，薈萃而成”。唐時《一切經音義》等亦多見對《字書》征引，可見此書當為唐宋際仍存。宋本《玉篇》中共有29字引《字書》，其中11例為《字書》異體字。

> 埢，羈篆切。曲也。《字書》亦作𢍏、𢍺。
> 鬣，《字書》或擸字。
> 儠，《字書》上同。
> 𦢊，《字書》同上。

《聲類》為三國魏李登所著，後人多以此為韻書之始，已佚。從《玉篇》對《聲類》之征引多集中在義項及異體字內容上看，實仍可為一部字書。宋本《玉篇》中共有21字引《聲類》，其中有10字為《聲類》異體。如：

髊，前賜切。腐骨也。《聲類》云：此亦骴字。

仙，《聲類》云：今僊字。

𠙵，《聲類》古文口字。

據朱葆華教授對“言部”“欠部”“食部”三部的異體字統計，《字書》《聲類》的異體字分別是40字和76字，共116字占到此三部中異體總量的39.5%。

宋本《玉篇》中亦見唐宋時期及以前各種小學類書籍，如：

靦，他典切。《詩》云：有靦面目。靦，姡也。又靦，慙皃。䩄，《埤蒼》同上。䪍，《字書》靦字。䤐，同上。

此類引書有《蒼頡（篇）》、《廣雅》、《博雅》、《爾雅》、《埤蒼》、《方言》、《釋名》、《字統》、《字林》、《廣蒼》等。

3. 典籍中的異文或體

顧氏原本《玉篇》注重對文獻內異體字的收集，並多標出所引典籍之名，如原本玉篇中異體所引有《尚書》、《周禮》、《禮記》、《國語》、《楚辭》、《韓詩》、《莊子》、《淮南子》、《別錄》（劉向）、《東觀漢記》等。據朱葆華教授對“言部”“欠部”“食部”三部的異體字統計，此類典籍中的異體字共33個，占到此三部中異體總量的11.3%。

宋本《玉篇》中亦有不少引自典籍類的異體字，如：

玭，蒲蠲、蒲賔二切。珠也。《夏書》作蠙。

坶，莫六切。《說文》曰：朝歌南七十里地。《周書》曰：武王伐紂至於坶野。古文《尚書》作姆。

閻，胡結切。閻関，鄭城門。《左傳》作桔秩。

據查統計，在宋本《玉篇》中存在異體字關係的釋文所引書目有80種共2 284次，除原本《玉篇》殘卷中所標引的異體字類書外，仍有《左傳》《夏書》《風俗通》《史記》《老子》《淮南子》《考工記》《尚書》《孔傳》《吕氏春秋》《月令》《傳》《孝經》《孟子》《司馬法》《春秋傳》《甘泉宮賦》《道德經》《穀梁傳》《弟子職》《太玄經》《子虛賦》《與蘇武書》《逸論語》《續漢書》《新論》《西京賦》《穆天子傳》《檀弓》《商書》《喪服傳》《曲禮》《琴操》《烈女傳》《家語》《洪範》等。

4. 顧野王勘定的異體

常用"今""俗""或""亦"對當時異體字進行勘定。據朱葆華教授異體字統計，野王勘定的異體字共81個，占到此三部中異體總量的27.7%。此類情況我們在宋本《玉篇》中依然可尋到大部分異體關係。如：

原本《玉篇》："綅，詞林反。《埤蒼》：綅，續也。今忽（亦）為尋字，在寸部。"

宋本《玉篇》："綅，似林切。續也。今作尋。"

原本《玉篇》："惸，仇營反。《尚書》無宫（害）惸獨。孔安国曰：惸，單也，謂無兄弟也；無子曰獨。《周礼》凡遠近、惸獨、老幼之欲有復於上者。鄭玄曰：無兄弟曰惸。《字書》忽（亦）煢字。煢煢，無所依也，在卂部。或為嬛字。

宋本《玉篇》："煢，具營切。單也，無兄弟也，無所依也，憂思也。或作惸、嬛。"

在宋本《玉篇》中還較多保留了此類異體關係，同時我們也注意到隨著社會時代進步，顧野王認為異體關係中相當一部分屬同源詞關係，其詞義在唐宋時已確有所指，相互之間不再互稱作異體關係，故我們不認為顧野王勘定的異體字即為唐宋時異體字，唐宋時異體字之間關係當是經過後人整理有著時代特點的異體字關係。

5. 今俗要用字

“今”文302個，“俗”字197個，“正作”14個，此類五百余字皆為六朝至唐宋間已廣為通行的俗用字的著錄，可知當時社會通用字已多非古之正字。

> 原本《玉篇》：“繼，公□反。《周易》兩明作離。大人以繼（繼）明照於四方。王弼曰：繼（繼）謂不絕也。……繼，今俗繼字也。”
>
> 《名義》：“繼，公隸反。餘也。續也。継，今俗繼。”
>
> 宋本《玉篇》：“繼，公第切。續也，紹繼也。継，同上。俗。”

原本《玉篇》僅存5字，而《名義》俗字僅此一例“継”，宋本《玉篇》有“俗”字197個,另與俗相對的“今”文302個，“正作”14個，“本作”64例，皆多為古今相對，我們認為今文即通俗用字，亦包括俗字，俗字不一定是訛字。

宋木《玉篇》異體字與新增字有511字相重合，占到新增字總量的9.6%，可知新增字中有相當一部分為社會使用層面對原有字形體的改造，因此既是唐宋新增字又是異體字。

三、異體字名稱及分類

古代字書對兩字或數字之間異體關係表述並無相對固定的指稱，據潘重規先生編《玉篇索引凡例》有：“或作、古文、籀文、《周禮》作、《春秋》作、一作、古文作、本亦作、今俗作、篆作、籀作、俗亦作、《詩文》作、《說文》亦作、同上、上同、並上同、與某同、又某同、或某同、某字同、亦與某同、《說文》同上、《廣蒼》同上、《字書》某字、《聲類》某字、俗某字、亦或為、同上俗、或為、亦某字、俗、篆文、古為某、與某字同、或從某、俗從某、俗某字、古文以為某字，古文某、正作、古某字、今作、今為、今某字” 等。異體指稱有46種，我們認為仍有“本作、今並作、經典通用某、與某通、並古文、《尚書》作、《夏書》作、俗又某、本從某、或某同”等數十種異體關係稱說。以上所列異體名稱，恐亦非能窮盡宋本《玉篇》之異體關係，更有個別字例散見於各字行文之中，未見得全部輯出。

宋本《玉篇》中兩字或數字之間的異體字關係往往有著比較隨意的互指關係，宋本《玉篇》對異體關係的指稱有時為行文方便或相互呼應，常常一字異體關係標識較為清晰，而另一字或數字則僅作參照籠統概指，如“古籀”相混，“亦或”“本或”“本亦”不分等情況多見。

從宋本《玉篇》異體字指稱看，所涉種類繁多，較原本《玉篇》異體指稱大為增加。以上種種異體指稱，實際上可分為由漢字歷時演變積澱和共時形體改造而形成的兩種類型異體字。我們認為歷時演變階段主要是傳承演變與古今文字隸變楷化定形時造成結構與筆畫的變化差異[①]，其異體關係往往是可以溯源與唯一指向的。共時形體改造主要是今文字階段的新增字、俗字及形體變異等因素形成的異體字際關係，而且異體關係往往與各種文字現象相混雜，如古今字、分化字、通假字等。

故我們將宋本《玉篇》數十種異體稱說按其時間先後關係的及對等程度概括為兩大類5小類，分別是：1.古籀篆字；2.某書字；3.等同字；4.亦或體；　5.今俗字。其中第一種為歷時原因形成的異體關係，其余皆為共時層面的變化，也是我們討論的重點。

1.古籀篆字

我們將古文、籀文、篆文以及奇字歸入一類，一是此類皆為古文字隸變楷化後的形體，屬漢字歷時演變所形成的異體關係。《玉篇》對“古、籀、篆”的整理主要參照《說文》重文及小篆形體，來源較為一致。二是在宋本《玉篇》中古文異體類型未有嚴格區分，如

宋本《玉篇・屮部》：“嶭，籀文。”
宋本《玉篇・阜部》：“𨽖，籀文。古文作嶭。”
宋本《玉篇・収部》：“䒭，多曾切。籀文登。”

① “《說文》的小篆形體，在楷書中除傳承形外，往往還有一個隸定楷化形，有些由於隸定方式不同還有兩個以上的楷化形。這些楷化形與傳承形從同一個小篆字形發展演變而來的，但在楷書中形體相關很遠，已經不能再看成同一個字了，而它們又共同記錄了語言中的同一個詞，在使用中功能相同，因而可以當做異體字來認同。”參見章瓊《現代漢語通用字對應異體字整理》，巴蜀出版社2004年版，第75頁。

宋本《玉篇·癶部》："登，都稜切。升也，上也，進也。䁁，古文。"

"𣻎、䁁"兩字皆兩部重出，一標為籀文一標為古文（據《說文》重文中"𣻎、䁁"皆為籀文）。可見在古人心中"古文"應是對隸書以前"籀文、大篆、小篆"等多種字體的統稱，並常將不明來源的字稱為"古文"①。

宋本《玉篇》中常標注為"古文、二古文、並古文、同上古文、古文某字、古某字、古文作某、古作某、古文以爲某字、古文或爲、古文某、古文尚書某字、篆文作、籀文、籀文某"。宋本《玉篇》有古文664個，篆文有14組16個，籀文162個，奇字2個。

其中宋本《玉篇》標為"篆文、籀文"當多為承《說文》正篆字形及所輯戰國時古文與史籀大篆。據查宋本《玉篇》引《說文》1 104字中，標引為"古文"者有273字，標引為"籀文"者有122字，標引為"篆"者有3字。

引"古文、籀文、篆文"稱說較為一致，排列較為整齊，在每字下出現或字末附注，而數量較少。如：

垕，乎狗切。古文厚。

畬，與居切。田三歲曰畬。亦作畭。畭，古文。

頭，助轉切。《說文》曰：選具也。或爲僎。古文作選。

壞，胡怪切。毀也。籀文作𣀔。

䁁，多曾切。籀文登。

祺，巨基切。吉也。又徵祥也。禥，籀文。

㳅，力州切。水行也。篆文作流。

壺，戶徒切。盛飲器也，圓器也，瓦鼓也。壷，篆文。

奇字僅有2字，如下：

① "考辨那些來源不明的隸定古文時，發現其中頗多后起的俗體字，並逐一指明，作出了分析。魏晉南北朝時期俗體字頗為流行，后人不知其源，往往將俗體列為古文。在對隸定古文考源時，必須盡可能地將混雜其中的這類'假古文'分辨出來。"參見黃德寬《隸定古文疏證·序》，安徽大學出版社2002年版，第4頁。

儿，仁人也。孔子曰：人在下，故詰屈。《說文》曰：古文奇字人也。象形。

㕡，籀文。又奇字晉，子刃切。

宋本《玉篇》貯存的古文形體未必是繁難不可辨識，如戰國時期所出古文就頗多形體較簡者。“戰國文字是上承殷周文字，下啟秦漢文字的過渡文字。殷周文字形體變化的某些規律，諸如簡化……由於地域的差別，表現得更為激烈。”①戰國時期，各國文字對殷周文正字進行大幅度地形體改造，也是簡俗字混亂時期，如“弃”“与”“礼”等字在戰國就已出現，並一直沿用到現代。這些在宋本《玉篇》中皆有記載，並統稱為古文。如：

“弃，去至切。古文棄。廢也。”

“与，羊舉切。賜也，許也，予也。亦作與。㠯，古文。”

“禮，力底切。體也，理也。礼，古文。”

又如標為“古文某”有197條，多未在本字后異體類聚，可見陳氏等對古籀篆字形已不僅從其本字所出，更按其隸定楷化後的形體進行排列，如“壐、壐、壞、䡇、䡣、䡤、䡥、䶗、䶙、𦣞、𠬞、𤅊、𠬤、瘇、㽲、𥦄、𣡽、𥂮、匩、匲、𠟭、劍、䂸、𢘏、𧰼、𢍏、𠘱、系、𢇍、𡚁、醴”，按楷書字形分別排列於各部之下。我們認為當屬宋本《玉篇》對古文據形系聯而非僅是以義類聚進行的重新編排，體現了《玉篇》編纂者的力求便捷實用的特點。但全篇此類情況並不前後統一，又往往造成重出字現象。

宋本《玉篇》全篇標為古文而未類聚古文於本字之下有239字，皆按部首歸於各部之下，雖是查檢時未可窺見一字古今全貌，而且間有與本字下各體有失照現象，但可看出以字形為據的編排體例，如：

䄂、䄍、䄑、𠫓、𠙽、𤥨、坶、𡒆、𡋯、𡓻、𡓳、坰、𡋰、𥈚、𦢊、𣢖、𡸉、𩐏、郊、仁、𠈌、𠈍、𠏁、𠓛、𠓜、𠆪、𠌹、以、儿、

① 何琳儀：《戰國文字通論》，江蘇教育出版社2003年版，第202頁。

媛、顧、須、頭、眥、皶、睬、眡、盳、瞒、昚、罶、覩、唫、叶、暮、𦧝、齢、彬、彭、彩、扐、撁、扎、竐、𦘕、弃、臾、秖、叕、踔、顉、疋、脊、臂、胗、扐、夥、性、恒、懥、悹、𡹫、慝、慼、㥾、㤀、䠒、謷、譈、丂、云、𡍲、䙵、歓、㵄、䟝、餂、徂、復、㣛、徸、衜、蓮、迣、逘、迌、逽、遽、連、逍、遠、丧、庈、蒴、㞢、議、旁、穹、宲、寘、宷、㝉、穷、寏、䆷、䦧、閦、閟、层、瘡、氛、殉、堯、中、築、朱、奠、稟、舔、埜、藍、莀、蔛、菴、苁、篁、簿、箥、穆、穌、疊、𣂋、棄、豆、匽、匪、蘁、田、崨、㣊、斳、㦰、戫、䵷、戳、戧、戳、毁、刨、蒴、㓞、鎦、鏧、鉄、鈮、鉻、𢼄、麥、𣪠、羖、軗、𨿵、洟、涂、浦、泝、く、巛、偲、𢍰、容、霷、霧、雲、颹、颸、旼、昫、晌、星、昚、奥、曆、昚、昃、夙、幽、臭、烝、交、般、楛、岦、岑、殿、囡、厚、㞢、厥、陂、驅、馭、馮、驪、鏧、駋、虫、圭、賜、時、艉、輢、紩、緜、帿、䙱、匊、匀、泉、口、囸、困、獄、毒、無、从、公、孕、孿

因此對此類字形進行統計時應加以注意，臧克和先生認為“隔類歸位”問題是《玉篇》貯存的特殊異體關係①。

因楷化定形結果不同而造成的異體字，如“𥃩、𧗾”兩字，下所從構件不同，一為“皿”，一為“血”，同注為籀文，《說文》：“𥃩，籀文餔，从皿浦聲。”當為“𥃩”字。原本《玉篇》：“餔，……古文為盙字，在皿部。”《玉篇校釋》云：“《說文》餔下從皿作𥃩，顧所據本以為古文。食部下引說文日加申時食也。古文為𥃩字，在皿部。皿部𥃩籀文亦後人依二徐本改古為籀，此又偽從血，偽字當刪。”後世傳抄中未明其意而兩形混出，因此我們認為同為楷化定形不同的異體字。

古文中亦有不少楷化不當字或陳氏抄誤字。如宋本《玉篇》：“𡍲，移鄰切。古文也。”未明為何字古文，元刊本認為“垔”古文，《中華字海》同此說。《玉篇校釋》云：“此當云古文寅，寅下古文

① “《玉篇》的異體關係類型呈現的層次，有的處於第一層次，就是通常認為處於字頭地位的字符關係；而有的則處於說解文字的層次。有的異體關係比較直接，基本上就是同上歸類；也有的是相隔若干字位之后，出現跟前面某個字位存在異體的關係類型。對於後者，整理過程中存在‘隔類歸位’的問題。”參見臧克和《原本玉篇文字研究·序》，齊魯書社2004年版，第4頁。

作“𨏔”，而傳寫偽變為“舋”，遂以為從“臼”而增入此部，偽字應刪。”胡吉宣先生之說於音形俱合，當從之。又如宋本《玉篇》：“𦥯，必民切。古文也。”各本皆無記，《中華字海》：“義未詳，見玉篇。”《玉篇校釋》云：“偽字當刪。”可見對古文之未識字形亦當明辨其源，否則更會以訛傳訛。

2. 某書字

宋本《玉篇》中有相當一部分異體字標引自不同字書或典籍文獻，故我們專列為一類。其中以《說文》為主要來源，表述方式為“《說文》某字、《說文》亦某字、《說文》或某字、《說文》作某字”。因宋本《玉篇》對《說文》重文的幾乎全部收錄，故更多是未標明引自《說文》而出現的各體文字類型。我們將《說文》重文與宋本《玉篇》對應字列出附表，並另作為來源加以對照討論。

另《玉篇》中對其他字書或典籍的輯錄，有《蒼頡（篇）》《廣雅》《博雅》《爾雅》《埤蒼》《方言》《釋名》《字統》《字林》等字書，亦有《春秋傳》《詩》《毛詩》等典籍，共收引書41條。如：

> 璥，居逆切。《埤蒼》云：垂璥，地名，出美玉。《春秋傳》作棘。
>
> 菿，都角切。《韓詩》：菿彼甫田。《毛》作倬。又音到。
>
> 骻，丘華切。骻骴，以體柔人也。《爾雅》作夸毗。

其中如標出古或等體，為便於分類統計與性質說明，我們歸入相應分類下。如：“埢，羈篆切。曲也。《字書》亦作𡊨、𡋶。”“𠙵，《聲類》古文口字。”我們將“𡊨、𡋶、𠙵”分別作亦或體與古文統計。

3. 等同字

宋本《玉篇》有對兩字或數字以上的異體關係僅標以“同”，未作出過多區別，認為處於同等使用地位，因其在宋本《玉篇》中所占比重最大，據統計有1 506字，故我們將其從“亦或體”類型中單獨列出。

宋本《玉篇》文相關表述有：“同上、上同、並同上、並上同、二同、某書同某、亦與某同、与某同[1]、作某同”等。如：

“吼，呼垢切。牛鳴也。吽，上同。”

“儷，吕詣切。偶也。儺，《字書》上同。”

“搯，丑由切。引也。抽、擣，並同上。”

“象，似養切。獸中最大也。象胥，官名也。亦與像同。”

“亾，武方切。死也，去也，逃也，無也。作亡同。”

“亦同上”“二同上”“並同上”皆為兩個以上異體字組，最多可達4字或5字一組。如：

“蘖，魚割切。餘也。欁、不、梓、枿，並同上。”

“盌，扶淹、孚梵二切。杯也。盌、眨、盌，並同上。”

“鴺，午的切。水鳥，善高飛。又五兮切。鷊、䳘、鶂，並同上。”

“载，七吏切。毛蟲也。蠀、蛽、螅、蚝，並同上。”

“二同”多為兩字同等地位，而與上下字頭並沒有照應異體關係。有一種情況除外，“二同上”則與上一字頭呈異體等同關係，有“鶵/鸝/鶵、觝/觶/觝、帹/帽/帢、禯/禱/褶”等，共8組24字。

關於“同上”或“上同”指代異體關係，在宋本《玉篇》中最為常見，雖此類異體稱說未見於原本《玉篇》中，但於《名義》亦有“同上”或“上同”字，雖然比較結果看，兩者所認同的異體字並不十分對應，但我們可以看出在唐宋之際對各種字際關係定義是有所承接的，至少在唐代已出現“同上”異體關係的指稱。

由於“同”字例確定異體關係集合時，往往集合中異體字的地位並非完全等同，有通用性的差別，有義項上的不重合處，或有貯存方式不一致處。“注明‘同某’的，仔細分析，它們之間並不是完全相同……實際上只是在基本意義上相同。”①基於以上種種原因，當“同上”字例

① 因古時“與、与”共存，故此類情況按兩種關系統計“與某同（206組）+与某同（16組），此類異體字多分散於各部分間，多與上字位沒有照應關系。除“坺/墢、晦/畞、喟/嘳、垢/均、坊/堕、坌/坋、圻/垠、坎/埳、諶/訦、乃/迺、槐/彙、楪/枼、鏞/鎇、澄/淥、昆/㫾、盟/盟、猶/猷、黨/灢、亥/帟”19組有上下相應關系外，有187字皆為隨文附注。

中有多種關係並存時，我們以其最明確的關係為歸類原則，如“同上。俗。”歸入今俗字類，“同上。古文。”則歸入古文類。

“淈，呼滑切。青黑皃。又大清也。今作溜。溜，同上。”
“沴，閭計切。相傷爲之沴。又水不利也。沵，同上。俗。”
“噠，倉候切。或與嗾同。”

因此“溜”為今文，“沵”為俗字，“嗾”為亦或體，三字皆不在“同上”字例中重復統計。

4. 亦或體

包括“或”“亦”“又”等多種異體關係指稱。宋本《玉篇》表述主要有“或謂之、或作、或為、亦作、又作”。

在宋本《玉篇》中標注“或、亦”稱說的異體字較其他異體字關係表述方式看比較隨意，“亦、或”中包含多種異體關係，如俗文、古文、籀文皆云“亦作、或作”。而“又”則是對“或、亦”關係的補充照應，成為其他異體關係的補充。如“𤔔、亂”為“亦、或”異體關係，“帺、褌”為“或、又”異體關係。

“𤔔，力換切。理也。亦作亂。兵寇也。”
“亂，力貫切。理也，兵寇也。或作𤔔也。”
“褌，古魂切。或作帺。”
“帺，古魂切。幒也。又作褌。”

亦或體類的異體數量相對於其他異體關係來看較多，但其對異體字際關係的表述往往帶有隨意性，據此得出的異體類型指稱並不明顯，故我們將有多種相互指稱的異體關係進行歸並時，排除了其他種異體字際關係，如“古、籀、今、俗”等指稱，我們再以“亦、或”異體關係統計。據此原則統計，宋本《玉篇》中有或體461字，亦體741字，標注“又”異體字共62字，實際統計僅標為14字。

宋本《玉篇》異體字際關係互相應進行擴展繫聯，通過我們對宋

---

① 趙振鐸：《字典論》，上海辭書出版社2001年版，第174頁。

本《玉篇》各條之下異體字組的統計與合併，由最初的3 878組異體字減為3 342組，可見宋本《玉篇》中約五百條的異體關係是相互指稱，可以合併為一處，而大部分異體字之間異體字羣中異體關係所指有時是單向所指或混合所指的，異體關係之間指稱並不相互嚴格對稱，此類情況在“亦、或、又”中最為多見，我們認為此類異體關係處於大致相等地位，宋本《玉篇》的異體字應處於分化與形成專職用字的階段。

5.今俗字

今文，是相對於古字而言。包括兩種含義：（1）從漢隸一直到現在通行文字的統稱。（2）專指隸書。也叫“今文”。隸書是漢代通行的文字，故當時稱為“今文”或“今字”。因此宋本《玉篇》今文是有著較大的范圍指稱，其中亦包當世俗字。因此，我們將“今俗字”並為一類來討論。宋本《玉篇》對今俗字的指稱“今爲、今作、今通用、今或爲、今又作、今並作、今俗作、俗作、俗某字”等。如：

> 衙，所律切。循也，導也。今或爲率。
>
> 龔，居龍切。奉也，給也，今亦作供。
>
> 夨，壯力切。傾頭也，今並作側。
>
> 僮，徒東切。僮幼迷荒者，《詩》云：狂僮之狂也。且《傳》曰：狂行僮昏所化也。《廣雅》云：僮，癡也。今爲童。
>
> 童，徒東切。男有罪爲奴曰童。使也，獨也。又童童，盛皃。今用僮。

今俗字有兩種層次，一是已經在社會上得到廣泛承認的通用字，一是出現並為宋本《玉篇》收載的俗用字。從規范的角度看，一為已成為規范化程度較高的正字①，一為還是非規范的處於社會使用層面的俗字，其中多為新增俗用字。

“舊稱流行於民間的多數為簡體的文字為俗字，別於正字而言。

① “正作某、今作某、同某中的某可能是規范化程度高一些，可以看是當時的正字，規范字，亦作某、或作某、俗作某等中的某規范化的程度可能低一些，不妨看作是當時的異體字。當然，由於時代的局限，梁陳時期的規范與非規范界限並不嚴格，因而《玉篇》中也常常輾轉互注，分不清楚了。”參見范可育等《楷字規範史略》，華東師範大學出版社2000年版，第13頁。

區分正和俗的標準，往往隨時代而變遷。如《說文》躬為躳的俗字，袖為褎的俗字。但《玉篇》有‘袖’無‘褎’；《干祿字書》則以‘躬、躳’並列，這兩個字都被認為是正字。今簡化漢字，根據約定俗成的原則，多采用羣眾中流行的簡體字，如‘頭’‘燈’等式，這些字過去也被認為是俗字。”[①]俗字，又往往會成為另一個時期的正字。如宋本《玉篇》：“况，俗況字。冲，俗沖字。决，俗決字。减，俗減字。凉，俗涼字。”《玉篇》認為“况、冲、决、减、凉”為“況、沖、決、減、涼”之俗字。《容齋三筆・卷第十三》論“俗字”云：“字有俗體，一律不可復改者，如冲、凉、况、减、决五字，悉以水爲冫，雖士人札翰亦然。《玉篇》正收入於水部中，而冫部之末亦存之，而皆注云俗，乃知由來久矣。唐張參《五經文字》亦以爲訛。”可知此類俗字從古至今一直通用，正是因易寫易用廣為大眾接受，相當部分成為了今天的正字，如在現代漢語3 500常用字中有3 309字可對應宋本《玉篇》楷字進行對應，其中俗字有29字，今字有157字。7 000通用字范圍內有6 156字可對應與宋本楷字對應，其中俗字有52字，今字有248字。

張涌泉先生認為：“凡是區別於正字的異體字，都可以認為是俗字。俗字可以是簡化字，也可以是繁化字；可以是後起字，也可以是古體字。正俗的界限是隨著時代的變化而不斷變化的。”[②]孔仲溫先生的《玉篇俗字研究》一文中總結俗字應具有相對性、民間性、淺近性與時代性四個特點。我們認為宋本《玉篇》對俗字的界定，是帶有唐宋人的正字法觀念的傳統定義。許多俗字的字形，是社會使用過程中民間自發創造的，具有廣泛的流通性與實用性，並不違背漢字本身的結構規律特點，符合漢字的優化原則，宋本《玉篇》中相當數量的俗字成為了現代的規范用字。因此“無論怎樣‘俗’的一個字，只要它在社會上占了勢力，也值得我們追求它的歷史。”[③]

宋本《玉篇》所收俗字有197字，其明顯特征是標注“俗”。其中有一部分為只出現在釋文層面，如：“扎，州戛切。俗札字。”“札”未見於宋本《玉篇》正字字頭，但我們亦收作“札”之俗字“扎”。

---

① 《大辭海•語言學卷》，上海辭書出版社2003年版，第28頁。

② 張涌泉：《漢語俗字研究》，岳麓書社1995年版，第5頁。

③ 王力：《龍蟲並雕齋文集》第1冊，中華書局1980年版，第321頁。

值得注意的是宋本《玉篇》對俗字有兩種定義方法，如“A，俗（字）。”“A，俗B字。”A為俗字，B為正字。而“A，俗作B。”則A為正字，B為俗字。如“䏻，俗能字。”則“能”為正字，“䏻”為俗字，非僅以為俗字必簡體字形來辨別。宋本《玉篇》其他字際關係界定亦如此情況，在辨別正俗關係時要分清楚俗字所指。

宋本《玉篇》中“正作、本作”應是對所收異體字源有所指向，多從《說文》而來，其地位據范可育先生等認為“正作某、今作某、同某中的某可能是規范化程度高一些，可以看是當時的正字，規范字”，應與“今”文地位一致處於較為規范的層面，故我們認為此類應與今文並做統計。此類異體指稱有“本亦作，本或作、本作、正作、本從”。如：

> 苜，莫六切。苜蓿。《漢書》：罽賓國多苜蓿，宛馬所嗜。本作目宿。”
>
> 疐，竹利切。跲也，仆也，礙不行也。或作躓。一本作疐。”
>
> 腰，居杏切。或骾。食骨留咽中也。本從魚。
>
> 膸，相觜切。骨膸。本從骨。

本作中亦有其他情況，如“苜”復加形符的後起形聲字，“一本作”為有所承引而未指明，“本從”義，我們加上義符為“鯁、髓”字，作“本作”用字統計。

宋本《玉篇》的“正作”字，一定程度上反映了編者的正字觀，表明某字與經典所書寫法不同，但此例只有“琅、邪、䶧、詆、腨、秏、蛇、郛、隧、冢、韉、牆、叜、柰”14例，可見宋本《玉篇》中並不特別強調正異或正俗的區別。

> 琊，以遮切。瑯琊郡。正作邪。
>
> 踌，時兖切。腓腸也。正作腨。
>
> 纑，子千切。正作韉。

另，宋本《玉篇》“與某通”“能用某”不是通假關係。如：

> 吅，火表切。囂也，驚呼也。與讙通。
> 悅，余拙切。樂也。經典通用說。
> 悳，都勒切。《說文》曰：外得於人，内得於己。今通用德。

可知此類如“說、德”應為當世通用的今字。《說文》：“吅，驚嘑也。讀若讙。”徐鉉曰：“或通用讙，今俗別作喧。”《集韻•元韻》：“吅，亦作讙、喧。”“吅、讙”兩字應是唐宋時期互相通用的異體字。

北齊《顏氏家訓・書證篇》云：

> 吾昔初看《說文》，蚩薄世字，從正則懼人不訓，隨俗則意嫌其非，略是不得不下筆也。所見漸廣，更加通變，救前之執，將欲半焉。若文章著述，猶擇微相影響者行之，官曹文書，世間尺牘，幸不違俗也。

從顏之推所言可知今俗正字在當時已分為不同適用范圍，六朝時期社會流通層面的文書尺牘書寫已未必是《說文》之正字，但可采用便於交際通用的俗字，兩者的矛盾說明了漢字發展的趨勢，古今正俗字是具有時代性的，並非截然不同的兩個對立面。對於今俗字的調查可知當時社會使用漢字的規范標準與社會通用字的使用狀況，從而對漢字構形系統的發展的脈絡有更清楚的認識。

四、異體字性質及結構類型

顧野王時代並沒明確提出異體概念，各家皆述《玉篇》廣收異體，實際上是包含異體字在内的各種文字變異關係的“異體”。宋本《玉篇》上承原本《玉篇》，又復經唐宋間重修，對原本《玉篇》異體字部分有較大的增刪改動，因此貯存的異體關係仍包含從六朝至唐宋間的各種字際關係，經調查其中存在著異體字、分化字、合併字等多種情況，我們分別討論。

（一）異體字

與“異體”相對應的是“正體”，但宋本《玉篇》中反映的異體字現象多為六朝至唐宋間社會使用層面，互為異體關係不強調正異區別。“《玉篇》時代沒有‘異體字’的說法，更沒有和‘異體’相對的正體……《玉篇》中沒有明確指出，我們在這里也不強為之說。”①

朱葆華教授將原本《玉篇》殘卷中的言部、欠部及食部中的異體字進行全面統計②，三部現存502字，共有293個異體字，約占四部總數的58%。可見異體字在原本《玉篇》中所占比例是很高的。

我們以宋本《玉篇》相應三部來做異體字的比較，宋本《玉篇》言部482字中有異體字142個，欠部148字中有異體字33個，食部220字中有異體87字，三部合計總字數850字其中有262個異體字，占到總字量的30.8%，這個比例與宋本《玉篇》全書所收異體字總量比例33%相差不多，相比之下較原本《玉篇》異體字比例少近17個百分點。

但我們認為原本《玉篇》中異體字以“互見”體例將一字分見本部或其他部的異體字統統計入，形成相互照應的關係，故在原本《玉篇》一部之中所收異體字的絕對數量多，而在全書中的相對數量就應遠遠小於這個比例，故我們認為宋本《玉篇》異體字量應不小於甚或經過唐宋間的收集整理又可能已大於原本《玉篇》中所收異體字總量。

異體字形成的原因是多樣的，有些是不同時代為表示語言中的同一詞語而創造的不同形體的字符，又有同一時代的不同地域間互未溝通而為同一詞語創造的不同形體字符，亦有在使用過程中對同一字的形體進行改造而變化為不同形的異體字。為記錄語言中同一個詞語而設，在共時層面上存在音義相同而形體不同並且在使用過程中可以相互替代的字組，這些字之間就是異體關係。

異體字是歷時因素與共時創造的音義全同形體不同的文字，對異體字進行結構分析，主要是兩種類型。一是在異寫層面上，異體字之間只存在著筆畫與筆勢及構件間相對位置的改變；一是在異構層面上，異體字之間存在著造字意圖的不同與構件選用及構造方法的不同。這種分類方式也是學界所共識的，“共時漢字中有兩種職能相同、形體不同的情

① 朱葆華：《原本〈玉篇〉文字研究》，齊魯書社2004年版，第107頁。
② 同上書，第114頁。

況值得注意：一是異寫字，一是異構字。”①“異體字有兩個主要的來源，一類來源於構形，一類來源於書寫。根據異體字形成的方式，可以把異體字分為異構字和異寫字兩種類型。”②

章瓊先生認為漢字的異體字主要有以下五種類型：“一是為語言中同一詞語而造，在使用中功能沒有分化一組字。二是造意不同，但在實際使用中用法相同、功能重合的一組字。三是同一古文字形體由於傳承演變、隸定楷化的方式不同，而楷書平面上出現了兩個或兩個以上不同的形體，這些楷書字形之間構成異體字關係。四是異寫字。這種情況主要是針對早期的楷體而言的。異寫字的差異主要是書寫元素，也就是筆畫上的差異，它不對構型模式、結構分佈和構意產生任何影響。五是訛字。訛字是指傳抄、書寫過程中字形發生了訛變的字。”③我們認為較好區分了異體字的類型，為便於對漢字結構方式的詳細描寫，我們仍采取對異體字的異構與異寫兩個層面進行分析並參考上文所述成因。

一是選用不同偏旁構成的異構字。

1．由於採用不同的構形方式產生的異構字。

（1）形聲和會意的不同結構方式

話/舙、讙/吅、縶/䍜、誇/奆、地/埊、侃/偘、吼/吽、豚/启

（2）原有結構類形上復加義符

投/坄、牙/䶩、肆/肆、縣/懸

2．同一種構形方式而選用不同偏旁產生的異構字，多為形聲結構。

（1）聲符相同而形符不同

悻/諱、朘/峻、謳/嘔、愧/媿、餬/糊、粘/飳、这/諚、墊/䡖、䁥/聝、畷/綴、顦/憔、謌/歌

（2）形符相同而聲符不同

讕/諂、誃/諺、訛/譌、繅/繰、縚/緝、膶/朎、墣/圤、壥/坃、娙/嬁、倞/僥、誃/謻、詍/詍

（3）形符聲符皆不相同

羑/誘、訾/㥸、歑/呼、頮/沬、頊/儋；

---

① 王寧：《漢字構形學講座•漢字構形的共時相關關係》，上海教育出版社2002年版，第80頁。
② 李國英：《異體字的定義與類型》，載《異體字研究》，商務印書館2004年版，第15頁。
③ 章瓊：《現代漢語通用字對應異體字整理》，巴蜀出版社2004年版，第27頁。

（4）會意構件不同

𡵓/危、仢/攀、𡕒/𢍜、訫/仰

二是異寫字。造成異寫的原因是書寫過程中的變異，主要是六朝的今文俗體簡化合併情況造成。

1. 由於楷化形式不同或書寫變異造成筆劃差異的異寫字，以及俗寫中產生的訛字異寫。如：

敉/敖、聘/娉、面/靣、省/㓘、倕/偓、𥉳/眉、邢/郉、昪/具、志/忠、擧/舉、脈/脉、叚/段、怪/恠、惡/恶

2. 偏旁簡省造成的異寫字。如：

縣/系、譱/善、𢶡/悚、懋/忞、訟/訟

3. 構件位置的相對改變的異寫。

蹩/蹴、聾/朧、晢/晣、叴/叱、㕣/吣

從上述不同構造方式看，異體關係類型中出現最多情況是形聲結構異體字義符與聲符的替換，選用不同的義符或聲符進行對漢字的改造，一是表現出人們對漢字表義構件的理解與優化選擇關注最多，二是不同時期隨語音變化人們對漢字表音準確性有著不同的造字方瀌。形聲字中常進行表義構件的置換的有形近易混與義近互替兩種情況，如："土/宀/田""山/阝/石""口/齒/欠""禾/礻/酉""巾/糸""豸/犭""車/革""竹/艸""攴/攵""彳/亻"等。

漢字楷化過程中形聲結構獲得空前發展，構成異體字的數量遠遠高於會意造字瀌及其他原因形成的異體字，在宋本《玉篇》中較為完整的貯存了現代楷字的基本字匯係統。

（二）分化字

分化與合併是文字發展的兩個趨勢。"人們一方面在不斷分化文字，一方面為了控制字數簡化字形，或是由於使用文字的某些習慣，又在不斷合併文字。"①分化是文字在發展過程中將一個字多個義項，分化派生出兩個或幾個字來分擔多個義項，用來分擔義項的新造字稱為分化字。

顧野王在《玉篇》中對當時文字的分化與合併的現象多有闡釋，並

① 裘錫圭：《文字學概要》，商務印書館1988年版，第245頁

對分化字收集整理，因此《玉篇》異體字中包含不少分化字。《玉篇》中所呈現出的分化字大部分為加注或改換偏旁原因造成的。通過加注或改換形符的辦法造的分化字一般是形聲字，通過改換聲符造分化字較少。

形聲字的產生有兩種途徑：一種是在假借字基礎上加注形符，一種是給多義詞加注形符，表示它的後起引申義。後一種形聲字的聲符就有示源功能，利用這種聲符可以幫我們判定同源字。①

古人很早注意到某些聲符對形聲字的示源功能。如漢代劉熙《釋名•釋水》即有："山夾水曰澗。澗，間也，言在兩山之間也；注溝曰澮。澮，會也，小溝之所聚會也；小渚曰沚。小沚，止也，小可以止息其上也。"晉人楊泉《物理論》亦有："在金曰堅，在草木曰緊，在人曰賢。"即以聲符作訓，推名求源。

原本《玉篇》中保存有大量同源關係字組，宋本《玉篇》對此多有所承。如：

原本《玉篇》："率，山律反。《爾雅》：率，循也。率，自也。《論語》子路率爾如對。何晏曰：率爾，先三人而對也。《說文》捕鳥畢也。以訓循白（自）為衛字。衛夂（亦）將領也，行也，尊也，用在行部。先道之率為達字，在辵部。"

宋本《玉篇》："衛，所律切。循也，導也。今或爲率。"

按：《周易》："初率其辭" 王弼注云："能循其辭以度其義。"《詩經•大雅》："不愆不忘，率由舊章。"鄭玄箋云："率，循也。"《增韻•質韻》："率，率先也。"《廣韻》："率，所律切。循也，領也，將也。" 可知"率"在"領先、循由"之義上為共同的源。衛、達、銉為同源字。宋本《玉篇》以"今或爲率"表明此類同源分化字在唐宋時期已有合併現象。

顧野王對漢字形義與聲符表義的關係及語源上可以繫聯的字以"互見"體例及按"野王案"形式一一列出，比宋代王聖美之"右文說"②要早五百多年。朱葆華教授在《原本<玉篇>文字研究》中提出"字類說"形成有兩個條件：一是"音皆相似也"；二是這類字都是同聲符的形

① 鄭振峰：《關於同源詞的判定問題》，《語文研究》2005年第1期，第30頁。

② 北宋沈括《夢溪筆談•藝文》卷十四記載："王聖美治字學，演其義以為右文。古之字書，皆從左文。凡字，其類在左，其義在右。"

聲字或者被訓釋字是這類字的聲符。實質上就是顧氏對同源形聲字的一種稱說。如宋本《玉篇》中所存“康、躿、瞣、慷、歑、漮、穅、糠、甗、濂、礷”等字皆有“空虛”義，從康得聲，音近義通，為同源關係。宋本《玉篇》另有“斿、游、遊；典、敟；希、稀、晞；豈、饑、雎；差、瘥、鲝；兆、垗、朓；庸、滽、鏞、墉；奇、畸；章、彰；叟、搜、獀；真、顛、槙；辟、辟、僻；厭、壓、懕、擫、魘”等異體字之間多有同源關係，可據之進行同源字系聯或考釋語源。

古今分化字也是同源字中不可忽視的情況，同源字與古今字關係比較密切，都指音義相同或相近的字。從這點上可以說古今字都是同源字，但不能說同源字都是古今字。

宋本《玉篇》中有不少古今異體字。如：

“岡，古郎切。山脊也。俗作崗。”

“燃，俗爲燒然字。”

“煥，呼換切。明也。亦作奐。”

“宔，之庾切。宗廟宔祏也。今爲主。又砫字。”

從宋本《玉篇》看，多以“俗、亦、今”等稱名來指稱古今字，如“厓、涯，厓、崖，厲、礪，厲、濿，厲、癘，方、舫，嵬、嵔，息、熄”等皆是六朝至唐宋時期的古今分化字。

同源字不僅包括歷時產生的字，而且包括同時產生的字。同源字涉及範圍大於古今字範圍。古今字一般是一對一的關係，是指某個古字與今字之間，在字義上的區別和聯係。而同源字是以某一概念為中心而形成的一個詞族，是指這個詞族中各個詞之間，在詞義上的區別和聯係。

漢字孳乳的重要方式之一就是在記錄源詞的基礎上增加意符造出分化字來記錄派生詞，這是形聲字主要來源。顧氏對漢字聲符表義的認識與分類，對漢字發展中形聲字系統化的有著不可忽視的影響。雖然在宋本《玉篇》中此類字際關係已非特別注明不十分彰顯，而我們仍可通過異體字之間的聲符系聯對於語源探究及形聲異體字的結構方式做出分析調查。

（三）合併字

文字合併指一個字把全部職能交給另一個字承擔的現象，包括字形與字義兩個方面的合併。這點不同於異體字的音義全同而字形有別。

如：

原本《玉篇》：“絫，力捶反。歸藏縈縈，華絫絫之實。野王案：小實也。……今為累字，在糸部。”

原本《玉篇》：“纍，力雔反。……野王案：為人所接持經始曰累。……此義⺀（亦）或音力錐反。重積之累，音力摇反。或為絫字，在厽部。”

原本《玉篇》：“累，《字書》⺀（亦）纍字也。”

宋本《玉篇》：“纍，力隹切。繫也，綸也，得理也，黒索也。又力僞切，延及也。又力捶切，十黍也。亦作絫。累，同上。”

按：《説文》：“絫，增也。”段玉裁《説文解字注》：“增者益也，凡增益謂之積絫，絫之隸變作累。累行而絫廢。”《廣韻》：“纍，纍索也。亦作縲。”原本《玉篇》手抄本“纍”字下對“纍”解釋悉用“累”字代替書寫，可知兩者至晚在六朝至唐間已無差别，而“累”行文中便於書寫，所以“累”取代“纍”，可見簡化字“累”在六朝時期已十分通行。宋本《玉篇》中“絫”字未見收於字頭位置，其在唐宋之際即已“累行而絫廢”，“累”又合併“纍”“ 絫”等字的職能。

合併字的標誌：（1）“今並為某”；（2）“今為某”“今作某”；（3）“今或為某”“今亦（為）某”“亦某”“俗”等。

（1）今並為某。將兩字功能合併為後一字承擔，是嚴格意義上的合併字。宋本《玉篇》中僅見1例，為“夨，壯力切。傾頭也，今並作側。”原本《玉篇》原有21組“今並為”的合併字，如：“誼/義、讚/賛、讀/責、註/注、譈/敦、餯/息、綷/載、謍/營、歞/嚘、欥/聿、厝/錯”，經查已有11組以上在宋本《玉篇》中已不再標為合併字，多是唐宋時已不再强調此字與某字為合併字，除“夨、側”外更沒有了嚴格意義指稱合併字的標識。宋本《玉篇》將原本《玉篇》中的“今並為”多改為“今作某”，如“觮/角、瀀/優、緂/菼、緟/重、潚/渴、僷/業”，可看出六朝時的嚴格意義上的合併字在唐宋時已多不認作是合併字而强調為古今字關係。

（2）今為某；今作某。如：

宋本《玉篇》：“龠，余酌切。樂之所管三孔，以和衆聲也。

《詩》云：左手執龠。今作籥。”

宋本《玉篇》：“緂，他敢切。雜色。今作菼、drunk。”

“今為、今作”可看成是古今分別字，顧氏對古字整理合併為今字共34組，如“瀑/暴、顰/頻、諲/望、謨/勳、膺/應、龢/和、龤/諧、歠/色、歉/慊、賺/艆、餗/秣、歕/噴、嗤/蚩、統/旒”等。據查，宋本《玉篇》中除“謨、勳；統、旒”外已多不認為是古今字關係。

（3）亦或體，某個字今作另一字的異體字。

宋本《玉篇》：“䊿，去月切。䊿，狄衣也。亦作闕。”

此類情況宋本《玉篇》較多，如“䊿/闕、厎/砥、廦/辟、譝/繩、歍/嗚、廙/翼、縛/尋、齼/楚、輣/柳、飤/食、飰/飯”等，但已不特別注明為古今字關係。

文字合併的原因是六朝時期社會用字的整理中趨簡從俗的反映，六朝時期社會紛繁動蕩，文字在這個時期也處於劇烈變動時期，人們在社會使用中通過選擇字形上簡單易寫、出現頻度高的常用字作為合併字對本字進行合併，形成一字多義，有效地控制了漢字的數量，這對使用文字進行交際帶來了諸多便利，在唐宋時期漢字增字辦法已多為形聲造字法，故此類古今字的關係反而不再作強調。

“漢字作為記錄語言的符號，分歧旁出的異體字就要廢除掉。選擇的標準就是要求簡易便用，而且要符合約定俗成的規范。因此廢去古字而用今字，不取繁復的異體字，而取簡便易寫的字。由繁復趨向簡化，這是漢字形體發展的規律。”[1]宋本《玉篇》中廣泛收集整理了六朝至唐宋時期的異體字、簡化字、俗寫字、古今分化字與合併字，將漢字形體各種變異及簡化的客觀情況真實記錄下來，較為全面地貯存了歷史漢字楷化過程的各類字际關係，反映了楷字的傳承變異規律，從而對於漢字系統的規範化起著不可忽視的影響。由於這些字際關係類型都與異體關係的認識發生一定關聯，所以，我們本章在探討宋本《玉篇》異體字的過程中，也涉及上述關係。

① 周祖謨：《文字音韻訓詁論集》，北京大學出版社2000年版，第284頁。

第四章

宋本《玉篇》新增字研究

宋本《玉篇》是唐宋時孫強、陳彭年據顧氏原本《玉篇》增字減注重修本，因此宋本《玉篇》相對於原本《玉篇》增加字，主要是唐宋期間新增字。本章主要探討新增字時間層次、來源情況、結構性質及分布情況，以及呈現其時間層次的文獻結構層次，從而認識中古時期與近古時期漢字的出現時間層次及變化情況。

第一節 新增字概說

許慎《說文解字敘》："文者，物象之本；字者，言滋乳而浸多也。"文字本身就是一個"滋乳浸多"的過程。漢字數量由少到多，形體由繁趨簡及各種字體更迭演進，在古文字到今文的隸變楷化過程中，漢字符號逐漸擺脫象形性而變為抽象性的以形聲字為主體的成熟系統。"漢字在商代除了有象形字、表意字以外，還有形聲字和假借字。象形、表意主形；形聲、假借主音。為配合語言，表音是漢字發展的必然趨勢，所以從周代以后形聲字成為造字的主體。語言隨著社會政治、經濟、文化、科學的發展，語詞不斷增多，文字也隨之日益增加，形成一個繁富的文字體系。"①

《說文》作為第一部對古文字進行系統整理的字典，所收小篆正體9 353字，重文1 197字②。又據封演《封氏聞見錄》所記："魏時有李登者，撰《聲類》十卷，凡一萬一千五百二十字，以五聲命字，不立諸部。晉有呂忱，更按群典，搜求異字，復撰《字林》七卷，亦五百四十部，凡一萬二千八百二十四字，諸部皆依《說文》，《說文》

① 周祖謨：《文字音韻訓詁論集》，北京大學出版社2000年版，第282頁。
② 王平：《〈說文〉重文研究》，華東師范大學2003年博士論文，第1頁。

所無者，皆呂忱所益。後魏楊承慶者，復撰《字統》二十卷，凡一萬三千七百三十四字，亦憑《說文》為本，其論字體，時復有異。梁朝顧野王撰《玉篇》三十卷，凡一萬六千九百一十七字。”從東漢至六朝時期四百年間，顧野王《玉篇》收字16 917字，已較《說文》多出七千余字。

不同社會時期漢字數量的增長，要求字書也要不斷推陳出新與時俱進。我們統計了各個不同時代字書“系部”的字量變化，增長情況分佈如下：

<table>
<tr><th colspan="2">書名</th><th>時代</th><th>總收字數</th><th>遞增字數</th><th>糸部字總數</th><th>糸部遞增數</th></tr>
<tr><td colspan="2">《說文解字》</td><td>漢</td><td>9 353</td><td></td><td>248</td><td></td></tr>
<tr><td rowspan="3">《玉篇》</td><td>原本</td><td>南北朝</td><td>16 917</td><td>7 564</td><td>392</td><td>144</td></tr>
<tr><td>宋本</td><td>唐宋間</td><td>22 804</td><td>5 602</td><td>459</td><td>67</td></tr>
<tr><td>元刊本</td><td>元</td><td>22 830</td><td>26</td><td>482</td><td>23</td></tr>
<tr><td colspan="2">《類篇》</td><td>宋</td><td>31 319</td><td>8 515[1]</td><td>603</td><td>221</td></tr>
<tr><td colspan="2">《字彙》</td><td>明</td><td>33 179</td><td>1 860</td><td>627</td><td>24</td></tr>
<tr><td colspan="2">《正字通》</td><td>明</td><td>33 440</td><td>261</td><td>628</td><td>1</td></tr>
<tr><td colspan="2">《康熙字典》</td><td>清</td><td>42 174</td><td>8 734</td><td>845</td><td>17</td></tr>
<tr><td colspan="2">《中華大字典》</td><td>民國</td><td>44 908</td><td>2 734</td><td>837[2]</td><td>-8</td></tr>
<tr><td colspan="2">《漢語大字典》</td><td>建國後</td><td>54 678[3]</td><td>9 770</td><td>1 009</td><td>172</td></tr>
<tr><td colspan="2">《中華字海》</td><td>建國後</td><td>85 568</td><td>30 890</td><td>1 719</td><td>710</td></tr>
</table>

李宇明先生對各種文獻數據的統計比較，認為“從《說文解字》問世（公元121年）至《中華字海》出版不到1900年，漢字增加了7萬

① 以《類篇》相對於宋本《玉篇》的實際字量的增長字數為準，元刊本僅作為參照對象。
② 我們對屬於同形或多義字計為同一字頭。參見《中華大字典》，中華書局1978年版。
③ 李國英：《楷體部分未識字》，《古漢語研究》2003年第2期，第54頁。

多。”[①]從整個歷史漢字的增長量來看，雖不能將漢字增字準確量化到具時間節點，但從較長時期來看，漢字在一定時期內還是有著相對穩定的增長。

漢字發展史上每個字的產生、使用與消失過程是怎樣的，在一定時期內漢字發生了怎樣的消長現象，究竟有多少字量變化，前賢已表現出關切與期盼。如王力先生说：“我們對於每一個語義，都應該研究它在何時產生，何時死亡。雖然古今書籍有限，不能十分確定某一個語義必系產生在它首次出現的書的著作年代，但至少我們可以斷定它的出世不晚於某個時期；關於它的死亡，亦同此理。”[②]陈原先生亦云：“遺憾的是，現在還沒有從現存的文獻中考證出哪幾個字是在哪個時期出現的，哪個時期消亡的：如果得出這一方面的研究成果，那么，就會對這一個長時期的生產和生產關係的某些細節，得到更加明確和準確的認識。可惜我們還沒有這樣的資料。”[③]

目前對於漢字增長時間層次的研究相對於整個漢字史的研究還顯得相當薄弱，長期以來缺少有較分明時間層次的文獻著錄或字書系統對某個時期內漢字的增長情況進行調查。而《玉篇》字書系統本身恰具備這種文獻結構層次上的優勢，依據不同版本在不同時期內貯存字量的增長變化，可以真實地反映當時社會用字及歷史漢字傳承情況。我們通過對唐宋新增字的定量調查，可反映漢字史此階段有哪些字與多少字的增加及使用情況。

對於宋本《玉篇》新增字研究，主要就是關於唐宋之際重修《玉篇》後新增字量的調查整理。通過文獻版本結構內的對照，參照《說文》收字的對比情況，得出唐宋時間漢字的大致新增數量。

第二節　宋本《玉篇》新增字

一、《玉篇》新增字的時間層次

（一）《玉篇》的文獻結構

1．原本《玉篇》

六朝時期古文字與今文字並存，楷書漸成為當時社會流通的主要形

① 李宇明：《漢字規范百家談》，商務印書館2004年版，第139頁。
② 王力：《龍蟲並雕齋文集》第1冊，中華書局1980年版，第321頁。
③ 陳原：《語言和人》“漢字的社會語言學考察”，商務印書館2003年版，第96頁。

式。原本《玉篇》為顧野王梁大同九年（公元543年）所纂，采用的是當時通行的楷書編纂。錢劍夫先生肯定《玉篇》在書體上的變革："《玉篇》無論部首和正文都是當時通行的楷書。這種改革是從《古今文字》的'上篆下隸'開始，直到《玉篇》才全部完成。"①認為最大革新之處，因此《玉篇》采用楷書字體是適應當時社會發展的必然趨勢，也是我國最早的楷書字典。

《玉篇·序》言："總會眾篇，校讎羣集，以成一家之製，文字之訓備矣。"較《說文》有較大增量，且書證引例繁復，為后之眾多文字學者所稱道。原本據唐封演所記為16 917字，除對《說文》字量的全部收錄外，又較《說文》多出六七千字。

原本《玉篇》因卷帙繁富，成書之初即因梁簡文帝"嫌其詳略不當"命蕭愷等衆學士刪改節略。後歷二百年至唐代上元元年（公元674年）孫強複爲《玉篇》增字減注，在當時影響頗大，世稱"上元本"或"孫強本"。上元本刊世之後流佈頗廣，原本唐宋間於逐漸湮滅。

清光绪初年，黎庶昌於東瀛發現原本《玉篇》殘卷，認定為"顧氏原帙"，於東京柏木探古處及各地搜集到多種殘卷鈔本，輯成《玉篇殘卷》，收入《古逸叢書》（1884年）。但亦有黎氏系手抄摹寫原本殘卷副本，且頗多臆改之處，有以訛定訛之誤，很大程度上改變了原本《玉篇》的本來面目。後羅振玉又影印原本卷子補之，中華書局將黎本、羅本匯集影印，另獲日本東方文化學院影印之卷八心部五字並印，題名《原本〈玉篇〉殘卷》。從對中華書局本的整理看，羅本共有1 138字，黎本與羅本不重複有933字，殘卷總計2 071字。以顧氏原本為16 917字計，現存殘卷約為原書的八分之一。

2.《篆隸萬象名義》

《篆隸萬象名義》是日本高僧空海所撰，空海九世紀初葉（公元804—806年）入唐，回國後據《玉篇》等編撰《篆隸萬象名義》，為顧氏原本《玉篇》的節本。1927年日本崇文院影印，收入《崇文叢書》第一輯，1995年中華書局據崇文院本縮印，是現今國內流行的《名義》本子。

《名義》是目前所見最大程度上保存了《玉篇》原本的規模與字量。從逐部對原本《玉篇》、《名義》、宋本《玉篇》字量與字序的比

① 錢劍夫：《中國古代字典辭典概論》，商務印書館1986年版，第51頁。

較看，除少量為《名義》抄寫脫漏錯亂處，以及對原本《玉篇》異體字的不完全收入外，其余與對應關係還是可以看出與原本《玉篇》、宋本《玉篇》的上下相承關係的。而且從避諱字看，原本《玉篇》、《名義》皆避“順”“衍”“統”“綱”四字諱，而今本《玉篇》除“衍”字外皆補入部末新增部分（詳細討論參見第一章第二節中“《篆隸萬象名義》”小節）。可看出原本《玉篇》與《名義》是直接相承的，而宋本《玉篇》是經過後人多次增刪補充的修訂本。

基於上述，《名義》與原本《玉篇》有著直接傳承關係。故我們將《名義》作為《玉篇》在流傳過程中一個重要參照項。原本《玉篇》雖非完帙，但根據該本與《萬象名義》之間存在的傳承關係，我們仍可從字頭貯存層次得出比較準確的顧氏原本《玉篇》字量規模。將其與原本《玉篇》、宋本《玉篇》及其所上承的《說文》進行不同時期上的文字形體對照，可以取得對中古時期漢字傳承與變異大致面貌的定量基礎上的定性認識。

3．宋本《玉篇》

原本《玉篇》卷帙浩繁，不便檢攜，故成書之初即為蕭愷等人刪改寫定。唐高宗上元元年（674年）南國處士孙强又增字減注，其時已非顧氏原貌。至宋真宗大中祥符六年（1013年）陈彭年等奉诏重修《玉篇》，即流传至今“大广益会玉篇”。目前刊刻較精的通行本是中國書店影印的張氏澤存堂本，又稱宋本《玉篇》。

臧克和先生指出：“《玉篇》被歷代增益改變，面目全非的代價，換得了流傳至今的地位。”[①]我們認為以原本《玉篇》殘卷與《名義》相對照可呈現出顧氏《玉篇》全貌，可大致反映六朝時大體的字量，宋本《玉篇》增字是唐宋時孫陳相對於顧氏《玉篇》的增加，三者相互比較則可以大體反映出唐宋之際的新增字。

4．《玉篇》的文獻層次關係

“南朝顧野王的《玉篇》被認為是《說文解字》到后世字書的過渡橋梁，但原本殘缺，僅存八分之一左右；而《篆隸萬象名義》的作者空海當中國唐代，所撰體例全仿《玉篇》，可以拿來對原本《玉篇》進行補正。補正的意義，首先是區分文獻結構層次。就是說，在原本《玉

① 臧克和：《原木玉篇文字研究•序》，齊魯書社2004年版，第1頁。

篇》即南朝《玉篇》不完整的情況下，對照《篆隸萬象名義》，可以認為是反映了原本《玉篇》的基本面貌；又由於《篆隸萬象名義》，可以認為是反映了原本《玉篇》基本原貌；又由於《篆隸萬象名義》是唐代的仿製，兩者的對照，可以反映唐人沒有增字改動的唐本《玉篇》原貌；如果將上述兩個層次的文獻結構基本區分開來，也就可以分出宋人《大廣益會玉篇》到底增加了多少字量：這樣幾個層次大致清楚了，有關《玉篇》文獻結構也就明確了。”①

原本《玉篇》到宋本《玉篇》，其中不完整部分可據《名義》加以對照補充。根据三者的文獻層次結構，可以補充原本《玉篇》較宋本《玉篇》所缺失的具體增字量。通過三者的參照對比，我們可以對六朝至唐宋間社會用字的增加数量进行量化統計，並據此大致反映漢字史上此階段的漢字使用與發展變化情況。

（二）宋本《玉篇》新增字基本時間層次

《玉篇》本諸《說文》，但又各具鮮明特點。“《說文》討篆籀之源，《玉篇》疏隸變之流”②，兩者收字體例與標準寬嚴均有不同。原本《玉篇》不存之處，我們繼以《名義》做出比較。今本《說文》為宋時徐鉉校訂本，故此類統計只能是大約增量的比較，並不能全面客觀反映漢至六朝時的增加字量，尤其是外部字書間的對比只能說明一個大致增量。漢代《說文》收字類型及其編纂意圖決定了9 000余篆文不一定就是當時社會通用的基本字量，這是不言而喻的。在此我們針對《玉篇》在不同時段所貯存的歷史漢字基本字量進行時間層次的區分。

唐封演所記原本《玉篇》收16 917字，六朝時字量已較《說文》的9 353增加7 564字，從量上看有近一倍的增長，今宋本《玉篇》統計有22 804字，又較原本《玉篇》有5 887字的增量。

我們認為新增有兩個層次，一是外部字書間的對比，即原本《玉篇》相對於《說文》的新增字量，魏晉南北朝時期相對於東漢時期的增量；二是同一字彙貯存系統的版本對照呈現出來的差異，即唐宋之際增益之後的《玉篇》較之六朝原本《玉篇》的字量，实际新增字為

① 臧克和：《原本玉篇文字研究·序》，齊魯書社2004年版，第5頁。
② 黎庶昌：《書原本〈玉篇〉後》，中華書局1985年版，第411頁。

5 298字[①]，占全書總字量的23.2%。

1. 關於《玉篇》與外部字書的新增對比

關於《玉篇》與外部字書間的對比，最為可靠的當是原本《玉篇》相對於《說文》的新增字量。朱葆華教授對原本《玉篇》新增字的界定：“這里所說的《玉篇》，是指原本《玉篇》殘卷，其所謂的新增，是相對於《說文》而言的，也就是說《說文》未收而原本《玉篇》殘卷收了的字。”[②]即我們認為的第一層次。據統計，原本《玉篇》殘卷中有714字，而且“原本《玉篇》既已殘缺，這里所說的新增字也就不是其全部，而僅僅是其中的一部分”。

由於《名義》與原本《玉篇》的直接傳承關係，我們認為可以根據《名義》的傳承對應關係來進行原本《玉篇》新增字對照，也不是不可能的。

例如據《名義》所記“熟，孰”字。宋本《玉篇》云：“熟，爛也。”《廣韻》：“熟，成也。”又“孰，誰也。”可見唐宋間此兩字使用時已有分別。《說文》字頭未見“熟”字，但釋文中多以“孰”作“熟”字，如“胜，犬膏臭也，一曰不孰也”。《字林》釋“胜”為“不熟也”。[③]段玉裁《說文解字・言部》“諄”注下云:“後人乃分別‘熟’為生孰，‘孰’為誰孰矣。曹憲《文選音義》曰:‘顧野王《玉篇》始有熟字。’”《字彙・子部》:“孰，古惟孰字，後人以此字為誰孰字，而於生熟字下加火以別之。”可知“熟”當為顧氏原本《玉篇》據《字林》所增字，是相對於《說文》的六朝新增字。

據《名義》所貯存的字量不計異體字數約為15 291，與《說文》字頭對應大致可得出六朝時期相對於漢時的漢字增量，據統計約六千七百字，六朝新增字的數量占原本《玉篇》總量的41%左右。

在原本《玉篇》殘卷中，新增字的數量占總字數的35%，並且與封演所記的字數比例“二者基本是相吻合的，從而也說明了封演所說的《玉篇》的總字數是可信的”。[④]

---

① 此計數為未包括與《說文》新附字相對應字數，並經過排重與認同後數據，詳細情況參見本章附表“宋本《玉篇》各部新增字表”。

② 朱葆華：《原本玉篇文字研究》，齊魯書社2004年版，第76頁。

③ 任大椿：《字林考逸》卷三，《續修四庫全書•經部•小學類》，第22頁。

④ 朱葆華：《原本玉篇文字研究》，齊魯書社2004年版，第77頁。

2. 同一版本内部系統的對照

鑒於朱葆華教授對原本《玉篇》新增字已有詳盡的調查分析，我們的研究重點為宋本《玉篇》在内部文獻結構層次上的新增字量，著重於不同時間層次的《玉篇》系統內的差異比較分析，即以宋本相對於原本《玉篇》殘卷及《名義》增加字為宋本《玉篇》新增字。從時間關係看，此類新增字應屬唐宋際相對於六朝時期增字。

如原本《玉篇》殘卷中“系部”“食部”保存完整，宋本《玉篇》與之對比，各部皆呈現有較大增加字量。如表所示：

部首	原本	宋本	實際增加字數	增長比例
糸部	392	460	69①	17.3%
食部	144	220	76	52.8%

隨著社会發展，汉字字量不斷增長，處於社會使用層面的新增字及已廣為大眾所接受的異體俗字，需要确立其合法地位，宋本《玉篇》新增字是隨著時代發展與社會進步的要求而貯存的唐宋之際的歷史漢字。

二、宋本《玉篇》新增字統計和來源

（一）新增字量統計

據我們對宋本《玉篇》與原本《玉篇》、《名義》進行逐部對照統計，共有新增字5 298字②，占宋本《玉篇》總字量的23.2%。

我們以宋本《玉篇》處於楷書大字的字頭進行統計，並未統計其釋文中出現卻未見於大字頭的異體字量，因此宋本《玉篇》實際新增字數如果包括新增異體，應略多於此數。各部新增字量統計如下：

① “從貯存字量關系上來看，糸部《宋本》新增部分字量，《原本》沒有貯存，《名義》也同樣沒有傳抄，六朝以降《宋本》新增字頭有69個。”參見臧克和《歷史漢字的貯存、傳播與變異》（二），載中國文字研究（第六輯），廣西教育出版社2005年版，第134頁。

② 我們排除了重出的新增字，適當考慮同形字。新增字重復出現有140字，分為兩種情況：一是前面已收而后人不察而再收入者，或多部重復新增，此類為新增字誤增情況，共119字，我們予以排除。一種是後出音義不同的同形字，因與前面形體相同而易為混同，除《玉篇》釋文所為多音多義字外，我們亦認為此類為同形字，應當計入。當然亦有可能是后人傳抄時發生錯形而同形，或是音義漸失而致訛故成為新增字，行文中我們再予以討論。注，此字量亦不包括與新附重合的103個宋本新增字。

部首	字數
水部	282
艸部	258
竹部	188
口部	180
心部	169
手部	162
虫部	146
木部	144
山部	139
石部	137
人部	120
鳥部	119
目部	109
犬部	108
魚部	97
肉部	94
女部	91
日部	91
土部	90
馬部	89
足部	87
言部	82
玉部	78
广部	76
糸部	74
禾部	72
火部	69
疒部	67

部首	字數
車部	67
辵部	66
革部	65
食部	61
牛部	59
酉部	58
雨部	57
刀部	53
阜部	51
邑部	51
衣部	51
門部	50
風部	49
舟部	48
巾部	48
頁部	48
彳部	47
米部	45
走部	44
貝部	42
羽部	39
支部	39
鬼部	38
示部	38
毛部	37
見部	36
豕部	35
髟部	33

部首	字數
豸部	32
网部	30
角部	29
穴部	29
耳部	27
齒部	26
黑部	25
骨部	23
歹部	23
宀部	23
瓦部	22
田部	22
耒部	22
韋部	22
冫部	20
囗部	20
弓部	19
力部	18
白部	18
皮部	18
巫部	17
立部	16
皿部	15
面部	15
厂部	14
羊部	12
鼠部	12
虎部	12

部首	字數
片部	12
尸部	12
麥部	11
尢部	10
鹿部	10
缶部	10
身部	10
大部	10
彡部	10
止部	9
戈部	9
隹部	8
子部	8
勹部	8
月部	8
多部	6
矛部	6
金部	6
矢部	6
臼部	6
鼻部	6
谷部	5
赤部	5
麻部	5
鼓部	5
黃部	5
斤部	5
束部	4

部首	字數
雲部	4
殳部	4
桼部	4
气部	4
戶部	4
香部	4
二部	3
亞部	3
林部	3
瓜部	3
丈部	2
至部	2
龍部	2
冃部	2
亢部	2
冖部	2
琴部	2
磬部	2
出部	2
色部	2
尾部	2
申部	2
父部	2
高部	2
屾部	2
黽部	2
炎部	2

宋本《玉篇》新增字5 298字分佈於139部，其中增字在100字以上的部首有14部，分別是“水部、艸部、竹部、口部、心部、手部、虫部、木部、山部、石部、人部、鳥部、目部、犬部”。可以看出與日常生活關係密切且筆畫較為簡單易寫的偏旁部首的構字能力強於其他各部。

（二）新增字來源

宋本《玉篇》新增字字量約占全篇字量的四分之一，可以肯定的是，最大部分應是唐宋間所加字。经过了孫強與陳彭年兩代增修，同樣可以肯定的是，新增字的來源應是多源的。

由於宋本《玉篇》的注釋文字不如原本《玉篇》博引翔實，我們不可能從其注文中推測出全部新增字的來源，故需要參照同時代或前後相關字書或文獻用字情況進行對照。

徐鉉重修《說文》時增新附字，“凡經典相承及時俗要用之字而本書不載者，皆補錄於每部之末，別題曰‘新附字’。”[①]其來源為據經典文獻與當時社會通行的要用之字。據此推知，新增字亦當為孫強、陳彭年據時俗要用之字及輯自典籍相承之新增字。故我們從兩方面考查，一是來自於經典文獻用字，一是時俗要用之字。

1. 引書類

宋本《玉篇》新增字部分共引各類書籍共49種106次，可分為兩類。引書目条列如下：

（1）小學類

《爾雅》《說文》《埤蒼》《字書》《字統》《方言》《廣雅》《釋名》《聲類》《文字辨疑》，共10種。其中以《爾雅》最多為17次，字書類多為漢魏六朝至唐宋間時所見字書。而其中又引《說文》8次，分別是“昪、顛、拼、髤、苐、疹、剮、鸓”。新增字當為唐宋間增字，我們所據為相對於《說文》、原本《玉篇》及《名義》收字增加者，故不應該出現引《說文》之字，此類字當為後世陳彭年輩重修《玉篇》時又參以大徐《說文》及新附字。據查新增字中有4字“拼、疹、剮、顛”與《說文》“収、眕（胗）、咼、頣”屬異體對應關係，宋本《玉篇》“鸓、昪”與《說文》“鸓、具”當屬一字不同楷化字形不對應字。另“苐”未見於《說文》，《玉篇校釋》亦列為補逸字，疑為陳

---

① 參見《說文解字》前言，中華書局1996年版，第2頁。

彭年據《廣韻》增而誤書《說文》。

（2）文獻類

小學類之外的文獻典籍有：《詩》《莊子》《禮記》《周禮》《左氏傳》《論語》《史記》《封禪書》《上林賦》《公羊傳》《漢書》《風俗通》《書》《吳志》《春秋傳》《傳》《後漢書》《東京賦》《地理志》《春秋》《海賦》《楚辞（辭）》《梓桐山賦》《周書》《虞書》《易》《儀禮》《脉訣》《史記•天官書》《淮南》《尚書》《南華眞經》《草木疏》《吕氏春秋》《靈光殿賦》《禮》《晉中興書》《檀弓》，共39種，多仍為先秦以來經史子集類，唐宋間未見，可知仍是以引前世經典為主。只有“哩、吔”二字出自《陀羅尼》，應為唐宋間佛典翻譯所造字。我們認為這類有文獻征引的字大部分為前世字書所漏收字或版本傳承間脫落字，故后世補時仍多可據前世經典所補。

因宋本《玉篇》為陳彭年重修，其時晚於徐鉉重訂《說文》之時，故重修《玉篇》亦有對大徐《說文》及新附字的參協。故我們對《說文》新附402字與宋本《玉篇》進行對比，宋本《玉篇》與新附字共見393字，約占新附字總數的97.7%，《說文》新附字與宋本《玉篇》所共見字反映了兩書來源的一致性或相關性。其中據原本《玉篇》、《名義》及宋本《玉篇》所得共見279字，此類占新附字的69.4%。與宋本《玉篇》新增字有相對應字，共103字，占新增字總量的1.9%，占新附字25.6%，此類字反映了唐宋時期的增加字情況，包括古有來源的古今字、俗體字、孳乳分化字等情況。對比情況詳見本章第二節。

2. 時俗要用之字

我們認為時俗要用之字當是社會流通而未見著於字書之字，其時間可能為唐宋之際所出，而早於唐宋際所出也有可能。“一部字典要把當時已經有的字全部收羅進去也是難以做到的。字典收字難盡，除了疏漏的原因外，可能還受到社會性、規范性的制約。新字進入字典不是直接的、立刻的，它總要經過一段時間的使用。”①

例如同為六朝時期的《千字文》所收千字當為其時通用字，而

① 趙振鐸：《字典論》，上海辭書出版社2001年版，第31頁。

仍有6字“溪、途、寥、悚、曦、徘”為宋本《玉篇》新增字，我們認為不一定顧野王就未見或未用這些字，只是未能盡其詳編入《玉篇》中，其中在原本《玉篇》殘卷中出現過“溪”字2次，《名義》中“溪”字1次，“悚”字5次，“徘”字2次，宋本《玉篇》釋文中“溪”出現13次，“途”字2次，“寥”字3次，“悚”字5次，“徘”字4次 ，只有“曦”“慼”未見宋本《玉篇》釋文中，當為後人所補。

“曦”字，《切韻·支韻》：“曦，赫曦，日光。”《楚辭》：“陟升皇之赫羲”。王逸曰：“赫羲，光明皃也。”姜亮夫先生《楚辭今繹講錄》認為羲和之“羲”的本字當是“曦”。姜說為是。《論衡·是應》正作“曦和”。晉陸雲《四言失題》有：“沉曦含輝，芳烈如蘭。”可見羲(曦)本義是指日色、日光。“曦”與“羲”同，因《說文》、《名義》未見收錄，故我們以為新增字。

“慼”字，《毛詩》：“慼慼兄弟。”傳云：“慼，憂也。”《廣雅·釋詁一》：“慼，憂也。”又《釋詁三》：“慼，悲也。”晉嵇康《聲無哀樂論》：“或聞哭而歡，或聽歌而慼。”《唐韻》：“慼，亦作慽。”《康熙字典》：“憂也。《書•盤庚》：‘率籲衆慼’。又通作戚。《詩•小雅》：‘自貽伊戚’。《左傳》作慼。”可知慼有“悲憂”義，為“慽”之異體。胡吉宣《玉篇校釋》認為：“原引慽下為重文。‘慽，且的切。親也，痛也。’原引《毛詩傳》：‘憂也’。” 故此二字亦非後起字，而是未收於《說文》《名義》《玉篇》之外的“新增字”。

時俗要用之字亦包括在唐宋之際社會中流行的俗字、或體等異體字。雖然新增字的產生多由於社會發展與新事物的指代，但漢字系統本身在使用過程中亦處於形體不斷調整變化中，在今文的符號系統中依從經濟原則尋找著最佳形體組合方式，進行優勝劣汰的選擇，這也是漢字系統進行不斷優化和保持長久生命力的必然選擇，故新增字與社會使用中產生的各類異體字不可能截然分開。

宋本《玉篇》新增字中明確有標明異體關係對應字有245個，其中對應關係有“本作”4字，“籀”4字，“古”文36字，“或”體28字，“今”文7字，《說文》異體2字，“俗”49字，“同”78字，“亦”37

字。其中新增字中有"本作""籀""古"所指稱皆是與之相對的當時社會通行字，而非指新增字為"本字""籀文"或"古文"。新增字中有明顯標示的異體字約占到總量的4.4%。

宋本《玉篇》中有為語言中的新詞而增字，可據此窺見漢語詞匯的發展變化。如宋本《玉篇》中存在著大量的復音詞，當對此類復音詞給予一定字形時，新增字往往是兩字並出，互為解釋。或前一字雖非新增字，而孫強陳彭年輩所增字亦加注其後。如："檮，徒勞切。斷木也。"又"杌，五骨切。樹無枝也。又《春秋傳》曰：檮杌。""杌"為新增字，而非於部末增字，當可看出唐宋時孫陳特附"檮"新增"杌"字以記錄復音詞形。

宋本《玉篇》經過唐宋際所修，必受社會政治影響，對避諱字有所注意，對因避諱而新造的字也會加以收集。如：

> 靾，以勢切。以馬贈亡人。
> 鞩，余制切。以韋贈亡人也。
> 紲，思列切。馬韁也，凡繫緤牛馬皆曰紲。緤，同上。
> 絏，音泄。繫也。

按：《左傳·僖公二十四年》："臣負羈紲。"杜預云："紲，馬韁也。"《說文》："紲，系也。"原本《玉篇》糸部完存未見"絏"字，《名義》同原本，宋本《玉篇》始見"絏"。《廣韻》："紲，繫也。亦作絏。俗作靾。"依張參《五經文字》："絏本从世，緣廟諱偏傍，今經典並準式例變。"此類可知唐時新增從"曳"之字多為避"世"之諱，故原有"靾、紲"又復新增"鞩、絏"等避諱新造字。又有"怈/悏、跇/跩、迣/逋"等，此類異體字多為避諱造字。

亦有受到當時外來文化的影響而產生的新增字。陳原先生指出："漢唐時期因佛教的傳入，大量從梵文中'引進'了借詞，大量的佛典詞語的表示方法。借詞所用的漢字往往在原來的漢字左旁加一個'口'——這個'口'表示這個漢字是音譯的借詞。漢字系統不是拼音文字，因此它在創造新字時只能采用一種指示符號（例如"口""氣"）加在原來的漢字上作為偏旁，順理成章，符合漢語的造字法。”①

宋本《玉篇》新增字中收有為數不少的為佛經翻譯而創造的新字或借音字。如：

哩，力忌切。出《陀羅尼》。

咃，吐多切。出《陀羅尼》。

唄，薄賣切。梵音聲。

𪓰，初八切。羅𪓰國。

曇，徒含切。西國呼世尊瞿曇。

塔，他盍切。《字書》：塔，物聲。《說文》云：西域浮屠也。

菩，薄胡切。菩薩。又步亥切，草也。

薩，桑葛切。釋典菩薩也。

𨁮，尾孕切。出釋典。

𨀠，微曳切。出釋典。

羼，初簡切，又初現切。出釋典。

迦，古牙、居伽二切。釋迦如来。②

從宋本《玉篇》新增字可見，此類當為唐宋間因佛教譯經釋義而出現的新增字，如“閦、羼、𨁮、𨀠、薩”皆指明出自“釋典”，“釋典”是一般佛教經典的通稱而非專指某種佛典。再如“菩薩”“浮屠”“如来”等現在仍在我們日常中所習見與常用，在唐宋間已用借音或新造字的辦法來用於佛教宣播。“從漢唐起音譯借詞即采用原來漢字加‘口’作偏旁的方法，也許這是符合漢語造字法（造詞法）的最簡便的方法。這種方法至今還沒有完全廢棄。”③

又如“嚫”字，宋本《玉篇》：“嚫，初覲切。嚫，施也。”梁《高僧傳》有：“昔廬山慧遠嘗以一袈裟遺法進，進即以為嚫。”隋煬帝《與釋智顗書》：“弟子一日恭嚫。”“儭，異體又作嚫。《說文》

① 陳原：《語言和人》“漢字的社會語言學考察”，商務印書館2003年版，第86頁。

② 此字未做為宋本新增字出現，因《名義》“迦，古遐反。牙，令不得進也。迦，　迦字。”故此形應為是“迦”之異體字，而孫強增字時應已再加“如来”此意。

③ 陳原：《語言和人》“漢字的社會語言學考察”，商務印書館2003年版，第101頁。

無。佛教傳人並流行後出現此字，指佈施僧尼。”①《漢語大字典》釋：“嚫，梵語‘達嚫’的省稱。指施捨財物給僧尼。”可知“嚫”為唐宋新增字亦因佛事而起，此類新增字為數不少。

我們再用現代漢語常用字表和通用字表與新增字進行對比，來驗證新增字中所見收的時俗要用之字的傳承性。

调查统计表明，3 500常用字中有209字為宋本《玉篇》新增字，其中一級常用字2 500字中新增字總數為112字，約占其總量的4.5%，次常用字1 000字中新增字總數為93字，約占其總量的9.3%。7 000通用字中新增字有512字，約占其總量的7.3%，3 500字之外通用字共3 500字，新增字有307個，約占其總量的4.4%。我們認為新增字總量在常用字表與通用字表中是正態分佈的，其中常用字的比例略高於常用字外通用字的使用情況。對比情況如下：

一級常用字（2 500字）中新增字：

他、慣、拒、擋、扰、估、倣、抖、掏、倘、批、塤、腰、喇、囑、姥、玻、髒、塵、托、搶、憶、圾、爺、扠、慼、攏、搞、搭、扎、鬚、拆、膛、叮、呢、傘、嗽、途、撐、駝、慮、毯、咬、娘、攔、喂、腿、腦、認、蔔、瘡、癥、週、茧、杰、櫃、槳、椒、榨、芦、寨、薯、个、役、檔、耗、菠、敞、糞、糰、罣、凱、涂、溪、添、瀉、渣、濾、洁、潑、冲、决、減、凉、暖、旺、爐、灯、硬、狸、廳、焰、座、獅、砲、犹、碁、燃、廠、陡、騙、蝕、螺、螞、紋、縴、皺、絨、帆、襯、袋、韁（共112個，其中有51字為繁簡對應）

次常用字（1 000字）中新增字：

壤、墅、壕、塢、堰、佑、倔、眶、噪、嗤、喧、唧、吭、吱、嗡、啡、嗆、哩、叭、撬、擂、拷、拄、揍、蹺、踴、腕、憔、恍、怔、惋、傻、徘、逛、歧、寥、屁、屜、疹、痢、窪、欖、楞、杴、榕、梆、樺、芜、蕾、薩、稜、糯、糙、盔、刨、

① 陳原：《語言和人》“漢字的社會語言學考察”，商務印書館2003年版，第103頁。

舵、漱、濺、淆、渦、渺、汞、泞、汰、淀、淌、溯、渤、澀、澈、凄、魁、奈、屹、碉、硼、砂、隅、猬、狈、鱉、蝌、蚪、蚜、孵、贓、幌、褥、囤、匾、凹、凸、酥(共93個，其中有19字為繁簡對應)

3 500常用字之外通用字（3 500字）中新增字：

襟、琪、璉、瑢、琿、玳、玥、珞、珀、塱、圬、埭、坩、堠、堝、垌、垟、坨、堉、郜、鄺、儂、佬、伽、偌、傈、俵、娼、嫜、媸、婷、婀、娅、妤、顳、顎、眦、睃、瞌、耶、嚀、喃、噌、呤、噥、咣、噴、喏、嚕、叩、嚙、囀、唄、嗳、嗄、囈、嘍、唷、呲、嗝、噁、嗒、咭、齙、齷、鬆、据、抔、搋、揎、撾、搛、拎、拃、拶、撒、搧、擢、挨、摑、蹬、踟、蹰、跏、胼、胍、腧、腈、臁、朊、腑、臏、膪、膝、膈、肷、忸、悚、惚、惺、慳、愀、悻、忏、懵、怍、憷、慝、譙、謅、諢、誆、徜、徭、遛、遨、篷、逷、扃、疳、癀、痃、瘊、痄、瘴、疱、癔、殮、杌、橥、棬、柁、檎、櫨、檑、櫸、菘、蓿、芏、荘、蕖、菏、菖、茎、苁、蓰、蔔、苯、䓍、菽、蒴、蓓、蘋、薤、簀、箜、箔、箕、筅、笊、籜、穠、耨、耰、耔、粞、罽、罱、羃、剮、厙、輳、艚、艤、艢、澧、汴、灩、淞、澾、洴、洵、灄、瀠、湨、泖、潽、灞、瀚、澳、渲、溻、澒、沏、汐、溴、冱、霪、霈、飀、氳、氤、皖、曦、昀、睽、暄、晗、暝、畬、燁、烊、炷、駿、峴、峙、嶝、峒、崍、嵋、嶗、岈、岍、巔、峪、癬、厄、砒、磴、磉、磣、硪、砟、砑、礤、砝、硤、騮、牯、犒、羚、犹、狨、狴、獼、狝、猢、狳、猻、猄、獬、獍、獯、麵、貊、鶘、鴒、鷁、鶇、鴯、鱸、鰍、鰷、鰓、鯖、鈍、鰭、鰤、鰾、鯡、蠑、螯、蜊、蠼、蟮、蠡、蜇、蚰、蚶、螂、虮、蠹、贅、賾、毿、耩、耥、靬、韡、鞨、鞠、紜、縴、纈、襴、裒、袈、裟、褡、襻、孢、酢、酮、酡、醚、酐、醑（共307個，其中88字為繁簡對應）

可知新增字中有相當部分仍為現在使用字，這部分字量是具有穩定傳承性的時俗要用之字，共512字，約占到新增字量的9.7%。

宋本《玉篇》的新增字是相對於《說文》與原本《玉篇》並參以《名義》的新增字，因此前代字書沒有在字頭位置出現的字，我們也認為是新增字。當屬前書還未引起足夠重視或是因條件所限而漏收。如宋本《玉篇》："寒，寒隙也。"《說文》有："塞，从土从寒。"但《說文》正文字頭未收"寒"字，原本《玉篇》及《名義》亦未見此字，再從字序看屬孫強陳彭年等部末新增字，故我們仍列為新增字。

雖有些字形未見於原本《玉篇》殘卷及《名義》，但我們仍需以《說文》相參照，由於《說文》與《玉篇》的字序相近或相同，在相同字位上如果兩字僅屬位置結構變化引起的形體不對應，應是不同時代對小篆字形的楷定形式有所不同，孫強陳彭年輩不察所變而後於部末補入者，此類情況不能以新增字來計。如：

《说文·馬部》：鴷，次弟馳也。从馬列聲。
《说文·馬部》：駹，馬奔也。从馬巟聲。
《玉篇·馬部》：駠，力世切。次第馳也，奔走也。
《玉篇·馬部》：鴷，力薛切。馬名。
《玉篇·馬部》：巟馬，呼光切。馬奔也。

雖陈彭年將"鴷、巟馬"亦列為部末新增字，但我們認為"鴷、巟馬"與《說文》"駠、駹"只是相對結構有改變或楷定寫法不同，只能認為"鴷、巟馬"與"駠、駹"為同一字對應中發生了形體變化，故此類因外部影響產生的異體字[①]，我們不做新增字考慮。

我們整理宋本《玉篇》與《說文》此類應作為同一字異體的對應情況有491組[①]，如下：

---

① "僅就小篆至隸、楷舉例說明如下：一是書體演變造成字素的增減，從而形成異體。如"衛/衞"楷化后把義符"帀"省云，從而使字形結構發生了變化。"二是書體演變引起字素位置的變化，從而造成異體。小篆"勈"楷化后則為上"甬"下"力"。三是書體演變中伴隨著字形的訛變，從而產生異體。如春與小篆形，甘，本從口含一，而楷書則將"口"訛成"廿"，自然成了異體。"因此書體演變過程中亦會造成不同的異體。參見劉志基《漢字體態論》，廣西教育出版社1999年版，第239頁。

慍/慍、憯/憯、悊/悊、怗/惦、趚/趚、趚/趚、蹔/趣、邀/邀、䣘/遽、遙/遥、邊/邉、歬/前、彌/彌、頸/頸、宜/宐、䡇/䡇、戶/戸、屑/屑、屆/屆、屎/尿、屈/屈、耊/耊、瘤/瘤、瘦/瘦、叔/叔、殈/殈、窔/突、窻/窻、柟/枏、棻/棻、欙/欙、檇/檇、𨼪/𨼪、薰/薰、蕿/蕿、茆/茆、莢/莢、蔄/蔄、莫/莫、笑/笑、簷/檐、箂/箂、對/對、整/整、齹/齹、穡/穡、案/案、秏/秏、蘗/蘗、竊/竊、舍/舍、旱/旱、亶/亶、青/青、罶/罶、罡/罡、葬/葬、蓄/蓄、蓋/蓋、弆/弆、弆/弆、或/戜、辨/辨、鼓/鼓、敢/敢、敱/敱、啓/啟、葡/葡、較/較、轜/轜、瀁/漾、沛/沛、溜/溜、满/满、漿/滌、濘/濘、浪/垠、幽/瀀、濫/濫、侃/侃、亢/亢、扨/扨、繁/繁、谹/谹、冫/仌、豁/豁、晃/晄、晉/晉、暤/暤、㬎/㬎、春/萅、朒/朒、明/朙、㷶/㷶、熜/熜、尧/光、炔/炅、燾/燾、燐/粦、榖/穀、忽/忽、秊/秊、奔/奔、疐/疐、杏/音、身/身、驚/驚、馬/馬、驪/驪、駅/駅、駋/駋、騊/騊、駛/駛、犨/犨、牰/牰、犗/犗、犪/犪、犕/犕、羯/羯、犾/犾、内/内、龕/龕、虔/虔、虪/虪、虢/虢、翟/翟、鳳/鳳、鵪/鵪、鶚/鶚、鰋/鰋、鮔/鱓、鱬/鱬、蟷/螳、蚲/蚲、蟟/蟟、蛤/蛤、蟈/蟈、螽/螽、蠹/蠹、鼊/鼊、䵷/䵷、賓/賓、賍/賍、耐/耏、牏/牏、麢/麢、帥/帥、衷/衷、褻/褻、裂/裂、卯/卯、㚷/㚷、从/從、幷/井、肆/肆、丰/丰、直/直、录/彔、晉/晉、廿/廿、切/协、尋/尋、厶/厶、蘸/蘸、崧/嵩、崙/崙、嵇/嵇、崩/嵋、皆/皆、参/参、鬭/鬭、燧/燧、除/除、墉/墉、嵋/嵋、巛/川、斷/斷、絶/絶、瓴/瓴、勳/勳、勛/勛、惛/惛、辦/辨、愁/愁、志/志、惠/惠、柿/柿、绥/郰、栢/柏、朶/朶、槷/槷、榕/榕、槝/槝、杇/杇、樽/樽、榍/榍、横/横、欑/欑、椁/椁、檟/檟、导/导、蒽/蒽、萸/萸、蕈/蕈、蒢/蒢、蓋/蓋、蘋/蘋、蕼/蕼、蘤/蘤、芒/芒、藏/藏、苐/苐、蔭/蔭、篡/篡、簡/簡、簣/簣、籧/籧、箏/箏、籀/籀、市/米、米/木、林/林、瓢/瓢、丰/丰、黎/黎、穆/穆、梨/梨、稂/稂、稕/稕、秦/秦、爵/爵、糒/糒、畐/畐、全/仝、罕/罕、厶/凵、皿/皿、甗/甗、鬵/鬵、鬻/鬻、斛/斛、觚/觚、匸/柩、留/留、危/危、盧/盧、畚/畚、餅/餅、臈/臈、利/利、弒/弒、

① 鈕樹玉《說文玉篇校錄》通過對比《說文》與宋本《玉篇》字形，整理出221組字形相異者，可見清人已開始關注此類漢字形體之別或楷化差異。

刬/刬、刷/刷、刪/刪、罰/罰、剥/剝、鉶/鉶、鏑/鏰、鑽/鑽、鍃/鏓、鏃/鏃、鏊/鏊、鋙/鋙、鎦/鏐、鏊/鏊、鉢/鉢、鋠/鋠、鉦/鉦、叓/更、攱/岐、敫/敫、寇/寇、斆/斆、敏/敏、鼓/鼓、斀/斀、敨/敨、窶/窶、韞/韞、鞫/鞫、艥/津、艁/造、舼/朕、舣/舣、温/溫、瀠/瀠、濊/濊、清/清、潛/潛、砅/濿、没/沒、湅/湅、旼/旼、濦/濦、汴/汳、漯/濕、泜/泜、寖/寖、洚/洚、汏/汰、澆/澆、澟/澟、溢/溢、頮/沬、滈/滈、涉/㴇、法/灋、霰/霰、霢/霢、霤/霤、雩/雩、霦/霦、霠/霠、颸/颸、飄/飄、颼/颼、鱇/鱇、晣/晢、曄/曄、昊/昊、暨/暨、鹹/鹹、麼/麼、㦸/㦸、柴/柴、奆/奆、熱/熱、赍/赍、閔/閔、羡/羨、熇/熇、爢/爢、黑/黑、夾/夾、尢/尣、尦/尦、驄/驄、驥/驥、騅/騅、駉/駕、馮/馮、幸/㚔、群/羣、狻/狻、獎/獎、豜/豜、豙/豙、㣇/㣇、象/象、彐/彑、彖/彖、麝/麝、鬮/鬮、虍/虍、虞/虞、虥/虥、虦/虦、夙/夙、乙/乚、雁/雁、雓/雓、鵝/鵝、鷚/鷚、鴇/鴇、鳶/鳶、鷗/鷗、鶡/鶡、鵦/鵦、鶻/鶻、鴉/鴉、鷗/鷗、鷛/鷛、鴳/鴳、鵁/鵁、鶄/鶄、鸃/鸃、鶾/鶾、鸓/鸓、鴒/鴒、鷧/鷧、鷺/鷺、鼫/鼫、鳖/鼈、鮰/鮰、鱒/鱒、鰷/鰷、鯨/鯨、鯚/鯚、鮑/鮑、鯫/鯫、蚋/蚋、蝠/蝠、蠹/蠹、蛾/蛾、螟/螟、蜃/蜃、蟆/蟆、蜩/蜩、蠪/蠪、蟹/蟹、蝥/蝥、蠶/蠶、蠡/蠡、雟/雟、蠭/蠭、蠿/蠿、龍/龍、蠢/蠢、贊/贊、贛/贛、資/資、翅/翄、猴/猴、羿/羿、翱/翱、毡/毡、氈/氈、氍/氍、冉/冄、解/觧、觞/觞、韗/韗、韉/韉、靴/鞾、恖/恖、慌/慌、忪/忪、幯/幯、徵/徵、表/表、衮/衮、裴/裴、袁/袁、褻/褻、卒/卒、衷/衷、卬/卬、卪/卪、卮/卮、覆/覆、肆/肆、眞/眞、阜/阜、㟴/㟴、𠂢/𠂢、衆/衆、皀/皀、聿/聿、賣/賣、数/數、隆/隆、敧/敧、圓/圓、負/員、䞣/䞣、𡿨/乀、既/旣、曾/曾、卋/世、尤/尤、晉/晉、疏/疏、輮/輮、醞/醞、畚/畚、醻/醻、醬/醬、尊/尊、岷/岷、崒/崒、巀/巀、嶭/嶭、峻/峻、峻/嶐、崖/崖、峼/峼、巁/巁、嶠/嶠、崐/崑、峚/峚、廙/廙、廇/廇、廄/廄、廜/廜、庋/庋、高/高、磕/砧、纍/纍、統/統、繈/繈

漢字在長期的發展演變過程中結構相對位置有時會有所變化，究竟變化了位置的漢字相互關係如何，還要視具體情況而定。漢字因適應不同時代與不同書寫習慣或其他因素，常會有相對位置變化①，此類字只

能作為同字異形的異體字，不是後世新增字，因此不能按新增字數量計算。有些字雖為孫強陳彭年認為是新增字加於部末，但應看作是某些字的異體字，如果僅作為新增字出現，而不溝通與前代字書及文獻用字的關係，則造出更多未加溝通整理的異體字形。

因宋本《玉篇》中某部字數過多難免發生前後失照，故前面雖已有此字而部末後又增，或一字分屬不同部，於一部列為新增或兩部新增相重。而且漢字之形體多有移易，稍有不察即會為新增體而音義俱變或有失，故陳彭年輩誤增之字為數不少。如“惹”在宋本《玉篇·心部》兩處重出，“惹，而灼切。亂也。//惹，人者切。亂也。惹，同上。又音若。”其中一字“惹”位於部末亦非新增字。故有些字當為陳彭年輩誤認為新字而復增字，雖位於部末新增字位，但我們亦不作新增字統計。

綜上所述，《玉篇》新增字的來源情況是多源的，一為輯自典籍文獻中，一為時俗要用之字，亦有前後失照增字及歷代傳抄中形誤錯訛而增出者。

在調查宋本《玉篇》新增字時，亦發現不少宋本《玉篇》失收字，“不要以為《宋本》後出，收字只是後出轉多的問題。……發生傳抄的過程，《宋本》也照樣會出現失察漏存的情況。即以本部（糸部）為例，漏收字就有10個。”②故可推知因版本輾轉互輯，宋本《玉篇》新增字不一定全是後出字,有可能是前代字書因版本或其他原因而存在的未收或漏收字。

四、宋本《玉篇》新增字的類型

“從這些方面來看，漢字在歷史上之所以日趨繁富，一方面由於不同時代有新的語詞增加，須要創造新字與之適應；另一方面由於產生了大量的異體字、俗體字和用增益偏旁的方法以表現新的意義的孳乳字；因此由漢代以后字書的字日益加多。實際上日常使用的字不過六七千而

① “各歷史時期和各類不同文字系統表明，絕大部分左右分置的合體形聲字，大都是義素在左而聲素在右，《說文解字》篆書階段力求維持這一格局，到了《玉篇》中以上聲素下義素布局，更加貼近豎書的書寫要求。”參見李圃《正本清源說異體》，載《異體字研究》，商務印書館2004年版，第121頁。

② 臧克和：《歷史漢字的貯存、傳播與變異》（二），載《中國文字研究》（第六輯），廣西教育出版社2005年版，第134頁。

已。”[①]“魏晉以后，由於漢語的造詞方式逐漸变为以合成为主，漢字的增長速度也就逐漸缓慢了。”[②]

究竟是哪些字成為造字與增長的主體，我們認為主要為社會發展情況下必須新造的字，此類應為大多數，反映了政治經濟文化科學等社會各個方面的發展與認識。如我們上述對新增字的來源分析看，其中既有政治文化影響的避諱造字，也有社會日常生活方面影響的新造常用字；既有受語言發展自身的影響為新詞造字，亦有外來文化思潮的融合改造而新增，此類字量的統計要結合外部社會因素來綜合考察。前文來源中已做討論，此處不再累述。

另一方面，是對社會原有漢字形體的改造，如異體俗用字、分化字、長期流傳中出現傳抄錯訛字等，我們對此類情況分別討論。

（一）異體字

異體字是在共時平面中記詞功能相同而形體有別的一組字，就是除形體有別外應是音義全同的一類字。新增字為一個社會時期所產生的新字形，其可能是為新生名物而創造的新生字，也可能是對原有漢字結構或形體的改變，從而產生的大量異體俗化字，也有可能通過增益偏旁表示新義的孳乳字。因此異體字與新增字的范圍必定是有交叉的，而且新增字往往是對原有文字結構的優化或重構。新增異體字的呈現有兩種方式，一是新增字皆在宋本《玉篇》大字字頭位置，可進行異體類聚；一是在釋文中標明異體關係，異體關係更為廣泛。我們統計僅在新增字作為大字字頭地位出現的字，共有511字為異體字，占到新增字總量的9.6%，其中有266組異體字組以新增異體字主字形[③]為：

凬、哻、嘿、啱、[illegible]、囑、岦、巄、幝、㚃、嗙、㥶、摵、擳、敁、斜、枽、椶、樌、㸷、毯、滮、㶒、牟、牪、犝、猣、㾎、皷、昪、硤、礸、竧、等、筭、笙、籰、紼、綾、罾、翗、蓖、蕏、蔱、藤、衕、蝺、蠳、蟛、觸、詳、賂、䞾、蹣、蹳、軿、輵、轀、醬、靄、顯、韊、顏、颸、鴉、鶪、鷥、魄、鱷、鮨、鴦、鶹、鷄、顛、

① 周祖謨：《文字音韻訓詁論集》，北京大學出版社2000年版，第284頁。
② 王寧：《漢字學概要》，北京師範大學出版社2001年版，第5頁。
③ 為節省篇幅，我們僅列出每組異體新增字的主字形，具體異體字組可參看第三章異體字附表。

[illegible]、歆、䶊、㦻、娼、㛈、帉、怺、奢、瞑、瞝、楺、渕、㲅、㽶、
曭、碑、桊、繩、㹎、䑟、舲、艘、㹨、㨂、藏、蛟、猔、贇、軨、
陦、鞎、鞓、鞍、頒、顛、𩚬、个、他、低、佫、佷、傈、倃、迈、
呢、咬、喫、噪、噛、嚪、坊、垌、塢、娄、姘、婀、婷、孋、宲、
牏、屙、屜、峇、㟭、嶙、嶺、巊、帆、帺、幗、幟、幢、幧、幭、
㤁、恪、悚、惹、托、捔、揓、搊、擥、昇、朦、杴、棬、楱、椒、
椹、楪、櫂、欄、毣、毹、沠、溪、漱、潊、澙、澀、瀠、灀、焕、
犍、狑、狖、猧、獼、琺、珂、琫、琖、琲、瑘、璉、瓷、皜、皺、
眦、硬、磞、硾、碁、碢、祧、禰、竚、簺、粇、糭、罬、羃、耗、
腑、腕、腿、膝、芀、葼、蕠、蔺、蔾、蘔、虵、蛆、蜯、螯、蟋、
衳、袈、袋、褭、詾、謅、貓、貽、䝼、賧、賵、贊、䟎、踸、踱、
躪、轅、迒、鄺、酡、醍、鎖、醶、閬、閦、阡、霏、鞴、颼、䬠、
駞、騔、髊、鬆、髻、鬚、鰈、㔷、鳷、鴨、鵪、鼿

宋本《玉篇》中明確標明異體關係對應的字有245字，分別為：“本作”4字，“古”文36字，“或”體28字，“今”文7字，《説文》標明異體2字，“俗”49字，“同”78字，“亦”37字，“籀”4字。我們大致分為三類：

1. 與“籀”、“古”相對的今文

（1）“籀”4字：毛、厠、䝨、疹

（2）“古”文36字：皕、侯、侵、傍、匀、厥、圝、孿、宑、寘、彬、彭、恩、旼、卉、殉、稣、叕、逯、飀、騳、仙、㽃、旁、㥽、沵、軙、瘡、聖、芁、宲、峚、霧、歧、春、靇

（3）“今”文7字：㝵、麈、翻、頃、伺、塗、佇

（4）《説文》2字:鷜、㮋

2. 標為地位相近的異體關係

（1）“同”78字：俣、嗂、嘪、嗽、㛂、娦、嫸、旟、薏、搽、揞、摤、㲃、㲅、牣、斘、㭼、獯、畤、菩、䟫、䰡、蒸、蛴、蝛、䀐、邋、䍧、鞞、鞠、鞦、䫊、騗、舃、䱻、㲉、鷃、鷁、黕、牯、㹻、蝶、蜼、踈、㚇、漕、蝃、顎、庪、摑、狷、埳、噴、䫟、廖、楠、猕、鴆、暖、媄、氍、肮、衫、嵩、恳、鞓、氿、蜰、丕、嵠、韡、窻、齱、醡、䡩、砧、稕、㹃

（2）“亦”37字：圛、拜、擈、睽、蕍、蟔、掤、眼、芸、厞、圝、琛、㑊、翻、穽、凱、轗、楞、寥、掠、麄、禰、頬、哀、憔、瀼、菽、頽、騂、噈、陻、鞕、好、偵、珍、穮、椳

（3）“或”體28字：嬾、椅、舵、徃、弻、鴽、穜、蹬、剮、慣、穀、礌、厤、袨、孅、腦、捻、髓、剌、頽、傒、騂、涯、腰、佑、預、鸒、伷

3．社會俗用字

“俗”49字：剆、剳、启、憗、猭、皶、纗、耋、麒、蝪、習、赦、躲、甹、醃、鷰、麹、伆、潔、筋、虽、蛙、孵、鰲、冲、躭、厄、減、璽、疅、决、稜、凉、奈、蟹、糯、麯、燃、砂、笑、騄、扸、醎、効、薤、瑘、耶、幕、箒

相比原本《玉篇》殘卷2 087字中標為“俗”只有5字，宋本《玉篇》對俗用字的收集有197字，新增字占24.9%，可知後世不再如原本《玉篇》“收錄的俗字是有選擇的，並非所有的俗字者收錄”。①

對宋本《玉篇》新增異體字進行結構分析，主要可分為異構與異寫兩個層面下9種構形方式：

一，選用不同構件的異構字

1.部件省簡或以同音代替。

蕿/芟、罿/罜、潄/涑、个/箇、鵭/鵃、衕/蜥、衹/褓、厤/麻、鬚/須、腑/府、嚶/粵、楪/枼、颭/颭、羇/羇、躪/踖、恾/忙、髼/髼、傈/栗、鄽/鄽、瑯/琅、棬/桊、椒/椒、蜯/蚌、筄/笮、欐/欐、藒/茹、煥/奐

2.由於採用不同的構形方式產生的異構字。

（1）形聲和會意的不同結構方式

嫑/嫀、腿/骽、鬻/飦、薌/香、峇/岴、黐/秝、宲/賲、牮/牿、轠/轣、杲/枴、罤/昆、塢/埡、嚙/齩、詳/訡、謅/謅、椹/戡、櫰/郝、魄/魪、歆/鼬、鰈/翤、粃/秖

（2）會意或形聲字再加上形符的結構方式

巘/巙、瑋/瑋、頗/頗、坊/堃、眦/睼、叜/蓃、敉/粲

①　朱葆華：《原本玉篇文字研究》，齊魯書社2004年版，第110頁。

（3）形近偏旁混同，多為俗訛字

佷/很、秏/耗、絣/絣、虵/蛇、禰/祢、潫/㴽、䝟/豨、䘣/䘣

3. 同一種構形方式而選用不同偏旁產生的異構字。

（1）聲符相同而形符不同

琲/蜚、腕/捥、㽬/澌、竚/佇、竱/諄、捔/觡、敁/㪵、䨮/㡐、碘/碘、䝏/㺅、鴩/稚、貓/猫、瓷/瓷、輵/楇、璉/槤、膆/嗉、䰇/㯭、螯/䮯、橾/艘、阡/衎、袋/㑆、贄/摯、貽/詒、幢/橦

（2）形符相同而聲符不同

擑/摑、噧/嘣、蓒/芫、軨/輅、畾/橐、㔗/傍、駝/駞、䱸/鰏、鳶/䳒、犍/犍、騔/騞、犆/犆、䍃/牞、霏/䨓、皜/皞、嫭/嫮、娼/娽、顠/顠、佲/俱、㣺/㣼、顏/顡、骸/䯪、托/𢱁、惷/憃、𠃁/㪣、啙/嗾、㤭/㤭、萌/萌、䗇/蘐、杸/柩、櫂/棹、蜢/蝶、幟/㠂、䈅/䈇、棲/栖、蚼/蛾、篦/笄、藴/藴、䥎/䥎、蘧/籧、䞺/䵐、鞓/鞓

（3）形符聲符都不同

硾/縋、䅿/猣、瘊/猴、嶺/呤、賂/遴、詢/諄

二，未發生構件置換的異寫字

造成異寫的原因是書寫過程中的變異，主要是六朝至唐宋時期的今文俗體簡化合併情況造成。

1. 由於傳承變異或書寫造成筆畫微異的異寫字，俗寫中產生的訛字異寫。

閔/閔、姘/婞、鷚/鷚、鷮/鷮、艘/艘、毯/毯、皺/皺、昇/具

2. 構件位置不同。

惹/惹、幯/幯、䙝/裙、䬘/䬘、嶙/嶙、䍭/䍭、勛/勛、䍓/䍓、鵃/鶾、蟈/蟈、㥎/㥎、㘫/㘫、蛟/螋

從異構層面上不同構形方式來看，其中容易發生混淆或替代的偏旁構件有“禾—礻”“巾—糸”“豸—犭”“車—革”“⺮—艸”“彳—亻”“攴—攵”“山—阝”等。

從以上異體字際關係及構件分析可知，異體字在異構層面的形聲字最多，形聲字中聲符的變化又大於形符的變化情況。會意字的造字及與形聲字發生替換的字例較少。形聲字中形符變化體現人們對文字符號的表義功能的理解與體驗並不盡相同。聲符的變化表明隨時間與地域不同

人們的表音選擇方式相對形符改變更加靈活。異寫字的構件省簡及筆畫上的差異反映出漢字在楷化定形過程中及日常使用中對漢字形體結構及心理認知程度上漸趨定形的動態調整過程。

"漢字作為記錄語言的符號，分歧旁出的異體字就要廢除掉。選擇的標準就是要求簡易便用，而且要符合約定俗成的規范。因此廢去古字而用今字，不取繁復的異體字，而取簡便易寫的字。由繁復趨向簡化，這是漢字形體發展的規律。"①以上對比情況看，無論是異構還是異寫層面上的異體字形體上都有著明顯趨簡的符號化的趨勢。

（二）分化字

分化字是指文字在發展過程中將一個字多個義項，分化派生出兩個或幾個字來分擔多個義項，用來分擔義項的新造字稱為分化字。漢字孳乳的重要方式之一，就是在記錄源詞的基礎上增加意符造出分化字來記錄派生詞，這也是形聲字的主要來源。如：

采——彩

宋 本《玉篇》：彩,七宰切。文章也。

按：古之"采""彩"相通，為一字分化。如《名義》："鳳，浮諷反。如鸝，五采也。"《說文》新附："彩，文章也。从彡采聲。""彩"為"采"又加"彡"義符的後起分化字。

粲——璨

宋本《玉篇》："璨，七旦切。玉光也。"

按：《一切經音義》："粲，麁且反。《广雅》粲，明也。粲亦鲜盛貌也。《律文》作璨。"孫綽《天臺山賦》"琪樹璀璨而垂珠"，已俗化增加義符"玉"，以狀玉光。胡吉宣《玉篇校釋》："璀，璀璨，玉光。雙聲連語。"王筠《校正》："古人專以耳治，後人乃以目治。"可知璀璨為聯綿詞，古無專字之形，"璀、璨"皆唐宋後人所加，"璨"加"玉"旁亦承前屬偏旁類化。

此類如"誌、謎、蘸"等，皆為本字"志、迷、醮"加義符的分化字。從上述各部新增分佈看，此類情況不少，以"水部、艸部、竹部、口部、心部"等為最多。如陳原先生認為："從漢唐起音譯借詞即采用

① 周祖謨：《文字音韻訓詁論集》，北京大學出版社2000年版，第284頁。

原來漢字加‘口’作偏旁的方法，也許這是符合漢語造字法（造詞法）的最簡便的方法。這種方法至今還沒有完全廢棄。”①

（三）訛誤增字

新增字乃有後人對原本《玉篇》的抄訛或妄加改易之處，故新增字不可不查。如《玉篇》新增字有误，如“瓤”為“鄰”之俗讹。“戕”當為“豉”之俗訛字。“逹”為“逆”之形訛復增字。比較明顯的錯誤之處是“片部”新增字當多為“爿部”字。

《宋本·片部》新增字12字：“牊、牰、腓、牓、牣、牘、牕、牗、牕、牊、牘、牍”，其中“牊、牰、腓、牘、牊、牘”為有音無義字，其所增之字來源可疑。

其後宋本“牀部”部下無屬字。胡樸安云：“牀部只有部首一牀字，不知是何意義增添此一部。”原本《玉篇》殘缺，對照《名義》“牀部”收6字：“牀、牂、牘、牠、牘、牒”，當是顧氏以為“牀、牂、牘、牠、牘、牒”音或義與床笫相關，故增“牀部”，部中字皆從牀省。宋本《玉篇》“牀部”下未見“牂、牘、牠、牘、牒”5字，從字序與字形相對情況來看，應是顧氏所寫為無誤，《名義》抄錄亦存其真，而經唐宋後人輾轉傳寫中形近而訛失其本來面目。因俗書中“爿、片”二形常混形不辨，故“牀部”丟失其所屬字的過程可能先是抄寫中“爿、片”偏旁相混，因前為“片”部而直書“牀部”從“片”不從“爿”，再經轉寫之人未察其誤，因部首照應則歸“牀部”字入“片部”，乃與“片部”新增字混雜排列。故所失字序排列與《名義》字序對應亦非完全一致，可知孫強、陳彭年等所見已誤故依舊抄錄之。亦有可能“孫強、陳彭年輩不知‘牀、牂、牘、牠、牘、牒’入‘牀部’之意，故此5字皆訛從片，而改入‘片部’，俱失其義。”②但我們認為此類字當為多次抄錄轉寫所出錯訛，或以為孫陳自徑改字入“片部”，可能性不大。

《說文》：“牀，安身之坐者。从木爿聲。”徐鍇曰：“《左傳》薳子馮詐病，掘地下冰而牀焉。至於恭坐則席也。故从爿，爿則丬之省。

---

① 陳原：《語言和人》“漢字的社會語言學考察”，商務印書館2003年版，第101頁。

② 楊寶忠：《大型字書疑難字考釋與研究》，北京師范大學2004年博士論文，第40頁。

象人衺身有所倚箸。至於牆、壯、戕、狀之屬，竝當从牀省聲。”李陽冰言：“木右為片，左為爿，音牆。且《說文》無爿字，其書亦異，故知其妄。”　二徐認為當為“爿”之省，“爿”，《甲骨文字典》134 181 後2.11.8，“疾”金文“”[①]皆可看出“爿”左半部即床之象形。宋本《玉篇》：“疒，女戹切。《說文》曰：倚也。人有疾病也。象倚著之形。又音牀。”《說文》無“爿”字，亦不存“爿部”，故11字牀（木部）牂（手部）壯（士部）牂（羊部）牄　（角部）狀（犬部）戕(戈部)　斨(斤部)　牄(倉部)　牆(嗇部)　醬　(酉部)　”皆為“從某爿聲”（除《說文・寸部》：“將，从寸牆省聲”外），未統於一部之下而散見於各部。《說文》似有必要建立一“爿”部將字統一起來。至《新修龍龕手鑑》時已見“爿部”，下有“爿、牀、戕、牁、牂、臧、牄、牆、斨”9字。查檢《玉篇》，除“牄”字未見外，有“牄”其釋義為“牄，仕角切。《說文》：角長皃。”與《說文》：“牄，嫶角長皃。从角爿聲。”意義相一致。“牄、牄”兩字应是一字，可知在六朝時期“片”“爿”兩形相混致訛。二徐認為李陽冰妄言“木右為片，左為爿”，而段玉裁認為《說文》當存“爿”字，故片部下補增。《說文解字注》：“爿，反片爲爿，讀若牆。各本無此。按《六書故》云：唐本有爿部，葢從晁氏以道說也，今不别立一部。”段玉裁認為“按凡爿聲，二徐多肊改爲牀省聲。”又“從木爿聲。今書牂、牂、斨、牆、壯、戕、狀、將字，皆曰爿聲。張參《五經文字》爿部曰：爿，音牆。《九經字樣》鼎字注云：下象析木以炊。篆文木，析之兩向。左爲爿，音牆。右爲片。李陽冰亦云：木字右旁爲片。左爲爿，音牆。許書列部，片之後次以鼎。然則反片爲爿，當有此篆。《六書故》曰：唐本《說文》有爿部。葢本晁氏說之參記許氏文字一書，非肊說，其次弟正當在片後鼎前矣。二徐乃欲盡改全書之爿聲爲牀省聲。非也。”推測《說文》有“爿”部，判定““顧野王片部後出牀部，則其誤在前耳。”查“”甲2 851，“”方彝文“”攸鼎[②]皆可看出下部為鼎足象形，以為段氏未見“鼎”之出土古文字形，故以今隸定楷形推斷“篆文木析之兩向，左

① 張亞初《殷周金文集成引得•釋文》：《王五年上郡疾戈》（17.11296），《六年安平守鈹》（18.11671）。

② 臧克和、王平：《說文解字新訂•鼎部》，中華書局2002年版，第459頁。

爲爿”，段氏此說有誤。

宋本《玉篇》亦未見“爿”字，乃立有“𣎵”部，則“𣎵部”下所從“爿”字應為從𣎵省。其法如“磬部”之下各字如“罄、𣪠、磐、罊、䃘、𦉫、𣪩”皆從磬省。

我們認為宋本《玉篇・片部》新增字“牠、腓、牘、牒、牘”當為原本“牠、牀、牘、牒、牘”之訛字。

①宋本《玉篇》：“牠，余之切。”

按：《集韻》：“牠，與椸同。”《方言》：“榻前几，趙魏之間謂之椸。”《類篇》：“牠，椸本字。榻前几也。”《康熙字典》：“椸，《唐韻》作箷。亦作㮝。《博雅》箷謂之椸。”又“牠，《玉篇》余之切，音移。按《集韻》爿部牠字，音余之切，疑即牠字之譌。”《名義》：“牠，餘支反。榻前几。”“以形音求之，‘牠’字當是‘牠’之省變。”[①]宋本有“牠”無“牠”字，當是“片、爿”相混，且“椸”之省形字。

②宋本《玉篇》：“腓，步皆切。”

按：《名義》：“牀，餘矯反。版。”其形“牀”右部“兆”近於“非”形，宋本《玉篇》有“腓”無“牀”有，應為傳寫致訛。《廣雅》：“樹牀杠也，作牀。”已見“牀”字。《康熙字典》：“腓，《篇海》與牌同。”當為後世字書望音生義，不可據信。

③宋本《玉篇》：“牘，扶忿切。”

按：《名義》：“牘，扶忿反。枰樍。”宋本《玉篇》有“牘”無“牘”，切音字位與《名義》相合，當為“牘”。《康熙字典》“牘，按《玉篇》書作牘。牘當與樍同。”可知“牘、牘、樍”混用用久互為異體相通。

④宋本《玉篇》：“牘，仕革切。”

按：《名義》“牘，側革反。笫也。簀字。”宋本《玉篇》有“牘”無“牘”與宋本切音與字序相吻合。“牘”為“牘”字當疑議。

⑤宋本《玉篇》：“牒，徒協切。”

按：《名義》：“牒，徒協反。𣎵板也。”與宋本《玉篇》切音字序相合，而字形差別較大。楊寶忠先生以為“牒”字之易聲符字，“唐

① 楊寶忠：《疑難字考釋與研究》，中華書局2005年版，第463頁。

宋人移原本《玉篇·爿部》中字入片部，原本《玉篇》已有‘牒’字，故‘牃’字易聲變作‘牊’。”其說可信。

另外，“牀”明顯為“爿部”新增字，其字形當是“妝”。

宋本《玉篇》：“牀，音莊。畫牀。”

按：《康熙字典》：“牀，《正字通》：妝字之譌。”《校釋》亦云：“牀，本從爿，作妝。女部：‘妝，飾也。’字從女爿聲。俗訛變從片，當刪。”

又宋本《玉篇》：“牊，直遥切。”《康熙字典》：“牊，《廣韻》牀別名。《集韻》通作柖。《玉篇》作牊。”《玉篇校釋》：“牤，本當從爿，訛變從片。牤，力可切。艣別名。舟部：艣，音魯。所以進船。艣牤聲轉，字從片，蓋由木訛變，當刪。”則知“牊、牤”當為“牊、牤”之訛變異體字。

宋本《玉篇》中有音無義字共607字，其中屬於新增字有544字，約占其總量的89.6%。有音無義字大部分為因歷代傳抄過程中層積下來的訛寫字或失去音義的未識字。由於字書多為對前代相承及對當代字匯的收集整理，有時會將字典編纂者不識的字收進字典，這些字往往音義不全。因《玉篇》體例中常把各類異體字附於文中加以訓釋，或另附異體字於大字字頭之下說解，由於長期流傳中版本偶有脫誤，在抄寫重訂時異體字與正字往往失去聯繫，造成後世版本中異體字音義缺失，因而我們認為《玉篇》所存的未識字绝大多数是变易或讹误的異體字造成的，當然亦可能有源自其他形式產生的音無義字。

有時有音無義字也屬常用字，因其常用而編者認為並無必要釋義。如：“搞”字，宋本《玉篇》：“搞，口告切。”《集韻》：“搞，口到切，音犒。相違也。與靠同。”《類篇》：“搞，橫撾也。或作摮。又口到切，相違也。”《康熙字典》：“搞，同敲。橫撾也。或作摮。”皆有所記，亦同上訓。查《名義》无此字，當為唐宋孫強陳彭年新增字。元刊本釋為“打也”，當為後人補增義。

因此有音無義字分為兩種情況，一是因過於常用而習慣省之，是可加識別的常用字；一是因前代音義未詳而只存字形，當屬楷書未識字①。此類貯存於歷史漢字中的未識字一般認為是死字，但有時楷書未識字也會反映出漢字發展演變中的某個環節，“我國古籍浩如煙海，其中大部分亟待整理。而考古發掘還會出現新的材料。整理研究它們會發現有些字恰是前代辭書里面的‘死字’。在互相參證的時候，這些‘死字’有的時候會起到某種意想不到的啓示作用，這可以說是‘起死回生’。因此，從字典編纂的角度說，不宜給某一個字‘宣判死刑’，不用‘死字’這個名目。比較好的想法是把字分為常用不常用，在不常用字中甚至還可以劃出一部分生僻字。”[2]因此未識字未必無用，也是整理宋本《玉篇》新增字的一個重要方面，對楷書未識字進行考釋和整理，可以提高對漢字字庫進行系統整理的工作。

五、宋本《玉篇》新增字結構分析

對於文字的孳乳變易及造字方式，古人已多有探討。如清毛奇齡《西河集·資治文字序》所云：

> 自文字起而載籍興。文字者，載籍之先事也。毋論典謨誓誥詩，史銘頌所藉不淺，即文簿板冊札牘券契以逮農估輿，竺人丹師之流嬗記注，有不資文字者乎。向使古無文字，則自今以前有若夢寐，又何知孰為虞周，孰為漢唐，孰為聖愚賢不肖，以及天時人事古今。運會興喪得失之紛紜也者，然則文字之資治所固然也。第古來字書不一，而要其指歸大抵不越形聲兩端，原造字之始，先聲後形。傳字之後，先形後聲。故先儒謂形母聲子，聲母形子皆不必辨，要之六書所稱象形諧聲略見之矣。獨是古文今文既殊其形，辭賦歌咢復異其韻。在昔揚雄采篆籀諸文著為訓纂，而東京許慎因之有説文之作。暨梁顧野王增為《玉篇》，輯偏旁所同，悉以類聚。而其後在唐有李陽冰者修正《説文》。宋初徐鉉取陸詞切韻增入翻切，至金章宗朝，王氏與祕據《説文》《玉篇》二書集為《篇海》，而從前省篇，川篇《類篇》諸書俱為之廢，此則字形相嬗之大較也。

① “所謂楷書指歷史傳承下來的楷書和收人字書中的出土文獻的楷化字。本文的未識字是指收人字書而注音未詳、義未詳或音義未詳的字。”參見李國英《楷書部分未識字》，《古汉语研究》2003年第2期，第54頁。

② 趙振鐸：《字典論》，上海辭書出版社2001年版，第30頁。

毛氏即認為："古來字書不一，而要其指歸大抵不越形聲兩端，原造字之始，先聲後形。傳字之後，先形後聲。"指出造字乃以形聲為主。漢字從古文字階段進入今文階段，經過隸變與楷化定形，徹底破壞了漢字的象形特征，完全擺脫了圖畫性質，成為便於書寫的一種抽象符號系統。在今文階段，即是以形聲字為主體。

"漢字在解決形音義之間的矛盾時，過去只有采取不斷創造形聲字之一法。這種辦法固然可以解決一部分個別的矛盾，但不能根本解決所有的矛盾。"①長期以來漢字的增長方式主要是以創造形聲字為主。漢字的增長方式是以形聲字為主要趨勢的。

據臺灣學者李孝定先生統計，在殷商甲骨文中形聲字約占27.24%，在小篆中占81.24%，在宋代楷書中已占90%。②

臧克和先生指出："中國最早的字書《説文解字》（以下簡稱《説文》）的主體即形声結構，占了全书87.9%的字量——形声結構中所标注的声符，就其功能而言，主要就是使所標記的結構意义在形声系统中得到对立区别。"③

形聲字是漢字中後起的一種字形結構，是漢字在表意文字發展中的最高階段。在宋本《玉篇》新增5 298字中的形聲字有4 492個，占新增字比例的94.3%。唐宋間新出字中形聲字的比例更較前代大為增益，在唐宋時期形聲字的產生發展達到了前所未有的高度，構成了現代楷字的基本資源。

（一）形聲字

"数字化時代的特點就是将形體和所對應的音義關係即底層結構和呈現形式實現分离。音義的显示是在系統結構當中通過對立區别原則而實現的。"④

我們在此對表音構件及形聲構件分别進行對照調查，以及各部所增形聲字等方面做一調查統計。

---

① 周祖謨：《問學集》（上），中華書局1996年版，第20頁。

② 轉引自李國英《小篆形聲字研究》，北京師範大學出版社1996年版，第1頁。另據李因英先生統計為87.39%。

③ 臧克和：《字符•分類》，《天津師範大學學報》，2003年第3期，第60頁。

④ 同上。

1．表音構件統計

具有聲符功能的偏旁構件共1 746個，其中聲符構件出現10次以上有47個。情況如下：

聲符	頻次	聲符	頻次	聲符	頻次	聲符	頻次	聲符	頻次
周	19	朋	13	比	12	舌	11	央	10
東	18	從	13	録	12	余	10	票	10
非	17	甘	13	牙	12	曷	10	主	10
同	16	空	13	區	12	此	10	妥	10
乍	15	包	13	毚	11	冘	10	咼	10
令	14	登	13	童	11	弗	10	貴	10
合	14	龍	12	宣	11	支	10	皮	10
英	14	舟	12	工	11	良	10		
唐	14	吉	12	丁	11	它	10		
頁	14	並	12	𦐇	11	侯	10		

2．各部所增形聲字

新增字中4 492個形聲字在不同部内的分佈情況，如下：

部首	字數	部首	字數	部首	字數	部首	字數	部首	字數
水部	258	山部	127	女部	78	疒部	66	辵部	50
艸部	243	石部	125	足部	78	車部	62	邑部	50
竹部	181	鳥部	114	肉部	78	玉部	61	酉部	50
心部	151	犬部	103	日部	75	糸部	60	阜部	48
口部	146	目部	99	土部	73	火部	59	刀部	48
虫部	137	魚部	89	言部	71	革部	58	風部	47
手部	133	人部	89	禾部	69	牛部	55	衣部	46
木部	130	馬部	82	广部	69	雨部	52	彳部	46

部首	字數	部首	字數	部首	字數	部首	字數	部首	字數
門部	45	髟部	25	䀠部	13	子部	8	黍部	4
頁部	45	齒部	24	力部	13	隹部	8	赤部	3
舟部	44	耳部	24	片部	12	臼部	6	束部	3
米部	39	骨部	23	鼠部	12	月部	6	香部	3
支部	39	歹部	23	羊部	12	多部	6	瓜部	3
走部	37	耒部	22	口部	11	矢部	6	二部	3
巾部	37	黑部	21	厂部	11	矛部	6	冃部	2
鬼部	35	韋部	21	麥部	11	大部	6	高部	2
羽部	35	冫部	20	虎部	10	鼻部	5	龍部	2
豕部	33	瓦部	20	鹿部	10	麻部	5	林部	2
示部	33	弓部	19	戈部	9	斤部	5	至部	2
貝部	32	宀部	19	尢部	9	鼓部	5	炎部	2
豸部	31	白部	18	彡部	9	黃部	5	磬部	2
見部	30	田部	18	身部	9	谷部	5	申部	2
穴部	29	立部	16	止部	9	戶部	4	色部	2
毛部	29	皮部	16	勹部	8	殳部	4	冖部	2
角部	28	皿部	15	缶部	8	气部	4	屾部	2
网部	27	面部	14	尸部	8	雲部	4	父部	2

3．形聲字的結構及表音方式

形聲字的結構方式主要以左右結構為主，由於左右結構的形聲字符合漢字的方形特點，亦便於實際書寫，因此在新增字中比例尤為突出。當然，因漢字構件中存在只能構成上下結構的部首，如“髟、𠔉、宀、穴、网、竹、雨”等只在漢字上部出現，“大、艸”上下位置皆有，“心、皿”等亦多為上下結構，“門、口”為內聲外形，“疒、尸、广、厂、勹、匚”等則多為半包結構，所以亦不能一概而論。

據調查，新增字中左右結構約有4 010個，占形聲字總量的80.3%，上下結構形聲字756個，占到形聲字總量的15.1%，另約有228個為因漢字構件而屬半包或全包結構，僅占形聲字總量的4.4%左右。

因此從以上數據顯示，在新增字中形聲字造字已經成為主要方式，而形聲字造字方法中又以左右結構為主，左右結構中又以左形右聲為主。除“邑、攴、頁”等少數部首習慣上為屬右部示義的左聲右形造字方法，絕大多數仍為左形右聲的結構。

“形聲字是漢字構形體系中的最優結構”①，也是漢字在表意文字中采取的最佳選擇，形聲字采用義符和聲符相互配合，分工合作，互為區別，互為限定，具有較強的區別性與示音表義性。采用合體結構組合漢字，將符號化的構件進一步歸納成具有高度抽象意義的形式，從而實現造字中有限構件的無限運用，具有很強的歸納性。從唐宋時期新增字中形聲字的比例看，漢字已經發展為極為成熟的形聲系統。這也是文字逐漸規范化與定形化的一個重要表現，義符和聲符的不斷組合類化，也是漢字系統規整的根本條件。

（二）會意字

新增字中的會意字較少，我們統計有134個，約占新增字總量的2.7%，分別是：

乂、玨、玞、壆、廾、畱、㗊、㯲、晶、㑹、儽、佢、個、躭、姥、㛜、妛、嫐、姲、嬉、昭、㽞、畾、晶、靓、覔、覛、耶、聑、亘、嚶、吳、叩、𠰚、囁、吘、咔、噉、啻、齺、髩、鬉、髺、拜、捍、掹、振、扣、摎、技、肷、劬、囨、懘、惡、訙、說、跍、迎、寘、屆、颭、瘖、椤、杕、芤、篛、秎、釲、轆、湄、潩、魹、奞、昋、套、炃、慁、嵩、峅、旨、屛、厥、砂、硇、鶱、驫、鸁、犇、牪、燚、虤、鱻、鳥、鱻、麤、赨、蠁、祉、頯、毛、衖、豩、祴、圙、囲、圎、㐁、囶、圀、受

此類不包括形聲字中的表聲兼表意一類，因此我們統計的會意字皆不能與其讀音相協。從以上比例僅占2.7%可知在唐宋時期單純以會意方式進行造字已不再作為主要造字方法。

（三）象形字及未識字

新增字中仍有72字屬音義並不相協的字，此類約占新增總量的1.4%。我們認為此類形體有異的字形多為古文隸定楷化時的線條筆畫化所造成，如“叕、硇”等。少量為象形字，如“另、凹、凸”等，當為

① 李國英：《小篆形聲字研究》，北京師範大學出版社1996年版，第2頁。

唐宋間已多為通行俗字，故作為新增字收入。有些不可辨為何種造字結構的字，我們認為可能是在漢字趨簡的符號化過程中音義環節的脫失造成的，這類字往往變成未識字而在漢字社會使用中漸被淘汰。

第五章

《玉篇》新增字與相關字書比較研究

宋本《玉篇》重修時與《說文》新附字有著密切的相互參照關係。大徐本《說文解字》所增新附字雖然不是與《說文解字》為同時代所出，但作為傳世文字资料的一種，反映了唐宋時期漢字通行與使用情況。故我們將宋本《玉篇》收字及新增字部分與《說文》新附字進行多方面的比較，對宋本《玉篇》新增字與《說文》新附字的相互關係做出梳理，從而對宋本《玉篇》新增字的性質、時間層次及在漢字發展史上的重要作用有所認識。

第一節　《玉篇》與《說文》新附字比較

漢魏六朝期間漢字經歷了由篆而隸、由隸入楷的古今文字定形階段，字體變遷最為劇烈，各種異體字俗字紛繁迭出。正鑒於此，許慎《說文》以小篆為正形，最早对汉字形體進行系統規範化整理，體現了許氏時代的正字觀。《玉篇》作為流傳至今的最早楷書字典，對六朝及前代各種異體俗字廣為收集。

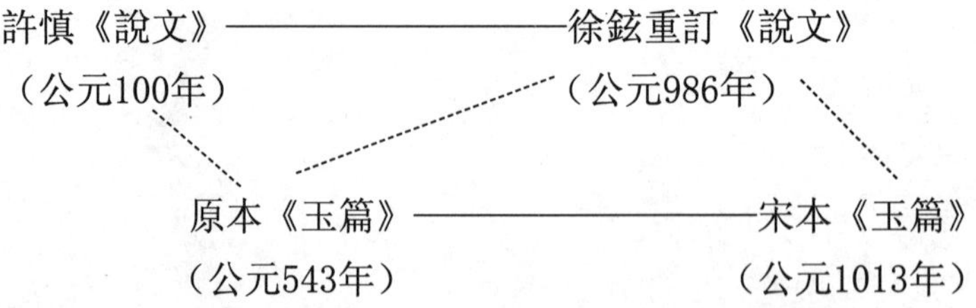

僅從上圖時間與版本情況看，《說文》與《玉篇》是雙線並行的兩個上下垂直傳承的版本體系。但兩書成書時代久遠，現存版本經過歷朝

歷代傳抄勘定重修，其間亦必相互參協。顧氏《玉篇》成書之初即上承《說文》內容體例，故內部系統上有著更多的相同或相通之處。據原本《玉篇》考查今本《說文》字形及釋義多有錯易①，但亦可反證原本《玉篇》與徐慎古本《說文》的密切相關程度。宋時徐鉉重訂《說文》，又復增新附字402字，主要收集漢後至唐宋時期隨社會發展而出現孳乳及變易的新字，其中多與原本《玉篇》及《名義》相合，故當是在重訂之時參照了《玉篇》之原本或孫強本。其後陳彭年奉旨重修《玉篇》，亦多參協徐鉉《說文》進行音義的考訂，故宋本《玉篇》與徐鉉《說文》之間的又一次相互影響趨同。我們以虛線標示出不同時間段的《說文》《玉篇》兩書的相互影響因素。正是由於內因與外因的相互作用，《說文》《玉篇》有著密不可分的聯系，與相互版本的多次趨同，使我們對新增字與新附字的來源考識變得復雜但更為必要。

一、《說文》新附字概說

北宋太宗雍熙年初徐鉉奉詔校訂《說文解字》，完成於雍熙三年（公元986年），即今天廣為通行的大徐本《說文解字》。

徐鉉對舊本《說文》的主要整理工作有五項：1.改易分卷；2.增加標目；3.增加反切；4.增加注釋；5.增加新修字及新附字。增加新附字為其一端。

宋本《玉篇》為宋真宗祥符六年（公元1013年）陳彭年等奉旨修訂，即今天廣為流傳的《大廣益會玉篇》。陳氏重修《玉篇》在其重修《廣韻》之後，歷時約五年，多有據大徐《說文解字》進行修訂之處。

“凡經典相承及時俗要用之字而本書不載者，皆補錄於每部之末，別題曰‘新附字’。”②新附字是徐鉉所校订《說文》每部末的新加字，共402字。

“凡傳寫《說文》者，皆非其人。故錯亂遺脫，不可盡究。今以集書正副本及羣臣家藏者，備加詳考。有許慎注義序例中所載而諸部不見者，審知漏落，悉從補錄。復有經典相承傳寫，及時俗要用而《說文》不載者，承詔皆附益之，以廣篆籀之路。亦皆形聲相從，不違六書之義

① 臧克和《歷史漢字的貯存、傳播與變異（二）》，中國文字研究（第七輯），2006年，廣西教育出版社。

② 《說文解字》前言，中華書局1996年版，第2頁。

者。”

可知增字情況有三：一是《説文》原本有之而傳本寫脱者，宋時《説文》本中已失落者，“悉從補録”。二是先秦經典要籍有之而許氏失收者。三是唐宋時期已廣為流行的日常用字，其中大部分為後起字，且“形聲相從，不違六書之義”。

徐鉉“承詔借附用之”，主要采用兩種增加方法：

方法一，“《説文》闕載，注義及序例偏旁有之，今竝録於諸部”，將“詔、志、件、借、魋、綦、剔、髴、醆、趄、顛、璵、麿、樧、緻、笑、迓、睆、峯”共19字補録於正文中，稱為“新修字義”。據我們測查《説文》文内著録只見於注文序例而未見收於字頭，其數遠不止19例。如“貓（1）、勢（1）、劬（1）、蟣（1）、售（1）、猰（1）、琖（1）、眹（1）、伺（1）、緅（1）、嬌（1）、塾（1）、昂（1）、楝（1）、皺（1）、彩（1）、幢（1）、櫂（1）、逼（1）、蔬（1）、辦（1）、僧（1）、婢（1）、倒（2）、劇（2）、貽（2）、蓉（2）、鰈（2）、蟣（2）、阡（2）、塗（2）、境（3）、境（3）、犍（3）、蹙（3）、墜（3）、侶（3）、屨（3）、粻（4）、潔（4）、幟（4）、犧（5）、低（7）、芙（8）、藏(31)[①]”共46字，其中出現次數在3次以上的有13字。雖可能是徐鉉增修釋文時所加，但一般情況下此種文中大量出現字而未見於字頭者，有可能為許氏行文所忽，應考慮補入字頭。

方法二，於部末增加“新附字”，收納許氏失收字與後出“時俗要用”之字，共計402字。其中亦有當為逸字而徐鉉復做新附之字。如“廊”“礎”兩字既見於原本《玉篇》引“許叔重曰”，又見於大徐本新附字。又鄭珍於群籍中考得165例《説文》逸字，其中15字為新附中所有字，當屬《説文》原本中有之而傳本失載者。

清代樸學發達，對《说文》的研究亦蔚為大觀，成為专门的“説文學”，對大徐本新附字的研究亦始盛於清代。研究者主要有惠棟、錢大昕、錢大昭、段玉裁、王筠、鈕樹玉、徐灝、朱駿聲、毛際盛、鄭珍、鄭知同、承培元等人。對新附字進行系統研究的著作有：錢大昭《〈説文〉新補新附考證》一卷，鈕樹玉《〈説文〉新附考》六卷、《續考》一卷，毛際盛《〈説文〉新附通誼》二卷，鄭珍、鄭知同《〈説文〉新附考》六

① 括號内數字為在除去新附字訓釋後在許慎《説文》字後訓釋中所出現的次數。

卷，王筠《<說文>新附考校正》一卷，羅時憲《〈說文〉新附明辨錄》二卷，以及近人邵瀞祥《〈說文〉新附通正》、黄侃《〈說文〉新附考原》（見黄焯《〈說文〉箋識四種本》）等。其中以鄭珍、鄭知同父子合著的《〈說文〉新附考》六卷最為詳細，“稽諸古，推著其別於漢或變增於六代之際，使《說文》正字犂然顯出”，對說文新附402字逐字作了考證。近人黄侃《〈说文〉新附字考原》，由黄焯加以申述编次，所考益加精審。

前人學者多遵從《說文解字》，視之為“懸諸日月而不刊者”，因而對新附字多持否定態度，認為“不必附，不當附”。如錢大昕於鈕樹玉《〈說文〉新附考·敘》中言：“唯新附四百余文，大半委巷淺俗，雖亦形聲相從，實乖《蒼》《雅》之正。”又云：“《說文》新附，徐鼎臣奉詔增入，非得已也。如‘經典通用某’‘古通用某’，皆示有不必附之意，有業自糾正者。”[①]鄭珍《〈說文〉新附考》自序亦云：“《說文》新附四百二字，徐氏意乎？非也，承詔焉耳。”認為徐鉉“承詔借附用之”非出己意，將新附字混雜在《說文》中，把許慎本不收的俗字加了進去。

但亦有學者認為新附字不全是俗字，402個新附字當屬不同性質。如鄭珍亦云：“然實徐氏病盡俗乎？非也。不先漢，亦不隋後，字孳也，何俗乎爾？”認為新附字也包括漢到六朝時期文字的孳乳和變易。王寧先生說:“以《說文》為正，以不見《說文》之字為‘俗誤’，自然包含一定的偏見，但如果就各種字形與《說文》作對比，通過他們與《說文》所收之字的關係来探索詞義，這些分類尚屬较為全面，有可參考的價值。”[②]從詞義發展的角度看，《說文》之外字（包括新附字）也反映了漢字的形體變易、孳乳和新造情況。

有關新附字的增字來源問題討論：

①嚴可均：“《字林》新附出陸善經，《說文》新附不知出誰手，……竊謂唐前本已有新附，孫愐《唐韻》取而散附各韻之後。”

②王鳴盛：“夫子魯六經皆古文，至唐貞觀作正義，變故已多……徐所據以附者即此。”認為新附字為徐氏據唐以来經史正字所附。

③胡秉虔：“《說文》新附之字多俗儒不知而妄作者。其正文大概

① 張其昀：《“說文學”源流考略·第三編》，貴州人民出版社1998年版。
② 陸宗達、王寧：《訓詁方法論》，中國社会科学出版社1983年版，第64頁。

許氏已收。其分列各部之後起於徐鉉。”“新附雖非出於徐氏，亦必起於唐以後，故小徐不錄。”

④姚覲元《〈說文〉新附考序》認為：“考‘新附’諸文詁訓音切，十九取諸《唐韻》，間采《玉篇》。”

另清人錢大昕、錢大昭、鈕樹玉等說法皆類此。

現以蔣斧本《唐韻》殘本對比，可得143字與新附字相合。《廣韻》為北宋祥符年間陳彭年據《切韻》《唐韻》增廣重修，晚於大徐本《說文》成書之時，故不可以其做為增字來源依據，但因《唐韻》現已殘損，而《廣韻》完存，故《廣韻》可資參考之處自然不可忽視。據統計，《廣韻》有381字可直接與新附字對應，可知陳彭年在重修《廣韻》時一定參考過大徐本《說文》，故有如此高的重合度。

以原本《玉篇》與新附字做對比，有39字見於原本《玉篇》殘卷中。因原本不全，以《名義》與新附字對照，共有269字可直接對應。再以宋本《玉篇》與新附字對照，有365字可直接對應。

故姚覲元所說主要來源當為《唐韻》《玉篇》兩書不誣，只是小覷了《玉篇》在大徐新附字中的比重和地位。

鈕樹玉在《〈說文〉校錄》[①]自序中說：“蓋《說文》自經李少溫刊定，輒有改易。自宋以來，藝林奉為圭臬，唯大徐定本。今流傳最廣者，乃毛氏翻刻本。而毛本又經後人妄下雌黃，率以其所知改所不知，大義微矣。樹玉不揣鄙賤，有志是書。竊以毛氏之失，宋本及《五音韻譜》《集韻》《類篇》足以正之；大徐之失，《繫傳》《韻會舉要》足以正之；至少溫之失，可以糾正者，唯《玉篇》[②]為最考。”可知宋本《玉篇》在新附字的研究中佔有比較重要的地位。

牛紅玲在《鈕樹玉〈說文新附考〉研究》中統計[③]，鈕氏通篇引用宋本《玉篇》達377處，只有34個新附字《〈說文〉新附考》未引用宋本《玉篇》，分別是“喚、遙、[illegible]、眹、朐、腮、盞、矮、娄、債、停、魘、烙、燦、迠、慆、瀰、淼、打、蜑、颭、辦、蔬、逍、曈、曨、

① 鈕樹玉《說文解字校錄》（簡稱《說文校錄》）十五卷，成書於嘉慶十年（1805）。此書意在校正大徐本《說文》之失來恢復許書的原貌。

② 鈕樹玉《校錄》刊行之時為1805年，所用《玉篇》當指張氏澤存堂本的宋本《玉篇》，從以下字例對照亦可看出。

③ 牛紅玲：《钮树玉〈说文新附考〉研究》，2003年首都師大碩士論文，第5頁。

簃、炬、粆、潺、湲、濤、颸、阦”，其中仍有12字“蔬、逍、曈、曨、簃、炬、粆、潺、湲、濤、颸、阦” 見於宋本《玉篇》。

我們再據其統計字表排除，其所列字組中仍有13字“喚、遙、[illegible]、眹、𡚱、債、停、慆、灖（瀰）、淼、打、辦、蜑（蜒）”在宋本《玉篇》中見存或有所對應，故鈕樹玉未引宋本《玉篇》的34字中實仍有25字見存於《玉篇》中。

二、《玉篇》與《說文》新附字比較

本文在盡量窮盡收集整理《玉篇》版本體系相關資料及前人對新附字研究材料的基礎上，對《玉篇》與新附字所共見字與未對應字形進行歸類，從文字學和詞義學角度從形音義方面進行考證疏通。通過《玉篇》與新附字關係的比較，了解新增字的來源情況及發展演變，並對宋本《玉篇》的版本情況有更多了解，對《玉篇》內部系統前後產生種種差異原因作出分析。

在原本《玉篇》字量所存不全的情況下，我們以《名義》作為六朝時期字書參照系進行大致的字量增長調查。

原本《玉篇》殘卷與新附字對比，直接對應字有“餕、讜、譜、韻、嶙、峋、岌、嶼、嶺、嵩、阦、阡、廈、廊、廂、庋、庱、廖、礪、碏、磯、碌、砌、礎、硾、舸、艣、轍、[illegible]、鰩、緗、緋、緻、纖、綀、繾、綣、綷”共38字。《說文》新附字有1字“嵇”與原本、《名義》、宋本字頭“嵆”有構件位置差別，但仍屬唯一對應關係，故共有39字可對應。可看作與新附“塈、駛”同字的“墍、駛”2字出現於原本釋文中。

因原本殘缺及原本與《名義》傳承關係，我們再以《名義》與新附字對比。比較的結果，共有269字可直接對應：

魋、簃、筠、笏、篙、叵、餕、𡚱、韌、曙、曇、曆、昇、梔、榻、櫍、槔、櫻、梀、梵、穩、馥、晛、睸、睹、眙、賺、賻、贍、曈、曨、昈、昉、晙、晟、袒、暈、禰、祧、祚、珈、璩、琖、琛、璫、珂、玘、珝、琡、珙、嗃、售、噞、咍、嘲、呀、芙、蓉、薳、荀、蒸、蔬、芊、茗、薌、藏、蕆、犧、犍、㳽、些、邂、逅、逼、遐、迄、迸、透、遙、齡、躧、蹭、蹬、蹉、蹙、踸、皺、詢、讜、譜、詎、韻、靮、眭、眸、睚、翻、翗、刎、剜、劇、鶣、鴣、膂、映、粻、粕、粔、糉、朦、罭、罳、寰、寘、寀、罹、袨、幢、幟、帟、幗、幧、帊、幞、幰、猵、猰、氍、毦、毯、屢、縫、綣、嶙、峋、岌、嶼、嶺、螗、蟻、蚝、蜢、螳、廈、廊、廂、庡、庱、貓、駛、駥、駿、礪、碏、磯、碌、砌、磧、礎、硾、侲、倅、倜、儻、佾、倒、儈、價、僦、伺、佇、偵、颸、鼈、覿、塗、塓、埏、埸、境、舸、艇、艅、艎、歈、曆、鬐、髻、髫、娩、爐、熇、爍、煥、艷、赧、霞、霏、雯、悱、怩、灣、懇、惱、慟、惹、悌、懌、瀼、溥、泯、瀣、瀛、洺、漯、湲、濤、瀦、淼、浹、溘、潩、涯、鰈、魮、鰩、闤、闥、閲、摯、攙、搢、掠、掐、捻、摵、捌、攤、拋、打、瓷、甀、緗、緋、緅、纖、綀、墊、銘、釧、釵、鈲、嫱、嬌、嬋、娟、姤、劬、勢、勘、塔、坊、鑼、轔、轍、阞、阡、醒、綷

又“猸”字在《名義》中作為“猥”異體字，可算作與新附對應字。

由於手寫本的差異及抄手個人的風格不同，對同一字不同時代的寫法往往不盡相同，如“駛”字，原本寫作“駃”、《名義》寫作“駛”、宋本寫作“駛”，在此我們認為是同一字的異寫或異體。《說文》新附字有8字與《名義》字頭有微異差別，但仍屬唯一對應關係，分別是“朘（朘）、齸（齸）、鳷（鴜）、槊（梛）、侶（侣）、瀰（瀰）、墾（墾）、嵇（嵇）、蜑[①]（蜒）”，故有9字屬兩書的間接對應關係。從字頭地位上看《名義》與新附字可對應279字。可知宋人所增的《說文》新附字部分，已經有79%以上的字量至少六朝就已使用並被收集貯存。

新附字與宋本《玉篇》字頭可直接對應有365字，情況如下：

禰、祧、祆、祚、珈、璩、琖、琛、璫、琲、珂、玘、珝、璀、璨、琡、瑄、珙、芙、蓉、薳、荀、茌、蓀、蔬、芊、茗、薌、藏、蕆、蘸、犧、犍、哦、嗃、售、噞、唳、喫、咍、嘲、呀、些、邂、逅、遑、逼、邈、遐、迄、迸、透、邏、迢、逍、遙、齡、躧、蹭、蹬、蹉、跎、蹙、踸、詢、讜、譜、詎、謎、誌、訣、韻、鞘、韈、

① “其文作‘蜑’，止是古蜿蜒字易置偏旁耳。”參見鄭珍《〈說文〉新附考》，貴州人民出版社2002年版，第417頁。

韡、靮、皺、瞼、眨、眭、睟、睚、翻、翎、翸、鷓、鴣、鴨、麽、㳙、脊、腔、刎、剜、劇、刹、簃、筠、笏、篙、叵、飈、餕、餻、罐、叟、靭、梔、榭、樜、榻、櫍、櫂、槔、椿、櫻、棟、梵、貺、賵、賭、貼、貽、賺、賽、賻、贍、曈、曨、昈、昉、晙、晟、昶、暈、晬、映、曙、昳、曇、曆、昂、昇、朦、朧、穩、稕、馥、粻、粕、粔、籹、糉、糖、寘、寰、宷、罭、罳、罹、幢、幟、帟、幗、幧、帒、帊、幞、幰、侲、倅、傔、倜、儻、佾、倒、儈、低、價、僦、伺、僧、佇、偵、袨、衫、襖、毦、氍、毹、毰、毸、毬、氅、屢、舸、艇、艅、艎、覿、歃、預、釂、彩、鬐、髻、髫、鬟、魑、魔、嶙、峋、岌、嶠、嵌、嶼、嶺、嵐、嵩、廈、廊、廂、庪、庱、廖、礪、碏、磯、碌、砧、砌、磧、礎、硾、貓、駥、騣、馱、兔、狘、獋、狷、猰、燼、熇、爍、煥、赩、赮、慵、悱、怩、懘、懇、忖、慆、慟、惹、恰、悌、懌、瀼、溥、汍、泯、瀊、瀘、瀛、滁、洺、潺、湲、濤、潋、港、瀦、淼、浹、溘、潩、涯、霞、霏、霎、霨、靄、鰈、魮、鰩、闤、闠、閌、閬、闃、聱、搋、攙、搢、掠、掐、捻、拗、摵、捌、攤、拋、摴、嫱、妲、嬌、嬋、嫠、姤、琵、琶、瓷、瓴、緗、緋、緅、繖、練、綷、縫、綣、螄、蟻、蚝、蜢、蟋、蟀、颸、鼇、塗、塓、埏、場、境、塾、塘、坳、墻、墜、塔、坊、劬、勢、勘、钃、銘、鎖、鈿、釧、釵、輰、轔、轍、阢、阡、酩、醐、酪、酊、醒、醍

新附與宋本《玉篇》字頭未能直接對應字有37個，其中有11字在宋本釋文中有收錄，分別是“諺、停、儥、喚、崑、崙、打、潔、皸、眹、辦”。又《說文》新附字與宋本《玉篇》字頭可通過異體認同間接對應的有16字，分別是“朘（朘）、虡（虤）、篦（篦）、瀟（瀟）、椝（梆）、鳿（鳿）、鬧（閙）、駛（駛）、騂（騂）、侶（侣）、颼（颼）、鈲（鈲）、娟（娟）、墾（墾）、灞（灞）、嵇（嵇）、蜑（蜒）”。因此《說文》新附字中只有9字未見於宋本《玉篇》中，分別是“腮、胸、盇、矮、迠、魘、颭、烙、燦”。

以上分析可知，新附字與宋本《玉篇》的對應重合度約為97.8%。我們推測除大徐重訂《說文》大量參照了《玉篇》外，陳彭年重修《玉篇》時的新增字也多有來自《說文》新附字。大徐本《說文》與陳彭年

重修《玉篇》收字來源屬共時關係。

《名義》與新附字可對應者有279字，宋本《玉篇》與新附字可對應的有393字，故以宋本與新附對應393字摒除《名義》與新附共有279字所得，即為宋本《玉篇》新增與新附對應字，但《名義》與宋本《玉篇》字頭非可完全照應，排除同形字“朧”和不見於字頭的12字，因此宋本有103字為《名義》所無且可與新附對應的增字。

宋本《玉篇》新增字主要是指未見於原本《玉篇》及《名義》的唐宋間增加字。宋本新增字與大徐新附字相對應的103字，其多數當為唐宋間後出孳乳或變易字。對應情況如下：

祆、琲、璀、璨、瑄、莋、蘸、哦、唳、喫、遑、邈、邏、迢、逍、跎、謎、誌、訣、鞘、韉、韡、瞼、眨、翎、鴨、腔、剎、餻、罐、榭、椸、櫂、椿、貼、賽、晬、昳、昂、朧、稕、敉、糖、佾、傔、低、僧、衫、襖、毦、毹、毬、氅、預、彩、鬢、魑、魔、嶠、嵌、嵐、嵩、廖、砧、馱、狘、慵、忖、恰、汍、瀘、滁、漵、港、霞、靄、閥、闃、拋、拗、摴、妲、嫠、琵、琶、蜷、塘、坳、壒、墜、鎖、鈿、轏、酪、醐、酩、酊、醍、箆（篦）、瀟（瀟）、閙（鬧）、騂（騂）、颼（颼）

宋本《玉篇》與《說文》新附字對應各部新增字數：

部首	字数	部首	字数	部首	字数	部首	字数	部首	字数
水部	6	日部	3	琴部	2	車部	1	示部	1
辵部	5	手部	3	米部	2	虫部	1	馬部	2
酉部	5	革部	3	艸部	2	月部	1	食部	1
木部	4	心部	3	目部	2	刀部	1	石部	1
山部	4	言部	3	門部	2	缶部	1	彡部	1
毛部	4	金部	2	衣部	2	广部	1	足部	1
土部	4	女部	2	雨部	2	鳥部	1	羽部	1
玉部	4	貝部	2	犬部	1	禾部	1	鬥部	1
口部	3	禸部	2	髟部	1	巾部	1	竹部	1
人部	3	鬼部	2	矢部	1	頁部	1	風部	1

此處《說文》新附字為“鬧”，而宋本《玉篇》此字形為“閙”。我們以其本義歸部，此字算為“鬥部”新增字。

（一）原本《玉篇》、《名義》、宋本《玉篇》與《說文》新附字之關係比較

原本《玉篇》殘卷今存2 071字①，其中直接引《說文》1 097條，引“許叔重”為46條，約占全部的55%。其中包括兩個新附字“礎”“廊”，皆為顧氏引自“許叔重”說，應作為《說文》逸字補入。

通過比較原本、《名義》、宋本與《說文》新附字的39條共見字例，明顯有與《玉篇》上下相承關係的有17條，所占比例約為44%，分別是“讜、韻、嶙、峋、岌、嵩、阢、阡、轍、繾、綣、緅、繖、綷、廊、廂、嵇”；釋義大致相符，但相承關係不太明顯的有21條，約占54%，分別是“餕、譜、嶼、廈、庱、廖、庋、礪、碏、磯、碌、砌、礎、硾、舸、艀、艉、鰩、緗、緋、綀”，另釋義與《玉篇》不合者僅有1字“嶺”。其中2字“廊、廂”我們認為是後世傳抄有誤，在此仍計入與《玉篇》有相承關係之列。

原本《玉篇》、《名義》、宋本《玉篇》與《說文》新附字四書對比情況如下：

1.原本：餕，子侚反。《公羊傳》餕饔未就。何休曰：餕，熟食也。饔，熟肉也。《礼記》煮餕餘不祭。鄭云：食人之餘曰餘也。又曰祭者有餕□。祭之未也。古人有言善終者，如餕其是已。惠術□為政，尚施惠也。

《名義》：餕，子侚反。孰食也。肉（尚）惠施也。

宋本：餕，子殉切。熟食也。

新附：餕，食之餘也。从食夋聲。

按：《康熙字典》：“《唐韻》子峻切。”《廣韻·稕韻》：“餕，子峻切。食餘。”

2.原 本：讜，都朗反。《漢書》復聞讜言。野王案：直言也。《聲類》善言也。

① 从原本《玉篇》残卷影印本整理情况看，罗本共有1 138字（包括心部五字），黎本与罗本不重复有933字，残卷总计2 071字。

《名義》：讜，都朗反。善言也。真（直）言也。

宋 本：讜，丁朗切。直言也，善言也。

新 附：讜，直言也。从言黨聲。

3.原本：譜，逋魯反。《史記》：稽諸譜牒，自殷而前，万（不）得而譜。

《廣蒼》：譜，属。《廣雅》：譜，牒。《釋名》：譜，布也，列見其事。

《名義》：譜，蒲魯反。屬也。牒也。布引見其事也。

宋 本：譜，布魯切。屬也，牒也，布列見其事也。

新 附：譜，籍録也。从言普聲。《史記》从並。

按：《康熙字典》："《唐韻》博古切。"《廣韻·姥韻》："譜，博古切。籍録。"

4.原 本：韻，為鎮反。《聲類》音和韻也。

《名義》：韻，爲鎮反。音和。

宋本：韻，爲鎮切。聲音和曰韻。

新附：韻，和也。从音員聲。裴光遠云：古與均同。未知其審。

5.原本：嶙，力因反。《甘泉賦》岭嶅嶙峋，洞无□。《埤蒼》深无厓也。《名義》：嶙，力因反。深无厓。

宋本：嶙，力因切。嶙峋，深崖皃。又力忍切。亦作𡾋。

新附：嶙，嶙峋，深崖皃。从山粦聲。

6.原本：峋，思遵反。《埤蒼》嶙峋也。

《名義》：峋，思遵反。嶙。

宋本：峋，思遵切。嶙峋。

新附：峋，嶙峋也。从山旬聲。

7.原本：　岌，魚及反。《尔雅》小山岌。郭璞曰：謂過高也。《韓詩》曰：四牡岌岌，盛皃也。《楚辞》高余冠之岌岌。王逸曰：岌岌，高皃也。《孟子》曰：天下殆哉岌乎。劉熙曰：語者之聲岌岌然也。司馬注：《荘子》殆岌皆危也。《漢書》岌岌其国。應劭曰：岌岌，欲毀壞意也。《埤蒼》以訓危為贯字，在及部。

《名義》：岌，魚及反。高皃。

宋 本：岌，魚及切。山高皃。

新 附：岌，山高皃。从山及聲。

8.原 本：嶼，辞旅反。《吴容賦》島嶼綿邈。劉達曰：海中洲也。一曰海申山也。魏武□覽島嶼之所，所有是也。

《名義》：嶼，辞旅反。洲。

宋 本：嶼，似與切。海中洲。

新 附：嶼，島也。从山與聲。

按：《康熙字典》："《唐韻》徐吕切。"《廣韻·語韻》："嶼，徐吕切。海中洲也。"宋本《玉篇》承自原本，與《唐韻》、《廣韻》同，新附字所據來源不明。

9.原 本：嶺，力井反。《廣雅》嶺，陵也。野王案：《漢書》紀梓嶺西城有葱葱嶺是也。《字書》為阾字，在阜部。

《名義》：嶺，力井反。陵也。

宋 本：嶺，力井切。坂也。或作阾。

新 附：嶺，山道也。从山領聲。

按：《爾雅·釋獸》"時善乘領。"注云："好登山峰。"其時作"領"，"領""嶺"古今字，當出於晉後。《康熙字典》："《唐韻》良郢切。"《廣韻·靜韻》："嶺，良郢切。山坡也。裴潛《廣州記》云：'大庾、始安、臨賀、桂陽、揭陽爲五嶺。'與鄧德明《南康記》云别也。"唯徐鉉新附釋為"山道"，其義當别有所出。

10.原 本：嵩，《毛詩》嵩高惟岳。《傳》曰：山大而高曰嵩。《尔雅》：嵩，高也。又曰嵩高山為中岳。《字書》夊（亦）崧字也。

《名義》：嵩，同上也。高。（同上字：崧，思隆反。山大高。）

宋 本：嵩，同上。（同上字：崧，思融切。中岳也。）

新 附：嵩，中岳，嵩高山也。从山从高，亦从松。韋昭《國語》注云：“古通用崇字。”

11.原 本：阠，所陳、酢陣二反。《尔雅》八陵、東陵曰阠也。

《名義》：阠，所陳反。八陵名。

宋 本：阠，所陳、所陣切。東陵也。

新 附：阠，陵名。从𠂤卂聲。

12.原 本：阡，且因（田）反。《史記》秦孝公壞井田開阡陌。《風俗通》南北曰阡。《字書》：阡，陌也。《蒼頡萹（篇）》谸字，在谷部。或為圲字，在土部。

《名義》：阡，且因（田）反。陌也。

宋 本：阡，青田切。阡陌也，道也。南北曰阡，東西曰陌。或作谸、圲。

新 附：阡，路東西爲陌，南北爲阡。从𠂤千聲。

13.原 本：厦，胡假反。《礼記》若覆厦屋者。鄭玄曰：厦，今之門廡，其形旁廣而也。野王案：《淮南》大厦成而鷰雀相賀是也。

《名義》：厦，胡蝦反。

宋 本：厦，胡假切。今之門廡也。

新 附：厦，屋也。从广夏聲。

按：《康熙字典》：“《唐韻》胡雅切。”《廣韻・馬韻》：“厦，胡雅切。厦屋。”

14.原 本：廊，力唐反。《周書》凡五宫明堂咸有重廊。野王案：《漢書》陳廊廡下是也。《国語》謀之廊廟失之中原。野王案：《漢書》廊，廣廣之材非一木之枝是也。《淮南》桀為象廊。許叔重曰：廊，屋也。

《名義》：廊，力唐反。屋。

宋 本：廊，力唐切。廡下也。

新 附：廊，東西序也。从广郎聲。《漢書》通用郎。

按：《廣韻·唐韻》："廊，魯當切。廡也。文穎曰：'廊殿下外屋也。'"《漢書·董仲舒傳》"游於巖郎之上。"晉灼注云："郎，堂邊廡。"小顏云"堂下周屋。"《漢書》皆作"郎"，"郎""廊"古今字。原本已引"許叔重曰"，可知此字當屬《說文》逸字，鄭珍未見原本，故未據以入《說文逸字》一書。鄭珍認為："徐氏撰注'東本序'，古無此說。又訓'廂'為'廊'，皆失之。"

15.原 本：廂，思楊反。《尔雅》室有東西廂曰廟，无東西廂曰寢。郭璞曰：夹（夾）室前堂也。《埤蒼》：廂，序也。野王案：《楚辞》蒺藜蔓草，東廂是。

《名義》：廂，思楊反。序也。夾也。室前堂也。

宋 本：廂，思羊切。序也，東西序也。

新 附：廂，廊也。从广相聲。

按：《廣韻·陽韻》："廂，息良切。廊也。亦曰東西室。"康熙字典："廂，又通作箱。《儀禮·公食大夫禮》公揖退於箱。"鄭珍云"鄭君以'箱'之名出於'相翔'，則古止可作'相'。……要皆古字，俗乃加广"。"相""廂"古今字。宋本"廂"字在"广部"第58位，"廊"在本部第74位，《名義》"廂"在本部第50位，"廊"在本部第74位。原本"廂"在本部第55位，"廊"在本部第80位。諸本"廂""廊"兩字位相距不過二十字上下，且"廂"皆在"廊"之前。而《說文》新附字序相反，"廊"在"廂"之前，而此二字釋義皆不可自圓其說，且前人多指其謬。我們從此字序及訓释上判斷，"廂""廊"兩字應是徐鉉或後人刊刻所誤倒，實兩字應為"廂，東西序也。"和"廊，廊（屋）也。"

16.原 本：庋，居毀反。《尔雅》祭山曰庋縣。郭璞曰：或縣也。山經縣以告王是也。《音義》曰：詩推度灾云封庋縣，山小祭也。野王案：猶庋閣也。鄭玄注：《礼記》始死之賁其餘閣也。与以為庋藏食物者也。《淮南》攱字，在立部。古文為掎字，在手部也。

《名義》：庋，居毀反。閣也。

宋 本：庋，同上。亦祭山口庋縣。（同上字："庋，居毀切。閣也。”）

新 附：庪，祭山曰庪縣。从广技聲。

按：《廣韻·紙韻》：“庪，過委切。《爾雅》云：‘祭山曰庪縣。’”

17.原 本：庱，耻陵反。《吴志》孫權射虎於席高（庱亭）。

《名義》：庱，恥陵反。

宋 本：庱，恥拯切。亭名。見《吴志》。

新 附：庱，地名。从广，未詳。

按：《廣韻·蒸韻》“庱，丑升切。亭名，在吴興，孫權射虎處。”又《廣韻·拯韻》：“庱，丑拯切。亭名，在吴晉陵。”徐鉉新附此字所引未察。

18.原 本：廖，午廖（上廫）字也。夊（亦）人姓也。後漢有廖謀，蜀有至。音有救反也。

《名義》：廫，力彫反。空廬也。廖，同上。

宋 本：廫，力幺切。空虚也。廖，同上。又姓也。又力救切。

新 附：廖，人姓。从广，未詳。當是省廫字尔。

按：《唐韻·宥韻》：“廖，力究反。姓，周文王子百廖之後。後漢有廖湛。”《廣韻》同上，又“落蕭切。廖，人名，《左傳》有辛伯廖。”新附未見“空虚”一義。

19.原 本：　礪，力制反。《山海經》崦嵫多礪砥。郭璞曰：磨石精者為砥，庶者為礪。野王案：所以磨力者也。《尚書》若金用汝則礪是也。《說文》為厲字，在厂部。

《名義》：礪，力制反。磨石。

宋 本：礪，力勢切。崦嵫，礪石可磨刃。

新 附：礪，䃺也。从石厲聲。經典通用厲。

按：《廣韻·祭韻》：“礪，力制切。砥石。”原本：“磑，《說文》：磑，䃺也。《方言》：䃺，堅也。郭璞曰：石物堅也。摩切為剴字，在刀部也。”宋本：“䃺，莫卧切。磑也，所以䃺麥。磨，同上。”《尚書·禹贡》：“砥礪砮丹。”孔傳：“砥細於礪，皆磨石也。”徐鉉此釋義無誤，未可判明出處。

20.原 本： 碏，七惜、七畝二反。《毛詩》執爨碏碏。《傳》曰：碏碏言爨竈有客也。朝碏碏，敬也。《左氏傳》衛大夫石碏也。

《名義》： 碏，士昔反。敬。

《名義》重出：碏，子石反。補。

宋 本：碏，七昔、七略二切。敬也。《左氏傳》：“衛大夫石碏”。

新 附：碏，《左氏傳》：“衛大夫石碏。”《唐韻》云：敬也。从石，未詳。昔聲。

按：《唐韻·藥韻》：“碏，七碏反。敬也。又姓，衛大夫石碏。加也。”《廣韻》同上。鄭珍云：“石碏，《漢石經·公羊傳》作‘石踖’，知古是從足字。今三傳中‘碏’皆俗改。”黃侃亦云“本作踖”。《說文》：“踖，長脛行也。从足昝聲。一曰踧踖。”《論語》“踧踖如也。”《集解》馬融注：“踧踖，恭敬貌。”故“踖”“碏”相通。徐鉉此字所據為《唐韻》，實原本中此義項皆存，故此字當為六朝前所出字。

21.原 本：磯，居依反。《廣雅》磯，磧也。《埤蒼》水中磧也，並子是不可磯致。劉熙曰：磯，切也。野王案：謂摩切也。《淮南》磯摩易勿釋是也。与劉字義同，在刀部。

《名義》： 磯，居依反。磧也。切也。

宋 本：磯，居衣切。水中磧也，摩也。

新 附：磯，大石激水也。从石幾聲。

按：《廣韻·微韻》：“磯，居依切。大石激水。”新附與《廣韻》釋字同，《唐韻》《廣韻》皆來自《切韻》，釋文應相一致，故認為新附字當與《唐韻》相承。

22.原 本：碌，力木反。《埤蒼》：碌，磏多沙石也。王皃石录之為琭字，在玉部。

《名義》：碌，力禾（木）反。多沙石。

宋 本：碌，力木切。碌䃚，多沙石。

新 附：碌，石皃。从石彔聲。

按：《唐韻·屋韻》："碌，盧谷切。多石皃。"《廣韻》同上。《爾雅·釋丘》："其二河北。"晉郭璞注云："按此方稱天下之名丘，恐此諸丘彔彔，未足用當之。" 鄭珍云："《廣韻》訓'多石貌'。大徐刪'多'，非也。此後世語，古籍無之。亦作廘碌字。"黄侃云："即彔，而加偏旁。"黄焯按："《說文》：'彔，刻木彔彔也。象形。'小徐云：'彔彔猶歷歷也。一一可数之貌。'按彔本為刻彔字，亦即記錄、歷錄字。"石多之貌歷歷可數，故加石作"碌"。"碌"為"彔"之後出字，當在六朝以前。

23.原 本：砌，且計反。《西京賦》設砌厓隒。薛（薩）綜曰：砌，限（階）也。《廣雅》：砌，戺也。

《名義》：砌，且計反。限（階）也。危也。

宋 本：砌，千計切。危也，階砌也。

新 附：砌，階甃也。从石切聲。

按：《唐韻·霽韻》："砌，七計反。"《廣韻·霽韻》："砌，七計切。階砌也。"可知《唐韻》《廣韻》與原本《玉篇》一致，而新附釋字多一"甃"字。《說文》："甃，井壁也。"此處我們仍認為新附所據來源不明。

24.原 本：礎，初舉反。《淮南》：小雲蒸而柱礎潤。許叔重：彫楹玉舄。《廣（雅）》曰：楚人謂柱舄曰也。

《名義》：礎，初舉反。柱舄（碣）也。

宋 本：礎，初吕切。柱碣也。

新 附：礎，磧也。从石楚聲。

按：原本此字引"許叔重：彫楹玉舄。"故知此字亦為《說文》逸字。鄭珍未見原本，故曰："'礎'乃'碣'之轉語，為秦漢間方言。

故許不錄其字。”《廣韻·語韻》：“礎，創舉切。柱下石也。”《洪武正韻》：“礎，創祖切。柱下石。”《說文》：“礩，柱下石也。从石質聲。”《廣韻·質韻》“礩”釋義與《說文》同。《正字通》：“礎與礩異名同實，其爲楹石則一，無二義。”故此字當為徐氏後加之不當新附字，亦不明其釋文所據為何書。

25.原　本：硾，除為反。《埤蒼》：硾，鎮也。野王案：鎮笮之也。《呂氏春秋》倕之以石是也。《字書》或為倕字，在人部。以繩有所縣為縋字，在糸部。

《名義》：硾，除偽反。鎮也。縋字。

宋　本：硾，丈僞切。鎮也，笮也。亦作縋。

新　附：硾，擣也。从石垂聲。

按：《廣韻·寘韻》：“硾，馳僞切。鎮也。《呂氏春秋》云：‘硾之以石。’”《說文》：“擣，手推也。一曰築也。”“捶，以杖擊也。”鄭珍：“‘捶’即古‘硾’字，俗別從石。《篇》《韻》訓‘鎮’，則稱錘字之俗。”故《呂覽·四月紀》云“溺而硾之以石也。”《鄧析子·無厚篇》曰：“譬如拯溺而錘之以石。”黄侃亦云：“本作捶”。焯按：“《說文》錘，即古硾字。”故“硾”當為“捶”“錘”之後出俗字。

26. 原　本：舸，各可反。《方言》南楚江湖，凡船大者謂之舸。

《名義》：舸，各可反。大舩。

宋　本：舸，各可切。船也。

新　附：舸，舟也。从舟可聲。

27.原　本：轏，《左氏傳》寢於轏中。杜預曰：轏，主車也。《聲類》亾（亦）輚字也。

《名義》：輚，仕涧反。載柩車。轏，同上。

宋　本：輚，仕僩切。載柩車。轏，同上。

新　附：轏，車名。从車孱聲。

28.原　本：轍，除列反。《左氏傳》視其轍亂。杜預曰：車迹也。

《名義》：轍，除列反。車迹。

宋　本：轍，除列切。車行迹。

新　附：轍，車迹也。从車，徹省聲。本通用徹，後人所加。

29.原　本：魮，婢葵反。《山海經》濃水多如魮之魚。狀覆銚鳥首而魚尾，音如聲石之聲也。

《名義》：魮，婢葵反。

宋　本：魮，父脂切。魮魚，状如覆銚，鳥首魚尾，音如磬石。出《山海經》。

宋本重出：魮，頻葵切。魚也，音如磬聲。

新　附：魮，文魮，魚名。从魚比聲。

30.原　本：鰩，与（照）反。《山海經》□鰩魚狀如鯉魚，身鳥翼，蒼文白首赤啄，常自西□遊於□，夜飛，音如鸞□，酸甘見則天下□也。

《名義》：鰩，与昭反。如鯉，翼。

宋　本：鰩，與照切。魚身鳥翼，常從西海飛來東海。

新　附：鰩，文鰩，魚名。从魚䍃聲。

31.原　本：繾，祛善反。《毛詩》以謹繾綣。《傳》曰：繾綣,反覆也。《左氏傳》：繾綣從公。杜預曰：繾綣，不離散也。《字書》忽（亦）饋字也。绪也，黎也，進也，在食部。

《名義》：繾，祛善反。進也。綣也。饋字。

宋　本：繾，去善切。繾綣，不離散也。

新　附：繾，繾綣，不相離也。从糸遣聲。

32.原　本：綣，吴阮反。《礼記》綣綣服膺不失之矣。鄭玄曰：綣綣，奉持之皃也。又曰今夫一綣石之多，鄭玄曰：綣猶區也。又曰綣豚行不舉足，齊如流。鄭玄曰：綣，轉肦肦言，若有所脩也。《字書》忽（亦）綣字也。黐捲也，在黍部。

《名義》：綣，吳院反。區也。

宋 本：綣，口阮切。繾綣也。

新 附：綣，繾綣也。从糸卷聲。

33.原 本：緗，所梁反。《續漢書》：賈人嫁娶衣緗缙而已。《廣雅》緖謂之緗。《廣雅》：緗，桒初生之色也。

《名義》：緗，所梁反。緖也。桑。

宋 本：緗，思良切。桑初生色。

新 附：緗，帛淺黄色也。从糸相聲。

按：《廣韻·陽韻》："緗，息良切。淺黄。"《釋名·綵帛》："緗，桑也。如桑葉初生之色也。"《後漢·輿服志》："賈人緗縹而已。"可知《名義》之釋文脱"初生色"。徐鉉新附皆特指"帛淺黄色"。

34.原 本：緋，甫違反。《字書》緋緉也。

《名義》：緋，甫違反。緉。

宋 本：緋，甫韋切。絳練也。

新 附：緋，帛赤色也。从糸非聲。

按：《廣韻·微韻》："緋，甫微切。絳色。"唐段成式《酉陽雜俎·毛篇》："狒狒……血可染緋。"《類篇》："緋，絳色。一曰赤練。"鄭珍云："'緋'字且不見《廣雅》，當是魏晉以後字。《唐書·車服志》：'袴褶之制，五品以上緋，著之國典。'後此字始盛行。"

35.原 本：緅，側鳩反。《論語》：君子不以紺緅飾。孔安國曰：一入曰緅，三年小祥以緅飾衣也。《考工記》：染羽五入為緅。鄭玄曰：染纁者，三入而成文也。又再入以為緅緅，今礼俗文作爵，言如爵頭色也。《廣雅》：緅，青色。《聲類》間色也。《字書》青赤色也。

《名義》：緅，側鳩反。一入日（曰）緅也。青。

宋 本：緅，仄尤切。青赤色。

新 附：緅，帛青赤色也。从糸取聲。

36.原　本：　繖，思蘭反。《東觀漢記》：時大雨，上騎持繖盖從百余騎。野王案：繖即盖也。《諸葛亮集》不得持鳥育及慢，但持繖是也。

《名義》：繖，思爛反。蓋。

宋 本：繖，思但切。繖蓋也。

新 附：繖，蓋也。从糸散聲。

37.原　本：　綀，所閭反。《文士傳》：祢衡著布單衣，綀巾吴志綀帳縹被。《釋名》紡麄絲織曰綀。綀，料也，料料然疏也。

《名義》：綀，所閭反。紡麄絲織。

宋 本：綀，所於切。紡麤絲。

新 附：綀，布屬。从糸束聲。

按：《廣韻・魚韻》："綀，所葅切。綀葛。"《類篇》："綀，絺屬。後漢禰衡著綀巾。"鄭珍云："《類篇》'綀'下引《後漢書》'禰衡著綀巾'，傳文本作'疎巾'。疎巾者，以疎布作巾也。'疎'已是'疏'俗字，改'𤴓'為'糸'更俗，非巾有此名。"鄭玄注《禮記》云："疏者，麤也。""疏""綀"音義相合。黄侃亦云："綀，疏之後出字。"鄭珍亦云："'綀'當出六朝以降。大徐乃附訛謬俗體以當古篆乎？"從原本引書判斷，"綀"字至遲於南北朝時已有之。

38. 原　本：縡，子代反。《甘泉賦》上天之縡，香旭卉聖，皇穆穆信報對。《埤蒼》：縡，事也。今並為載字，在車部。

《名義》：縡，子代反。事。

宋 本：縡，子代切。事也，載也。

新 附：縡，事也。从糸宰聲。

39. 原　本：嵇，胡雞反。《埤蒼》山也。�（亦）姓也。

《名義》：嵇，胡鷄反。山也。

宋 本：嵇，戸雞切。山名。

新 附：嵇，山名。从山，稽省聲。奚氏避難特造此字，非古。

按：《廣韻·齊韻》：“嵆，胡雞切。山名。亦姓，出譙郡、河南二望。”《魏志》裴松之注引虞預《晉書》云：“嵇康本姓奚，會稽人。先人自會稽遷於譙之銍縣，改為嵇氏，取‘稽’字之上以為姓，蓋志本也。”北魏《水經·淮水注》說亦同，可知此字始見於魏晉時。雖“嵇”“嵆”字形有別，但僅是結構位置的微異，從字音義對照看，此字與《玉篇》來源應一致。

（二）《名義》、宋本《玉篇》與《說文》新附字關係比較

《名義》、宋本《玉篇》與《說文》新附字三書可對應的有279條，其數量遠大於原本所存39條，故從《名義》、宋本與新附字的對照亦可看出新附字與《玉篇》版本體系的關係。

我們將對比情況分為10種，其中能看作新附與《名義》有聯系的為前8種情況，而與《名義》完全無聯系的為後兩種情況。其中字義完全相同者有61條，約占22%，完全不同者有13條，不足5%。另約73%新附字釋義與《名義》有較大聯系，但由於時間關係及多種因素有所變異。從時間層次上看，由於以下幾個方面異同對比，我們認為《玉篇》當為大徐增加新附字的主要參照來源，現將對比情況簡列如下：

1. 字義全同者

《名義》：貺，詡誑反。賜也。与也。

曨，力東反。曈也。

新附：貺，賜也。从貝兄聲。

曨，曈曨也。从日龍聲。

宋本：貺，詡誑切。賜也。

曨，力東切。曈曨。

此類如“麲、亘、貺、賻、曈、曨、玘、噞、芙、蓉、芊、犧[①]、旋、邂、逅、遐、迄、齡、眸、剜、鷓、鴣、脣、朦、朦、髭、毯、嶙、峋、岌、蠛、駥、磧、倜、儻、儻、倒、覿、塓、艇、歈、媿、霎、霎、溥、洺、濤、潴、淼、潩、鰈、魮、聱、繖、塾、釵、嫱、轔、轍、阢、綷”，共61例。其中一些為聯綿詞或《名義》義項本應有之而缺，則對宋本義項參照判斷，義項無出入者算為全同。

① 《名義》：“犧，戲宜反。宗廣也。牲也。”當為“宗廟之牲也”，與《說文》新附字同。

2. 釋义用字互有異同，但其義皆可通

《名義》：祧，吐堯反。遠祖之廟也。濯，古文。祧字。

新 附：祧，遷廟也。从示兆聲。

宋 本：祧，他幺切。遠廟也。

按：《廣韻・蕭韻》："祧，吐彫切。遠祖廟也。"《續一切經音義》卷十："祧，吐彫反。"《字書》云："祧遠祖廟也。"《禮記•祭法》："遠廟爲祧，去祧爲壇。"鄭玄注云："祧之言超也，超上去意也。"《周禮•春官》："守祧，掌守先王先公之廟祧。"鄭玄注："遷主所藏曰祧。"《左傳•襄九年》："以先君之祧處之。"杜預注："諸侯以始祖之廟爲祧。"《禮記・曾子問第七》："曾子問曰：古者師行，必以遷廟主行乎？孔子曰：天子巡守，以遷廟主行，載於齊車，言必有尊也。今也取七廟之主以行，則失之矣。"未見"遷廟"為"祧"之解。鄭珍《說文新附考》："古無'祧廟'正字。《周禮》'守祧'注云：'故《書》"祧"作"濯"。'鄭司農讀'濯'為'祧'。是古止借'濯'字。漢人加作'祧'。"又鄭知同按："依《玉篇》'祧'重文作'禫'，注'古文'。疑'濯'先變為'禫'，後乃改作'祧'也。"

《名義》：筠，鮹（鮪）旻反。竹皮也。

新 附：筠，竹皮也。从竹均聲。

宋 本：筠，有旻切。如竹箭之有筠。

按：《廣韻・眞韻》："筠，爲贇切。竹皮之美質也。"《禮記・禮器》："其在人也，如竹箭之有筠也。"鄭玄注："筠，竹之青皮也。"當是宋本或上元本刪節過多，省去前之釋義，僅余所引書證。

此類有"筠、笏、篙、餕、靭、曙、曇、曆、昇、櫕、椋、馥、賵、賭、眆、祧、璩、琛、瑺、珂、琡、嗃、咍、嘲、蔬、茗、些、逼、迸、踸、皺、詢、韻、刎、劇、粻、粕、罭、寰、幟、幗、幧、帊、幞、幰、狎、猰、縺、綣、嶼、嶺、螅、蚝、蜢、蝗、廈、廊、廂、駿、礪、礎、磓、佾、伺、颸、颾、鼇、境、舸、艅、艎、靨、鬠、髫、髻、爈、煽、爍、煥、赧、霞、霏、悱、怩、懣、慆、慟、惹、涯、闤、攙、捻、摵、捌、攤、抛、綀、銘、釧、嬌、阡、醒”，共102例。其中包括一些《名義》義項脱漏據宋本判斷者。

3. 釋義少有脱漏或衍文者

《名義》：簃，餘支反。連也。樓閣邊小屋也。

新附：簃，閣邊小屋也。从竹移聲。《說文》通用誃。

宋本：簃，余之切。樓閣邊小屋。《爾雅》云：連謂之簃。又音池。

按：《廣韻・支韻》：“簃，弋支切。樓閣邊小屋。又音池。”《爾雅・釋宫》：“連謂之簃。”郭璞注：“堂婁（樓）閣邊小屋，今呼之簃厨連觀也。”皆與宋本《玉篇》同。應是新附字脱“樓”一字。

《名義》：暈，有慍反。日旁氣。

新附：暈，日月气也。从日軍聲。

宋本：暈，有愠切。日月旁氣也。

按：《廣韻・問韻》：“暈，王問切。日月傍氣。”《釋名・釋天》：暈，捲也。氣在外捲結之也，日月俱然。新附似脱一“旁”字。

此類如“簃、暈、碌、闥”，共4例。

4. 有類屬關係者，通常新附為總括之類。

《名義》：榻，恥闔反。梓也。

新附：榻，牀也。从木扇聲。

宋本：榻，恥臘切。牀狹而長謂之榻。

《名義》：槔，古勞反。桔槔也。

新附：槔，桔槔，汲水器也。从木皋聲。

宋本：槔，古刀切。桔槔也。

此類有“榻、槔、櫻、珝、珙、蓀、庱、貓、瀛、鰩、瓷、瓻、坊、鑃、鑺”，共15例。

5. 《名義》或宋本説解較繁

《名義》：夎，祖卧反。拜也。詐也。

新 附：爱，拜失容也。从夊坐聲。

宋 本：爱，子對、祖卧二切。拜失容也。又詐也。亦作蓌。《禮記》云：無蓌拜。

《名義》：梔，之移反。黄木可染也。鮮支也。

新 附：梔，木實可染。从木卮聲。

宋 本：梔，之移切。黄木，實可以染。《爾雅》曰：桑辦有葚梔。

按：《廣韻·支韻》："梔，章移切。梔子，木實，可染黄。"《史記索隱》"鮮支黄礫"條下"張揖云：皆草也，未詳。司馬彪云：鮮支支子，或云鮮支，亦香草也。小顔云：黄礫黄屑木恐非也。"《藝林彙考·植物篇》："漢《相如賦》'鮮支黄礫'，師古曰：即支子樹。《貨殖傳》'千畝卮茜'注：鮮支也。"

此類有"爱、梔、貽、贍、晙、䄠、禰、祚、售、荀、藏、蹬、蹷、讜、譜、詎、靮、罭、宷、䆷、屢、砌、倅、價、佇、偵、塗、埸、赩、懌、瀼、泯、瀣、浹、溘、揩、掠、掐、劬、勢"，共40例。

6. 新附字說解較多者

《名義》：穩，於本反。蹂禾穭也。

新 附：穩，蹂穀聚也。一曰安也。从禾，隱省。古通用安隱。

宋 本：穩，於本切。蹂穀聚。

《名義》：氍，渠俱反。毾。

新 附：氍，氍毹、毾㲪，皆氈緂之屬，蓋方言也。从毛瞿聲。

宋 本：氍，同上。（同上字：氀，巨俱切。氀毹，毛席也。）

此類有"穩、氍、蘧、眭、碏"，共5例。

7. 各有詳略或互相補充

《名義》：蕆，勑展反。勑也。解也。備也。具也。

新 附：蕆，《左氏傳》："以蕆陳事。"杜預注云：蕆，敕也。从艸未詳。

宋 本：蕆，敕展切。解也，備也。《左氏傳》曰：寡君願以蕆事。蕆，敕也。

《名義》：珈，古遐反。加也。笳也。

新 附：珈，婦人首飾。从玉加聲。《詩》曰：“副笄六珈。”

宋 本：珈，古遐切。《詩》云：副笄六珈。《傳》曰：珈，笄飾之最盛者，所以別尊卑。

此類有“蕆、昉、晟、珈、呀、薌、犍、透、躧、蹭、蹉、睚、罹、袨、㢋、磯、侲、埏、㦗、悌、潺、湲、閲、緗、緋、緻、嬋、勘”，共28例。此類應是陳彭年據孫強本有所補充之例。

8. 當屬《名義》有此字卻未於字頭所見者

從行文中可判斷為《名義》字書應有字，而未見於字頭者。

《名義》：箷，翼支反。衣架也。椸也。

新 附：椸，衣架也。从木施聲。

宋 本：椸，音移。衣架也。

按：《禮記•曲禮》：“男女不同椸架。”《方言》：“榻前几，趙魏之閒謂之椸。”《康熙字典》：“椸，《唐韻》作箷。亦作褆。”《廣韻・支韻》：“箷，弋支切。衣架。褆，上同。又榻前几。”《廣雅》：“箷謂之㮇。”《十三經注疏》：“竿謂之箷，註衣架，疏凡以竿為衣架者名箷。”又《名義》：“格，柯額反。椸也。栢也。度也。量也。”所以此字應是在《名義》中常用，且與“箷”為異體關係。

此類目前僅見此1例。

9. 新附與宋本相一致者

《名義》：糉，子楝反。米裹煮。

新 附：糉，蘆葉裹米也。从米㚇聲。

宋 本：糉，子貢切。蘆葉裹米。

《名義》：琖，側蕳反。林也。小也。盃也。

新附：琖，玉爵也。夏曰琖，殷曰斝，周曰爵。从玉戔聲。或从皿。

宋 本：琖，側簡切。《說文》曰：玉爵也。夏曰琖，殷曰斝，周曰爵。亦作盞、醆。

此類有“琖、翻、翡、粔、糉、儈、僦”，共7例。此可明顯看出陈彭年重脩痕跡，且宋本中有“侲、琖、塔、倒”4字徑引《說文》新附字訓釋，與《名義》釋義有明顯差別，皆為陳彭年輩重修所增加。

10. 文意相反或無關

《名義》：賺，力苔反。賣也。重賣也。

新 附：賺，重買也，錯也。从貝廉聲。

宋 本：賺，徒陷切。錯也，重賣也。

按：《唐韻·陷韻》："賺，佇陷反。重賣。""賺"《說文》新附字釋為"重買"有錯。《類篇》或省作"賺"。此類同《玉篇》"濂""溓"相通。《類篇》："賺，離鹽切。《博雅》：賣也。或省作賺。又直陷切。一曰市物失實。"《集韻》："賺，《博雅》：賣也。或省作賺。" 又《集韻》："賺，直陷切，賣也。一曰市物失實。" 《<說文>新附考》鄭知同按："'買'當作'賣'，見《廣雅》《玉篇》。'賺'系漢已來俗語，古書傳無之。"又云："'重賣'者，賣物得價倍於常值，'重'讀如字；猶買物出多資謂之'重資''重價'。今人猶謂市得多得為'賺錢'，南北皆有此語，俗間通用'賺'為之。"故此處新附字義當言"重賣"為"賺"，《名義》、《玉篇》無錯。

此類有"梵、賺、映、幢、姤、塔"，共6例。

（三）宋本新增字與《說文》新附字比較

宋本新增字與《說文》新附字共見103字，約占新附字總量的25.6%，其中大多數為唐宋新出字。從新附字與宋本新增字的比較，可探知從中古到近古時期漢字演變的一些規律與現象，並得到較為可靠的量化統計結果。

宋本《玉篇》新增字與《說文》新附有103字可直接或間接對應，其中可以音義完全對應的有34字，分別是"璀、瓈、妲、琲、塘、恰、墖、彩、跎、坳、袄、慵、迢、邈、誌、椸、蘸、粃、糖、刹、瀘、滁、港、晬、昳、朧、狘、嵩、嶠、鴨、蟋、賽、瀟（瀟）、颼（颼）"，音義相同或相近的有49例，分別是"潎、捓、嫠、鬟、預、傔、唳、忖、墜、眨、低、僧、哦、瞼、喫、邏、逍、謎、榭、櫂、餻、琵、琶、罐、鈿、轏、霽、靄、魑、魔、砧、嵌、毬、馱、毹、毦、貼、翎、佾、襖、韉、韡、酪、醐、酩、酊、鬧（鬧）、騂（騂）、篦（篦）"，音義互有詳略的有12例，其中宋本引證較多的有9例，分別是"瑄、逭、稕、闃、椿、閥、嵐、廖、衫"，新附引證較多的3例，分別是“撶、訣、醐”；另有8例為音義相差較大，分別是“拗、腔、莋、汍、昂、氅、鞘、醍”，其中“莋、汍”2字為同形字。

由於《說文》《玉篇》兩書的內在聯系與其後歷代修訂時的相互參協，流傳過程中發生過多次相互滲透與修訂補充，其新增部分相合程度遠遠高於一般的字書及韻書。因為兩者版本關係的復雜性，在此我們對其增字的時間斷代是依據各種版本及文獻進行相對而非絕對的時間層次斷代工作。

宋本新增字與《說文》新附字共見字，多為唐宋間後出字，其中沒有獨體字，因此沒有象形字和指事字。合體字的結構方式有以下特點：

1．形聲字最多，少数为会意字。

兩書共見103字中形聲字為96個，約占93.2%；會意兼形聲字有5字，占約4.8%，為“謎、腔、晬、魑、低”，2字為會意字“嵩、閙（鬧）”。宋本《玉篇》全部新增5298字中的形聲字為4492個，占新增字比例94.3%。兩者比例大致相同，故可相為驗證當為唐宋之際新出字。

2．形聲字表音方式多為“左形右聲”，約占72.3%。

兩書共見的101個形聲字中有76字為左右結構，其中有73例為“左形右聲”，另有3字為“左聲右形”，為“鴨、毹、毦”。上下結構形聲字有14個，其中“上形下聲”有8字，“上聲下形”有6字。另有9例半包圍結構，皆為“外形內聲”，1例左中右結構“左形右聲”，上中下結構“上形下聲”。

以上分析可知，在唐宋時期後出字已以形聲字為主要造字方式，而且形聲字的表音方式已有了相對固定的位置，“左形右聲”的結構占絕大多数。

因唐宋時期增加字前代字書多未有所見，故此處不可輕舉判斷是徐鉉新附字引上元本《玉篇》所加字，抑或陳彭年重修《玉篇》時引大徐本新附字。我們只能籠統認為當屬於唐宋增字情況加以討論，亦期待更多典籍文獻的整理發現或同期新材料的補充資證，用以判別宋本《玉篇》新增字與《說文》新附字重合字的相互參照關係並劃定唐宋之間新增字出現的時間層次。

（四）陳彭年據《說文》新附字修訂宋本《玉篇》例

宋本《玉篇》引《說文》不分許慎《說文》原文與大徐新附字，概稱《說文》。不唯宋本《玉篇》，《廣韻》及以下字書皆引《說文》新附時未明指為新附字，統稱《說文》，《集韻》《類篇》《康熙字典》皆有此疏失。據查《康熙字典》只有“緗、緋、綣、纏、綷”等少數字標為引《說文•新附字》，其餘多為直稱《說文》。

陳彭年重修《玉篇》時必引大徐本《說文》再參考其他，在行文中處處可見此情況。如“僰”字，《名義》：“僰，平勒反。奴也。我也。”《說文》：“僰，犍爲蠻夷。蒲北切。”《廣韻・德韻》：“僰，蒲北切。僰道縣，在犍爲。又丁壯皃。亦醜也。亦作䙀。又符逼切。”與《說文》切音字同義同。宋本《玉篇》：“僰，平勒切。屏之遠方曰僰，僰之言偪也。《說文》云：犍爲蠻夷也。”只與《名義》切音字相同，而義有所別。所引《說文》與今本相一致。疑為陳彭年增修《廣韻》時即多引大徐《說文》音義，又重修《玉篇》時亦多為參協《說文》。

再如許慎《說文》無切音，大徐校訂時加之。這種情況，宋本《玉篇》所引《說文》有42條，收字分別為：“墬、欲、屒、癘、杚、墓、亅、乚、俑、倗、齌、媞、媻、姡、娒、頜、瞿、髤、搒、怕、𢢐、詶、𢓊、屮、𨓚、橪、櫆、柮、楅、屎、萎、釀、市、沾、濕、覞、气、柴、夭、襗、辥、去。” 皆標引《說文》切音，其中21條與今本《說文》相同，可知所據主要為大徐本《說文》。

我們就宋本《玉篇》與新附字對應部分陳彭年改動處作簡要分析。

1.據新附字增補釋義

有略去原釋文直接補充新附字義，亦有將《說文》新附釋義前置或後置者。如：

（1）節去《玉篇》中原有釋文

《名義》：翻，孚元反。倒覆也。

新 附：翻，飛也。从羽番聲。或从飛。

宋 本：翻，孚元切。飛也。

《名義》：翃，胡公反。虹字。螮蝀。

新　附：䂬，飛聲。从羽工聲。

宋　本：䂬，胡公切。飛聲。

（2）新附字釋義前置

《名義》：薌，虛良反。香字。

新　附：薌，穀气也。从艸鄉聲。

宋　本：薌，許良切。穀氣。亦作香。

《名義》：犍，居言反。如豹，尾長。犍，同上。

新　附：犍，犗牛也。从牛建聲。亦郡名。

宋　本：犍，居言切。犗也。獸似豹，人首一目。

《名義》：幧，貝（且）消反。幧頭。

新　附：幧，斂髮也。从巾喿聲。

宋　本：幧，七消切。幧頭也，斂髮也。

（3）新附字釋義後置

《名義》：呀，虛牙反。大空皃也。

新　附：呀，張口皃。从口牙聲。

宋　本：呀，虛牙切。大空皃。又啥呀，張口皃。

《名義》：猰，公八反。雜犬。

新　附：猰，猰貐，獸名。从犬契聲。

宋　本：猰，公八切。雜犬也。又烏八切，猰貐，獸名。

《名義》：蕆，敇展反。敇也。解也。備也。具也。

新　附：蕆，《左氏傳》：“以蕆陳事。”杜預注云：蕆，敕也。从艸未详。宋　本：蕆，敕展切。解也，備也。《左氏傳》曰：寡君願以蕆事。蕆，敕也。

（4）整部的修訂改動

如“米部”改動較為明顯，列表如下：

《名義》	《说文》新附字	《廣韻》	宋本《玉篇》
粻，徵良反。粮。	粻，食米也。从米長聲。	粻，陟良切。食米。	粻，徵良切。糧也。[①]
粕，普合反。酒糟也。	粕，糟粕，酒滓也。从米白聲。	粕，匹各切。糟粕。	粕，普各切。糟粕也，酒滓也。
糉，子棟反。米裹煮。	糉，蘆葉裹米也。从米嵏聲。	糉，作弄切。蘆葉裹米。	糉，子貢切。蘆葉裹米。
粔，渠渚反。稆也。密和米麴也。	粔，粔籹，膏環也。从米巨聲。	粔，其吕切。《新字解訓》曰："粔籹，膏環。"	粔，其吕切。粔籹，膏環也。
	籹，粔籹也。从米女聲。	籹，尼吕切。粔籹。	籹，尼吕切。粔籹。
	糖，飴也。从米唐聲。	糖，徒郎切。飴也。	糖，徒郎切。飴也。

可看出"米部"重修時少數字如"粻"可能參照《爾雅》等釋義，余字皆從新附。

（5）亦有因删略過簡不明來源例

《名義》：遐，何加反。遠也。翺也。翔也，逍遥也。儴徉也。仿佯也。

新 附：遐，遠也。从辵叚聲。

宋 本：遐，乎家切。遠也。

2.直接引《説文》新附例

宋本《玉篇》有4字引《説文》新附釋義，在排除屬於《説文》逸字情況下，可斷定此為陳彭年修訂時對《説文》新附的直接引用。如下：

《名義》：侲，之仁、之仞二反。養馬器。又恩厚也。

新 附：侲，僮子也。从人辰聲。

宋 本：侲，之仁、之仞二切。《説文》云：僮子也。《方言》云：燕齊之閒謂養馬曰侲。

按：《集韻·真韻》："侲，之人切，養馬者。一曰侲子童男女稱。"又《集韻·震韻》："侲，童子也。漢制儺於禁中用侲子。"

① 《爾雅·釋言》："粻，糧也。"郭璞註："今江東通言粻。"

《張衡•東京賦》“侲子萬童”，註：“薛綜曰：侲之言善也，善童，幼子也。”《後漢書•禮儀志》：“先臘一日大儺，選中黄門子弟十歲以上，十二以下，百二十人爲侲子，皆赤幘皁製，執大鼗以逐疫。又挽歌亦用侲童。”鄭珍《〈說文〉新附考》：“古字作‘振’。今《東京賦》及注文皆作‘侲’。”

《名義》：塔，物聲。

新附：塔，西域浮屠也。从土荅聲。

宋本：塔，他盍切。《字書》：塔，物聲。《說文》云：西域浮屠也。

按：《一切經音義》卷二十七：“塔，梵云窣堵波，此云高显制多此，云灵庙律，云塔婆无舍利，云支提。今塔即窣堵，訛云塔。古书无塔字，葛洪《字苑》及《切韵》塔即佛堂佛塔庙也。”鄭珍《〈說文〉新附考》：“齊梁間乃有‘塔’字。葛洪始收之。”又鄭知同按：“《玉篇》：‘塔’下引字書‘塔，物聲’，謂物下榻之聲也，與《說文》𩏂聲之字作‘𩏂’‘鞳’，言其聲卑下榻榻然義同，則‘塔’又為‘鞳’之俗。”故“塔”作梵語之解雖釋義未見收於《名義》，當出於魏晉六朝時期。

《名義》：琖，側蕑反。林也。小也。盃也。

新附：琖，玉爵也。夏曰琖，殷曰斝，周曰爵。从玉戔聲。或从皿。

宋本：琖，側簡切。《說文》曰：玉爵也。夏曰琖，殷曰斝，周曰爵。亦作盞、醆。

按：《一切經音義》卷十四：“盞，責簡反，錯用也。正體從玉作琖。《禮記》：爵用玉盞，夏後氏以琖，殷以斝，周以爵，或作盞。《方言》云：盞，桮也。郭璞亦云：最小杯也，經文從酉作盞，非本字。《集訓》云：盞盎，齊濁酒微清也，殊非經義也。”鄭珍《〈說文〉新附考》：“畢氏沅云：‘古無“琖”“盞”“醆”三字；唯漢《王君廟門碑》“束帛有琖”，始以“琖”代“戔”。此後更另“盞”“醆”二字，以為“琖”之異文，古止有“戔”字。’畢說是也。”

《名義》：倒，丁老反。仆也。

新 附：倒，仆也。从人到聲。

宋 本：倒，丁老切。《書》云：前徒倒戈。《說文》云：仆也。

按：《一切經音義》："倒，都老反。倒，仆也。"漢司馬相如《上林赋》："弓不虛發，應聲而到。"鄭珍《〈說文〉新附考》云："《說文》'匕'注"到人"，'縣'注'倒首'、'尾'注'到毛'、'去'注'到子'，皆古'倒'字。"又鄭知同按："《唐石經·士喪禮》'祭服不到'，《大戴記·虞戴德篇》'反天到行'，此古經之未經俗改者。"鈕樹玉云："漢碑已有倒。" 可知"到""倒"古今字。

3. 以新附錯改宋本

《說文》：桅，黄木，可染者。从木危聲。（上字為"椩"，下字為"杒"）

新 附：梔，木實可染。从木巵聲。

宋 本：梔，之移切。黄木，實可以染。《爾雅》曰：桑辦有葚梔。（上字為"椩"，下字為"杒"）

宋 本：桅，俱彼切。黄木可染也。又五回切，舩上檣竿。

按：《說文》"桅"與宋本"梔"字序對應，且釋義同為"黄木，（實）可染者"。《說文系傳》："桅，黄木，可染者也。臣鍇按：《史記·貨殖傳》：'巵，茜也。'又書記多言鮮支皆此。"《韻會·四支》"梔"引《說文》"黄木可染者，從木巵聲。"十灰"桅"注云："舟上帆幹"，不引《說文》。《說文通訓定聲》："此字當依《韻會》從巵聲，傳寫誤耳。"可知此為"梔"字，而篆形本訛。鈕樹玉批評："大徐不審'桅'即'梔'之訛，更附'梔'字，謬矣。"當是《說文》中"梔（梔）"之小篆形"桅"訛寫為"桅"，"梔""桅"小篆之形易相混，故徐鉉未審此為"梔"訛形而另於新增附"梔"字。段玉裁《說文解字注》："梔，黄木。可染者。各本篆文誤作桅。今依《韵會》所據本正。"其舉三證，其一為"《玉篇》列字次弟與《說文》同，而楴、椩、杒、楮四字之閒字作梔（梔）。之移切。不作桅。桅字乃在下文孫强等增竄之処。"徑改 "桅"為"梔"字。可知此時徐鉉已誤"梔（梔）"為"桅"。

《廣韻·紙韻》有"桅，短矛。或作𣓌。《說文》曰：'桅，黄木，可染。’” 又《廣韻·灰韻》：“桅，五灰切。小船上檣竿也。”可知陳彭年據今大徐《說文》增“桅，黄木可染。”此又一誤。

其後陳氏重修《玉篇》時又據大徐《說文》，又復參協《廣韻》釋義，宋本乃有“桅，俱彼切。黄木可染也。又五回切，舩上檣竿。”《名義》：“桅，媯彼反。長短不齊小戈也。” 宋本“桅”字義与《名義》大爲不同，可知為陳彭年輩不審而径去《玉篇》原義。此又一失。

4．以《廣韻》錯改宋本

宋本《玉篇》：“栜，山革切。赤栜木。”

宋本《玉篇》：“梀，丑足、七足二切。短椽也。亦木名。”

按：《說文》：“梀，短椽也。从木束聲。”《說文》新附字：“栜，桋也。从木，策省聲。”宋本《玉篇》“栜、梀”兩字形近而義別甚殊，而“梀”下復釋以“木名”，其義可疑。《名義》：“栜，山革反。屋極也。”①又後一字為“梀，丑足反。短椽也。”宋本《玉篇》字序及音義與《名義》相符，唯多“梀”又釋為“木名”一義。疑為陳彭年重修時所加。以宋本《玉篇》與《廣韻》四字“梀”相對，《廣韻》未見收“栜”，而收“梀”字四處：

《廣韻·屋韻》：“梀，桑谷切。赤梀，木名。”

《廣韻·屋韻》：“梀，千木切。短椽。《說文》丑録切。”

《廣韻·燭韻》：“梀，丑玉切。梀樗，木名。”

《廣韻·麥韻》：“梀，山責切。木名。”

可知《廣韻》“栜”“梀”相混。《廣韻·屋韻》：“梀，桑谷切。赤梀，木名。”及《廣韻·麥韻》：“梀，山責切。木名。”當為“栜”字。因陳彭年將兩字混同，故將兩義相合，將“栜”為“木名”加於“梀”上，後重修《玉篇》時亦有此例，宋本《玉篇》“梀”後復增“亦木名”義。《〈說文〉新附考》：“《說文》別有‘梀’，從約束之束，‘短椽也，丑錄切。’《玉篇》《廣韻》乃認木名之‘栜’為短緣之‘梀’，誤合為一。故有如是音注，殆必陳彭年等所加，顧野王、孫愐宜無此夢夢。丁度與陳氏時相先後，其承襲紕謬，不待辨矣。今《玉篇》‘梀’上先列‘栜’字，‘山革切，赤栜木。’《廣韻·

① 《名義》“栜”釋義為“屋極也”有誤。宋木《玉篇》有：“棟，屋極也。” 疑《名義》因“棟”“栜”形近誤混，上文已有“棟”字，從字序對照上此處當為“栜”音義。

二十一麥》云：‘楝（何注：宋本《廣韻》刻為‘楝’），木名，山責切。’乃顧、孫原文。”《玉篇校釋》：“楝與下文‘楝’形近，《廣韻》楝又收屋韻，云：赤楝，木名。本書‘楝’下亦云木名，皆後人妄增。楝之言束也，其枝葉細而歧鋭如束，故名為楝也。”鄭知同、胡吉宣皆指為後人妄增。所言極是。亦知陳氏不審之處致《玉篇》《廣韻》“楝”下皆誤增“木名”一義。

（五）宋本《玉篇》、《廣韻》未見新附字略論

《説文》新附字中有9字不見於宋本《玉篇》，“朋、朐、恖、盉、矮、魘、颱、烙、燦”。我們認為此多為唐宋間所出字，故不見收於《玉篇》。

新附字與宋本《玉篇》不對應主要有兩種情況，一是聯綿詞字無定形，一是後出字。

1．聯綿詞形的不定性，一詞多形，多由於類化或自出其義所造字形。

如：“朐肕”原作“朐忍”、“朐肕”、“昫衍”等形。

《説文》新附：朐，朐肕，蟲名。漢中有朐肕縣，地下多此蟲，因以爲名。从肉旬聲。考其義，當作潤蠢。

《説文》新附：肕，朐肕也。从肉忍聲。

按：鈕樹玉《〈説文〉新附考》：“朐肕即朐忍之俗字。”鄭珍《〈説文〉新附考》：“《前漢書·地理志》《續漢書·郡國志》：‘巴郡朐忍’、《華陽國志》‘朐忍縣’，‘朐’皆不從旬，‘忍’皆不從肉，正字也。《後漢書·吴漢傳》：始作‘朐肕’。‘肕’俗增肉，而‘朐’亦不從旬……知闞（駰）氏誤以‘朐’從旬，此《唐韻》以後所由有‘朐肕’字也。”《水經注》：“江水，東逕瞿巫灘，左則湯谿水註之，源出朐忍縣北。”《康熙字典》：“《爾雅》謂之螼蚓，巴人謂之朐肕。”《廣韻·準韻》：“朐，尺尹切。漢朐肕。音閏。”又《廣韻·稕韻》：“肕，如順切。音蠢。”《集韻·準韻》：“朐，朐肕，縣名，在漢中。或從匀，俗作朐，非是。”又《集韻·遇韻》：“昫，《説文》日出溫也。北地有昫衍縣，或作朐。”又《集韻·虞韻》：“朐，戎名，在北地。”又《集韻·軫韻》：“肕，朐肕，縣名。”《集韻·稕韻》：“漢中有朐肕縣，地下多此蟲，因以爲名。”

可知宋時“胸胒”“胸胒”仍為通行，亦作“眗衍”。

又如：

《說文》新附：“惉，惉懘，煩聲也。”

按：鄭珍《〈說文〉新附考》：“《樂記》‘怗懘之音’（《釋文》本），《史記·樂書》作‘惉滯’；《集解》引鄭君《樂記》同。張守節《正義》本作‘滯’，《索隱》云：‘一本省作怘懘。’作‘懘’是也。‘怗’‘怘’並俗體。《說文繫傳》‘懘’下引《禮記》曰‘音沾懘’，所見確是古本。厥後‘沾’涉‘懘’加心。‘怗’‘怘’又俗省。” 鄭知同按：“《說文》‘懘’注‘一曰極也，一曰困劣也。’義與鄭君注‘敝敗不和貌’合。《史》借作‘滯’，俗因加心成‘懘’。”黃侃云：“惉本作沾。滯本作滞，或作懘。”《名義》：“懘，昌厲反。憋敗不和也。”又下又有“惗，徒頰反。安也。靜也。”未見言“惉懘”，疑此時“惗”已是“怗”從上字“懘”俗加心。《集韻·鹽韻》：“惉，音敝。不和。或作怗、苫，亦書作怘。俗作惗，非。”《廣韻·鹽韻》：“惗，惗懘，處占切。音不和也。《禮記》作怗。”又《廣韻·祭韻》：“懘，尺制切。惗懘，音不和也。《樂記》作帖（怗）。”《廣韻》未見“惉懘”字，皆作“惗懘”。《玉篇校釋》云：“惗懘，雙聲，猶言黏滯也。依字當為惉。”宋本《玉篇》有：“怗，他頰切。服也，靜也。”又“怘，尺占切。不和皃。”與《廣韻》同無“惉”字。又《玉篇校釋》：“惗、怘，當並此為重文。怗，已從心，惗更加心為贅。” 段玉裁《說文解字注》：“黏，相箸也。《禮記》《樂記》：則無惉懘之音矣。注：敝敗不和之皃。按：膠滯也。字又變作惉，假借。”以為“惉”乃為假音之字，未察“惉”乃“怗”“怘”之俗化復加偏旁，其說誤也。“怗”“怘”“惗”“惉”當互為異體。且宋本《玉篇》：“惗，尺霑切。惗懘也。”“懘，同上（忩）。又尺制切。惗懘，音不和也。”“惗、懘”未從《名義》音義，卻與《廣韻》音義同。當是未承自《名義》，乃陳彭年修訂《廣韻》《玉篇》時已改動，當以為“惗懘”“惉滯”同。從字序看“懘、惗”已非《名義》第314與315字位，而在宋本《玉篇》第442與第444字位，屬部末新增字之類，可看出相對原《玉篇》體系字序已有變動，當為唐宋後人所改，亦可看出陳彭年輩對“惗懘”字義明顯增改修訂之處。

2. 後起字，當為唐宋間孳乳字或俗字。

①《說文》新附：烙，灼也。从火各聲。

按：《史記·殷本紀》："紂乃重刑辟，有炮格之法。"《集解》引《列女傳》曰："膏銅柱，下加之炭，令有罪者行焉，輒墮炭中。妲己笑，名曰炮格之刑。"《索隱》鄒誕生云："格，一音閣。"又云"見蟻布銅斗，足廢而死，於是為銅格，炊炭其下，使罪人步其上。"與《列女傳》同為"格"。鈕樹玉曰："烙通作格。"黃侃以為"本作鉻，或作灼，或作燎。"鄭珍："（烙）此字古籍無所見。'鉻'初借作'雒'。司馬彪已變古義，再涉上文'燒之'，訛改從火，世因有'烙'字，望文生'燒灼'之解。然注《莊子》家尚無此說。唐以後始通行，昧'鉻''雒'之本義矣。若'紂作炮烙之刑'，則本是'格'，俗本盡改作'烙'，以'灼'訓之，與《莊子》同沒古義。"《廣韻·鐸韻》："烙，盧各切。燒烙。"北周庾信《謝滕王賚豬啟》："垂賚肥豕一腔……忽降全恩，謹充炮烙。""烙"字當為魏晉後所出字，且見晚於顧氏成書之時。

②《說文》新附：矮，短人也。从矢委聲。

按：漢揚雄《方言》卷十："桂林之中謂短犤；犤，通語也。"郭璞注："犤偕也。"錢繹《箋疏引王楙野客叢談》："《方言》：'桂林之間謂人短為犤矲。'矲正作矮字呼也。亦作'犤矮'。"鄭珍《〈說文〉新附考》："矮止作矲。（今《方言》有'犤'無'矲'，脫文。郭注作'犤偕'。'偕'者'揩'之誤。'揩'見《廣韻》《集韻》，與'矮'同為'矲'俗。）"唐陸德明《經典釋文》卷八："桂林之間謂人短為犤矮。矮，音苦買反。"鄭珍云："《釋文》'犤矲'，通志堂本亦改'矲'作'矮'。宋余仁仲《周官》附載《釋文》本及葉林宗鈔本《釋文》不誤。"《舊唐書·陽城傳》："道州地產民多矮，每年常配鄉户，竟以其男號為矮奴。"慧琳《一切經音義》卷二四："矮，音嬰買反。"又卷一八："矬，《考聲》矬，矮也。"又卷五一："矬痔，上坐莎反。下櫻解反。《廣雅》云：矬，短也，作矮。又痔，亦矬也，亦作矮，《古今正字》：痔，亦短也。矬從矢坐聲，痔從疒奇聲。《考聲》正矮。《論文》二字並從人從坐從歲，作侳、㑲二字，並非也。”《龍龕手鏡·人部》：“㑲，作矮。”亦引《一切經音義》，注同。可知“矮”與“犄”“矬”同義，唐時已有“矮”字。向熹《簡明漢語史》：“矮，是唐代出現的詞，表示身材短。”《名義》：“犄，於綺反。痤也。”又“矬，才戈反。短。”《廣韻·紙韻》：“犄，墟彼切。痤也。喪也。又於蟹切。”《康熙字典》：“矮，《唐韻》烏蟹切。”是唐時已有增音“於蟹切”。宋本《玉篇》：“犄，於綺、於解二切。矬也。”已增為兩音，乃與《廣韻·蟹韻》：“矮，短皃。烏蟹切。”音義趨同。《集韻》有：“矮，或作犄、躷。”明方以智《通雅·諺原》云“古以犄為矮”，可從。亦由此可知宋本《玉篇》音義多為陳氏增修。

③《說文》新附：魘，寱驚也。从鬼厭聲。

按：《說文》：“厭，笮也。从厂猒聲。一曰合也。”徐鍇《說文解字繫傳》曰：“笮，鎮也。”段玉篇《說文解字注》：“厭，笮也。竹部曰：笮者，迫也。此義今人字作壓。乃古今字之殊。”又“一曰合也。《周語》：‘克厭天心。’韋注：‘厭，合也。’韋注、《漢書》、《敘傳》亦同。按《蒼頡篇》云：‘伏合人心曰厭。’《字苑》云：厭眠内不祥也。’此合義之一耑。‘寱’下云：‘寱而厭也，是也。’俗字作魘，徐鉉用爲新附字。誤矣。”《山海經·西山經》：“翼望之山，鳥名鵸鵌，服之使人不厭。”郭璞注云：“不厭夢也。”故“厭”“魘”古今字。宋本《玉篇》有：“厭，於冉、於葉二切。合也，伏也。又於豔切，飫也。”未見“魘”字。《廣韻·琰韻》：“魘，於琰切。睡中魘也。又於協切。”鄭珍《〈說文〉新附考》云：“古止作‘厭’……六朝已前無不作‘厭’者。《廣韻》廿九葉‘厭’注：‘一曰惡夢。’此孫愐原文也。下出‘魘’，訓‘惡夢’，此宋人所增。蓋此字最晚出。”“魘”見於《廣韻》而未見於宋本《玉篇》，當增於宋時，鄭氏所言為是。

④《說文》新附：燦，燦爤，明瀞皃。从火粲聲。

按：《廣韻·翰韻》：“燦，蒼案切。明浄皃。”《集韻》：“通作粲。”《唐韻·翰韻》：“粲，蒼案反。鮮好皃。”宋本《玉篇》：“粲，且旦切。鮮好皃。”《詩經·唐風》：“角枕粲兮，錦衾爛兮。”《小雅·大東》：“粲粲衣服。”《傳》云：“粲粲，鮮盛貌。”黄侃曰:“本作粲。”黄焯按:“《説文》‘粲’與‘精’相次，其義即與‘精’相同。而由精光之晶来，是即燦爛本字。”《文選·風赋》:“眴焕粲爛”，皆止作粲，不作燦。”鄭珍云:“俗涉‘爛’加火。‘粲’本義為米之精白者，故引申有鮮明義。”宋本《玉篇》未見“燦”字，“粲”因受“爤（爛）”影響偏旁類化而加“火”，當為唐宋後起字。

3. 原已有之，宋本《玉篇》未收或訛形字。

①《説文》新附:颭，風吹浪動也。从風占聲。

按:《唐韻·琰韻》:“颭，風吹落水。”唐柳宗元詩有“驚風亂颭芙蓉水”。鄭珍《〈説文〉新附字》云:“此漢世字。《古文苑·劉歆〈遂初賦〉》:‘飇風盲其飄忽兮，回颭颭之泠泠’已見此文。《搜神記》言:‘李進勍被溺，得風颭數竿竹至，因獲濟。’晉人亦用之。或以《玉篇》無“颭”，疑是六朝已來字，非也。”“颭”字未見於原本殘卷、《名義》及宋本《玉篇》，疑為漏收字。

②《説文》新附:盋，食器也。盂屬。

按:《廣韻》:“鉢，器也。亦作盋。顔師古注《漢書》曰:‘盋，食器也。’”慧琳《一切經音義》卷六六“扣鉢”條:“鉢，半末反。俗用字也。《説文》中無。《玉篇》云:交州雜事記云:晉大康四年臨邑國王獻鉢及白水晶鉢。服子慎《通俗文》中從犮從皿作盋，古字也。”又慧琳《一切經音義》卷八四“盋盌”條:“盋，半未反。《字書》正作盋，服虔《通俗文》云:盋僧應器也。録文作鉢，俗字也。”從《經音義》知“盋”為“盋”正字，《通俗文》為漢時服虔作，“盋”字當於漢時已見。《名義》:“鉢，補活反。”釋義有脱，而未見“盋”字。宋本《玉篇》亦未見“盋”字。另有“盔，苦回切。鉢也。”《名義》未見“盔”，且字序所處為宋本《玉篇·皿部》部末新增字，當為後人所加。然“盔”釋為“鉢”字，其形可疑。《廣韻·灰韻》:“盔，苦回切。盔器，盂，盛者也。”《集韻·灰韻》:“盔，器名。”《類篇》:“盔，苦回切。器名。”宋程大昌《演繁露》“盋盂”條:“盋，音拨。今僧家名其食器为鉢。”又“盂，食器。若盋而大，今之所謂盋盂也。”皆釋為器屬，可知宋前未有釋“盔”作首鎧義。自《正字通》始有:“俗呼首鎧曰盔”胡吉宣《玉篇校釋》云:“此‘盔’亦訛字，正作盋，音博末切，云與鉢同。《説文》新附：盋，食器，盂屬，或作鉢。……俗說首鎧為盔，苦回切，與盋形近誤合。”胡氏所說為是。宋本《玉篇》“盔”乃“盋”之訛寫，故後出之書皆為“盔”釋為器屬。因《廣韻》早於宋本《玉篇》，亦“盋”訛為“盔”，疑“盋”之形訛當早於宋本，當為唐孫強時即有失形。鄭珍《〈說文〉新附考》云：“‘鉢’起釋氏所用。‘盋’字《玉篇》尚無，《廣韻》亦不列正文，《十三末》云：“鉢亦作盋。”知更晚出。大徐附此等字，太濫廁矣。”“鉢起釋氏所用”不誤，當為六朝以來俗用字，而鄭珍誤以為“盋”，乃因其所據材料有限未盡詳考而誤言也。

由於文字規范整理歷來有“篇韻”相輔的傳統，又宋本《玉篇》及《廣韻》皆為陳彭年重修，兩書相互參協的密切程度自不待言。我們試圖通過兩書未收字情況比較兩書相協程度及版本修訂情況，從中略窺陳彭年校訂宋本《玉篇》時之審慎態度及疏失之處。

《廣韻》收字與《說文》新附字有24字不可直接對應字，分別是“邇、侶、鬧、崑、崙、𧮊、娟、朘、朐、樚、槔、棟、釽、䅿、抛、㴙、駛、馱（駝俗字）、騂、闃、瀟、潋、灑、𡑞”。通過內部異體對照或釋文引例可資對應有7字“邇、崑、崙、樚、槔、抛、闃”，另有14字可為作唯一對應認同，分別是“朐（朐）、朘（朘）、𧮊（䖑）、瀟（潚）、鬧（閙）、駛（駛）、騂（騂）、侶（侣）、釽(鈲)、娟(娟)、细(𡑞)、灑（灑）、䅿（䅿）、潋（潋）”。

故《廣韻》只有3字“棟、㴙、馱”未對應收入《說文》新附字。宋本《玉篇》“馱”為“佗”俗字，《說文》本有其字，鄭珍云“俗因馬佗造此字”，當為唐宋間俗字。“㴙瀎”為聯綿雙聲，詞無定形，故《廣韻》、宋本《玉篇》所收“㤼瀎”可與之對應。

第二節　從唐宋字韻書看宋本《玉篇》新增字時間層次

我們認為僅以字書作為判斷漢字所出現的時間層次是遠遠不夠的，當字書由於種種原因始收或漏收此字，往往其在社會通用層面已產生了一定影響並廣泛使用後才引起注意而被收錄，字書不是發明創造漢字的工具而是收集整理漢字並反映一定的社會面貌與時代特征。基於此，在整理漢字出現時間層次調查時不能僅僅依從字書，特別重要的則是共時的或更早的社會用字實物文獻相結合起來，在社會用字實物不夠的情況下，還要適當注意共時的字書韻書的貯存，進行互相印證。

《玉篇》是現存最早的楷書字典，雖經歷代增修，但我們所據版本為南宋刊刻的陳彭年重修《玉篇》，其年代劃定當在大宋祥符中六年（公元1013年）前。故通過梳理其源流關係及整理版本仍大略可據之反映所貯存的六朝至唐宋間漢字基本字匯情況。

借助唐宋相關字韻書整理及收字情況，從而對宋本中某些字的時間層次有更清楚的認識。如《五经文字序》有：“若祧、禰、逍遙之類，《說文》漏略。今得之於《字林》。”可知“祧”“禰”“逍遙”字至遲當見於六朝時而非唐宋間新加字，從實際文獻用例上判斷可知此類新增字所出當不晚於漢時。

如宋本有3字“迢、砧、彩”可與《干祿字書》對應，可知在唐時分別為正體、通體及專指“光彩”義項。又與《五经文字》有5字“櫂、狘、闃、輚、醍”可對應，情況如下：

櫂，與棹同，見《詩注》。

狘，況越反。皆飛走之皃。見《禮記》。

闃，苦役反。見《易》。

輚，同輚，士諫反。上見《春秋左氏傳》，下見《周禮》。與棧同。

醍，它弟反。

故此5個新增字當不為唐宋所出字，從時間上可向前最早追溯至周朝。

一、宋本《玉篇》新增字與《唐韻》、新附字、《廣韻》對比

宋本《玉篇》新增字與《唐韻》、《說文》新附字、《廣韻》四書可完全對應的有31字，故我們將31字例逐一比較。其中宋本《玉篇》新增字與《說文》新附字大致相同者有20字，約占65%，分別是“眹、貼、賽、琛、喫、蘸、謎、貶、刹、鴨、晬、侢、狘、嶠、蜷、靄、恰、鈿、妲、墻”；釋義不同或來源不清者有11字，約占35%，分別為“榭、

嗅、莋、邏、訣、預、�、霛、閥、捓、酪”。

通過對比，可知《玉篇》與《說文》新附字關係較韻書更為密切，當然其來源問題不能只用比例說明。由於歷代重修，其版本關係十分復雜，其中既有徐鉉增修《說文》新附時參考《玉篇》之例，又有陳彭年重修《玉篇》時所做新增字參照大徐《說文》新附之處，相同字例我們力圖能說明來源關係。將四書以時間為序排列對比：

1）《唐韻・屑韻》：昳，徒結反。日㫬。

《說文》新附：昳，日厢也。从日失聲。

《廣韻・屑韻》：昳，徒結切。日昃。

宋本《玉篇》：昳，徒結切。日㫬。

2）《唐韻・禡韻》：榭，辝夜反。臺榭。

《說文》新附：榭，臺有屋也。从木䠶聲。

《廣韻・禡韻》：榭，辞夜切。臺榭。《爾雅》曰："有木者謂之榭。"

宋本《玉篇》：榭，辭夜切。臺有木曰榭。

按："榭"應為《說文》逸字，亦為宋本《玉篇》新增字。兩見於《一切經音義》卷九十九："榭，夕夜反。《文字集略》云：榭，臺上屋也。《說文》云：從木射聲。"又"榭，夕夜反。《考聲》云：拜恩也。《說文》辭也。從言射聲也。"杜預注《春秋左傳》："無室曰榭，謂屋歇前。"《爾雅・釋宮》："無室曰榭。"郭璞注："榭即今堂埋。"又《爾雅・釋宮》："有木者謂之榭。" 郭注"臺上起屋。"鄭珍《〈說文〉新附考》斷為"漢已後字"有誤，既原本見收於《說文》，當不晚於東漢。

3）《唐韻・怗韻》：貼，他協反。以物質錢。

《說文》新附：貼，以物爲質也。从貝占聲。

《廣韻・帖韻》：貼，他協切。以物之質錢。

宋本《玉篇》：貼，天叶切。以物質錢。

4）《唐韻・代韻》：賽，先代反。報也。

《說文》新附：賽，報也。从貝，塞省聲。

《廣韻·代韻》：賽，先代切。報也。

宋 本《玉篇》：賽，先再切。報也。

5)《唐韻·翰韻》：璨，蒼案反。□《埤蒼》云：□□。

《說文》新附：璨，玉光也。从玉粲聲。

《廣韻·翰韻》：璨，蒼案切。美玉。又璀璨。

宋 本《玉篇》：璨，七旦切。玉光也。

按：《一切經音義》："粲，麁且反。《广雅》粲，明也。粲亦鲜盛貌也。《律文》作璨。"鄭珍《說文新附考》云："漢世疊言之字作'萃蔡'……通作'翠粲'，……既乃作'璀粲'。《文選·洛神賦》'披羅衣之璀粲'，義似轉為衣有光輝。至孫綽《天臺山賦》'琪樹璀璨而垂珠'，則俗並加'玉'，以狀玉光。"胡吉宣《玉篇校釋》："本書（宋本《玉篇》）部末'璀，璀璨，玉光。'雙聲連語，字應並列，後增者不知敘字例也。"王筠《校正》："古人專以耳治，後人乃以目治。"可知璀璨為聯綿詞，古無專字之形，"璀、璨"皆唐宋後人所加，故位於部末新增字位，為宋本《玉篇》新增字。

6)《唐韻·霽韻》：唳，郎計反。大。

《說文》新附：唳，鶴鳴也。从口戾聲。

《廣韻·屑韻》：唳，練結切。嘍唳，鳥聲。又郎計切。鶴鳴曰唳。

宋 本《玉篇》：唳，力屑切。鳥鳴也。又郎計切。

按：此字為《說文》逸字。胡吉宣《玉篇校釋》："慧琳《音義》：'《韻畧》云：唳，鶴鳴也。《說文》聲也。'"丁福保《說文解字詁林》亦引之，並按"蓋古本如是。今逸，宜據補。"《續一切經音義》卷六："唳，郎計反。《切韻》鶴鳴也。"徐鉉新附字釋義同《切韻》。原本《玉篇》及《名義》未見此字，宋本《玉篇》新增。

7)《唐韻·錫韻》：喫，苦擊反。喫食。或作噉。

《說文》新附：喫，食也。从口契聲。

《廣韻·錫韻》：喫，苦擊切。喫食。

宋 本《玉篇》：喫，去擊切。啖喫也。

8)《唐韻·鐸韻》：莋，在各反。縣名，在越巂。

《說文》新附：莋，越巂縣名，見《史記》。从艸作聲。

《廣韻·鐸韻》：莋，在各切。縣名，在越巂。

宋 本《玉篇》：莋，才亦、才各二切。如草。

按：《康熙字典》："莋，《玉篇》茹草也，或作葃。"又"葃，《唐韻》在各切，音昨。茹草"。《集韻·鐸韻》："葃，葃茹，草名。"可知宋本新增字"莋"釋義當為"茹草"，新附字作地名，兩者為同形異義字。

9)《唐韻·陷韻》：蘸，莊陷反。以物内水。

《說文》新附：蘸，以物没水也。此蓋俗語。从艸未详。

《廣韻·陷韻》：蘸，莊陷切。以物内水。

宋 本《玉篇》：蘸，仄陷切。以物内水中。

10)《唐韻·箇韻》：邏，郎佐反。游兵也。

《說文》新附：邏，巡也。从辵羅聲。

《廣韻·箇韻》：邏，游兵也。郎佐切。

宋 本《玉篇》：邏，力佐切。遊兵也。

11)《唐韻·霽韻》：謎，莫計反。隱語。

《說文》新附：謎，隱語也。从言、迷，迷亦聲。

《廣韻·霽韻》：謎，隱言也。莫計切。

宋 本《玉篇》：謎，米閉切。隱言也。

12)《唐韻·屑韻》：訣，古穴反。别。

《說文》新附：訣，訣别也。一曰法也。从言，決省聲。

《廣韻·屑韻》：訣，古穴切。訣别。

宋 本《玉篇》：訣，古穴切。死别也。

按：《類篇》："訣，絕也。"《通俗文》："與死者辭曰訣。"

《唐書•李勣傳》："生死永訣，此肉同归於土。"《說文》新附又較前書多增一義"法也"。《列子•說符篇》："衞人有善數者，以訣喻其子。"《魏書•釋老志》："大禹聞長生之訣。"皆是先秦已有"訣"字之證。原本《玉篇》及《名義》未見此字，為宋本《玉篇》新增字。

13)《唐韻・洽韻》：眨，側洽反。目動。
《說文》新附：眨，動目也。从目乏聲。
《廣韻・洽韻》：眨，側洽切。目動。
宋 本《玉篇》：眨，仄洽切。目動也。

14)《唐韻・鎋韻》：刹，初鎋反。柱也。
《說文》新附：刹，柱也。从刀，未詳。殺省聲。
《廣韻・鎋韻》：刹，初鎋切。刹柱也。
宋 本《玉篇》：刹，初八切。刹柱也。

15)《唐韻・狎韻》：鴨，烏甲反。水鳥。或作鸭、鵖。
《說文》新附：鴨，鶩也。俗謂之鴨。从鳥甲聲。
《廣韻・狎韻》：鴨，水鳥。或作鸭。烏甲切。
宋 本《玉篇》：鴨，烏甲切。水鳥。亦作鸭。

16)《唐韻・隊韻》：晬，子對反。周年。
《說文》新附：晬，周年也。从日、卒，卒亦聲。
《廣韻・隊韻》：晬，周年子也。子對切。
宋 本《玉篇》：晬，子對切。周年也。

17)《唐韻・代韻》：帒，徒耐反。盛物囊。
《說文》新附：帒，囊也。从巾代聲。或从衣。
《廣韻・代韻》：帒，徒耐切。囊屬。
宋 本《玉篇》：帒，徒戴切。盛物囊。

18)《唐韻・月韻》：狘，許月反。獸走皃。

《說文》新附 ：狘，獸走皃。从犬戉聲。

《廣韻・月韻》：狘，許月切。獸名。又走皃。

宋 本《玉篇》：狘，許月切。獸走皃。

19)《唐韻・笑韻》：嶠，寔照反。山道。又山鋭而高。渠廟反。又音喬。

《說文》新附 ：嶠，山鋭而高也。从山喬聲。古通用喬。

《廣韻・笑韻》：嶠，渠廟切。山道。又山鋭而高。又音喬。

宋 本《玉篇》：嶠，巨肖切。山鋭而高。

20)《唐韻・質韻》：蟋，息七反。蟋蟀，蛬也。一名促織。 又所櫛反。蟋蟀。

《說文》新附 ：蟋，蟋蛩也。从虫悉聲。

《廣韻・質韻》：蟋，息七切。蟋蟀，蛬也。又所櫛反。蟋蟀。

宋 本《玉篇》：蟋，思栗切。蟋蟀。

21)《唐韻・栝韻》：傔，苦念反。傔從。

《說文》新附 ：傔，從也。从人兼聲。

《廣韻・栝韻》：傔，苦念切。傔從。苦念切。

宋 本《玉篇》：傔，去念切。侍從也。

按：《集韻・栝韻》："詰念切。侍從也。"《類篇》亦作"侍從"。《唐書•封常清傳》："奏傔從三十人。"《通雅》："唐制，大使副使皆有傔人。"故此處《說文》新附釋字"連篆成句"當讀為"傔從也"。原本《玉篇》及《名義》未見此字，為宋本《玉篇》新增字。

22)《唐韻・御韻》：預，羊洳反。安也。先也。廁也。樂也。佚也。猒也。怠也。

《說文》新附 ：預，安也。案：經典通用豫。从頁，未詳。

《廣韻・御韻》：預，羊洳切。安也。先也。廁也。樂也。佚也。猒也。怠也。

宋 本《玉篇》：預，餘攄切。宴也，樂也。

按：慧琳《一切經音義》卷二："預，羊據反。《埤蒼》云：'預，安也。樂也。'"《說文》："宴，安也。"《爾雅•釋訓》："宴宴，居息也。""宴"同"安"，宋本新增字與新附所釋字義無相違。

23)《唐韻・隊韻》：霸，徒對反。雲皃。

《說文》新附：霸，黮霸雲黑皃。从雨對聲。

《廣韻・隊韻》：霸，徒對切。雲狀。

宋 本《玉篇》：霸，徒對切。霮霸。

按：《說文》："黮，桑葚之黑也。从黑甚聲。"無"霮"字。胡吉宣《玉篇校釋》："《切韻》云：'霮霸，雲皃。又黕霸，雲勢。'"《唐韻》為"黮霸"。鄭珍《<說文>新附考》："《魏都賦》又作'黮䨴'。而'黮'字《思玄賦》又作'黮'。知二字古原無之，漢晉人隨用隨寫耳。"《廣韻・感韻》："霮，徒感切。雲皃。"宋本《玉篇》："霮，徒感切。霮霸，雲皃。""霮霸"為聯綿詞，古無定形。可推徐鉉新附增字時未見"霮"字，亦未參照《玉篇》增加"霸"字義。宋本"霮、霸"二字應為出於大徐新附之後陳氏新增字。

24)《唐韻・泰韻》：靄，於蓋反。雲狀。又於曷反。

《說文》新 附：靄，雲皃。从雨，藹省聲。

《廣韻・曷韻》：靄，烏葛切。雲狀。又於蓋切。雲狀。

宋 本《玉篇》：靄，於蓋、於曷二切。雲狀。

25)《唐韻・洽韻》：恰，苦洽反。用心。

《說文》新附 ：恰，用心也。从心合聲。

《廣韻・洽韻》：恰，用心。苦洽切。

宋 本《玉篇》：恰，苦洽切。用心也。

26)《唐韻・月韻》：閥，房越反。閥閱，自序。

《說文》新附：閥，閥閱，自序也。从門伐聲。義當通用伐。

《廣韻・月韻》：閥，房越切。閥閱，自序。

宋 本《玉篇》：閥，扶月切。在左曰閥，在右曰閱。

按：《史記•功臣年表》："人臣功有五品，明其等曰閥，積其功曰閱。"慧琳《一切經音義》卷八十五："閥閱，上煩發反。《考聲》云：閥閱，表功業也。《文字典說》曰：閥閱者，今門閥為高貴也。二字並從門，伐、兑皆聲也。"《正字通》："元朝品制有爵者，其門爲烏頭閥閱。"《冊府元龜》："閥閱二柱，相去一丈，柱端置瓦筒，號爲烏頭。"可知釋義一致，從關係上看新附字應是參考了《唐韻》。原本《玉篇》及《名義》未見此字，此為宋本《玉篇》新增字。

27)《唐韻·禡韻》：摦，胡化反。寬也。

《說文》新附：摦，橫大也。从手瓠聲。

《廣韻·禡韻》：摦，胡化切。寬也。大也。

宋 本《玉篇》：摦，胡化切。寬也。

28)《唐韻·霰韻》：鈿，堂練反。寶鈿，以寶飾器物。又音田。

《說文》新附：鈿，金華也。从金田聲。

《廣韻·霰韻》：鈿，堂練切。寶鈿，以寶飾器。又音田。又徒年切，金花。又音甸。

宋 本《玉篇》：鈿，徒練切。金花也。又音田。

29)《唐韻·曷韻》：妲，當割反。妲己，紂妃。

《說文》新附：妲，女字。妲己，紂妃。从女旦聲。

《廣韻·曷韻》：妲，當割切。妲己，紂妃。

宋 本《玉篇》：妲，多剌切。妲改，紂妃。

30)《唐韻·泰韻》：壒，於蓋反。塵。

《說文》新附：壒，塵也。从土蓋聲。

《廣韻·泰韻》：壒，於蓋切。塵也。

宋 本《玉篇》：壒，於蓋切。塵也。

31)《唐韻·鐸韻》：酪，盧各反。乳。

《說文》新附：酪，乳漿也。从酉各聲。

《廣韻·鐸韻》：酪，盧各切。乳酪。

宋本《玉篇》：酪，力各切。漿也，乳汁作。

按：慧琳《一切經音義》卷二十二："酪，郎各反。《释名》云：酪，乳所作也。《广雅》云：酪，浆也。《文字典》说：乳汁酢。"又卷十三："酪，音洛。卧醋，乳凝成也。"宋本"乳汁作"當為"乳汁酢"。《〈說文〉新附考》鄭知同云："《禮運》：'以為醴酪。'《雜記》：'飲水漿，無鹽酪。'《禮記》此字兩見，無他可代，恐先秦本有。大徐訓'乳漿'不以古字解之，則非。"宋本"酪"位於部末第2個增字，第1個新增字為"醍，酒紅色。"相對應《說文》新附為"醍，清酒也。"且位於"酉部"新附最末位，故從釋義與字序上無相互參照關係。從上判斷，徐氏新附此字當不從《玉篇》而來。且《名義》釋文中"醍、酪"皆見，故疑為原本有之而《名義》刪節或脫漏。因原本《玉篇》及《名義》字頭未見此字，故計為宋本《玉篇》新增字。

我們認為古人以為大徐新附字當出於《唐韻》一說，主要因徐鉉校訂《校訂說文本敘》中有"《說文》之時，未有反切。後人附益，互有異同。孫愐《唐韻》，行之已久。今竝以孫愐音切爲定，庶夫學者有所適從。"因此認為字形與義亦多相從，乃至十之八九。而對"陽冰之後，諸儒箋述有可取者，亦從附益；猶有未盡，則臣等粗爲訓釋，以成一家之書"一說忽略不計，我們認為其對字形與釋義的摘取恐更多是從"諸儒箋述"中所來，雖徐鉉未交代其所據諸儒為何，但當時所通行與之相協的《玉篇》當是一個非常重要的參考來源。

《說文》新附字與宋本《玉篇》新增字的關係反映了宋代人對正字的觀念與字義的反映，其可取之處是有利後世字音形義的整齊規范，其不可取之處是據新附字之增義妄改前世字書，其不審之處亦需明辨。

我們再從新附字與原本名義關係看，但凡在原本名義中出現的字，其新附字來源可向前追溯，而非僅限於唐韻增字。不可否認新附與《唐韻》的一致性相當大，但放在一個更長跨度的時間段內，這種相似性也是有著更早的一致來源——《玉篇》。

此處《漢語大字典》引證所做工作不足，未能充分注重原本《玉篇》的文獻價值，亦未參引《名義》作為更早書證，在401[①]新附字對應字頭之下僅著大徐《說文》新附字而未對更具文獻參考價值的《玉篇》足夠重視。

如從原本《玉篇》與新附字所對應的39字看，其所見最早且確鑿無誤的參考文獻當是原本《玉篇》，而《漢語大字典》只有“韻”1字引《玉篇零卷・音部》，有19字只標引宋本《玉篇》未引原本《玉篇》，分別是“餕、讜、嶼、岌、廈、廊、廂、庡、廖、礪、碏、磯、碌、砌、硾、轄、緅、練、繾”，更有18字“譜、嶙、峋、嶺、嵩、阬、庱、阡、礎、舸、轍、觥、緺、緗、緋、繖、綣、綷”只引新附而未引《玉篇》，未從時間層次上明示最早出現的書證，究其原因，大部分是承《康熙字典》說解字例而未盡察現存《玉篇》版本。此處當據以補充，《字海》情況更略，皆未見引《玉篇》書證。

二、《名義》、《說文》新附字、宋本《玉篇》、《汗簡》對比

新附字與《汗簡》及《名義》、宋本《玉篇》可對照共17例，“逼、遐、遥、詢、嘲、岌、嬌、彩、髫、曆、掠、赩、屢、蟻、泯、潔、涯”可得到古文字對應字形。如下：

1.逼，近也。从辵畐聲。　史書

按：《名義》：“逼，碑棘反。迫也。偪字也。”宋本《玉篇》：“逼，碑棘切。迫也。”

2.遐，遠也。从辵叚聲。　无出处　郭顯卿字指

按：《名義》：“遐，何加反。遠也。翺也。翔也，逍遥也。儴徉也。仿佯也。”宋本《玉篇》：“遐，乎家切。遠也。”

3.遥，逍遥也。又，遠也。从辵䍃聲。　无出处

按：《名義》：“遥，与照反。遠也。行也。”宋本《玉篇》：“遙，翼招切。遠也。又弋周切。”

4.詢，謀也。从言旬聲。　王庶子碑

按：《名義》：“詢，思遵反。問親戚之議訪也。諄，詢字也。”宋本《玉篇》：“詢,息遵切。咨也。諄，同上。”

5.嘲，謔也。从口朝聲。《漢書》通用啁。　古文尚書

① 《漢語人字典》第2436頁“碏”字未標明引《說文新附》。

按：《名義》："嘲，聒鳴也。"宋本《玉篇》："嘲,陟交切。言相調也。"

6.岌，山高皃。从山及聲。 莊子

按：《名義》："岌，魚及反。高皃。"宋本《玉篇》："岌，魚及切。山高皃。"

7.嬌，姿也。从女喬聲。 義雲章

按：《名義》："嬌，渠驕反。"宋本《玉篇》："嬌，居揺切。嬌姿也。"

8.彩，文章也。从彡采聲。 无出处 碧落文

按：古之"采""彩"相通，為一字分化。如《名義》："鳳，浮諷反。如鸕，五采也。"宋本《玉篇》："彩，七宰切。文章也。"又"章，諸羊切。章句也，又明也，采也。"《書》曰："天命有德，五服五章哉。"

9.髻，總髮也。从髟吉聲。古通用結。 莊子

按：《名義》："髻，古濟反。結髮也。髤，髻字也。"宋本《玉篇》："髻，居濟切。髮結也。"

10.曆，厤象也。从日厤聲。《史記》通用歷。 義雲章 義雲章 義雲章

按：《名義》："厝（曆），吕的反。象其分節。曧，古文。"宋本《玉篇》："曆，力的切。象星辰，分節序四時之逆從也。數也。本作歷。古文作厤。曧，古文。"

11.掠，奪取也。从手京聲。本音亮。《唐韻》或作擽。 義雲切韻 義雲切韻

按：《唐韻·藥韻》："擽，從手。《字統》云：'擊也。'亦作掠，劫人財。又音亮。加。"又《唐韻·漾韻》："掠，笞。一曰強。"《名義》："掠，力尚反。取也。索也。問也。笞也。"宋本《玉篇》："掠，力尚、力酌二切。掠，劫財物。"

12.赩，大赤也。从赤、色，色亦聲。 無出處

按：《名義》："赩，許力反。赤也。怒也。"宋本《玉篇》："赩，喜力切。赤白。又怒皃。"

13.屢，數也。案：今之婁字本是屢空字，此字後人所加。从尸，未

詳。史書

按：《名義》："屢，力句反。數也。疾也。"《唐韻》："屢，數也。良遇切。"宋本《玉篇》："屢，良遇切。數也，疾也。"徐鉉注"此字後人所加"當參考《唐韻》或《玉篇》，可知最晚六朝已有。

14.蠛，蠛蠓，細蟲也。从虫蔑聲。義雲章

按：《名義》："蠛，亡結反。蠓。"宋本《玉篇》："蠛，亡結切。蠛蠓也。"《唐韻·屑韻》："蠛，莫結反。蠛蠓。"

15.泯，滅也。从水民聲。莊子 無出處

按：《名義》："泯，弥忍反。滅也。民也。"宋本《玉篇》："泯，彌忍、彌賔二切。滅也。又泯泯，亂也。"

16.瀿，瀞也。从水絜聲。義雲章

按：《名義》："契（㓶），公節反。清也。或瀿。"宋本《玉篇》："淸，且盈切。澄也，瀿也。"《名義》、宋本《玉篇》"瀿"字頭可能脫漏。

17.涯，水邊也。从水从厓，厓亦聲。尚書

按：《名義》："涯，宜佳反。浚也。"宋本《玉篇》："涯，五佳切。水際也。"

我們通過新附字與古文字材料的比較，可知新附字作为传世文献材料，其所收文字亦多來源於先秦時古文字，雖多數與新附字為異體關係，但仍可知此字非魏晉六朝新出，可有所溯源。凡新附字與《汗簡》古文可對應者，《玉篇》中皆有反映，可判斷此類字非是魏晉或唐宋際新增字。

另郭忠恕《佩觿》8字"椿、祆、瞼、翎、晬、廖、汍、摴"亦與新附相對應，其義皆無差別，故不再一一列出。

第三節　《玉篇》與《說文》新附對應字基本時間層次

因宋本《玉篇》與《說文》新附字共見393字，約占新附字總數的97.7%，故我們亦可參考《說文》新附字的時間層次來對宋本《玉篇》新增字進行時間層次劃分。

如鈕樹玉《<說文>新附考》對53个新附字進行了年代斷定，指明它们分别出現於漢代、三国魏和後魏这三个时期，其斷代依据主要是碑刻或墓誌所見。情況如下：

1. 漢时字：祧、祚、蔬、茗、邂、遐、逼、迸、邈、逍、遙、齡、蹙、詢、讜、眹、翻、弱、甗、貽、曇、昂、昇、馥、罹、倒、價、佇、覿、髫、岌、嵐、嵩、廊、煥、慟、泯、潺、湲、涛、潔、浹、涯、闉、塗、境、墜、勢、銘。

2. 三国魏时字：幟、砌。

3. 後魏时字：魔

鄭珍《〈說文〉新附考》通過內部求證與外部求證法於今本《說文》自身材料及群籍中考得165例《說文》逸字，其中有15字為新附字。鄭珍父子通過蒐尋核證部分新附字最初出現的典籍和碑刻，判定其產生的時代，大致可以分為以下幾個階段(見下表[①])：

年代	新　附　字
先秦古字	琛、甗、粔籹、懥、潺湲、掠、翌、賻、釧、韝
漢世字	珈、琲、珙、芊、[illegible]、藏、逍遥、齡、蹙、讜、靮、翻、玨、榻、麼、剜、篦、篙、賺、咍、晙、晟、暈、昙、昂、粕、寰、幢、帼、幧、毬、髫、庱、廖、矶、岌、�、裉、忖、恸、悌、浃、濮、霞、霏、閲、搢、掐、打、娇、琵琶、繖、蜓、蟋蟀、颭、塗、境、势、坊、釧、阡
漢魏间字	祚、玘、迄、詎、鞘、韵、眸、榭、槔、賵、貽、呋、穆、傔、低、伺、僧、昉、緋、睑、场、摊、塾、坠、叙、鳎、艇$_{\text{汉魏间字}}$、场$_{\text{汉魏间字}}$、鈿$_{\text{汉魏间字}}$、
魏後字	赡、唳$_{\text{汉魏后语}}$
晋後字	睑、芙蓉$_{\text{魏晋后字}}$、粽、嶺、迢$_{\text{魏晋后字}}$、绯$_{\text{魏晋后字}}$
六朝字	袄、犍、喫、謎、矮、賽、昇、倜、襖、氅、鬟、魑、魔、嵐、焕、慵、恰、練、塔、辦、醐
唐後字	灞、衫、魇

① 楊瑞芳：《鄭珍〈說文新附考〉研究》，首都師范大學2003年碩士論文，第17頁。

從表中可看出大徐《說文》新附字中的字大多數是兩漢至隋間孳乳字。但由於早時出土材料尚不豐富，亦受所處時代與材料環境的限制，各家斷定的準確性與數量也都是有限的。

《玉篇》中所貯存與反映的大部分為六朝時期的漢字增量與使用狀態。從《玉篇》各版本與《說文》新附字對照看，其中既有先秦時已有而《說文》未收字，又同樣有六朝至唐宋新增字。在此我們力圖將已有所證的新增字的時間層次劃分清楚，但限於《玉篇》材料的呈現層次未可盡善，故我們當據原本、《名義》及《唐韻》《廣韻》《集韻》《類篇》等字韻書及文獻典籍，對宋本《玉篇》與《說文》新附對應393字（包括宋本《玉篇》103個新增字）進行時間歸類，共分為三期，以先秦兩漢時為一期，魏晉六朝時為一期，唐宋時為一期。

关於漢語史的分期目前約有27家18種說法①，我們主要依據周祖謨先生的漢語史分六期之說②。“周先生的分期有两个特点：一是分期考虑语法、语音、词汇、文字、语体等特点，並联系各期的社会、历史加以分析。二是魏晋南北朝有独立的地位，跟隋唐分开，分属於两个不同时期；分出近古期，中古期时间跨度较短，近古期较长。”③

本文三期時間分布的劃定，大致相當於周祖謨先生劃分出的上古後期（公元前770—公元219年）和中古時期（公元220—558年）及近古時期（公元589—1126年）三個階段。

宋本《玉篇》393字④（與新附字對應）在不同時間層次的大致分布如下（宋本《玉篇》新增字以粗體標出）：

1. 先秦兩漢時期（94字）⑤

①先秦經典及其他典籍已有字

琛、虓、賻、幰、掠、犁（犂）、粔、敉、闃、狘、颮、灜、釧、

① 張渭毅：《中古音分期綜述》，《漢語史學報》2002年第2輯，上海教育出版社2002年版，第34頁。

② 周祖謨：《漢語發展的歷史》，載《周祖謨文字音韻訓詁論集》，北京大學出版社2000年版，第7—11頁。

③ 張渭毅：《中古音分期綜述》，《漢語史學報》2002年第2輯，上海教育出版社2002年版，第33頁。

④ 不見於宋本《玉篇》9字“腮、胸、盋、矮、逅、魘、颭、烙、燦”亦多出於唐宋間，見上文“宋本《玉篇》、《廣韻》未見新附字略論”詳考，此處不再列入宋本《玉篇》時間對應字表。

⑤ 我們采用較保守方法，先秦時期字分為鄭珍所考說文逸字及未收字，漢時字為鄭珍、鈕樹玉各家所考共識字及我們對比相關字書材料所做出劃分，有所疑問未定者皆未收入，但見於原本《玉篇》及《名義》者我們歸入魏晉六朝時期，只見於宋本《玉篇》未有前例書證者歸為隋唐宋間字。

漽、湲、韡、鰩、軂、荀

②《說文》逸字及漢時字：

禰、詢、誌、袨、叵、劇、晙、歈、鬐、髫、騂、濤、闉、緅、銘、礎、廊珈、昜、岌、祧、貽、曇、昂、讜、髻、齡、蹙、蔬、靮、翻、榻、麼、剜、篙、咍、晟、暈、粕、幢、寰、廖、爈、忖、浹、霞、霏、閱、搢、嬌、蟋、塗、境、坊、阡、幧、墜、邂、逼、眹、昇、罹、價、佇、嵩、慟、泯、潔、涯、闥、逍、遥、綀、碌、碏、櫂、蜑（蜒）

2. 魏晉六朝時期（202字）

①始見於原本《玉篇》殘卷（25字）

餕、譜、韻、綣、嶙、峋、嶼、嶺、廈、廂、廄、庱、礪、磯、砌、硾、舸、魮、緗、緋、纖、轍、阠、綷、嵇（嵆）

②始見於《名義》（177字）

麃、簃、篘、笏、娄、靭、曙、曆、梔、樻、橰、櫻、棟、梵、穩、馥、[illegible]、睊、睹、賺、贍、曈、曨、旷、昉、祖、袏、璩、琖、瑠、珂、玑、珝、琡、珙、嗃、售、噞、嘲、呀、芙、蓉、薳、蒣、芊、茗、薌、藏、蕆、犧、犍、旅、些、逅、遐、迄、迸、透、躧、蹭、蹬、蹉、踸、皺、詎、眭、眸、睚、刎、鸍、鴣、脅、映、粻、糉、朦、罭、罳、寘、寀、幟、帟、幗、帊、幞、猵、猰、氍、毹、毿、屢、縺、螅、蟻、蚝、蜢、螳、貓、駛、駴、騣、磧、侲、倅、倜、儻、佾、倒、儈、僦、伺、偵、奩、覩、塓、埏、場、艇、艅、艎、曆、皪、煽、爍、煥、艴、赮、霎、悱、怩、濎、懇、慆、惹、悌、懌、瀼、溥、瀊、洺、瀦、淼、溘、潩、鰈、聱、攙、掐、捻、搣、捌、攤、拋、打、瓷、瓻、墊、釵、釽、嬙、婢、娟、姤、劬、勢、勘、塔、鑼、轔、醒、狷、朘（脧）、䳒（馱）、槊（梛）、侶（佀）、灦（瀰）、篦（箆）

3. 唐宋時期（103字）

袄、琲、璀、璨、瑄、茌、蘸、哦、唳、喫、遑、遡、邏、迢、跎、謎、訣、鞘、虉、瞼、眨、翎、鴨、腔、刹、餂、罐、榭、椸、椿、貼、賽、晬、昳、朧、稕、糖、倄、傔、低、僧、衫、襖、毦、毹、毬、氅、預、彩、鬟、魑、魔、嶠、嵌、嵐、砧、馱、慵、恰、汎、瀘、滁、潋、港、霠、靄、閥、撅、拗、摴、妲、嫠、琵、琶、塘、坳、壒、鎖、鈿、酪、醐、酩、酊、醍、瀟（瀟）、鬧（閙）、颼（颸）

宋本《玉篇》所見11字，為“諺、停、債、喚、崑、崙、鞾、辦、打、眹、潔”，其中2字“眹、潔”各家考爲汉時所見字，“打”見於《名義》字頭，亦至遲爲六朝所出字，“諺、停、債、喚、崑、崙、鞾、辦”至遲當爲唐宋間字。

通過宋本《玉篇》與《說文》新附字的對比，我們可以更清楚考識中古時期與近古時期漢字的出現時間層次及變化情況。無論是古文、異體、俗體、後起孳乳字，可反映出漢字的發展變化特點：

1.與原本《玉篇》、《名義》可對應部分反映了《說文》所收經典用字和漢時俗要用字之間的矛盾，為我們整理漢魏六朝時期的俗字提供更多參照。

2.僅與宋本《玉篇》對應的103字反映出隋唐宋時期漢字仍不斷孳乳亦易的過程，可深入了解漢字在漢魏後不斷發展的動態。

3.新附字與宋本《玉篇》新增字中有為語言中的新詞而增字，可據此窺見漢語詞匯的發展變化。

第六章

宋本《玉篇》常用字

第一節　常用字的界定

一、概說

時至今日，漢字總量仍在不斷增長以適應社會需要與時代進步，而常用字卻具有相對的穩定性，從古到今一直保持在兩三千字的大致數量。

許多學者對古今著作做過全篇單字統計工作，如：

漢司馬遷《史記》全書總518 284字，單字為4 987字；

清孔尚任《桃花扇》全書總80 121字，單字為3 315；

清曹雪芹《紅樓夢》前80回501 113字，單字3 264字；後40回237 132字，單字2 589字；全書總計738 245字，單字總計3 384字。

老舍《駱駝祥子》全書總107 360字，單字2 413字；

毛澤東《毛澤東選集》（1-4卷），全書總660 273字，單字2 981字。①

當然具體到每部書的用字，選用單字並非完全相同或相包容，但相同的漢字占有很大一部分比例，這部分漢字幾千年來一直保持穩定形態，也就是從古到今具有傳承性的常用漢字。

一般認為常用字是“字匯中具有較高使用頻率的單字”。②是經常使用的，閱讀一般書籍必須掌握的字。但“經常使用”只是一個模糊的說法，在不同的歷史時期，根據不同的需要，“常用字”的內涵也

---

① 費錦昌：《漢字整理的昨天和今天》，語文出版社2000年版，第21頁。

② 《大辭海·語言學卷》，上海辭書出版社2003年版，第30頁。

時有變化，即使是同樣的內涵，不同條件下其所收字與收字數量也會不同。

《現代漢語常用字表》制定原則中明確指出：“社會用字與政治、經濟、文化的發展有密切的關係，不同時期的用字情況不同。如果僅依某一短時期的用字情況選取常用字，則有時間的局限性。適當把統計的時間拉長，縱觀各個不同時期的用字情況，則可以衡量字的使用是否穩定。選取使用穩定的字，可以避免選字的偶然性。”①

因此對各個不同時期內常用字使用狀況進行測查，客觀真實反映出漢字傳承與發展的歷史面貌，有助於了解常用漢字在不同時期的使用情況及穩定性。

在共時的層面上看，常用字是社會使用中常用通行的漢字，包括在各種交際交流生產活動及日常生活中。

從歷時角度看，不同的歷史時期反映一定的時代特征，必然有不盡相同的常用字范圍，因此研究各個時期的常用字對於考察整體的漢字發展演變具有重要意義。

通過不同歷史時期常用字的調查來了解和確定常用字，對於了解漢字產生發展和演變至現代漢字的過程是不可缺少的一環。歷來文字學研究的成果多集中在古文字的考釋或現代漢字研究應用方面，對常用漢字的研究也主要集中在現代漢字的層面。“現在學術界對常用字的研究特別是歷史常用字的研究還不夠重視。”②

因此調查常用字歷史傳承情況是有必要的也是必需的，其作用表現在多方面。陳原先生在《現代漢語定量分析》中說：“對常用字的統計對於應用語言學，語言教育學，社會語言學，心理語言學，語言信息學以及其他學科都有啟發性的意義。”③通過漢字頻度的統計分析，找出漢字發展史中始終保持穩定狀態的常用字數量，對於識字教學、字書編

---

① 《現代漢語常用字表•說明》“時間范圍”，語文出版社1997年版，第104頁。

② 朱葆華：《原本<玉篇>文字研究》，齊魯出版社2004年版，第124頁。

③ 陳原：《現代漢語定量分析》，上海教育出版社1989年版，第9頁。

④ 2006年4月13日，於《文匯報》上看到一則新聞“推本地化 取中國名——Google搖身變‘谷歌’”，關於Google中文本土化的爭論沸沸揚揚了半年終於塵埃落定，其中一段話頗有尋味，“為了取名，Google上下煞費苦心，按照英文發音，把所有G打頭和K打頭的字都羅列出來。在去除了生僻字之后，最終得到了30多個常用漢字，排列組合之后，是1800個待選名稱……在千奇百怪的各種組合之中，‘谷歌’脫穎而出。”可知常用字除了簡單易寫外，還有著認知心理上的科學性，在日常生活中的確發揮著必不可少的作用和影響。

纂、漢字的機械處理和信息處理無疑都具有重要參考價值。④

二、常用字的統計方法

確定常用字的標準有哪些，一是各家所據經驗之談所說的大致范圍，一是根據不同范圍內的不同材料得出高字頻選定。我們認為前種方法是經驗論的，無法得出量化的結論，后種方法是現代統計學中較科學的方法，可以得出明確的字量。①

最早大規模地根據頻率來選詞是從1898年德國學者凱定 (F.W. Kaeding)開始的，凱定統計了德語辭彙的在文本中的出現頻率，編制了世界上第一部頻率詞典《德語頻率詞典》。但頻率統計的準確程度又是具有相對性的，法國學者P.基羅在談到頻率的相對性時指出："整理一批300 000個詞的語言材料時，詞表位於第500個詞以上的詞，得出的結論就不再可靠了；有1 000 000個詞，才能定出一張大約1000個詞的詞表來；而一張大約有2 000至3 000個詞的詞表，要以5 000 000個詞的樣本作為基礎。"因此制定字頻表也需要大量的字料為基礎，而且在一定字量基礎和範圍中得出的結果也是具有相對性的。

現代意義上的漢字字頻研究始於1921年，陳鶴琴用統計方法考察白話文中漢字的出現頻度。1974年8月中國科學院等聯合向國家計委申請"漢語資訊處理系統工程"專案，對各種出版物進行了全面統計，樣本達21 657 039字，將漢字按使用頻度分為5級：最常用字500個、常用字500個、次常用字500個、稀用字1 500個、冷僻字2 991個。②根據20世紀現代漢語實際使用情況及綜合20種統計資料，1988年1月國家語委和新聞出版署研製《現代漢語常用字表》，收字3 500個，同年3月發布的《現代漢語通用字表》收7 000字，其中包括3 500常用字。

陳原先生提出四條選常用字的原則："第一，選取高頻率的字；第二，頻率相同時選取分布廣、使用度高的字；第三，同時考慮到盡量

---

① 馮志偉先生在談"选词标准"時說："主观标准：词表的编制者根据个人的学识、经验和兴趣，来判断词表中究竟应该收哪些词？不应该收哪些词？历史上不少的词表都是根据主观经验的标准制定的。客观标准：除了频率之外，还有分布率、易联想性、扩散率、覆盖率、通俗性等，其中最主要的是频率、分布率和易联想性。"參見《中文的自然语言处理——COLIPS系列讲座》，1996年1月，新加坡。

② 劉華傑：《現代漢語詞典白璧有瑕》，《中華讀書報》1998年5月13日，第6版。

選取構詞能力強的字；第四，取舍時注意到實際應用（語義功能）的情況。”經過長期跟蹤檢驗測試，“常用字表的3500字在檢驗語料中的覆蓋率達到99.48%”。[①]

現代漢字中常用字研究有助於我們從歷時角度進行不同時期的對比研究，但不通過實際調查是不能認為現代漢語中的常用字就可以代表或反映歷史常用字的面貌，同樣現代漢語常用字的研究無法代替不同歷史階段常用字的研究。作為漢字發展史上不同時段的歷史使用層面的常用字代表當時社會文化經濟與思想認識的發展水平，對歷史常用字的研究是不可替代的。

我們認為歷史常用字研究應劃分為不同的階段，清楚的時間層次劃分對了解不同時代漢字的發展演變是有意義的。[②]也有助於認清古今文字隸變楷化階段中漢字的使用和變異情況及形體演變規律。

我們選取兩種比較方法，一是靜態的比較，一是動態的比較。我們認為沒有字頻統計數據的資料為靜態資料[③]，如“三百千”之類的識字課本。一種是動態的比較，如我們所做出的相關分類字頻統計結果以及借鑒以往研究成果。如《說文》釋文字頻統計及宋本《玉篇》分項字頻統計、《現代漢語字頻統計表》等。

第二節　宋本《玉篇》常用字

《玉篇》成書六朝時期，經歷代的傳抄重修，由原本《玉篇》的16 917字增至宋本《玉篇》22 804字，反映了從魏晉至唐宋時期社會用字的提取及貯存的面貌。

宋本《玉篇》的常用字研究主要分為楷字字頭對應，釋文單字頻度及反切用字分析三個方面分別進行統計。我們主要采用宋本《玉篇》中釋文近二十萬用字量來測查《玉篇》中三個層次常用字的貯存

---

① 陳原：《現代漢語定量分析》，上海教育出版社1989年版，第16頁。

② 此處我們僅涉及小篆及隸變后的今文字，不討論甲骨文等古文字中的常用字范圍。

③ 陳原先生在《現代漢語定量分析》中談到《現代漢語常用字表的研制》工程時說：“這個工程利用了所有能收集到的二十種用字資料，其中包括六種統計數據（本篇作者稱為‘動態資料’，以別於字典詞曲等沒有數據的‘靜態資料’）”，又“字典、字表等被稱為‘靜態資料’的數據”。故我們此處也將有統計數據的資料稱為動態資料，而未有數據統計的資料稱為靜態資料。

情況。

楷字字頭上主要是包括字書承前字的積累與收錄當代常用字及新增字的情況，是一個整合古今最大量的范圍，應包括有成書前歷代字書的層層積淀的先秦兩漢漢字、六朝時期的新增字、唐宋間的新增字及傳抄過程中出現的俗訛字。①

釋文單字頻度主要對各個字頭下的釋義部分逐字切分並統計頻率，與楷字字頭及切音用字兩部分比較，釋字部分在整個《玉篇》文字體系的不同時間階段有最明顯的增刪改動，因而具有較強的時代性，能真實反映所處時代的常用字的使用情況。我們認為宋本《玉篇》釋文修訂時間在唐代孫強增字減注時基本完成，又經宋代陳彭年增修，反映的是隋唐宋時期的用字情況。

周祖謨先生指出："今本《玉篇》反切，經唐宋兩代增改，已非原本之舊。"反切用字因語音經由中古時期向近古時期變化，在歷代重修中改動較大，故我們將反切字頻從釋文中單列出作為在唐宋期常用字匯的一個側面反映。朱葆華教授認為"反切用字是研究古代常用字的重要材料，把各個時代的反切用字統計一下，作為這個時代常用字的一部分進行多方位的研究，是有必要的"。②此種分類統計也可與朱葆華教授所討論的原本《玉篇》反切常用字進行專題對比，可得不同時代的反切用字的常用字變化情況。

我們所做的統計工作主要是根據文本整理情況分別對宋本《玉篇》字頭、釋文、切音三個不同層面的常用字貯存狀態進行定量的整理比較分析。

一、宋本《玉篇》釋文常用字

宋本《玉篇》全篇釋文總量為115 878字，不重復單字為10 608個，此字量統計僅為釋文，不包括字頭及切音部分。

其中出現頻率在1 000次以上的字有"也（17 703）、文（2 259）、又（2 245）、曰（2 035）、同（1 855）、作（1 816）、上（1 793）、名（1 367）、說（1 355）、云（1 349）、皃（1 137）、切（1 133）、

① 因字書的特點是見字必收，將歷史歷時層面的字形與不常用的俗訛字一並收為字頭，不能反映出實際用字情況。故我們不將字頭作為字頻統計字量考慮進來，只作為參照類，如果在釋文總字數中不能對應，我們再作為補充對照。

② 朱葆華：《原本〈玉篇〉文字研究》，齊魯書社2004年版，第139頁。

亦（1 019）”　共13字，[①]覆蓋率約為32%。

出現頻率在100次以上的字有138字，覆蓋率約為56.8%。除去上述字頻千次以上13字，共 125字，覆蓋率約為24.8%，分別是：

之、古、水、不、大、爲、或、木、草、以、小、人、聲、山、今、行、有、子、字、音、一、馬、似、而、謂、魚、地、鳥、書、詩、中、下、器、雅、出、言、石、與、者、所、車、竹、生、俗、禮、縣、衣、長、玉、目、色、食、二、視、白、爾、無、牛、病、蟲、相、其、籀、傳、在、天、明、如、周、多、獸、頭、屬、高、方、物、於、三、可、語、女、火、國、五、氏、口、足、美、黒、見、盛、酒、門、氣、疾、並、正、左、本、飛、東、南、止、易、走、風、肉、安、祭、十、赤、毛、四、力、呼、犬、土、擊、角、陽、羊、日、記、動、雨

出現頻率10次以上的有1 258字，覆蓋率約為82.4%。除去上述字頻百次以上138字外仍有1 120字，覆蓋率約為25.6%，分別是：

平、耳、姓、曲、廣、楚、心、急、手、流、好、骨、象、取、光、形、王、屋、田、皮、黄、面、海、實、深、禾、樂、船、金、亂、六、髮、道、蒼、居、至、和、憂、豕、注、去、遠、鼠、通、治、尺、香、齊、鳴、從、飾、公、入、直、重、神、米、怒、善、息、進、西、引、細、布、江、後、北、事、首、漢、菜、从、齒、太、絲、持、悪、虎、覆、兩、合、孔、經、自、青、前、月、百、夫、葉、身、死、即、空、弓、邑、玄、束、欲、鬼、婦、然、具、衆、辭、笑、起、母、肥、履、數、皃、意、猶、舉、則、胡、堅、用、類、成、寒、郡、九、痛、分、里、春、時、強、鼓、聞、理、短、尾、老、聚、張、垂、七、使、論、思、鄭、乾、城、次、斷、藏、丘、除、知、穀、熟、敬、法、羽、帝、步、清、秋、驚、鐵、果、出、郭、

① 此處字序按從高到低排列，字頻在1 000次以內字在括號內注明其出現頻率，以便對其高頻原因進行分析。

外、八、於、盡、厚、陰、服、麥、結、得、雞、烏、亭、谷、落、賦、罔、夏、穴、莊、能、薄、君、傷、鹿、指、官、輕、耕、舟、醫、華、極、掌、璞、戶、飯、星、鼻、度、少、故、索、味、塞、飲、雉、刀、埤、熱、轉、鄉、徒、始、內、連、河、何、精、未、益、稱、陵、著、腹、會、滿、苦、巾、貪、冬、皆、往、秦、龍、豆、助、解、開、是、節、野、澤、毒、受、主、交、藥、父、告、隱、右、削、扶、侯、恨、初、懼、黃、兮、蠶、萬、利、雜、此、史、矢、求、根、常、我、箭、醜、養、背、兵、先、殺、近、汁、難、破、立、及、林、久、雲、邪、散、家、問、信、帶、過、敗、夜、蛇、志、喜、瓜、室、矛、戾、謹、千、市、裂、來、罪、夷、福、繩、別、危、蒲、積、晉、德、元、餘、邊、半、蔽、容、杜、定、虛、瓦、吐、匹、歲、樹、體、謀、枝、終、穿、陳、當、脛、魯、冠、處、武、年、頡、伏、變、勞、儀、微、花、革、封、莖、才、牆、義、蜀、置、聽、打、摩、棺、蓋、旁、仁、逆、緣、種、他、柄、刺、令、吹、列、舒、失、汝、伯、教、燒、血、司、寸、甲、亡、泥、許、載、甘、望、預、恐、疑、都、且、織、波、壞、沙、黍、麻、豬、刃、緩、閉、守、溫、升、含、發、量、附、雀、舍、若、達、舞、帛、諸、狂、柔、桑、端、州、軍、財、席、非、施、賁、宮、對、男、塵、更、愛、射、牀、泉、復、垣、臣、登、化、鳩、反、博、餅、計、命、師、淮、領、巧、歎、割、籠、舂、鉤、將、屈、莫、斗、旗、章、瘡、折、弱、健、離、粱、斫、腫、宜、賣、呂、叢、珠、臥、習、脂、脊、吳、茅、兔、備、推、飽、狀、舌、臭、越、辟、池、民、表、坎、兆、頸、絕、版、怨、異、畫、縫、臂、跛、橫、川、執、黏、丁、獨、新、差、井、堂、工、迫、乃、塗、蒿、繒、猛、加、染、悲、移、欺、茂、負、跡、就、功、密、漬、親、眼、減、孟、焉、露、靜、旦、淺、依、約、后、繫、界、囊、煩、佩、須、跳、代、采、慙、虞、濁、毀、凶、腸、暴、刺、朝、倉、脯、待、臨、懸、悅、醬、路、苗、彼、乎、寬、奴、收、甚、鼎、伐、被、壯、弩、仰、士、戴、害、与、顏、觸、稻、窮、京、釜、聞、造、吉、从、癡、狗、篇、喪、弄、詐、輔、賤、牡、葵、察、圓、傾、凡、補、送、側、關、乘、慢、廟、固、困、戲、篆、良、膏、訟、屏、責、媚、桃、勇、制、卑、末、釋、湯、戰、戟、雄、逸、乳、蟬、任、放、旌、綵、畜、鴈、丈、脣、袴、冢、爭、奔、丗、裹、狄、疏、殷、喙、貝、屑、威、歌、拭、歲、農、維、蹋、鮮、靈、鹽、專、滅、累、瑞、弗、軸、膝、私、劒、秀、遇、暗、宿、皇、筐、丑、鋭、弋、勉、愁、調、灼、衡、特、原、捕、滑、慧、别、比、早、妻、決、麤、弦、柱、琅、縷、拔、朱、羅、仲、磨、梟、翼、共、缺、應、退、浪、繼、聖、巳、幽、偶、慮、惟、罷、踐、呻、險、刑、降、奇、禁、留、遲、充、回、詞、擾、遮、渡、性、因、炙、雷、卒、管、鑾、孝、拜、丹、均、識、辛、竈、圭、忘、燕、圜、豫、牙、酸、盆、參、爵、龜、突、陶、絡、際、略、等、賜、陷、勝、麴、稷、質、斂、學、干、牝、審、歷、底、頓、申、低、了、典、速、予、閑、邦、部、巨、垢、帳、股、蹄、坑、浮、狼、韋、羣、寄、逐、狹、愚、報、尊、醉、眉、限、咽、續、貨、訶、旱、杖、隨、廉、滓、怪、溝、偏、渠、賓、尚、擣、摠、豐、很、祝、智、錢、候、蜻、薦、鈍、徐、吟、禪、式、考、哀、松、冤、鐘、念、府、裳、稅、錯、綬、忽、徧、恚、峻、普、斤、揚、葛、築、伸、蟹、拾、絞、絜、宗、障、蹙、把、涯、涕、矣、向、牲、斧、頂、各、鹹、便、肩、埽、貌、酢、液、壁、振、既、濟、保、妄、縮、蛤、總、誤、誠、纏、劣、黨、荅、阜、歸、到、蘆、慎、祥、禄、冥、畏、刈、衞、洗、防、紩、素、顛、獲、郊、敢、粟、悶、救、快、傍、接、支、符、銜、粥、最、箕、葅、假、芳、敕、針、侍、遽、余、按、違、鄙、休、筋、僕、暫、損、拘、覺、岸、榮、營、燥、崩、殘、仆、項、鼈、卵、堯、勸、髮、再、秃、猴、獄、墮、要、雙、階、孕、陸、規、貫、創、示、縛、臿、蛄、溢、沸、没、礙、卜、盧、帚、蝦、噬、誘、柴、牢、瓶、環、弼、枯、棗、蜴、厨、蜥、舜、輪、餌、絹、史、僞、庶、業、喉、甸、擇、乙、委、照、蟇、抒、紫、賈、駿、燕、雪、匿、脚、商、畔、貴、啼、災、投、班、頤、斯、韭、狐、馮、牽、潤、粉、握、揮、豸、麋、瘦、盂、墳、壅、侈、翊、噍、盜、坂、產、卦、煩、摇、判、仕、荷、奉、材、弘、弔、鬣、蘇、衰、央、植、沓、凝、汲、勤、康、窸、竻、笄、檢、序、付、追、庚、朗、竿、宣、痳、溼、袖、艸、稽、律、倚、循、陌、絮、轅、碎、倒、驪、必、辟、客、樓、轡

從宋本《玉篇》全篇釋文不同頻次的字量的統計結果看，1 000次以上高頻字只有13個，占總字量的32%，100次以上次高頻字有138字，占總字量56.8%，字頻在10次以上的漢字占總字量的82.4%。再從字量的統計看，前10位漢字覆蓋率在29.1%，前100位漢字覆蓋率在53%，前1 000位漢字覆蓋率在80%，遞增率分别為23.9%和27%。故我們選取字頻為10次以上的前1 258位漢字作為宋本《玉篇》釋文常用字，其覆蓋率為82.4%。常用字字頻分布列表如下：

字頻（次）	字量（字）	累計使用量	平均使用量	覆蓋率	遞增率
1 000以上	13	37 066	2851	32%	
100次以上	138	65 823	477	56.8%	24.8%
10次以上	1258	95 528	76	82.4%	25.6%

字量（字）	字頻（次）	累計使用量	平均使用量	覆蓋率	遞增率
10	1349以上	33 777	3378	29.1%	
100	135以上	65 823	658	53%	23.9%
1000	12以上	92 710	93	80%	27%
10 000	1以上	115 270	12	99.5%	19.5%

二、宋本《玉篇》反切用字

宋本《玉篇》反切字總量為65 847字，不重復單字為2 596個。其中“切（19 826）、音（942）”兩個高頻字，“三”字頻為38次，“三切”有30例，故以“三”做切字只有8例，“二”字頻為1 370次，“二

切”有1 362例，故以“二”做切字只有8例，實際“切”、“音”、“二”、“三”皆非切音高頻字。

據統計，字頻在1 000次以上有“切（19 826）、二（1 372）、力（1 318）”3字，覆蓋率為34.2%。100次以上有84字，覆蓋率為62.4%。除去前3個千次高頻字外，覆蓋率為28.2%。共計81字，分別是：

音、古、於、胡、徒、子、居、之、莫、丁、口、他、呼、公、又、余、五、許、思、亡、巨、七、魚、扶、渠、所、烏、丑、戶、苦、都、先、六、於、奴、蒲、直、普、丘、才、匹、步、女、牛、大、如、郎、結、各、弋、火、羊、計、方、與、角、乎、時、去、俱、補、達、交、竹、且、何、侯、式、甫、而、息、布、市、似、以、九、知、故、刀、回、仕

字頻在10次以上有782字，覆蓋率為92.1%。去掉前84個高頻字，計有698字，覆蓋率為19.7%。分列如下：

側、支、旦、下、兮、尺、除、乃、孚、加、來、初、利、移、見、革、合、皮、良、千、的、多、昆、楚、餘、由、呂、立、感、列、在、廉、亦、耕、周、果、乙、林、午、芳、虛、含、疾、木、山、爲、到、其、紅、禹、骨、奚、蘇、奇、江、忍、救、罪、禮、章、云、容、涉、諸、活、光、無、士、勿、必、丸、尸、武、甘、庚、安、狄、田、舒、老、洽、歷、幺、丈、可、吉、彌、律、兩、連、彼、尤、官、几、元、善、本、人、栗、刃、仁、當、恭、敕、盍、表、陟、登、朱、爾、緣、眉、月、咸、孔、候、充、兗、盈、魯、典、留、弔、對、八、格、昨、薄、了、高、宜、敢、没、豆、是、戈、朗、外、略、代、句、道、陵、至、得、一、世、小、徐、京、盧、穴、卑、桑、記、唐、流、勇、脂、灼、亮、殄、三、縛、昌、頻、齒、里、貴、兼、非、巾、婢、今、冬、相、嘗、蓋、皆、夜、衣、視、東、石、委、勞、尹、圭、制、甲、荅、柯、遠、色、改、葛、劣、倫、悲、谷、卧、定、俞、玉、語、經、忽、金、止、

壯、孝、甚、浪、北、恥、堅、頂、吏、佳、芮、咨、管、閒、亂、卓、葉、協、麥、卜、及、招、主、萌、井、呲、教、職、叉、中、志、有、劫、和、言、決、龍、追、飢、夷、祖、占、慈、逼、符、遥、檢、據、倚、延、洛、張、求、紀、父、規、紺、鬼、王、眞、末、買、郭、筆、博、瓦、彫、振、雞、例、入、板、困、質、錦、隹、吐、瓜、私、欲、醉、汝、賣、干、莊、具、負、曷、此、平、弓、姑、韋、矩、割、牙、雉、阻、乖、篤、始、吾、辭、百、紙、羽、掌、豬、丹、溝、落、仄、冉、均、證、茲、然、但、臘、舉、介、粉、惟、斤、巧、白、足、庶、遇、訝、聿、萬、食、作、俾、業、堯、刮、水、欣、旅、乂、會、貢、諧、念、鹿、嫁、靡、勒、尚、綺、景、府、拜、房、消、後、出、冷、偃、雅、鄧、滑、玄、鳥、倉、隕、自、升、昭、成、基、照、旬、姚、心、絹、禾、徂、臥、理、阮、全、遘、祕、進、赤、諫、養、后、間、限、召、豉、滅、桂、孤、哀、迴、政、沸、專、鄙、鄰、季、酉、日、位、邪、庚、往、戰、雷、衛、美、密、工、括、旱、明、類、厥、叶、用、犬、則、迷、賴、報、秦、禄、逸、攜、縣、鳩、既、伊、从、監、録、蔭、華、黨、亥、載、福、尼、者、黠、分、致、尾、聊、隆、内、神、陷、鍾、弗、嚴、輒、義、歸、爻、問、娱、沼、桓、賀、衮、表、閏、妙、向、寄、項、耽、弄、浮、枯、淺、眷、香、驕、幽、僞、久、領、軍、節、防、簡、畢、永、物、猗、詡、役、宗、年、戟、空、戎、民、建、德、文、換、禁、陳、梨、上、惠、勢、逆、近、鹽、劒、詞、兵、助、狎、祛、賔、吠、潰、謹、命、杜、焦、柳、藥、鋭、過、況、伯、遵、氣、寒、靳、唯、啓、觥、庸、素、波、園、征、額、夾、行、夫、解、起、亘、亞、鉤、斂、郢、碑、獲、遮、患、杏、青、匪、半、鞠、昔、悅、吳、怪、告、旨、孟、罵、希、莖、並、皎、隴、翼、胥、炎、預、育、駭、貞、附、厲、鼎、妨、踐、願、戛、同、鞏、濫、詳、詭、魂、荏、宜、俊、盎、鳩、放、隻、離、雄、鍺、姦、前、轉、輦、卷、馬、因、路、遐、虞、天、沃、滿、河、緩、殊、薤、書、治、運、箭、界、凶、苟、護、凋、司、曾、戴、离、悉、戀、孕、賢、賜、扇、翦、資、豔、卦、吁、責、未、即、董、卵、拙、厄、南、瞎、激、域、陸、針、羈、垂、野、條、詩、仙、莧、覓、累、舟、乞、土、仲、關、市、猛、允、也、撫、祇、味、矯、耳

宋本《玉篇》切音總字量較釋文總字量少五萬余字，故從宋本《玉篇》切音常用字以頻率出現在10次的標準得出統計結果看，得出的切音常用字相對少於釋文常用字，可能有部分常用字量的損失。我們從字頻與字量兩方面統計，列表如下：

字頻（次）	字量（字）	累計使用量	平均使用量	覆蓋率	遞增率
1 000以上	3	22 516	7 505	34.2%	
100以上	84	41 245	491	62.4%	28.2%
10以上	782	60 695	78	92.1%	19.7%

字量（字）	字頻（次）	累計使用量	平均使用量	覆蓋率	遞增率
10	494以上	27 535	2 754	41.8%	
100	88以上	42 717	427	64.9%	23.1%
1 000	6以上	62 329	62	94.6%	29.7%

三、宋本《玉篇》常用字比較

（一）宋本《玉篇》常用字與宋本《玉篇》字頭比較

通過宋本《玉篇》常用字不同層次的調查可大略知曉當時的漢字通行情況。

楷字字頭包括有歷代字書的先秦兩漢字、六朝時期的新增字、唐宋間的新增字及傳抄過程中出現的俗訛變體。①通過對宋本《玉篇》字頭層面相對應字頻的調查，可以呈現宋本《玉篇》字頭層面貯存的唐宋時期常用字狀態，宋本《玉篇》字頭的收字范圍是否有所遺漏脫誤有量化的

① 因為字書的特點是見字必收，將歷史歷時層面的字形與不常用的俗訛字一並收為字頭，不能反映出實際用字情況。故我們不將字頭作為字頻統計字量考慮進來，只作為參照類，如果在釋文總字數中不能對應，我們再作為補充對照。

查驗，對宋本《玉篇》的編纂體例有更清楚的認識。

宋本《玉篇》字頭層面貯存的歷史漢字與唐宋際的實際用字情況是否一致，哪些是“死字”，哪些是常用字與生僻字[①]，哪些是在實際使用中已有約定俗成的變體字形，以高頻字作為主形來匯集整理異體字組，調查唐宋期新增字在實際使用中的通用度及貯存情況，都需要常用字的相關字頻統計與分析。

釋文單字切分總字數10 608字與宋本楷字字頭22 804字對應，有10 216字可相互對應，占釋文總量的96.3%，其中宋本《玉篇》釋文常用字有1 235字與楷字字頭可對應，可占釋文常用字1 258字的98.2%。兩者有高比例的一致性，可知宋本《玉篇》字頭層面字匯較完整地貯存了同時期的常用字，也說明釋文單字所貯存的仍多是日常使用或通行的漢字。

反切字總字數2 596字與宋本楷字字頭22 804字對應，有2 471字可相互對應，占反切字總量的95.2%。其中宋本《玉篇》反切常用字有765與楷字字頭可對應，可占反切常用字782字的97.8%。

從釋文單字常用字與楷字字頭對應的重合度為98.2%，與反切用字常用的比例大致相同。從兩者與宋本《玉篇》字頭高百分率的對應關係，可知宋本《玉篇》不同層面與時間層次的常用字有著高度的一致性，整個字書體系的編排與貯存情況還是較為合理嚴密的。

不對應的部分主要是受釋文體例的限制，也有異體字與新增字及各種字際關係在釋文層次中貯存而未反映在宋本《玉篇》字頭層面。釋文常用字不見於《玉篇》字頭部分原因主要有：一是字頭漏收或脫誤，一是字形有變異，一是不同的正俗字觀。

反切用字的改動較釋文層次更為明顯，因此我們認為其更大程度上反映了唐宋時期的常用字，反切常用字未見於宋本《玉篇》字頭的有31字，分別是“莫、亡、郎、光、栗、魯、候、皆、卧、葉、卓、毗、遥、百、舉、兹、乂、拜、后、賴、報、夂、内、華、亘、前、宜、濫、即、乞、關”。我們認為此類應為唐宋間社會層面實際較多的常用

① “我國古籍浩如煙海，其中大部分急待整理。而考古發掘還會出現新的材料。整理研究它們會發現有些字恰是前代辭書里面的‘死字’。在互相參證的時候，這些‘死字’有的時候會起到某種意想不到的啓示作用，這可以說是‘起死回生’。因此，從字典編纂的角度說，不宜給某一個字‘宣判死刑’，不用‘死字’這個名目。比較好的想法是把字分爲常用不常用，在不常用字中甚至還可以劃出一部分生僻字。”參見趙振鐸《字典論·收字雜議》，上海辭書出版社2001年版，第30頁。

字，宋本《玉篇》字頭層次卻未能予以呈現，未見原因大致與釋文未見字相同。

可知宋本《玉篇》字頭層面反映的歷史漢字面貌只是絕大部分，並非《玉篇》內部版本系統的全部字量，故釋文反切層面的統計有助於對宋本《玉篇》貯存的歷史漢字的補充，也是不可缺少的一項字量調查工作。宋本《玉篇》字頭未見字數量及字頻，詳見本章附表“5.1：宋本《玉篇》字頭未見字表”。

據我們統計，釋文與反切總計字頻在10次以上字有71字未見於宋本《玉篇》字頭，如下：

莫、亡、郎、光、葉、樂、百、舉、皆、魯、前、即、母、栗、候、華、內、卧、出、服、陰、毒、鄉、積、后、散、歲、毗、久、拜、遥、卓、更、報、打、玆、執、脊、川、乂、賴、關、懸、寬、奔、智、釜、幸、别、濫、原、羣、宜、亘、慧、爵、康、曾、纏、研、巷、冤、乞、孫、粟、爛、喚、髮、沒、誓、敷

我們認為釋文與反切常用字未反映在宋本《玉篇》正字字頭位置，主要是以下幾個原因：

1. 結構或方位有別，如：“卧/臥、群/羣、腰/誓、敷/敷”，共4字。

2. 筆畫層次或筆勢差異，如：“郎/郎、歲/歲、内/內、寬/寬、宜/宜、纏/纏”，共6字。

3. 楷化形式不同，如：“莫/莫、光/光、久/久、亾/亡、散/散、玆/玆、巛/川、關/關”，共8字。

4. 宋本《玉篇》中的異體字類，如：“服/服（同）、鄉/鄉（亦）、研/研(亦)、魂/冤(亦)”，共4字。

5. 俗寫或筆畫省簡字未被收入，如：“釜/釜、縣/懸”，共2字。

6. 宋本《玉篇》中的古今字，如：“擧/舉、歬/前、㮚/栗、花/華、陰/陰、毐/毒、皐/卓、叓/更、脊/脊、奔/奔、㚔/幸、厵/原、桓/亘、爵/爵、鄉/巷、㮚/粟、㖂/髮、歿/沒、卽/即”，共19字。

7．宋本《玉篇》漏收常用字①，多見於前代字書字頭或釋文中。如："葉、樂、百、皆、魯、母、候、積、后、毗、拜、報、打、智、濫、慧、康、乞、孫、爛、喚、出"，共22字。

8．刊刻過程中個人書寫習慣或受雕版印刷字體影響的字形相混，如："别/別、遙/遥，曾/曾"；也有屬宋本《玉篇》的訛形字，如："叉/乂、頼/賴"，共5字。

（二）宋本《玉篇》釋義與切音層面的比較

釋文單字切分總字數10 608字與反切字總字數2 596字重合字有2 356字，平均筆畫數為10.9畫。其中在《玉篇》釋文單字常用字1 258字（頻率10次以上）與《玉篇》反切常用字782字（頻率10次以上）相合者，共511字，平均筆畫數為8.6畫，可知常用字的筆畫數簡於一般用字。

從釋文在字頻在前十位字"也、文、又、曰、同、作、上、名、說、云"與反切前十字"力、古、於、胡、徒、子、居、之、莫、丁"（此處暫不算"切、音、二"3字）比較看，從字形上看高頻字皆具有簡便易寫的特點，除"說、於"字形筆畫較繁外，其余字筆畫皆較為簡單。釋文高頻字的平均筆畫是5.3畫，反切高頻字平均筆畫為6畫，全部高頻字平均筆畫為5.6畫，故除了"說"對應有偏旁簡化外，其余從古至今皆保持原貌，可以看出常用字的穩定性與形體上的趨簡性。

釋文與反切兩者高頻常用字也有明顯的不同之處，首先是高頻字沒有重合字，表明兩者的字頻分布有明顯的不同。其次釋文高頻字中：一是表判斷的語氣詞較為明顯，如"也"出現17 703次，屬極高頻字。二是如"《說文》、名、曰、云、同上、作"等引用及定義字際關係類最多。引書中《說文》當為最重要參考依據，並且對字際關係描述較多，如"作、又、同上"。反切高頻字代表了中古及近古時期切音中的較為

① 我們認為隨時代的變化，宋本《玉篇》貯存的歷史字匯是多層次的，也是多種情況混雜的，既有宋時的新增常用字，也有前代的常用字混雜其間，而且可能有不同版本傳抄間的脫漏現象。如"康"在原本《玉篇》字頭及《名義》字頭中皆存，而宋本《玉篇》及元刊本俱無此字。"打"字，《名義》："打，丁泠反。捂也。撞也。擊也。"及元刊本"奇字指迷"中有"打，篇韻都挺切，俗音都雅切。"在宋本《玉篇》"分毫字樣"及元刊本"分毫字辨"中皆有辨形，而字頭無此字，則可知亦為脫漏。再以元刊本相比勘，宋本《玉篇》字頭未收的21字在元刊本中亦存在相同的漏收情況，可知在宋重修《玉篇》時已有脫漏或未收。

常用字，排在前十位屬於聲韻用字中形體最簡，符合漢字使用的經濟性原則。

第三節　基於宋本《玉篇》的常用字比較

在今文字階段，漢字已歷經兩千年的變化。從篆而隸、從隸入楷，線條變為筆畫，部件逐漸符號化，結構位置與逐漸固定，形聲字大為增加，而相對於漢字激增與動蕩變化的大背景下，常用字的穩定性與形態又是如何保持與傳承，需要長時期的考察。

我們所選用的對比語料為《說文》、原本《玉篇》反切用字及《千字文》、宋本《玉篇》、《現代漢語常用字表》及《現代漢語通用字表》，對應時間分布層次，大致可分為先秦兩漢、魏晉六朝及隋唐宋時期及現代四個階段，我們希望通過有代表性的材料互相對比來反映上古後期、中古時期、近古時期及現代時期的漢語常用字使用情況。

由於宋本《玉篇》的常用字的選定是個封閉的范圍，因此不能僅依靠宋本《玉篇》的語料情況，判斷宋本《玉篇》的常用字即與當時常用字使用狀況全部吻合。在此我們只是說可以從一個方面反映當時社會用字中曾出現過此類漢字，並且在一定使用范圍內（字書釋義系統內部）達到過較高的使用頻度。

我們將宋本《玉篇》釋文與反切用字合在一起做字頻統計，適當擴大常用字范圍[①]，全部釋文及反切字總數共181　718字，不重復單字為10　848個，其中字頻在10次以上有1　745個，因此可得宋本《玉篇》常用字1745個。

一、《玉篇》常用字與《說文》常用字

《說文》常用字項的選取，我們采用對釋文部分（不包括《說文》

① 由於以10次以上為條件限制，將釋義與切音字兩部分分開，則對於每個范圍內的常用字總量上會損失過多，必然失去兩部分內低於10次的字數，我們認為對比結果有效性遠遠小於兩者兩加字。如僅以見於宋本《玉篇》釋文常用字對照有823字可對應，《玉篇》反切常用字與《說文》常用字對應有456字，如宋本《玉篇》釋文單字與《說文》常用字（10次以上）可對應有1　114字。故我們將釋文切音總量合成一項統計常用字頻。

隸定字頭、小篆、重文、新附①、徐鉉切音與按語部分）統計10次字頻以上有1 171字。《說文》今存為徐鉉修訂本，古本《說文》已無，唐本《說文》木部殘卷亦只余百數字，故我們在此排除大徐《說文》明顯修訂處來減少時代因素的影響，當然這種統計工作也能是相對的而非絕對的，因此我們用來統計的《說文》總字量少於大徐本《說文》全文總字數。而且因《說文》字量少於宋本《玉篇》，故我們統計出常用字的數量亦少於宋本《玉篇》（以出現10次上為準）。

（一）《說文》常用字與《玉篇》對照情況

《說文》常用字為1 171字，可以與《玉篇》釋文和反切單字（包括字頻出現1次者）可直接對應的有1 114字，即《說文》常用字有95.1%見於《玉篇》。

《說文》常用字1 171字與《玉篇》常用字1 745字直接對應有889字，故《說文》常用字見於《玉篇》常用字有75.9%。此比例與《說文》常用字出現在《玉篇》總字量中的比例有19.2%的差別，可以看出在常用字保持大致的穩定情況下仍會隨時代轉移或材料范圍不同而發生的一定的變化。

（二）宋本《玉篇》常用字未見於《說文》情況

以《玉篇》常用字1 745字與《說文》字頭9 833字對比，相對應有1 502字，約占《玉篇》常用字的86%。另有243不重合字，約占《玉篇》常用字的14%。考慮到《說文》釋文與後世隸定字頭有字形不完全對照情況，且有相當一部分用字未出現在《說文》字頭上，我們再將此243字與《說文》釋文單字對比，有169字可在《說文》釋文中對應，實際可得74字為《說文》未見字。未見字如下：

戶、髙、黒、吕、靑、緣、笑、彌、卧、充、表、淸、隂、璞、歳、从、花、板、悦、戟、賔、辥、絶、舍、負、瘡、徂、圓、針、額、關、乂、梨、峻、叶、跡、寛、懸、乗、釜、蹠、袴、綵、徵、冝、磨、膝、罳、麴、鍩、揔、巷、影、蹄、妖、溪、覔、粥、薤、貌、葅、蒐、啼、踈、戀、愧、坂、蔭、怖、

① 新附字釋文總字數為3 493字，不重復單字為993字，未排除新附字釋字時字頻10次以上有1 211字，排除新附字後字頻10次以上有1 171字。

摇、瞎、𡘞、遊、曜

考慮應排除印刷體新舊字形差異，如“戸（戶）、髙（高）、黒（黑）、吕（呂）、青（靑）、緑（綠）、卧（臥）、表（袁）、清（淸）、隂（陰）、歳（歲）、夂（久）、賔（賓）、辝（辭）、絶（絕）、舍（舍）、負（員）、乂（叉）[1]、寛（寬）、乗（乘）、疏（疏）、冝（宜）、蔭（蔭）、揺（搖）、𡘞（冀）、圎（圓）”共26字，這些字形可以作一認同。

可得“笑、彌、兖、璞、花、板、悅、戟、瘡、徂、針、額、梨、峻、叶、跡、懸、釜、袴、綵、徵、磨、膝、瞿、麴、鍩、揔、巷、影、蹄、妖、溪、覓、粥、薤、貎、葅、蒐、啼、踈、戀、愧、坂、怖、瞎、遊、曜、闗”48字。

因此宋本《玉篇》常用字有48字為《說文》所未收，應為魏晉六朝時至唐宋時新出常用字。

首先將此《說文》未見的48字與《名義》相對照，其中有30字見於《名義》字頭，分别是“笑、兖、璞、花、板、悅、戟、徂、峻、叶、跡、袴、綵、徵、磨、膝、麴、鍩、影、妖、覓、粥、戀、愧、坂、遊、曜、彌、貎、巷”。另有17字在《名義》釋文中出現，按出現頻率由高向低排列：“梨（19）、薤（14）、懸（14）、瘡（13）、蹄（13）、額（12）、闗（11）、啼（12）、瞿（9）、瞎（7）、針（7）、怖（6）、踈（5）、揔（4）、葅（2）、蒐（2）、溪（1）”。其中“薤、瞎、蒐”3字僅出現在《名義》切音用字中，由於《名義》切音用字多不同於原本《玉篇》，疑當為唐時新出常用字。除“釜”字外，與《名義》可直接對照共有47字，此類字大部分最晚出現時間當不遲於六朝時期。

宋本《玉篇》常用字較《說文》所多48字中有4字“懸、釜、巷、蒐”為宋本《玉篇》字頭未收字，《名義》亦多有此類字頭漏收情況。據測查，宋本《玉篇》字頭未見字共760字，加上原有大字字頭22 804字（未除去重出與同形字），宋本《玉篇》全篇收不重復單字約為23 564

① 宋本《玉篇》中實無簡化字“乂”，如“褅，乂（叉）入切。為“叉”字在雕板中省寫不連而造成混形，故此處仍以為“叉”。另有時“叉”訛寫為“乂”，亦不算成相對《說文》常用字新出。

字。

胡吉宣先生多将此類字作為部末增補字與拟補字，我们認為此類属於当時社會用字，故有必要作一統計補充。（参見附表5.1:“宋本《玉篇》字頭未見字”）

關於在宋本《玉篇》中作為常用字使用卻未見收入大字字頭情況，我們認為應有兩個原因造成：一是承襲前代字書，若前或忽略或有脫失的字頭，宋本《玉篇》亦承前未加入，如“懸、覔、巷”；二是對當代常用字“熟視無睹”有所疏漏，也有可能此字本已有之，但在當代形體發生俗寫或有所變異，這種變化還未見收入字頭，如“釜”字。

“釜”未見於《名義》及《唐韻》字頭，《廣韻・麌韻》：“鬴，《說文》鍑屬。釜，上同。”已增有其字。雖“釜”未見於宋本《玉篇》字頭，但在釋文中出現18次，在宋重修《廣韻》釋文中亦有16次重復，當屬唐宋際常用字。“釜”作為常用字而未見於前代字書及字頭不收，其形疑有訛誤。《類篇》：“釜，奉甫切。《說文》：鍑屬。或省作釜。”《說文》：“鬴，鬴或从金父聲。”宋本《玉篇》：“鬴，扶甫切。鍑屬。或作釜。”《集韻》：“鬴，或作釜，隸省作釜。”可知“釜”“釜”“釜”為一字異形，當為《說文》重文或體的不同楷化簡省字形。且《名義》釋文中“釜”字形書寫其上已多省為兩點近似“釜”字，可知在唐時手抄過程中已漸流行。“釜”在宋本《玉篇》中僅出現6次，故我們認為“釜”因形體最簡而漸取代前之“釜”“釜”成為宋代常用字。

因宋本《玉篇》常用字“懸、釜、巷、覔”皆見於《名義》文中，故我們認為只有這些常用字最晚出現時間當不晚於唐際，其後才有可能有條件漸廣為使用，因而成為常用字。

新出常用字大致可分為三種情況，一是先秦兩漢時已常見，只是由於某種原因未見於《說文》正篆；二是六朝時期新出常用字類，三是可能為唐際新出字。

1.先秦兩漢時已有字

如“叶、貌、袴、遊、麴、啼、怖、彌、究、璞、悅、戟、額、梨、影、徵、懸、徂、跡、蹄、巷、峻、釜、鎋、坂、闌”，大都在秦漢時或之前已有其字，《說文》或為古文、籀文作為重文或體收入，亦有屬於歷代傳抄脫失的《說文》逸字，先秦文獻中仍存有一定量《說文》未收字，也有些字許慎認為是當時俗字不收。

（1）古籀文或體

貌，《說文·皃部》：“ 昻，籀文皃，从豹省。” 見《汗簡》，“[illegible]，出《義雲章》。”宋本《玉篇》、《廣韻》亦同此說。

叶，《說文·劦部》：“ 𠯈，古文協，或从口。”宋本《玉篇》、《廣韻》同上。《汗簡》亦云：“ [illegible]，見《說文》。”

袴，《禮記·內則》：“衣不帛襦袴。”《王充·論衡》：“趙武藏於袴中。”《釋名》：“袴，跨。兩股各跨別也。”《方言》第四：“袴，齊魯之間謂之䙱，或謂之襱。關西謂之袴。”《類篇》：“袴，《說文》脛衣也。”今本《說文》作：“絝，脛衣也”。《康熙字典》：“袴，古文絝。”《汗簡》“袴”下收“[illegible]”，見《王存義切韻》。《廣碑別字》有：[illegible]北周《賀屯植墓誌》，[illegible]隋《蕭瑒墓誌》。周祖謨先生認為“漢人寫作‘絝’，後來寫作‘袴’，從衣，不從糸。……從形旁上看，從衣比從糸意義要顯明得多。”①“衤”、“糸”兩旁多相通，至遲在漢時“袴”已出現並漸為通行，在六朝時已作為常用字使用。

怖，《说文》：“ 悑，悑或从布聲。” 《廣韻》《集韻》與《說文》“悑”同。《類篇》：“悑，《說文》惶也。怖或从布。”皆《方言》第十：“江湘之間凡窘猝怖遽，謂之潤沭。”《後漢書·第五倫傳》：“其巫祝有依託鬼神，詐怖愚民。”

又如“戟”，《說文》：“有枝兵也。从戈、倝。” 宋本《玉篇》：“戟，三刃戟也，雄也。《說文》作戟，有枝兵也。”“戟”當是從《說文》“戟”省。如“峻”，《說文》：“ 𡶓，陖或省。”如“釜”，《說文》：“ 䥽，鬴或从金父聲。”此類皆應屬《說文》重文異體。

（2）《說文》逸字

如“笑”字，《說文·竹部》新附：“笑，此字本闕。臣鉉等案：孫愐《唐韻》引《說文》云：‘喜也。从竹从犬。’而不述其義。今俗皆从犬。又案：李陽冰刊定《說文》从竹从夭義云：竹得風，其體夭屈如人之笑。未知其審。”鄭珍云：“《藝文類聚》引《說文》：‘笑，欣喜也。’笑取其嬉戲，收入犬部無疑，从竹乃其聲。校《唐韻》引

① 周祖謨：《漢字與漢語的關系》，載《問學記》（上），中華書局1981年版，第22頁。

多‘欣’字，益足明許君原有。”考為《說文》逸字。《五經文字》：“笑，喜也。”皆从竹下犬。《廣韵•笑韻》：“笑，欣也。喜也。亦作笑。”亦因《唐韵》之舊亦作笑，唐時本皆作“笑”無可疑。又《干祿字書》云：“咲通，笑正。”《一切經音義》卷二十一：“笑字从竹犬声，有作咲者俗也”又“笑，私妙反。《字林》笑喜也。又作咲，俗字也。”可知唐時以前“笑”是正字，而“咲”為俗字。至唐文宗開成二年（837年）《九經字樣》始有：“笑、笑，喜也。上案《字統》（楊承慶《字統異說》）注云：从竹从夭，竹為樂器，君子樂然後笑。下經典相承字，義本非从犬笑賓。”始改从“犬”為“夭”，認為“其體夭屈如人之笑”，“笑”字乃當為唐宋以後之變。段玉裁云：“此字之从竹犬，孫（愐）親見其然，是以唐人無不从犬作者。……自後徐楚金缺此篆，鼎臣竟改說文笑作笑，而《集韵》《類篇》乃有笑無笑，宋以後經籍無笑字矣。今依顧野王、孫愐、顏元孫、張參爲據，復其正始。”故段氏《說文解字注》徑改“笑”為“笑”。

彌，《周禮•春官•大祝》：“彌祀社稷禱。”《類篇》：“終也。”《詩經•大雅》：“誕彌厥月。”《傳》：“彌，終也。”《論語》：“仰之彌高，鑽之彌堅。”《說文》有“璽”字無“彌”，疑為逸字。

（3）《說文》未見收字

遊，雖未見收於《說文》，仍當早於漢時。《尚書•大禹謨》：“罔遊於逸。”《詩經•邶風》：“以遨以遊。”《禮記•學記》：“息焉遊焉。”鄭玄註：“遊，謂無事閒暇總在於學也。”《禮記•曲禮》：“交遊稱其信也。”《戰國策》：“士未有爲君盡遊者。”班彪《閒居賦》：“望常山之峩峩，登北岳以高遊。嘉孝武之乾乾，親釋躬於伯姬。”《廣碑別字》“游”下收有遊漢《張遷碑》，遊魏《元固墓志》，遊齊《宋顯伯造塔銘》等形，書寫中構件“方”、“木”、“才”易混，可知“遊”在先秦兩漢文獻中常見。

悅，《唐韻•薛韻》：“悅，弋雪反。喜也。”郭璞《爾雅音圖•釋詁》：“悅，服也。”又“悅，樂也。見《詩》。”《孟子•公孫丑下》：“有士於此而子悅之。”《論衡•刺孟》引悅作說。《經典釋文》：“說，今本多即作悅字，後皆放此。”《廣韻》《玉篇》皆有：“悅，經典通用說。”當是許氏以為“悅”非經典用字，故不收於《說文》。

如“鎋”字，宋本《玉篇·金部》：“鎋，車鎋也。”《經典釋文》：“鎋，又作轄，胡瞎反。”又《唐韻》：“鎋，胡瞎反。車軸頭鐵。《說文》作舝，俗作轄，非也。”至宋時《廣韻》已認為“鎋”與“舝、轄”並同。《孝經•鉤命決》：“孝道者，萬世之桎鎋。”《詩經•小雅》：“言爲周之桎鎋。持國政之平。”如“啼”字，《儀禮•喪大記》：“主人啼，兄弟哭。”《穀梁傳•僖十年》：“麗姬下堂而啼。”《唐韻》：“唏，啼。”《康熙字典》：“啼，古文謕。《說文》同嗁。”皆是古已有之，而《說文》以為非正體未收。

2　六朝時常用字

前代已有本字，而六朝後出異體字漸為流行，從而成為新出常用字。如“揔、綵、妖、板、覔、戀、覓、媿、醬、瞎、花、針、刴、磨”等。

如“磨”字，《說文》：“䃺，石磑也。”原本《玉篇》：“磨（磿），力狄反。《周礼》及空挹麻上供蘢及匶車之役。鄭衆曰：挹磨磨（磿磿）下車也。鄭玄曰：適磨（磿）綍者，名也。文磨（磿），石聲也。野王案：磨磨（磿磿），少聲也。赉摻許申挂　赊（赋）。磨磨（磿磿）有聲夊（亦）是也。”《名義》：“磨，力狄反。石聲。”同原本，今從宋本《玉篇》字音義與字序上對照，當皆為“磿”之訛寫。又原本《玉篇》：“䃺，莫賀反。《說文》石磑也。《埤蒼》䃺䃧也。野王案：以石相摩所甲以研，破穀麦也。”又下　字頭為“磑”，“磑，午衣、公衣二反。《世本》公輸初作石磑。野王案：《說文》：磑，䃺也。《方言》：䃺，堅也。郭璞曰：石物堅也。摩切為剴字，在刀部也。”“䃺”下未見“磨”字。而《名義》：“䃺，莫賀反。磑也。磨，同上。”宋本《玉篇》亦同此序，皆補於《說文》“䃺”之後。雖原本《玉篇》字頭未見“磨”字，而其下釋文中多用“磨”字釋義，如“䃧，《方言》磑或謂之䃺。郭璞曰：即磨也。”故此字當為原本《玉篇》所逸收或抄寫轉錄中脫漏。“磨”字至遲當為六朝時新出字。《唐韻·過韻》：“磨，摸卧反。”僅見“磨”字。《廣韻》：“磨，磑也。摸卧切。䃺，上同。”當知唐時“磨”頗為流行。《康熙字典》：“磨，《說文》本作䃺。”《正字通》：“俗謂磑曰磨，以磑合兩石，中琢縱横齒，能旋轉碎物成屑也。”在原本《玉篇》中除兩條釋義“磨”誤為“磨”，殘卷中“磨”字仍出現6次，《名義》除“磨”誤為“磨”字外出現5次，宋本《玉篇》全文出現16次，故“磨”至遲當為六朝以降新出常用字。

如“花”字，《廣韻·麻韻》：“華，呼瓜切。《爾雅》云：‘華，荂也。’花，俗，今通用。”宋本《玉篇》：“花，呼瓜切。今爲華荂字。”《康熙字典》：“《唐韻古音》：按花字，自南北朝以上不見於書，晉以下書中閒用花字，或是後人改易。唯《後漢書•李諧•述身賦》曰：樹先春而動色，草迎歲而發花。又云：肆雕章之腴旨，咀文藝之英華。花字與華並用。而五經、諸子、楚辭、先秦、兩漢之書，皆古文相傳，凡華字未有改爲花者。考太武帝始光二年三月初造新字千餘，頒之遠近，以爲楷式，如花字之比，得非造於魏晉以下之新字乎。”從《康熙字典》所云可從，當為“魏晉以下之新字”。

如“妖”字，《說文》：“媄，巧也。一曰女子笑皃。《詩》曰：‘桃之媄媄。’”《名義》：“媄，於鴞反。小也。巧也。”《玉篇》：“妖，媚也。媄，同上。”《名義》字頭未見“妖”字，文中有12處，其中9次為切音字。以“夭”“芙”可知後面簡省去構件“艸”字更為通行，故大約是孫強增刪時使“妖”字處於“媄”前列。《廣韻·宵韻》：“妖，於喬切。妖豔也。《說文》作媄，巧也。今從夭，餘同。”。《康熙》：“媄，《說文》妖本字。”可看出六朝至唐宋字書的實用性漸大於本義作解的傳統性。原本《玉篇》：“譌，吾戈反。《尚書》平秩南譌。孔安国曰：譌，化也。《毛詩》民之譌言。《箋》云：譌，偽也。又曰或寢或偽。《傳》曰：訛動也。《韓詩》譌覺也。又曰譌言、諠言也。《尔雅》譌言也。郭璞曰：世以妖言為譌言也。”

3．隋唐宋間新出常用字

未見於前代文獻典籍及字書類的隋唐間新出字，或雖見於前代卻未作為常用字者，至隋唐宋間頻率增高的字。此字不一定是隋唐間新出字，但有可能是新出常用字。

如“溪”，漢司馬相如《上林賦》：“振溪通谷，蹇産溝瀆。”[illegible]郭店楚墓竹简老子甲·一四八，其形為“溪”左右構件相倒置，可知在戰國時期已有此字。而經典多用“谿”，《說文》：“谿，山瀆无所通者。” 宋本《玉篇》、《廣韻》始見收“溪”字，宋本《玉篇》：“溪，溪澗。”又“谿，與溪同。”“溪”為水部部末新增字，“谿”“溪”互為異體，而宋本《玉篇》對兩字釋義詳略不同，可知兩字使用頻度在唐宋間已有改易。在宋本《玉篇》釋字中有11例為“溪”，只有2次為“谿”，而在原本《玉篇》殘卷中各出現2次，《名義》釋文中為“谿”有3次，僅1次為“溪”。皆可為證。故我們認為是隋唐新出常用字，因其形聲結構更與人們認識及使用習慣相符而代替“谿”。此類字有“踈、罳、瘡、薙”等。

另如宋本《玉篇》常用字與《說文》新附字有14字對應，分別是“遐、塗、預、價、蹙、倒、勢、低、嬌、贍、藏、涯、衫、逼”，此類除可確定有較早來源的有“遐、價、蹙、倒、勢、逼、嬌、贍、藏、塗、涯”11字外，有“預、低、衫”為隋唐宋間新出字，故此3字當為新出常用字。

所以，唐宋間新出常用字我們認為有兩種情況，一是早已有之而未成為經常使用字，直到唐宋時期才漸為流行，成為常用字；一是唐宋之際新出字，因其多為後世使用而成為新出常用字。

二、《玉篇》常用字與六朝《千字文》對比分析

古代識字教材流傳最廣的是“三、百、千”，即《三字經》《百家姓》《千字文》（亦有一說為“三百千千”，包括《千家詩》）。張志公先生說：“一本《千字文》選取《三字經》，《百家姓》相配合，即達到兩千字常用字數，恰是一套完整的識字教材。從漢字教學實踐中可得出結論，兩千字左右適用於漢字教學，超乎這個數目過多，不足這個數目就太少。”①兩千的字量恰恰好是進行識字教學的最佳範圍。

據統計，“三、百、千”的總字數為2 708字，剔除重復用字，可得單字字種1462個。從用字覆蓋率和復現率來看，“三、百、千”是2 708字中含現代漢語常用字（3　500）1 232字，1　232字重復使用2 446次，覆蓋率為90.32%（2 446/2 708），復現率為198%（2 446/1 232），即每個字大約平均出現兩次。從字種比例看，“三、百、千”有73.67　%的字是現代漢語常用字，有10.61%是現代漢語次常用字，兩項合起來，有

① 張志公：《傳統語文教育初探》，上海教育出版社1962年版，第34頁。

84.27%的字在我們常說的3 500常用字範圍內。單從字種比例看，“三、百、千”即使在今天仍然不失為優秀的識字課本。①

“三、百、千”字種總數不足一千五百字，其中《千字文》就有1 000字不重復的字按韻編成，在“三、百、千”字種總量中所占比例最大。據我們統計，《千字文》中有現代漢語一級常用字813個，次常用字74個，通用字110個，因此有88.7%的字屬3 500常用字，99.7%的字屬現代漢語通用字。從《千字文》在現代漢字中所占比例看，所收入一千個漢字具有極高的傳承性，且多數仍保持了常用字的特性。

《千字文》出於南朝梁時，編纂目的是為童蒙識字教學，選用千字主要集中在六朝時期的常用字范圍內。顧野王《玉篇》成書之時稍晚於周興嗣《千字文》，屬於同時代所出，宋本《玉篇》為原本《玉篇》增廣益本，於字量上應承前累增，故我們將《千字文》與宋本《玉篇》常用字進行比較，可驗證從中古至近古常用字情況，並可與現代漢語常用字的傳承情況進行比較。

（一）《千字文》成書時間及版本流傳

《千字文》爲梁時周興嗣奉梁武帝敕命編纂韻文，以晉時書法家王羲之的墨拓一千個楷字編綴而成，文無複遝。據唐代李綽的《尚書故實》記載，周興嗣作此文“一夕編綴進上，鬢髮皆白”。《千字文》具有精思巧構，知識豐贍，音韻諧美的特點，適宜蒙童記誦，作為較早的識字教材，通行至今已有一千五百多年。

據《隋書·經籍志》著錄：“《千字文》一卷梁給事郎周興嗣撰。《千字文》一卷梁國子祭酒蕭子雲注。《千字文》一卷胡肅注。《篆書千字文》一卷。《演千字文》五卷 。《草書千字文》一卷。”所記梁時有6種《千字文》並存。至《舊唐書·藝文志》記載：“《千字文》一卷，蕭子范撰。又一卷，周興嗣撰。《篆書千字文》一卷。《演千字文》五卷。”後晉劉昫所見仍有4種版本《千字文》流傳於世。

顧炎武《日知錄》敘述較詳，茲錄如下：

> 《千字文》原有二本。《梁書·周興嗣傳》曰：“高祖以三橋舊宅為光宅寺，敕興嗣與陸倕制碑。及成，俱奏，高祖用興嗣所

① 鄭國民：《小学语文常用读物的字种与字量研究》，《语言文字应用》2003年第4期，第52頁。

制者，自是《銅表銘》、《柵塘碣》、《北伐檄》、《次韻王羲之書千字》，並使興嗣為之。”《蕭子范傳》曰：“范除大司馬南平王戶曹屬從事中郎，使制《千字文》，其辭甚美，命記室蔡薳注釋之。”《舊唐書・經籍志》：“《千字文》一卷，蕭子範撰；又一卷，周興嗣撰。”是興嗣所次者一千字文，而子范所制者又一千字文也。乃《隋書・經籍志》云：“《千字文》一卷，梁給事郎周興嗣撰；《千字文》一卷，梁國子祭酒蕭子雲注。”《梁書》本傳謂子范作之，而蔡薳為之注釋；今以為子雲注。子雲乃子范之弟，則異矣。《宋史・李至傳》言：“《千字文》乃梁武帝得鐘繇書破碑千餘字，命周興嗣次韻而成。”本傳以為王羲之，而此又以為鐘繇，則又異矣。《隋書》、《舊唐書》志又有《演千字文》五卷，不著何人作。《淳化帖》有漢章帝書百餘字，皆周興嗣《千字文》中語。《東觀餘論》曰：“此書非章帝，然亦前代人作，但錄書者集成千字中語耳。歐陽公疑以為漢時學書者多為此語，而後村劉氏遂謂《千字文》非梁人作，誤矣。”黃魯直跋章草《千字文》曰：“章草言可以通章奏耳，非章帝書也。”

顧氏其說甚詳，《千字文》自梁時始興且編者眾多，但只有周興嗣所著《千字文》流傳千餘年至今，且多出歷代書法家摹寫珍品，而其他版本漸次湮滅。

《南史・周興嗣傳》卷七十二：“自是銅表銘、柵塘碣、檄魏文、次韻王羲之書千字，並使興嗣爲文。每奏，帝稱善，賜金帛。”梁武帝十分信賞周興嗣才思，使之編《次韻王羲之書千字》一事，當在天監九年（公元510年）以前，興嗣卒於梁武帝普通二年（公元521年），因此《千字文》編纂時間與成書於大同九年（543年）的《玉篇》時間上極為接近。

雖當時有多種蒙學讀物，但皆在當時已亡佚或今無完本可依。據《隋書・經籍志》記載，晉下邳內史王義撰《小學篇》，晉著作郎東晳撰《發蒙記》，晉散騎常侍顧愷之撰《啟蒙記》、《啟疑記》，梁殷仲堪撰《常用字訓》，宋豫章太守謝康樂撰《要字苑》，鄒里撰《要用雜字》三卷。梁王義撰《文字要記》三卷，祕書少監王劭撰《俗語難字》，密州行參軍李少通撰《雜字要》等不下丨余種，現皆散逸，此處不再詳考。而且後續蒙學教材因不能反映六朝時常用字情況也不再考慮。

我們采用六朝時期的蒙學教材《千字文》與《玉篇》進行比照，從時間關係上看同在六朝梁時，與《玉篇》成書時間非常接近，在字量上顧氏《玉篇》應該可以完全包括《千字文》之常用字。

（二）《千字文》與宋本《玉篇》對應關係

《千字文》正文與宋本《玉篇》楷字字頭對照有932字可直接對應，有68字未見於《玉篇》字頭，如下：

為、崑、崗、光、潛、服、吊、黎、鳳、賴、莫、剋、虛、積、緣、溫、清、川、慎、樂、母、顛、真、爵、華、渭、涇、宮、舍、啟、既、稿、戶、高、世、祿、更、號、韓、青、百、遠、畝、藝、幸、即、疏、散、晚、葉、烹、圓、潔、舉、悅、康、拜、簡、答、執、騾、亡、嵇、皆、笑、每、懸、陋

將《千字文》與《玉篇》釋文單字進行對照，有49字可直接對應，仍有19字“吊、虛、緣、溫、顛、真、涇、宮、啟、稿、戶、高、世、遠、畝、疏、答、笑、每”不見於《玉篇》。

考慮到新舊字形①因素及異體字形對照，《玉篇》中可與之對應的字形有“弔—吊、虚—虛、緑—緣、温—溫、顚—顛、眞—真、宫—宮、啓—啟、稾—稿、戸—戶、髙—高、丗—世、逺—遠、畆—畝、疎—疏、荅—答、咲—笑、毎—每”，只有“涇”字見於《說文》《名義》，而宋本《玉篇》漏收。

由於《千字文》是廣為流傳的通行識字教材，故在漢字正異體選擇上有一些變動以適應不同社會，也會因版本不同造成一些書寫形體差異都是必然的。我们認爲宋本《玉篇》除“涇”字失收外，《千字文》與宋本《玉篇》存在完全照應關係，也互相印證《千字文》、宋本《玉篇》皆較完好地貯存了六朝時期常用字。

將《千字文》1 000字與宋本《玉篇》常用字1 745字對照，有711字可直接對應，約占《千字文》總字數71%，占宋本《玉篇》釋文覆蓋率的65.1%。將《千字文》與宋本《玉篇》釋文單字總字頻對應統計，《千

① 參見《現代漢語詞典》中“新舊字形對照表”，商務印書館2002年版。

字文》的999字較為集中分布在宋本《玉篇》中在字頻高頻段，其中字頻在100次以上的字有173字，11次至99次有538字，在10次以下字有288字。《千字文》999字在宋本《玉篇》釋文中的總覆蓋率為65.7%。列表如下：

字頻（次）	字量（字）	累計使用量	平均使用量	覆蓋率	遞增率
1 000以上	16	61 165	3 823	33.7%	
100以上	173	98 179	568	54%	20.3%
10以上	782	118 236	166	65.1%	11.1%
5以上	823	119 020	146	65.5%	0.5%
1以上	999	119 386	119	65.7%	0.2%

從上表可以明顯看出字頻在10次以上與1～9次字在宋本《玉篇》中的分布情況，我們認為《千字文》中所貯存的常用字在中古時期也保持著較好的穩定性。

（三）宋本《玉篇》、《千字文》共見字與現代漢字的比較

將《千字文》、宋本《玉篇》共見字及宋本《玉篇》漏收“涇”字，共1 000字（以下簡稱《千字文》）與現代漢語字表相比較，可求知从古到今漢字的發展過程中定形、使用及傳承情況，可測知不同時代層面的常用字是否具有一貫的穩定性。

與《現代漢語常用字表》及《現代漢語通用字表》的常用字2 500、次常用字1 000、常用字表外的通用字3 500字進行對照，《千字文》1 000字中有常用字813個，次常用字74個，通用字110個，故有88.7%的字屬常用字，99.7%的字屬現代漢語通用字。《千字文》中只有“輶、磻、慼”3字不在現代7 000通用字范圍內。

“慼”在繁簡對應中對應字為“戚”，屬2 500常用字范圍。“輶”為古代一種輕便的車子，引申義有“輕”，此處“易輶攸畏”意為“说话時最忌旁若无人”，“輶”即輕率之意。“磻溪”為陝西地名，相傳周武王在磻溪得遇姜太公，故作因典故而收入專用地名。

隨時代變化與社會發展，在現代生活中如“輶、磻”兩字不常遇到，在現代漢字中亦不常使用，成為歷史專名用字沉淀下來，也不再屬於現代通用字的范圍。因現在一定范圍內仍會用到“輶軒”一詞，李宇

明先生提出應對“輶”進行類推簡化收入通用字范圍[①]，從歷史文化傳承角度看應當考慮收入。

從字頻及字量上看，《千字文》代表了六朝時期的常用字，也可以看出絕大部分比例是從古到今的常用字。（可參見本章附表5.2“《千字文》與宋本《玉篇》字頻及現代通用字范圍内重合情況表”。）

以《千字文》做六朝時常用字使用情況統計時，亦可用做為對宋本《玉篇》新增字來源的考察。《千字文》常用字在宋本《玉篇》中作為新增字，也是合理的。我們認為六朝的新出字不可能即時在字書中反映出來的。“一部字典要把當時已經有的字全部收羅進去也是難以做到的。”[②]新字的產生使用流通與被收入字書是兩個過程，只有經過相當長時間的通行使用後才會漸被較廣社會層面認同接受，也才可能作為新字收入字書。“字典收字難盡，除了疏漏的原因外，可能還受到社會性、規范性的制約。新字進入字典不是直接的、立刻的，它總要經過一段時間的使用。”[③]如《千字文》中包括宋本《玉篇》新增字“溪、途、寥、悚、曦、徘”共6字，在宋本《玉篇》中出現次數為溪(13)、途（2）、寥(3)、悚(5)、徘(4)，只有“曦”、“感”2字僅見於楷字字頭。據此我們可對宋本新增字的來源及時間上做出更精確的劃定。

三、宋本《玉篇》與原本《玉篇》常用字對比分析

朱葆華教授的原本《玉篇》“常用字研究”文中對六朝時期常用字采取抽樣調查的方法，認為“六朝時期，反切用字受前人的影響較小，尚未定型化和程式化，個性較為突出，注音者盡可能的選擇當時常用的文字來作為反切用字，否則就起不到注音效果。” 通過對原本《玉篇》殘卷反切用字的分析，共收集有904個常用字[④]。

原本《玉篇》反切字904字與宋本《玉篇》反切字2 596字對比，可以直接對應字有817字，約占原本反切字的90.4%。通過梁時顧氏原本

① “今天講方言、編辭書，‘輶軒、鈚鈍’這兩個詞還會用到。《簡化字總表》和《現代漢語通用字表》都收‘轩、钝’而不收‘輶、鈚’，即‘轩、钝’簡化而‘輶、鈚’未簡化，‘輶軒’同屬‘車’旁，‘鈚鈍’同為‘金’旁，但其偏旁都是一簡一繁，書寫這兩個詞時簡繁並連，如上文這樣，實悖書寫習慣。”參見李宇明《規范字和〈規范漢字表〉》，《漢字規范百家談》，2004年，第147頁。

② 趙振鐸《字典論》，上海辭書出處社2001年版，第31頁。

③ 同上。

④ 參見朱葆華《原本玉篇文字研究》，齊魯書社2004年版，第127-130頁。

《玉篇》與經數代重修的宋本《玉篇》反切字對比，可知六朝反切用字與唐宋時期反切用字保持了相對的穩定，重合度仍90%以上。

原本《玉篇》反切字與宋本《玉篇》反切字仍有不可直接對應的88字，分別是：

蛾、妃、概、贑、髙、鯁、轂、皷、媯、韓、唅、湖、戶、既、閒、劒、漿、壜、郊、炯、狙、劇、雋、駿、鎧、跨、臈、廊、烙、裏、曆、劉、雒、漫、湎、瑨、內、昵、鈹、啟、鏂、織、青、襦、灑、芰、舍、丗、諡、睢、髓、撻、網、偽、為、衛、溫、汙、艳、鹹、虗、籲、懸、謔、勳、蕈、侚、顏、彥、優、猶、踰、垣、爰、緣、逺、愠、澤、塚、衆、築、爪、逋、纏、辝、刺、躭、坫

原本《玉篇》反切字與宋本《玉篇》全文單字對比，仍有24字不見於宋本，“丗、偽、兗、勳、弔、啟、媯、愠、戶、概、溫、烙、皷、衆、籲、緣、織、虗、衛、辝、逺、鏂、閒、髙”。

考慮到新舊字形及異體關係，“偽（僞）、媯（嬀）、勳（勲）、概（槪）、籲（籲）、丗（丗）、啟（啓）、愠（慍）、戶（戸）、溫（温）、皷（鼓）、衆（衆）、緣（緑）、織（繈）、虗（虚）、衛（衞）、辝（辭）、逺（逺）、閒（閑）、髙（高）”20字，有2字“烙、鏂”不見於宋本。

宋本《玉篇》未見“烙”字，此字徐鉉《說文》新附字見收。新附字部末增字順序依次爲“爞、烙、爍、燦、煥”，宋本部末增字依次為“爍、煥、爞”，其中少“烙、燦”兩字，且此二字皆見於《廣韻》而未見於《名義》，故我們認為是唐宋間新加字。（詳考見於第四章“新附字與宋本《玉篇》比較”）而且據我們調查原本《玉篇》切音中未見“烙”字，疑“洛”或“硌”字之形近混同字，“烙”字不當出現於原本反切用字中。

“鏂”做反切用字，見於原本《玉篇》：“緉，所鏂反。《方言》諫綏也。關文東西謂之緉。郭璞曰：謂履中絞也。”同見於《名義》：“緉，所鏂反。緌也。履中絞。”宋本《玉篇》改為“所兩切”，書中

未見“鏹”字。《干祿字書·上聲》：“鏹、繈，上通下正。” 故此字當在六朝時出現並作為反切用字，《說文》《名義》字頭及宋本皆未見收入，原本《玉篇》殘卷不可考。

從上述對比分析，可知宋本《玉篇》反切用字除1字“鏹”與原本《玉篇》無對應外，有903字可相對應。

再將原本《玉篇》904個反切字與同屬六朝時代的《千字文》對，兩者相對應有386字，約占原本反切字總量的42.7%。

原本《玉篇》904個反切字與宋本《玉篇》常用字1 745字對應，可對應有720字，占原本反切總量字的79.6%。

從相應比較結果看，我們認為原本《玉篇》的反切字中大部分屬於常用字，但並沒有分布在字頻較高的常用字范圍。我們認為反切用字可以反映六朝時期的常用字，但只能作為經驗方法進行大致估計。

原本《玉篇》反切字與《現代漢語常用字表》3 500字比較，朱葆華教授認為“六朝時期的常用字有59.2%與現代漢語常用完全相同，如果加上有繁簡及異體對應關係的字，六朝時期的常用字有85%在現代漢語中仍為常用字。”我們統計結果與之大致相合，不再累述。

可見漢字雖經千年的流傳發展，其間有著形體結構的變化，有著新字的產生與舊字的消亡，但常用字仍然保持著一個穩定的形態。

第四節　宋本《玉篇》與現代常用字表、通用字表對比

一、現代漢語常用字

二十世紀以來漢字和識字教材中收字量與字種大致呈穩定狀態，我們列出幾種有較大影響統計數據。

1921年陳鶴琴用統計方法考察白話文中漢字的出現頻度；1934年國民黨政府教育部《大眾常用字匯研究》2 333個[①]；1935年國民黨政府教育部《小學初級暫行》2 711個。

---

① 蘇培成：《現代漢字學綱要》，北京大學出版社1994年版，第39—54頁。

建國來國家制定現代漢字的規範標準字量[①]：

時間	頒佈機構	整理字表	字量統計
1952年6月	中央人民政府教育部	《常用字表》（掃盲標準）	2 000
1953年11月	國家文字改革委員會	《1469個精簡漢字表》	1 469
1956年8月	國家文字改革委員會	《通用漢字表草案（初稿）》	5 390
1965年1月	國家文字改革委員會	《印刷漢字通用漢字字形表》	6 196
1965年3月	北京市教育局中小學教材編審處	《常用字表》	3 100
1988年1月	國家語委和新聞出版署	《現代漢語常用字表》	3 500
1988年3月	國家語委和新聞出版署	《現代漢語通用字表》	7 000

可以看出，近代歷史時期的統計出的常用字量仍在2 000字～3 500字，現行教學大綱也把小學階段的識字量定在2 500字～3 500字。

對於宋本《玉篇》與《現代常用字表》對比情況，范可育先生《楷字規范史略》“玉篇正字與現代漢字的傳承關係”一節做過相關統計。

范先生將對應情況分為兩類，第一類為相同、相近字情況，附表如下：

<table>
<tr><th colspan="2">类别</th><th>例字</th><th>字数</th><th>总百分比</th><th>合计字数</th><th>总百分比</th><th>总计字数</th><th>总百分比</th></tr>
<tr><td rowspan="2">与现代规范字形的关系</td><td>相同（甲A）</td><td>分 匠 末 族</td><td>1 624</td><td>52.29</td><td rowspan="2">1 775</td><td rowspan="2">57.16</td><td rowspan="4">2 785</td><td rowspan="4">89.67</td></tr>
<tr><td>相近（甲B）</td><td>呈 呈 稻 稻 菌 菌 眞 真</td><td>151</td><td>4.87</td></tr>
<tr><td rowspan="2">与规范字的繁异体的关系</td><td>相同（乙A）</td><td>貴 贵 漢 汉 師 师 趙 赵</td><td>960</td><td>30.91</td><td rowspan="2">1 010</td><td rowspan="2">32.51</td></tr>
<tr><td>相近（乙B）</td><td>諾 诺 猶 犹 簾 帘</td><td>50</td><td>1.60</td></tr>
</table>

第二類不同字形又分為兩種情況：一是與現代規范漢字有差異者，

① 蘇培成：《二十世紀的現代漢字研究》，書海出版社2001年版，第126頁。

共249字。一是與現代規范漢字相應的繁、異字形有差異者，共72字。兩項合計為321字。

據范先生的統計，“在《玉篇》所收與現代3 500常用字相合的3 106字中，與現代規范字形及其相應繁、異體字形相同、相近者共2 785字，占89.67%，相異者共321字，占10.33%。相同、相近的占了近90%。這個高百分率說明，現代所使用的規范字及其相應的繁、異字形中，有3 106個字《玉篇》已經收錄。其中，將近90%的字形體梁陳時期與今相同、相近，1400多年來，除了繁簡更替外沒有過別的變化。”①

我們與范先生的比較標準有所不同，如范先生將一些存在筆勢上差異或缺筆字作為相異者統計，如“爪瓜、匡匤、匀勻、負员、虧亏、冊册、庁厅”等，我們認為因避諱或刻寫原因產生的缺筆字或筆勢有差異字可直接認同，如“爪瓜、匡匤”。作為唯一繁簡或異體對應關係以及新舊字形差異的字可采用間接認同辦法，如“匀勻、負员、虧亏”。而對於宋本《玉篇》中不是唯一對應者我們暫不認同為相同字，如“册”对應有“冊、冊”兩形，“厅”对應有“庁、廳”兩形，此類如果一一認同，則對於《玉篇》可對應字數是重復統計。如宋本《玉篇》中一對多繁簡關係有“个、冲、凭、卤、啖、宁、宴、干、强、忱、慑、抵、斗、毁、灾、礼、系、肴、迹、雕、面”共21字②，此類字本身即為簡體，我們認為無須再進行繁簡對應重復統計。

據統計，3 500常用字中有3 309字對應（已除去宋本《玉篇》中重出字與同形字），占常用字總量94.5%，占宋本《玉篇》釋文覆蓋率84%（152 661/181 718），宋本《玉篇》全文覆蓋率為76.3%(155 985/204 522)，平均筆畫爲11.6畫，我們統計的百分比，略高於范可育先生統計數據。③其中直接對應字爲2 116字，平均筆畫爲9.8畫，繁簡體對應字爲1 193字，繁體筆畫平均爲14.9畫，簡體字平均筆畫爲9.1畫。如果以直接

① 范可育：《楷字規範史略》，華東師範大學出版社2000年版，第11頁。

② 如“个（个箇個）、冲（冲衝沖）、凭（凭憑凴）、卤（卤鹵滷）、啖（啖噉啗）、宁（宁寧甯）、宴（宴醼讌）、干（干幹榦）、强（彊強）、忱（忱懮憂）、慑（慑慴懾）、抵（抵牴觝）、斗（斗鬬鬥）、毁(毁譭燬)、灾（菑災灾）、礼（礼豊禮）、系（系繫係）、肴（肴餚殽）、迹（迹蹟跡）、雕（雕琱鵰）、面（面偭麪）” 宋本《玉篇》中三字形並存，而我們只算作一字對應。

③ 此處所用覆蓋率的基數，為前文統計數據：宋本《玉篇》全部釋文及反切字總數共181 718字，包括大字字頭總量為204 522字，不重復單字為10848個。范可育先生的統計應是只以字頭所見字為準，不包括僅出現在釋文中字形，故雖小於我們的統計結果亦是合理可信的。

對應字數目與簡體字對應相加平均，可得平均筆畫爲9.53畫，簡化過的常用字相應比《玉篇》中全部常用字的平均筆畫少1.07畫。

我們再將3 500常用字分為兩部分：一為2 500個一級常用字，一為1 000個次常用字。

其中，一級常用字2 500有2 438字，（已除去宋本《玉篇》中重出字與同形字），占一級常用字總量98.1%，平均筆畫爲11.2畫。其中可直接對應字爲1 530字，平均筆畫爲9.2畫，繁簡對應字爲910字，繁體平均筆畫爲14.7畫，簡體平均筆畫爲8.6畫。如果以直接對應字數目與簡體字對應相加平均，可得平均筆畫爲9畫，簡化過的常用字相應比《玉篇》中一級常用字筆畫少2.2畫。

其中，二級次常用字對照表有870字，占二級常用字總量87.1%，平均筆畫為12.7劃。其中直接對應字表爲587字，平均筆畫爲11.3，繁簡對應字爲283字，繁體平均筆畫爲15.6畫，簡體平均筆畫爲10.4畫。如果以直接對應字數目與簡體字對應相加平均，可得平均筆畫爲11畫，簡化過的常用字相應比《玉篇》中二次常用字筆畫少1.7畫。

通過一級常用字與二級次常用字的筆畫數量差不同，我們可知常用字的簡化還是較為集中在2 500常用字內。

從宋本《玉篇》的楷書常用字統計看，我們認為常用字的近兩千年來保持的穩定性，特別是一級常用字有高達98%的重合度。范可育先生評價："如此高的百分率足以證明漢字楷體字形1 400多年來的巨大穩定性。"常用漢字形體的穩定性對於傳承久遠中華文明有著不可忽視的積極作用。

二、現代漢語通用字

現代漢語通用字的收字範圍比常用字大，它是指一個時期的出版印刷、辭書編纂和漢字資訊處理所需要使用的漢字。是指記錄現代漢語要使用的字[①]，它不包括生僻字，也不包括特定范圍的專業用字。

根據文字資料統計，從商代到現代，我們經常使用的漢字數量沒有顯著的變化。周祖謨先生認為"實際上我們現在經常使用的漢字約在

① 蘇培成：《二十世紀的現代漢字研究》，書海出版社1996年版，第126頁。

六七千之數"[①]，而且用漢字書寫的書面語言，"商周的古文和由秦漢傳下來的古書現在仍然能讀得懂"[②]。近年來制訂的具有通用字表性質的漢字標準，基本仍穩定在六七千的范圍。如《印刷通用漢字字形表》收字6 196個，國家標準《資訊交換用漢字編碼字元表》收字6 763個。根據社会用字實際使用的情況，國家語委在1988年研製成的《現代漢語通用字表》，共收字7 000個。

將宋本《玉篇》單字字頭與7 000通用字對比，有6 156字可對應(已除去宋本《玉篇》中重出字與同形字)，占通用字總量87.9%，占宋本《玉篇》釋文覆蓋率90.7%(164 763/181 718)，宋本《玉篇》全文覆蓋率為83.6%(170 935/204 522)，平均筆畫爲12.4[③]畫。其中直接對應字爲4 063字，平均筆畫爲10.8畫，繁簡體對應字爲2 093字，繁體筆畫平均爲15.6畫，簡體字平均筆畫爲10.3畫。如果以直接對應字數目與簡體字對應相加平均，可得平均筆畫爲10.6畫，故可知經過選擇保存下的通用字筆畫平均穩定在11劃之內。較《說文解字》與通用字的對應比例約72.4%有明顯提高。

現代漢語通用字在3 500常用字之外仍有3 500字為通用字，這3 500通用字與《玉篇》相重合有2 847字（已除去宋本《玉篇》中重出字與同形字），占通用字總量40.7%，占宋本《玉篇》釋文覆蓋率7.7%（12 102/181 718)，宋本《玉篇》全文覆蓋率為7.3%(14 950/204 522)，平均筆畫為13.2畫。其中可以直接對應字有1 948字，平均為11.8畫，另外通過繁簡體互換可以對應有900字，繁體平均筆畫為16.5畫，簡體平均筆畫為11.3畫，將此3 500通用字以直接對應字數目與簡體字對應相加平均，可得平均筆畫爲11.6畫，即為簡化後的現代通用漢字平均筆畫數，較宋本《玉篇》同范圍字平均筆畫少1.6畫。

我們將7 000通用字范圍繁簡對應比例分列如下：

① 周祖謨：《文字音韻訓詁論集》，北京大學出版社2000年版，第272頁。

② 同上。

③ 蔣宗福《〈說文解字〉與現代通用漢字》，《西南師範大學學報》2002年第4期，第160頁。"選取基本字元集所收6 763個字為通用字，並與《標準電碼本》(7 292)，《現代漢語通用字表》(7 000)等所收字數接近，與《說文》字數差不多(約為72.4 %)，有一定可比性。"

<table>
<tr><th colspan="3">類別</th><th>對應情況</th><th>例字</th><th>字數</th><th>百分比</th><th>合計字數</th><th>總百分比</th><th>合計字數</th><th>百分比</th><th>合計字數</th><th>總百分比</th></tr>
<tr><td rowspan="6">7 000通用字</td><td rowspan="4">3 500常用字</td><td rowspan="2">2 500字</td><td>直接對應</td><td>疆墨 域坐</td><td>1 529</td><td>22%</td><td rowspan="2">2 439</td><td rowspan="2">35%</td><td rowspan="4">3 309</td><td rowspan="4">47.5%</td><td rowspan="6">6 156</td><td rowspan="6">87.9%</td></tr>
<tr><td>繁簡對應</td><td>垒壘 祸禍</td><td>910</td><td>13%</td></tr>
<tr><td rowspan="2">1 000字</td><td>直接對應</td><td>玖瑰 琅珊</td><td>587</td><td>8.4%</td><td rowspan="2">870</td><td rowspan="2">12.4%</td></tr>
<tr><td>繁簡對應</td><td>斋齋 祷禱</td><td>283</td><td>4%</td></tr>
<tr><td rowspan="2">通用字</td><td rowspan="2">3 500常用字外</td><td>直接對應</td><td>祇裸 襶祾</td><td>1 947</td><td>27.8%</td><td rowspan="2">2 847</td><td rowspan="2">40.7%</td><td rowspan="2"></td><td rowspan="2"></td></tr>
<tr><td>繁簡對應</td><td>祯禎 祢禰</td><td>900</td><td>12.9%</td></tr>
</table>

以上是我們對宋本《玉篇》字頭22 804字的對應，而我們測查釋文中有760字未見收於宋本字頭中，實際上仍有大量常用字與通用字存在於釋文中，故我們有必要再對釋文用字做一簡單對照。

3 500常用字可與僅見於釋文的760字對應有190字，可直接對應有121字，可間接對應有69字，常用字3 500之外的通用字與釋文760字對應有81字，可直接對應有59字，間接對應有22字。因此7 000通用字與釋文760字對應有271字，可直接對應有180字，間接對應有91字。

與3 500常用字通過直接與間接對應可得3 462字①，見於7 000通用字有6 385字。從3 500常用字范圍看，在宋本《玉篇》中出現在10次以上的有1 528字，出現5次以上的有2 151字，出現1～4次的有1 311字。從7 000通用字范圍內看，在宋本《玉篇》中出現在10次以上的有1 738字，出現5次以上的有2 756字，出現1～4次的有3 629字。

可知大部分字還是常用字分布頻率最高，從古到今一直保持著常用

① 此數目並非是唯一對應關系，在7 000通用字范圍内因繁簡異體關系亦有相互包容項，故我們統計總數應再減去有重復對應224字。7 000字中有些字是3 500字的繁體或異體字，如“征”與“徵”即是在3 500中繁簡對應，又是在7 000字中出現。

性與穩定性。

同時漢字的字量是隨著社會進步而不斷增長的，而此類遞增關係通過對宋本《玉篇》不同時間層次歷史漢字的整理，再與現代漢語常用字、通用字范圍進行對照，則現代漢語中歷史傳承字的時間層次與分布情況清晰可見。

現代漢語3 500常用字中有209字爲宋本《玉篇》新增字，其中簡體對應字有71個。再分為2 500字一級常用字與1 000次常用字，其中在一級常用字中有新增字117個，簡體對應字為52個；次常用字中新增字總數爲92個，簡體對應字為19個。現代漢語3 500常用字之外通用字共3 500字，與宋本《玉篇》新增字有305個對應，其中有繁簡對應字88個。因此現代漢語7 000通用字中共有514字與宋本《玉篇》新增字對應，其中繁簡對應字有159個。因此通過宋本《玉篇》新增字的調查，我們認為唐宋時期的新出字在現代漢語常用字范圍內占到7%，在現代漢語通用字范圍內占到7.3%，保持著較為均質的分布。

從字量上看，我們統計已接近於3 500常用字的整體字量，但從實際用字情況看，有223組存在著一對二的對應關係，其中常用字占212組，故此種統計仍有一定的不確定性。

綜合上述統計，有132字未見於宋本《玉篇》，排除異體對應及新舊字形差異如“高（髙）、峰（峯）、袁（表）、玫（玟）[①]”，有128字未見於宋本《玉篇》。其中亦有前代字書已收字，如《說文》收“戳”，《說文》新附有“烙”，《名義》“抄”為“掺”省文，《方言》收俗字“丢”，以及文獻典籍中常見字如“凰、葡、柑”等。我們認為多數字為宋元以來後世所出字[②]，亦包括現代漢字新造字。

宋本《玉篇》未見的128個常用字如下：

乒、乓、俏、俐、做、凳、勾、厘、叁、另、叨、吧、吩、咐、咕、咖、咧、咪、哎、哟、哪、哼、啊、啤、啦、喳、嗓、

① 宋本《玉篇•玉部》有“玟，莫杯切。火齊珠。一曰石之美者。”“瑰，古回切。《說文》云：玫瑰。一曰珠圜好。《子虛賦》云：赤玉玫瑰。《蒼頡》曰：火齊珠也。又音回。”“玟”當為“玫”之不同寫法，我們認為是同一字。

② 劉復《宋元以來俗字譜》收“做（見《古今雜劇》）、嗓（見《古今雜劇》）、嚷（見《目蓮記》《嶺南逸事》）、描（見《嬌紅記》）、瘸（見《目蓮記》）”，共5字。

嗦、嗯、喊、嘛、嚷、垃、垮、埔、夯、套、娜、媳、寞、帕、怎、您、惦、愣、懂、找、拴、挎、挣、掂、掰、描、搬、摔、撒、撕、擒、擦、晌、晰、晾、棍、棵、氧、氨、氮、氯、泵、涮、淘、漩、烤、焙、煞、爬、甩、甭、疤、痘、痰、瘟、瘩、瘸、癌、盒、盹、着、睁、瞄、砍、砸、硅、碘、碳、碴、礁、窿、筲、筷、籽、耍、耙、胰、腺、舔、芯、茉、莩、蘑、蛀、蛋、蝴、袱、褪、趴、蹦、躺、酝、酶、霉、戳、烙、抄、丢、凰、葡、柑

三、高頻字比較

古代漢語與現代漢語的高頻字大部分不同，我們列表如下：

統計種類	前十位高頻字
先秦文獻①	之、子、不、曰、也、以、公、而、其、人
《說文》釋文	从、也、聲、曰、之、一、水、若、讀、木
《玉篇》（全文綜合）	切、也、又、文、曰、同、作、上、古、二
《玉篇》（釋文部分）	也、文、又、曰、同、作、上、名、說、云
《玉篇》（切音部分）	力、古、於、胡、徒、子、居、之、莫、丁②
宋版雕版楷書③	之、以、不、而、其、爲、人、有、者、也
《語體文應用字匯》	的、不、一、了、是、我、上、他、有、人
現代漢語常用字④	的、一、是、在、不、了、有、和、人、这

1928年《語體文應用字匯》和1988年《現代漢語字頻統計表》當屬現代白話時期，與《說文》《玉篇》及先秦文獻的古漢語用字有明顯不同，這由各自的語法及材料特點所決定。

古代漢語的語法中判斷、否定、疑問、指代以及關聯諸範疇均居於顯著地位。以判斷為例，古代漢語中助詞“者、也”，動詞“為、

① 郭小武：《古代漢語極高頻字探索》“《左傳》《論語》《詩經》三書綜合字頻”，《語言研究》2001年第3期，第70頁。

② 因反切用語中“切、音、二”作為表音手段而多不作切音字，故不將“切、音、二”3字算作切音高頻字。

③ 王立軍：《宋代雕版楷書構形系統研究》，上海教育出版社2003年版，第155頁。

④ 國家語言文字工作委員會、國家標準局：《現代漢語字頻統計表》，語文出版社1992年版。

曰”等，都居於顯著地位。而現代漢語中虛詞“的、是”處於高頻字位。“的”字在現代漢語中字頻最高，主要作為虛詞使用。宋本《玉篇》中“的”釋義為“遠也，明見也，射質也”，作為實詞表“遠、明確、目標”之義，釋文出現8次，切音字中出現85次，總字頻為93次，屬於常用字但並非高頻字。因此雖然現代漢語中作為高頻字“的”在中古與現代都是常用字，但實際使用中性質與所處地位並不盡相同。

宋本《玉篇》其中的“文、古、同、作、二”等雖非虛詞，但因為字書材料具有相對封閉性及多為表達判斷字際關係而有別於一般的實詞地位。

四、筆畫屬性

“漢字作為記錄語言的符號，選擇的標準就是要求簡易使用，而且要符合約定俗成的規范，由繁復趨向簡化，這是漢字形體發展的規律。”[①]漢字從古文隸變為今文後，破壞了漢字的象形特征，完全擺脫了圖畫性質，成為便於書寫的符號，並將彎曲的線條平直化為規則筆畫。因此筆畫作為今文字的結構要素，在形體簡化上變化最為明顯。

早在1956年陳光垚先生的《簡化漢字字體說明》對簡化字筆畫做過統計：“《（漢字簡化）方案》內，共有原字544個，總筆畫是8 745畫，歸並簡化成515個簡體，總筆畫是4 206畫。平均每一個原字是16.08畫，每一個簡體只有8.16畫，這已省去了原字筆畫的半數。如果把各簡體再按《方案》中《漢字偏旁簡化表》繼續加以簡化（這是必要的）[②]，那每一個簡體的平均筆畫可能只有6.5畫，這就不到原字平均筆畫的半數。”說明簡化字的筆畫具有明顯的省簡特點，但此種統計仍屬靜態筆畫統計。

我們將宋本《玉篇》在現代漢語7 000通用字對應范圍內的筆畫分布情況與現代漢字筆畫數做一簡單對照。

靜態筆畫數表如下：

---

① 周祖謨：《文字音韻訓詁論集》，北京大學出版社2000年版，第284頁。

② 如“垻、質、輛”等字都必須按偏旁類推簡化才可作為簡化字使用。參見陳光垚《簡化漢字字體說明》，中華書局1956年版。

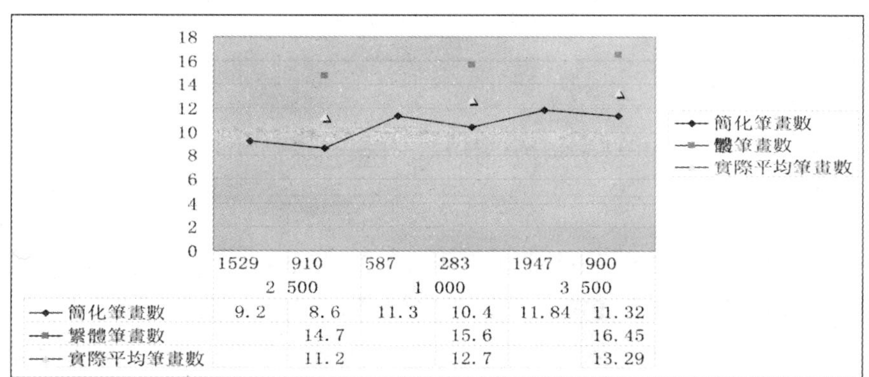

	1529	910	587	283	1947	900
	2 500		1 000		3 500	
簡化筆畫數	9.2	8.6	11.3	10.4	11.84	11.32
繁體筆畫數		14.7		15.6		16.45
實際平均筆畫數		11.2		12.7		13.29

X軸為通用字表范圍（分為一級常用字2 500、次常用字1 000、常用字外通用字3 500個三個字段）；Y軸為筆畫數（實際變動范圍在8～17畫之間）

從上圖列表中分析，可以看出漢字的筆畫數量多少的較大波動變化主要是集中在繁體字對應字形上，繁簡體之間相差5～6畫。從宋本《玉篇》對應字實際平均筆畫與現代漢字簡化后的平均筆畫看，宋本《玉篇》對應現代3 500常用字范圍內的筆畫數仍是主要分布在11.6畫，而對應7 000通用字范圍內的平均筆畫數稍繁，為13.2畫；簡化後的現代漢語常用字對應的筆畫為9.7畫，通用字的筆畫為10.6畫。兩者相差分別為1.9畫和2.6畫，平均筆畫數均趨於10畫。

以上為未考慮實際字頻分布的靜態筆畫統計情況，同時應考慮不同時期的漢字實際使用與字頻分布情況，即動態筆畫[①]的統計。我們認為靜態的漢字筆畫大於動態漢字的筆畫，實際使用中出現頻度高的仍是形體較簡者，因此我們對《玉篇》本身的靜態與動態筆畫進行統計，統計情況如下：

① 2000年張學文先生於因特網上發表的“汉字笔画与数量的数学公式”（http://survivor99.com/entropy/paper/p13.htm）一文，指出“笔画x与汉字数量y的关系符合数学上的对数正态分布函数。”張時釗先生“汉字笔划统计特性”（http://www.chancezoo.net/hz/hzbhtjtx.htm）對此有所討論，又將漢字筆畫區分為靜態與動態。“所谓靜态，每个汉字只计算一次，而動态是要按每个汉字使用的频数加权来计算频率的。”認為“张学文所用的数据，是直接从辞海统计得到，所以是静态的。”據漢字二级简体字和“动态频数是按‘汉字频数统计’（贝贵琴等，1988）一书中的数据加权计算。”統計出“靜态的汉字笔划平均数为10.98，動态的汉字笔划平均数是7.30。”

等級 / 靜動態（畫）	2 500一級常用字内	1 000次常用字内	3 500常用外通用字内
《玉篇》靜態筆畫	11. 1	12. 6	13. 29
《玉篇》動態筆畫	6. 7	11. 9	10. 7
相差筆畫	4. 4	0. 7	2. 59

綜合統計，宋本《玉篇》對應現代3500常用字范圍内動態筆畫為6. 9畫，而靜態筆畫為11. 5畫，宋本《玉篇》對應現代7000通用字范圍内動態筆畫為7. 2畫，而靜態筆畫為12. 3畫。從動態的筆畫遠遠小於靜態的筆畫上看，漢字在使用過程中仍有著經濟性原則和從簡的趨勢。

故我們可以説在通用字范圍内采用一定數量的繁簡體轉化是優化了漢字的形體而非改變了漢字的表義屬性。並非通常認為簡化字越簡越好，而是兼顧到了有效的區分度與簡便易寫性。

五、宋本《玉篇》中貯存的簡化字

簡化字自古有之，“文字由繁趨簡的發展趨勢，是由文字的工具性特點決定的”。①

1958年孫伯繩先生所著《古代的簡化漢字》從《説文》、《玉篇》、《廣韻》《集韻》歷代碑志及經史文選中選出古代即為通用的一千五百個簡化漢字，其中從《玉篇》中選出的簡化字形114個，類型多涉及古文，亦有今、俗、同、通、本作、或作、亦作等多種不同字際關係。

文字是社會性的書寫記録符號，“歷史漢字從古文字傳承到今文字階段，經過《玉篇》的規整收拾，相當數量的漢字結構只存筆勢輪廓，基本字匯就是符號化記號化過程的結果”。②在宋本《玉篇》中存在著大量的失去造字理據，成為形體趨簡的漢字符號，其中以常用字的變化最為突出明顯。

據統計，宋本《玉篇》貯存簡化字共242字。

① 張書岩：《簡化字溯源》，語文出版社1997年版，第2頁。
② 臧克和：《原本玉篇文字研究•序》，齊魯書社2004年版，第2頁。

其中一級常用字184個[①]，分別是：

万、与、丑、丰、乃、义、亏、云、仆、从、仰、价、仿、体、余、佩、修、儿、免、内、决、况、准、凉、减、几、划、别、制、勤、医、千、升、卜、占、卧、却、厂、厦、叉、只、台、叶、号、吃、后、向、含、听、启、周、咏、回、园、圣、坏、坦、垒、堤、夸、奇、妙、姜、娘、属、岭、巩、幕、並、幸、广、弃、怜、惧、愈、戚、才、扑、扰、担、挂、捆、据、掏、收、断、无、暖、术、朴、机、来、杯、松、极、柜、栗、样、核、桑、欲、步、气、沈、泄、泛、洒、涂、游、溪、灯、炮、烟、犹、猎、猪、猫、玩、瓶、痒、皂、皮、盗、离、秆、筑、粗、粮、累、网、置、群、肤、胶、脉、脚、致、舍、船、芦、苹、范、茅、茧、草、荐、蒙、蔑、虑、虫、蚕、蜡、谷、豆、辟、达、迁、递、逼、遥、邮、酸、里、隶、雁、餐、麦、麻、个、冲、凭、宁、宴、干、忧、抵、斗、灾、礼、系、迹、雕、面

次常用字28個，分別是：

凄、刨、匿、垛、夭、寓、庵、捍、捶、棱、洼、淀、溯、熙、痹、磷、禀、篡、羹、肴、芜、蝎、蟹、衅、踊、郁、卤、肴

通用字30個，分別是：

兹、冱、嗉、圭、幂、廪、彦、徇、棰、棹、椁、炖、煽、猕、瑶、疱、瘗、睿、砧、禄、筱、胄、芸、苁、陧、霓、鬃、鼹、啖、慑

① 有些對應簡體可能是同形字，如“体”字出現在“㾁，布体切。戎姓。”“体”本指人笨，而非“體”字。“亏”見宋本《玉篇》：“亐，《說文》曰：气欲舒出，亐上礙於一也。古文以爲亏字。又以爲巧字。”非現在“吃虧”之義。但此形古已有之，我們此處算為簡化字。

從宋本《玉篇》貯存的異體字類型看，可分為三大類7種稱說：

1．古籀文

古文7字："儿、叶、弃、云、苁、亘、虫"

與今字相對的古文3字："洒、奇、从"

籀文："卤、系"

2．俗字

俗字12字："桑、来、麦、断、万、迺、准、况、冲、决、减、凉"

3．異體

或體11字："咏、玩、巩、戚、夸、陧、猫、猎、离、虫、医"

亦作11字："衅、垛、启、寓、与、几、垒、幕、隶、个、园"

同上字24個："脉、捍、肤、啖、递、堤、达、徇、杯、棹、草、粮、秆、洼、皂、暖、烟、猕、砧、蜡、累、幂、並、无"

從宋本《玉篇》簡化字的在異體字中的分布，更多的簡化字還是分布在通行的俗用文字中，占到異體字總數的85.3%。"常用字在運用當中趨向簡化；常用的基本字形和偏旁在構字當中趨向簡化，這是漢字簡化的總趨勢"。①

我們認為漢字的簡化應建立在對歷史漢字的調查與相關用字調查及字頻、筆畫等方面的綜合考慮基礎上。如第二次簡化草案的指導原則不是頻率而是筆畫，超出十畫的漢字盡可能一律簡化的筆畫原則。如果僅從筆畫方面考慮，則通用漢字內平均簡化筆畫已超過11畫，則要再大量簡化，不僅會把漢字簡得面目全非，也會事倍功半，未嘗可以便於使用。

① 王鳳陽：《漢字學》，吉林文史出版社1992年版，第624頁。

第七章

宋本《玉篇》與近現代辭書編纂

本章主要討論《玉篇》楷字與近代以來最具權威影響的《康熙字典》、《漢語大字典》和《中華字海》三部大型字典的對照整理情況及方正超大字符集的相關字形收錄情況，分別就《玉篇》所貯存的歷史漢字與此四種對象不一致及錯訛之處进行探討，並據宋本《玉篇》正形補缺，以期對歷史漢字的整理、辭書編纂、中文信息處理及字符集建設完善等方面有所裨益。

第一節　宋本《玉篇》與後世大型字書編纂

文字之體有古文、籀書、篆書、鳥蟲殳書、隸書、八分、草書等名目[①]。《說文》是第一部對漢字古文字進行系統彙集規整貯存的字典。全篇以篆書為主體，採取上篆下隸形式編排，後世字書皆遵從此例。

錢保塘《字林考逸•序》有："呂氏原書雖不可見，然江式成為附托《說文》，甄別古籀奇惑之字，文得正隸，不差篆意，張懷瓘稱為小篆之工，亦《說文》之亞。是其書亦當如《說文》，先作小篆，附以古籀，於說解音切之文，則用隸書，與《玉篇》之純用隸書者不同。"可見《字林》亦仿照《說文》體制，采用"上篆下隸"的形式，以小篆為主形與隸書釋文並行編排。

北魏江式於北魏宣武帝(元恪)延昌三年（公元514年）上表求撰集古今文字大成的《古今文字》，表中設想：

> 以許慎《說文解字》為主，爰采孔氏《尚書》、《五經》音注、《籀篇》、《爾雅》、《三蒼》、《凡將》、《方言》、《通

① 參見啟功《古代字體論稿》各節論述，文物出版社1999年版。

俗文》、《埤蒼》、《廣雅》、《古今字詁》、《三字石經》、《字林》、《韻集》、諸賦文字有六書之誼者，皆以次類編聯，文無重複，統為一部。其古籀、奇惑、俗隸諸體，咸使班於篆下，各有區別。訓詁假借之誼，隨文而解；音讀楚夏之聲，並逐字而注。其所不知者，則闕如也。

可惜江式過早辭世未能成書。《魏書·江式傳》亦云："式於是撰集字書，號曰《古今文字》，凡四十卷，大體依許氏《說文》為本，上篆下隸。"可見其編纂體例仍未突破前人窠臼。

六朝時期楷書成為主要書體廣泛使用，如果沒有相應楷書形式的字典對社會出現的各種字體收載，很難實現文字的功用性。《說文》以下字書之體式皆是上篆下隸，不合當時社會用字。錢劍夫先生認為："《玉篇》無論部首和正文都是當時通行的楷書。這種改革是從《古今文字》的'上篆下隸'開始，直到《玉篇》才全部完成"。[①]是《玉篇》最大的改革之處，也是適應當時社會發展的必然趨勢。"自東漢以後，小學呈現不少新氣象……《玉篇》一反《說文》以小篆為主體的編輯方針，而成為我國現存第一部楷書字典"。[②]

《玉篇》作為最早的楷書字典保存下來，並經歷代重修定形，對歷史漢字的楷化定形與傳承規范有著重要影響。《玉篇序》有述：

微言既絶，大旨亦乖。故五典三墳競開異義，六書八體今古殊形。或字各而訓同，或文均而釋異。百家所談，差互不少；字書卷軸，舛錯尤多。

六朝之際文字各體兼備異體迭出且使用混亂，梁時簡文帝即有"規範百司，陶鈞万品，猶復留心圖籍，俛情篆素，糾先民之積謬，振往古之重疑，簡冊所傳，莫令比盛"之設想，顧氏奉命"總會衆篇，校讎羣籍，以成一家之製，文字之訓備矣"，在《玉篇》成書之初即著重於對漢字的整理規范。

《玉篇》以楷書形式將各個時間層次積淀下來的歷史漢字收集整理並予以定形規范，成為研究中古歷史漢字的重要坐標。而且一千多年來

---

① 錢劍夫：《中國古代字典辭典概論》，商務印書館1986年版，第51頁。
② 胡奇光：《中國小學史》，上海人民出版社2005年版，第12頁。

數經歷代傳抄官修盛行不衰，成為後世楷書字典編纂之范例。

由於《玉篇》歷經各朝代修編增訂，版本情況複雜①。據記載顧氏原本《玉篇》收字16 917字，在收納了《說文》近萬字外，又較《說文》多出六七千字。宋陳彭年在唐孫強增字減注本的基礎上重修宋本《玉篇》，收字達22 804字，較顧氏原本復增5 887字，是後世歷代字書編纂的重要收字來源和參考依據。宋本《玉篇》貯存的歷史字匯是經過歷代整理規范的，對漢字字形的規范化具有實質貢獻和指導作用。

清康熙五十五年（公元1 716年）張玉書等奉旨編撰的《康熙字典》收字達47 043字，又較宋本《玉篇》增加24 239字。依《康熙字典·序》所言：

爰命儒臣，悉取舊籍，次第排纂。切音解義，一本《說文》《玉篇》，兼用《廣韻》《集韻》《韻會》《正韻》，其余字書，一音一義之可采者，靡有遺逸。至諸書引證未備者，則自經史百子以及漢晉唐宋元明以來詩人文士所述，莫不旁羅博證，使有依據。

《康熙字典》作為清代“御定”官修字典，是《說文》《玉篇》後古代字書集大成之作，也為現代字典起到典范作用，其收字最多引例最為宏富並求始見之處，梳理字際關係整理異體，於本字之下收列各種異體類型，有著明確的規范意識。“在我國文化史上占有重要的地位，多年來一再翻印出版，直到今天仍然沒有失去它的意義”。②但《康熙字典》因收字求多審形不嚴，錯訛之處不在少數，前人對此多有評騭。據《清史稿》載：“《字典考證》三十六卷。道光十一年（1831年），王引之奉敕撰。”單對引例錯誤王引之就糾正了二千五百多條。日本人渡部溫有《標注訂正康熙字典》，共考異一千九百三十余條，訂誤四千余條。但趙振鐸先生調查：“根據初步查核《康熙字典》的情況看，他發現的錯訛也還不至全書的四分之一……編者也收了一些亂拼湊的字。這樣任意類推拼湊的字，應該從字典里清除出去。”③

① 廣益本《玉篇》目前所通行的有兩種版本：鄭氏元刊本和張氏朱序本，即以《四部叢刊·初編》所收《玉篇》和中國書店影印本《宋本玉篇》為代表。兩種本子瑕瑜互見，可互相參校，又統稱為“今本”。海外流布有上世紀初在日本所發現原本《玉篇》殘卷，及可看作《玉篇》節本的《篆隸萬象名義》（簡稱《名義》），是六朝時期至唐宋之際社會用字具有存真價值的文獻資料。

② 趙振鐸：《字典論》，上海辭書出版社2001年版，第12頁。

③ 同上书，第214頁。

據查《康熙字典》有9 375字直接引用或對照《玉篇》相關字形，在實際比較中發現未標引《玉篇》且書證見晚的情況更遠遠超於此數。據統計在其征引《玉篇》的9 375字中有600余例與宋本《玉篇》字形不相吻合，因《康熙字典》所依版本主要為元刊本，故少數字形有所出入是有可能的，但如此大量的字形失照，其主要原因是《康熙字典》對《玉篇》字形引用有誤，而且此類錯誤情況對後世編纂的大型字書有著較大影響。

二十世紀末至本世紀初，隨著我國語言文字規範化、標準化工作的逐步深入，漢字的整理研究也進入大型工具書匯編成果迭出的繁榮時期。

1992年出版的《漢語大字典》收字54 678個[①]，較《康熙字典》又增加7 635字，是“以解釋漢字形、音義為主要任務的大型語言工具書，漢字楷書單字的匯編”，也是目前收錄漢字形音義最為完備詳實可信的語言文字工具書。

1994年出版的《中華字海》收字達85 568字，又較《漢語大字典》增加稱30 890字，收字范圍是：

一部分收自現存漢語辭書，如《說文解字》《玉篇》《廣韻》《集韻》《康熙字典》《中華大字典》等書中的全部漢字（一字不漏，訛字也收）；另一部分是歷代工具書失收而應該收錄的字。其中有佛經難字、道藏難字、敦煌俗字、宋元明清俗字、方言字、科技新造字，以及當今還在使用的人名和地名用字。

因此《中華字海》成為“迄今為止世界上收漢字最多的字典，楷書漢字的集大成者”[②]。

張涌泉先生在《大型字典编纂中与俗字相关的若干问题》中對兩書有高度評價：“《漢語大字典》和《中華字海》的出版，是字典編纂史上的兩件大事。前者吸收了歷代特別是近代關於漢字研究的成果，對大多數漢字的形音義都有歷史的、全面的反映，是漢代《說文解字》以來我國歷代字書中漢字形音義的闡釋最為完備的一部字典。後者在《漢語大字典》的基礎上，廣搜博采，在單字收錄、字形規範、異體字溝通等

---

① 李國英：《楷體部分未識字》，《古漢語研究》2003年第2期，第54頁。
② 冷玉龙：《中华字海•凡例》，中华书局1994年版，第8頁。

方面做出了自己的貢獻，是當今世界上收載漢字最多的一部字典。”① 《中華字海》收字皆採用新字形，字形處理較為一致，但由於缺乏書證及文獻引例故又有收字范圍標準有過寬之嫌，亦有學者認為“在辭書史上是一大退步”②。

“大型字典的編纂在收字方面應該考慮它的歷史繼承性，在已有字典的基礎上擴大收字范圍。這是我國字典編纂在收字方面一套行之有效的辦法”。③因此《玉篇》作為第一部楷書字典，三部近現代大型字典對《玉篇》所收字均有詳盡著錄。但由於大型字典編纂人員眾多周期過長，很難做到體例統一、收字定形上下相承無誤。我們在對《玉篇》楷字字形整理調查中，發現宋本《玉篇》仍有三百多字在三部大型字典中存在錯訛漏收情況，更不乏因書證晚出而形體輾轉失真之例。

在國際標準化組織（ISO）公佈的Unicode編碼④體系標準支持下的宋體方正超大字符集⑤（以下簡稱方正字符集）收字達70 205字，是目前字數最多、通用性最強的國際性漢字編碼字符集。方正字符集對《康熙字典》及《漢語大字典》字形幾乎全部收錄，但因與以上兩部大型字典的

① 張涌泉：《大型字典编纂中与俗字相关的若干问题》，《中国社会科学》1997年第4期。

② “這在辭書史上是一大退步;該書利用‘偏旁類推簡化’,製造出數以千計的‘簡化字’,這些字不僅不見於古書,也不見於當今出版物,自然不會有文獻用例;另外,該書《補遺》部分又據《ISO2IEC10646 通用編碼字符集》、北大方正《漢字內碼字典》和《資訊交換用漢字編碼字符集一第二、第四輔助集》收錄了440 個‘音義待考’的“字”,這些‘字’很多是今人生造的,並非來源於文獻,也沒有用來記錄語言的需要,因此,它們不會有文獻用例。況且，《第二、第四輔助集》中大量的類推簡化字沒有編碼,也基本上未實際應用,將來也很可能不再應用,將它們作為字書的收字物件,顯然是欠妥的。” 參見楊寶忠《大型字書“死字”的來源》，《語言文字應用》2004 年第4 期，第32頁。

③ 趙振鐸：《字典論》，上海辭書出版社2001年版，第24頁。

④ Unicode編碼(Universal Multiple Octet Coded Character Set)，國際標準組織於1984年4月成立ISO/IEC JTC1/SC2/WG2工作組，針對各國文字、符號進行統一性編碼。提出口號是: 給每個字符提供一個唯一的數字，不論是什麼平臺，不論是什麼程式，不論什麼語言。目前Unicode是採用16位元編碼體系，其字符集內容與ISO10646的BMP（Basic Multilingual Plane）相同。Unicode於1992年6月通過DIS（Draf International Standard），Unicode2.0於1996公佈，內容包含符號6 811個，漢字20 902個，韓文拼音11 172個，造字區6400個，保留20 249個，共計65 534個。2000年國際標準化組織在 ISO10646-2000 的基本平面(BMP 或者 Unicode 3.0)編入了27 564 漢字（U+4E00~U+9FFF以及U+3400~U+4DFF），既是當年3月在GB18030頒佈時所建議支持的字彙。其中擴展A有6 582個漢字。同時國際標準化組織還在擴展B擴展42 711漢字。現在Unicode4. 1 . 0標準已經發佈。具體可以參考Unicode官方站點:www. unicode. org。

⑤ Microsoft 在中文簡體版Office XP及相應多語言包中，專門開發了超大字符集中文字體(宋體-方正超大字符集)。宋體-方正超大字符集字體包括了上面提到的全部27 564個漢字以及在第二平面中(42 711)選出的36 862個在中國大陸，香港特別行政區(以及部分臺灣地區)使用的漢字。因此包括西文等常用字符在內，宋體-方正超大字符集共包括65 531個字符。2000年8月22日，國際標準化（ISO）組織對漢字EXT B做了擴充，公佈的SuperCJK V10.2共包含70 205字，也是最新的方正超大字符集的全部內容，方正超大字符集基本包含了中、日、韓、越的主要漢字。

相承關係，信息處理過程中的認同原則以及造字轉寫致訛等原因，也存在對《玉篇》楷字錯漏失收的諸多情況。

根據宋本《玉篇》楷書字形與後世字書對照的諸多相異情況，我們認為有必要對宋本《玉篇》歷史漢字的傳承情況做出進一步的疏理正形和補充工作，以宋本《玉篇》及原本《玉篇》《名義》互資補證來清查近現代漢字字匯的字形問題是一項不可替代的工作。其理由如下：

首先，從整個漢字發展史上看，《說文》與《玉篇》皆為最早的字書，"《說文》討篆籀之源，《玉篇》疏隸变之流"。[①]《說文》重在對古文字形的系統整理，《玉篇》重在對隸變楷化後的字形的收集定形。後世字書的編修皆是在《說文》《玉篇》基礎上隨時代增益。

其次，從《康熙字典》序例可知所據來源主要為《說文》《玉篇》，《康熙字典》既有對《玉篇》征引的錯漏之處，也有對《玉篇》校刊互補溝通之功。

最後，現代大型語文工具書及漢字字符集的建設多是以《康熙字典》字匯為基礎，但一些字審形未能詳盡利用宋本《玉篇》及相關工具書做進一步的考訂正形工作，其表現為《康熙字典》漏收而現代大型工具書亦無存，《康熙字典》有誤之處亦誤字照收。因《康熙字典》對現代字典編纂有著不可取代的深遠影響和參考價值，乃至其後的各類大型工具書及漢字字符集存在著更多不同層面的字形瑕疵。

我們以此三種大型字典及方正字符集作為比較對象來考察《玉篇》收字情況，發現字形對照情況主要有以下問題：

一、《玉篇》正确而歷代字書沿袭有誤字。

二、《玉篇》在傳抄中与歷代字書有不合字形，我們認為主要由兩種情況造成：一是收錄來源不同或是對隸定楷化與俗写体的寬嚴標準不同，二是傳抄中出現的错訛字。

三、《玉篇》貯存字形而後世字書未見者。

通過對《玉篇》貯存歷史漢字的整理調查，對三種大型字典及方正字符集中失收字一一臚列探討，希望對今後的字書修訂、中文信息處理、漢字字符集及漢字信息檔案的建設和完善有所幫助。

① 黎庶昌：《書原本玉篇後》，載《原本玉篇殘卷》，中華書局1985年版，第411頁。

第二節　宋本《玉篇》與近現代大型字典對照情況

近現代大型字書所收楷字來源皆無外於《說文》《玉篇》及前代字書，從理論上講其所收的字量字形上應是涵蓋了《說文》《玉篇》及前世字書的全部。但我們仍發現其中有諸多差異現象，其中多為字形在抄寫中發生了訛誤脫漏。歷時久遠的漢字形體在傳承使用中必然存在諸多的變異孳生現象，其中以傳寫過程中字形訛誤最易發生。“舄九寫而為烏，虎三寫而為帝，言書之轉易如此。”①我們認為越晚的字書越容易在抄錄轉寫中發生字形訛誤。而對於前代字書字形的傳抄摩寫中出現的不少偏差，往往是在字典收字時橫向合併或歷時傳承中整理不徹底或轉抄致訛造成的。

歷代字書收字本身兼有貯存歷史漢字並規范社會用字的雙重作用，而又易在編纂者求全責備的心理下不能盡審其形，乃至歷代傳承及歸並整理中形近而誤，錯訛舛生。“自宋元以來，中國的學界對文字的貯存可以說‘情有獨鐘’，一代一代的字書反復轉相抄輯，以多取勝，被淘汰的死字大量流入字書還算，由於整理不徹底和轉抄錯誤，又憑空生出一堆廢字和假字。”②其中又以漢字基本構件偏旁的混淆變易對後世字書所收字形的影響頗大，《康熙字典》等大型字書中的錯訛字形大多是由於構件偏旁形義相近且未能詳審辨別造成的。

我們據宋本《玉篇》貯存的歷史漢字對《康熙字典》、《汉语大字典》、《中华大字海》及方正字符集進行字形整理應做兩部分工作：一是漢字基本構件偏旁的整理補充，一是對訛誤字形的修訂及失收字的補充。

其中著重於對訛誤字討論分析並予以正形，按時間層次劃分為三個方面整理：一為《康熙字典》訛誤及失收字；一為《康熙字典》未錯而現代大型字典訛誤及失收字；一為三部大型字典皆不錯而方正字符集訛誤有失收字。

---

① 宋陸佃：《埤雅》，小學匯函本，中華書局1998年版。

② 王寧：《現代漢語通用字對應異體字整理•序》，巴蜀出版社2004年版，第1頁。

一、《康熙字典》訛誤及失收字

1. 基本構件的混誤

《康熙字典》訛誤字主要源於形近或義近構件相混同，如“市、巿”，“戍、戌”，“㔾、巳”，“天、夭”，“凡、几”，“𡳿、𡳾”等，此類情況一般可推及《漢語大字典》及《中華字海》，不特別指出的後世字書當包括《漢語大字典》《中華字海》兩種字書及方正大字符集。

（1）“市、巿”相混

如“𠆢”當為“𠆢”字，《康熙字典》引《玉篇》此形作“𠆢”，上部結構似“巿”。《漢語大字典》：“𠆢，同閙（鬧）。”亦注明引自《玉篇》。《中華字海》：“𠆢，同閙。字見《玉篇》。”皆作“𠆢”從“巿”。查宋本《玉篇》：“𠆢，與閙同。”字形上部構件為“市”。《玉篇校釋》：“《切韻》，𠆢，不靜。或與閙同。《字書》：‘𠆢，亂也。’《古今正字》從市、人，不靜聲也……”所從“市、人”可知為會意字。《名義》此形亦寫作“𠆢”，上部為“巿”，當為連筆所書，可知人之不察其來久矣。今所見宋本《廣韻·效韻》此形亦為“𠆢”，已是“𠆢”“𠆢”不分。據前第二章所論，《康熙字典》所引《玉篇》主要為元刊本，查元刊本字形為“𠆢”，上部已脱“丶”，且字形已多模糊不辨，故《康熙字典》所取《玉篇》之形有版本差誤，而又未詳核於宋本《玉篇》，此形乃有訛誤。《康熙字典》此形當改為“𠆢”。

（2）“戍、戌”相混

如“䁠”當為“䁠”。宋本《玉篇·目部》：“瞲，呼聿切。目深皃。䁠、眓，並同上。”《康熙字典》：“䁠，《玉篇》同瞲。”《漢語大字典》等皆為“䁠”，從切音及異體字構形上看不合字義，宋本《玉篇》為“䁠”，當為正形。自《集韻》始有混形，其字頭已訛寫為“䁠”，故《康熙字典》未明辨其誤，《漢語大字典》及方正字符集又承《康熙字典》字形之誤。

（3）“㔾、巳”相混

如“𥫗”訛為“𥫗”字。宋本《玉篇》：“𥫗，先管切。器名。”

其下構件為“巳”，元刊本同此，《康熙字典》所引形誤。

另外比較常見“𦊆”錯為“𦋅”。如宋本《玉篇·邑部》：“䣝，《說文》云：地名也。”《說文》小篆形為“[illegible]”，此构件隸定當爲“𦊆”，而《康熙字典》有錯而後世字書皆錯。又如《康熙字典》中“鸔、䣝、簼、𢕟、檑”5字皆與宋本《玉篇》貯存的歷史字形相異，亦因誤“𦊆”為“𦋅”所致。後世字書及方正字符集皆承之有訛誤字形，當據宋本《玉篇》正形。

（4）“夭、夭”不分

如“蚕”字上部從“夭”，而《康熙字典》以之為構件字形多未統一，如“[illegible]”，則“夭”“夭”相混，采用標準不一。宋本《玉篇》構件爲從“夭”的有“𠎬、噬、𥫗”，另有構件又從“夭”的有“暌、揰”，其形皆與《康熙字典》相反，此例亦可看出宋本《玉篇》不同刻手的刊刻字形亦有混誤，故我們認為後世此類字形當統一構件為“夭”，如“輳”下部構件皆為“夭”而非“夭”即較為規范。

(5)“凡、几、卂”相混

如“𪚺”，宋本《玉篇》為“[illegible]”，上部構件當為“巩”，《康熙字典》所收此形少“丶”，構件不成字，查元刊本已脫為“𪚺”形，應是《康熙字典》僅據元刊本所增而未核對宋本《玉篇》致訛。後世字書及方正字符集皆承《康熙字典》有訛誤字形，當據宋本《玉篇》正形。

又如“䳍”，宋本《玉篇》為“[illegible]”，上部構件當為“巩”。《康熙字典》：“䳍，《廣韻》：獸似馬而青，一走千里也。又《集韻》音拱。義同。”據查《集韻》《廣韻》字形皆為“[illegible]”，與宋本一致。《康熙字典》未詳察其形而誤為“[illegible]”，而《漢語大字典》未核對原本亦隨其後，方正字符集皆誤，應改之。

（6）“㞷”誤為“㞷”

如“徃”字，《康熙字典》此形為“[illegible]”，已近似為兩構件“中、主”，引自《玉篇》。宋本《玉篇·之部》：“㞷，古文封字。《說文》云：草木妄生也。从之，在土上。”當為“㞢、土”兩構件組合為“㞷”，而非“中、主”兩構件組合，《康熙字典》此字形不審，故後世字書所承皆誤。又《康熙字典》：“迬，《字彙補》：古往字。”“迬”字亦同此誤。後世字書及方正字符集皆當據《玉篇》正形“往”“迬”。

2. 字形相異或書證見晚

宋本《玉篇》與《康熙字典》字形相異及錯訛字形多爲隸定楷化結果不同造成。

據調查，宋本《玉篇》為目前最早對《說文》貯存的古文字形中的1 104個進行隸定楷化的字書，而且楷定字形較為存真準確，符合楷書書寫習慣，故我們認為後世字書對《說文》古文字形的楷定多是轉引或參考《玉篇》，多未標引出處來源，後其形漸為互異，乃或成為死字。①《康熙字典》亦據後世字書之楷定字形輾轉相引，則《說文》古文楷定字形多有失真，並增出大量的古文楷化異體。故《康熙字典》所收古文楷定字形引書晚於《玉篇》，所引字形與宋本相較多有不切當之處，此類情況我們認為應據宋本《玉篇》或補充或訂正其後的古文楷定字形。

（1）弜

宋本《玉篇·丿部》：“弗，撟也，不正也。弜，古文。”

按：《汗简》：“[古文字形]，古文弗”。元刊本字形同宋本《玉篇》為“弜”，《玉篇校釋》：“弜，即兩弓相背也。”《名義》“弗”古文形近似“弜”，故此字應為古文“[古文字形]”楷化字形。《康熙字典·弓部》：“弜，《龍龕》音弗。”《漢語大字典》從上，亦引《龍龕手鑑·弓部》，未引《玉篇》古文字形，當補。《中華字海》：“弜，同‘弗’。見《類篇》。”皆未引《玉篇》，書證見晚。

（2）[古文目]

宋本《玉篇·目部》：“目，眼目也。目者，氣之精明也。[古文目]，古文。”

按：《說文》：“目，人眼。象形。重童子也。凡目之屬皆從目。[古文字形]，古文目。”《玉篇》“[古文目]”字當為古文“[古文字形]”楷定字形。《康熙字

① “傳世字書中存在數以萬計的‘死字’，主要原因是古代字書為了節省篇幅而不為所收漢字提供文獻用例。隨著相關文獻的失傳，有些字成為‘死字’；在字書流傳過程中，字形、注音、訓釋難免出現失誤，一旦出現失誤，由於字書沒有提供文獻用例而得不到及時的糾正，結果使得字書貯存下來大量的文字垃圾。”參見楊寶忠《大型字書“死字”的來源》，《語言文字應用》2004年第4期，第31頁。

典》："𡇆，《玉篇》古文目字。"中間構件"日"形已誤為"目"。《漢語大字典》："𡇆，《字彙補·囗部》：古文目字。"其字形與書證皆有不妥。《中華字海》："囼，'𡇆(目)'的訛字。字見《大漢和辭典》。"未引《玉篇》，書證見晚。因而方正字符集承上亦只有"𡇆"而未收"囼"字。

（3）罨

宋本《玉篇·网部》："罨，武忍切。俗黽字。"

按：宋本《玉篇》與元刊本皆作此形。《玉篇校釋》："黽之俗字。"應是"黽"字俗寫簡省，其後"罒"又進一步省寫為"口"。《简化字溯源》記"黾，最早出現在唐代敦煌變文寫本中。明代字書《字匯》已收。""罨"當為從"黽"到"黾"俗化簡寫過程中的過渡字形。"罨"未見收於《漢語大字典》及方正字符集，應據宋本《玉篇》補此字。

（4）𥫱

宋本《玉篇·箕部》："箕，居宜切。簸箕也。𥫱，籀文。"

按：宋本《玉篇》此形與元刊本"**𥫱**"字形大致相同，中間象形構件似"爻"，《玉篇校釋》亦為"𥫱，籀文箕"。《說文》"𠥓，籀文箕。"可知宋本《玉篇》"𥫱"為籀文"𠥓"楷定字形。《段注說文》："𠥓，籀文箕。依大徐作籀。"《中華字海》："𠥓，同'箕'。見《集韻》。""𠥓""𥫱"字形微異，實為同一字不同楷化。《康熙字典》《漢語大字典》皆未收楷定字形"𠥓"或"𥫱"，我們認為當據宋本《玉篇》補"𥫱"字，《漢語大字典·異體字表》中"箕"異體字組無此形，亦應補入。

（6）𢎱

宋本《玉篇·弟部》："弟，大禮切。《爾雅》曰：男子後生爲弟。又大例切。《說文》云：韋束之次弟也。𢎱，古文。"

按：《說文》："𢎱，古文弟，从古文韋省。"元刊本此形楷定為"**𢎱**"，與宋本《玉篇》古文楷定字形"𢎱"微異。《康熙字典》："𢎱，《字彙補》：古文弟字。"《漢語大字典》、《中華字海》字形同上，亦引自清吳任臣《字彙補》。書證見晚且形有不同，此字形當以宋本《玉篇》楷定字形補入。

（7）䨻

宋本《玉篇·㫗部》："䨻，大含切。長味也。今爲覃。䨻，篆文。"

按：《說文》："䨻，篆文覃省"。宋本《玉篇》楷定字形為"䨻"，中间构件亦為"日"，元刊本之楷定字形為"䨻"，已有省簡改易。《九經字樣》："《說文》作䨻，隶作覃。"《康熙字典·襾部》："《集韻》：覃，古作䨻。"《漢語大字典》、《中華字海》同上為"䨻"，皆引《集韵》，書證見晚，且字形有別。此字形當據宋本《玉篇》補之。

二、现代大型字典訛誤及失收字

（一）訛誤字

(1) 刅

宋本《玉篇·刃部》："刅，楚良切。刃傷也。或作創。"

按：元刊本与《宋本》字形皆為"刅"。《玉篇校釋》亦認為此形無誤。《集韻·陽韻》"刅，或作創、刱。"《康熙字典·刀部》："刱，《字彙補》同刅，傷也。"《漢語大字典》："刱，同創"，而無"刅"字，方正字符集中無此形。《中華字海》："刅，同创。字见《直音篇》。"出處見晚。段玉裁注《說文解字·刃部》（下簡稱段注《說文》）："刅傷也。凡殺傷必以刃。从刃从一。按鉉本篆作刅，鍇本篆作刄，今按當是從刃從一。一者，傷之象，㓨之所入也。刅省則作刄。小徐本井部刱，米部粱皆從刄。考桐廟碑梁字、羊竇道碑粱字、《五經文字》及唐石經梁皆不作刅，今人作隸書梁、粱皆從刅，非古法，不可從也。凡刀創及創瘍字皆作此，俗變作刱、作瘡。"可知"刅"為篆文"刄"之楷定字形，而"刱"為"刅"之非古法俗寫字。

(2) 䢴

宋本《玉篇·邑部》："䢴，去牛切。地名。"

《漢語大字典》："邺，（一）qiū，同'邱'。《玉篇·邑部：》：邺，地名。《龍龕手鑑·邑部》：邺，古；邱，正。（二）yè，"鄴"的简化字。"

按："䢴"非"邺"字。《說文》："邱，地名。从邑丘聲。"

小篆字形作“𨚵”可看出《玉篇》“邶”为小篆楷定字。《集韻·尤韻》：“邱，《說文》：地名。或作𨙻。”“邶”“𨙻”“邱”皆为同一字的古文楷定或傳承字之不同形。元刊本与宋本《玉篇》字形相同，字形為“邶”。《玉篇校釋》案：“為地之通名，古止作丘。如帝丘、楚丘、商丘……”《漢語大字典》收“邶”字音義，而字形定為“邺”。認為“邶”“邺”兩字同形，是為不察。“邶”、“邺”字形明顯有別，一為地之通名，一為專屬地名，再有其構件“北”与“业”字形字义亦截然不同。《漢語大字典》將“邶”與“鄴”的簡化字“邺”認為同形字並入同字頭下，甚為不當，當據宋本《玉篇》增补“邶”字形。《中華字海》：“邛，同邱，見《直音篇》。”字形有微別，且書證見晚，應為同一字的楷定不同字形。方正字符集中亦无此“邶”字形，皆應补之。

（3）灈

宋本《玉篇·水部》：“灈，切輦切。”

按：元刊本釋為“水流也。”字形同《宋本》。《玉篇校釋》認為宋本無誤。《集韻·獮韻》：“淺，此演切，《說文》不深也。或作灈”。《康熙字典·水部》：“灈，《集韻》淺，或作灈。”《漢語大字典》字形為“灈”，亦承《康熙字典》之例引自《集韻》。而《汉語大字典》據《康熙字典》所引《集韻》字形皆有误。《中華字海》：“灈，同浅。字見《集韻》。“此形亦有错，亦當承袭前字書所致。且书證皆见晚。方正字符集字形取自《康熙字典》、《漢語大字典》亦错，應皆糾正。承前所述，《康熙字典》此類字形不審有“䴉、鄱、篹”等，實應與“遷、僊”等字形的構件“䙴”一致。此種“㔾”、“巳”相混在《漢語大字典》多存見，如“篹”《玉篇》中構件為“巳”，而《漢語大字典》收為訛形“篹”，後世皆誤。我們認為此类錯誤當為是編审者收字定形不严格造成，實可避免。如魏勵先生認為應“認真核對工具書，同時對工具書的訛誤予以訂正”，並指出《漢語大字典》的“巷”應進行訂正為“巷”[①]，情況同此類，可知“㔾”、“巳”相混之形當不為少數。

① 魏勵：《計算機用字的字形規範問題》，載《漢字字形研究》，商務印書館2004年版，第160頁。

（4）瓡

宋本《玉篇·束部》："瓡，各皃切。"

按：元刊本与《宋本》字形相同为"瓡"。《康熙字典·瓜部》："瓡，《字彙》古孝切，音教。瓜名。"音義不合。《漢語大字典》："瓡，瓜名。《篇海類編·花木類·瓜部》：瓡，瓜名。"《中華字海》："瓡，瓜名。见《字匯》。"皆未引《玉篇》，形訛失察，且書證見晚。方正超大字符集此字亦错，應改之。

（二）應補楷字

1. 獨體字

失收的獨體字一般是古文楷化，多為象形字或是指事字，在歷史漢字傳承過程中由同一字的不同書體定形而產生的各種結果。經常作為構字部件來構成合體字，個體不可再拆分，常用作基礎構件。此類字情況《玉篇》有四例。

（1）凸

宋本《玉篇·亞部》："凸凸，上徒結切，起也。下他骨切，起皃。"

按：《名義》中無此字。《玉篇校釋》："凸凸筆跡微異，非二字。慧琳卌三、八、五六、十七：凸，徒結反，亦田頓反。……凹凸為魏晉後字韻書所錄俗字。無部可屬，依附於此，非顧氏原文。"《龍龕手鑒》（下簡稱《龍龕》）："凸，田結反。高起也。象形字。""凸"與"凸"同，應為唐宋新增字。《漢語大字典》，方正超大字符集亦未見收入，當據宋本《玉篇》補之。《中華字海》："凸，同'凸'，字見《直音篇》。"當屬書證見晚。

（2）㞷

宋本《玉篇·曲部》："㞷，丘玉切。蠶薄也。或作笛。"

按：元刊本與《宋本》字形相符。《玉篇》"㞷"是《說文》小篆"㞷"楷化字，為養蠶器具之象形。《類篇》："㞷，象器曲受物之形，或說曲蠶薄也。凡㞷之類皆從㞷，隸作曲。古作凵。"《中華字海》："同'曲'，見《類篇》。"出處見晚。《漢語大字典》、方正超大字符集未見收入"㞷"，而收入"𠟊、圝"等字。《漢語大字典·異體字表》中"曲"異體字組無此形，應補入。

（3）𠙷

宋本《玉篇·曲部》：“曲，丘玉切。枉也，章也，不直也。𠙷，古文。”

按：《說文》中“𠃯，古文曲。”《名義》：“曲，丘玉反。不直。𠃯，古曲。”元刊本與《宋本》字形相符。《玉篇校釋》亦作“𠙷”。可知“𠙷”是古文“𠃯”隸定楷化字。《漢語大字典》、《中華字海》、方正超大字符集皆未收“𠙷”字。《中華字海》有：“𠙷，音娃，義未詳，見《篇海》。”疑為“𠙷”增筆之形。《漢語大字典·異體字表》中“曲”異體字組未收此字形，應補入。

（4）朿

宋本《玉篇·巿部》：“朿，嗟似切。止也。姊、秭字從此。”

按：《說文》：“𠂔，止也。從朩盛而一橫止之也。”小篆作“𠂔”，楷化為“朿”。《名義》：“朿，嗟雉反。止也。”元刊本與《宋本》字形相符。《漢語大字典》未見“朿”，但“𠂔、秭、䏌、迹”等皆有此構件。《漢語大字典》、《中華字海》、方正超大字符集皆未收“朿”字。

2. 合體字

合體字由獨體字組合而成，一般指會意字或形聲字或合體記號字。可以說往往由於作為構字部件的獨體字楷化定形結果不同造成合體字的異態紛呈。亦有個別情況是合體字由古文象形字直接隸定楷化，此情況較少見。

（1）𢙇

宋本《玉篇·心部》：“𢙇，市由切。㦍也。”

按：《名義》未見此字。元刊本此形為“𢙇”。《說文解字》：“讎，猶譍也。”未見收“𢙇”。《玉篇校釋》：“‘𢙇’與‘讎’同。《集韻·尤韻》：‘讎，古作𢙇。’與‘𢙇’同。非原本所有。”又《集韻》所收形聲字“㤘、𢙇”亦爲“讎”異體字，以“周”、“𠷎”或“𠷎”為聲符，“心”或“口”為義符，皆疑為唐宋新增異體字。《漢語大字典》：“𢙇，同‘讎’。”來源於《集韻》，另貯存有“𠷎、𠷎、𥳑、𢙇、𡖐、𣶓、𡗋、𠷎、𩢆、𧨏”等字形，但只收“𢙇”字，而未收“𢙇”、“𢙇”字，且出處見晚。《中華字海》：“𢙇，同

“䶂”。字見《直音篇》。”出處見晚。“㥶”、“㥶”方正超大字符集未見收入。我們認為“㥶”、“㥶”、“㥶”是不同字書對“䶂”的新增異體字不同定形的結果，因宋本《玉篇》時已見著錄，應當補入字典。

（2）屐

宋本《玉篇·履部》：“屐，吁戈切。或靴字。屐，同上。”

按：元刊本與《宋本》字形相符。《玉篇校釋》：“屐重文屐，疑與鞾同。鞾，鞮屬也。或原為正文，脫注後誤為屐重文。參見革部。”《中華字海》：“同‘靴’。見《直音篇》。”當是“靴”之或體。《漢語大字典》、方正超大字符集未見收入。

（3）𦱈

宋本《玉篇·艸部》：“𦱈，且已切。即菓耳。”

按：《名義·艸部》未見。元刊本與《宋本》字形相符。《玉篇校釋》：“葈，原作𦱈，不成字。今依王引之正改。《切韻》作葈，云胡葈。《廣韻》訛為革。《集韻·止韻》：“葈，胡葈，艸名，枲耳也。或作菓。””“𦱈”應是唐宋新增字。《中華字海》：“𦱈，同“䕭”。見《直音篇》”。《漢語大字典》、方正超大字符集未見收入。

（4）𦲷

宋本《玉篇·艸部》：“𦲷，於亦切。𦲷母草。本作益。”

按：《名義》：“𦲷，於夂反。𦲷母也　。稚。”元刊本與《宋本》字形相符。《玉篇校釋》：“𦲷從艸，俗。”《類篇·艸部》：“𦲷，伊昔切。𦲷母艸，茺蔚也。”《漢語大字典》、《中華字海》、方正超大字符集皆未收“𦲷”字。

（5）筭

宋本《玉篇·竹部》：“筭，虛誑切。覓魚具。”

按：《名義·竹部》未見。元刊本與《宋本》字形相符，《玉篇校釋》亦作“筭”。應是唐宋新增字。《漢語大字典》、《中華字海》、方正超大字符集皆未收“筭”字。

（6）𠚍

宋本《玉篇·甾部》：“畚，補衮切。盛糧器也。𠚍，同上。”

按：元刊本與《宋本》字形相符。《玉篇校釋》亦作此形。“𠚍”

應是“畚”之古文隸定楷化字。《漢語大字典》、《中華字海》、方正超大字符集皆未收“畣”字。

（7）弖

宋本《玉篇·弓部》：“彈，達旦切。行丸也。又達丹切。弞、弖，並同上。”

按：《說文》“彈”重文“弞，彈或從弓持丸。”《名義》中有“弞”無“弖”。《龍龕》：“彈，徒幹、徒按二反。糺也，射也。又行丸也。亦弞綦也。”有“弞”無“弖”。漢字最初結體定形時相對結構方位並不固定，故而出現不少新增異體字。《宋本》為“弖”，元刊本此形有誤，應是“弖”抄寫脫漏。《玉篇校釋》亦作“弖”。胡吉宣先生指出：“（字）本無定形，古無辭典詁訓，所採錄之甚少，致單字多任忘（妄），增益偏旁，徒滋字韻書之紛紜肴亂。①”“弖”疑是唐宋新增字。《漢語大字典》、《中華字海》、方正超大字符集皆未收“弖”字。

（8）鑿

宋本《玉篇·金部》：“鑿，在各切。穿也，鏨也。又子各切。鑿、鑿，並同上。”

按：《說文》《名義》未收“鑿”。元刊本與《宋本》字形相符。秦公《廣碑別字》“鑿”為“鑿”下別字，見漢楊君《石門頌》。《幹祿字書》：“鑿、鑿，上俗下正。”當是漢魏六朝俗字，為“鑿”之異體新增字。《中華字海》：“鑿，同‘鑿’。字見唐《九成宮碑》。”出處見晚。《漢語大字典》、方正超大字符集未見收入。

（9）韗

宋本《玉篇·車部》：“軒，虛言切。大夫車。韗，《字書》同上。”

按：《名義·車部》：“韗，軒字。”元刊本與《宋本》字形相符。《玉篇校釋》：“韗，出自《字書》。從軋，故有高舉義。重言之為軒軒。”又《集韻·元韻》：“轒，車後重曰轒。或從革，亦作衛，通作軒。”應是歷代字書傳抄中將“軋”上下連筆誤作“車”，理解為義符疊加，現從《玉篇》可知“轒”為“韗”之訛字。《漢語大字

① 胡吉宣：《玉篇校釋》，上海古籍出版社1989年版，第2 693頁。

典》："[illegible]，同'軒'。"見於《玉篇》、《集韻》。《中華字海》依照《漢語大字典》字形收入："輚，同軒。見《玉篇》。"兩部字典收載字形皆誤。《漢語大字典》、《中華字海》、方正超大字符集皆未收"韓"字。

（10）轈

宋本《玉篇·車部》："轈，仕交切。兵車若巢，以望敵也。轈，同上。"

按：《說文》："轈，兵高車加巢以望敵也。從車巢聲。《春秋傳》曰："楚子登轈車。"《名義》"轈"下隔一字有"輠，巢字。"《玉篇·車部》見"輠，胡罪、胡瓦二切。車脂轂。又音禍。"與"轈"音義皆不符，應是日留學僧抄寫《名義》時未區別"杲、果"形體致誤。元刊本與《宋本》字形相符，同為"轈"。《玉篇校釋》："重文'轈'蓋出《字書》。從杲。日部，杲，高也。"可知至晚在隋唐時即有"轈"字。《中華字海》："轈，同'轈'。見《直音篇》。"而《漢語大字典》、方正超大字符集未見收入。

（11）泲

宋本《玉篇·水部》："泲，子禮切。水名。今作濟。"

按：《說文》："泲，沇也。東入於海。從水𠂔聲。子禮切。"《名義》："泲，子禮反。濟字。""泲"與"泲"同指濟水，一字異形。《中華字海》"泲，同'泲'。字見《集韻》。"《漢語大字典》有"泲"無"泲"字，方正超大字符集未見收入。

（12）瀵

宋本《玉篇·水部》："瀵，甫問切。汾陰有水，口如車輪，濆沸湧出，其深無限，名瀵。瀵，《說文》瀵。"

按：原本《玉篇》："瀵，甫問反。《爾雅》：瀵大出尾下。……許叔重曰：瀵，湊漏之源也。《說文》水浸也。"《名義》："瀵，甫問反。源潛相通。"元刊本與《宋本》字形皆作"瀵"，為《說文》"瀵"之小篆"瀵"隸定楷化字。《集韻·問韻》："瀵，《說文》水浸也。"可知"瀵"與"瀵""瀵"應是一字，由於對小篆形體不同隸定或諸多字書轉抄時形體發生訛變。《漢語大字典》："'瀵'同

‘瀵’……《悒韻》‘瀵，水名。在汾陰。隸從糞。’”。《漢語大字典》、《中華字海》、方正超大字符集皆未收“瀵”字。

（13）𡷈

宋本《玉篇·屾部》：“𡷈，古文疑字。”

按：原本《玉篇》《名義》未收此形。元刊本與《宋本》字形同作“𡷈”。《汗簡》引王庶子碑“疑”字作“𡷈”，“𡷈”所從屾、犬，似此之俗變。《玉篇校釋》認為“𡷈”應刪，或認為不應出自《玉篇》，應為唐宋新增字而非原本六朝之字。臧克和師指出：“該字諸本未見貯存，為六朝以降所增字。”①《漢語大字典》、《中華字海》、方正超大字符集皆未收“𡷈”字。

（14） 䖒

宋本《玉篇·蟲部》：“䖒，大西切。蟲名。”

按：元刊本與《宋本》字形同作“䖒”。《玉篇·蟲部》：“蛥，大西切。蟲名。”《龍龕》：“蛥，音啼，螗蛥，小蟬也。”《玉篇校釋》：“‘䖒’與前‘蛥’字同。增此當列蛥下為重文。”漢字楷化初期構件置向並不固定，“䖒”、“蛥”為異體。《中華字海》：“䖒，同‘蛥’。見《直音篇》。”出處見晚。《漢語大字典》、方正超大字符集未見收入。

（15）[illegible]

宋本《玉篇·巾部》：“𢅏，虞樹切。”

按：元刊本與《宋本》同作“𢅏”。《中華字海》：“‘愚’的訛字。字見朝鮮本《龍龕》。”《五音集韻·遇韻》：“㥥，牛具切。意也。”俗寫中偏旁“巾、忄”混同。《漢語大字典》、方正超大字符集未見收入。

（16）幷

宋本《玉篇·從部》：“幷，俾盈切。併也，雜也，兼也，合也，相從也，同也，專也。”

按：《說文》“幷”之小篆為“𠦄”，《玉篇》隸定為“幷”。元刊本與《宋本》同作“幷”。《中華字海》：“幷，同‘並’。見《篇海》。”出處見晚。《漢語大字典》、方正超大字符集未見收入。

① “《说文解字》、《原本玉篇》和《篆隶万象名义》比较研究”课题研究成果之一。

（17）䋄

宋本《玉篇·曲部》："罟，故戸切。魚罔也。或爲䋄。"

按：元刊本與《宋本》字形同作"䋄"。不見於原本《玉篇·糸部》[①]，亦不見於《名義》。應是唐宋時期新增字，"罟"複增義符"糸"表示魚網材質。《中華字海》："同'網'，見直音篇。"《漢語大字典》、方正超大字符集未見收入。

（18）𥖮

宋本《玉篇·石部》："碎，先潰切。散也，破也。亦𥖮字。"

按：原本《玉篇》："碎，蘓續反。《淮南》事碎難治法難行。《說文》：碎，䃺也。《廣雅》：碎，壞也。碎，散也。或為 瓵（𥖮）字，在凡（瓦）[部]。"俗寫中"兀"、"凡"、"瓦"常相混。《玉篇校釋》認為即瓦部"𥖮"字。《玉篇·瓦部》："瓶，桑對切。《說文》云：破也。亦作碎。"未見"𥖮"。"瓶""𥖮"應為同一字，應是後世文獻傳寫中構件方位發生置換。《漢語大字典》："瓶，破碎。後作'碎'。"《中華字海》"瓶，同'碎'。見《玉篇》。"《漢語大字典》、《中華字海》、方正超大字符集皆未收"𥖮"字。

（19）㮧

宋本《玉篇·桀部》："桀，奇列切。磔也。或作㮧。賊民多累曰桀。"

按：元刊本與《宋本》字形同作"㮧"。《玉篇·木部》正字字頭未見收錄。《玉篇校釋·桀部》："或作㮧，本書無㮧字，今補木部末。慧琳《一切經音義》：'《字林》：桀或作㮧，強暴也。'字變為形聲，㮧之言裂也。"。《廣碑別字》"㮧"為"桀"下別字，見唐宣節尉張萬善墓誌。《龍龕》"㮧"為 "桀"字之俗字。《中華字海》："㮧，同'傑'。字見魏《杜文雅造像》；同'桀'。" 《漢語大字典》、方正超大字符集未見收入。

（20）𧌒

宋本《玉篇·䖵部》："蠢，尺尹切。動也，作也。或作 𧌒、偆。"

---

① 中華書局1985年版《原本玉篇殘卷》"糸部"收三百九十二字，無一字缺損，為殘卷中字數最多且最完整一部。

按：元刊本與《宋本》字形同作“䖝”。未見於《玉篇》正字字頭。《說文》重文載“蠢”古文形體“𢧢”，隸定為“截”。《龍龕》“截，尺尹反。截出也。”《玉篇校釋·戈部》“𢧢，《說文》蠢，蟲也。古文從𢦏作截，隸省作𢧢。蚰部蠢，動也，作也。或作偆、䖝。截從𢦏，取始義。詳蚰部。”《玉篇·戈部》：“𢧢，充允切。亦蠢字。”《玉篇校釋》“蠢”下亦收“䖝，亦蠢字。”認為“蠢、䖝、偆、敼、惷、萶、踳、春”皆有萬物逢春萌動義。可知 “截、𢧢、䖝”應是 “蠢”的異體字。《漢語大字典》：“𢧢，同‘蠢’，《玉篇·戈部》。”而諸書未收“䖝”字。且《中華字海》：“𢧢，同‘蠢’。見《字彙》。”出處見晚。《漢語大字典》、《中華字海》、方正超大字符集皆未收“䖝”字，應補之。

（21）　䖴

宋本《玉篇·黽部》：“鼄，音株。或作䖴。”

按：元刊本與《宋本》字形同作“䖴”。《玉篇校釋》認為是鼄之古文，象形。《說文》“鼄”重文“𧓍，鼄或從蟲。”《玉篇》文中四處使用“䵿䖴”，三次使用“蜘蛛”，“鼅鼄”使用一次，應是“蛛”之不同方位異體。《中華字海》：“䖴，同‘蛛’。字見《龍龕》。”《漢語大字典》、方正超大字符集未見收入。

三、方正字符集訛誤及失收字①

在進入中文信息處理時代之前，關於漢字字形的規范問題限於漢字研究、漢字教學、辭書編纂以及出版印刷等領域。隨著計算機在文字信息處理及貯存方面的不斷發展，各種漢字字符集也在不斷擴充，建設規模越來越大，现有的大型字符集，如已经成為国际中文编码ＩＳＯ之一的ＣＪＫ②字集为例，编码的汉字有七万多，包括ＣＪＫ、ＣＪＫ扩充Ａ、ＣＪＫ扩充Ｂ。多位學者指出因時間或溝通原因其中大多字形沒

① 此處討論僅限於方正字符集所收字形，如unifont4.0支持下的一些字形已有補充，如“虜”在batang字符集中已存，“霮”在Sun-ExtB擴充集中已收有……我們主要針對在現行中文簡體版Office XP支持下的方正字符集字形問題進行討論。

② 2000年8月22日，國際標準化（ISO）組織對漢字EXT B做了擴充，公佈的SuperCJK(Chinese, Japan , Korean) V10.2共包含70 205字，也是最新的方正超大字符集的全部內容，方正超大字符集基本包含了中、日、韓、越的主要漢字。CJK字符集除平假名、片假名及韩文字外，占最多字体空間碼位的还是汉字字符。

有經過語言文字學家整理，選用字形沒有嚴格的標準，如包含了不少錯字訛字以及不規範的類推簡化字及新舊字形標準不統一。而且現行各個漢字字符集處於各自為營的狀態，多數大字符集之間並不能相互支持包容，造成了不少資源的浪費與適用性差及混用現象。

隨著計算機用字在社會生活中的廣泛應用，對漢字字符集所收字形進行規范整理也成為不可回避的歷史漢字整理調查任務之一。

我們通常使用的漢字大字符集為中文簡體Office XP語言包支持下的方正字符集，2000年國際標準化（ISO）發布的方正字符集(SuperCJK V10.2)已包含70 205字，作為國際通用標準和廣泛使用的漢字字庫，我們希望其字形是真實可靠的，在形體上與來源上盡可能的溯源保真，而不是以一些非實踐性的認同標準去改造原本形態各異的漢字，使該收的字形漏收，原來歷史漢字中所無字又異形紛呈。如果此類字未加以規范，會在更大范圍内以訛傳訛，繼而成為各種大型工具書編纂中與漢字大字符集建設中的一大遺憾。

“大型計算機字形庫的建設離不開大型字書，但也要有所甄別，要盡可能的以那些收字字形準確、有根據、有出處、符合國家語言文字政策的字書為依據。”①我們以宋本《玉篇》與前三部大型字典共同貯存的規范字形而方正字符集獨存的錯訛缺漏字形進行整理，主要情況有訛形、漏收、新舊字形不統一，及不同字符集之間同一碼位的字形不統一等問題。

1.基礎構件

在方正字符集的字形整理中發現不能盡同或對應字形主要仍是與宋本《玉篇》貯存的歷史漢字基本構件偏旁的差別，表現在方正字符集的字形與宋本《玉篇》、《康熙字典》、《漢語大字典》等字形不能完全一致對應。根據整理情況我們認為應對漢字基本構件偏旁進行補充，對構件選用不合理或訛誤之處進行訂正補充。

（1）方正大字符集中所無的漢字基礎構件。

由於字符集歷來缺少漢字基礎結構，因此對漢字結構無法進行全面分析與統計支持，在研究討論及行文過程中甚為不便。如“[illegible]殆貀、匋制叡、娘駹、瓾郒、吡夗、擨澈”等，盡管此類漢字構件如“巛、

① 楊寶忠：《大型字書“死字”的來源》，《語言文字應用》2004年第4期，第32頁。

鬲、艮、㐫、止、敢”等歷代字書未見收載，但我們認為具有相對穩定的表音或表義功能的漢字偏旁或構件應作為基礎構件在字符集中有所體現，才能對漢字基本結構分析及規范漢字的研究進行支持。如在討論“悬”字應據宋本增補時，可以將其基礎構件“𠃊”與構件成字單位“篙、夏、滬”等字形進行一起對照，以方便文字研究及字形訂補工作。

（2）“凡、卂”相混

如“艓”字，方正字符集為“艓”，有誤。“艓”字構件為“枽”而非“枽”，《玉篇》宋本與元刊本皆為“艓”，《玉篇校釋》：“艓、楪、偞，皆小也。”《康熙字典》引自《玉篇》。《漢語大字典》：“艓，同楪。”可見此形為方正字符集未分清基礎構件“凡”“卂”，因而有错，當改之。

（3）“毌、田”及“母、毋”相混

如“虜”字，方正字符集只存“虜”無“虜”字，不妥。“虜”字構件為“毌”非“田”，宋本《玉篇》與元刊本同為“虜”。《九經字樣・　部》：“虜，‘虜’字隸省。”清顧藹吉《隸辨・姥韻》：“虜，《說文》‘虜’，从毌從力。隸變相承為男女字。”《漢語大字典》：“虜，同虜”，以“虜”為正字。“从虍，仍写作“虜”，可知“虜”“虜”有古今字隸變不同形之别。方正字符集中无此“虜”字，應補之。

又如“𡷈”字，宋本《玉篇》：“𡷈，徒沃切。不止皃。”從音義上判斷構件當為“毒”，元刊本與宋本同為“𡷈”，而《康熙字典》：“𡷈，《玉篇》《集韻》並同躊。”“𡷈”字下部構件已近似“毌”，故《漢語大字典》照收《康熙字典》此形，而方正字符集又直接認定為“毋”，可謂不察也，當改之。

（4）“兀、元”相混

方正字符集為“�”，有誤。 此形構件為“兀”，宋本《玉篇》與元刊本同為“䨢”，《玉篇校釋》認為義當從“虺”。《漢語大字典》：“䨢，震雷，雷聲。《玉篇》：‘䨢，雷震。’”，而方正字符集為“霳”，疑為僅從《康熙字典》“霳”引自《集韻》之訛誤字形，而未審《漢語大字典》引自《玉篇》之形，故而有誤，當改之。

（5）“束、朿”相混

方正字符集為“㔭”，有誤。此形構件當為“朿”非“束”，宋本《玉篇》與元刊本同為“㔭”。《漢語大字典》：“㔭，弱貌。”引自《玉篇》。字形無誤。《康熙字典》：“㔭，《五音集韻》音得。弱貌。”此形已輾轉引之而形訛為“㔭”。方正字符集未加詳審，所從《康熙字典》訛形而誤為“㔭”，應據宋本《玉篇》《漢語大字典》改正。

2. 字形錯訛

方正字符集收形失照字，包括筆勢與筆畫上的問題，我們單獨列出此類是因未找到与汉大对应字形，所以認為是方正字符集之審形有誤字。

1. 襀

宋本《玉篇·鹿部》：“襀，音横。襀褡，小被。”

按：在方正字符集中此形為“襀”，構件“黄”為不成字構件，形當有誤。《康熙字典》字形為“襀”，《漢語大字典》此形為“襀”引自《玉篇》，形皆有少異。而方正字符集字形懸殊最大，乃至於成為“襀”之訛形字，當據宋本《玉篇》改之。

2. 丽

宋本《玉篇·鹿部》：“麗，偶也，施也，華綺也，好也，數也。丽，篆文。”

按：“丽”未見於方正字符集中。《玉篇校释》案“丽為兩鹿皮之象。丽，呂旅聲。遊獵時代以麗皮納聘，故取求偶意。一說取華美義。鹿皮貴質而白黑章。文采粲然。故字亦引申美好義焉。”《說文解字》：“𠘋，古文麗。”《康熙字典》：“丽，《說文》：古文麗字。”當從元刊本之古文楷定“丽”字，與《說文》相合。《漢語大字典》收“丽”，來自《集韻》，與宋本《玉篇》相合，且《漢語大字典》異體字表亦收此形，可知於宋時仍存“丽”字形，而《康熙字典》未收，乃方正字符集未收，應補之。

3. 圂

宋本《玉篇·囗部》：“圂，旨兖切。囚刑固。”

按：方正字符集此字為“圂”有誤，宋本《玉篇》與元刊本同為“

圂”。《漢語大字典》：“圂，囚刑固出。”引自《玉篇》《廣韻》。而方正字符集內部构件“六”改為“大”，與原字音義相違，當改之。

4. 䰎

元刊本《玉篇·鬼部》：“䰎，於嫣切。神名。”

按：宋本《玉篇》與元刊本同為“䰎”。《康熙字典》《漢語大字典》亦皆為“䰎”，引自《玉篇》。方正字符集為“䰎”，此形有誤。當屬类推簡化问题。如“爲”“為”為舊時一正一俗兩種，故方正字形所從应分清。

5. 紁、芆

宋本《玉篇·糸部》：“紁，初訝切。”

元刊本《玉篇·艸部》：“芆，尺加切。草芽。”

按：方正字符集中分別定為“紁”、“芆”。宋本《玉篇》為紁、芆兩字，雖《玉篇》中一些未識字有音無義，但對於常見字義亦常省去釋義。《漢語大字典》：“紁，同衩。衣服兩旁所開的縫。”又“芆，草芽。”皆引《玉篇》音義。從音義判斷，方正字符集所收“紁”、“芆”當為經過後人糾誤的字形，但我們認為既然《玉篇》《漢語大字典》中皆收有此形並進行認同，亦當存此訛字異形。

6. 㪤

宋本《玉篇·句部》：“㪤，《說文》句。”

按：方正此字形為“㪤”与宋本《玉篇》、元刊本、《漢語大字典》的“㪤”筆畫有所不同。《說文解字》小篆字形為“㪤”，與宋本《玉篇》楷定字形相合。《康熙字典》：“㪤，《海篇》，音局。”已是輾轉引之，但仍為“㪤”形。方正字符集不察訛為“㪤”形，當據宋本《玉篇》改之。

7. 鴲

宋本《玉篇·鳥部》：“鴲，北及、北涉二切。鵖鴲，戴鵀，今呼戴勝。”

按：宋本《玉篇》為“鴲”，當從《說文》小篆字形“鴲”，《漢語大字典》亦從《說文》收“鴲”字。元刊本省為“鴲”，《康熙字典》依元刊本所收，故此形已有差誤。方正字符集僅據《康熙字典》收“鴲”而未據《說文》《玉篇》收“鴲”字，實應補之。

又如“禸”已改為新字形“禸”，而字符集中仍是新舊不分，既有如“㒿”字形，又有更多從“禸”字形，此類新舊字形問題造成方正字符集中只偏重新字形或是只據其中一種字典收字情況頗多。

對於只存在於古籍文獻范圍內使用的通用字之外的字形，我們認為在現代漢語通用字范圍外應收舊如舊，如果都以新字形加以歸並，則會出現很多無謂的占用碼位的無用字，“不但影响了字库的科学性，浪费了编码资源，也给使用带来某些不便”。[①]如“慨/慨”“閞/開”等字皆應補充舊字形“慨、閞”，又如“㶬/㶬”“㓞/㓞”在《玉篇》中即省為“㶬、㓞”構件為新字形，皆未見方正字符集中有存，而此類字形信息可知至少從唐宋時字形已趨省簡，以及在後世字書所貯存字形漸為趨簡的過程。故從原書保留以古貫今之字形，而非進行依僅從新舊字形進行統一歸並且不能對全部漢字字貫徹到底，顧此失彼而損失了字形上的固有信息和原本面貌。

第三節　宋本《玉篇》与近現代辭書編纂思考

“開展中古時期歷史漢字的定量調查研究，對於清理古文字到今文字階段的傳承演變類型和規律，建設符合中國文字發展實際的歷史漢字庫，都是不可或缺的重要環節……《玉篇》作為代表歷史漢字從古文字到今文字的第一部漢字總匯，成為研究中古歷史漢字的唯一坐標。”[②]

《玉篇》以楷書字體對由古文到今文階段的歷史漢字進行收集整理及規范定形，所作出的貢獻是無可替代的。因此一千多年來數經歷代傳抄及官修仍盛行不衰，並成為後世楷書字典編纂之范例。“魏晉南北朝的文字學主要表現在編纂字書上。一是多收羅古今異體，二是多列舉訓釋例證，原原本本，信而有徵。這兩方面對後世字書的編纂都有很大的影響。如宋代的《類篇》，明代的《字匯》《正字通》，下至清代的《康熙字典》，都合於《玉篇》的格局，廣采眾書編纂而成。”[③]周祖謨先生認為《玉篇》對後世字書的影響有高度評價，又有諸多學者認為

① 楊寶忠：《大型字書“死字”的來源》，《語言文字應用》2004年第4期，第32頁。
② 臧克和：《原本玉篇文字研究序》，齐鲁书社2004年版，第1頁。
③ 周祖謨：《文字音韻訓詁論集》，北京大學出版社2000年版，第289頁。

《玉篇》已可稱得上或初具現代字典形式。①無論是從體例編排還是部首改革，其廣征博引古籍群書的引證，還是獨具特色的“野王案”、“異部互見”等體例，其諸多特色在《康熙字典》等大型字書的編纂中仍可見其發端影響。

《玉篇》對於後世字書的規范作用及影響是深遠的。在此我們主要對字形問題探討，究竟宋本《玉篇》貯存的歷史漢字是不是應該被全部收入後代字書呢？

趙振鐸先生認為：“大型字典收字多，但也不是逢字就收。哪些字該收，哪些字不該收，取決於該字典的編纂體例所規定的收字原則。一般地說，見於古代典籍的，包括各種寫本、坊間刻本，收字不妨寬一些，近現代出現的字收錄不妨嚴一些。”②

宋本《玉篇》未被後世大型字典收錄的字主要有未收應補字、書證晚出且形體有別字，如“[illegible]、[illegible]、[illegible]”，以及一些錯訛異寫字，如“[illegible]、[illegible]”。

由於《玉篇》版本系統复杂，在長期流传輾轉抄錄中難免訛誤，不進行版本間的詳細考察實難窺其原本面貌，故存在“訛字”是客觀條件決定的。“字典編纂對於訛字應當引起注意，弄清它們的來龍去脈，給它們以應有的地位。”③從收字本實的觀點出發，對於因時代原因或不同版本間產生的明顯訛誤字應加以甄別排除，不能把它們作為異體字收入字典。

當然也有一些前代的“訛字”已積非成是，約定俗成或長期存留下來，我們仍可作為異體字加以保留。“當它們為大家所普遍接受或為字書所收錄、貯存後，也就理所當然地成為了相應正字的異體字。”④

適當保存補充一部分訛字或未識死字，對於整個漢字史的發展演變研究來說，未嘗不可提供一些有價值的線索。“我國古籍浩如煙海，其中大部分急待整理。而考古發掘還會出現新的材料。整理研究它們會發現有些字恰是前代辭書里面的‘死字’。在互相參證的時候，這些‘死

① “《玉篇》釋字，先反切注音，然後釋義，引證之外，有時加按語說明，異體字附後，注明另見。和《說文》相比，《玉篇》更近於現代字典的形式。”參見濮之珍《中國語言學史》，上海古籍出版社2002年版，第181頁。

② 趙振鐸：《字典論》，上海辭書出版社2001年版，第28頁。

③ 同上书，第179頁。

④ 章瓊：《現代漢語通用字對應異體字整理》，巴蜀出版社2004年版，第108頁。

字’有的時候會起到某種意想不到的啟示作用，這可以説是‘起死回生’。”[①]

又如宋本《玉篇》經過宋代雕版印刷的字形整理，其中存在不少字形問題，如新舊字形常有所混誤，“內/内、黒/黑、晋/晉/晋、遙/遥”等，全書並未統一。李青梅先生據《玉篇》等6種古代字書調查，認為可以將在較有代表性的新舊字形109組[②]作出調整，其中91組仍處理為新舊字形，另有差別較大的字形可分別處理為簡繁關係，如“晋/晉、既/旣、真/眞”等；處理為正異關係的，如將“幵/开”等。對此類字形的收集整理及認同處理應引起更多的重視。

宋本《玉篇》作為一部重要古代字書，以其歷史漢字來補充歷史漢字庫是不可或缺的。

徐時儀先生認為：“理想的體現漢語史性質的語言工具書的編纂應當在專書詞彙研究和斷代詞彙研究的基礎上進行。”[③]而且“大型字典在編纂完成以後都應該考慮它的修訂工作。修訂工作可使字典能夠在使用過程中不斷發現不足，不斷改進內容，以更臻完善。這也就是有些字典有生命力的原因。”[④]我們希望通過宋本《玉篇》歷史漢字的比較研究，有助於未來大型語言工具書的編纂和現有大型語言工具書的進一步修訂和完善。

---

① 趙振鐸：《字典論》，上海辭書出版社2001年版，第28頁。

② 李青梅：《幾種重要字書中新舊字形的使用情況》，載《漢字字形研究》，商務印書館2004年版，第190頁。

③ 徐時儀：《玄應眾經音義研究》，中華書局2005年版，第732頁。

④ 趙振鐸：《字典論》，上海辭書出版社2001年版，第213頁。

附表1.1

《玉篇》見存版本目錄

序	書名	編修者	版本描述	叢書名稱	現藏	出版處	出版時間	備注
1	原本《玉篇》殘卷①	(梁)顧野王撰（下同略）(清)黎庶昌輯	影舊抄卷子原本玉篇零卷，刻本殘四卷又二卷(存卷9、卷18至19、卷27、卷9、卷22)。	古逸叢書	上海圖書館	遵義黎氏日本東京使署	清光緒	見注②
2	原本《玉篇》殘卷	(清)黎庶昌、羅振玉輯	匯集黎、羅二本，又附卷八殘存之字影印。	中華書局			1985年	見注③

① “存卷八（殘存六字）、九、十八、十九、二十二、二十四、二十七，共二千零二字，內不清或半文者四字。非一人一時所寫，卷二十二後署有延喜四年某某書，日本公元901年改元延喜，則為公元904年，相當于唐祐元年。卷九背書佛經，署治安元年（1021）八月二十六日以石泉御本寫之畢，則為北宋初。這些寫本分別藏于日本早稻田大學、京都大福光寺、神宮文庫等處。昭和十年（1935）日本東方文化學院影印仿原物精裝卷子本。”見劉志成《中國文字學書目考錄》“唐宋間寫本玉篇殘卷”條，巴蜀書社，1997年，第41頁。

② “光緒八年遵義黎庶昌據日本寫本影刊古逸叢書，收卷九、十八、十九、二十二、二十四、二十七。叢書集成補編影古逸叢書本。”見劉志成《中國文字學書目考錄》“《玉篇》殘四卷又二卷 ”條，巴蜀書社，1997年，第41頁。又據日本舊鈔卷子本影刻本，叢書子目見《中國叢書綜錄》第214頁。

③ “民國五年羅振玉影印，收卷九、二十四、二十七後半。1985年中華書局匯集黎、羅二本，又附卷八殘存之字影印。”見劉志成《中國文字學書目考錄》“原本《玉篇》殘卷”條，巴蜀書社，1997年，第41頁。又據日本舊鈔卷子本影刻本，叢書子目見《中國叢書綜錄》第214頁。

序	書名	編修者	版本描述	叢書名稱	現藏	出版處	出版時間	備注
3	原本《玉篇》殘卷	(清)黎庶昌、羅振玉輯	據日本東方文化叢本影印。	續修四庫全書	上海圖書館	上海古籍出版社	1995年	見注①
4	敦煌《玉篇》殘卷		原本《玉篇》手抄節本，斷為兩殘葉，編號д x1516。	俄罗斯科学院东方研究所圣彼德堡分所藏敦煌文献	俄罗斯科学院东方研究所圣彼得堡分所	上海古籍出版社：俄罗斯科学出版社东方文学部	1998年	注②
5	敦煌《玉篇》殘卷		原本《玉篇》手抄節本，《玉篇》髟部殘卷，雙行小字共四行，紙本高27厘米。		英國倫敦大英博物館			注③
6	吐魯番刻本《玉篇》殘卷		原本《玉篇》手抄本，編號TID1013，雙行小字，所見文章④稱共有十一行。較《名義》有增字"鞑、鞨"。		德國東柏林			

① 據中國科學院圖書館藏日本昭和八年京都東方文化學院編東方文化叢本影印，與中華書局本有所不同。

② 詳見李偉國1993，第188頁，認為是唐時《玉篇鈔》一種。

③ "高田1987（年文章）的分析結果，認定上述兩個殘卷實屬同一寫本的前後兩段。"參見丁鋒《〈大廣益會玉篇〉刪改〈玉篇〉增補內容考》（日）《調查研究》2005年，第73頁。

④ "據岡井1937和高田1989，德國的東柏林藏有編號TID1013的吐魯番刻本《玉篇》殘卷。"參見丁鋒《〈大廣益會玉篇〉刪改〈玉篇〉增補內容考》，（日）《調查研究》2005年，第73頁。

序	書名	編修者	版本描述	叢書名稱	現藏	出版處	出版時間	備注
7	大廣益會玉篇		宋刻本殘卷，存二卷（卷一及總目），有高均儒、趙之謙、曹籀、陸心源跋。		北京圖書館。		宋	注①
8	大廣益會玉篇	(唐)孫强增字(宋)陳彭年重修	三十卷，線裝善本，一部六冊，半頁十二行，行大字二十一。		北京圖書館	圓沙書院	元延祐2年(1315)	注②，附玉篇廣韻指南一卷。
9	大廣益會玉篇	（同上，略）	三十卷，線裝善本，存16卷：14-29(首尾有缺頁)。		上海圖書館	圓沙書院	元延祐2年(1315)	注③
10	大廣益會玉篇	（同上，略）	三十卷。		上海圖書館		元(1206-1368)	未詳

① “宋刻本殘卷，存二卷（卷一及總目），有高均儒、趙之謙、曹籀、陸心源跋，藏北京圖書館。與澤存堂本相較，互有出入。又汪士釗曾藏北宋本，今不詳存處。”參見劉志成《中國文字學書目考錄》“大廣益會玉篇三十卷”條，巴蜀書社，1997年，第41頁。《中國善本書目・經部・小學類》書錄同此。

② 元延祐二年圓沙書院刻本一部六冊，半頁十二行，行大字二十一，由匡貞二字尚避宋諱，是為覆宋本，原為涵芬樓之物，今藏北京圖書館。”參見劉志成《中國文字學書目考錄》“大廣益會玉篇三十卷附玉篇廣韻指南一卷”條，巴蜀書社，1997年，第41頁。《中國善本書目・經部・小學類》書錄同此。

③ “上海圖書館亦藏圓沙本殘十六卷（十四至二十九），無玉篇廣韻指南。”參見劉志成《中國文字學書目考錄》“大廣益會玉篇三十卷”條，巴蜀書社，1997年，第41頁。《中國善本書目・經部・小學類》書錄同此。

序	書名	編修者	版本描述	叢書名稱	現藏	出版處	出版時間	備注
11	大廣益會玉篇附有玉篇廣韻指南	（同上，略）	刻本一部四冊，有清袁芳瑛跋、董文煥、于騰題款，藏。		北京圖書館	詹氏進德書堂	元	注①
12	大廣益會玉篇三十卷	（同上，略）	鼎刻本，一部五冊。		藏北京圖書館。	建安蔡氏	元	注②，附新編正誤足注玉篇廣韻指南一卷
13	大廣益會玉篇	（同上，略）	刻本一部三冊，（其卷11至23配明初刻本），葉昌熾、勞健題款，三十卷附新編正誤足注玉篇廣韻指南一卷。		亦藏北京圖書館。	建安鄭氏	元	注③

① “元詹氏進德書堂刻本一部四冊，附有玉篇廣韻指南，有清袁芳瑛跋、董文煥、於騰題款，藏北京圖書館。”參見劉志成《中國文字學書目考錄》“大廣益會玉篇三十卷”條，巴蜀書社1997年版，第41頁。《中國善本書目·經部·小學類》書錄同此。

② “建安蔡氏，無年號刻《玉篇》三十卷，見《森志》、《楊譜》。（云總目末有‘梅坡’鼎式印，‘建安蔡氏鼎新繡梓’木記。）”見葉德輝《書林清話》卷四“元私宅家塾刻書”，遼寧教育出版社1998年版，第85頁。

③ “《楊志》、《楊譜》元刊本《大廣益會玉篇》三十卷，目錄後方木記云‘建安鄭氏鼎新繡梓’。”又“建安鄭天澤宗文書堂。無年號刻《大廣益會玉篇》三十卷，見《楊志》、《楊譜》。（云目錄後有鼎形木記篆書“宗文”二字，下有“建安鄭氏鼎新繡梓”方木記。）”見葉德輝《書林清話》卷四“元時書坊刻書之盛”，遼寧教育出版社1998年版，第92頁。

序	書名	編修者	版本描述	叢書名稱	現藏	出版處	出版時間	備注
14	大廣益會玉篇	（同上，略）	學刊本、院刊本，存八卷（9—16卷）。			集慶路儒學、南山書院	元大德、元至正十六年（1356）	見注①
15	大廣益會玉篇	（同上，略）	覆刻元至正南山書院本兩部，每部五冊。		北京圖書館		日本慶長九年	
16	大廣益會玉篇	（同上，略）	三十卷刻本。		暨南大學圖書館、蕭山縣圖書館各藏一部。	劉氏明德書堂	明	見注②
17	大廣益會玉篇	（同上，略）	三十卷刻本，清丁丙跋。		南京圖書館藏兩部		明萬歷以後	
18	大廣益會玉篇	（同上，略）	三十卷刻本，線裝善本2冊。		上海圖書館			注③，附：玉篇廣韻指南一卷

① “劉君佐翠巖精舍。至正丙申（十六年。）刻《大廣益會玉篇》三十卷，見《森志》。”見葉德輝《書林清話》卷四“元私宅家塾刻書”，遼寧教育出版社1998年版，第86頁。又劉志成《中國文字學書目考錄》注：“均不知所藏。”

② 劉志成《中國文字學書目考錄》注：“明萬歷以後刻本，各大圖書館多有所藏，清丁丙跋萬歷本，南京圖書館藏兩部。”此處明以後版本多有從略。

③ “建安朱氏與耕堂，無年號刻《大廣益會玉篇》三十卷，見《吳記》、《陸志》。（云永樂初刻本，相傳以為元刊者誤。德輝按：此實際引敷末刻本，非明永樂刻也。）”見葉德輝《書林清話》卷四“元時書坊刻書之盛”，遼寧教育出版社1998年版，第88頁。

序	書名	編修者	版本描述	叢書名稱	現藏	出版處	出版時間	備注
19	新刊大廣益會玉篇	（同上，略）	三十卷刻本，線普5冊。		上海圖書館	益藩	明萬曆元年(1573)	注①
20	大廣益會玉篇	（同上，略）	三十卷刻本，線普7冊。		上海圖書館	日本	寬永21年(1644)	附玉篇廣指南一卷佚名撰
21	大廣益會玉篇	（同上，略）	三十卷，首一卷，線普10冊。		上海圖書館	書林余氏	日本慶安2年(1649)	詳見注②
22	大廣益會玉篇	（同上，略）	三十卷，影印本5冊，據日本慶長年間③復元刻本影印。		上海圖書館		日本慶長年間	
23	大廣益會玉篇	（同上，略）	三十卷刻本，共8冊。		上海圖書館		日本天保2年(1831)	大宋重修文五卷

① “益府，嘉靖壬寅（二十一年）刻張九韶《理學類編》八卷。萬曆初元刻《大廣益會玉篇》三十卷，見《丁志》。” 見葉德輝《書林清話》卷五“明時諸藩府刻書之盛”，遼寧教育出版社1998年版，第88頁。亦見施廷鏞《古籍珍稀版本知見錄》，北京圖書館出版社2005年版，第168頁。

② 《玉篇》三十卷，元刊本，半葉十二行，行二十一字，前有朱印“獨山莫氏銅井文所藏書印”，書中有牒文。封面題記：“《玉篇》三十卷，此與張曹兩本同為重修本，而每部之中字之次序不同，注文亦稍略，蓋從明內府出者。可與張曹本參觀。丁酉十月吳市所收，慶安為日本後光明天王紀元，其二厤當順治六年，亦可謂海外舊刊矣。（朱批：須見元刊本亦同此，蓋從元出。）首列之篇韻指南近人收，元本有之，蓋兩書合刊，故以系篇之首，張曹本篇韻皆據宋單行本，故分載卷末，唯奇字指迷以下至入聲證疑者諸條為張曹本所無，殆元刊所增也。日本人當亦併廣韻刻之，惜未見。”

③ 日本庆长年间當在公元1596年至公元1614年間。

序	書名	編修者	版本描述	叢書名稱	現藏	出版處	出版時間	備注
24	大廣益會玉篇	（同上，略）	三十卷刻本，張士俊澤存堂覆刻，清陳鱣校，線裝2冊。	澤存堂五種本	上海圖書館		清康熙43年(1704)	見注①
25	大廣益會玉篇	（同上，略）	據澤存堂本刊刻，書末增番禺陳璞補校記。	小學匯函			清康熙43年(1704)	
26	大廣益會玉篇	（同上，略）	揚州使院刊《曹楝亭五種》本。			揚州使院曹寅	康熙四十五年	
27	大廣益會玉篇	(梁)顧野王撰鄧顯鶴校定	三十卷刻本，線裝3冊覆澤存堂本。			新化鄧氏東山精舍	清咸豐元年(1851)	見注②
28	大廣益會玉篇	(宋)陳彭年重修	三十卷，影小學匯函本。	叢書集成初編		上海商务印书馆	民國二十六年（1937）	
29	大廣益會玉篇	(宋)陳彭年重修	三十卷，據小學匯函校刻，刪陳璞校記。	四部備要		上海中華書局排印	民國二十五年	
30	重修玉篇	(宋)陳彭年重修	三十卷，當據澤存堂本刻。	景印文淵閣四庫全書	上海圖書館	臺北：臺灣商務印書館	中華民國75年(1986)	

主要參考來源：

1. 楊守敬《日本訪書志》，《楊守敬集》，湖北，湖北人民出版社，1988年。

2. 葉德輝《書林清話》，遼寧教育出版社，1998年3月。

3. 劉志成《中國文字學書目考錄》“玉篇三十一卷”條，巴蜀書社，1997年8月

① “清康熙四十三年吳郡張氏澤存堂五種本，朱彝尊序稱據宋刊上元本，實乃宋重修本。澤存堂五種本，清陳鱣校本藏上海圖書館；清潘錫爵錄清段玉裁校跋本，藏湖北省圖書館；楊紹廉批校本藏溫州市圖書館。” 劉志成《中國文字學書目考錄》“大廣益會玉篇三十卷”條，巴蜀書社1997年版，第41頁。

② “道光末新化鄧氏覆澤存堂本，訛誤較多，附鄧顯鶴札記。” 參見劉志成《中國文字學書目考錄》“大廣益會玉篇三十卷”條，巴蜀書社1997年版，第41頁。

4. 中國古籍善本書目編輯委員會編《中國古籍善本書目》，上海，上海古籍出版社，1989年10月。

5. 北京圖書館藏、上海圖書館藏等館藏及目錄。

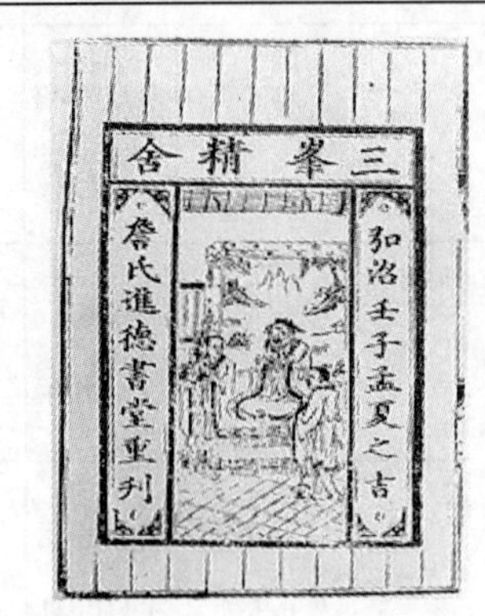 	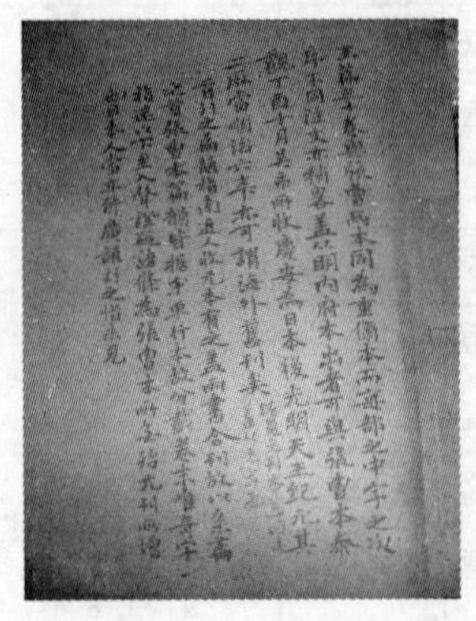
圖一：明弘治五年(1492年)建陽詹氏進德堂刻印《玉篇》	圖二：日本慶安2年(1649)書林余氏刻《玉篇》
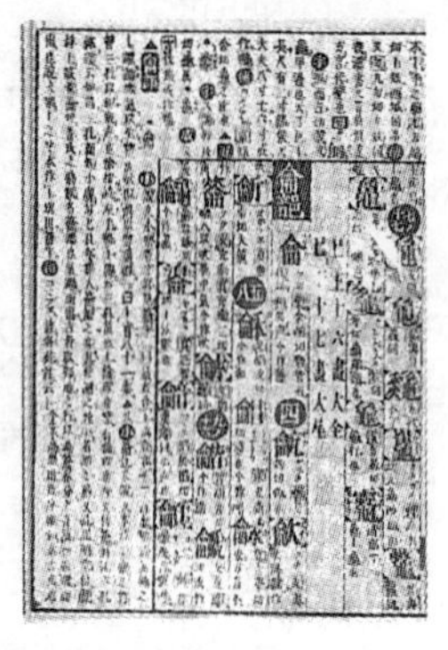	
圖三：元禄四年（1691）版，天保五年（1834）再刻毛利貞齋訓点《增続大広益会玉篇大全》	圖四：1986年臺灣商務印書館景印文淵閣四庫全書

附表1.2

宋本《玉篇》刻工名表

序號	姓名	內容	宋本《玉篇》刊刻起止頁	總版面數
1	何昇	序、正文	（1-2）（43-44）（91-92）（249-250）（337-338）	5
2	金滋	序、正文	（3-4）（57-58）（63-64）（151-152）（155-158）（287-288）(479-480)(487-488)(523-524)	10
3	沈思忠	序、正文	（5-8）（135-138）（163-166）（243-246）（315-318）(383-390)(435-438)(475-478)(511-514)	20
4	曹榮	正文	（9-10）(67-68)（87-88）（173-174）（231-232）（237-238）（273-274）（293-294）(483-484)	9
5	李倍	正文	（11-12）（95-96）（119-122）(361-366)(527-530)	9
6	宋琚	正文	（13-16）（41-42）（81-82）（215-216）（219-220）（239-240）（335-336）(403-404)(425-426)(445-446)(535-536)	12
7	方堅	正文	（17-24）（73-76）（193-194）（197-202）（235-236）（263-264）（307-308）（323-324）（341-342）(371-372)(455-458)(463-464)(469-470)	20
8	吳志	正文	(27-30)（129-130）（159-162）（205-206）（225-226）（229-230）（313-314）（357-358）(393-394)(451-452)(497-500)	14

序號	姓名	內容	宋本《玉篇》刊刻起止頁	總版面數
9	劉(刘)昭	正文	（31-34）（147-150）（343-346）(413-414) (491-492)	8
10	吳益	正文	(35-38)（115-118）（187-190）（283-286）（297-298）(377-378) (399-402) (439-442) (537-538) (541-542)	18
11	秦暉	正文	（39-40）（251-254）（269-270）（275-276）（279-280）(381-382) (531-532)	8
12	秦顯	正文	（45-48）（255-256）	3
13	李倚	正文	(49-52)（93-94）（123-126）（207-214）（355-356）(407-412) (481-482) (493-494) (525-526)	16
14	張榮	正文	（53-54）（111-112）(415-416) (521-522)	4
15	王玩	正文	(55-56)（113-114）（183-186）(417-418) (507-510) (519-520)	8
16	王宝	正文	（59-60）（179-180）	2
17	朱玩	正文	(61-62)（169-170）（247-248）（281-282）（289-290）（353-354）(395-398) (489-490) (503-504)	10
18	方至	正文	(65-66)（131-134）（171-172）（271-272）（291-292）（319-320）(367-368) (431-432) (467-468) (485-486)	11
19	魏奇	正文	（69-72）（195-196）（265-266）（309-310）（321-322）（339-340）(373-376) (465-466)	10
20	吳椿	正文	（25-26）（77-80）（127-128）（203-204）（223-224）（227-228）（295-296）（311-312）(359-360) (391-392) (453-454) (471-474) (495-496) (501-502)	16

序號	姓名	內容	宋本《玉篇》刊刻起止頁	總版面數
21	趙中	正文	(83-84)（181-182）（217-218）（221-222）（241-242）(405-406)(423-424)(443-444)(539-540)	9
22	陳晃	正文	（85-86）（175-178）（233-234）	4
23	何澄	正文	（89-90）（145-146）(505-506)	3
24	陸選	正文	(97-100)（105-106）（139-140）（299-302）(515-518)	8
25	余敏	正文	（101-102）(447-450)	3
26	王恭	正文	（103-104）（259-262）	3
27	陳壽	正文	（107-110）（191-192）	3
28	高異	正文	（141-144）（267-268）（277-278）(379-380)(429-430)	6
29	何滋	正文	（153-154）（167-168）	2
30	徐佐	正文	（305-306）(421-422)(427-428)(533-534)	4
31	張謙	正文	(369-370)(433-434)	2
32	翁	正文	(303-304)（331-334）（347-348）	4
33	勝之	正文	（349-350）	1
34	公	正文	（351-352）	1
35	王汝明	正文	（257-258）	1
36	嚴智	正文	(459-462)	2
37	方	正文	（325-326）	1
38	旹	正文	（327-330）	2

附表2.1

宋本《玉篇》異體字表

說明:

1.本表以異體字組類聚排列，為便于表述，故每組異體字選出一字作為主形，并不代表其在宋本《玉篇》中處于正字地位。主形後列出此字在釋文所出字頻，如果此字釋文中未出現過，我們則再依據字頭位置出現補充為1次，每個異體字後皆列出其在異體字組中的字際關係，如“古、今、篆、俗”等。

2.本表以字位在字頭上為主排列，如果異體字組兩者皆為字頭，則參考字頻定出主形。如幾項有交叉，如既做古文又做篆文或籀文，當以較明確的說法注明為篆文或籀文，又如《說文》籀文，我們分入籀文，而《某書》某字，我們才入某書類。

3.如釋文中有未出現在宋本《玉篇》字頭位置的異體，我們則以相應對應字際關係進行定為。如“A，古文B。”B為字頭時，A定義為B之今文。B未能出現在字頭位置，則B定義為A古文異體。

4.宋本《玉篇》對異體字有兩種定義方法，如“A，俗（字）。”“A，俗B字。”A為俗字，B為正字。與而“A，俗作B。” 則A為正字，B為俗字。宋本《玉篇》其他字際關係界定亦如此情況，我們在辨別正俗關係時要分清楚所指。

5.本表不將同形字列入異體字認同范圍。有些字形因無法辨別是否為異體關係兩處皆列，故有個別重出，此處我們暫認為是同形字。

組號	字頭 字頻	異體字組		
1	一 413	弌 1 古	壹 6 或	
2	天 179	兲 1 古	𠀘 1 古	
3	丕 6	𠀡 1 或		
4	上 1806	丄 1 古		
5	帝 55	帝 1 古		
6	旁 29	穷 1 古	雱 1 籀	㫄 1 說文
7	示 18	𠀚 1 古	祇 15 亦	
8	齋 2	䶒 1 籀		
9	祗 3	衹 1 俗		
10	祀 10	禩 1 同		
11	禋 1	𥛚 1 同		
12	祡 4	禞 1 古	柴 14 亦	
13	𥘫 1	祊 1 同	𧚗 1 亦	
14	礿 1	禴 1 同		
15	祐 8	𨳝 1 古	佑 3 或	
16	祺 1	禥 1 籀		
17	禰 1	祢 1 同		
18	𥜿 1	𦡲 1 或		
19	禱 4	𥙫 1 古	𩫖 1 籀	
20	禮 290	礼 6 古		
21	𥛫 2	䄂 1 古		
22	社 6	𥙆 1 古		
23	𥛷 1	膢 1 亦		
24	䄍 2	蜡 3 亦		
25	祧 1	𥛼 1 古		
26	禍 11	𥚱 1 同		
27	祟 1	𩕊 1 籀		
28	禮 1	詛 5 亦		
29	祆 1	祑 1 說文		
30	礽 1	仍 7 亦		
31	樵 1	醮 3 或	穛 1 亦	
32	䄉 1	娥 6 或		
33	桊 1	餋 1 本作		
34	二 1573	弍 1 古		
35	恒 3	死 1 古	恆 1 古	
36	三 157	弎 1 古		
37	王 113	𤣩 1 古		
38	皇 20	𦤎 1 古		
39	玉 253	𤣪 1 古		
40	琠 1	瑕 1 古		
41	瓊 9	璚 1 同	瓗 1 同	
42	璇 1	琁 1 同		
43	璿 4	璿 1 古	叡 1 籀	
44	珌 1	蹕 1 古		
45	玶 1	鈕 1 本作		
46	璂 1	瑧 1 同		
47	珮 1	佩 25 本作		
48	玩 14	貦 1 或		
49	璗 1	鏐 1 亦		
50	瑪 1	璹 1 同		
51	寶 1	珤 1 古		
52	珍 10	珎 1 俗		
53	琖 2	盞 3 亦	醆 1 亦	
54	瑚 5	鍸 1 或		
55	璉 4	槤 1 或		
56	瑋 2	偉 3 或		
57	璱 1	琗 1 同		
58	璪 1	璅 1 同		
59	璊 1	玧 1 同		
60	琤 1	錚 1 或		
61	琨 4	瑻 1 同		
62	珉 4	碈 1 本作	瑉 1 同	玟 3 或
63	瑊 1	玪 1 同		
64	玏 1	玏 1 同		
65	璄 1	璟 1 同		
66	瑰 5	瓌 1 同		
67	玭 1	蠙 1 夏書	璸 1 同	
68	玗 4	玗 1 古		
69	珋 1	瑠 1 同	珋 1 亦	
70	琲 1	蜚 4 亦		

組號	字頭	字頻	異體字組		
71	珂	2	磁 4 亦		
72	琜	1	瑮 1 古		
73	瑯	2	琅 15 正作		
74	珏	2	瑴 2 或		
75	班	14	般 1 古		
76	墺	2	垗 1 古	垵 1 古	隩 3 本作
			澳 2 同		
77	地	286	埊 1 古	墬 1 籀	
78	堣	2	嵎 2 本作		
79	坶	1	堳 1 尚書		
80	埣	1	墶 1 同		
81	墣	1	圤 1 同		
82	塊	8	凷 1 同		
83	埶	1	墠 1 同		
84	堵	5	䩞 1 籀		
85	壥	1	堞 1 同		
86	城	50	䧭 1 籀		
87	垣	23	䡿 1 籀		
88	圪	2	仡 8 本作		
89	塹	4	壍 1 同		
90	堂	23	坣 1 古	臺 1 古	
91	垝	2	寋 1 或	陒 1 亦	
92	墀	1	墀 1 同		
93	坴	1	壙 1 古		
94	壎	1	坃 1 古	壦 1 古	塤 1 同
95	埶	5	藝 1 同	蓺 1 或	
96	坄	1	垼 1 本作	炈 1 又	
97	坙	1	坪 1 亦		
98	塍	1	騰 1 古	堘 1 同	塖 3 亦
99	坻	3	坘 1 俗	垁 1 同	
100	封	33	牡 1 古	圭 1 或	
101	坎	28	埳 3 同	轞 1 或	轗 1 亦
102	壐	1	璽 5 籀		
103	埻	2	墎 1 同		
104	垸	3	烷 1 亦		
105	垐	1	堲 3 古		
106	毀	22	毁 1 古		
107	墫	2	鐏 2 本作	鐏 2 亦	
108	壞	31	黈 1 古	敼 1 籀	
109	垔	3	㙐 1 古	堙 1 同	陻 1 亦
110	坺	3	墢 1 同		
111	壁	1	壅 10 同		
112	埱	1	俶 3 或		
113	圻	4	垠 5 同		
114	垢	19	坸 1 同		
115	疆	4	畺 1 俗	壃 1 同	畺 4 亦
116	坊	3	埅 1 同		
117	域	18	㽣 1 古	陚 1 古	
118	坌	1	坋 2 同		
119	坐	9	㘸 1 說文		
120	垸	1	畂 1 古		
121	圢	1	壛 1 古	町 2 亦	
122	壢	1	堮 1 同		
123	塽	1	敫 1 或		
124	壟	6	壠 1 亦		
125	瘗	3	陸 1 同		
126	堋	1	窮 1 或		
127	壖	1	塌 1 古		
128	堆	7	塠 4 同	垍 1 同	
129	墬	1	墟 1 說文		
130	埢	1	埢 1 亦		
131	墁	1	鏝 2 亦		
132	垺	1	郛 3 正作		
133	糞	1	糞 1 本作		
134	堈	1	甌 1 亦		
135	垛	1	垜 1 亦		

組號	字頭 字頻	異體字組		
136	坺 1	垡 1 亦		
137	墜 1	隧 2 正作		
138	塚 1	冢 25 正作		
139	塢 1	埡 1 同		
140	堯 31	㚖 1 古		
141	堇 1	𡎸 1 古	荼 1 古	菫 4 同
142	艱 1	囏 2 籀	艱 2 同	
143	野 46	壄 1 古	埜 1 古	
144	畬 1	⿰田予 1 古	畭 1 亦	
145	疇 3	⿰田𠷎 1 說文		
146	⿰田耎 1	⿰田需 1 俗		
147	畮 3	畝 4 同		
148	畮 4	畞 1 同		
149	疃 2	畽 1 同	墥 1 亦	
150	畹 2	畱 1 同		
151	畷 3	綴 8 本作		
152	界 29	畍 1 同		
153	畛 1	⿰田臣 1 古		
154	畎 6	甽 1 古		
155	疄 1	躝 1 或		
156	⿰田來 1	萊 1 今		
157	畇 4	⿰田旬 1 同		
158	畜 16	蓄 1 同		
159	⿰畐頁 1	⿰田頁 1 今		
160	疊 7	曡 1 說文	疉 1 亦	
161	黃 95	炗 1 古		
162	⿰黃耑 1	煓 1 或		
163	⿰黃斗 1	黈 1 同	斜 1 或	
164	⿰黃頁 2	⿰黃頁 1 同		
165	丘 217	⿱北一 1 古	北 1 古	
166	虛 102	墟 5 今		
167	屔 1	泥 31 本作		
168	就 01	𡬬 1 籀		
169	冂 5	冋 1 古	坰 5 同	
170	𩫏 1	郭 71 今		
171	⿰𩫏單 1	鄲 1 今		
172	⿰𩫏庸 1	𩫏 1 亦		
173	邦 15	𡵨 1 古		
174	鄰 24	厸 1 古		
175	⿰尚阝 1	黨 27 今		
176	⿰契阝 1	薊 1 今		
177	郂 2	格 1 古	歧 1 古	岐 5 亦
178	邠 1	豳 2 亦		
179	⿰麃阝 1	鄜 1 同		
180	邶 1	鄁 1 同		
181	邢 3	郉 1 同		
182	鄈 1	鄚 1 同		
183	郢 12	⿰王阝 1 同		
184	⿰耒阝 1	耒 6 亦		
185	⿰巿阝 1	沛 5 亦		
186	⿰虘阝 1	酇 7 亦		
187	鄒 4	郰 1 俗	鄹 1 同	
188	⿰𩫏阝 1	郭 71 今		
189	邪 50	耶 2 俗	⿰土耶 2 俗	
190	⿰弗阝 1	費 3 論語	鄪 1 同	
191	鄉 8	鄕 39 亦		
192	⿰丠阝 1	邱 1 同		
193	鄧 1	⿰豋阝 1 同		
194	邨 1	村 3 亦		
195	⿰婁阝 2	樓 11 本作		
196	鄺 1	⿰広阝 1 俗		
197	詞 27	嗣 1 籀		
198	壻 3	婿 2 或		
199	墫 3	鐏 3 或	蹲 4 亦	
200	壯 49	⿰爿馬 1 古		

組號	字頭 字頻	異體字組		
201	仁 77	忎 1 古	𡰥 1 古	
202	傂 2	虒 4 亦		
203	倕 1	[illegible] 1 同		
204	保 14	㑅 1 說文	倸 1 亦	
205	伭 1	[illegible] 1 同		
206	企 4	𠈣 1 古		
207	俊 18	儁 1 俗	㒞 1 同	
208	偰 1	契 7 亦		
209	伊 21	[illegible] 1 古		
210	倓 1	[illegible] 1 同		
211	儺 3	[illegible] 1 古		
212	倞 1	傹 1 同		
213	仿 3	俩 1 籀		
214	偲 1	偮 1 同		
215	備 25	[illegible] 1 古	俻 1 俗	
216	倢 6	捷 5 本作		
217	伃 2	妤 3 亦		
218	侐 2	[illegible] 1 或		
219	儽 2	傫 1 同		
220	侸 1	樹 34 今		
221	儀 32	議 1 古		
222	价 2	㑘 1 同		
223	使 54	岑 1 古		
224	[illegible] 3	仳 2 本作	[illegible] 1 同	
225	佝 1	怐 3 亦		
226	偺 1	[illegible] 1 同		
227	侮 8	㑄 1 古		
228	仙 18	僊 1 今		
229	儷 2	儷 1 同		
230	他 378	佗 5 本作		
231	俛 3	頫 1 亦		
232	傎 1	傎 1 同		
233	僑 1	獢 1 本作		
234	低 18	伭 1 俗		
235	偢 1	箳 1 亦		
236	倖 3	幸 16 亦		
237	俾 1	趕 2 本作	踝 5 本作	
238	佶 1	礐 6 或		
239	傷 1	蹁 2 或		
240	備 1	僘 1 同	葡 1 亦	
241	佫 1	偵 1 同		
242	佷 2	很 22 本作		
243	佀 1	似 421 同		
244	佩 1	偪 1 同		
245	傈 1	栗 59 本作		
246	僀 1	偙 3 或		
247	臧 3	匨 1 古	壏 1 籀	
248	𠫓 1	幻 1 今		
249	我 41	成 1 古		
250	軀 2	骴 1 俗		
251	躰 1	肢 1 亦	胑 1 亦	
252	躳 3	躬 2 同		
253	躶 1	裸 3 亦		
254	兢 3	競 1 同		
255	弟 15	𠂉 1 古		
256	罤 1	昆 1 今	𠔄 2 同	
257	妞 1	玫 1 亦		
258	婉 5	㜲 1 同	詑 1 亦	
259	嬛 5	娉 1 同		
260	娭 1	毐 2 古		
261	媅 1	妉 1 同		
262	媣 1	嬠 1 同		
263	婡 1	嫊 1 同		
264	嬪 2	姱 1 古		
265	嫛 1	效 1 同		
266	嬬 1	孌 1 同		
267	媟 3	媿 1 同	㬪 1 或	
268	妒 2	妬 7 同		
269	妖 13	娱 1 同		
270	嫭 1	嫮 1 或		

組號	字頭 字頻	異體字組		
271	嬾 10	懶 1 俗		
272	婁 4	嬃 1 古	婁 6 同	摟 2 亦
273	嫫 1	嫫 2 亦		
274	妦 1	夆 1 同		
275	媵 2	艐 1 亦		
276	婘 1	嬳 1 同		
277	娖 2	誼 3 亦		
278	姆 1	娒 1 同		
279	媸 1	媸 1 亦		
280	媿 6	愧 11 亦		
281	姦 18	姧 2 俗		
282	嬃 1	𡢃 1 亦		
283	嬭 1	妳 1 同		
284	嫯 2	嫀 1 同		
285	孋 1	驪 10 本作		
286	娼 1	婝 1 同		
287	嫵 2	娬 1 同		
288	嫪 1	嫸 1 同		
289	婀 2	妸 1 亦		
290	嫂 1	嫂 1 俗	嫂 1 同	
291	姐 2	毑 1 古	她 1 同	
292	奼 1	姹 1 同		
293	娩 3	嬎 1 同	嬔 1 同	
294	姩 1	婘 1 同		
295	娙 5	嬹 1 同		
296	姝 1	殁 1 同		
297	妻 16	娄 1 古		
298	媧 6	嫣 1 籀		
299	姻 3	婣 1 籀		
300	婚 4	㜲 1 籀	婚 1 亦	
301	婚 4	㜲 1 籀	婚 1 亦	
302	妗 1	娊 1 同		
303	妣 1	妣 1 籀		
304	嫷 1	婧 1 同		
305	妏 1	奺 1 亦		
306	奴 199	伮 1 古		
307	顏 26	顏 1 籀		
308	頂 42	顛 1 籀		
309	額 21	頟 8 同		
310	顯 1	願 18 同		
311	頞 2	鬍 1 亦		
312	頰 56	脥 1 俗		
313	頤 2	頤 1 同		
314	頛 1	䫌 2 同		
315	顧 9	頋 1 俗		
316	彰 2	須 1 亦		
317	顗 2	顙 1 亦		
318	鎮 2	頷 8 亦		
319	項 11	顧 1 同	髗 1 亦	
320	頎 1	疣 4 亦		
321	顦 2	憔 2 亦		
322	顇 3	悴 2 亦		
323	顝 2	惛 8 亦		
324	頛 1	題 1 或		
325	擷 1	俄 7 或		
326	頕 1	儋 1 或		
327	顎 1	圔 1 亦		
328	顤 1	僥 1 或		
329	頌 1	額 1 籀		
330	頧 1	追 37 或		
331	頮 2	靧 1 聲類	沬 1 同	
332	頠 1	䫋 1 同		
333	顩 1	䫫 2 同		
334	顫 1	顎 1 同		
335	頫 11	䫍 3 說文	𩓞 2 或	嬎 1 或

組號	字頭 字頻	異體字組		
336	𦣻 1	𩠐 1 古		
337	脜 1	柔 1 今		
338	𩠘 1	稽 1 今		
339	𩠞 1	剸 2 或		
340	𩠑 1	頂 42 今		
341	𩠓 1	頫 56 今		
342	馘 6	聝 1 或		
343	縣 241	懸 1 俗		
344	面 90	𡇢 1 說文		
345	䩉 1	輔 24 亦		
346	靦 5	𩉂 1 字書	𩈋 1 埤蒼	䩄 1 同
347	𩈯 1	婉 1 今		
348	𩈴 2	𢡺 1 俗	䩒 1 俗	赧 3 或
349	艶 2	艳 1 俗		
350	绝 1	䅳 1 同		
351	囟 4	𠙶 1 古	顖 1 或	脖 1 或
352	巤 2	鬣 10 亦		
353	𦣝 2	頣 10 籀	頤 1 篆	
354	𦤀 1	嗅 1 亦		
355	𦤄 1	齅 2 或		
356	𦤃 1	嚏 2 本作	𪖐 1 同	
357	𦤈 1	涕 12 本作		
358	𦤅 2	𦤇 1 同		
359	𦤁 1	𦤉 1 同		
360	自 80	𦣹 1 古		
361	臭 21	臰 1 俗		
362	目 214	𡇢 1 古	苜 3 或	
363	睞 1	睫 1 同		
364	矊 1	矏 1 同		
365	盰 1	㚹 1 古		
366	𨓜 1	𥈰 1 同		
367	矘 1	瞎 1 同		
368	盱 1	眝 1 同		
369	睹 1	覩 6 古		
370	脈 2	眿 1 同		
371	矆 1	矆 1 同		
372	旬 1	眴 1 同		
373	睦 2	𥄻 1 古		
374	眱 2	䀘 1 古		
375	瞋 2	賊 1 同		
376	眷 17	睠 1 同		
377	看 1	翰 1 同		
378	瞚 2	瞬 1 同	眣 1 同	
379	昔 1	眜 1 同		
380	瞑 2	眠 8 同		
381	𥉶 1	矓 1 俗		
382	眼 1	睙 1 同		
383	眹 1	眹 1 古		
384	𥈈 1	𥈺 1 亦		
385	睃 1	瞍 1 同		
386	眪 3	盷 1 俗		
387	睿 3	叡 1 古		
388	瞲 1	晟 1 同	眓 1 同	
389	䁫 1	䀐 1 同		
390	眩 1	瞛 1 同		
391	瞎 11	䁆 1 同		
392	瞠 1	瞸 1 同		
393	矂 1	矉 1 亦		
394	䀿 1	矆 1 同		
395	䁱 1	䁇 1 或		
396	晢 1	晣 1 同		
397	𥄉 1	眉 1 今		
398	𥃦 1	具 82 今		
399	眦 2	眥 1 同		
400	省 7	𡮲 1 古		

組號	字頭 字頻	異體字組		
401	瞂 2	伐 22 本作	𥈈 1 同	
402	眀 1	瞿 9 亦		
403	視 234	眎 1 古	眂 1 古	示 18 亦
404	覝 1	廉 1 今		
405	㝵 1	导 1 今	貶 1 亦	
406	覒 2	毣 1 本作		
407	覛 1	䚈 1 籒		
408	覓 13	覔 1 俗		
409	𧢈 1	瞫 1 或		
410	耽 20	躭 1 俗		
411	聃 3	躼 1 俗		
412	職 35	軄 1 俗		
413	聰 8	聦 1 俗		
414	聞 17	𦖞 1 古	𦕒 1 古	
415	聘 4	娉 1 俗		
416	聾 20	矓 1 亦		
417	聵 1	聲 1 同		
418	聕 1	聏 1 亦		
419	聽 1	𢛳 1 說文		
420	聜 1	聄 2 亦		
421	聕 1	聗 1 同		
422	䡛 2	瑱 2 本作	䐜 1 亦	
423	聳 1	聳 1 同		
424	噣 1	咮 1 同		
425	吻 11	㖗 1 古	脗 1 亦	
426	咽 13	嚥 1 同	嚥 1 亦	
427	嗌 1	嗾 1 籒	𦝓 1 本作	
428	嗶 1	咠 1 同		
429	噭 1	叫 16 同		
430	嚌 2	唫 1 古		
431	嚼 6	噍 1 同		
432	噉 1	啖 5 同		
433	喟 3	嘳 1 同		
434	哼 4	嗷 1 同		
435	哲 8	嚞 1 古	喆 1 同	
436	和 103	咊 1 古	龢 1 古	盉 1 古
437	噱 2	嘘 1 同		
438	呭 2	呹 1 亦		
439	噭 1	叫 16 亦		
440	嗒 1	沓 1 或		
441	嘒 4	嚖 1 同		
442	嘑 1	聲 432 亦		
443	启 2	啓 15 本作		
444	哯 1	啎 1 同		
445	唐 47	啺 1 古		
446	嗜 7	唏 1 古	䏿 1 俗	
447	吺 2	咅 1 同		
448	㕦 1	吼 1 同		
449	吒 2	咤 1 同	詫 1 或	嗄 1 亦
450	吁 10	号 1 古		
451	唸 2	嘏 1 同		
452	吚 2	屎 3 亦		
453	吟 19	㕂 1 古	唫 1 古	訡 2 亦
		誇 2 亦		
454	呝 1	呃 1 亦		
455	喝 4	嗑 1 同	嘅 1 亦	
456	吝 10	吆 1 古		
457	唁 2	嗲 1 同		
458	嗁 1	啼 12 同		
459	咼 2	喎 1 同	剮 1 或	
460	嗃 1	嗾 4 或		
461	呦 2	欨 1 亦		
462	嚏 2	嚔 1 亦		
463	㖪 1	歔 1 或		
464	㖒 2	嘁 1 同		
465	嚧 1	咟 1 同		
466	善 119	譱 1 說文	善 1 同	
467	㕣 1	吣 1 亦		
468	哫 4	哇 1 亦		
469	歞 1	嚱 1 同		

組號	字頭 字頻	異體字組		
470	唗 1	唑 3 亦		
471	嚾 1	讙 1 或		
472	笑 61	㗛 1 俗	咲 1 亦	
473	吼 4	吽 1 同		
474	呲 1	訾 1 或		
475	㖢 1	胔 1 或	𥹉 1 或	
476	嚮 1	響 8 或		
477	味 1	𠕁 1 或		
478	嗄 1	哽 1 同		
479	呢 3	嘓 1 同		
480	噪 2	𠹂 1 同		
481	咬 1	齩 3 俗		
482	哷 1	㕞 1 亦		
483	嚙 1	齩 3 正作		
484	呧 1	詆 3 正作		
485	杏 1	音 1 同		
486	嚦 1	嚹 1 同		
487	寅 1	鑾 1 古		
488	㖁 1	粤 1 本作		
489	喫 3	嚽 1 同		
490	谷 1	唧 1 同		
491	丙 1	囪 1 古		
492	舓 1	舐 1 同	䑛 1 同	
493	𦧯 1	𦧲 1 同		
494	齒 103	𠚕 1 古	㕣 1 古	
495	齔 2	齓 1 俗		
496	齹 1	𪗹 1 亦		
497	齳 1	齫 1 同		
498	齰 1	齚 2 同		
499	齝 1	𪘏 1 同		
500	𨇾 2	齪 1 亦		
501	𪘲 1	𩪃 1 亦		
502	𪙘 1	齹 1 同		
503	𪘧 1	齗 1 同		
504	𪗾 1	齯 1 亦		
505	牙 36	𤘗 1 古		
506	頾 2	髭 2 或		
507	頿 1	額 1 亦		
508	㐱 1	𡖊 1 古	鬒 1 亦	
509	彥 7	彦 1 同		
510	辬 1	斑 5 亦		
511	斕 3	斒 1 同		
512	斌 1	份 4 亦	彬 8 亦	
513	髮 81	𩑶 1 古	𢿏 1 古	
514	𩯏 1	𩬙 1 同		
515	髺 1	𩭐 1 或		
516	鬏 1	𩬶 1 同		
517	髦 1	鬗 1 同		
518	髩 1	鬊 1 同		
519	髻 9	𩬊 1 同		
520	鬣 1	𩭹 3 或		
521	鬆 1	𩬰 1 同		
522	鬑 1	顭 1 亦		
523	髵 1	耏 1 亦		
524	髹 1	髤 1 同		
525	鬚 1	須 24 本作		
526	髯 1	䎊 2 本作		
527	手 95	𠂬 1 古		
528	掔 2	捥 3 同	𢪛 1 同	
529	搴 1	攓 1 同		
530	𤕭 1	將 1 今	𢹿 1 同	
531	擥 1	攬 1 同		
532	㩧 1	撅 3 亦		
533	𤸰 1	摯 1 同	掣 3 同	
534	擧 1	舉 1 今		
535	攣 2	𢹹 1 古	𢺵 1 同	

組號	字頭 字頻	異體字組		
536	擎 1	擏 1 同		
537	摩 33	攠 1 同		
538	摹 1	摸 9 亦		
539	攀 4	伇 1 俗	扳 1 同	
540	捡 1	撛 1 同		
541	掊 2	裒 2 本作		
542	捊 2	裒 2 本作	抱 4 同	
543	搌 1	揣 2 或		
544	擿 7	擲 3 同		
545	挑 6	絛 15 本作		
546	揇 1	搚 1 同		
547	拉 5	擸 1 同		
548	撊 1	值 7 亦		
549	抍 1	撜 1 同	拯 4 同	
550	摭 1	拓 1 同		
551	拚 2	抃 1 同	攢 1 亦	
552	搞 2	捥 1 同		
553	攪 3	捁 1 同		
554	扞 3	捍 3 同		
555	搯 1	抽 4 同	搊 1 同	
556	搰 2	掘 8 本作	扣 1 亦	
557	摡 1	塈 3 本作		
558	播 6	敽 1 古		
559	摎 1	摷 1 同		
560	撻 4	遽 1 古	㪚 1 古	
561	抨 2	拼 1 同	抨 1 亦	
562	捭 1	擺 1 同		
563	抴 1	拽 1 同		
564	拕 2	拖 1 俗		
565	挍 1	榖 1 古	搜 2 同	
566	揔 14	捴 1 俗		
567	攍 1	嬴 1 本作		
568	擾 1	憂 4 木作		
569	扤 1	扼 1 古		
570	抗 1	挠 1 同		
571	擆 1	擆 1 亦		
572	擶 1	挸 1 同		
573	抄 1	莎 7 亦		
574	扯 1	抸 1 俗		
575	揪 1	蓐 1 或	莯 1 或	
576	擴 1	擲 1 同		
577	搊 2	扫 1 俗		
578	搋 1	擔 1 同		
579	托 2	擈 1 同		
580	擶 1	搽 1 同		
581	攕 1	擷 1 同		
582	収 1	拜 1 亦		
583	弇 1	穿 1 古		
584	罣 1	羃 1 說文		
585	㸚 1	樊 1 今		
586	輿 1	輿 1 古	舉 1 同	
587	與 395	舁 1 古	与 19 亦	
588	要 13	㫐 1 古	㚺 1 同	腰 2 或
589	学 97	㝈 1 古		
590	爲 609	𤔔 1 古	為 1 俗	鄬 1 亦
591	巩 1	拲 1 或		
592	執 1	秇 1 古		
593	䜌 1	斷 1 同	斲 2 亦	
594	鬥 1	門 138 今		
595	鬭 4	鬪 1 俗		
596	鬩 1	閱 1 同		
597	ナ 1	左 1 今		
598	厷 1	厷 1 古	肱 10 亦	
599	叜 1	容 1 籀	叟 2 或	
600	燮 1	㚒 1 古	燮 1 籀	

組號	字頭	字頻	異體字組		
601	尹	38	帬 1 古		
602	反	27	反 1 古		
603	及	62	𨓏 1 古	弓 1 古	
604	𠬪	1	𠬞 1 古	㕟 1 古	友 2 今
605	彗	2	䈕 1 古	篲 2 或	
606	叚	1	叚 1 同		
607	蹏	1	蹄 13 同		
608	跟	5	峎 2 亦		
609	跖	1	蹠 1 同		
610	躤	1	踖 2 亦		
611	𨗮	1	蹡 1 同		
612	𨘂	2	蹴 5 同		
613	踸	2	𧿳 1 同		
614	躅	3	𨇨 1 同		
615	蹷	1	蹶 3 同	𨇾 1 同	
616	躧	1	蹝 1 同	屣 1 同	𩌏 1 亦
			𩌏 1 亦	䩥 1 亦	
617	䠊	2	𨂂 1 字書	剕 1 亦	
618	跀	2	𧿒 1 同	刖 4 亦	
619	跬	1	蹞 1 同		
620	跗	3	趺 1 同		
621	𨆪	1	躦 1 同		
622	㞗	1	促 1 或	趗 1 或	
623	踓	1	趡 1 亦		
624	蹲	1	腨 2 正作		
625	蹸	1	躝 1 同		
626	跛	1	骳 2 亦		
627	䠪	1	跘 1 同		
628	䠙	1	跅 1 亦		
629	蹗	1	𨂐 1 同		
630	疋	3	足 156 亦		
631	𤴔	2	䟽 1 今		
632	𠂻	2	乖 1 今		
633	𦟝	1	脊 1 今		
634	髀	5	𨁽 2 古		
635	骭	3	骱 3 亦		
636	髓	2	䯝 1 同	膸 2 或	
637	體	33	躰 1 俗	軆 1 俗	
638	髊	1	胔 2 亦		
639	𩩻	1	骼 2 同	𩨗 1 同	
640	𩪌	1	臆 4 亦		
641	骰	1	股 13 或		
642	𩪐	1	膂 8 亦		
643	盥	1	膿 1 亦		
644	醢	3	盬 1 同		
645	薀	1	𧖤 1 同		
646	峆	1	𧗇 1 同		
647	盇	1	盍 55 同		
648	肉	113	内 1 古	月 1 同	
649	膚	8	肤 1 同		
650	脣	16	䫃 1 古		
651	肊	1	臆 4 同		
652	膀	3	髈 1 亦		
653	脢	2	脥 1 同		
654	肘	1	𦙶 1 同		
655	臍	4	齍 1 亦		
656	胑	2	肢 1 同		
657	胤	1	𦙍 1 古		
658	脙	1	𦛜 1 同		
659	胗	1	疹 1 籀		
660	腆	1	𦟪 1 古		
661	膍	2	肶 1 同		
662	脺	1	𦝗 1 同		
663	膋	3	膫 1 同		
664	膞	3	𦢊 1 同		
665	臊	1	𦟄 1 同		
666	脆	1	脃 1 俗	膬 1 同	
667	肎	4	肯 8 今		
668	胆	1	蛆 7 俗		
669	腩	1	䐶 1 同	䣸 1 亦	

組號	字頭 字頻	異體字組		
670	䐦 1	衄 1 同		
671	臧 2	臓 1 同		
672	朘 1	峻 2 亦	屡 1 又	
673	豚 1	启 1 俗		
674	朦 1	朧 1 同		
675	腱 3	腱 1 同	笏 1 亦	
676	肑 1	筋 1 亦		
677	脺 2	胴 1 同		
678	賭 3	豬 47 亦		
679	脈 2	脉 7 同		
680	臀 1	臄 1 亦		
681	脤 1	呻 14 或		
682	腰 1	鰋 1 本作	骾 1 或	
683	臂 1	瓔 1 或		
684	䐹 1	羞 4 或		
685	腆 1	腆 1 同		
686	脘 1	朊 1 同		
687	腑 1	府 31 本作		
688	腿 1	骽 2 本作		
689	腕 1	捥 7 亦		
690	膆 1	嗉 3 亦		
691	胏 1	㿿 1 同		
692	筋 11	觔 1 俗		
693	勲 3	勛 1 古		
694	勸 1	勸 1 同		
695	勝 14	夌 1 古		
696	動 105	僮 1 古	運 1 古	
697	勚 1	勩 1 同		
698	勇 55	恿 1 古	戫 1 古	
699	劧 1	讓 1 或		
700	勥 1	彊 1 同		
701	勞 62	褮 1 古		
702	協 37	叶 19 古		
703	吕 102	膂 2 古		
704	寢 1	㝲 1 籀	寑 6 同	寖 1 同
705	寤 6	寤 1 籀		
706	寱 1	寱 1 同		
707	心 113	忄 1 同		
708	慎 12	昚 1 古		
709	惇 1	憞 1 同		
710	忼 3	慷 1 同		
711	恭 58	恭 1 本作		
712	懼 37	愳 1 古		
713	悟 4	悉 1 古	忢 1 同	
714	怏 1	忆 1 同		
715	慕 7	慕 1 本作		
716	惰 1	憜 1 古	惰 3 同	
717	恑 1	恀 1 同	愯 1 同	
718	憃 1	憃 1 同		
719	悁 1	怨 1 籀		
720	惻 2	恩 1 古		
721	憚 3	悤 1 同		
722	悑 1	怖 11 同		
723	忝 7	忝 1 本作		
724	悷 1	怢 1 同	怺 1 同	
725	慔 1	謨 1 或		
726	憖 1	憖 1 同		
727	愯 1	雙 1 同		
728	悚 5	㩳 1 古		
729	惕 4	惖 1 同		
730	悄 1	怴 1 同		
731	愜 1	悘 1 同		
732	怪 25	恠 1 俗		
733	惓 1	惓 1 同		
734	佟 1	憕 2 同		
735	悇 1	謏 1 或		

組號	字頭	字頻	異體字組		
736	⿰忄米	1	侎 3 或		
737	憴	1	譝 1 或		
738	慺	1	僂 1 同		
739	⿰忄芒	1	忙 5 同		
740	恡	3	悋 1 俗		
741	悚	1	憪 1 同		
742	恪	5	愙 1 同		
743	態	9	⿰亻能 1 亦		
744	忩	1	[illegible] 2 同	[illegible] 1 同	
745	潓	6	蕙 1 同		
746	愆	2	諐 1 籒	僁 2 俗	寋 1 同
			䇂 2 亦	⿺辶侃 1 亦	
747	惡	68	悪 1 俗		
748	患	18	⿵門串 1 古	[illegible] 1 古	
749	恐	29	⿱工心 1 古		
750	慙	18	慚 1 同		
751	志	59	⿱㞢心 1 古		
752	惹	1	⿰忄若 1 同		
753	愍	3	⿰民頁 1 古	慜 1 同	
754	懕	1	[illegible] 1 或		
755	⿱弗心	1	怫 2 或		
756	怨	24	⿱令心 1 古		
757	惎	1	⿱亓心 1 古		
758	急	103	⿱及心 1 說文		
759	憝	1	憞 1 同	譈 1 亦	
760	⿱囷心	1	⿰忄囷 1 同		
761	懬	1	懭 1 同		
762	⿱官心	2	悺 1 同		
763	[illegible]	2	[illegible] 1 古		
764	[illegible]	1	[illegible] 1 同		
765	惪	1	悳 1 古	德 44 今	
766	㤅	1	⿱既心 1 古	愛 29 今	
767	憲	1	⿱害心 1 同		
768	懋	3	⿱矛心 1 同		
769	[illegible]	1	[illegible] 1 或		
770	⿱衣心	1	薏 1 同		
771	意	1	億 1 今		
772	讟	3	[illegible] 1 同		
773	思	309	恖 1 古		
774	言	281	[illegible] 1 古	[illegible] 1 古	
775	諸	86	⿰者彡 1 古		
776	訓	7	⿱巛言 1 古		
777	諄	1	⿰言𦎫 1 同		
778	誾	4	訔 1 同		
779	謨	3	謩 1 古	[illegible] 1 同	
780	詢	2	⿰言厚 1 同		
781	訊	2	⿰言鹵 1 古		
782	諶	2	訦 1 同		
783	信	36	訫 1 古	㐰 1 古	
784	誓	5	訢 1 古		
785	話	3	[illegible] 1 古	譮 1 籒	語 1
786	詠	5	咏 2 亦		
787	讕	1	諂 4 同		
788	詑	2	訑 1 俗		
789	誃	1	謻 1 同		
790	誖	1	⿱孛言 1 同		
791	訿	1	訾 1 同		
792	詍	1	⿰言曳 1 同		
793	詾	1	⿰言包 1 同		
794	⿰言桼	1	誺 1 同		
795	訇	1	[illegible] 1 籒		
796	譤	3	⿰言忩 1 同		
797	⿰言萬	1	[illegible] 1 同		
798	誕	3	這 1 籒		
799	譁	3	誇 1 同		
800	譌	1	訛 4 同		

組號	字頭	字頻	異體字組		
801	讐	1	讋 1 同		
802	詾	1	說 1 同	訩 1 同	
803	訟	16	詺 1 古		
804	謓	1	嗔 1 今		
805	讘	1	囁 1 同		
806	訴	5	𧫜 1 同	愬 2 亦	
807	訶	16	呰 1 古		
808	詘	7	誳 1 同	屈 27 亦	
809	讕	1	譋 1 同		
810	診	1	訡 1 俗		
811	讄	1	讄 1 同		
812	諡	3	謚 1 同		
813	謑	1	謨 1 同		
814	詬	1	訽 1 同		
815	誘	13	誧 1 同	羐 1 亦	
816	謇	1	譾 1 同	謰 1 同	
817	謏	1	謏 1 亦		
818	謌	2	歌 17 亦		
819	評	1	嗑 5 或		
820	誯	1	唱 5 亦		
821	詠	1	閱 1 亦		
822	讞	1	瀗 1 說文		
823	譓	1	譓 1 同		
824	謝	1	對 2 或		
825	譂	1	趕 2 本作		
826	諳	5	諳 1 同	喑 1 或	
827	訛	1	庀 1 今		
828	訠	1	矧 1 或		
829	詫	1	謏 1 同		
830	誇	4	奞 1 古		
831	許	3	歆 1 同		
832	諕	1	譺 1 同		
833	誏	1	朗 52 亦		
834	誦	1	詯 1 同		
835	謵	1	謎 1 同		
836	諜	1	諕 1 亦		
837	競	1	競 9 同		
838	曹	1	曹 1 籒		
839	譬	1	曹 4 今		
840	㫚	1	𡇒 1 同		
841	乃	111	乃 1 古	𠄎 1 籒	迺 1 亦
842	鹵	1	鹵 1 古	迈 1 同	
843	丂	2	亐 1 古		
844	兮	1	乎 156 今		
845	号	9	號 8 同		
846	亏	1	于 228 今		
847	虧	4	虧 1 俗		
848	平	122	𠀒 1 古	兮 1 古	
849	云	1412	𠕁 1 古	雲 35 說文	
850	訑	1	池 30 亦		
851	護	1	濩 1 亦		
852	謨	1	英 13 亦		
853	誙	2	莖 40 亦		
854	告	48	𠶷 1 古		
855	毀	1	毁 1 古	毇 1 籒	
856	嚴	24	嚴 1 古		
857	罥	1	囂 3 或		
858	喪	17	喪 1 古		
859	曐	1	星 43 今		
860	曑	1	參 14 今		
861	喿	2	鐰 1 今		
862	歖	1	欽 1 今		
863	侖	1	籥 6 今		
864	籥	1	吹 27 今		
865	龥	1	篪 1 同	篪 1 或	
866	龤	2	諧 22 今		
867	角	243	觮 1 古	斛 1 古	
868	龥	1	簫 4 今		
869	龤	1	唱 5 今		
870	冊	1	笧 1 古		

組號	字頭	字頻	異體字組		
871	嚚	3	𡅅 1 古	𡂞 1 古	
872	器	269	噐 1 俗		
873	嚻	1	喚 11 或		
874	商	11	𧶜 1 古	啇 1 古	𧷓 1 籀
			賫 2 亦		
875	欠	11	㳄 1 古		
876	歑	1	呼 457 或		
877	歒	1	啾 4 亦		
878	钦	1	吃 5 亦		
879	款	3	欵 1 俗	欵 1 同	
880	欿	1	欲 1 同	歁 1 同	
881	歋	1	歙 1 同		
882	歐	1	歆 1 同		
883	歎	22	歎 1 同		
884	歗	1	醰 1 亦		
885	歜	1	歜 1 同		
886	欥	1	欯 1 同		
887	軟	1	呻 14 亦		
888	歐	1	軀 2 或		
889	炊	2	敷 1 同		
890	欻	1	欻 1 同		
891	饙	1	餴 1 同	饆 1 同	
892	餈	1	餎 1 同		
893	飪	1	餁 1 同		
894	飴	8	飤 1 古	㚷 1 籀	饌 1 同
895	饎	1	饇 1 同		
896	饡	1	餍 1 古		
897	養	51	羧 1 古		
898	飯	40	餅 1 俗	飰 1 俗	
899	餘	1	餳 1 同		
900	餔	3	逋 1 籀	脯 18 亦	
901	餬	1	餂 1 同	糊 1 或	粘 1 或
902	飽	23	餜 1 古	餥 1 古	
903	饕	1	饕 1 籀		
904	餕	1	餮 1 同		
905	饐	2	飬 1 古		
906	飢	35	飥 1 古		
907	餟	1	饊 1 同		
908	飤	1	飼 2 同		
909	餩	1	餐 1 同	䬣 1 亦	
910	饇	1	餗 1 同		
911	餝	1	餄 1 同		
912	餶	1	膡 1 或	醑 1 或	
913	餉	1	噎 7 或		
914	飲	45	㱃 1 古	涂 1 古	歙 1 亦
915	餐	1	湌 1 同		
916	飫	2	饇 1 同		
917	餛	1	飵 1 同	餪 1 同	
918	饋	1	餡 1 同		
919	飧	3	餎 1 同		
920	饌	3	籑 1 同		
921	餒	1	餽 1 同		
922	餕	1	餺 1 同		
923	餧	1	飳 1 同	餿 1 同	
924	餌	1	餗 1 同		
925	飾	71	餝 1 俗		
926	甛	1	餂 1 古		
927	猒	7	猒 1 同		
928	甚	48	昆 1 古		
929	譚	1	醰 1 或		
930	嗛	1	謙 1 或		
931	旨	18	𠮛 1 古	香 1 古	
932	次	3	㳄 1 籀	涎 2 亦	漗 2 亦
933	盜	10	厥 1 古		
934	夰	1	幸 1 今		
935	籥	1	籲 1 同		

組號	字頭 字頻	異體字組		
936	夲 1	半 1 同		
937	㬥 1	暴 18 今		
938	皋 1	皐 1 同		
939	𥹌 1	允 15 或		
940	奡 1	傲 4 亦		
941	昦 1	昊 11 同		
942	𢔩 1	狃 4 或		
943	往 55	徃 1 古	迬 1 古	
944	𢕏 1	𨀤 2 或		
945	𢔶 1	得 1 俗		
946	徯 5	蹊 1 或	傒 1 或	
947	後 87	逡 1 古		
948	徸 1	踵 7 亦		
949	徇 5	彴 2 亦		
950	御 16	馭 2 古		
951	徠 1	來 122 今		
952	𢓜 1	宂 3 亦		
953	𢖍 2	靡 28 今		
954	從 73	夶 1 古	㣇 1 或	
955	衝 1	衝 5 同		
956	𧗟 1	街 9 亦		
957	𧗿 1	衕 6 同		
958	𧘂 1	率 8 今		
959	衖 1	巷 13 亦		
960	夃 2	沽 3 今		
961	夅 1	降 19 今		
962	久 47	𣢁 1 同		
963	夊 4	綏 6 今		
964	复 1	復 25 今		
965	夌 1	陵 79 今		
966	愛 29	㤅 1 說文		
967	㞋 2	夎 1 同		
968	夏 44	𡕗 1 古		

組號	字頭 字頻	異體字組		
969	夔 3	夒 1 俗		
970	夎 1	葰 2 亦		
971	赴 3	𧿒 1 同	訃 1 或	𧺆 1 亦
972	𧾩 1	𧾨 1 同		
973	趁 1	趂 1 俗		
974	趯 1	䟀 1 同		
975	起 69	𨑡 1 古		
976	趩 1	𧺊 1 同		
977	趚 1	蹐 1 今		
978	𧼯 1	踣 3 或		
979	𧾍 1	躒 2 或		
980	𧺼 1	𧾁 1 同	跰 1 或	
981	𧽗 3	促 5 或		
982	𧾵 1	𧾷 1 同		
983	𨓆 1	帥 1 今		
984	迹 6	速 1 籀		
985	邁 11	𨘥 1 同		
986	徒 638	辻 1 古		
987	𨑩 1	征 21 今		
988	𨒪 1	𨗾 1 籀		
989	述 9	𨘸 1 籀		
990	遵 16	遷 1 古		
991	䢖 1	嬻 2 亦		
992	進 86	𨘷 1 古		
993	作 1836	迮 2 古		
994	逪 1	錯 13 今		
995	速 15	𧩧 1 古	遫 1 籀	
996	選 9	𩑾 1 古	僎 1 或	
997	送 22	𨒫 1 籀		
998	遲 6	遟 18 籀	迡 1 同	
999	达 1	達 157 亦		
1000	逭 1	𨗿 1 古		

組號	字頭	字頻	異體字組		
1001	逋	1	逋 1 籀		
1002	近	46	岓 1 古		
1003	遂	14	逹 1 古		
1004	邇	1	迩 1 同		
1005	迺	1	遒 2 同		
1006	遠	107	遠 1 古	復 1 古	
1007	逖	1	逷 1 古		
1008	邍	1	原 16 或		
1009	道	121	衜 1 古		
1010	迒	1	⿺辶更 1 同		
1011	遁	3	遯 1 同		
1012	遊	10	逕 1 古		
1013	邈	1	⿺辶頁 1 同		
1014	退	16	復 1 古	⿰彳内 1 古	⿺辶复 1 古
			⿺辶内 1 古		
1015	迮	1	⿺辶⿱罒乍 1 同		
1016	⿺辶亞	1	亞 14 或		
1017	迱	2	迤 1 俗		
1018	邋	1	邋 1 同		
1019	遞	1	递 1 同		
1020	⿺辶止	1	徙 5 今	⿺辶芈 1 同	
1021	厠	1	⿺辶叟 1 古		
1022	廴	1	引 74 今		
1023	癶	1	址 1 說文		
1024	登	71	𤼷 1 古		
1025	⿰山重	1	踵 7 今		
1026	歬	1	⿰歬刂 1 古	前 73 今	
1027	歸	27	⿰止帚 1 籀		
1028	前	1	⿰歬刂 1 古		
1029	逘	1	⿺辶巳 1 同	俟 9 亦	
1030	⿱巠土	1	竭 1 同	⿰立需 1 同	
1031	竚	1	佇 4 今		
1032	⿰立孛	1	誖 1 亦		
1033	竝	4	並 130 同		
1034	⿱竝日	1	替 6 今	⿱竝白 1 同	⿱兟日 1 亦
1035	正	134	𤴓 1 古	𤴔 1 古	
1036	⿱一止	2	乏 1 今		
1037	蹟	1	⿰足賁 1 或		
1038	是	78	昰 1 古		
1039	家	42	⿱冖豕 1 古		
1040	宅	11	⿱宀⿰尸乇 1 古		
1041	宣	17	⿱宀亶 1 古		
1042	宧	2	⿱宀交 1 本作	宎 1 俗	⿱宀交 1 同
			⿵門交 3 亦		
1043	宇	15	寓 1 籀		
1044	寏	1	院 6 或		
1045	寍	1	寧 5 今		
1046	宓	1	密 35 今		
1047	宋	1	寂 4 同	家 1 同	⿰言尗 1 又
1048	察	17	詧 2 或		
1049	寴	1	⿱宀亲 1 同	儭 1 或	
1050	寶	2	寚 1 古		
1051	宷	1	賔 1 或		
1052	實	87	⿱宀⿱丰木 1 古	宲 1 古	
1053	容	93	㝐 1 古		
1054	宰	8	⿱宀⿱𦍌十 1 古		
1055	宜	64	⿱宀多 1 古	⿱冖多 1 古	冝 1 今
			宐 1 同		
1056	宿	16	⿱宀佰 1 古		
1057	宵	6	睄 1 古		
1058	宛	5	惌 2 同		
1059	寓	1	庽 1 亦		
1060	害	20	⿱宀古 1 俗		
1061	窾	1	⿱宀款 1 或		
1062	宄	2	⿱宀⿱九女 1 古	⿱宀⿱九心 1 古	
1063	宔	1	主 64 今		
1064	宙	6	伷 2 或		
1065	⿱宀冓	1	冓 1 本作		
1066	寁	2	⿱宀𢦏 1 古		
1067	⿰齒宁	1	⿰虫宁 1 同		

組號	字頭	字頻	異體字組		
1068	門	138	冂 1 古		
1069	闌	1	梱 2 亦		
1070	閾	1	闆 1 古		
1071	闢	2	闁 1 古		
1072	開	40	閞 1 說文		
1073	閒	81	閖 1 古		
1074	閉	27	閇 1 俗		
1075	關	20	関 1 俗		
1076	闟	1	篇 6 或		
1077	闐	6	窴 2 或	嗔 3 亦	
1078	闤	1	闌 11 今		
1079	閃	3	睒 1 或		
1080	闖	2	覘 2 或		
1081	閌	2	伉 3 本作		
1082	闅	2	閿 1 俗		
1083	閡	1	閡 1 同		
1084	戶	246	床 1 古		
1085	扆	2	扂 1 同		
1086	扅	2	扈 1 同		
1087	戾	1	軑 1 亦		
1088	戹	5	厄 11 俗		
1089	戺	1	扈 1 亦		
1090	居	573	屋 1 古		
1091	屍	1	屏 1 同		
1092	屐	1	夾 7 或		
1093	屖	2	栖 5 今	犀 3 亦	
1094	屟	1	屧 1 或		
1095	屋	95	屋 1 籒		
1096	屖	1	降 19 今		
1097	屣	1	慰 1 今		
1098	屎	1	屎 1 俗		
1099	屧	1	髁 1 亦		
1100	屙	1	屋 1 同		

組號	字頭	字頻	異體字組		
1101	尾	66	尾 1 古		
1102	尿	1	尿 1 今		
1103	屬	166	属 1 俗		
1104	履	63	顗 1 古		
1105	屨	1	屨 1 同		
1106	屩	1	絇 2 或		
1107	屣	1	屣 1 同		
1108	老	106	叀 1 古		
1109	耄	1	悼 3 今		
1110	壽	3	耆 1 古		
1111	耋	1	耋 1 亦		
1112	耋	1	耄 1 同	耄 1 亦	
1113	疒	1	疔 1 籒		
1114	疾	200	痰 1 古		
1115	痒	4	癢 1 同		
1116	痾	1	痾 1 同		
1117	瘼	1	癡 1 說文		
1118	疛	1	疇 1 同		
1119	痱	2	疤 1 同		
1120	瘁	1	悴 5 亦		
1121	癰	7	癕 1 同		
1122	瘜	1	腮 2 亦		
1123	瘕	1	遐 13 本作		
1124	瘃	1	瘃 1 同		
1125	瘴	2	憧 1 籒	尰 2 或	
1126	痏	1	瘕 1 籒		
1127	疢	1	疢 1 俗		
1128	疼	3	胶 1 古		
1129	瘦	10	瘦 1 同		
1130	疸	6	癉 2 亦		
1131	瘛	2	瘌 1 同		
1132	瘆	2	嘽 1 亦		
1133	痼	1	痁 1 同		
1134	瘵	1	療 1 同		
1135	瘥	1	瘥 1 同		

組號	字頭	字頻	異體字組		
1136	㾐	1	衰 3 今		
1137	㾏	1	疣 1 同		
1138	癳	2	瘭 1 同		
1139	瘙	2	㿋 1 同		
1140	𤺺	1	癤 1 同		
1141	㾓	1	暍 1 亦	焬 1 亦	
1142	痷	1	殗 1 亦		
1143	𤸻	2	𤻮 1 同		
1144	瘮	1	瘁 1 同		
1145	癁	1	復 25 亦		
1146	瘠	4	𤵫 1 古		
1147	㿆	1	㥯 1 或		
1148	痕	2	脤 7 亦		
1149	瘃	1	殩 1 或	喙 16 亦	
1150	瘖	1	腃 1 亦		
1151	𤼏	1	𤼑 1 同		
1152	痌	1	恫 2 亦		
1153	痯	1	譊 3 亦		
1154	瘊	1	猒 2 本作		
1155	𣦼	1	奴 1 同		
1156	歾	1	𣦸 4 亦		
1157	歹	1	𣦵 1 古	歺 1 同	
1158	殘	1	𤸧 2 亦		
1159	殂	11	𣧁 1 古	𣧈 1 古	徂 21 今
1160	𣧒	1	殝 1 同		
1161	殁	5	沒 1 今	歾 1 同	
1162	殪	1	𡔷 1 古		
1163	殄	1	朽 4 或		
1164	殃	3	袂 1 古		
1165	殈	1	殘 11 或	殡 1 或	賤 1 或
1166	殄	39	劢 1 古		
1167	殬	1	斁 1 亦		
1168	殄	1	終 38 今		
1169	殏	1	求 59 亦		
1170	殀	1	夭 5 亦		
1171	殗	1	殗 1 同		
1172	殊	1	骴 1 今		
1173	殊	2	魅 1 亦		
1174	殰	1	僨 1 亦		
1175	殫	1	爛 12 亦		
1176	殆	1	落 65 或		
1177	㱙	1	氛 1 古		
1178	㱇	1	澌 2 亦		
1179	死	61	𣦸 1 古		
1180	薨	4	䕀 1 同		
1181	殙	1	惛 8 或		
1182	另	1	咼 2 同		
1183	別	31	穴 1 古		
1184	凶	28	殉 1 古		
1185	𥨍	2	㙈 1 或	復 25 亦	
1186	竈	15	竈 1 同		
1187	突	1	肤 1 或	閧 1 或	
1188	窒	1	罄 5 或		
1189	窩	1	坎 1 或		
1190	窻	10	窓 1 俗		
1191	窳	1	窪 1 同		
1192	窺	5	闚 2 亦		
1193	窴	2	填 3 今		
1194	究	5	𥨬 1 古		
1195	窔	1	突 1 俗		
1196	窮	18	竆 1 同		
1197	窅	1	窈 4 亦		
1198	窄	1	迮 2 或		
1199	窳	1	瓠 6 或		
1200	宜	1	岨 2 亦		

組號	字頭	字頻	異體字組		
1201	中	293	𠁦 1 古	𠁧 1 古	
1202	串	6	慣 5 或	遺 2 或	
1203	屮	1	艹 1 今	草 1 同	艸 10 或
1204	岕	1	𡾟 1 籀		
1205	𡴑	1	毐 1 今		
1206	𡴐	1	芬 7 今		
1207	𡴩	1	䓯 1 古	𧈢 1 古	毒 1 今
1208	𡴶	1	熏 1 今		
1209	樤	1	條 15 亦		
1210	樝	1	柤 1 同		
1211	棃	1	梨 20 同		
1212	柟	2	楠 1 俗		
1213	梅	12	楳 1 同		
1214	柰	10	奈 1 俗	㮏 1 同	
1215	李	11	杍 1 古		
1216	亲	1	榛 1 同		
1217	㭿	1	枆 1 同		
1218	梒	1	含 96 亦		
1219	枇	1	㮰 1 同		
1220	𣚵	3	楝 1 同		
1221	桍	1	𣜬 1 同	㬪 1 同	㰗 1 亦
1222	橃	1	梲 1 同		
1223	椯	1	𡹞 1 同	㯲 1 同	
1224	栲	1	𣓌 1 同		
1225	蘽	1	𣡿 2 籀	櫐 2 同	
1226	樧	1	杉 2 同		
1227	檟	1	榎 1 同		
1228	棆	1	倫 37 亦		
1229	杶	2	櫄 1 同		
1230	梓	5	榟 1 同		
1231	柔	1	杼 5 今		
1232	樣	4	橡 1 同		
1233	楮	1	柠 1 同		
1234	檏	1	樸 7 亦		
1235	枸	5	𣗌 1 或	蒟 2 亦	
1236	樓	1	檽 1 同		
1237	桺	1	柳 21 說文		
1238	權	6	雚 1 亦		
1239	柘	5	樜 1 亦		
1240	松	13	𥦭 1 古		
1241	某	1	槑 1 古		
1242	樹	34	尌 1 籀		
1243	本	176	㮺 1 古		
1244	𣚖	1	𣏕 1 同		
1245	欇	1	𣟣 1 同		
1246	朶	1	朵 3 同		
1247	樛	4	朻 1 同		
1248	榴	1	椙 1 同		
1249	欃	2	𣞾 1 同		
1250	槸	1	𣘦 1 同		
1251	槀	2	槁 1 同		
1252	榜	2	橗 1 同	柝 1 亦	
1253	模	1	橅 1 同		
1254	樘	2	橕 1 同		
1255	枅	1	開 1 亦		
1256	檐	5	櫩 1 同		
1257	植	10	𣟌 1 同		
1258	𣡸	1	櫳 3 亦		
1259	楯	3	盾 7 本作		
1260	榍	1	𣘃 1 同		
1261	楂	1	查 2 亦		
1262	櫼	1	殲 2 或		
1263	櫝	2	樚 1 同		
1264	櫛	2	楖 1 同		
1265	梠	1	梩 1 同		
1266	茉	1	鏵 2 今		
1267	枱	1	辝 1 籀	鈶 1 亦	
1268	欘	1	斸 2 或		
1269	槩	2	杚 1 同		
1270	杫	1	楷 1 同	樅 1 同	

組號	字頭	字頻	異體字組		
1271	桮	6	匜 1 古	匳 1 籀	杯 11 同
1272	槃	2	柈 1 同	盤 1 或	鎜 1 或
1273	械	1	椷 1 同		
1274	榼	5	螷 1 古		
1275	椁	1	檍 1 古	梈 1 同	
1276	檷	1	鈮 1 古		
1277	椮	1	椶 1 亦		
1278	楥	1	楦 1 俗		
1279	栒	2	楔 1 同	簨 2 亦	
1280	槝	1	蔦 2 亦		
1281	梋	1	柄 1 同	榧 1 亦	
1282	橇	3	轎 1 亦		
1283	棖	1	枨 1 同		
1284	樔	1	艦 1 亦		
1285	桊	1	拳 1 亦		
1286	梭	1	梫 1 同	艘 2 或	
1287	橃	1	艥 1 亦		
1288	槎	3	查 2 亦		
1289	棱	10	稜 4 俗	楞 1 亦	
1290	蘖	1	櫱 1 同	不 1 同	栓 1 同
			栜 1 同		
1291	析	7	拼 1 俗		
1292	棝	1	艉 1 古		
1293	楪	1	枼 1 同		
1294	桓	1	亘 1 今		
1295	杻	1	杼 1 同		
1296	榬	2	簑 1 或		
1297	棲	4	栖 5 亦		
1298	椁	2	槨 1 同		
1299	樑	1	艓 1 亦		
1300	櫂	1	棹 1 同		
1301	椒	3	梂 1 同		
1302	椹	6	戡 1 或		
1303	棬	1	桊 2 亦		
1304	椗	1	匙 5 今		
1305	柮	1	枻 1 同		
1306	欇	2	欅 1 同		
1307	檻	2	槛 1 俗		
1308	櫝	1	匵 2 亦		
1309	樹	1	鞯 1 亦		
1310	櫃	1	灌 9 今		
1311	橛	6	橜 3 亦		
1312	檍	1	榼 1 同		
1313	椊	1	椡 1 亦		
1314	檁	1	郱 1 或		
1315	杴	1	檶 1 同		
1316	材	12	扐 2 古		
1317	椶	1	椶 2 亦		
1318	枲	1	枵 1 同		
1319	棒	1	棒 1 同	棓 1 同	
1320	櫓	1	樐 1 同		
1321	橡	1	橡 1 同		
1322	柄	28	棅 1 同		
1323	栝	5	桰 1 說文	栝 1 同	
1324	梁	24	渿 1 古	㳫 1 古	
1325	牀	27	床 1 俗		
1326	屎	1	屎 1 同		
1327	鬱	10	欝 1 俗	鬰 1 同	
1328	森	1	槮 2 或		
1329	楙	1	茂 20 亦		
1330	麓	1	禁 1 古		
1331	霖	1	無 256 今		
1332	叒	1	叠 1 籀		
1333	桑	63	桒 1 俗		
1334	蘿	1	藿 1 同		
1335	藡	2	臣 1 亦		

組號	字頭 字頻	異體字組		
1336	蓀 1	蕵 1 同		
1337	虋 3	蘴 1 俗		
1338	葅 1	菹 1 同		
1339	葵 24	葵 1 同		
1340	薑 1	薑 5 同		
1341	萍 4	蓱 1 同		
1342	藨 1	藨 1 同		
1343	藒 1	藒 1 同		
1344	蘮 1	蘮 4 俗		
1345	銚 2	銚 3 亦		
1346	蔆 1	蔘 1 同		
1347	芜 3	茺 1 同		
1348	蕁 2	蕁 1 同		
1349	荻 1	蔋 1 同		
1350	薖 1	菮 2 同		
1351	葭 5	茄 3 今		
1352	葱 8	蓯 1 俗		
1353	菡 2	菌 1 同	菩 1 同	
1354	苕 2	蔄 1 同		
1355	的 93	菂 2 亦	馰 1 或	
1356	蔤 1	苾 1 同		
1357	藕 5	蕅 1 同		
1358	苡 3	苢 1 同		
1359	蔦 3	蔦 1 同		
1360	蔬 1	疵 3 或		
1361	茜 1	蒨 1 同	蒨 1 同	
1362	蔽 1	蔽 1 同		
1363	蓬 2	莑 1 籀		
1364	蕩 2	蕩 2 同		
1365	蓾 2	蓾 1 同		
1366	葩 1	葩 1 或		
1367	芓 1	荸 1 同		
1368	蒜 7	蒜 1 俗		
1369	蘐 1	藼 1 同	萱 1 同	
1370	营 1	芎 2 同		
1371	藋 1	藋 1 同		
1372	若 33	叒 1 籀		
1373	芸 1	蒷 1 同		
1374	蔡 10	蔡 1 古		
1375	菹 4	葅 12 同		
1376	薵 1	薵 1 同		
1377	苧 1	苧 1 同		
1378	蘊 1	蘊 1 同		
1379	蔨 1	蔨 1 同		
1380	蕾 1	薏 1 同		
1381	虉 1	虉 1 同		
1382	蘺 1	蘺 1 同		
1383	莸 1	蕕 1 同		
1384	茵 1	綴 8 或		
1385	斮 1	折 29 今	斮 1 同	
1386	菌 1	屎 1 俗	矢 36 亦	
1387	莯 2	蓏 1 籀	蓐 4 說文	
1388	蘈 2	蘈 1 同		
1389	薌 1	香 86 亦		
1390	啎 1	忤 1 同		
1391	蘞 1	蘞 1 同		
1392	芩 3	莶 1 同		
1393	藕 1	藕 1 同		
1394	芰 2	茤 1 同		
1395	蔆 3	蔆 1 同	蔆 1 同	菱 1 亦
1396	菊 3	蘜 1 同		
1397	葥 1	葥 1 同		
1398	莊 65	壯 1 古		
1399	蓍 5	蓍 1 古		
1400	蘜 1	蘜 1 同		

組號	字頭	字頻	異體字組		
1401	茉	1	葕 1 同		
1402	莕	2	荇 1 同		
1403	芺	2	蕺 1 同		
1404	苽	1	菰 1 同		
1405	荆	12	莿 1 古		
1406	落	1	茖 2 同		
1407	蘀	1	蘀 1 同		
1408	蕲	1	蘄 1 同		
1409	菑	3	葘 1 同		
1410	葠	1	苫 4 或		
1411	芻	3	蒭 1 俗		
1412	藙	1	藾 1 同		
1413	茭	2	較 1 古		
1414	蔟	1	蓐 4 亦		
1415	蒸	9	荵 1 同		
1416	芔	1	卉 2 同		
1417	薻	1	藻 6 同		
1418	苐	1	茀 1 同		
1419	蘬	1	葵 1 古		
1420	菧	2	底 18 本作		
1421	蓼	7	蔘 1 同		
1422	蘵	1	蘵 1 同		
1423	荓	1	葦 1 古		
1424	花	33	華 1 今	荂 1 今	
1425	蓉	1	蒃 1 古		
1426	菴	2	葊 1 古		
1427	蔫	1	蔂 1 或		
1428	𦶂	1	益 47 本作		
1429	芁	1	艽 1 同		
1430	苘	1	蕒 1 同	檾 3 亦	
1431	茍	1	蕨 1 古		
1432	菤	1	葬 1 古		
1433	葥	2	蔳 1 同		
1434	英	5	渶 1 同		
1435	莌	1	蔙 1 同		

組號	字頭	字頻	異體字組		
1436	蕣	1	䕲 1 同	燐 1 或	舜 1 亦
1437	蒃	1	蕵 1 亦		
1438	䔶	1	䔢 1 同		
1439	蕘	2	藁 2 俗		
1440	葌	1	荌 1 同	芆 1 同	
1441	蒘	1	茹 7 亦		
1442	萞	1	蓖 1 同		
1443	蘋	2	薲 1 同		
1444	菌	1	菩 1 同	莤 1 同	
1445	蔎	2	芟 1 同		
1446	蔄	3	萌 36 本作	蒠 1 同	簢 1 或
1447	蔀	1	芜 1 同		
1448	蓏	1	蓋 1 同		
1449	苗	24	寘 1 古		
1450	蔋	4	滌 5 本作	滌 5 亦	
1451	菣	2	蔑 1 同		
1452	藤	2	蕂 1 同		
1453	䑞	1	井 1 同		
1454	䒌	1	莫 1 今		
1455	葬	7	䒧 1 古		
1456	舜	13	𡕢 1 古	䑞 1 說文	
1457	箘	1	䇹 1 同	箟 1 亦	
1458	簬	2	簵 1 同		
1459	筱	1	篠 1 同		
1460	𥳁	1	箃 1 籀		
1461	筍	9	箰 1 同		
1462	篔	1	簨 2 同		
1463	篹	1	䉵 1 同		
1464	篰	1	箁 1 同		
1465	管	43	筦 2 亦		
1466	篪	1	箎 1 同	篩 1 同	
1467	籓	1	𥳝 1 同		
1468	箾	1	筲 1 同		
1469	簇	1	篕 1 同		
1470	籯	4	籝 1 亦		

組號	字頭	字頻	異體字組		
1471	篚	1	箓 1 同		
1472	篧	1	籗 1 同		
1473	筊	2	篍 1 同		
1474	篂	2	箞 1 同		
1475	箈	1	籈 1 同		
1476	篆	1	筥 5 亦		
1477	篙	1	篥 1 同	槁 2 亦	
1478	籫	1	篋 1 同		
1479	箴	7	鍼 3 或	針 3 或	
1480	笛	3	篴 1 同		
1481	籡	1	蔆 2 亦		
1482	博	48	簙 1 亦		
1483	箄	1	蓽 4 亦		
1484	篽	1	籞 1 同		
1485	笲	5	笇 1 同		
1486	籔	1	箵 1 同	筊 1 同	
1487	篞	1	篹 1 同		
1488	筨	1	箘 1 同		
1489	篷	1	箻 1 同		
1490	竽	1	杅 1 亦		
1491	籧	1	篪 1 同		
1492	籅	1	筷 1 同	椷 2 亦	
1493	筮	4	簭 1 同		
1494	筱	1	莜 1 本作		
1495	簳	1	笴 7 同		
1496	箳	1	箯 1 同		
1497	籊	1	籆 1 同		
1498	箻	1	箻 1 同		
1499	箬	2	篛 1 同		
1500	筵	1	筵 6 亦		

組號	字頭	字頻	異體字組		
1501	籂	2	箷 1 同		
1502	簺	1	笄 1 同		
1503	箕	14	囟 1 古	𠀠 1 古	𠁔 1 古
			巽 1 古	匩 1 籀	
1504	亷	1	東 1 同		
1505	南	131	峚 1 古		
1506	𠂹	1	𥘈 1 古	垂 60 今	
1507	𦾔	1	華 1 今		
1508	稭	1	枳 4 今		
1509	𥢘	1	椇 2 今		
1510	桼	5	漆 4 今	柒 1 俗	
1511	叢	22	藂 1 俗		
1512	業	31	𦘺 1 古		
1513	對	2	對 67 今		
1514	僕	12	䑑 1 古		
1515	𣂝	1	研 2 或	䇂 1 亦	
1516	卣	2	𠧢 1 籀		
1517	㮚	1	𣡌 1 古	粟 1 今	
1518	𣐿	1	𣡍 1 籀	栗 1 今	
1519	棗	11	𣚍 1 俗		
1520	朩	1	朩 1 今		
1521	枲	15	𦷊 1 籀		
1522	麻	28	𣏟 1 今	𣏟 1 亦	
1523	椒	1	散 34 亦		
1524	𪎊	1	𪎋 1 同		
1525	䊵	1	𪎌 1 古		
1526	麾	5	摩 2 亦		
1527	尗	2	𣎵 1 俗	叔 8 同	菽 1 亦
1528	㭒	1	豉 20 今		
1529	𪊲	1	齏 1 同		
1530	韲	3	虀 12 俗		
1531	㕧	1	𠥤 1 同		
1532	𠪇	1	𠪋 1 同		

組號	字頭	字頻	異體字組								
1533	瓝	1	菇	2	亦						
1534	𤬮	1	瓢	5	或						
1535	來	122	来	1	俗						
1536	麥	73	麦	1	俗						
1537	麰	1	𪍿	1	同	䅎	1	亦			
1538	麩	1	𪌂	1	俗	麱	1	同			
1539	麪	3	麵	3	同						
1540	𪌉	1	𪍑	1	同						
1541	䵅	1	熬	6	亦						
1542	𪍓	1	麳	1	同						
1543	麴	14	麯	1	俗	鞠	1	同			
1544	𪍔	1	麨	1	同						
1545	麮	2	䵃	1	同						
1546	𪎊	1	䵍	1	同						
1547	𪏰	1	香	86	今						
1548	黏	1	𪐗	1	俗						
1549	𪐀	1	䵕	1	同						
1550	𪏾	1	黎	6	亦						
1551	𪐯	1	曬	3	亦						
1552	稑	1	穋	1	同						
1553	稺	1	稚	8	同	𥞒	1	同			
1554	穆	1	𥝹	1	古						
1555	稷	14	䅑	1	古						
1556	穧	1	粢	2	亦						
1557	稬	1	稬	1	俗	糯	1	俗			
1558	稤	1	𪍓	1	或						
1559	移	107	迻	1	古	秕	1	同			
1560	采	1	穗	6	同						
1561	杓	1	物	165	亦						
1562	稭	1	䅌	1	同	𥢆	1	亦			
1563	秕	2	粃	1	俗						
1564	稈	7	秆	1	同						
1565	鞂	1	秸	1	同						
1566	秼	1	𥝩	1	同	䅻	1	同			
1567	秦	53	𥡆	1	籀						
1568	秊	1	年	41	同						
1569	秔	1	荒	15	今						
1570	秋	50	𪛁	1	籀	烁	1	同			
1571	稷	1	稅	1	籀						
1572	積	1	𥢟	1	同						
1573	稘	1	朞	1	今						
1574	種	35	𥞊	1	古						
1575	稕	1	稕	1	同						
1576	穅	4	糠	1	俗						
1577	穪	1	穛	1	亦						
1578	秼	1	蕺	1	同						
1579	秲	1	蒔	5	亦						
1580	羸	1	䆉	1	同						
1581	秅	1	芒	10	或						
1582	耕	119	畊	1	古						
1583	耘	1	耘	2	同	䎙	1	同			
1584	耬	1	嫛	9	亦						
1585	耚	1	畯	1	亦						
1586	耗	5	秏	4	正作						
1587	䤈	1	飶	1	或						
1588	馤	1	馧	1	同						
1589	䭯	1	秫	1	同						
1590	馧	1	蒀	3	今						
1591	啻	1	適	9	今						
1592	皀	1	即	1	今						
1593	爵	1	爵	1	今						
1594	鬯	1	秬	1	今						
1595	粒	4	飡	1	古						
1596	糂	1	糝	1	古	糣	1	籀			
1597	鬯	1	麤	1	亦						
1598	糟	6	醩	1	籀	醩	1	同	䣓	1	亦
1599	麴	1	麴	14	今						
1600	糒	1	糒	1	俗						

組號	字頭 字頻	異體字組		
1601	糧 2	粮 1 同		
1602	粈 1	粿 2 同		
1603	穖 1	麩 3 或		
1604	氣 144	吮 1 古	吃 1 古	炁 1 古
		槩 1 同	餼 3 亦	
1605	粠 1	紅 77 或		
1606	粩 1	粽 1 同		
1607	籹 2	粱 1 俗		
1608	屦 1	粺 1 同		
1609	糷 1	糄 1 同	糷 1 亦	
1610	粳 1	秔 3 亦		
1611	糰 1	糰 1 同	餈 1 同	饘 4 亦
1612	粺 1	犁 1 亦		
1613	粯 1	研 13 亦		
1614	粙 1	稍 2 亦		
1615	糠 1	穅 1 亦		
1616	糉 1	粽 1 俗		
1617	粜 1	粜 1 同		
1618	舀 1	揄 2 亦		
1619	臿 11	㢣 1 古	𨶹 1 古	鍤 1 俗
		晒 1 同		
1620	臽 1	䀐 1 同		
1621	唾 1	喘 1 同		
1622	疇 1	擣 15 亦		
1623	倉 36	仓 1 古		
1624	亩 1	廩 1 亦		
1625	嗇 3	嗇 1 古		
1626	牆 28	牆 1 古	牆 1 籀	墻 2 俗
		廧 1 同		
1627	侖 1	侖 1 籀		
1628	畣 1	荅 46 今		
1629	會 57	會 1 古	岃 1 古	
1630	䢅 1	辰 9 今		
1631	亯 1	享 2 籀	享 2 今	
1632	䈞 1	䈞 1 同		

組號	字頭 字頻	異體字組		
1633	亯 1	庸 17 今		
1634	覃 1	覃 1 篆	覃 1 今	
1635	良 102	㠤 1 古	筤 1 古	
1636	全 22	全 1 古	仝 1 同	
1637	从 1	薛 9 說文		
1638	冖 1	冪 1 今		
1639	冃 1	帽 5 或	䘬 1 亦	
1640	冒 9	圕 1 古		
1641	冐 1	帢 1 亦		
1642	㒳 1	兩 117 今		
1643	㡀 1	弊 1 俗	敝 8 同	獘 4 或
1644	覂 1	庈 1 或		
1645	罔 47	罔 1 古	它 1 古	網 2 今
		罔 1 同	网 1 同	囚 1 同
		罡 1 古		
1646	罟 9	緍 1 或		
1647	罕 1	罕 1 俗		
1648	罙 1	罙 1 同		
1649	罯 1	罘 2 同		
1650	罶 2	罶 1 同	罚 1 同	
1651	罦 1	罝 1 同		
1652	罝 1	罝 1 籀	罝 1 同	
1653	置 27	罬 1 古		
1654	羈 13	羈 1 同		
1655	羇 5	羇 1 古		
1656	罾 1	擠 4 亦		
1657	罥 1	羂 1 同		
1658	罬 1	罡 1 同		
1659	棄 7	弃 7 古		
1660	冀 14	兾 10 同		
1661	西 73	卤 1 古	卥 1 籀	
1662	鹺 1	鹺 2 亦		
1663	滷 3	斥 3 本作	潟 1 或	
1664	鹹 12	醎 1 俗		
1665	鹼 2	鹼 1 同		

組號	字頭 字頻	異體字組		
1666	鹼 1	鹻 1 同		
1667	䴳 1	𪉖 1 同		
1668	鹽 29	塩 1 俗	𪉥 1 同	
1669	現 1	垷 1 亦		
1670	堲 1	垔 1 古		
1671	盇 1	盍 1 同		
1672	盧 51	盧 1 同		
1673	盬 1	盬 1 同		
1674	盌 2	㼝 1 同	椀 6 亦	
1675	瀊 1	瀊 1 同		
1676	盡 46	𥁞 1 同		
1677	昷 1	温 28 或		
1678	盄 1	盄 1 同	𥁅 1 同	盄 1 同
1679	盤 9	鎜 1 古		
1680	罍 1	櫑 2 亦		
1681	盜 1	盜 1 同		
1682	盪 1	盪 4 同		
1683	蓋 62	蓋 1 同		
1684	監 17	警 1 古		
1685	甗 1	甗 1 同		
1686	琴 9	鑋 1 古	𤦪 1 古	珡 1 篆
1687	瑟 12	𤨌 1 古		
1688	喜 41	歖 1 古		
1689	鼓 52	𡔷 1 籀		
1690	鼛 1	鞈 1 或		
1691	鼙 1	鼙 1 俗	鞞 1 又	
1692	鼜 1	鼜 1 或		
1693	豆 80	㪯 1 古	梪 1 同	
1694	登 1	䔲 1 同		
1695	豐 14	豊 1 古	豊 1 俗	
1696	豔 16	艶 1 俗		
1697	盧 1	宔 1 或		
1698	量 25	量 1 古		
1699	甍 1	甂 1 同		
1700	瓮 3	甕 1 同		

組號	字頭 字頻	異體字組		
1701	甀 1	甈 1 同		
1702	甃 2	㼫 1 古		
1703	甄 1	㼼 1 同		
1704	瓶 1	甁 1 同		
1705	瓷 4	瓷 1 亦		
1706	甕 1	甕 3 今		
1707	瓴 1	瓴 1 同		
1708	瓫 1	盆 17 亦		
1709	甗 1	甗 1 同	䍃 1 亦	
1710	瓶 1	甁 1 同		
1711	缶 8	缻 1 同		
1712	甀 1	錘 1 古		
1713	錇 1	瓿 3 亦		
1714	甕 1	罋 1 同		
1715	缺 14	缺 2 亦		
1716	缿 1	錢 17 亦		
1717	罍 4	鑘 1 籀	櫑 2 又	
1718	鐔 1	甑 1 亦		
1719	鍉 1	題 2 亦		
1720	鬲 6	鬲 1 說文	䰛 1 同	䰜 1 同
		歷 1 古	鬲 2 亦	
1721	融 8	融 1 籀		
1722	鬴 1	釜 6 或		
1723	鬹 1	䰛 1 亦		
1724	鬵 1	鬵 1 同	甑 11 亦	
1725	鬻 1	羹 4 亦		
1726	鬻 1	鬺 1 同	鬺 1 亦	
1727	鬲 1	膈 1 亦		
1728	鬻 1	餗 1 或		
1729	鬻 1	煼 2 或		
1730	鬻 1	糊 2 或		
1731	鬻 1	鬻 1 同	粥 12 或	
1732	鬻 2	粖 3 或		
1733	鬻 1	飦 1 同	餰 2 或	
1734	鬻 1	餌 14 或		

組號	字頭	字頻	異體字組		
1735	鬻	1	粥 1 同	煮 31 或	鬻 1 亦
1736	鬻	1	鬻 1 同		
1737	斗	23	蚪 1 俗		
1738	斞	1	庾 23 今		
1739	以	557	㠯 1 古		
1740	斜	1	帢 2 亦		
1741	勺	1	杓 5 亦		
1742	几	58	机 1 亦		
1743	且	149	𠀃 1 古		
1744	匚	1	匚 1 籀		
1745	匧	1	篋 14 或		
1746	匡	3	匩 1 同	筐 15 亦	
1747	匛	1	匶 1 籀	柩 4 亦	
1748	匭	1	匭 1 同		
1749	匬	1	匬 1 籀	籩 2 亦	
1750	匫	1	篚 2 今		
1751	匩	1	箄 4 今		
1752	匴	1	匲 1 同	籢 4 亦	
1753	曲	104	𠙴 1 古		
1754	囲	1	笛 2 或		
1755	壺	4	曲 1 籀	壷 1 篆	楂 1 亦
1756	壽	1	壽 1 篆		
1757	甾	1	囟 1 古	甶 1 古	甾 1 今
1758	盧	1	蠦 1 籀		
1759	畚	2	畚 1 同		
1760	㫃	2	偃 26 今		
1761	旌	16	旍 1 同		
1762	旞	1	旞 1 同		
1763	旝	11	旝 1 同		
1764	斿	3	游 13 或		
1765	旅	28	旅 1 古	㭰 1 古	裗 1 或
1766	族	10	㞏 1 古		
1767	於	960	㫐 1 古	㚬 1 古	
1768	㫚	1	勿 61 亦		
1769	旛	1	揮 10 亦		
1770	矢	36	矢 1 俗	笶 1 俗	
1771	侯	154	医 1 古	帿 1 古	
1772	躲	3	射 24 今		
1773	矤	1	矧 1 同	敓 1 同	
1774	矩	27	榘 1 同		
1775	弭	9	弲 1 同		
1776	弴	1	弤 1 同		
1777	彊	8	強 56 同		
1778	彌	59	璽 1 同	弥 1 亦	
1779	弛	3	弧 1 同		
1780	彉	1	彍 1 同		
1781	彈	3	弙 1 同	弯 1 同	
1782	弼	1	哲 1 同		
1783	弽	1	韘 1 或		
1784	彷	1	彷 1 同		
1785	弼	1	㢸 1 古	㢽 1 古	弼 1 今
			弼 1 同		
1786	斸	2	钃 1 或		
1787	斮	2	戩 1 古		
1788	所	460	所 1 俗		
1789	斯	13	所 1 古		
1790	斷	49	㫁 1 古	剆 1 古	断 1 俗
1791	斵	1	斵 1 同		
1792	斱	1	戕 1 亦		
1793	矛	33	鉾 1 古	戎 1 古	
1794	穳	1	穳 1 同		
1795	穫	1	矜 9 同		
1796	矝	2	矝 1 同		
1797	穮	1	鏣 1 亦		
1798	肇	1	肇 1 俗		
1799	戎	22	戒 1 說文		
1800	戟	29	戟 1 說文		

組號	字頭	字頻	異體字組		
1801	賊	9	賊 1 說文		
1802	戰	33	峷 1 古		
1803	截	7	截 7 亦		
1804	截	1	蠽 6 亦		
1805	鐵	1	截 1 今		
1806	斅	1	設 1 同		
1807	敲	1	敲 3 或		
1808	段	4	叚 1 古		
1809	篓	1	簺 1 古	築 12 亦	
1810	殳	1	投 11 古		
1811	殺	35	布 1 古	敓 1 古	徽 1 古
			弑 1 亦		
1812	戊	3	鉞 3 又		
1813	戚	4	鏚 2 或		
1814	刀	143	刁 1 俗		
1815	釗	1	弨 1 或		
1816	剞	1	刬 1 同		
1817	剮	1	劂 1 同		
1818	利	123	秎 1 古		
1819	則	71	劃 1 古	鼎 1 籒	
1820	刻	7	刪 1 古		
1821	割	44	创 1 古		
1822	副	7	疈 1 籒	髻 1 亦	
1823	列	104	𠚤 2 說文	凬 1 俗	
1824	削	1	刚 1 古		
1825	劁	1	劁 1 俗		
1826	剺	1	剺 1 同		
1827	封	1	剴 1 同		
1828	剿	1	剿 1 同		
1829	制	50	剬 1 古		
1830	刮	1	玷 7 或		
1831	剸	1	剸 1 同		
1832	刑	15	刱 1 同		
1833	創	11	瘡 22 古	戧 1 古	刅 1 或
1834	劉	5	鎦 1 古		
1835	剸	1	剸 1 亦		
1836	剽	1	剸 1 同		
1837	劘	1	劘 1 籒		
1838	刖	1	刖 1 同		
1839	剃	1	鬀 5 亦		
1840	剔	9	剔 1 同		
1841	剠	1	剠 1 籒	略 1 今	掠 3 亦
1842	劊	1	揃 3 或		
1843	剒	1	錯 13 亦		
1844	劍	1	劒 28 籒		
1845	剆	1	斷 1 亦		
1846	剥	13	㓟 1 古		
1847	金	113	金 1 古		
1848	鐵	47	銕 1 古	鐵 1 俗	
1849	鏤	1	鎜 1 同		
1850	鉹	1	鉽 1 同		
1851	鑒	5	鑑 7 同		
1852	鍟	1	鉎 1 亦		
1853	鑿	8	鑿 1 同	鑿 1 同	
1854	鐮	3	鎌 7 同		
1855	鉏	12	鋤 6 同		
1856	鍥	1	鍥 1 同		
1857	鈪	1	鑷 1 同		
1858	鑢	1	鋁 1 同		
1859	鋝	1	鋝 1 同		
1860	鈞	6	鋆 1 古		
1861	鏞	1	鏞 1 同		
1862	鍠	1	韹 1 亦		
1863	鎗	1	鎗 1 同		
1864	釾	2	鋣 1 同		
1865	鋭	28	剫 1 籒		
1866	鏦	1	鏦 1 同		
1867	鐓	1	錞 1 同		
1868	釬	1	銲 1 同		
1869	鐊	1	鍚 1 同		

組號	字頭 字頻	異體字組		
1870	鑘 1	礧 2 或		
1871	鉅 5	巨 246 今		
1872	鈰 1	鏤 1 同		
1873	鏵 2	釫 1 同		
1874	鍵 3	闥 1 古	鑳 1 同	
1875	鍫 2	鐰 1 同		
1876	鍮 3	鋀 1 同		
1877	鑿 1	鏨 1 亦		
1878	鏗 2	鋞 1 同		
1879	鑈 1	鉩 1 同		
1880	䥶 1	鬲 2 或		
1881	鎖 5	鏁 1 俗		
1882	鋖 1	鐁 1 同		
1883	鋑 1	鎪 1 同		
1884	鉛 3	鈆 2 亦		
1885	釨 1	鋅 1 同		
1886	鉚 1	鋙 1 同		
1887	鐨 1	鋿 1 或		
1888	攴 1	攵 1 同		
1889	徹 6	𢕛 1 古		
1890	敃 1	暋 1 同		
1891	𢻫 1	施 26 亦		
1892	效 12	効 1 俗		
1893	𢿱 1	敷 10 亦		
1894	敟 1	典 58 今		
1895	敕 60	勅 1 今		
1896	變 36	𢒼 1 古		
1897	㪅 1	更 1 今		
1898	赦 2	𢼛 1 同		
1899	攸 4	汥 1 亦		
1900	攺 1	撫 19 或		
1901	敡 1	揚 15 亦		
1902	敗 35	𣀔 1 籀		
1903	敛 1	捡 6 或		
1904	收 18	扏 1 古		
1905	敂 1	扣 2 或		
1906	攷 1	考 12 今		
1907	𢻲 1	枉 8 今		
1908	敲 1	毃 1 同		
1909	𢽟 1	達 157 或		
1910	教 54	𢽈 1 古	𧥮 1 古	
1911	頓 20	𢻠 1 亦		
1912	𢻹 1	扶 261 今		
1913	𣀈 1	操 2 亦		
1914	敳 1	徵 2 今		
1915	敢 54	𢽐 1 篆	敔 1 篆	敨 1 篆
1916	敝 1	𣢐 1 或		
1917	迡 1	記 140 今		
1918	巽 6	𢁉 1 古	巺 1 同	
1919	其 245	亓 1 古		
1920	差 21	𦍡 1 籀	𢀩 1 同	
1921	工 36	𢀚 1 古		
1922	巨 246	𠀍 1 古		
1923	巧 43	扝 1 古	𪀮 1 或	
1924	㠭 1	展 15 今		
1925	𡫳 1	塞 40 今		
1926	巫 3	𢓢 1 古		
1927	靈 19	𩂣 1 古	龗 1 或	靇 1 或
		𩴵 1 或		
1928	卜 40	𠁽 1 古		
1929	𣫭 1	悔 7 今		
1930	兆 26	𠧞 1 同	垗 2 亦	
1931	用 70	𠂁 1 古		
1932	葡 1	備 25 今		
1933	爽 4	𡗜 2 同		
1934	車 241	𨏥 1 籀		

組號	字頭	字頻	異體字組		
1935	軒	4	韓 1 同		
1936	轢	1	轢 1 同		
1937	較	1	較 1 同		
1938	𨊻	1	輴 1 同		
1939	軨	3	轜 1 同		
1940	軫	8	𨋎 1 俗		
1941	轒	2	軎 1 同		
1942	軝	1	軙 1 同	軧 1 亦	
1943	軿	1	輧 1 籀		
1944	軏	1	軏 1 同		
1945	軶	3	軛 2 亦		
1946	輂	1	輂 1 同		
1947	軔	1	杒 1 或		
1948	轍	1	轍 1 同		
1949	輦	1	輊 1 同		
1950	輇	1	輲 1 同		
1951	輗	2	輗 1 同		
1952	輂	1	輦 1 同		
1953	輦	12	輦 1 古		
1954	轜	1	輀 1 同		
1955	輞	8	惘 1 亦		
1956	輺	1	輜 1 同		
1957	輫	1	軸 1 同		
1958	轏	1	輾 1 同		
1959	輤	1	倩 5 或		
1960	轒	2	轆 1 同		
1961	輷	1	軥 1 同	轟 1 同	
1962	輵	1	榻 1 亦		
1963	輍	1	轄 1 同		
1964	轗	2	軟 1 俗		
1965	軤	1	輯 1 同		
1966	輹	1	斑 1 同		
1967	轀	1	轔 1 同		
1968	艕	1	艐 1 同		
1969	艀	1	桴 4 亦		
1970	艫	1	舲 1 同		
1971	艘	1	艘 2 亦		
1972	舲	1	艕 1 同		
1973	舤	1	舨 1 同		
1974	方	300	汸 1 同		
1975	沱	2	沲 1 俗		
1976	況	19	况 1 俗		
1977	渢	1	汎 4 同		
1978	沖	4	冲 1 俗		
1979	瀾	2	灡 1 同		
1980	氾	1	泛 10 亦		
1981	涌	10	湧 2 同		
1982	瀓	1	瀓 1 同	澄 3 同	
1983	湜	2	湜 1 同		
1984	潣	1	浼 3 亦		
1985	淈	1	汩 4 亦		
1986	淵	10	囦 1 古		
1987	漼	1	滜 1 同		
1988	洋	1	瀰 1 亦		
1989	瀳	1	洊 1 同		
1990	潪	1	澌 1 同		
1991	沴	1	沵 1 俗		
1992	湄	1	溜 1 今		
1993	沙	26	砂 1 俗	沎 1 同	
1994	汻	1	滸 1 同		
1995	沚	1	洔 1 同		
1996	沸	28	濆 1 同	灒 1 亦	
1997	漥	1	洼 1 同	窊 3 亦	
1998	滎	1	瀅 1 同		
1999	湄	1	瀌 1 同		
2000	澩	1	澩 1 同		

組號	字頭 字頻	異體字組		
2001	灪 1	灘 1 同		
2002	決 42	决 1 俗		
2003	滴 5	澚 1 同		
2004	渶 1	沃 20 同		
2005	津 8	𦨈 1 古	𦨖 1 古	𣶒 1 同
2006	淜 1	馮 12 今		
2007	沿 8	沿 2 亦		
2008	泝 3	遡 1 或		
2009	汓 1	泅 1 同		
2010	砅 1	厲 17 今	濿 1 同	
2011	湛 2	滏 1 古		
2012	休 2	溺 1 今		
2013	没 54	𠬛 1 古		
2014	溵 1	隈 5 或		
2015	潦 2	澇 2 亦		
2016	涿 4	𣅻 1 亦		
2017	浽 1	滖 1 同		
2018	沈 5	沉 1 俗		
2019	涵 1	涵 1 同		
2020	澤 1	泇 1 同		
2021	漢 68	㵄 1 古		
2022	漆 4	泏 1 古		
2023	沇 1	浣 1 亦		
2024	潩 1	洚 1 同		
2025	汩 2	滉 1 同		
2026	潕 1	潣 1 同		
2027	澛 1	溱 1 亦		
2028	泄 4	洩 1 同		
2029	漯 1	濕 7 亦		
2030	洹 1	氿 1 同		
2031	灕 1	漇 1 同	漓 1 同	
2032	湡 1	虞 29 今		
2033	治 83	𦙶 1 古		
2034	濅 2	浸 4 同		
2035	泜 1	沍 1 俗		

組號	字頭 字頻	異體字組		
2036	濟 14	泲 1 古	泲 1 古	済 1 俗
2037	海 90	𣳚 1 同		
2038	淖 1	潮 1 同		
2039	潒 2	蕩 12 今		
2040	湣 1	潪 1 同		
2041	淲 1	滮 1 同		
2042	瀀 1	優 6 今		
2043	濃 2	震 3 亦		
2044	溓 1	濂 1 同		
2045	滯 7	摕 2 亦		
2046	涸 3	灂 1 同		
2047	渴 4	潵 1 亦		
2048	溼 10	濕 7 同		
2049	洿 1	汙 7 同		
2050	準 5	准 1 俗		
2051	浚 1	溲 1 同		
2052	瀝 1	瀝 1 同		
2053	漉 8	淥 2 說文	湿 1 同	
2054	澱 5	黫 1 或	顯 1 亦	
2055	浚 2	濬 1 古	睿 1 古	濬 1 同
2056	漿 8	牀 1 古		
2057	涼 5	凉 1 俗		
2058	澆 3	澆 1 同		
2059	洒 6	洗 12 今		
2060	泂 1	迥 21 亦		
2061	滄 4	滄 1 古		
2062	漱 2	涑 1 亦		
2063	漳 1	淳 4 同		
2064	澣 1	浣 3 同		
2065	漂 1	漂 3 今		
2066	淚 8	涙 1 俗		
2067	減 36	减 1 俗		
2068	泮 3	泮 1 古	頖 1 亦	
2069	流 130	汓 1 古		
2070	瀕 1	頻 3 本作	瀕 1 同	

組號	字頭	字頻	異體字組								
2071	浪	1	垠	5	亦						
2072	法	53	灋	2	古	金	1	古			
2073	滐	1	滐	1	亦						
2074	潋	2	澰	1	同						
2075	淍	1	周	241	或						
2076	淝	1	肥	59	本作						
2077	潗	1	濈	1	同						
2078	瀕	1	酻	3	或						
2079	潩	1	湺	1	亦						
2080	溪	13	嵠	1	同	睽	1	亦			
2081	灖	1	灖	1	同						
2082	濴	1	濴	1	同						
2083	潤	1	潿	1	同						
2084	灑	1	洂	1	同						
2085	潡	1	潩	1	同						
2086	泒	1	淵	1	同						
2087	瀉	1	滈	1	同						
2088	澀	1	澁	1	俗						
2089	𣴎	1	流	1	篆						
2090	𣵀	1	涉	1	篆						
2091	〈	1	畎	1	古	甽	1	篆			
2092	巜	1	澮	7	亦						
2093	巛	4	坤	3	古						
2094	㑢	1	侃	1	古						
2095	邕	3	邕	1	籀						
2096	州	30	川	1	古						
2097	刱	1	創	11	今						
2098	阱	1	汬	1	古	穽	4	亦			
2099	泉	31	洤	1	古						
2100	原	1	源	4	今						
2101	𠂢	1	𣵽	1	籀	脈	7	或			
2102	谿	1	𧮫	1	同						
2103	冫	1	仌	1	同						
2104	凘	1	凘	1	古						
2105	凌	3	勝	1	同						
2106	冬	74	㚵	1	古	𣅯	1	古			
2107	夳	1	泰	15	今						
2108	冱	1	冴	1	俗						
2109	雨	102	𠕲	1	古	𠕢	1	說文			
2110	雷	31	𤳳	1	古	靁	1	古	靐	1	籀
			靁	1	同						
2111	賈	1	霈	1	古						
2112	電	6	霅	1	古						
2113	震	11	霳	1	籀						
2114	䨮	1	雪	12	同						
2115	霰	1	霓	1	同	霹	1	亦			
2116	雹	4	靁	1	古						
2117	霝	1	零	9	同						
2118	落	65	零	1	或						
2119	䨳	1	䨲	1	同						
2120	霤	1	霤	1	同						
2121	䨼	1	霣	1	同	濆	2	或			
2122	霰	1	霁	1	同						
2123	霚	1	霧	3	同						
2124	雩	1	翇	1	或						
2125	霏	1	飛	1	同						
2126	雱	1	雱	1	同						
2127	霿	1	瀼	1	亦						
2128	靀	2	濛	2	亦						
2129	靇	1	䨶	1	同						
2130	霂	1	霂	1	同						
2131	黔	1	侌	1	古	昙	1	古	陰	1	今
2132	風	117	凬	3	古	飌	3	古	凮	3	古
2133	颻	1	颹	1	亦						

組號	字頭	字頻	異體字組		
2134	飆	1	颮 1 同		
2135	颸	1	飌 1 古	颷 1 同	
2136	颼	2	颾 1 同		
2137	䬈	1	飃 1 同		
2138	䫻	1	颽 1 同	凱 2 亦	
2139	凬	1	颵 1 同		
2140	氛	2	氳 1 俗	雰 1 或	
2141	鬼	84	䰠 1 古		
2142	魂	14	䰟 12 亦		
2143	魄	1	䰶 1 亦		
2144	魅	2	录 1 古	𧰼 1 籀	䰡 1 同
			鬽 1 同		
2145	𩴵	1	禨 1 亦		
2146	醜	34	𩲄 1 古		
2147	畏	19	𢁺 1 古		
2148	白	220	𠂤 1 古		
2149	皚	2	溰 1 亦		
2150	皦	1	皎 13 亦		
2151	皉	1	玼 1 或		
2152	皁	4	皂 1 同		
2153	皜	1	皞 1 同	皓 5 同	
2154	𤾸	1	曭 1 或		
2155	時	187	旹 1 古		
2156	晣	1	晢 1 同	晰 1 同	
2157	晃	5	晄 1 同		
2158	𣈆	1	晉 34 同		
2159	昏	7	昬 2 同		
2160	晛	1	𣋡 1 同		
2161	暉	2	煇 1 或		
2162	昗	1	昃 1 同		
2163	𣅀	1	杳 1 或	窅 1 或	
2164	暫	19	蹔 3 或		
2165	昌	42	𣅳 1 籀		
2166	㬎	1	𣌧 1 今		
2167	曓	1	𣋞 1 古	曝 1 俗	暴 18 同

組號	字頭	字頻	異體字組		
2168	暱	1	昵 1 同		
2169	𣅧	1	𣆀 1 或		
2170	昆	88	𣅥 2 同	𦋖 1 亦	
2171	曒	1	暞 1 同		
2172	晼	1	𣅜 1 同		
2173	暒	1	晴 3 同		
2174	曜	10	燿 4 亦		
2175	昋	1	炅 1 亦		
2176	星	43	曐 1 古		
2177	歷	68	𣋍 1 古	厤 1 古	曆 1 或
2178	暾	1	旽 1 同		
2179	昺	1	炳 1 同	昞 1 亦	
2180	昇	1	升 43 或		
2181	𣋇	1	暐 1 同		
2182	㬇	1	暖 1 同	煖 1 同	煗 4 亦
2183	曁	1	臮 1 古		
2184	晨	1	晨 4 同		
2185	𤱶	1	𦦵 3 古	辳 2 古	𨑃 2 古
			莀 1 古	農 17 同	
2186	朝	25	𦩍 1 同		
2187	朗	52	𣎃 1 古	𥈭 1 古	䀶 1 亦
2188	霸	10	魄 1 今	覇 1 俗	
2189	期	9	𣅰 1 古	𢀯 1 古	
2190	臘	26	𦡶 1 俗		
2191	戫	1	𢧢 1 亦		
2192	明	183	朙 1 古		
2193	囧	1	𥁰 1 同		
2194	盟	1	𥁞 1 同		
2195	夕	15	穸 4 亦		
2196	夤	1	𡗀 1 籀		
2197	夙	4	𠈇 1 古	㑋 1 古	
2198	外	88	𡖄 1 古		
2199	多	248	𡖅 1 古		
2200	𡖖	1	夠 3 或		

組號	字頭	字頻	異體字組								
2201	夎	1	夋	1	亦						
2202	舜	1	萚	1	或	騂	1	或	觪	1	或
			牻	1	或	牲	1	或			
2203	錮	1	裔	1	亦						
2204	觧	1	洋	2	亦						
2205	勤	1	僅	1	或	廑	1	或			
2206	幼	17	勽	1	古						
2207	幽	28	瀀	1	古						
2208	玄	77	糸	1	古						
2209	玆	1	黸	1	或	滋	1	或			
2210	旅	1	黸	2	或						
2211	玅	1	妙	23	今						
2212	夸	2	姱	2	或	骻	2	或			
2213	奭	1	觩	1	同						
2214	夷	59	巳	1	或						
2215	奝	1	劻	1	亦						
2216	奠	1	敲	1	今						
2217	臭	1	澤	36	古						
2218	奇	79	竒	1	今	畸	2	亦			
2219	奪	9	奞	1	同						
2220	奢	10	奓	2	亦						
2221	焜	1	熄	1	同	熤	1	同			
2222	爇	3	焫	1	同						
2223	然	80	燃	1	俗						
2224	熲	1	耿	7	或						
2225	烄	1	敫	1	同	敥	1	同			
2226	熧	1	熷	1	同						
2227	熹	1	熺	1	同	熈	1	亦	嘻	1	亦
2228	袠	1	熄	1	同						
2229	炮	2	炰	1	同						
2230	煏	1	爂	1	籀	㷭	1	同			
2231	爤	1	燗	1	同						
2232	尉	1	熨	1	同						
2233	熝	1	熩	1	同						
2234	煉	1	鍊	7	今	鍊	7	亦			

組號	字頭	字頻	異體字組								
2235	婁	1	熡	1	同						
2236	焚	2	燌	1	同	炃	1	同			
2237	爂	1	票	1	今	熛	1	同			
2238	爑	1	焦	20	同						
2239	灾	3	扷	1	古	災	11	籀	烖	2	同
			巛	2	又						
2240	煙	8	㶡	1	古	歅	1	籀	烟	1	同
2241	熚	1	熮	1	同						
2242	煦	1	昫	1	亦						
2243	照	28	炤	1	同						
2244	煜	1	焨	1	同						
2245	爆	1	㬥	1	或						
2246	灮	1	炗	1	古	光	1	今			
2247	煌	1	熿	1	同						
2248	熾	9	戭	1	古						
2249	燠	1	烸	1	同						
2250	炔	1	炅	1	同						
2251	燧	3	燧	1	同	爟	1	同	鑿鐩	2	亦
2252	熨	1	熨	1	同	頳	1	同			
2253	炘	1	炘	1	同						
2254	爆	1	曝	1	或						
2255	爌	1	曠	4	亦						
2256	焦	1	飥	1	亦						
2257	炬	4	苣	3	亦						
2258	烯	1	晞	2	亦						
2259	焇	1	銷	3	亦						
2260	炶	1	黏	1	亦						
2261	焄	1	熏	4	亦						
2262	烦	1	胹	2	亦						
2263	煪	1	煎	1	同						
2264	爒	1	熇	1	同	臈	1	亦			
2265	煥	1	奐	3	亦						
2266	㲉	1	毃	1	亦						
2267	燅	1	錴	1	亦						

組號	字頭 字頻	異體字組		
2268	炙 16	鍊 1 籀		
2269	鐇 1	膰 3 或		
2270	鐐 1	鏁 1 同		
2271	鎌 1	脂 1 亦		
2272	爨 2	燹 1 籀		
2273	釁 4	衅 1 或		
2274	囪 2	囱 1 古	窗 1 同	
2275	怱 3	悤 1 古	忩 1 俗	
2276	驍 1	駌 1 同		
2277	黱 1	黛 1 同		
2278	黥 1	剠 1 同		
2279	黰 1	鬒 1 同	覭 1 亦	
2280	黕 1	肬 1 亦		
2281	黧 1	黎 6 亦		
2282	䵦 1	剭 1 或		
2283	黫 1	湮 1 亦		
2284	黷 1	點 1 同		
2285	黏 1	𪏮 1 同		
2286	𪏽 3	𪐃 1 本作	頳 1 同	䞓 1 同
2287	夨 1	側 116 今		
2288	矟 1	弰 1 今		
2289	㚔 2	幸 1 今	婞 1 或	
2290	𡗗 1	奔 1 今		
2291	交 166	𨑹 1 古	詨 1 或	
2292	夒 1	睢 4 或		
2293	尢 1	尣 1 俗	尪 2 同	
2294	𡯌 1	跛 20 今		
2295	𡯷 1	踦 5 今		
2296	𡯸 1	踔 4 或		
2297	尵 1	𡯩 1 同		
2298	懿 2	𢡃 1 古		
2299	專 32	岜 1 古	卣 1 古	叀 1 亦
2300	疐 1	疐 1 本作	躓 2 或	

組號	字頭 字頻	異體字組		
2301	惠 22	蕙 1 古	恵 1 又	
2302	丹 36	𠕻 1 古	𢒈 1 古	
2303	彤 3	蚒 1 同		
2304	青 74	岑 1 古		
2305	身 1	厥 19 今		
2306	嶽 4	𡴳 1 古	岳 10 同	𡵓 1 同
2307	峱 1	巎 1 同	𡾰 1 同	
2308	嶷 2	𡾊 1 亦		
2309	岷 1	崏 1 同	𨺏 1 同	
2310	嵕 1	𡨞 1 同		
2311	岡 6	崗 1 俗		
2312	密 35	峚 1 同		
2313	岫 1	𥥛 1 籀		
2314	𣐫 1	峨 1 同		
2315	峻 19	陵 1 同	陖 1 亦	
2316	崇 4	崈 1 同		
2317	𡫤 1	寘 1 同		
2318	崝 2	崢 1 同		
2319	嶸 2	嵤 1 同		
2320	嶅 1	𡏲 2 或		
2321	嶃 1	磛 3 或		
2322	岬 1	𥐟 1 亦		
2323	峭 1	陗 2 亦		
2324	峞 2	阢 1 同	嵬 4 亦	峗 4 亦
2325	㞹 1	危 38 今	岀 1 同	
2326	崧 1	嵩 1 同		
2327	嵢 2	崦 1 同		
2328	嶙 2	𡾆 2 亦		
2329	峛 2	邐 3 或		
2330	嶺 1	阾 1 或		
2331	崩 12	䧊 1 亦		
2332	嶕 1	嶣 1 同		
2333	嶇 4	岴 1 同	䧢 2 或	
2334	嶹 1	隯 1 亦		
2335	橐 1	嵓 1 同		

組號	字頭	字頻	異體字組		
2336	嵑	1	巀 1 同		
2337	峇	1	屜 1 同		
2338	嵔	2	巊 1 同	崽 1 同	
2339	嵞	1	塗 19 今		
2340	廖	1	寥 3 亦		
2341	崔	1	陮 2 亦		
2342	崑	1	圯 3 或		
2343	廦	2	壁 18 今		
2344	廱	1	雍 1 同		
2345	廡	5	廡 1 籀		
2346	廏	1	㲼 1 古	廐 1 俗	
2347	庰	1	帡 1 或		
2348	废	1	茇 2 今		
2349	庤	3	峙 8 古	時 1 同	畤 1 同
			偫 3 亦		
2350	廬	1	覾 7 或		
2351	廟	21	庿 1 同		
2352	廖	1	廖 1 同		
2353	廝	1	儩 1 或		
2354	廋	1	搜 2 亦		
2355	廕	3	蔭 1 亦		
2356	店	1	坫 2 或		
2357	庋	1	庪 2 同		
2358	廇	1	庁 1 籀	宇 15 今	
2359	廠	1	廠 1 同		
2360	厂	1	厈 1 籀		
2361	厓	5	涯 12 或		
2362	厥	19	身 1 或	欮 1 或	
2363	厱	2	礛 3 或		
2364	厤	1	秝 3 亦		
2365	厲	17	蠆 1 同		
2366	庅	1	拉 5 亦		
2367	仄	29	庂 1 古	㕓 1 同	
2368	厧	1	顛 14 亦		
2369	厇	1	磔 4 亦		

組號	字頭	字頻	異體字組		
2370	雁	1	堆 7 亦		
2371	厚	1	垕 1 古	厚 48 同	
2372	磺	1	礦 1 同		
2373	硬	1	瑌 2 亦		
2374	砮	1	厬 1 古		
2375	碣	1	䃌 1 古		
2376	礫	1	磟 1 同		
2377	砝	1	矻 1 同		
2378	礐	2	礐 1 或	嶨 1 亦	
2379	磊	6	磥 1 同		
2380	礹	2	巖 14 亦		
2381	确	1	㱿 1 同	埆 5 亦	
2382	碎	10	瓶 1 亦		
2383	礙	13	朩 1 同	閡 1 亦	
2384	研	1	硯 1 同	研 1 亦	栞 1 亦
			䂹 1 亦	𥐰 1 亦	
2385	礳	4	磨 15 同		
2386	磻	1	碆 1 同		
2387	砈	1	砐 1 同		
2388	砠	1	岨 2 亦		
2389	砥	1	底 1 亦		
2390	磓	5	埠 4 亦	𨸏 1 亦	
2391	硾	1	縋 2 亦		
2392	碨	3	磈 1 同	鍡 1 或	
2393	礨	1	磥 1 同		
2394	碥	1	扁 2 亦		
2395	礙	1	轗 1 亦		
2396	磝	1	磝 1 或		
2397	確	1	碻 1 同	塙 1 亦	
2398	磓	1	鏈 1 亦		
2399	磃	1	虒 4 或		
2400	磂	1	鎦 1 亦		

組號	字頭 字頻	異體字組		
2401	硥 1	蚌 9 亦		
2402	硂 1	銓 3 亦		
2403	砰 1	硑 1 同		
2404	碪 1	砧 1 同		
2405	碁 2	棊 8 亦		
2406	硼 1	磞 1 同		
2407	碢 1	碃 1 同	砣 1 同	
2408	[illegible] 1	礜 4 同		
2409	[illegible] 1	碖 1 同		
2410	䃂 1	硄 1 同		
2411	硬 9	鞕 1 亦		
2412	磬 5	殸 1 籀	罄 5 或	
2413	[illegible] 1	[illegible] 1 同		
2414	阜 12	𠂤 1 同		
2415	陵 79	勎 1 俗	夌 1 或	
2416	陰 1	隂 1 今		
2417	陽 110	霷 1 古		
2418	陸 21	𨽍 1 籀		
2419	隥 1	蹬 4 或		
2420	陜 2	狹 13 亦		
2421	陟 55	[illegible] 1 古		
2422	陷 29	錎 1 古	鋡 1 或	
2423	隰 5	[illegible] 1 同		
2424	隤 4	穨 2 或	庴 2 或	墤 2 或
2425	陧 1	臲 4 或		
2426	[illegible] 1	傾 18 亦		
2427	阬 3	坑 13 亦		
2428	[illegible] 1	瀆 10 亦		
2429	防 26	埅 1 或		
2430	隄 10	[illegible] 1 古		
2431	阯 3	址 2 或		
2432	阸 2	隘 3 同		
2433	障 14	[illegible] 1 或	墇 1 亦	
2434	附 35	坿 5 今		
2435	[illegible] 1	澥 1 亦		
2436	陳 42	[illegible] 1 古	軙 1 古	陣 1 或
2437	陶 14	匋 1 亦		
2438	陔 1	垓 6 亦		
2439	陴 1	𩏂 1 籀		
2440	阹 1	[illegible] 1 亦		
2441	陯 1	淪 3 亦		
2442	陀 7	陁 1 俗		
2443	[illegible] 1	[illegible] 1 亦		
2444	[illegible] 1	鍛 1 或		
2445	[illegible] 1	鎛 2 或		
2446	阡 5	[illegible] 1 或	[illegible] 1 或	[illegible] 2 亦
2447	[illegible] 1	墉 3 或		
2448	[illegible] 1	濮 1 今		
2449	隚 1	堂 23 今		
2450	隝 1	島 1 今	隯 1 同	
2451	[illegible] 1	業 31 今		
2452	[illegible] 1	序 11 今		
2453	阦 1	[illegible] 1 同		
2454	隓 1	墮 11 亦		
2455	隋 1	墮 11 同		
2456	[illegible] 1	傍 17 本作		
2457	[illegible] 1	隧 2 今		
2458	[illegible] 1	隘 3 今		
2459	叄 14	篸 3 同	曑 1 亦	
2460	垒 1	壘 7 亦		
2461	馬 335	[illegible] 1 古	[illegible] 1 籀	
2462	駱 2	[illegible] 1 同		
2463	驕 1	[illegible] 1 同		
2464	騧 1	[illegible] 1 同		
2465	駓 2	[illegible] 1 同		
2466	驥 2	[illegible] 1 同		
2467	[illegible] 1	[illegible] 1 籀		
2468	騕 2	䮍 1 同		
2469	褭 1	[illegible] 2 亦		
2470	駜 1	[illegible] 1 同		

組號	字頭	字頻	異體字組		
2471	駁	4	駮 3 今		
2472	駣	1	騆 1 同		
2473	騯	2	彭 5 今		
2474	駑	13	辂 1 籀		
2475	驅	1	颵 1 亦		
2476	驅	2	敺 2 古	駈 1 俗	
2477	駝	4	馳 1 俗		
2478	騁	1	騁 1 古		
2479	騂	1	馯 1 同		
2480	駐	2	住 10 或	尌 1 或	
2481	騫	1	騝 1 或		
2482	驧	1	駶 1 同		
2483	畾	1	縶 4 今		
2484	駟	1	馰 1 同		
2485	驘	1	驘 1 同		
2486	驝	1	馲 1 同		
2487	駁	1	步 209 今		
2488	騤	2	樊 4 或		
2489	騸	1	裯 1 亦		
2490	驖	1	蹸 1 亦		
2491	驞	1	奔 1 今		
2492	騳	1	顒 8 亦		
2493	猲	1	豿 1 亦		
2494	騔	1	驕 1 同		
2495	驥	1	驅 1 同		
2496	騆	1	閑 21 今		
2497	特	20	犆 1 同		
2498	牭	1	犙 1 籀		
2499	犤	1	犤 1 同		
2500	犨	1	犨 1 同		
2501	犓	1	芻 3 今		
2502	牴	7	觝 2 或		
2503	犂	1	犁 1 或		
2504	犍	3	犍 1 同		
2505	牤	1	牠 1 或	觽 1 亦	
2506	犃	1	騇 1 亦		
2507	犎	1	犎 1 或		
2508	犄	1	呴 3 亦		
2509	犝	1	僮 1 今	犝 1 亦	童 9 亦
2510	牸	1	騂 2 亦		
2511	犆	1	犆 1 同		
2512	犐	1	犐 1 同		
2513	犪	1	犪 1 同		
2514	牯	1	牯 1 同		
2515	牛	1	牯 1 同		
2516	犛	1	旄 5 或		
2517	幸	1	伞 1 同		
2518	羖	3	羖 1 俗		
2519	羚	1	羯 1 同		
2520	矮	2	委 44 或		
2521	美	151	媺 2 或		
2522	誘	13	羑 2 古	羙 1 同	詍 1 同
2523	羶	2	羴 1 或		
2524	羬	1	羬 1 同		
2525	羧	2	羧 1 或		
2526	菲	1	乖 29 今		
2527	猣	1	猣 1 同	蒐 6 亦	
2528	狵	1	尨 7 同		
2529	玁	2	獨 2 亦		
2530	猝	4	卒 14 今		
2531	猩	2	狌 1 同		
2532	默	3	嘿 1 亦		
2533	猱	1	獿 1 同		
2534	獘	1	獘 1 今		
2535	狾	1	猘 1 同		

組號	字頭	字頻	異體字組		
2536	㺚	1	𤞞 1 同	狧 1 同	碟 1 亦
2537	狎	16	狹 13 同		
2538	犯	11	𤜣 1 古	𢓊 1 古	
2539	狜	1	怯 9 今		
2540	獜	2	鏻 1 亦		
2541	獧	1	狷 1 同		
2542	桓	18	狟 1 古		
2543	戾	39	𢨴 1 古	盭 1 亦	
2544	獨	22	𧉓 1 古	狒 1 古	
2545	獼	1	獮 1 同	禰 1 亦	
2546	𤢆	1	𤜷 1 古		
2547	玃	4	𤣘 1 同		
2548	狂	27	㤮 1 古		
2549	獘	1	弊 1 俗		
2550	猶	56	猷 1 同		
2551	獶	1	𧳜 1 或		
2552	獾	1	𤜠 1 同		
2553	狛	1	𤝛 1 同		
2554	猨	6	猿 2 俗	蝯 2 亦	
2555	猎	1	猲 2 或		
2556	獋	1	嗥 2 或		
2557	獼	5	猕 1 同		
2558	狑	1	𤣗 1 同		
2559	猧	1	𤝞 1 同		
2560	㺏	1	猔 1 同		
2561	㹮	1	𤞤 1 同		
2562	𤜵	1	伺 1 今	覗 1 今	
2563	獄	11	𡈼 1 古		
2564	豕	76	帀 1 古		
2565	豰	1	殼 1 或		
2566	豜	1	𧰲 1 同		
2567	𧲂	1	隊 1 同		
2568	豲	1	貆 1 同		
2569	𧱌	1	𧳃 1 同		
2570	𧲉	1	𧱸 1 同		
2571	𧳟	1	𪕑 10 或		
2572	䝉	1	㺇 1 同		
2573	豪	9	𧰿 1 篆		
2574	𦟌	1	豚 8 籀		
2575	𧗿	1	𧝎 1 同		
2576	𢑚	1	㞑 1 古		
2577	𢑟	1	彙 2 同	蝟 2 或	
2578	𧰨	1	𢑱 1 古	肆 1 俗	
2579	嘼	2	畜 16 今		
2580	廌	2	𧇤 1 或	豸 1 或	
2581	麟	3	𪊓 1 同	麐 1 同	
2582	麀	1	𪋆 1 古		
2583	麓	1	麜 1 同		
2584	麇	1	麕 4 籀	麏 1 同	
2585	麞	3	獐 1 亦		
2586	麑	2	貎 3 又	猊 3 又	
2587	麗	7	𠀘 1 古	𠆦 1 古	丽 1 篆
			𦼲 2 或		
2588	麢	1	𪋢 1 同		
2589	麐	1	𪊋 1 同		
2590	麤	16	𪋡 1 同	麄 2 或	
2591	䴪	1	𪋮 1 籀	塵 23 今	
2592	㲋	1	𢊣 1 同	㚟 1 同	
2593	兔	24	菟 6 同		
2594	毚	1	𧼝 1 今		
2595	内	1	内 1 同	狃 4 或	
2596	离	11	螭 2 或		
2597	禽	7	獸 162 亦		
2598	萬	55	𢆉 1 古	万 7 俗	
2599	禼	1	𥜾 1 古		
2600	禹	78	𥝌 1 同	㝢 1 同	

組號	字頭	字頻	異體字組		
2601	鸞	1	狒 1 亦		
2602	兕	2	兕 1 古	兕 1 同	
2603	象	91	為 1 古	像 4 亦	
2604	豫	17	預 37 或		
2605	能	43	蟹 1 俗		
2606	熊	8	䨓 1 古		
2607	羆	1	䐦 1 古	㑺 1 古	
2608	蘢	1	𪊨 1 同		
2609	虐	8	虐 1 古	虐 1 同	
2610	虡	1	虡 1 古	虡 1 同	鐻 1 亦
2611	虖	1	狎 16 今		
2612	虨	1	玢 1 或		
2613	虎	71	勮 1 古		
2614	虘	1	䖪 1 俗		
2615	虪	1	虪 1 亦		
2616	虣	1	暴 18 今		
2617	豸	10	豸 1 俗		
2618	貔	1	豼 1 同		
2619	貗	1	㺑 1 或		
2620	貑	2	貑 1 同	貗 1 同	貉 4 亦
2621	豻	1	犴 1 亦		
2622	貂	1	鼦 1 古		
2623	貏	2	㒟 1 或		
2624	貓	4	猫 3 俗		
2625	貎	2	狻 4 或		
2626	貀	1	貀 1 同		
2627	烏	254	㲹 1 古	鴮 2 或	
2628	乚	1	鳦 1 或		
2629	燕	16	鷰 1 俗	嬿 1 或	
2630	鸛	2	鵵 1 同		
2631	鶖	3	鶔 1 同		
2632	駉	2	鴚 1 同	鴐 1 同	
2633	鷰	1	鵝 3 亦		
2634	鴈	23	鳫 1 同		
2635	鴨	4	鶴 1 古	䲨 1 同	鸔 1 亦
2636	鷏	1	鷆 1 同	鶗 1 同	
2637	鶽	1	隼 1 或		
2638	鵴	2	鞠 1 同		
2639	鳺	1	飛 123 亦		
2640	鴪	1	鴥 3 同		
2641	鸈	2	鷚 1 同		
2642	鴦	2	央 12 亦		
2643	鷥	2	鷊 1 同		
2644	鳵	1	鴝 1 同		
2645	鳶	1	鳶 1 同		
2646	鴡	1	雎 1 亦		
2647	鴝	3	鴝 1 古	鸜 1 同	
2648	鸊	1	鴿 5 亦		
2649	鵡	2	鴞 1 同		
2650	鷃	2	鷭 1 同		
2651	鶏	4	渠 234 亦		
2652	鴎	1	鸛 1 同		
2653	鶗	1	鶙 2 同		
2654	鶤	1	鵾 2 或		
2655	鷲	3	鷲 1 同		
2656	鷲	2	鳩 1 同		
2657	鵂	3	鵃 1 亦		
2658	鶈	2	鶈 1 同		
2659	鷮	2	鷻 1 同		
2660	鴖	1	鷊 1 同	鷁 1 同	鶂 1 同
2661	鷳	1	鷴 2 亦		
2662	驩	2	鴻 1 同		
2663	鶾	1	翰 3 今		
2664	鸓	1	鸓 1 籀		
2665	鳩	2	鳸 1 同		
2666	鷇	1	鷇 1 同		
2667	鵙	4	鶪 1 亦		
2668	鵡	1	鵡 1 同		
2669	鴿	5	鴿 1 同	雒 2 亦	
2670	鷊	1	翮 1 或		

組號	字頭 字頻	異體字組		
2671	鸛 1	鳿 2 或		
2672	瑦 1	鴻 6 或		
2673	𤞟 1	鴉 1 今		
2674	鳦 1	乙 83 亦		
2675	鵲 9	䧿 3 或		
2676	鴉 1	雅 3 亦		
2677	鶇 1	䳘 1 同		
2678	鷔 1	鴱 1 同		
2679	鳨 1	㔍 1 同		
2680	鷁 1	鸃 1 同		
2681	雉 62	鵜 1 古		
2682	闟 1	䦧 1 古		
2683	雎 1	鴡 1 同	䳇 7 亦	
2684	雃 1	鳽 4 亦		
2685	雞 68	鷄 7 亦		
2686	離 33	鵹 2 同	鸝 2 亦	
2687	雛 5	鶵 1 亦		
2688	雁 1	鷹 8 今		
2689	䅺 1	鵹 2 亦		
2690	翟 1	鴐 3 或		
2691	雇 2	鶚 1 同	鳸 3 亦	
2692	㪔 1	散 34 或		
2693	罹 1	罩 5 或		
2694	難 34	鸛 1 古	鷬 1 古	䧔 1 古
		鷬 1 說文		
2695	雗 1	鶾 1 或		
2696	雒 2	鵅 5 或		
2697	雄 1	䧺 1 或		
2698	䂄 1	鸜 5 或		
2699	萑 1	鸛 3 今		
2700	舊 4	鵂 4 今		
2701	蒦 1	䨼 1 同		
2702	靃 1	霍 6 亦		
2703	雧 1	集 6 今		
2704	鰖 1	䲛 1 籀		
2705	鰈 1	鰨 1 同	魼 1 亦	
2706	鱣 1	鱹 1 籀	鱸 1 同	
2707	鱺 1	鱧 3 同		
2708	鯾 1	鯿 1 同		
2709	魴 1	鰟 1 籀		
2710	鱮 1	魣 1 同		
2711	鰋 1	鰀 1 同		
2712	鮔 1	鱓 1 同		
2713	鱻 1	鮮 16 亦		
2714	鮈 1	䲞 1 同		
2715	鰂 2	鱡 1 同		
2716	鯨 1	鱷 1 同		
2717	鮏 1	鯹 1 同		
2718	鮨 1	鯑 1 古	鰭 1 同	
2719	鮺 1	鱸 2 籀	鮓 2 同	
2720	鯚 1	魿 1 同		
2721	䲡 1	鰿 1 同	鯽 1 同	
2722	魞 1	鮋 1 或		
2723	鱦 1	鮣 1 同		
2724	鮇 1	鱴 1 同		
2725	鱱 1	鰝 1 同		
2726	魡 1	釣 5 亦		
2727	鱷 1	鰐 1 同		
2728	鱵 1	瀲 1 又		
2729	鮀 1	[illegible] 1 俗		
2730	魏 1	鮮 1 同		
2731	鮗 1	䱐 1 籀		
2732	鼩 2	鼱 1 同		
2733	鼢 1	鼢 1 同		
2734	鼣 1	鼥 1 同		
2735	鼯 4	鼯 1 或	蜈 1 亦	鴮 2 或

組號	字頭	字頻	異體字組		
2736	⿰鼠穴	1	鼬 3 亦		
2737	⿰鼠益	1	貖 1 或	⿰鼠益 2 亦	
2738	蠁	1	⿰虫向 1 同		
2739	蛁	2	虭 1 同		
2740	蛕	1	蚘 1 同	蛔 1 同	
2741	蛹	2	⿰虫男 1 俗		
2742	虺	2	虫 1 古		
2743	蚖	1	螈 3 同		
2744	蟦	1	蚠 1 同	⿰虫貳 1 同	
2745	蜇	2	蟖 1 同		
2746	蛓	1	螆 1 同	⿰虫司 1 同	⿰虫思 1 同
			蚝 1 同		
2747	蚳	1	⿱氐䖵 1 亦		
2748	蠆	2	⿱萬䖵 1 或		
2749	⿱齊虫	5	蠐 1 亦		
2750	虰	2	蟶 1 同		
2751	螘	6	蟻 9 同	⿸广蚍 1 同	⿸广⿱比䖵 1 同
2752	蚩	1	蟀 3 同		
2753	蟋	4	蟋 1 同		
2754	蚕	1	⿱天䖵 1 同		
2755	蝒	1	⿰虫丏 1 同		
2756	蟷	3	⿱堂虫 1 同		
2757	蠰	3	蝪 1 俗		
2758	螵	1	蜱 3 同		
2759	蛈	2	⿰虫卯 1 同		
2760	⿰虫鬲	1	蜾 1 同		
2761	蝥	3	蛑 1 古	⿰虫務 1 同	
2762	蟅	2	䗪 1 同		
2763	蛜	2	⿰虫尹 1 同		
2764	蜙	3	蚣 6 同		
2765	蜩	7	蜔 1 同		
2766	螇	5	蛛 1 亦		
2767	螟	1	蠛 1 同		
2768	⿱若虫	1	蠚 1 亦		
2769	螫	7	⿱赦䖵 1 同		
2770	蠗	1	⿰犭翟 1 或		
2771	螏	1	蜦 1 同		
2772	蜄	1	蜃 8 亦		
2773	蛤	12	⿱合虫 1 亦		
2774	⿰虫幽	1	蚴 1 同		
2775	蟇	10	蟆 1 亦		
2776	蠨	2	蟰 1 同		
2777	蝄	1	魍 3 或		
2778	蜽	1	魎 3 或		
2779	螮	3	蝃 1 同	⿰虫折 1 同	
2780	虹	2	⿰虫申 1 籀		
2781	蠥	1	孽 3 或		
2782	蜀	31	蠾 1 同	蠋 4 亦	
2783	蛈	3	蝪 2 亦		
2784	蜿	3	⿱夗虫 2 同		
2785	蠘	3	⿰虫式 1 同		
2786	蟧	4	蟟 1 同		
2787	䗥	2	蜈 3 亦		
2788	蚡	1	鼢 1 亦		
2789	⿰虫便	2	偃 1 同		
2790	⿱旋虫	2	蜁 1 同		
2791	蜘	3	鼅 4 或	⿰知黽 2 亦	
2792	蛛	4	鼄 2 亦		
2793	蚰	5	蝣 1 同		
2794	蟚	1	蟛 1 同		
2795	⿱求虫	2	蛷 2 亦		
2796	蜫	1	䖵 1 或		
2797	⿰虫㥯	1	蠮 1 同		
2798	螯	2	⿱敖肉 1 或		
2799	⿰虫宅	1	膾 2 亦		
2800	螢	5	⿰虫熒 1 同		

組號	字頭	字頻	異體字組		
2801	蛟	1	螋 3 亦		
2802	衕	1	蝓 1 同		
2803	繭	6	絸 1 古	蠒 1 俗	
2804	蟖	1	蟴 1 同		
2805	蛆	1	蝛 1 同		
2806	虵	1	蛇 36 正作		
2807	⿰虫每	1	⿰虫某 1 同		
2808	蜯	4	蚌 9 同		
2809	⿰虫晉	1	蜼 1 同		
2810	蠶	35	⿱裡虫 1 俗		
2811	⿱我䖵	1	蛾 4 亦		
2812	⿱叉䖵	2	蚤 1 亦		
2813	螽	5	⿱夂䖵 1 古	蟓 1 亦	
2814	蝨	3	虱 2 或		
2815	⿱曹䖵	1	螬 7 今		
2816	⿱卑䖵	1	蜱 3 亦		
2817	蠭	2	⿱夆䖵 1 古	蜂 7 亦	
2818	蠠	1	蜜 8 今	⿱鼏䖵 1 同	
2819	蟁	4	蚊 3 今	⿱昏䖵 1 同	⿱文䖵 1 亦
2820	蝱	5	⿱亡虫 1 俗		
2821	蠹	1	螙 1 古		
2822	⿱求䖵	1	蛷 2 亦		
2823	⿱孚䖵	1	蜉 9 亦		
2824	⿸辰䖵	1	蜃 8 亦		
2825	蠢	6	⿹戈䖵 1 或		
2826	⿱匽䖵	1	蝘 5 或		
2827	⿸麻䖵	1	⿸麻虫 1 或		
2828	⿱非䖵	1	蜚 4 或		
2829	[illegible]	1	[illegible] 1 同	蚍 6 或	
2830	它	3	佗 5 今	蛇 36 同	
2831	彲	1	螭 2 今		
2832	龜	18	[illegible] 1 古		
2833	⿰角龜	1	⿰車冄 1 或		
2834	黽	1	[illegible] 1 籀	⿱罒电 1 俗	
2835	鼈	12	⿱敝糸 1 俗	蟞 1 或	
2836	鼃	1	蛙 8 今	⿰圭黽 1 同	
2837	鼂	1	⿱𠂤黽 1 古		
2838	⿰黽句	1	⿱句黽 1 同		
2839	⿰貝為	1	⿰貝危 1 同	貨 15 亦	
2840	賄	4	⿰貝每 1 同		
2841	賑	1	⿰貝㐱 1 同		
2842	賢	12	臤 1 古		
2843	齎	1	賫 1 俗		
2844	⿱夾貝	1	賚 1 今		
2845	負	25	偩 1 或		
2846	賔	26	賓 1 古	⿱宀丂 1 古	
2847	責	26	⿱朿貝 1 古		
2848	貧	14	⿱穴分 1 古		
2849	賣	44	[illegible] 1 古	鬻 3 或	粥 12 或
2850	賵	1	⿵几冒 1 同		
2851	貽	2	詒 2 亦		
2852	⿰貝玄	1	衒 6 今		
2853	⿰貝采	1	⿰王采 2 亦		
2854	賅	1	侅 2 亦		
2855	⿰貝寸	1	得 85 今		
2856	⿱敝貝	1	幣 2 今		
2857	[illegible]	1	貫 18 今		
2858	[illegible]	1	⿰言暑 1 或		
2859	賂	1	遴 2 或		
2860	⿰貝卒	1	粹 2 亦		
2861	⿰貝勺	1	⿰金習 2 本作		
2862	贄	1	摯 4 亦		
2863	賧	1	⿰貝甘 1 同		
2864	⿰貝血	1	卹 1 亦		
2865	[illegible]	1	裱 1 或		
2866	翨	1	⿰羽是 1 同		
2867	翁	2	⿰翁頁 1 或		
2868	翅	9	⿰羽氏 1 同	翄 1 同	
2869	翹	9	⿰羽堯 1 同		
2870	翕	3	⿰合羽 1 同		

組號	字頭 字頻	異體字組		
2871	翌 1	舞 26 今		
2872	翪 1	翇 2 亦		
2873	翽 2	翳 1 同	翸 1 同	翿 2 亦
2874	翤 1	䎉 3 亦		
2875	翛 1	倏 2 或		
2876	翓 1	頡 31 或		
2877	𦐎 1	羾 1 同		
2878	𦐒 1	雩 1 或		
2879	𦑘 1	翸 1 同		
2880	翍 1	披 15 亦		
2881	𦐡 1	戮 3 今		
2882	翼 27	𦐘 1 籀	𤝻 1 同	廙 1 亦
2883	翦 14	剪 2 俗		
2884	翊 1	頙 2 或		
2885	䎃 1	翍 1 同		
2886	飜 1	翻 2 亦		
2887	卂 1	迅 4 亦		
2888	煢 3	㷀 1 古	惸 1 或	嬛 1 或
2889	不 650	𠀚 1 古		
2890	至 120	𡉀 1 古		
2891	毴 1	㲜 1 同		
2892	㲊 1	毻 1 同		
2893	毰 3	翄 2 或	鴓 2 或	
2894	氀 1	𣰥 1 亦		
2895	氈 2	氊 1 同		
2896	毹 2	氍 1 同		
2897	氄 2	罽 17 亦	𦈑 2 亦	
2898	氃 1	𣯡 1 亦		
2899	𣰦 1	𧞻 1 亦		
2900	耗 2	𢈉 1 古	斄 1 或	氂 1 亦
		綵 1 亦		

組號	字頭 字頻	異體字組		
2901	𣰽 1	鬣 1 亦		
2902	㲣 1	𣯴 1 同		
2903	毷 1	𣯷 1 同		
2904	冉 25	冄 1 亦		
2905	而 425	髵 1 今		
2906	觓 1	觩 1 同		
2907	捔 4	觕 1 同		
2908	觸 17	𧢰 1 古	𤚮 1 同	
2909	衡 23	𡙇 1 古		
2910	觰 1	𧣈 1 同	奓 2 或	
2911	觤 1	𩋹 1 或		
2912	觵 1	觥 12 同		
2913	觶 1	觗 1 同	𧢼 1 同	
2914	觴 2	𧣴 1 籀		
2915	觼 1	𧤯 1 同	鐍 1 或	
2916	觷 1	𧣆 1 同		
2917	觺 1	𧢹 1 同		
2918	觱 1	𧤗 1 同	滭 1 或	
2919	𧣣 2	𧢦 1 同	距 9 或	
2920	觻 1	鏕 3 亦		
2921	𧤫 1	戢 3 或		
2922	𧣴 1	槶 2 今		
2923	皮 174	𥮊 1 古	𡰪 1 籀	
2924	皵 3	棤 2 今		
2925	𤿭 1	𦢅 1 亦		
2926	皏 1	脕 1 亦		
2927	𤿈 1	㿭 2 今		
2928	皻 1	齇 1 今	𦢀 1 或	
2929	皾 2	韇 1 或		
2930	𤿪 1	杜 43 今		
2931	皸 1	捍 3 或		
2932	䞐 1	赧 3 今		
2933	皺 2	皱 1 俗		
2934	𤿲 1	𤿸 1 籀	耎 7 亦	
2935	𣣔 1	毳 1 亦	𣯍 1 亦	

組號	字頭 字頻	異體字組		
2936	鞾 1	韗 1 或		
2937	靼 3	韃 1 同		
2938	靸 2	韐 1 或		
2939	鞵 1	鞋 6 同		
2940	鞠 13	鞫 1 同		
2941	鞀 1	鞉 1 同	鼗 1 亦	
2942	鞔 2	鞔 1 同		
2943	鞛 1	琫 3 亦		
2944	鞃 1	鞃 1 同	靷 1 同	
2945	韇 1	韉 1 同	韥 1 或	
2946	鞏 1	桊 2 亦		
2947	鞜 1	鞊 1 同		
2948	韅 1	韅 1 同		
2949	靷 1	韇 1 籀		
2950	鞲 1	韝 1 或		
2951	鞌 6	鞍 6 亦		
2952	鞮 1	鞮 1 同	緝 1 或	
2953	鞧 1	鞝 1 同		
2954	鞬 3	韊 1 同		
2955	鞕 1	亟 3 亦		
2956	鞇 1	茵 7 亦		
2957	韔 1	韔 1 亦		
2958	鞂 2	鞴 1 同	紨 2 亦	韍 1 亦
		軷 2 亦		
2959	韂 1	韂 1 亦		
2960	韁 3	繮 1 亦		
2961	靴 4	鞾 1 同	屐 1 或	
2962	韇 1	韇 1 或		
2963	鞞 1	紳 3 亦		
2964	韂 1	繶 1 或		
2965	鞎 2	韍 2 亦		
2966	鞁 1	鼛 1 籀	鼓 52 今	
2967	鞻 1	鞻 1 同	縿 1 亦	
2968	韋 1	冑 2 勹		
2969	𩏂 1	鋈 1 亦		
2970	革 116	革 1 古	韊 1 同	韊 1 亦
2971	韊 1	闌 11 亦		
2972	鞓 1	鞓 1 同		
2973	韉 2	韉 1 俗	韀 1 同	
2974	鞍 1	鞦 1 同.		
2975	鞿 1	韉 1 同		
2976	鞖 1	鞣 1 同		
2977	韋 36	韋 1 古		
2978	韎 1	韎 1 古		
2979	韤 1	袜 1 亦		
2980	韝 1	韝 1 同	韝 1 亦	韝 1 亦
2981	韍 1	市 9 今		
2982	韣 2	韣 1 同	韇 1 亦	
2983	韛 1	韛 1 同	韛 1 同	
2984	韛 1	橐 1 亦		
2985	糸 1	糸 1 古		
2986	繰 1	繰 1 古	繰 1 同	
2987	緬 1	絠 1 同		
2988	縺 1	致 1 亦		
2989	織 30	紩 1 古	絬 1 古	
2990	紝 1	絍 1 同		
2991	納 6	衲 1 或		
2992	絶 24	𢇍 1 古		
2993	紹 15	綤 1 古		
2994	繿 1	緹 1 同		
2995	紓 1	舒 82 或		
2996	繂 1	綷 1 同		
2997	縒 1	錯 13 亦		
2998	終 38	𠔀 1 古		
2999	縛 1	縳 1 同		
3000	繪 1	繡 1 同	絁 1 同	

組號	字頭	字頻	異體字組		
3001	絇	3	約 1 同		
3002	綨	1	綦 1 同		
3003	緇	3	紂 1 同		
3004	緂	1	菼 1 今	毯 1 今	
3005	綟	1	䓞 1 或		
3006	纚	3	縰 1 同		
3007	紘	4	紭 1 同		
3008	纂	3	纗 1 同		
3009	綎	1	綧 1 同		
3010	繐	2	繕 1 同		
3011	紟	2	絵 1 籀	衿 3 亦	
3012	緥	1	褓 3 亦		
3013	纀	1	襆 1 亦		
3014	緟	1	重 71 今	褈 1 或	
3015	紌	1	𧘂 1 亦		
3016	綫	2	線 4 同		
3017	緁	1	緍 1 同	緝 9 亦	
3018	紩	12	鉄 1 古		
3019	纍	1	累 25 同	絫 1 亦	
3020	繩	34	縄 1 俗		
3021	緐	1	絣 1 同		
3022	緧	3	䋺 1 同	鞧 1 亦	
3023	紖	1	絼 1 同	絁 1 同	
3024	纆	1	縲 1 同		
3025	紲	2	緤 2 同		
3026	絙	1	揯 1 或		
3027	綆	2	絎 1 同		
3028	繁	1	繳 7 同		
3029	繙	1	翻 2 今	羃 1 或	
3030	絮	2	袈 3 或	袈 1 亦	
3031	纊	1	絖 1 同		
3032	縐	4	綯 1 俗		
3033	紵	1	緒 1 古		
3034	緆	1	颺 1 同	裼 1 亦	
3035	絜	12	潔 1 俗		
3036	紼	2	䋨 1 同	綍 1 同	
3037	緎	1	韍 2 或	黬 2 或	
3038	繼	14	継 1 俗		
3039	綯	1	絝 1 古		
3040	綽	2	繛 1 或	婥 1 或	
3041	統	1	旒 3 今		
3042	縚	1	韜 7 亦		
3043	𦅗	1	蕉 3 亦		
3044	綑	1	裍 1 亦		
3045	緞	1	韍 2 亦	鞎 2 亦	
3046	緒	1	笮 6 亦		
3047	𦄻	1	尋 7 今		
3048	𦂳	1	侳 1 亦		
3049	緺	1	闕 10 亦		
3050	綻	1	踈 17 亦		
3051	紱	2	紼 1 同		
3052	繆	2	謬 4 亦		
3053	紉	1	袎 1 亦		
3054	纗	1	繏 1 同		
3055	綾	1	綷 1 同		
3056	緜	10	綿 7 今		
3057	繇	1	䌛 1 同		
3058	素	24	縤 1 同	綤 1 同	
3059	辮	1	䋴 1 或		
3060	繛	1	綽 2 今		
3061	𦅣	1	緩 36 今		
3062	彞	1	䌳 1 古	彝 1 今	
3063	𦈉	1	系 9 籀		
3064	𦅾	1	䌊 1 同	繡 3 亦	
3065	黹	1	䙡 1 或		
3066	齼	2	楚 179 今		
3067	貉	1	絡 14 亦		
3068	𢂔	1	帉 1 同		
3069	帨	1	帥 7 同		
3070	常	43	𢀭 1 古	裳 13 今	

組號	字頭	字頻	異體字組		
3071	帪	1	幒 2 同		
3072	幱	1	襤 1 亦		
3073	幎	1	冪 1 同		
3074	幬	2	㡘 1 同		
3075	幕	5	幙 1 亦		
3076	幯	1	葥 1 或	帴 1 或	
3077	幃	1	𠥓 1 古		
3078	帚	16	菷 1 俗	箒 1 俗	
3079	席	25	𠩁 1 古		
3080	幢	2	橦 6 或		
3081	幧	3	𢄶 1 同		
3082	幍	1	㡚 1 同	帢 2 同	冟 1 或
3083	㡉	1	䘶 1 或		
3084	㡟	1	裨 6 今		
3085	幗	1	簂 1 或		
3086	㡅	1	𢇁 1 古	㝖 1 古	
3087	帾	1	𢅤 1 同	褚 3 亦	
3088	㓐	1	𠛱 1 同		
3089	𢄼	1	繻 1 亦		
3090	幰	6	帄 1 同		
3091	帗	1	拭 16 亦		
3092	㡗	1	褠 1 或		
3093	㡩	1	襢 1 或	袒 7 亦	
3094	帨	1	免 12 或	絻 2 亦	
3095	𢂘	1	扉 1 亦		
3096	幟	3	帜 1 同		
3097	帓	1	𢁒 1 亦		
3098	帺	1	𢃼 1 亦		
3099	帋	1	紙 24 亦		
3100	帆	4	颿 1 古		
3101	帉	1	幋 1 同		
3102	幝	1	繟 1 亦		
3103	袷	1	韐 2 或	帢 2 亦	
3104	䘯	1	裧 2 或	幨 1 亦	
3105	𧛍	1	綠 9 今		
3106	𧞤	1	襢 1 同		
3107	袗	1	裖 1 同		
3108	表	35	襮 1 古	䙖 1 同	
3109	𧝬	1	𧜟 1 同		
3110	襮	1	𧞣 1 同	𦄮 1 亦	
3111	袂	1	帙 1 或		
3112	衿	6	襟 1 同		
3113	褋	1	襍 1 同		
3114	襲	2	戳 1 古	𧟟 1 籀	
3115	衮	1	𧝪 1 籀		
3116	𧛴	1	𧝗 1 同		
3117	褠	1	𧝦 1 同	褶 1 同	
3118	㯒	1	袖 10 同		
3119	褱	1	裹 1 同	褢 1 同	
3120	袍	7	褒 1 同		
3121	襜	6	襝 1 同	裧 2 同	幨 1 亦
3122	袁	1	衦 1 同		
3123	袉	2	袘 1 俗		
3124	褰	2	𧞔 1 同		
3125	襹	1	襩 1 同		
3126	襱	1	裥 1 同		
3127	袳	1	袲 1 同		
3128	裔	4	兖 1 古		
3129	襦	9	𧝎 1 俗		
3130	袷	1	裌 1 同		
3131	襄	5	𡣍 1 古		
3132	裕	1	衮 1 同		
3133	衦	1	紆 1 或		
3134	裂	1	裂 1 或		
3135	蠃	1	蠃 1 古	裸 0 同	躶 0 亦

組號	字頭	字頻	異體字組		
			偞 2 亦		
3136	禶	1	擷 2 或		
3137	禥	1	齌 1 同		
3138	裋	1	襏 1 同		
3139	衰	3	蓑 2 今		
3140	卒	1	卒 14 今		
3141	祓	1	襏 1 同		
3142	褌	4	幝 1 或		
3143	裩	1	袓 7 或		
3144	褙	1	菁 6 亦		
3145	裿	1	婍 2 亦		
3146	衹	1	袦 1 同	幍 1 亦	
3147	袠	1	袟 1 同	帙 4 亦	
3148	褻	1	幒 2 或		
3149	裀	1	裡 1 同		
3150	衺	2	旍 1 亦		
3151	襆	1	薄 85 今		
3152	褡	1	襤 1 同		
3153	裥	1	襩 1 同		
3154	褾	1	衶 1 同		
3155	襳	1	衫 11 同		
3156	襸	1	嬇 2 亦		
3157	褮	1	裙 5 亦		
3158	袴	17	絝 2 亦		
3159	松	1	褜 1 同		
3160	袈	2	毣 1 亦		
3161	袋	2	帒 1 亦		
3162	裘	8	裘 1 同	求 59 同	
3163	鬷	1	褔 1 或		
3164	卩	2	節 50 今		
3165	卬	1	弼 13 今		
3166	厀	1	膝 15 或		
3167	卻	9	却 1 俗		
3168	卷	18	鞶 4 或	帣 1 又	
3169	归	1	抑 4 亦		
3170	辟	15	侯 1 古	侵 1 古	擗 1 亦
3171	苟	1	耇 1 古	亟 3 亦	
3172	匊	1	臼 6 古	鞠 1 同	籟 1 同
			掬 3 亦		
3173	勼	1	鳩 39 今		
3174	旬	19	訇 1 古		
3175	匈	5	胷 8 或		
3176	復	1	復 25 今	复 1 同	
3177	匊	1	周 241 或		
3178	匌	1	佮 1 或		
3179	飽	1	餇 1 同		
3180	匍	1	甫 2 或		
3181	匔	1	竣 1 或		
3182	匃	1	丐 1 同		
3183	匋	1	孚 1 同		
3184	包	12	胞 2 今		
3185	長	224	夫 1 古	兲 1 古	
3186	镾	1	彌 59 今		
3187	瑳	1	跍 1 古	嗟 10 今	謩 1 或
3188	匕	1	化 32 今		
3189	眞	30	奠 1 古		
3190	卓	2	㲖 1 古	卓 1 今	
3191	昆	1	艮 1 今		
3192	匙	5	堤 1 同	提 7 或	
3193	囟	1	腦 5 或	脳 1 亦	
3194	比	22	芘 1 古		
3195	从	66	㐺 1 篆	從 73 今	
3196	幷	1	并 16 同		
3197	共	15	𢌬 1 古		
3198	龔	1	供 6 今		
3199	巽	1	鞏 5 或		
3200	戴	28	戥 1 籀		

組號	字頭	字頻	異體字組		
3201	事	70	叓 1 古		
3202	支	109	斋 1 古	朿 1 古	
3203	攱	2	攲 1 今		
3204	叏	1	櫆 1 今	莩 1 今	芆 1 俗
3205	爭	21	事 1 古	諍 8 又	
3206	爯	1	隱 42 今		
3207	孚	1	捋 5 亦		
3208	叡	1	叚 1 籀	敢 54 今	
3209	䛂	1	䍮 1 古	亂 111 亦	
3210	肄	1	䏌 1 籀	肆 1 篆	
3211	肅	4	肃 1 古		
3212	畫	21	畵 1 古	劃 1 古	盡 1 俗
			劃 3 又		
3213	晝	7	書 1 籀		
3214	隶	1	逮 4 亦		
3215	隸	1	逭 2 亦		
3216	隸	1	隷 5 同		
3217	豎	5	竪 1 俗		
3218	師	31	率 1 古		
3219	賣	1	賣 44 今		
3220	敳	1	敖 1 今		
3221	鼬	1	鰈 4 亦	隉 4 亦	
3222	䴋	1	窟 7 亦		
3223	之	1467	㞢 1 古		
3224	生	243	生 1 古		
3225	丰	1	丰 2 或		
3226	豨	2	蘂 1 今		
3227	甡	2	莘 3 或		
3228	耑	7	端 29 今		
3229	虜	1	虜 1 今		
3230	橐	1	罢 1 或		
3231	橐	9	囥 1 古		
3232	圖	1	箒 2 或		
3233	回	116	囘 1 古		
3234	圖	3	圂 1 古		
3235	囿	2	䪫 1 籀		
3236	圍	10	口 1 古		
3237	困	41	朱 1 古		
3238	囮	1	䌛 1 同		
3239	圕	1	押 2 亦		
3240	园	1	刓 1 亦		
3241	負	23	鼎 1 籀		
3242	齊	73	亝 1 古	齌 1 或	
3243	屰	1	逆 40 今		
3244	𦘺	1	業 31 今		
3245	斥	1	坼 10 今		
3246	𠂢	1	劈 1 或		
3247	牋	5	箋 1 古	箋 4 亦	
3248	毋	2	無 256 今		
3249	克	9	剋 1 古	亭 1 古	亳 1 古
3250	弗	30	弜 1 古		
3251	乂	3	㣻 1 同	刈 12 亦	
3252	弋	166	杙 5 今	芅 2 同	隿 2 亦
			雀 2 亦		
3253	丬	2	牂 2 亦		
3254	也	177 13	乜 1 說文		
3255	㔗	1	剅 2 亦		
3256	䏜	1	朐 5 亦		
3257	乚	1	隱 42 今		
3258	直	244	稟 1 古	直 1 古	
3259	亾	1	乍 8 今		
3260	無	256	橆 1 古	无 5 同	
3261	丙	1	陋 7 亦		
3262	医	1	翳 8 或		
3263	旡	1	簪 7 今		
3264	旡	1	元 1 古		
3265	𣄚	1	禍 11 今	旤 1 同	
3266	皃	1142	皃 1 古	貌 12 籀	
3267	覍	1	弁 7 籀	弁 7 同	

組號	字頭	字頻	異體字組		
3268	兟	1	偵 2 亦		
3269	秃	15	毛 1 籀		
3270	穳	1	頹 2 亦		
3271	厶	1	私 39 今		
3272	四	113	卯 1 古	亖 1 籀	
3273	叕	1	𠯑 1 同		
3274	五	408	㐅 1 古		
3275	豙	1	遂 14 今		
3276	尒	7	爾 246 亦		
3277	余	306	籴 1 同		
3278	个	8	箇 7 亦		
3279	釆	1	乎 1 古		
3280	番	3	蹞 1 同	蹯 2 或	
3281	宷	2	審 16 同		
3282	尲	1	旭 1 古	逵 6 亦	
3283	肸	1	肹 1 今		
3284	専	1	敷 10 或		
3285	疇	2	璹 5 亦	蟳 5 亦	
3286	睸	2	玥 1 古	瑁 5 亦	蝐 5 亦
3287	乨	1	始 61 今		
3288	乩	1	稽 12 今		
3289	矴	1	汀 2 亦		
3290	成	72	戚 1 古		
3291	己	15	丟 1 古		
3292	曩	1	跽 3 或		
3293	辠	5	罪 96 今		
3294	辤	1	辞 25 籀	辭 80 同	
3295	辯	10	詈 1 俗		
3296	桀	6	梨 1 或		
3297	椉	1	兖 1 古	乗 1 今	
3298	癸	11	䍌 1 古	癸 1 籀	
3299	子	939	孚 1 古	巢 1 籀	
3300	孕	21	臘 1 古		
3301	孺	2	𡦘 1 俗		
3302	季	22	𥝩 1 古		
3303	孳	2	𦗁 1 籀		
3304	孥	1	帑 1 亦		
3305	孠	1	嗣 6 今		
3306	疑	33	矣 13 古	埃 1 同	䰈 1 亦
3307	孡	1	胎 7 亦		
3308	孖	2	滋 7 亦		
3309	㬜	1	脊 1 籀		
3310	𠫓	1	𠫯 1 古	突 20 今	
3311	育	15	毓 1 同		
3312	𤲱	1	番 3 今		
3313	𤰈	1	播 6 今		
3314	卯	10	兆 1 古	丣 1 篆	
3315	辰	9	𠨎 1 古	晨 1 或	
3316	辱	10	㞩 1 古		
3317	申	16	𦥔 1 古	𣬉 1 籀	
3318	暢	3	暘 1 亦		
3319	酉	17	丣 1 古		
3320	醿	1	醾 1 或		
3321	釃	1	麗 1 或		
3322	酷	5	浩 8 或		
3323	酌	1	酳 1 同		
3324	酬	3	醻 1 同		
3325	醠	1	醳 1 或		
3326	酣	6	佄 2 或		
3327	醵	1	醋 1 同		
3328	酌	1	酗 1 同		
3329	酸	14	䤇 1 古		
3330	醬	19	牆 1 古	𤅈 1 籀	醤 1 同
3331	醍	1	醔 1 同		
3332	醽	1	湎 2 或		
3333	酭	1	侑 3 或		
3334	醢	2	醓 1 俗		
3335	醊	2	餟 3 今	祕 1 同	𥝮 1 亦

組號	字頭 字頻	異體字組		
3336	⿰酉臾 1	萸 2 亦		
3337	酡 1	⿰酉㐌 1 俗		
3338	⿰酉隺 1	醡 1 同		
3339	⿱卯酉 1	⿱丣酉 1 同		
3340	酋 3	⿱釆酉 1 或		
3341	尊 13	⿱艹𢍜 1 同	僔 1 同	樽 5 或
		鐏 1 亦		
3342	亥 17	𢁒 1 同		

附表2.2

宋本《玉篇》異體字與《說文》重文對應字表

宋本《玉篇》中各類異體與《說文》對照時，如果直接標明異體關係時我們以此為準，如僅標明“同《說文》、《說文》作、《說文》為”等，則我們認為此異體關係與《說文》相同。宋本《玉篇》中標注為“-1”的異體字表明在《玉篇》中此字已有變形或脫漏，但從實際對應情況應當保存有此字形，在此亦列出作為參照對象。

說文正字	重文	重文類型	宋本異體	異體類型
一	弌	古	弌	古
帝	帝	古	帝	古
旁	雱	籒	雱	籒
旁	旁	古	旁	古
旁	㫄	古	㫄	古
示	𠀚	古	𠀚	古
齋	䶒	籒	䶒	籒
祀	禩	或	禩	同
禋	𥛓	籒	𥛓	同
祡	禧	古	禧	古
禜	祊	或	祊	同
祺	禥	籒	禥	籒
禱	褐	或	褐	古
禱	𥜒	籒	𥜒	籒
禮	𠃞	古	𠃞	古
社	袿	古	袿	古

說文正字	重文	重文類型	宋本異體	異體類型
禂	駶	或	駶	亦
祟	𥝦	籒	𥝦	籒
二	弍	古	弍	古
三	弎	古	弎	古
王	𠙺	古	𠙺	古
玉	𤣩	古	𤣩	古
瓊	璚	或	璚	同
瓊	琁	或	琁	或
瓊	瓗	或	瓗	同
璿	璥	古	璥	古
璿	叡	籒	叡	籒
球	璆	或	璆	或
瑁	玥	古	玥	古
瑱	䚏	或	䚏	或
璂	琪	或	琪	同
玩	貦	或	貦	或

說文正字	重文	重文類型	宋本異體	異體類型
璊	玧	或	玧	同
琨	瑻	或	瑻	同
玭	蠙	或	蠙	或①
玕	琕	古	琕	古
靈	靈	或	靈	同
墺	垗	古	垗	古
地	墬	籒	墬	籒
墣	圤	或	圤	同
堵	䩯	籒	䩯	籒
城	𩏼	籒	𩏼	籒
垣	𩏠	籒	𩏠	籒
墉	𩫖	古	𩫖	古
堂	坣	古	坣	古

① 宋本《玉篇》：“玭，蒲䥰、蒲賔二切。珠也。《夏書》作蠙。”

說文正字	重文	重文類型	宋本異體	異體類型
堂	[illegible]	籀	臺	古
垝	[illegible]	或	陒	亦
坻	[illegible]	或	渚	-1
坻	[illegible]	或	汝	-1
封	[illegible]	古	㞷	或
封	[illegible]	籀	壯	古
璽	[illegible]	籀	壐	籀
垐	[illegible]	古	垩	古
毀	[illegible]	古	毇	古
墉	[illegible]	或	陾	或
壞	[illegible]	古	壯	古
壞	[illegible]	籀	敷	籀
垔	[illegible]	古	㙯	古
垠	[illegible]	或	圻	同
圭	[illegible]	古	珪	古
坙	[illegible]	古	坐	同
堯	[illegible]	古	㚁	古
野	[illegible]	古	壄	古
畱	[illegible]	古	由	古
疇	[illegible]	或	㔾	-1
畮	[illegible]	或	畞	同
畜	[illegible]	或	蓄	同
畺	[illegible]	或	疆	亦
黃	[illegible]	古	灸	古
就	[illegible]	籀	就	籀
冂	[illegible]	古	冋	古
冂	[illegible]	或	坰	同
冊	[illegible]	古	笧	古

說文正字	重文	重文類型	宋本異體	異體類型
邦	[illegible]	古	岀	古
郊	[illegible]	或	岐	古
郊	[illegible]	古	䓣	古
邠	[illegible]	或	豳	古
扈	[illegible]	古	屺	-1
郢	[illegible]	或	邛	同
壻	[illegible]	或	婿	或
仁	[illegible]	古	尸	古
仁	[illegible]	古	忎	古
保	[illegible]	古	倸	古
保	[illegible]	古	𤓽	亦古
企	[illegible]	古	𠈌	古
伊	[illegible]	古	𠋹	古
倓	[illegible]	或	𠊡	或
份	[illegible]	古	彬	亦
仿	[illegible]	籀	俩	籀
備	[illegible]	古	㑩	古
儐	[illegible]	或	擯	或
侮	[illegible]	古	㑄	古
俟	[illegible]	或	嫉	或
傀	[illegible]	或	瓌	或
僕	[illegible]	古	䑑	古
臧	[illegible]	籀	壍	籀
民	[illegible]	古	㞶	-1
我	[illegible]	古	𢦑	古
義	[illegible]	或	羛	或
船	[illegible]	或	躬	同
弟	[illegible]	古	丰	古

說文正字	重文	重文類型	宋本異體	異體類型
婠	[illegible]	或	侑	或
孌	[illegible]	籀	孌	同
媿	[illegible]	或	愧	亦
姦	[illegible]	古	恳	古
妻	[illegible]	古	㛗	古
媧	[illegible]	籀	嫣	籀
姻	[illegible]	籀	婣	籀
妘	[illegible]	籀	䨓	籀
婚	[illegible]	籀	憂	籀
妒	[illegible]	或	㼚	同
妣	[illegible]	籀	妣	籀
奴	[illegible]	古	伖	古
顏	[illegible]	籀	顔	籀
頂	[illegible]	或	頂	或
頂	[illegible]	籀	顚	籀
頰	[illegible]	或	䪼	亦
頰	[illegible]	籀	頰	籀
頫	[illegible]	或	俛	亦
煩	[illegible]	或	疣	亦
頌	[illegible]	籀	額	籀
斷	[illegible]	或	剸	或
靦	[illegible]	或	靦	或
色	[illegible]	古	𢒚	-1
匈	[illegible]	或	胷	或
匈	[illegible]	古	凶	古
臣	[illegible]	籀	䪿	籀
臣	[illegible]	篆	頤	篆
配	[illegible]	古	卮	古

說文正字	重文	重文類型	宋本異體	異體類型
亢	頏	或	頏	或
自	𦣹	古	𦣹	古
目	𡇢	古	𡇢	古
睅	睆	或	睆	或
睹	覩	古	覩	同
旬	眴	或	眴	同
睦	𡗕	古	𡗕	古
瞋	䀼	或	䀼	同
看	𥄫	或	𥄫	同
省	𡮐	古	𡮐	古
視	眎	古	眎	古
視	眡	古	眡	古
觀	𥍆	古	𥍆	古
覛	䀣	籒	䀣	籒
聞	䎽	古	䎽	古
聵	𦗴	或	𦗴	同
聝	馘	或	馘	亦
吻	脗	或	脗	亦
嗌	𦋺	籒	𦋺	本亦作
咳	孩	古	孩	古
噍	嚼	或	嚼	或
喟	嘳	或	嘳	亦、同
哲	嚞	古	嚞	古
哲	悊	或	悊	同
君	𠱯	古	𠱯	-1
嘒	嚖	或	嚖	同

說文正字	重文	重文類型	宋本異體	異體類型
嘯	歗	籒	歗	籒
周	𠮵	古	𠮵	-1
唐	啺	古	啺	古
嘖	謮	或	謮	或
吟	訡	或	訡	亦
吟	䪩	或	䪩	亦
吝	㖫	古	㖫	古
呦	𣢭	或	𣢭	-1
㕣	𠕻	古	容	-1
唾	涶	或	涶	同
谷	臄	或	臄	或
谷	啣	或	啣	同
㐁	𠧟	古	囨	古
昏	𣅸	古	昬	-1
舓	䑛	或	䑛	同
齒	𠚕	古	𠚕	古
齰	齚	或	齚	同
牙	𤘗	古	𤘗	古
𤘽	齲	或	齲	或
頢	[illegible]	或	踢	或
㐱	鬒	或	鬒	亦
耏	耐	或	耐	或
髮	𩑶	古	𩑶	古
髮	𡟎	或	𡟎	-1
鬄	髢	或	髢	同
鬣	𣰷	或	𣰷	亦
鬣	獵	或	獵	或
手	𠂿	古	孚	古

說文正字	重文	重文類型	宋本異體	異體類型
拲	𣐿	或	𣐿	亦
扶	𢫦	古	𢫦	古
捦	𢹋	或	𢹋	同
握	𡍯	古	𡍯	-1
捊	抱	或	抱	同
撫	𨑒	古	𨑒	-1
摕	𢱅	或	𢱅	或
揚	敭	古	敭	古
抍	撜	或	撜	或
搹	扼	或	扼	同
播	𢾱	古	𢾱	古
撻	𨖼	古	𨖼	古
抗	杭	或	杭	或
収	𢪇	或	𢪇	亦
弇	𢍅	古	𢍅	古
兵	𢍁	籒	𢍁	-1
兵	𠈃	古	𠈃	-1
𠬞	𢹎	或	𢹎	-1
與	𢍏	古	𢍏	古
要	𡡿	古	𡡿	古
孚	𤔾	古	采	古
爲	𤔔	古	𦥮	古
厷	肱	或	肱	亦
厷	𠃋	古	𠃋	古
叜	傁	或	傁	或
叜	𡧦	籒	𡧦	籒
尹	𡰯	古	帬	古
反	𠬚	古	𠬚	古

說文正字	重文	重文類型	宋本異體	異體類型
及	[illegible]	古	弓	古
及	乁	古	乁	古
及	[illegible]	古	遘	古
叔	[illegible]	或	村	或
彗	[illegible]	古	[illegible]	古
彗	[illegible]	或	篲	或
叚	[illegible]	古	役	-1
叚	[illegible]	或	叚	同
跟	[illegible]	或	峎	亦
躧	[illegible]	或	[illegible]	或
跀	[illegible]	或	趴	同
髀	[illegible]	古	踋	古
盥	[illegible]	俗	膿	亦
薀	[illegible]	或	蘊	同
峈	[illegible]	或	盤	或
脣	[illegible]	古	顧	古
肊	[illegible]	或	臆	同
膀	[illegible]	或	髈	亦
腴	[illegible]	或	饕	-1
胑	[illegible]	或	肢	同
胤	[illegible]	古	胷	古
胄	[illegible]	或	韋	今
膌	[illegible]	古	瘠	古
胗	[illegible]	籀	疹	籀
肬	[illegible]	籀	默	亦
腆	[illegible]	古	沓	古
臇	[illegible]	或	朓	同
臇	[illegible]	或	熼	亦

說文正字	重文	重文類型	宋本異體	異體類型
肎	[illegible]	古	肎	-1
肰	[illegible]	古	𦝫	古
肰	[illegible]	古	脙	-1
臚	[illegible]	籀	膚	籀
炙	[illegible]	籀	鍊	籀
筋	[illegible]	或	肑	或
笏	[illegible]	或	腱	亦
動	[illegible]	古	運	古
勇	[illegible]	或	戚	古
勇	[illegible]	古	恿	古
勥	[illegible]	古	彊	同
勞	[illegible]	古	勞	古
協	叶	或	叶	古
協	叶	古	叶	古
船	[illegible]	或	躬	或
寤	[illegible]	籀	寤	籀
慎	[illegible]	古	昚	古
懼	[illegible]	古	愳	古
悟	[illegible]	古	悉	古
惰	[illegible]	或	惰	同
惰	[illegible]	古	媠	古
悁	[illegible]	籀	䀠	籀
悑	[illegible]	或	怖	同
惕	[illegible]	或	愁	或
怛	[illegible]	或	悬	或
態	[illegible]	或	能	亦
鬆	[illegible]	古	鐘	古
愆	[illegible]	或	寒	同

說文正字	重文	重文類型	宋本異體	異體類型
愆	[illegible]	籀	僭	籀
患	[illegible]	古	悤	古
患	[illegible]	古	悶	古
恐	[illegible]	古	忎	古
怨	[illegible]	古	侖	古
惡	[illegible]	古	愍	古
懋	[illegible]	或	忞	同
意	[illegible]	籀	意	籀
詩	[illegible]	古	訨	-1
謨	[illegible]	古	暮	古
訊	[illegible]	古	讁	古
信	[illegible]	古	仰	亦
信	[illegible]	古	訡	古
誥	[illegible]	古	叙	-1
話	[illegible]	籀	譮	籀
詠	[illegible]	或	咏	亦
訝	[illegible]	或	迓	同
讇	[illegible]	或	諂	同
誖	[illegible]	或	悖	或
誖	[illegible]	籀	盪	同
訽	[illegible]	或	詬	同
訇	[illegible]	籀	訇	籀
譀	[illegible]	俗	諗	同
誕	[illegible]	籀	這	籀
譬	[illegible]	籀	譬	同
訩	[illegible]	或	說	同
訩	[illegible]	或	詾	同
訟	[illegible]	古	訟	古

說文正字	重文	重文類型	宋本異體	異體類型
訴	愬	或	愬	亦
訴	⿰言朔	或	⿰言朔	同
詘	誳	或	誳	同
讕	譋	或	譋	同
讄	⿰言纍	或	⿰言纍	同
謑	⿰言奊	或	⿰言奊	同
詬	訽	或	詢	同
謣	⿰言荂	或	⿰言荂	或
譙	誚	古	誚	古
謀	⿱母口	古	⿱母口	-1
謀	⿱母言	古	⿱母言	-1
譱	善	篆	善	同
乃	𠄎	籀	𠄎	籀
乃	𠄏	古	𠄏	古
甹	⿰忄甹	或	⿰忄甹	-1
虧	⿰雐兮	或	⿰雐兮	或
亼	⿱竹王	或	⿱竹王	或
毀	毁	籀	毁	籀
嚴	𠪚	古	𠪚	古
𪛉	篪	或	篪	或
嗣	孠	古	孠	古
嚚	𡈫	古	𡈫	古
囂	⿱⿰口口頁	或	⿱⿰口口頁	或
商	𧶠	籀	𧶠	籀
商	𠅩	古	𠅩	古
商	𢉩	古	𢉩	古
⿰就欠	噈	俗	噈	亦
款	欵	或	欵	同
歌	謌	或	謌	同
歎	⿰難欠	籀	⿰難欠	同
次	倫	古	倫	-1
㱃	⿱今水	古	⿱今水	古
㱃	⿱今食	古	⿱今食	古
歠	吷	或	吷	或
飪	恁	古	恁	古
飪	⿰月壬	古	⿰月壬	古
飴	⿱異食	籀	⿱異食	籀
饎	⿰食巸	或	⿰食巸	同
饎	糦	或	糦	同
養	⿰羊攴	古	⿰羊攴	古
⿰食象	餳	或	餳	同
餔	⿺辶⿱甫皿	籀	⿺辶⿱甫皿	亦
飽	⿱卯食	古	⿱卯食	古
飽	⿰食孚	古	⿰食孚	古
饕	⿱號食	籀	⿱號食	籀
饕	叨	或	叨	同
餐	湌	或	湌	同
餈	⿰食齊	或	⿰食齊	-1
餈	粢	或	粢	或
猒	猒	或	猒	同
甚	㔻	古	㔻	古
旨	⿱千甘	古	⿱千甘	古
㳄	⿰亻⿱口水	或	⿰亻⿱口水	-1
㳄	𣾰	籀	𣾰	籀
奏	𡙸	古	𡙸	古
奏	𣪊	古	𣪊	古
往	迬	古	迬	古
徯	蹊	或	蹊	或
𢓊	⿰彳内	或	⿰彳内	同
𢓊	退	古	退	古
後	⿺辶⿱幺夊	古	⿺辶⿱幺夊	古
得	㝵	古	㝵	古
御	馭	古	馭	古
役	伇	古	伇	-1
衙	衕	或	衕	同
夏	𡕾	古	𡕾	古
舛	踳	或	踳	或
舞	⿱羽亡	古	⿱羽亡	古今
起	⿺辶巳	古	⿺辶巳	古
迹	𨒥	籀	𨒥	籀
迹	蹟	或	蹟	或
邁	⿺辶蠆	或	⿺辶蠆	同
⿺辶正	征	或	征	或
⿺辶且	徂	或	徂	同
⿺辶且	⿺辶虘	籀	⿺辶虘	籀
述	⿺辶術	籀	⿺辶術	籀
造	艁	古	艁	古
速	遬	籀	遬	籀
速	⿱欶言	古	⿱欶言	古
遷	拪	古	揭（拪）	古
返	⿰彳反	或	⿰彳反	或
送	䢠	籀	䢠	籀
遲	遟	籀	遟	籀

說文正字	重文	重文類型	宋本異體	異體類型
遲	迡	或	迡(迟)	同
遴	僯	或	僯	或
達	达	或	达	或
逭	爟	或	爟	-1
逋	𨓈	籀	𨓈	籀
近	岓	古	岓	古
遂	逢	籀	逢	古
邇	迩	古	迩	同
逎	遒	或	遒	同
逖	逷	古	逷	古
道	𩠐	古	𩠐	古
迒	𨃟	或	𨃟	同
𨑒	屎	古	屎	-1
𨑒	𢓊	或	𢓊	-1
登	𤼷	籀	𤼷	古
歸	𢑚	籀	𢑚	籀
竢	𥏼	或	𥏼	同
普	替	或	替	同
普	普	或	普	或
正	𤴓	古	𤴓	同
正	𤴔	古	𤴔	同
是	昰	籀	昰	古
韙	愇	籀	愇	籀
家	𡧐	古	𡧐	古
宅	厇	古	厇	古
宅	𡧚	古	𡧚	古
宇	寓	籀	寓	籀

說文正字	重文	重文類型	宋本異體	異體類型
寏	院	或	院	或
宋	誺	或	誺	亦
寶	寚	古	寚	古
容	㝐	古	㝐	古
寑	𡪢	籀	𡪢	籀
宛	惌	或	惌	同
宷	審	篆	審	同
寓	庽	或	庽	亦
窾	窾	或	窾	或
宄	𡧦	古	𡧦	古
宄	𠬛	古	𠬛	古
閻	壛	或	壛	-1
閾	𨵹	古	𨵹	古
闢	𨳊	或	𨳊	古
開	閞	古	閞	古
閒	𨳖	古	𨳖	古
閔	𢡐	古	𢡐	古
居	踞	俗	踞	俗
屍	脽	或	脽	或
屍	𩪍	或	𩪍	或
屋	臺	古	臺	-1
屋	𠪚	籀	𠪚	籀
履	𩟽	古	𩟽	古
疾	𤵸	籀	𤵸	籀
疾	𤸪	古	𤸪	古
瘚	欮	或	欮	同
瘇	𡰽	籀	𡰽	籀
𤻲	療	或	療	同

說文正字	重文	重文類型	宋本異體	異體類型
癃	𤶹	籀	𤶹	同
𣦻	壡	或	壡	同
𣦻	𧮪	籀	𧮪	籀
叡	睿	古	睿	古
殂	𣦸	古	𣦸	古
殪	𡔷	古	𡔷	古
歾	朽	或	朽	或
殄	丩	古	丩	古
死	𣦵	古	𣦵	古
竈	竈	或	竈	或
中	𠁩	籀	𠁩	籀
中	𠁧	古	𠁧	古
𡴯	𡶃	籀	𡶃	籀
𡴚	芬	或	芬	或
梅	楳	或	楳	同
李	杍	古	杍	古
栲	棉	或	棉	同
蘽	櫐	籀	櫐	籀
杶	櫄	或	櫄	同
杶	杻	古	杻	古
梓	榟	或	榟	同
楮	柠	或	柠	同
松	㮤	或	㮤	古
某	槑	古	槑	古
樹	尌	籀	尌	籀
本	㮺	古	㮺	古
栞	栞	篆	栞	同
築	𥳻	古	𥳻	古

說文正字	重文	重文類型	宋本異體	異體類型
植	[illegible]	或	[illegible]	同
槈	鎒	或	鎒	或
相	梩	或	梩	同
苿	釫	或	釫	古今
枱	鈶	或	鈶	亦
枱	辝	籒	辝	籒
栖	𠥍	籒	𠥍	籒
槃	盤	籒	盤	或
槃	鎜	古	鎜	或
櫑	罍	或	罍	亦
櫑	[illegible]	或	[illegible]	亦
休	庥	或	庥	或
柙	[illegible]	古	囲	古
柩	匶	籒	匶	籒
櫓	樐	或	樐	亦同
楮	柠	或	柠	同
柄	棅	或	棅	同
槱	禉	或	禉	同
梁	𣶒	古	𣶒	古
杘	柅	或	柅	或
麓	𣏹	古	𣏹	古
叒	𠮢	籒	𠮢	籒
蔦	樢	或	樢	亦
蓬	莑	籒	莑	籒
蓈	稂	或	稂	或
蘈	穨	或	穨	或
营	芎	或	芎	同
菹	𧂒	或	𧂒	或

說文正字	重文	重文類型	宋本異體	異體類型
菹	𦳝	或	𦳝	或
[illegible]	[illegible]	或	[illegible]	-1
[illegible]	[illegible]	或	[illegible]	同
茵	鞇	或	鞇	亦
𣂚	𣃚	籒	𣃚	同
𣂚	折	篆	折	今
蘞	蘝	或	蘝	同
芰	茤	或	茤	同
蔆	遴	或	遴	同
莊	𤖀	古	𤖀	古
莕	荇	或	荇	同
荆	𦵧	古	𦵧	古
蔪	𧃒	或	𧃒	同
菑	甾	或	甾	今
蕢	臾	古	臾	-1
蒸	𦯶	或	𦯶	同
藻	薻	或	薻	同
薇	[illegible]	籒	[illegible]	籒
[illegible]	[illegible]	或	[illegible]	同
蓐	[illegible]	籒	蓐	籒
薅	[illegible]	籒	蔉	籒
薅	茠	或	茠	或
舜	[illegible]	古	[illegible]	古
䑞	[illegible]	或	[illegible]	或
簬	簵	古	簵	同
篠	[illegible]	籒	[illegible]	籒
籑	饌	或	饌	-1
管	琯	古	琯	古

說文正字	重文	重文類型	宋本異體	異體類型
籃	[illegible]	古	盾	-1
簠	医	古	医	古今
簋	匭	古	匭	古
簋	[illegible]	古	[illegible]	古
簋	朹	古	朹	古
簏	箓	或	箓	同
箑	[illegible]	或	[illegible]	同
䇘	互	或	互	-1
籞	魰	或	魰	-1
箕	[illegible]	籒	[illegible]	籒
箕	𠀠	古	𠀠	古
箕	𠔁	古	𠔁	古
箕	[illegible]	古	[illegible]	-1
箕	[illegible]	籒	[illegible]	籒
巿	韍	篆	韍	古
南	𡴎	古	𡴎	古
乑	[illegible]	古	[illegible]	古
雩	䨒	或	䨒	或
業	𡭶	古	𡭶	古
僕	䑑	古	䑑	古
函	肣	俗	肣	俗
卤	𠧪	籒	𠧪	籒
㮚	𣡕	籒	𣡕	古
㮚	[illegible]	古	[illegible]	-1
枲	[illegible]	籒	[illegible]	籒
瓞	𤬪	或	𤬪	同
糇	[illegible]	或	[illegible]	-1
𨐨	莘	或	莘	亦

說文正字	重文	重文類型	宋本異體	異體類型
麩	[illegible]	或	麱	同
黏	[illegible]	或	粘	或
䵒	[illegible]	或	[illegible]	同
稑	[illegible]	或	穋	同
稷	[illegible]	古	[illegible]	古
穧	[illegible]	或	秶	亦
秫	[illegible]	或	朮	或
穟	[illegible]	或	[illegible]	同
采	[illegible]	或	穗	同
稃	[illegible]	或	粰	同
稈	[illegible]	或	秆	同
秦	[illegible]	籀	[illegible]	籀
秋	[illegible]	籀	龝	籀
稷	[illegible]	籀	稅	籀
穅	[illegible]	或	康	或
秔	[illegible]	或	稉	-1
[illegible]	[illegible]	或	[illegible]	同
𩰪	[illegible]	或	秬	今
粒	[illegible]	古	[illegible]	古
糂	[illegible]	籀	糣	籀
糂	[illegible]	古	糝	古
糟	[illegible]	籀	𨢦	-1
[illegible]	[illegible]	或	鞠	或
氣	[illegible]	或	[illegible]	同
氣	[illegible]	或	餼	亦
舀	[illegible]	或	[illegible]	或
舀	[illegible]	或	抌	或
倉	[illegible]	奇	仺	古
亩	[illegible]	或	廩	亦
啚	[illegible]	古	[illegible]	古
嗇	[illegible]	古	𤲃	古
牆	[illegible]	籀	[illegible]	籀
牆	[illegible]	籀	[illegible]	古
侖	[illegible]	籀	[illegible]	籀
會	[illegible]	古	佮	古
亯	[illegible]	篆	享	籀
𦎫	[illegible]	篆	𦎫	同
良	[illegible]	古	[illegible]	古
良	[illegible]	古	[illegible]	-1
良	[illegible]	古	[illegible]	古
冕	[illegible]	或	絻	或
冒	[illegible]	古	[illegible]	古
覈	[illegible]	或	[illegible]	-1
垔	[illegible]	古	[illegible]	古
网	[illegible]	或	罔	同
网	[illegible]	或	[illegible]	同
网	[illegible]	古	[illegible]	同
网	[illegible]	籀	[illegible]	古
罙	[illegible]	或	[illegible]	同
[illegible]	[illegible]	或	[illegible]	或
罬	[illegible]	或	輟	或
罝	[illegible]	籀	[illegible]	籀
罝	[illegible]	或	[illegible]	同
棄	[illegible]	籀	[illegible]	-1
棄	[illegible]	古	弃	古
西	[illegible]	古	卤	古
西	[illegible]	籀	卤	籀
西	[illegible]	或	棲	或
徵	[illegible]	古	[illegible]	古
朢	[illegible]	古	[illegible]	古
盇	[illegible]	或	盍	同
盧	[illegible]	籀	[illegible]	同
盌	[illegible]	或	[illegible]	亦
監	[illegible]	古	[illegible]	古
琴	[illegible]	古	[illegible]	古
瑟	[illegible]	古	[illegible]	古
喜	[illegible]	古	歖	古
鼓	[illegible]	籀	[illegible]	籀
[illegible]	[illegible]	古	[illegible]	古
[illegible]	[illegible]	或	[illegible]	或
豆	[illegible]	古	[illegible]	古
豐	[illegible]	古	[illegible]	古
量	[illegible]	古	[illegible]	古
[illegible]	[illegible]	俗	鎡	俗
[illegible]	[illegible]	或	[illegible]	同
[illegible]	[illegible]	籀	[illegible]	籀
[illegible]	[illegible]	或	瓶	或
鬲	[illegible]	或	[illegible]	今
鬲	[illegible]	或	[illegible]	同
[illegible]	[illegible]	籀	[illegible]	籀
融	[illegible]	籀	[illegible]	籀
鬴	[illegible]	或	釜	或
[illegible]	[illegible]	或	餗	或
[illegible]	[illegible]	或	[illegible]	同

說文正字	重文	重文類型	宋本異體	異體類型
鬻	粖	或	粖	或
鬻	健	或	健	或
鬻	飦	或	飦	或
鬻	餰	或	餰	或
鬻	餌	或	餌	或
鬻	煑	或	煑	或
鬻	鬻	或	鬻	或
鬻	鬻	或	䰞	亦
鬻	鬻	或	鬻	同
鬻	羹	篆	羹	篆
処	處	或	處	同
匚	匚	籀	匚	籀
匧	篋	或	篋	或
匡	筐	或	筐	或
匵	櫝	或	櫝	亦
曲	𠃊	古	𠃊	古
㫃	㫃	古	㫃	古
旞	旞	或	旞	同
旃	旜	或	旜	同
旅	𣃨	古	𣃨	古
勿	㫚	或	㫚	亦
䠶	射	篆	射	今
弭	𢐖	或	𢐖	同
弛	𢐗	或	𢐗	同
彈	𢎪	或	𢎪	同
斷	㫁	或	㫁	亦
矛	𢦒	古	𢦒	古
或	域	或	域	或

說文正字	重文	重文類型	宋本異體	異體類型
殺	䝨	古	䝨	古
殺	㣲	古	㣲	古
殺	布	古	布	古
[illegible]	㓞	籀	㓞	籀
利	㓯	古	㓯	古
則	鼎	籀	鼎	籀
則	䝽	古	䝽	古
則	𠟭	古	𠟭	古
副	疈	籀	疈	籀
制	㓹	古	㓹	-1
剛	信	古	信	-1
劒	劍	籀	劍	籀
办	創	或	創	或
金	金	古	金	古
鐵	鐵	或	鐵	或
鐵	銕	古	銕	古
鐘	銿	或	銿	同
鏗	㽬	或	㽬	亦
鈕	玏	古	玏	古
鏝	槾	或	槾	或
鈞	銞	古	銞	古
銳	㓹	籀	㓹	籀
鏦	錄	或	錄	同
鑣	鑣	或	鑣	亦
御	銜	或	銜	同
鏶	鍓	或	鍓	或
徹	徹	古	徹	古
赦	赦	或	赦	同

說文正字	重文	重文類型	宋本異體	異體類型
攸	汥	或	汥	亦
敉	侎	或	侎	或
敗	贁	籀	贁	籀
斅	學	篆	學	篆
教	効	古	効	古
教	𡥈	古	𡥈	古
㩻	豉	俗	豉	俗
巺	巽	篆	巽	篆
巽	𢁉	古	𢁉	古
典	𥫩	古	𥫩	古
差	𢀩	籀	𢀩	籀
工	𢒄	古	𢒄	古
巨	𢀃	古	𢀃	古
巨	榘	或	榘	或
巫	𢀍	古	𢀍	古
卜	𠁽	古	𠁽	古
用	庯	古	庯	古
爽	𡙁	篆	𡙁	同
車	䡅	籀	䡅	籀
軨	轠	或	轠	同
軝	𨊻	或	𨊻	亦
輈	𨏷	籀	𨏷	籀
轙	钀	或	钀	或
輗	輨	或	輨	同
輗	棿	或	棿	同
般	舷	古	舷	-1
方	汸	或	汸	同
瀾	漣	或	漣	或

說文正字	重文	重文類型	宋本異體	異體類型
淵	囦	古	囦	古
淵	𣶒	或	𣶒	古
沙	𣲡	或	𣲡	同
𣶃	澩	或	澩	同
津	𦨈	古	𦨈	古
泝	溯	或	遡	或
淦	汵	或	汵	-1
汓	泅	或	泅	或
游	𨓏	古	𨓏	古
砅	濿	或	濿	或
湛	𣽳	古	𣽳	古
涿	𠃬	奇	𣅇	亦
漢	㵄	古	㵄	古
沇	㳂	古	沿	亦
活	𣽃	或	𣽃	同
涸	𣸼	或	𤅩	同
汀	𣲭	或	𥝍	或
漉	淥	或	淥	同
泰	夳	古	夳	古
洓	泟	或	泟	或
䞓	赬	或	赬	或
䞓	𧹛	或	𧹛	或
𣻝	涉	篆	涉	篆
邕	𡿧	籀	𡿧	籀
州	𠕁	古	𠕁	古
阱	汬	古	汬	古
阱	穽	或	穽	或
厵	原	篆	原	篆

說文正字	重文	重文類型	宋本異體	異體類型
覛	𧡨	籀	𧡨	籀
衇	䘑	籀	䘑	籀
衇	脈	或	脉	或
㕡	濬	古	濬	古
㕡	𣽎	或	𣽎	古
𧮫	壡	或	壡	或
冰	凝	俗	凝	俗
冬	𣅽	古	𣅽	亦
雨	𠕲	古	𠕲	古
靁	𩇓	籀	𩇓	籀
靁	𩂩	古	𩂩	古
靁	𤴐	古	𤳳	古
霣	𩅦	古	𩅦	古
電	𩇔	古	𩇔	古
震	𩆿	籀	𩆿	籀
雹	𩂣	古	𩂣	古
霚	雺	籀	雺	籀
雲	云	古	云	古
雲	𠄔	古	𠄔	古
風	凬	古	凬	古
氣	餼	或	餼	亦
氣	𥹋	或	𥹋	同
氛	雰	或	雰	或
鬼	𥝐	古	𥝐	古
鬽	𧰨	籀	录	古
鬽	𧰧	籀	𧰧	籀
鬽	魅	或	魅	同
畏	𢼝	古	𢼝	古

說文正字	重文	重文類型	宋本異體	異體類型
白	𠂾	古	𠂾	古
皤	䪌	或	䪌	同
日	𡆸	古	𡆸	-1
時	旹	古	旹	古
昌	𠳓	籀	𣅛	籀
㬥	𣋡	古	𣋡	古
昔	𦚃	籀	𦚃	籀
暱	昵	或	昵	或
農	𨐍	籀	𨐍	籀
農	𦦙	古	𦦙	古
農	辳	古	辳	古
乾	𠦝	籀	乹	籀
曐	星	或	星	亦
曐	𠻰	古	𠻰	古
曟	晨	或	晨	或
霸	𦊅	古	𦊅	古
期	𠀇	古	𣅀	古
𥂗	盟	古	盟	古
𥂗	𥃞	篆	𥃞	篆
夤	𡖸	籀	𡖸	籀
外	𡖄	古	夘	古
多	𡖋	古	𡖋	古
玄	𢆯	古	𢆯	古
奢	奓	籀	奓	亦
然	𦳝	或	𦳝	或
熬	𪍒	或	𪍒	亦
爤	燗	或	燗	同
𣆶	𣅈	或	𣅈	或

說文正字	重文	重文類型	宋本異體	異體類型
𤋄	[illegible]	或	焦	同
煙	[illegible]	古	𡪸	古
煙	[illegible]	或	烟	同
煙	[illegible]	籀	𡨴	籀
熾	[illegible]	古	戴	古
爟	[illegible]	或	烜	或
燅	[illegible]	或	錴	亦
炙	[illegible]	籀	𤊘	籀
爨	[illegible]	籀	燹	籀
囪	[illegible]	古	囮	古
囪	[illegible]	或	窗	同
黥	[illegible]	或	剽	同
赤	[illegible]	古	烾	篆
吳(吳)	[illegible]	古	𡗿	古
叀	[illegible]	古	㠯	古
叀	[illegible]	古	𡴂(𡴂)	古
惠	[illegible]	古	𢡖(𢡖)	古
丹	[illegible]	古	㒵	古
丹	[illegible]	古	彤	古
嶽	[illegible]	古	岳	古
岫	[illegible]	籀	峀	籀
廡	[illegible]	籀	廡	籀
廟	[illegible]	古	庿	同
席	[illegible]	古	㕽	古
厂	[illegible]	籀	厈	籀

說文正字	重文	重文類型	宋本異體	異體類型
厎	[illegible]	或	砥	亦
厲	[illegible]	或	蠆	或
仄	[illegible]	籀	厌	古
廎	[illegible]	或	廎	-1
磺	[illegible]	古	卝	-1
碣	[illegible]	古	礘	古
确	[illegible]	或	㱿	同
磬	[illegible]	籀	殸	籀
磬	[illegible]	古	硜	古
陸	[illegible]	籀	𨺅	籀
陟	[illegible]	古	𨻸	古
防	[illegible]	或	埅	或
阯	[illegible]	或	址	或
陳	[illegible]	古	𨸝	古
陴	[illegible]	籀	𩏨	籀
隓	[illegible]	篆	墯	篆
馬	[illegible]	古	影	古
馬	[illegible]	籀	影	籀
騧	[illegible]	籀	騧	籀
騅	[illegible]	籀	騑	籀
駕	[illegible]	籀	牫	籀
驅	[illegible]	古	敺	古
馽	[illegible]	或	縶	今
驘	[illegible]	或	驘	同
牭	[illegible]	籀	犕	籀
驂	[illegible]	古	庲	古
羌	[illegible]	古	𦍋	-1
犛	[illegible]	或	𤘽	亦

說文正字	重文	重文類型	宋本異體	異體類型
法	[illegible]	或	怯	今
狂	[illegible]	古	㤮	古
獘	[illegible]	或	斃	或
猵	[illegible]	或	獱	或
豕	[illegible]	古	币	古
𢑚	[illegible]	籀	𢑛	-1
𢑚	[illegible]	古	屌	古
豪	[illegible]	籀	豪	籀
緜	[illegible]	古	𦅀	古
灋	[illegible]	或	法	今
灋	[illegible]	古	金	古
麀	[illegible]	或	麙	古
麇	[illegible]	籀	麕	籀
麗	[illegible]	古	丽	篆
麗	[illegible]	篆	𠀧	古
麠	[illegible]	或	麖	同
麐	[illegible]	或	麃	同
麤	[illegible]	籀	𪋻	籀
㲋	[illegible]	篆	㲋	同
离	[illegible]	古	𡿥	古
禹	[illegible]	古	𥜼	古
豫	[illegible]	古	𤔰	-1
羆	[illegible]	古	㠶	古
虐	[illegible]	古	虐	古
虡	[illegible]	或	鐻	亦
虡	[illegible]	篆	虡	同
虎	[illegible]	古	虝	-1
虎	[illegible]	古	勮	古

說文正字	重文	重文類型	宋本異體	異體類型
貔	豼	或	豼	或
豻	犴	或	犴	亦
烏	於	古	於	古
烏	[illegible]	古	絴	古
舄	䧿	篆	雒	今
鷻	[illegible]	或	鶉	同
鸇	[illegible]	籀	[illegible]	-1
鶪	[illegible]	或	䳤	或
鷽	雤	或	雤	-1
鶃	鷊	或	鷊	或
鵻	[illegible]	或	[illegible]	亦
鴿	[illegible]	或	鵻	-1
鷸	[illegible]	或	[illegible]	或
雉	[illegible]	古	鮷	古
閵	[illegible]	籀	藺	古
雛	鶵	籀	鶵	籀
雎	[illegible]	籀	鴡	亦
雒	[illegible]	籀	鵅	亦
雞	鷄	籀	鷄	亦
雕	鵰	籀	鵰	籀
雇	[illegible]	或	鶚	亦
雇	鳸	籀	鳸	籀
堆	[illegible]	或	塢	或
舊	鵂	或	鵂	今
蒦	彠	或	彠	同
雧	集	或	集	今
鮨	[illegible]	籀	鯊	籀
鱣	[illegible]	籀	鱣	籀
鯾	鯿	或	鯿	同
魴	鰟	或	鰟	籀
鰂	鯽	或	鯽	或
𩸞	漁	篆	漁	篆
鼢	蚡	或	蚡	亦
鼨	[illegible]	籀	鼤	籀
[illegible]	[illegible]	或	貖	亦
蠙	[illegible]	或	蚓	或
蠁	蚼	或	蚼	同
蝘	[illegible]	或	[illegible]	或
強	[illegible]	籀	[illegible]	-1
蚔	[illegible]	古	[illegible]	-1
蚔	[illegible]	籀	[illegible]	-1
蠣	[illegible]	或	蜾	同
蜙	蚣	或	蚣	同
蜩	蚒	或	蚒	同
蠨	[illegible]	或	螋	同
蜮	蟈	或	蟈	或
虹	𧈪	籀	𧈪	籀
繭	絸	古	絸	古
𧕴	[illegible]	或	蝥	亦
𧒒	[illegible]	或	蚤	亦
蝨	[illegible]	或	虱	亦
蠭	[illegible]	古	[illegible]	古
蟁	蚊	俗	蚊	今
蟁	[illegible]	或	[illegible]	同
蠹	螙	或	螙	古
蠡	[illegible]	古	[illegible]	-1
蟊	[illegible]	或	[illegible]	亦
蠢	[illegible]	古	[illegible]	-1
𧕡	蜚	或	蜚	或
它	蛇	或	蛇	同
龜	[illegible]	古	[illegible]	古
黽	[illegible]	籀	[illegible]	籀
鼄	蛛	或	蛛	或
鼂	[illegible]	篆	[illegible]	古
貧	[illegible]	古	穷	古
[illegible]	[illegible]	或	[illegible]	或
𩙪	翼	篆	翼	篆
至	[illegible]	古	[illegible]	古
衡	[illegible]	古	奧	古
觵	觥	俗	觥	同
觶	[illegible]	或	[illegible]	同
觶	觗	或	觗	同
觴	[illegible]	籀	[illegible]	籀
觼	鐍	或	鐍	或
皮	[illegible]	籀	[illegible]	籀
皮	[illegible]	古	[illegible]	古
㼱	[illegible]	古	[illegible]	亦
㼱	[illegible]	籀	[illegible]	籀
[illegible]	[illegible]	或	[illegible]	-1
革	[illegible]	古	[illegible]	古
[illegible]	[illegible]	或	韗	或
靼	[illegible]	古	[illegible]	同
鞠	[illegible]	或	鞫	同
鞀	[illegible]	或	鼗	或

說文正字	重文	重文類型	宋本異體	異體類型
鞀	[illegible]	籀	磬	-1
鞀	[illegible]	或	鞉	同
鞔	[illegible]	或	鞔	同
靷	[illegible]	籀	鞻	籀
鞭	[illegible]	古	㝹	-1
韋	[illegible]	古	𡗽	古
韘	[illegible]	或	弽	或
韍	[illegible]	或	綴	-1
韢	[illegible]	或	韢	或
韢	[illegible]	或	挙	或
糸	[illegible]	古	糹	古
繭	[illegible]	古	蜆	古
織	[illegible]	或	紌	古
續	[illegible]	古	賡	-1
紹	[illegible]	古	綤	古
繼	[illegible]	或	緹	同
終	[illegible]	古	𠬢	古
繒	[illegible]	籀	綷	-1
緹	[illegible]	或	祇	或
紘	[illegible]	或	紭	同
紟	[illegible]	籀	絟	籀
綫	[illegible]	古	線	同
緁	[illegible]	或	緍	同
紘	[illegible]	或	茯	或
紘	[illegible]	或	鞴	或
緐	[illegible]	或	緐	或
縻	[illegible]	或	絼	或
紲	[illegible]	或	緤	同
繘	[illegible]	古	䋣	古
繘	[illegible]	籀	䌛	籀
纊	[illegible]	或	絖	同
綌	[illegible]	或	峪	-1
紵	[illegible]	或	綍	古
緦	[illegible]	古	𦃃	-1
緆	[illegible]	或	𦋐	亦
綱	[illegible]	古	杁	-1
系	[illegible]	或	𦃭	-1
系	[illegible]	籀	𦃃	籀
繛	[illegible]	或	綽	今
緩	[illegible]	或	緩	今
常	[illegible]	或	裳	今
幝	[illegible]	或	褌	或
帷	[illegible]	古	匿	古
帙	[illegible]	或	袠	或
帬	[illegible]	或	裠	或
帢	[illegible]	或	韐	或
袗	[illegible]	或	裖	同
襲	[illegible]	籀	㦻	籀
袤	[illegible]	籀	褻	籀
襱	[illegible]	或	襩	或
裔	[illegible]	古	兖	古
褱	[illegible]	古	㜳	古
嬴	[illegible]	或	裸	同
襭	[illegible]	或	擷	或
衰	[illegible]	古	𢻕	-1
裘	[illegible]	古	求	同
归	[illegible]	俗	抑	亦
苟	[illegible]	古	𦍋	古
旬	[illegible]	古	訇	古
匈	[illegible]	或	胷	或
長	[illegible]	古	兲	古
長	[illegible]	古	夫	古
眞(真)	[illegible]	古	帍	古
比	[illegible]	古	夶	古
臮	[illegible]	古	[illegible]	-1
共	[illegible]	古	𢀜	古
戴	[illegible]	籀	戴	籀
事	[illegible]	古	叓	古
支	[illegible]	古	[illegible]	古
叡	[illegible]	籀	[illegible]	籀
叡	[illegible]	古	[illegible]	古
[illegible]	[illegible]	古	[illegible]	古
肅	[illegible]	古	[illegible]	古
畫	[illegible]	古	劃	亦
畫	[illegible]	古	畵	古
晝	[illegible]	籀	晝	籀
隸	[illegible]	篆	隸	同
豎	[illegible]	籀	豎	俗
師	[illegible]	古	[illegible]	古
回	[illegible]	古	囘	古
囿	[illegible]	籀	[illegible]	籀
困	[illegible]	古	朱	古
囮	[illegible]	或	[illegible]	同

說文正字	重文	重文類型	宋本異體	異體類型
克	[illegible]	古	亭	古
克	[illegible]	古	㲃	古
乂	[illegible]	或	刈	亦
也	[illegible]	k	芒	k
無	[illegible]	奇	无	同
先	[illegible]	俗	簪	今
旡	[illegible]	古	旡	古
皃	[illegible]	籀	貌	籀
皃	[illegible]	或	額	同
羑	[illegible]	古	羑	或
羑	[illegible]	或	誧	同
羑	[illegible]	或	誘	或
四	[illegible]	古	三	古籀
四	[illegible]	籀	兕	古
五	[illegible]	古	㐅	古
余	[illegible]	或
餘 | 同 |

說文正字	重文	重文類型	宋本異體	異體類型
釆	[illegible]	古	丏	古
番	[illegible]	或	蹞	或
番	[illegible]	古	[illegible]País	今
悉	[illegible]	古	恩	-1
馗	[illegible]	或	逵	亦
古	[illegible]	古	㽬	-1
奭	[illegible]	古	奭	-1
甲	[illegible]	古	命	-1
成	[illegible]	古	戚	古
己	[illegible]	古	王	古
辜	[illegible]	古	殆	古
辤	[illegible]	籀	辞	籀
童	[illegible]	籀	童	籀
棄	[illegible]	古	弃	古
癸	[illegible]	籀	癸	籀
子	[illegible]	古	孚	古

說文正字	重文	重文類型	宋本異體	異體類型
子	[illegible]	籀	䜲	籀
孟	[illegible]	古	孒	古
孳	[illegible]	籀	孳	籀
育	[illegible]	或	毓	同
寅	[illegible]	古	鋻	古
卯	[illegible]	古	兆	古
辰	[illegible]	古	㡱	古
申	[illegible]	古	串	古
申	[illegible]	籀	昌	籀
酉	[illegible]	古	丣	古
醮	[illegible]	或	樵	或
醵	[illegible]	或	酟	同
酸	[illegible]	籀	畯	古
醢	[illegible]	籀	䤈	-1
亥	[illegible]	古	帀	古

附表3.1

《說文》、原本《玉篇》、《名義》、宋本《玉篇》四書部首字数对照表

编号	说文				原本		名义		玉篇		備注
	部首	正文	重文	新附	部首	字数	部首	字数	部首	字数	
1	一	5	1				一	1	一	9	
2	丄	4	7				上	4	上	9	
3	示	63	13	4			示	97	示	145	
4	三	1	1				三	1	三	2	
5	王	3	1				王	3	王	5	
6	玉	126	16	14			玉	185	玉	277	
7	玨	3	1				珏	11	珏	4	
8	气	2	1				气	3	气	8	
9	士	4	1				士	3	士	4	
10	丨	3	2				丨	4	丨	7	
11	屮	7	3				屮	7	屮	8	
12	艸	445	32	13			艸	708	艸	1055	
13	蓐	2	3				蓐	2	蓐	3	
14	茻	4					茾	4	茻	6	
15	小	3					小	7	小	6	
16	八	12	1				八	14	八	14	
17	釆	5	5				釆	5	釆	7	
18	半	3					半	2	半	2	

四書字數皆以實際收字為準，不以部首所標為準，如“頁”部，宋本標為收字119個，實收199+1字，故我們標為200字。

编号	说文				原本		名义		玉篇		備注
	部首	正文	重文	新附	部首	字数	部首	字数	部首	字数	
19	牛	45	1	2			牛	80	牛	144	
20	犛	3	1				犛	3	犛	3	
21	告	2			告	2	告	2	告	2	
22	口	180	21	10			口	317	口	523	
23	凵	1					凵	2	凵	1	
24	吅	6	2		吅	13	吅	12	吅	16	
25	哭	2					w		w		
26	走	85	1				走	109	走	157	
27	止	14	1				止	20	止	30	
28	癶	3	1				癶	3	癶	4	
29	步	2					步	2	步	2	
30	此	3		1			此	4	此	4	
31	正	2	2				正	3	正	6	
32	是	3	2				是	3	是	4	
33	辵	118	30	13			辵	168	辵	253	
34	彳	37	7				彳	60	彳	110	
35	廴	4					廴	6	廴	6	
36	延	2					w		w		
37	行	12	1				行	15	行	21	
38	齒	44	2	1			齒	61	齒	92	
39	牙	3	2				牙	6	牙	5	
40	足	85	4	7			足	196	足	291	
41	疋	3					疋	4	疋	4	
42	品	3			品	4	品	4	品	4	
43	龠	5	1		龠	9	龠	9	龠	8	
44	冊	3	2		冊	4	冊	4	冊	5	
45	㗊	6	2		㗊	9	㗊	7	㗊	11	
46	舌	3	1				舌	10	舌	13	

编号	说文				原本		名义		玉篇		備注
	部首	正文	重文	新附	部首	字数	部首	字数	部首	字数	
47	干	3					干	3	干	3	
48	𧮫	2	3				𧮫	3	𧮫	5	
49	只	2			只	2	只	2	只	2	
50	㕯	3	3		㕯	6	㕯	3	㕯	6	
51	句	4					句	8	句	9	
52	丩	3					丩	3	丩	4	
53	古	2	1				古	3	古	2	
54	十	9					十	9	十	8	
55	卅	2					卅	3	卅	3	
56	言	249	33	8	言（今存313字）		言	357	言	482	
57	誩	4	1		誩	6	誩	5	誩	7	
58	音	6		1	音	16	音	16	音	16	
59	䇂	3	1				䇂	2	䇂	4	
60	丵	4	2				丵	4	丵	6	
61	菐	3	1				菐	2	菐	4	
62	𠬞	17	4				𠬞	25	𠬞	26	
63	𠬜	3	1				𠬜	3	𠬜	3	
64	共	2	1				共	3	共	4	
65	異	2	1				異	3	異	3	
66	舁	4	3				舁	5	舁	8	
67	𦥑	2	1				𦥑	2	𦥑	4	
68	晨	2	3				晨	2	晨	7	
69	爨	3	1				爨	3	爨	4	
70	革	59	11	4			革	116	革	200	

编号	说文				原本		名义		玉篇		備注
	部首	正文	重文	新附	部首	字数	部首	字数	部首	字数	
71	鬲	13	5				鬲（鏕）	17	鬲	23	
72	䰜	13	12				䰜	17	䰜	21	
73	爪	4	2				爪	4	爪	6	
74	丮	8	1				丮	9	丮	10	
75	鬥	10		1			鬥	10	鬥	12	
76	又	28	16				又	27	又	39	
77	𠂇	2					𠂇	2	𠂇	2	
78	史	2	1				史	3	史	3	
79	支	2	1				支	5	支	7	
80	聿	3	3				聿	4	聿	6	
81	聿	4					聿	3	聿	3	
82	畫	2	3				w		w		
83	隶	3	1				隶	3	隶	4	
84	臤	4	1				臤	4	臤	5	
85	臣	3	1				臣	3	臣	4	
86	殳	20	1				殳	26	殳	28	
87	殺	2	3				殺	1	殺	6	
88	几	3					几	3	几	4	
89	寸	7					寸	10	寸	10	
90	皮	2	2	2			皮	21	皮	41	
91	㼱	2	3				㼱	3	㼱	4	
92	攴	77	6				攴	127	攴	177	
93	教	2	3				w		w		
94	卜	8	2		卜	8	卜	7	卜	8	
95	用	5	1		用	7	用	6	用	7	
96	爻	2			爻	3	爻	3	爻	3	
97	㸚	3	1		㸚	4	㸚	2	㸚	4	

编号	说文				原本		名义		玉篇		備注
	部首	正文	重文	新附	部首	字数	部首	字数	部首	字数	
98	旻	4					旻	4	旻	4	
99	目	1 13	9	6			目	207	目	341	
100	䀠	3					䀠	3	䀠	13	
101	眉	2	1				w		w		
102	盾	3					省（盾）	4	盾	4	
103	自	2	1				自	2	自	5	
104	绝	7	2				w		w		
105	鼻	5					鼻	17	鼻	27	
106	皕	2	1				皕	2	皕	2	
107	習	2					w		習	3	
108	羽	34	1	3			羽	76	羽	123	
109	隹	39	12				隹	63	隹	75	
110	奞	3					奞	3	奞	3	
111	萑	4	2				萑	5	萑	6	
112	𦫳	3					𦫳	4	𦫳	4	
113	苜	4					苜	4	苜	5	
114	羊	26	2				羊	49	羊	67	
115	羴	2	1				羴	2	羴	2	
116	瞿	2					瞿	2	瞿	2	
117	雔	3					雔	3	雔	3	
118	雥	3	1				雥	3	雥	3	
119	鳥	1 1 5	20	4			鳥	280	鳥	422	
120	烏	3	3				烏	3	烏	4	
121	華	4	2				華	4	華	5	
122	冓	3					冓	3	冓	3	
123	幺	2					幺	7	幺	7	
124	𢆶	3		1			𢆶	4	𢆶	4	

编号	说文				原本		名义		玉篇		備注
	部首	正文	重文	新附	部首	字数	部首	字数	部首	字数	
125	叀	3	3				叀	3	叀	6	
126	玄	2	1				玄	4	玄	5	
127	予	3		1			予	3	予	3	
128	放	3			放	3	放	3	放	4	
129	受	9	3				受	11	受	12	
130	奴	5	3				叔	5	奴	7	
131	歺	32	6				歹（歺）	73	歹	107	
132	死	4	1				死	6	死	8	
133	冎	3					另	3	另	4	
134	骨	25	1				骨	57	骨	86	
135	肉	140	20				肉	295	镽	417	
136	筋	3	2	5			筋	3	筋	3	
137	刀	64	10				刀	129	刀	196	
138	刃	3	2	4			刃	4	刃	6	
139	㓞	3					㓞	5	㓞	4	
140	丯	2					丯	2	丯	2	
141	耒	7	1				耒	31	耒	53	
142	角	39	6				角	64	角	105	
143	竹	144	15				竹	275	竹	507	
144	箕	2	5	5			箕	3	箕	8	
145	丌	7	3		丌	11	丌	9	丌	11	
146	左	2	1		左	3	左	3	左	4	
147	工	4	3		工	6	工	4	工	6	
148	㠭	2					㠭	2	㠭	2	
149	巫	2	1				巫	4	巫	5	
150	甘	5	2		甘	12	甘	9	甘	12	
151	曰	7	1		曰	11	曰	9	曰	12	

编号	说文				原本		名义		玉篇		備注
	部首	正文	重文	新附	部首	字数	部首	字数	部首	字数	
152	乃	3	3		乃	5	㇋	2	乃	8	
153	丂	4			丂	4	丂	4	丂	4	
154	可	4			可	4	可	4	可	4	
155	兮	4	1	1	兮	7	兮	7	兮	5	
156	号	2					号	2	号	2	
157	亐	5	2		亐	6	亐（亏）	4	亐	7	
158	旨	2	1		𣅀（旨）	3	旨	2	旨	4	
159	喜	3	1				喜	3	喜	4	
160	壴	5					壴	6	壴	6	
161	鼓	10	3				鼓	15	鼓	21	
162	豈	3					豈	4	豈	3	
163	豆	6	1				豆	24	豆	25	
164	豊	2					豊	2	豊	2	
165	豐	2	1				豐	3	豐	3	
166	䖒	3					䖒	3	䖒	3	
167	虍	9	3				虍	8	虍	15	
168	虎	15	2				虎	18	虎	30	
169	虤	3		2			虤	2	虤	3	
170	皿	25	3				皿	45	皿	71	
171	𠙴	1	1	1			𠙴	1	𠙴	1	
172	去	3					去	6	去	6	
173	血	15	3				血	19	血	23	
174	丶	3	1				丶	4	丶	5	
175	丹	3	2				丹	4	丹	7	
176	青	2	1				靑（青）	3	青	4	

编号	说文				原本		名义		玉篇		備注
	部首	正文	重文	新附	部首	字数	部首	字数	部首	字数	
177	井	5	2				井（丼）	6	井	6	
178	皀	4					皀	4	皀	4	
179	鬯	5	2				鬯	5	鬯	6	
180	食	62	18		食	144	食	119	食	220	
181	亼	6	1	2			亼	10	亼	8	
182	會	3	1				會	3	會	5	
183	倉	2	1				倉	2	倉	3	
184	入	6	2				入	7	入	8	
185	缶	21	1				缶	29	缶	43	
186	矢	10	2	1			矢	18	矢	29	
187	高	4	1	1			w		高	9	
188	冂	5	2				冂	4	冂	8	
189	䯧	2					䯧	9	䯧	8	
190	京	2	1				京	3	京	4	
191	亯	4	2				亯	5	亯	7	
192	㫗	3	3				㫗	2	㫗	3	
193	畗	2	3				畗	4	畗	4	
194	㐭	4	2				㐭	4	㐭	4	
195	嗇	2	3				嗇	2	嗇	6	
196	來	2	1				來	2	來	3	
197	麥	13	2				麥	37	麥	53	
198	夊	15	1				夊	13	夊	21	
199	舛	3	2	1			舛	3	舛	4	
200	舜	2	2				舜	2	舜	4	
201	韋	16	5				韋	31	韋	58	
202	弟	2	1	1			弟	2	弟	5	
203	夂	6					夂	5	夂	6	

编号	说文				原本		名义		玉篇		備注
	部首	正文	重文	新附	部首	字数	部首	字数	部首	字数	
204	久	1					久	1	久	2	
205	桀	3	1				桀	3	桀	5	
206	木	421	39				木	562	木	820	
207	東	2		11			木	562	東	2	
208	林	9	1				林	15	林	18	
209	才	1		1			才	1	才	1	
210	叒	2	1				叒	4	叒	5	
211	之	2	1						之	3	
212	帀	2	1				帀	2	帀	3	
213	出	5					出	9	出	12	
214	𣎵	6	1				𣎵	10	𣎵	12	
215	生	6					生	6	生	8	
216	乇	1					乇	1	乇	1	
217	𠂹	1	1				𠂹	1	𠂹	2	
218	𠌶	2	1				𠌶	2	𠌶	2	
219	華	2					蕐	2	蕐	3	
220	禾	3					禾	153	禾	3	
221	稽	3					稽	3	稽	3	
222	巢	2					巢	2	巢	2	
223	桼	3					桼	3	桼	4	
224	束	4					束	5	束	9	
225	櫜	5					櫜	5	櫜	10	
226	囗	26	4				囗	38	囗	61	
227	員	2	1				負（員）	3	負	3	
228	貝	59	3				貝	94	貝	144	
229	邑	18 1	6	9			邑	213	邑	278	
230	𨛜	3	1								

编号	说文				原本		名义		玉篇		備注
	部首	正文	重文	新附	部首	字数	部首	字数	部首	字数	
231	日	70	6				日	155	日	242	
232	旦	2		16			旦	2	旦	2	
233	倝	3					倝	4	倝	6	
234	㫃	23	5				㫃	30	㫃	38	
235	冥	2					冥	2	冥	2	
236	晶	5	4				晶	5	晶	5	
237	月	8	2				月	13	月	25	
238	有	3		2			有	3	有	3	
239	朙	2	1				明	3	明	3	
240	囧	2	2				囧	3	囧	3	
241	夕	9	4				夕	9	夕	12	
242	多	4	1				多	18	多	26	
243	毌	3					毌	3	毌	3	
244	马	5	1				马	6	马	6	
245	東	2					東	3	東	3	
246	卤	3	3				卤	4	卤	7	
247	齊	2					齊	2	齊	4	
248	朿	3					朿	3	朿	3	
249	片	8					片	27	片	39	
250	鼎	4	1				鼎	5	鼎	5	
251	克	1	2				克	1	克	4	
252	彔	1					彔	1	录	1	
253	禾	87	13				禾	153	禾	235	
254	秝	2		2			秝	1	秝	3	
255	黍	8	2				黍	18	黍	23	
256	香	2					香	11	香	17	
257	米	36	7	1			米	77	米	125	
258	毇	2		6			毇	2	毇	2	

编号	说文				原本		名义		玉篇		備注
	部首	正文	重文	新附	部首	字数	部首	字数	部首	字数	
259	臼	6	2				臼	13	臼	21	
260	凶	2					凶	2	凶	2	
261	朩	2	1				𣎳	10	𣎳	12	
262	𣏟	3					𣏟	3	𣏟	3	
263	麻	4					麻	8	麻	14	
264	尗	2	1				尗	2	尗	3	
265	耑	1					耑	1	耑	1	
266	韭	6	1				韭	6	韭	7	
267	瓜	7	1				瓜	21	瓜	26	
268	瓠	2					瓠	2	瓠	2	
269	宀	71	16				宀	90	宀	132	
270	宫	2		3			宫	2	宫	2	
271	吕	2	2				吕（吕）	2	吕	2	
272	穴	51	1				穴	78	穴	110	
273	㝱	10	1				㝱	14	㝱	18	
274	疒	102	7				疒	187	疒	272	
275	冖	4					冖	4	冖	5	
276	𠔿	4					𠔿	4	𠔿	4	
277	冃	5	3				冃	11	冃	15	
278	㒳	3					㒳	3	㒳	3	
279	网	34	12				网	48	网	92	
280	襾	4	1	3			襾	5	襾	8	
281	巾	62	8				巾	123	巾	171	
282	巿	2	2	9			巿	2	巿	2	
283	帛	2					帛	6	帛	6	
284	白	11	2				白	22	白	43	
285	㡀	2					㡀	2	㡀	3	

编号	说文				原本		名义		玉篇		備注
	部首	正文	重文	新附	部首	字数	部首	字数	部首	字数	
286	㡀	6					㡀	7	㡀	7	
287	人	245	14				人	398	人	522	
288	匕	4	1	18			匕	5	匕	5	
289	匕	9	1				匕	11	匕	10	
290	从	3					从	3	从	5	
291	比	2	1				比	2	比	3	
292	北	2					北	3	北	4	
293	丘	3	1				京	3	北	5	
294	㐺	4	1				乑	4	乑	4	
295	壬	4	2				壬	6	壬	8	
296	重	2	1				重	2	重	3	
297	臥	4	1				臥（卧）	5	臥	7	
298	身	2					身	14	身	27	
299	㐆	2					㐆	2	㐆	2	
300	衣	116	11				衣	216	衣	295	
301	裘	2	1	3			裘	3	裘	4	
302	老	10					老	11	老	14	
303	毛	6					毛	42	毛	78	
304	毳	2		7			毳	2	毳	2	
305	尸	23	5				尸	36	尸	53	
306	尺	2		1			尺	2	尺	2	
307	尾	4					尾	4	尾	7	
308	履	6	1				履	12	履	17	
309	舟	12	2		舟	64	舟	63	舟	110	
310	方	2	1	4	方	4	方	3	方	4	
311	儿	6					儿	10	儿	10	
312	兄	2					兄	2	兄	3	

编号	说文				原本		名义		玉篇		備注
	部首	正文	重文	新附	部首	字数	部首	字数	部首	字数	
313	先	2	1				先	2	先	2	
314	皃	2	4				皃	3	皃	6	
315	兆	2					兆	2	兜（兆）	2	
316	先	2					先	3	先	3	
317	秃	2					秃	2	秃	2	
318	見	45	3				見	60	見	97	
319	覞	3		1			耳	76	覞	3	
320	欠	65	5		欠	103	欠	96	欠	148	
321	歓	2	3	1							
322	次	4	2		次	5	次	4	次	5	
323	旡	3	1				旡	3	旡	5	
324	頁	9 2	8				頁	149	頁	200	
325	百	2		1			百	2	百	2	
326	面	4	1				面	13	面	29	
327	丏	1		1			丏	1	丏	1	
328	首	3	1				𩠐	9	𩠐	10	
329	𥄉	2					𥄉	2	𥄉	2	
330	須	5					須	5	須	6	
331	彡	9	1				彡	13	彡	24	
332	彣	2		1			彣	2	彣	3	
333	文	4					文	10	文	10	
334	髟	38	7				髟	71	髟	107	
335	后	2		4							
336	司	2					司	3	司	4	
337	卮	3					卮	3	卮	3	
338	卩	13					卩	12	卩	13	
339	印	2	1				印	2	印	2	

编号	说文				原本		名义		玉篇		備注
	部首	正文	重文	新附	部首	字数	部首	字数	部首	字数	
340	色	3	1				色	8	色	13	
341	卯（𠨍）	2					夘	2	夘	2	
342	辟	3					辟	3	辟	3	
343	勹	15	3				勹	23	勹	35	
344	包	3					包	2	包	2	
345	茍	2	1				茍	3	茍	3	
346	鬼	17	4				鬼	27	鬼	69	
347	甶	3	1	3			甶	3	甶	4	
348	厶	3	3				厶	4	厶	4	
349	嵬	2			嵬	2	嵬	2	嵬	3	
350	山	53	4		山	147	山	133	山	296	
351	屾	2		12	屾	2	屾	2	屾	4	
352	屵	6			屵	10	屵	10	屵	8	
353	广	49	3		广	96	广	89	广	167	
354	厂	27	4	6	厂	30	厂	37	厂	56	
355	丸	4					丸	4	丸	4	
356	危	2			危	4	危	4	危	4	
357	石	49	5		石	160	石	146	石	292	
358	長	4	3	9			長	13	長	16	
359	勿	2	1				勿	5	勿	3	
360	冄	1					冉（冄）	1	冉	1	
361	而	2	1				而	1	而	2	
362	豕	22	1				豕	41	豕	79	
363	㣇	5	5				㣇	7	㣇	8	
364	彑	5					彐	4	彐	3	
365	豚	2	1				豚	2	豚	4	

编号	说文				原本		名义		玉篇		備注
	部首	正文	重文	新附	部首	字数	部首	字数	部首	字数	
366	豸	20	2				豸	32	豸	66	
367	𤉡	1	1	1			兕	1	兕	3	
368	易	1					易	2	易	2	
369	象	2	1				象	3	象	3	
370	馬	115	8				馬	177	馬	278	
371	廌	4	2	5			廌	5	廌	5	
372	鹿	26	6				鹿	38	鹿	56	
373	麤	2	1				麤	2	麤	4	
374	㲋	4	1				㲋	4	㲋	7	
375	兔	5					兔	8	兔	9	
376	莧	1		1					莧	1	
377	犬	83	5				犬	136	犬	263	
378	㹜	3		4			狱	2	狱	3	
379	鼠	20	3				鼠	44	鼠	58	
380	能	1					能	4	能	2	
381	熊	2	1				熊	2	熊	5	
382	火	112	15				火	192	火	294	
383	炎	8	1	6			炎	9	炎	10	
384	黑	37	1				黑	60	黑	88	
385	囪	2	2				囪	2	囪	6	
386	焱	3					焱	4	焱	3	
387	炙	3	1				炙	6	炙	7	
388	赤	9	5				赤	14	赤	18	
389	大	18		2			大	50	大	56	
390	亦	2					亦	2	亦	2	
391	夨	4	1				夨	7	夨	8	
392	夭	4					夭	4	夭	4	
393	交	3					交	5	交	5	

编号	说文				原本		名义		玉篇		備注
	部首	正文	重文	新附	部首	字数	部首	字数	部首	字数	
394	尣	12	1				尢	20	尢	33	
395	壺	2					壺	4	壺	8	
396	壹	2					壹	3	壹	3	
397	幸	7	1		幸（今存3字）		㚔	7	㚔	8	
398	奢	2	1				奢	2	奢	2	
399	亢	2	1				亢	3	亢	5	
400	夲	6	2				夲	6	夲	9	
401	夰	5					夰	5	夰	6	
402	亣	8									
403	夫	3					夫	4	夫	4	
404	立	19	2				立	30	立	49	
405	竝	2	2				竝	3	竝	4	
406	囟	3	2				囟	3	囟	4	
407	思	2					思	4	思	5	
408	心	263	22		心（今存5字）		心	429	心	629	
409	惢	2		13			惢	2	惢	2	
410	水	464	25				水	623	水	956	
411	沝	3	2				沝	4	沝	4	
412	瀕	2		23			頻	2	頻	3	
413	𡿨	1	2				𡿨	1	𡿨	1	
414	巜	2					巜	2	巜	2	
415	川	10	3				巛	12	巛	13	
416	泉	2					泉	2	泉	3	
417	灥	2	1				灥	2	灥	2	

编号	说文				原本		名义		玉篇		備注
	部首	正文	重文	新附	部首	字数	部首	字数	部首	字数	
418	永	2					永	3	永	3	
419	𠂢	3	3				𠂢	3	𠂢	5	
420	谷	8	2				谷	30	谷	29	
421	仌	17	3				冫	35	冫	52	
422	雨	46	11				雨	92	雨	151	
423	雲	2	4	5			雲	5	雲	11	
424	魚	103	7				魚	201	魚	321	
425	䲆	2	1	3			䲆	2	䲆	2	
426	燕	1					燕	1	燕	2	
427	龍	5					龍	6	龍	9	
428	飛	2	1				飛	3	飛	3	
429	非	5					非	7	非	6	
430	卂	2					卂	2	卂	2	
431	乚	3	1				乚	3	乚	3	
432	不	2							不	3	
433	至	6	1				至	8	至	10	
434	西	2	3				西	3	西	5	
435	鹵	3					鹵	15	鹵	26	
436	鹽	3					鹽	2	鹽	4	
437	戶	10	1				戶	14	戶	21	
438	門	57	6	5			門	74	門	130	
439	耳	32	4	1			耳	76	耳	97	
440	𦣝	2	3				𦣝	3	𦣝	3	
441	手	265	19	13			手	452	手	642	
442	𠦬	2					𠦬	2	𠦬	4	
443	女	238	13	7			女	300	女	419	
444	毋	2					毋	3	毋	3	
445	民	2	1				民	2	民	2	

编号	说文				原本		名义		玉篇		備注
	部首	正文	重文	新附	部首	字数	部首	字数	部首	字数	
446	丿	4	1				丿	4	丿	5	
447	厂	2					厂	1	厂	1	
448	㇏	2	1				㇏	2	㇏	3	
449	氏	2					氏	2	氏	2	
450	氐	4					氐	4	氐	4	
451	戈	26	1				戈	36	戈	51	
452	戉	2					戉	2	戉	2	
453	我	2	2				我	2	我	4	
454	亅	2					亅	2	亅	2	
455	琴	2	2	2			琴	2	琴	8	
456	乚	2	1				乚	3	乚	4	
457	亾	5	1				亾（亡）	3	亾	6	
458	匸	7					匸	6	匸	9	
459	匚	19	5				匚	31	匚	39	
460	曲	3	1				曲	3	曲	4	
461	甾	5	3				甴	9	甴	15	
462	瓦	25	2	2			瓦	79	瓦	105	
463	弓	27	3				弓	48	弓	75	
464	弜	2	3				弜	3	弜	6	
465	弦	4									
466	系	4	2		系	5	系	6	系	5	
467	糸	250	31	8	糸	392	糸	345	糸	460	
468	素	6	2		素	8	素	6	素	9	
469	絲	3					絲	7	絲	7	
470	率	1			率	1	率	1	率	1	
471	虫	153	15	7			虫	339	虫	523	
472	䖵	25	13				䖵	33	䖵	42	

编号	说文				原本		名义		玉篇		備注
	部首	正文	重文	新附	部首	字数	部首	字数	部首	字数	
473	蟲	6	4				蟲	6	蟲	7	
474	風	13	2	3			風	53	風	98	
475	它	1	1				它	3	它	3	
476	龜	3	1				龜	4	龜	5	
477	黽	13	5	1			黽	13	黽	18	
478	卵	2					卵	4	卵	5	
479	二	6	2				二	7	二	14	
480	土	131	26	13			土	229	土	355	
481	垚	2	1				垚	3	垚	3	
482	堇	2	3				堇	3	堇	9	
483	里	3	1				里	1	里	3	
484	田	29	3				田	48	田	81	
485	畕	2	1				畕	2	畕	4	
486	黄	6	1				黄	13	黄	22	
487	男	3					男	4	男	4	
488	力	40	6	4			力	65	力	85	
489	劦	4	2				劦	3	劦	3	
490	金	197	12	7			金	326	金	473	
491	幵	1					幵	1	幵	1	
492	勺	2					勺	2	勺	2	
493	几	4	2				几	4	几	5	
494	且	3					且	4	且	5	
495	斤	15	3				斤	23	斤	31	
496	斗	17					氏	2	斗	22	
497	矛	6	1				矛	18	矛	28	
498	車	99	8	3	車	175	車	163	車	248	
499	𠂤	3			𠂤	2	𠂤	2	𠂤	2	
500	𨸏	92	9	2	阜	133	阜	136	阜	193	

编号	说文				原本		名义		玉篇		備注
	部首	正文	重文	新附	部首	字数	部首	字数	部首	字数	
501	𨸏	4	2		𨸏	5	𨸏	5	𨸏	4	
502	厽	3			厽	4	厽	4	厽	3	
503	四	1	2				四	1	四	3	
504	宁	2					宁	2	宁	3	
505	叕	2					叕	2	叕	3	
506	亞	2					亞	2	亞	6	
507	五	1	1				五	1	五	2	
508	六	1					六	1	六	1	
509	七	1					七	1	七	1	
510	九	2	1				九	2	九	3	
511	内	7	3				禸	7	禸	12	
512	嘼	2					嘼	2	嘼	2	
513	甲	1	1				甲	4	甲	5	
514	乙	4	1				乙	6	乙	6	
515	丙	1					丙	1	丙	1	
516	丁	1					丁	2	丁	2	
517	戊	2	1				戊	2	戊	3	
518	己	3	1				己	3	己	4	
519	巴	2					巴	1	巴	2	
520	庚	1					庚	2	庚	1	
521	辛	6	3				辛	7	辛	8	
522	辡	2					辡	2	辡	3	
523	壬	1					壬	1	壬	1	
524	癸	1	1				癸	1	癸	3	
525	子	15	4				子	25	子	40	
526	了	3					了	4	了	4	
527	孨	3	1				孨	3	孨	4	
528	㐬	3	2				㐬	3	钕	5	

编号	说文				原本		名义		玉篇		備注
	部首	正文	重文	新附	部首	字数	部首	字数	部首	字数	
529	丑	3					丑	5	丑	4	
530	寅	1	1				寅	1	寅	2	
531	卯	1	1				卯	1	卯	3	
532	辰	2	1				辰	2	辰	3	
533	巳	2					巳	3	巳	3	
534	午	2					午	2	午	3	
535	未	1					未	1	未	1	
536	申	4	2				申	5	申	9	
537	酉	67	8	6			酉	102	酉	169	
538	酋	2	1				酋	2	酋	4	
539	戌	1					戌	1	戌	1	
540	亥	1	1				亥	2	亥	2	
542					磬	8	磬	8	磬	9	
543					云	2	云	2	云	4	
544					喿	3	喿	3	喿	3	
545							冘	2	冘	2	
546							處	3	處	3	
547					索	3	索	3	索	3	
548					兆	2	兆	2	兆	2	
549							牀	6	牀	1	
550							弋	4	弋	4	
551							單	2	單	2	
552									丈	3	
553							父	3	父	5	
554							書	4	書	7	

附表3.2

《說文》、原本《玉篇》、《名義》、宋本《玉篇》四書共見字統計

序號	部首	实际字数	字头字位	新增字	HVOA	IVOA	VOA	HVO	HO	HAO	IAO	OA	IO	IA	HA	H	A	I	備注
1	一部	9	6	1						5									
2	上部	9	4							4									
3	示部	145	129	34					1	62	3	28	1						
4	二部	14	10	3						7									
5	三部	2	1							1									
6	王部	5	3							3									
7	玉部	277	251	63					2	132	11	40	3						
8	珏部	4	4							3		1							
9	土部	355	313	80					3	142	9	75	4		1				
10	垚部	3	2						1	1									
11	堇部	9	3							2		1							
12	里部	3	3						1	2									
13	田部	81	68	21					1	30		16							
14	畕部	4	4	1						2		1							
15	黃部	22	19	5						7		7							
16	北部	5	3							3									
17	京部	4	3	1						2									
18	冂部	8	7	1					1	5									

因標題內容所限，本表以符號指稱各部字書。《說文》以H代表，《說文》新附以I代表，原本《玉篇》以V代表，《名義》以A代表，宋本《玉篇》以O代表。

序號	部首	实际字数	字头字位	新增字	HVOA	IVOA	VOA	HVO	HO	HAO	IAO	OA	IO	IA	HA	H	A	I	備注
19	韋部	8	8							2		6							
20	邑部	278	266	51					6	174		35							
21	司部	4	3							2	1								
22	士部	4	4						1	3									
23	人部	522	484	102						246	13	133							
24	儿部	10	9							6		3							
25	父部	5	5	2								3							
26	臣部	4	3							3									
27	男部	4	4							3		1							
28	民部	2	2							2									
29	夫部	4	4							3		1							
30	予部	3	3							3									
31	我部	4	2							2									
32	身部	27	24	10						2		12							
33	兄部	3	2							2									
34	弟部	5	3							2		1							
35	女部	419	377	81					5	226	5	58	2						
36	頁部	200	185	43					4	89	1	48							
37	頻部	3	2							1		1							
38	百部	2	2							2									
39	㫖部	10	9							4		5							
40	帠部	2	2							2									
41	面部	29	25	13						4	1	7							注①
42	色部	13	11	1						4	1	5							
43	囟部	4	3							3									
44	臣部	3	3							2		1							
45	亢部	5		2						2		1							

① “醫”未在《名義》中出現，故此處算新增字，聯綿字“醦”不算新增字。

序號	部首	实际字数	字头字位	新增字	HV OA	IV OA	VOA	HVO	HO	HAO	IAO	OA	IO	IA	HA	H	A	I	備注
46	鼻部	27	22	6						5		11							
47	自部	5	3							3									
48	目部	341	303	104						112	3	81	2						
49	盾部	4	3							3									
50	䀠部	13	10	7						3									
51	旻部	4	4							4									
52	見部	97	92	35						44	1	12							
53	覞部	3	3							3									
54	苜部	5	5							5									
55	耳部	97	90	26						31	1	32							
56	口部	523	477	167						177	6	124	3						
57	谷部	5	3							2		1							
58	舌部	13	10							3		7							
59	齒部	92	83	23						44	1	15							
60	牙部	5	4							3		1							
61	須部	6	6	1						5									
62	彡部	24		9					1	8	1	4							
63	彣部	3	2							2									
64	文部	10	9							4		5							
65	髟部	107	96	28						37	2	28	1						
66	手部	642	593	146					7	253	9	174	4						
67	収部	26	25	1						19		5							
68	𠬜部	3	3							3									
69	舁部	8	5							4		1							
70	臼部	4	2							2									
71	爪部	6	4							4									
72	丮部	10							1	8		1							
73	鬥部	12								10									

序號	部首	实际字数	字头字位	新增字	HVOA	IVOA	VOA	HVO	HO	HAO	IAO	OA	IO	IA	HA	H	A	I	備注
74	十部	2	2							2									
75	又部	39	29						1	27		1							
76	足部	291	271	80						84	6	100	1						
77	疋部	4	4							3		1							
78	乖部	4	4	2						2									
79	骨部	86	80	23						25		32							
80	血部	23	18							16		2							
81	肉部	417	378	93					3	140	3	137	2						
82	筋部	3	2							2									
83	力部	85	79	15						40	3	21							
84	劦部	3	3							3									
85	吕部	2	1							1									
86	㝱部	18	14							9		5							
87	心部	629	566	156	1		2		6	249	11	139	2						
88	思部	5	4							2		2							
89	惢部	2	2							2									
90	言部	482	439	77	185	4	79		4	73	1	6	3						
91	誩部	7	5		5														
92	曰部	12	9		7							2							
93	乃部	8	4		1		1	1											
94	丂部	4	4		4														
95	可部	4	4		4														
96	兮部	5	4		4														
97	号部	2	2		2														
98	亏部	7	4		4														
99	云部	4	2		1					1									
100	音部	16	16		10	1	5												
101	告部	2	2		2														

序號	部首	实际字数	字头字位	新增字	HVOA	IVOA	VOA	HVO	HO	HAO	IAO	OA	IO	IA	HA	H	A	I	備注
102	凵部	1	1		1														
103	吅部	16	11		11														
104	品部	4	4		2		2												
105	喿部	3	3		2		1												
106	龠部	8	8		8														
107	冊部	5	4		3		1												
108	㗊部	11	9		8		1												
109	只部	2	2		2														
110	㕯部	6	3		3														
111	欠部	148	140	44	66		27	1		1	1								
112	食部	220	181		68	2	49						1						
113	甘部	12	9		6		1			1		1							
114	旨部	4	2		2														
115	㳄部	5	4		4														
116	㚔部	8	7		3					4									
117	夲部	9	6							6									
118	夰部	6	5							5									
119	彳部	110	107	47						37		23							
120	行部	21	19	4						12		3							
121	冘部	2	2							1		1							
122	夂部	6	6						1	5									
123	久部	2	1							1									
124	夊部	21	13							12	1								
125	舛部	4	4	1						3									
126	走部	157	151	44					3	79		25							注①
127	辵部	253	220	54					1	116	9	36	4						
128	廴部	6	6							4		2							

① 新增字表其中"趉"《名義》抄成"䞕"，所以此處"趉"也計入新增字。

序號	部首	实际字数	字头字位	新增字	HVOA	IVOA	VOA	HVO	HO	HAO	IAO	OA	IO	IA	HA	H	A	I	備注
129	癶部	4	3							3									
130	步部	2	2							2									
131	止部	30	28	9						14		5							
132	處部	3	3							1		2							
133	立部	49	45	16						19		10							
134	竝部	4	2							2									
135	此部	4	4							3	1								
136	正部	6	4							2		2							
137	是部	4	3							3									
138	宀部	132	109	20						73	3	13							注①
139	宫部	2	2							2									
140	宁部	3	2							2									
141	門部	130	119	47					1	56	4	10	1						
142	戶部	21	18	4						10		4							
143	尸部	53	45	11						23	1	10							
144	尾部	7	6	2						4									
145	尺部	2	2							2									
146	履部	17	13	1					1	5		6							
147	老部	14	12						1	11									
148	疒部	272	248	67						100		81							
149	𣦼部	7	5							5									
150	歹部	107	98	23					3	30		42							
151	死部	8	6							4		2							
152	另部	4	3									3							
153	凶部	2	2							2									
154	穴部	110	101	29						49		23							
155	丨部	7	4							3									

① “寇”在“宀部”“攴部”重出，故不重復計算字頭。

序號	部首	实际字数	字头字位	新增字	HVOA	IVOA	VOA	HVO	HO	HAO	IAO	OA	IO	IA	HA	H	A	I	備注
156	屮部	8	7							7									
157	木部	820	729	135					55	356	7	172	4						
158	東部	2	2							2									
159	林部	18	16	2						10	1	3							
160	巢部	2	2							2									
161	叒部	5	4							2		2							
162	艸部	1055	942	247					15	417	11	250	2						
163	蓐部	3	2							2									
164	茻部	6	4							4									
165	舜部	4	2							2									
166	竹部	507	462	186					2	143	4	125							
167	箕部	8	3							2		1							
168	才部	1	1							1									
169	朩部	12	8	2						6									
170	乇部	1	1							1									
171	乑部	2	1							1									
172	粤部	2	2							2									
173	華部	3	2							2									
174	禾部	3	3							3									
175	稽部	3	3							3									
176	桼部	4	3							3									
177	丵部	6	4							4									
178	菐部	4	3						1	2									
179	马部	6	6							5		1							
180	柬部	3	3							2		1							
181	卣部	7	4							3		1							
182	朿部	3	3							3									
183	朩部	12	10							2		8							

序號	部首	实际字数	字头字位	新增字	HVOA	IVOA	VOA	HVO	HO	HAO	IAO	OA	IO	IA	HA	H	A	I	備注
184	𣏟部	3	3							3									
185	麻部	14	12	5						4		3							
186	赤部	3	2							2									
187	韭部	7	6							6									
188	瓜部	26	23	3						7		13							
189	瓠部	2	2							2									
190	丯部	2	2							2									
191	來部	3	2							2									
192	麥部	53	43	11						13		19							
193	桼部	23	21	4						9		8							
194	禾部	235	214	70					1	84	2	57							
195	秝部	3	3							3									
196	耒部	53	51	22						7		22							
197	香部	17	14	3						1		10							
198	皀部	4	4							4									
199	鬯部	6	5							5									
200	米部	125	112	39						35	5	32							
201	毇部	2	2							2									
202	臼部	21	18	6					1	5		6							
203	倉部	3	2							2									
204	亩部	4	4							4									
205	嗇部	6	2							2									
206	亼部	8	7							6		1							
207	會部	5	3							3									
208	亯部	7	4							4									
209	旱部	3	2							2									
210	畐部	4	2							2									
211	入部	8	6							6									

序號	部首	实际字数	字头字位	新增字	HV OA	IV OA	VOA	HVO	HO	HAO	IAO	OA	IO	IA	HA	H	A	I	備注
212	冖部	5	5	2						3					1				
213	𠔼部	4	4							4									
214	冃部	15	12	2						5		5							
215	㒳部	3	2							2									
216	㒼部	3	1							1									
217	襾部	8	7	1					1	4		1							
218	网部	92	77	27					1	33	2	13	1						
219	華部	5	4							4									
220	冓部	3	3							3									
221	亼部	1	1							1									
222	去部	6	5							3		2							
223	北部	4	3							2		1							
224	西部	5	1							1									
225	鹵部	26	23	8						3		12							
226	鹽部	4	2							2									
227	壬部	8	7							5		1							
228	皿部	71	56	15						24		17							
229	臥部	7	5							4		1							
230	㐆部	2	2							2									
231	琴部	8	4							2			2						
232	喜部	4	2							2					1				
233	壴部	6	6							5		1							
234	鼓部	21	19	5						10		4							
235	豈部	3	3	1						2							2		
236	豆部	25	20	1					1	4		14					3		
237	豊部	2	2							2									
238	豐部	3	1							1									
239	虘部	3	3							3									

序號	部首	实际字数	字头字位	新增字	HV OA	IV OA	VOA	HVO	HO	HAO	IAO	OA	IO	IA	HA	H	A	I	備注
240	重部	3	1							1									
241	鼎部	5	4							4									
242	瓦部	105	96	20						24	2	50			1		2		
243	缶部	43	37	9						21		6	1						
244	鬲部	23	20	1					1	12		6							
245	䰜部	21	18	2					1	12		3							
246	斗部	22	21	1					1	15		4							
247	勺部	2	2							2									
248	几部	5	5	1					1	3									
249	且部	5	4							3		1							
250	匚部	39	32						2	17		13							
251	曲部	4	3						1	2									
252	壺部	8	4							2		2							
253	巵部	3	3							3									
254	甾部	15	9							5		4							
255	瓬部	38	32	2						23		7							
256	勿部	3	3							3									
257	矢部	29	24	6						10		8							
258	弓部	75	64	19					5	22		18							
259	弜部	6	3							2		1							
260	斤部	31	26	5						15		6							
261	矛部	28	24	6						6		12							
262	戈部	51	45	9					1	25		10							
263	殳部	28	27	4					2	16		5							
264	殺部	6	2							2									
265	戉部	2	2							2									
266	刀部	196	173	51					2	61	3	55	1						
267	㓞部	4	4	1						3										

序號	部首	实际字数	字头字位	新增字	HVOA	IVOA	VOA	HVO	HO	HAO	IAO	OA	IO	IA	HA	H	A	I	備注
268	刃部	6	5	1						3		1							
269	金部	473	433	125					8	183	6	110	1						
270	支部	177	165	39					2	73		51							
271	放部	4	3							3									
272	丌部	11	8		7		1												
273	左部	4	2		2														
274	工部	6	4		2					2									
275	㠭部	2	2							2									
276	巫部	5	4							3		1							
277	卜部	8	7		7														
278	兆部	2	1		1														
279	用部	7	5		4					1									
280	爻部	3	3		2					1									
281	㸚部	4	3		3														
282	車部	248	218	65	47		31					21							
283	舟部	110	104	44	13	1			1	11	3	31							
284	方部	4	4		3		1												
285	水部	956	876	262	121				7	319	14		5						
286	沝部	4	4							4									
287	く部	1	1							1									
288	巜部	2	2							2									
289	巛部	13	10							10									
290	井部	6	5							4		1							
291	泉部	3	3	1						2									
292	灥部	2	2							2									
293	永部	3	3							3									
294	𠂢部	5	3							3									
295	谷部	29	25	5						7		13							

序號	部首	实际字数	字头字位	新增字	HVOA	IVOA	VOA	HVO	HO	HAO	IAO	OA	IO	IA	HA	H	A	I	備注
296	冫部	52	49	20					3	12		14							
297	雨部	151	127	52						25	3	25	2						
298	雲部	11	7	4						1		2							
299	風部	98	87	49						12	2	24							
300	气部	8	7	4						3									
301	鬼部	69	64	37						16		9	2						
302	由部	4	3							3									
303	白部	43	37	18						10		9							
304	日部	242	207	75					1	68	13	47	3						
305	旦部	2	2							2									
306	晨部	7	2																
307	倝部	6	5	1						3		1							
308	晶部	5	4							4									
309	月部	25	17	6						8		1	2						
310	有部	3	3							3									
311	明部	3	2							1		1							
312	囧部	3	2							2									
313	冥部	2	2							2									
314	夕部	12	9							9									
315	多部	26	25	6					1	4		14							
316	小部	6	6							3		3							
317	幺部	7	7							2	1	4							
318	丝部	4	4							3		1							
319	玄部	5	4							3	1								
320	丏部	1	1							1									
321	大部	56	51	11						17		23							
322	奢部	2	2							2									
323	火部	294	252	65						109	4	74							

序號	部首	实际字数	字头字位	新增字	HVOA	IVOA	VOA	HVO	HO	HAO	IAO	OA	IO	IA	HA	H	A	I	備注
324	炎部	10	9	2						5		2							
325	焱部	3	3							3									
326	炙部	7	5							3		2							
327	爨部	4	3							3									
328	囪部	6	2							2									
329	黒部	88	82	24					1	36		21							
330	赤部	18	14	3						8	2	1							
331	亦部	2	2							2									
332	夨部	8	7							4		3							
333	夭部	4	4							4									
334	交部	5	5							3		2							
335	尣部	33	30	10					1	11		8							
336	壹部	3	3							2		1							
337	叀部	6	3							3									
338	丶部	5	4							3		1							
339	丹部	7	4							3		1							
340	青部	4	3							2		1							
341	氏部	2	2							2									
342	氐部	4	4							4									
343	山部	296	268	129	50	10	70		3	1		2	3						
344	屾部	4	4	2	2														
345	嵬部	3	3	1	2														
346	屵部	8	8		5		3			3									
347	广部	167	157	70	48	6	28		4	1									
348	厂部	56	50	14	28		8												
349	高部	9	9	2	4		3												
350	危部	4	4		2		2												

序號	部首	实际字数	字头字位	新增字	HVOA	IVOA	VOA	HVO	HO	HAO	IAO	OA	IO	IA	HA	H	A	I	備注
351	石部	292	267	125	47	7	82	1		1	1	3							注①
352	磬部	9	7	2	1		4												
353	自部	2	2		2														
354	阜部	193	183	49	94	2	34	1		1		1							注②
355	䨻部	4	4		3		1												
356	厽部	3	3		2		1												
357	馬部	278	257	83					3	112	3	55	1						
358	牛部	144	133	57						45	2	33							
359	犛部	3	3							3									
360	羊部	67	62	12					2	24		24							
361	羴部	2	2							2									
362	𦍌部	4	4							3		1							
363	莧部	1	1							1									
364	犬部	263	237	103					1	80	3	49	1						注③
365	㹜部	3	3							3									
366	豕部	79	72	34						21		17							
367	豩部	4	2							2									
368	㣇部	8	5							5									
369	彐部	3	3							3									
370	㣇部	2	2							2									
371	廌部	5	5							4		1							
372	鹿部	56	45	10					1	24	1	9							
373	麤部	4	2							2									
374	㲋部	7	5						1	3		1							

① 《宋本》《原本》兩書共見1字“磟”《宋本》《说文》《原本》三書共見1字“礙”。

② 《宋本》《原本》兩書共見1字“陏”，《名義》《原本》兩書共見1字“隋”。《宋本》《原本》《说文》三書共見1字“陧”。《宋本》《名義》《说文新附》《原本》四書共見2字“阢、阡”。

③ 《宋本》《名义》不见而《说文》存有2字“狆、倏”，《宋本》《说文》不见而《名义》存有3字“犴、狃、犮”。

序號	部首	实际字数	字头字位	新增字	HV OA	IV OA	VOA	HVO	HO	HAO	IAO	OA	IO	IA	HA	H	A	I	備注
375	兔部	9	8							5	1	2							
376	㲋部	12	7							7									
377	兕部	3	1							1									
378	象部	3	2							2									
379	能部	2	2							1		1							
380	熊部	5	2							2									
381	龍部	9	7	2						5									
382	虍部	15	11	1						4		1							
383	虎部	30	28	11						14	1	2							
384	虤部	3	3							3									
385	豸部	66	62	31					1	19	1	10							
386	烏部	4	3							3									
387	几部	4	3							3									
388	乚部	3	3							3									
389	燕部	2	2	1						1									
390	鳥部	422	377	108					4	94	3	168							注①
391	隹部	75	69	8						38		23							
392	奞部	3	3							3									
393	萑部	6	5							4		1							
394	瞿部	2	2							2									
395	雔部	3	3							3									
396	雥部	3	3							3									
397	魚部	321	290	94	7	2	9		4	90	1	83							
398	鱻部	2	2							2									
399	鼠部	58	54	12						20		22							
400	易部	2	2							1		1							

① 《宋本》《名義》不見而《說文》存有16字“鵻、鷈、鷉、鵜、鴋、鷬、鷗、鸔、鴂、鷿、鷈、鸕、鵝、鷅、鷻、鴥”。《宋本》《說文》不見而《名義》存有 8 字“鶾、鵶、鴿、鵖、鴮、鷜、鷛、鴻”。《說文》《名義》共見而《宋本》未收有 2 字“鴇（《名義》有重文）鵂”。《說文》新附有 1 字“鴕”不見於其他兩書。

序號	部首	实际字数	字头字位	新增字	HV OA	IV OA	VOA	HVO	HO	HAO	IAO	OA	IO	IA	HA	H	A	I	備注
401	虫部	523	465	135					2	147	6	175							注①
402	蚰部	42	36	2					3	21		10							
403	蟲部	7	6							6									
404	它部	3	2							1		1							
405	龜部	5	4	1						3									
406	黽部	18	14	1						11	1	1							
407	卵部	5	5	1						2		2							
408	貝部	144	130	33					2	56	7	31	1						
409	羽部	123	110	35						34	2	38	1						
410	飛部	3	3							2		1							
411	習部	3	3	1						2									
412	卂部	2	2							2									
413	非部	6	6							1									
414	不部	3	2							2									
415	至部	10	9	2						6		1							
416	毛部	78	71	28						6	4	30	3						
417	毳部	2	2							2									
418	冄部	1	1							1									
419	而部	2	2							2									
420	角部	105	89	29					1	36		23							
421	皮部	41	37	16						3	2	16							
422	㼱部	4	3							2		1							
423	革部	200	173	57						59	2	53	2						
424	韋部	58	51	21						15	1	14							
425	糸部	460	409	67	243	7	83		2	1		1							注②
426	系部	5	4		4														

① 新增字中“蚷”字重出，故只算一個字頭字位。

② 《宋本》、《说文》、《原本》三書共見4個“織、繟、絆、繫”，《宋本》、《原本》兩書共見1個“緉”，《说文》、《名義》、《原本》兩書共見6個“繚、繰、縱、組、緂、彝”。《名義》、《原本》兩書共見3個“絠、繐、緓”。

序號	部首	实际字数	字头字位	新增字	HVOA	IVOA	VOA	HVO	HO	HAO	IAO	OA	IO	IA	HA	H	A	I	備注
427	素部	9	7		7														
428	絲部	7	6		5		1												
429	黹部	7	7	1	6														
430	率部	1	1							1									
431	索部	3	3							3									
432	巾部	171	157	39					1	59	8	49	1						
433	市部	2	2							2									
434	帛部	6	6							4		2							
435	衣部	295	253	48					1	107	3	94							
436	裘部	4	2							2									
437	卩部	13	13						1	11		1							
438	印部	2	2							2									
439	夘部	2	2							2									
440	辟部	3	3							3									
441	茍部	3	2							2									
442	勹部	35	29	8					1	14		6							注①
443	包部	2	2							2									
444	長部	16	13	1						4		8							
445	𠤎部	5	4							4									
446	匕部	10	8							8									
447	比部	3	2							2									
448	从部	5	3							3									
449	乑部	4	4							4									
450	共部	4	3							2		1							
451	異部	3	2							2									
452	史部	3	2							2									

① 10 “[illegible]”在“勹部”“糸部”重出，故不算作字位。

序號	部首	实际字数	字头字位	新增字	HVOA	IVOA	VOA	HVO	HO	HAO	IAO	OA	IO	IA	HA	H	A	I	備注
453	攴部	7	5							2		3							
454	叏部	12	9							9									
455	𦘒部	6	3							3									
456	聿部	3	3							3									
457	書部	7	3							3									
458	隶部	4	3							3									
459	臤部	5	4							4									
460	帀部	3	2							2									
461	出部	12	11	2						5		4							注[1]
462	之部	3	2							2									
463	生部	8	6							6									
464	耑部	1	1							1									
465	毌部	3	3							3									
466	束部	9	9	4						3		2							
467	㯻部	10	8						1	4		1							
468	口部	61	55	20						25		10							
469	負部	3	2							2									
470	齊部	4	3	1						2									
471	干部	3	3							3									
472	幵部	1	1							1									
473	片部	39	39	12						8		19							
474	𣏟部	1	1							1									
475	毋部	3	3							2		1							
476	克部	4	1							1									
477	丿部	5	4							4									
478	厂部	1	1							1									

① “𣪠”在“出部”“又部”重出，不算兩個字位。

序號	部首	实际字数	字头字位	新增字	HVOA	IVOA	VOA	HVO	HO	HAO	IAO	OA	IO	IA	HA	H	A	I	備注
479	弋部	4	4							1		3							
480	乁部	3	3							2		1							
481	亅部	2	2							2									
482	句部	9	8							4		4							
483	丩部	4	3							3									
484	乚部	4	3							2		1							
485	亾部	6	4							3		1							
486	匚部	9	9	1					2	5		1							
487	先部	2	2							2									
488	旡部	5	3							3									
489	皃部	6	3							2		1							
490	兜部	2	2							2									
491	先部	3	3							2		1							
492	秃部	2	2							2									
493	厶部	4	4							3		1							
494	單部	2	2							1		1							
495	录部	1	1							1									
496	四部	3	1							1									
497	叕部	3	2	1						1									
498	亞部	6	5	3						2									
499	五部	2	1							1									
500	六部	1	1							1									
501	七部	1	1							1									
502	八部	14	13							12		1							
503	釆部	7	5							5									
504	半部	2	2							2									
505	九部	3	2							2									
506	丸部	4	4							4									

序號	部首	实际字数	字头字位	新增字	HVOA	IVOA	VOA	HVO	HO	HAO	IAO	OA	IO	IA	HA	H	A	I	備注
507	十部	8	8							8									
508	卅部	3	3							2		1							
509	古部	2	2							2									
510	寸部	10	10							7		3							
511	丈部	3	3	2						1									
512	皕部	2	2							2									
513	甲部	5	5	1						1		3							
514	乙部	6	6							4		2							
515	丙部	1	1							1									
516	丁部	2	2							1		1							
517	戊部	3	2							2									
518	己部	4	3							3									
519	巴部	2	2							1		1							
520	庚部	1	1							1									
521	辛部	8	7							6		1							
522	辡部	3	3	1						2									
523	辛部	4	3							2		1							
524	桀部	5	3							3									
525	壬部	1	1							1									
526	癸部	3	1							1									
527	子部	40	33	8						15		10							
528	了部	4	4							3		1							
529	孨部	4	3							3									
530	𠫓部	5	3							3									
531	丑部	4	4							2		2							
532	寅部	2	1							1									
533	卯部	3	1							1									
534	辰部	3	2							2									

序號	部首	实际字数	字头字位	新增字	HVOA	IVOA	VOA	HVO	HO	HAO	IAO	OA	IO	IA	HA	H	A	I	備注
535	巳部	3	3							2		1							
536	午部	3	2							2									
537	未部	1	1							1									
538	申部	9	7	2						4		1							
539	酉部	169	149	47					2	59	1	36	4						
540	酋部	4	2							2									
541	戌部	1	1							1									
542	亥部	2	1							1									
	合計	3	18411	5237															

附表 3.3

宋本《玉篇》各部新增字表[①]

序號	部首	实际字数	字头字位	新增字數	新增字	新增併減	備注
1	一部	9	6	1	亼		
2	上部	9	4				
3	示部	145	129	34	禶、禰、禃、禥、禝、禯、裀、禷、祾、桊、褀、禞、禘、禠、祆、禑、禗、禮、禯、禍、禍、禑、禘、禟、禴、神、禭、禭、禍、祓、禚、禖、禔、禪		
4	二部	14	10	3	亘、亶、亟		
5	三部	2	1				
6	王部	5	3				

① 注:新增字表有 140 字重复,雖每部對照為本部新出字,但對于整書來看仍是重出字,故此處應再減去 119 字。"宑、敼、寇、鐍、惜、垻、婳、臭、筤、刟、菰、菡、蔉、徢、跔、蓬、闥、隸、颸、蹢、覔、叙、杏、嫪、槲、凬、猼、暴、罹、膔、鞁、迒、靦、桑、勖、鬃、个、僕、僁、勒、勲、厙、嗒、嗗、困、圉、垌、垔、墨、奪、孛、孜、孱、尖、肙、崽、忤、敞、敶、昧、昇、昫、冕、晵、暖、朷、杴、杲、棤、楕、欻、麓、汫、沉、滷、炙、粏、猣、曅、盍、睍、竊、篕、糾、絞、縴、縣、羛、羼、膎、臘、茳、莅、茜、莬、菩、蔯、薖、薚、號、蚌、蚷、蜉、蝚、覞、觢、賊、郕、醜、霍、鞁、鐖、鐳、頖、頳、鳴、鴳、鶇、鼲"。

序號	部首	实际字数	字头字位	新增字數	新增字	新增併減	備注
7	玉部	277	251	63	璉、琪、珬、琉、璖、璔、琭、玤、瓆、珻、珒、瑯、瑘、珹、瑹、玔、珷、瑽、瑢、琿、瑫、璼、珖、玸、珆、玻、璨、瓇、玵、瑺、㻉、璮、瑡、瑛、璾、玶、玗、瓖、珣、璮、琊、璷、瑙、瑰、珺、玑、琈、玔、瓔、琀、瓎、玣、球、璕、玥、瑛、玐、玦、璛、珞、珀、璷、玳		
8	玨部	4	4				
9	土部	355	313	80	墝、埳、垩、堩、墲、圠、圬、埭、墱、埞、墵、埨、塯、墒、垾、堈、圾、墂、墺、坒、垙、毂、墸、圽、坩、埴、坝、墽、堠、堦、堝、垌、埪、垊、城、壏、壜、墅、壈、墡、壈、埥、堉、墺、垟、坪、埦、蟹、壂、墼、堈、埇、圹、圵、堬、壕、墄、壏、堉、坬、塵、墌、坨、埊、墢、坑、壧、堊、堰、壣、壇、塢、墼、墖、塼、堰、呈、堉、壇、垮		
10	垚部	3	2				
11	堇部	9	3				
12	里部	3	3				
13	田部	81	68	21	畚、畺、畤、畘、畎、畁、畔、畬、畯、畩、畛、畦、畻、畢、畇、畖、疁、畼、畱、畕、（畷㭘）	（畷㭘）	1 聯綿字
14	畕部	4	4	1	畾		
15	黃部	22	19	5	黇、黈、黊、黋、黌		
16	北部	5	3				
17	京部	4	3	1	亰		
18	冂部	8	7	1	冊		
19	亯部	8	8				

序號	部首	实际字数	字头字位	新增字数	新增字	新增併減	備注
20	邑部	278	266	51	鄜、郰、鄙、鄰、郼、鄨、郿、鄌、郝、郮、郗、郎、郜、郪、郅、郛、鄹、郯、鄭、鄹、鄺、鄏、鄺、郏、鄘、鄧、郄、邴、郲、郁、郤、郎、郘、鄁、鄪、郞、鄦、郷、邔、邡、鄵、鄤、郢、鄱、郯、郏、郉、郱、鄝、鄣、鄹		
21	司部	4	3				
22	士部	4	4				
23	人部	522	484	102	偂、儂、僗、仸、他、(俁、侵)、併、偺、佑、侔、儑、伻、㓘、倧、偳、佬、俘、伽、倲、儫、僱、僼、傭、偮、仇、僊、傯、倚、儸、偬、偵、(佲、俁)、(傒、僭)、僝①、僁、伱、倎、僬、佸、倘、伉、仳、佷、傔、傎、估、倣、儌、偗、伷、僜、儱、偅、仰、傳、儫、伷、儆、僂、儴、傼、佢、僋、仛、㑗、偌、假、倈、偭、伳、倛、僭、借、傚、僜、傈、傕、侜、佫、儲、僫、儞、倲、傻、僯、儷、佹、俉、伶、儜、儻、偤、儑、俵、僗、個、儛、僿、佩、傉、倔	(俁、侵)(佲、俁)(傒、僭)	3二同
24	儿部	10	9				
25	父部	5	5	2	爹、爺		
26	臣部	4	3				
27	男部	4	4				
28	民部	2	2				
29	夫部	4	4				
30	予部	3	3				
31	我部	4	2				
32	身部	27	24	10	躮、躿、躭、躹、軆、躲、躴、躼、躸、躸		
33	兄部	3	2				

① 與本部字“僝”為同形字，故此處不刪去。“僝，zhuàn，士簡切。《虞書》曰：共工方鳩僝功。僝，見也。又具也。”//“僝，chán，仕山切。僝僽，惡罵也。”

序號	部首	实际字数	字头字位	新增字數	新增字	新增併減	備注
34	弟部	5	3				
35	女部	419	377	81	嫭、娘、嬰、姥、姮、娼、⿰女龜、嬣、嫜、妐、⿰女丕、媸、嫞、(⿱要女、嫀)、嫵、⿰女更、⿰女劇、妾、婋、⿰女羅、妖、⿰女音、媖、⿰女而、⿰女瓜、妑、⿰女頻、⿰女余、⿰女柬、⿰女逢、媈、婷、妔、⿰女登、⿰女犀、媩、⿰女修、媃、⿰女布、⿰女春、⿱要女、(⿰女呂、⿰女旅)、⿰女卯、妚、嬓、⿰女嚴、⿰女甬、(⿰女參、⿰女曾)、⿰女网、⿰女阿、⿰女鄉、⿰女艮、⿰女妥、婇、媏、⿰⿱士女殳、⿰女林、姖、嫤、⿰女皐、婭、婁、⿰女崇、⿰女戀、婻、⿱此女、⿰女帚、⿰女白、嫎、⿰女发、(⿰女年、⿰女季)、妣、孅、(⿰女邑、⿰女晉)、妰、嬉、⿰女胥、妷、嬳、嬓、妤	(⿱要女、嫀)(⿰女呂、⿰女旅)(⿰女參、⿰女曾)(⿰女年、⿰女季)(⿰女邑、⿰女晉)	5(4二同+1聯綿)
36	頁部	200	185	43	⿰青頁、⿰彖頁、⿰歹頁、傾、⿰阝頁、⿰吾頁、⿰禾頁、煩、⿱罒頁、蘱、順、⿰⿱缶鹵頁、鴿(頜①)、⿰⿱𠂊鬲頁、⿰炎頁、(⿰區頁頭)、⿰叕頁、⿰首頁、⿰參頁、⿰⿱雨感頁、⿰豸頁、⿰耳頁、⿰卜頁、⿰革頁、⿰早頁、⿰至頁、⿰扌頁、⿰王頁、(⿰屈頁、⿰鬼頁)、⿰朋頁、⿰米頁、⿰禾頁、(⿰薪頁、⿰翏頁)、⿰乍頁、⿰曷頁、⿰匕頁、⿰樂頁、⿰正頁、⿰賁頁、(⿰罷頁、⿰咢頁)、⿰豖頁、⿰半頁、⿰犮頁	(⿰區頁頭)(⿰屈頁、⿰鬼頁)(⿰薪頁、⿰翏頁)(⿰罷頁、⿰咢頁)	4(1聯綿+3二同)
37	頻部	3	2				
38	百部	2	2				
39	㫐部	10	9				
40	昪部	2	2				
41	面部	29	25	13	㗂、⿰面麻、⿰面羅、⿰面合、⿰面周、⿰面貴、皰、⿱面面、⿰面音(⿰面參)、⿰面未、⿰面蒦、⿰面忍、⿰面舌		
42	色部	13	11	1	艴(⿰奚色)	艴(⿰奚色)	1(二同)
43	囟部	4	3				
44	臣部	3	3				

① “頁部”此新增字應是有錯，以為“頜”字，不算“鴿”之新增字。

序號	部首	实际字数	字头字位	新增字數	新增字	新增併減	備注
45	亢部	5		2	䡉、䣓		
46	鼻部	27	22	6	䶊、䶋、齁、䶏、齈、䶑		
47	自部	5	3				
48	目部	341	303	104	昉、瞕、瞛、睉、眗、瞶、眖、矙、昪、眡、瞜、眦、睺、睃、瞙、[illegible]、暷、矔、矑、矘、睋、瞣、盺、曖、瞾、瞘、眊、瞇、眶、睭、矚、瞔、瞋、聘、眘、睔、矈、瞪、眰、眰、眲、眲、瞜、瞖、瞝、睶、瞍、睖、矅、眑、睨、盶、睸、睌、眮、明、瞺、瞌、矇、瞠、瞨、眥、矜、眹、瞵、瞟、瞙、瞮、曦、矕、睉、睷、矐、瞻、矃、矖、昭、睖、䁊、瞉、映、瞮、晻、眑、眴、瞖、暇、瞜、曄、瞖、瞩、瞞、矂、瞡、瞙、睔、晫、晗、瞸、瞕、矆、瞵、眈、瞑		
49	盾部	4	3				
50	朋部	13	10	7	叟、𥆞、㚖、𥆦、𥆩、𥆪、晶		
51	旻部	4	4				
52	見部	97	92	35	覶、覰、覼、覞、覾、覸、覩、覻、覲、覹、覨、覵、覫、覿、覷、覯、覥、覟、覠、覽、覹、覴、覦、覽、覘、覡、覭、覮、覣、覤、覧、覺、覻、覬、覭		
53	覞部	3	3				
54	首部	5	5				
55	耳部	97	90	26	聵、聹、䏭、聠、聝、聧、聣、聸、聐、耶、聣、聧、聠、耵、聄、聲、聜、聀、聙、聛、聦、聳、聞、聈、聾、聊		

序號	部首	实际字数	字头字位	新增字數	新增字	新增併減	備注
56	口部	523	477	167	嗒、嘳、噁、嚱、喍、噡、嚩、啌、噴、唭、嘪、叮、嚀、(呢、嘪)、喃、(噪、嗂)、啾、哃、嗤、呋、咬、喧、嘸、嚗、唧、吭、嚫、嗺、噌、呟、嚬、啢、嚛、啨、呤、喋、喂、嗺、吮、吘、哎、噥、嚽、吙、嗵、噔、唋、嚆、嗌、嘛、吰、嗡、唩、嚧、咃、咁、吪、吥、哷、哎、嚢、啡、咣、嚟、唻、嗆、嘩、嗱、嚾、嗔、咏、嘍、嗵、喏、咊、嗹、啅、嗰、哔、嚕、嚸、吳、嗽、另、叩、嘑、嚙、哸、哇、吽、啃、噢、嚨、唍、唪、嚎、咔、哦、嘴、囀、唄、嚥、吜、嗷、嚫、噫、嗳、哸、嗄、嘠、喧、哩、嗯、嚦、嚽、囈、哞、吾、吠、啃、唷、嚼、啂、嗖、唷、嚊、呃、吡、嗾、嘩、咸、咄、嚯、嘩、喇、噪、嚐、嗝、哕、嗵、吃、咦、嚌、哫、嘏、嚙、嚱、嗽、嗷、嚓、唰、嚩、咘、唎、囃、嘚、嚕、叭、嘧、嗯、咭、嗅、嗐、喇、唈、咭、嗇、嘰	(呢、嘪) (噪、嗂)	2 二同
57	㕣部	5	3				
58	舌部	13	10				
59	齒部	92	83	23	齖、齰、齸、齙、齺、齽、齵、齭、齾、齴、齟①、齸、齷、齝、齎(齝)、齷、齫、齰、齷、齹、齶、齧(齃)、齷	齎(齝) 齧(齃)	2 聯綿字
60	牙部	5	4				
61	須部	6	6	1	頚		
62	彡部	24		9	彫、彩、彭、彰、彰、彬、彯、玤、彲		
63	彣部	3	2				
64	文部	10	9				

① 本部有兩個“齟”，但音義有區別，應是同形字，故此處算為新增字。漢大中此形只有一音，此音義缺失，應補之。

序號	部首	实际字数	字头字位	新增字數	新增字	新增併減	備注
65	髟部	107	96	28	髯、髫、鬛、髤、髴、鬖、鬠、鬤、鬄、鬾、鬒、鬙、鬘、髾、髹、鬐、髼、鬠、鬆、髺、鬞、鬢、髡、髼、鬍、鬓、鬚、鬐		
66	手部	642	593	146	拏、擊、拜、攀、捃、抔、擈、撊、批、搙、掏、捍、擖、擉、攏、搜、撇、撳、捼、抹、拶、扠、攞、搋、擨、擻、搃、掮、揎、擱、攊、撾、振、搶、撐、挳、搊、搛、搁、操、攔、撥、揁、拎、擇、揀、擨、撬、擂、撤、攃、揷、攕、抷、揣、搸、挒、搎、扣、揰、捵、揔、撳、捲、擿、攝、攦、拷、揇、撡、擖、攡、拃、拌、摟、拆、擡、拄、摠、撒、擧、扻、採、揞、摎、擷、捰、揯、擒、掗、擄、抖、擻、揚、擓、擗、攜、拒、掟、擋、搕、攇、掚、搋、擠、捹、掇、擭、揸、擮、拎、揍、扰、掫、搧、搞、搭、搨、搘、搢、攕、撝、挔、掇、撼、捔①、扎、掎、撞、搵、托、擦、攖、擶、掭、擢、揖、揵、技、挨、授、攦、撥、擛、搕、攕、摑、摅、拚、掏	撝（擠）托（擦）擶（掭）攕（摑）	4 二同
67	収部	26	25	1	䜶		
68	𠬞部	3	3				
69	舁部	8	5				
70	臼部	4	2				
71	爪部	6	4				
72	丮部	10					
73	鬥部	12					
74	𠂇部	2	2				
75	又部	39	29				

① "捔"在手部角部"捔，古岳切。掎捔。//捔，助角切。攙捔也。又古樂切。"為不同音義，故認為是同形字。一為捉住獸角搏斗，一為以尖銳物刺取（《漢語大字典》書證偏晚，只收《集韻》）。

序號	部首	实际字数	字头字位	新增字數	新增字	新增併減	備注
76	足部	291	271	80	躪、躃、躨、蹺、跒、䠍、軀、跜、𨇨、踈、踋、蹰、䟴、踬、蹾、蹀、蹢、踒、跤、蹭、跼、踢、躩、蹦、跻、蹝、蹺、跠、跏、踁、踜、蹦、踤、踛、踲、躝、踁、跁、踵、跓、躝、踥、跺、踴、踇、踠、蹼、蹱、蹽、跢、蹕、蹊、蹁、蹌、蹮、跤、躝、躡、跺、踀、躃、踎、蹱、（蹏、踛）、跍、蹘、踻、踬、跹、躊、跍、蹫、蹵、踛、蹬、躐、踋、踿、趁、踫	（蹏、踛）	1 二同
77	疋部	4	4				
78	乖部	4	4	2	乘、華		
79	骨部	86	80	23	髊、骶、骯、髖、骾、軀、骼、骿、髂、髏、骯、骻、骲、髓、髂、骿、骴、髏、髑、髅、髓、骯、髒		
80	血部	23	18				
81	肉部	417	378	93	胼、腰、腶、胍、臀、脏、䐓、膑、服、臑、肝、臛、䐽、䐠、腮、膿、膞、腧、肥、臁、膁、腈、腵、膻、腿、腦、腒、脺、腂、膧、肌、腦、䐤、臏、膅、膛、䏞、膵、脝、膙、臄、膸①、䐾、臃、臕、腰、腑、肔、肞、腿、腥、臏、腦、膢、臚、膸②、脖、腀、胵、膪、版、腮、腷、臈、腖、腕、䠡、胗、臂、膝、膗、膵、腴、肌、肹、肐、臛、腒、肶、肶、膛、脉、臑、腝、腞、膈、括、腱、膪、肷、膜、䐚、膹	臢字新附見，亦刪去．	
82	筋部	3	2				
83	力部	85	79	15	势、勴、勤、劲、勸、勒、劝、勃、勮、勳、劾、勤、劮、囫、効		

① "膸"本部重出，應為同形字，故此處計為2個新增字。

② 同上。

序號	部首	实际字数	字头字位	新增字数	新增字	新增併減	備注
84	劦部	3	3				
85	吕部	2	1				
86	㝱部	18	14				
87	心部	629	566	156	恌、愌、忸、憔、惈、悚、悇、恍、惚、憶、使、恟、悿、怯、惼、慲、惿、忪、愉、惰、恂、慷、怓、憧、憤、恾、怔、懰、恈、恓、怜、憸、恮、慉、彷、惻、恂、惺、懱、悕、憪、惦、愢、怌、怪、忹、忮、悚、愧、恎、悔、慳、愜、惼、悓、愀、惼、惵、悎、悻、忆、憎、悟、怲、懒、惰、恍、恬、慖、懈、惕、愰、饱、忏、憶、恛、悮、慣、憓、慉、忲、惕、憪、怰、恪、惋、惓、慠、懞、憹、慽、懵、忭、懂、恂、侹、惴、懰、悛、忪、忣、慖、慒、惜、愢、慥、憆、怟、懮、慆、代、憐、慠、愔、怙、慷、惽、悻、㑓、忇、悚、惐、慱、恎、惀、㑒、恕、慈、惓、憼、懕、愳、慂、憨、㦾、惎、怘、惌①、忍、恩、懨、怨、㦖、惎、恩、悡、（憃、憄）、忞、慝、患、意、忈、感、慈、懷、意	（憃、憄）	1二同注②
88	思部	5	4				
89	惢部	2	2				
90	言部	482	439	77	諹、譄、訜、謻、訞、譙、諦、諲、詌、絤、諒、譢、諦、詇、詸、詻、詿、譔、誚、詑、誇、訑、訹、諙、讃、詴、謅、謞、訃、諢、詒、謏、訨、訮、訔、譴、誢、訤、諝、諣、譈、譋、譁、譈、謔、訡、詗、謑、讕、謂、詎、讁、諦、諔、訡、認、譈、譃、誙、詨、詺、譿、説、訒、訙、謝、諿、諭、讂、誣、譸、誓、詧、諨、諮、讐、詸		

① “惌，《説文》同上。又《周禮》注云：惌，小孔貌。//惌，於元切。惌枉。又於阮切。”“惌”為同形字，此義項自《玉篇》始有，故此處仍為新增字。

② “惽”在“心部”兩出，應算是多音多義字，此處不再另算字位。

序號	部首	实际字数	字头字位	新增字數	新增字	新增併減	備注
91	詰部	7	5				
92	曰部	12	9				
93	乃部	8	4				
94	丂部	4	4				
95	可部	4	4				
96	兮部	5	4				
97	号部	2	2				
98	亏部	7	4				
99	云部	4	2				
100	音部	16	16				
101	告部	2	2				
102	凵部	1	1				
103	吅部	16	11				
104	品部	4	4				
105	喿部	3	3				
106	龠部	8	8				
107	冊部	5	4				
108	㗊部	11	9				
109	只部	2	2				
110	㕯部	6	3				
111	欠部	148	140	44	欲、炊、㰻、㰳、㰶(敹)、㱀、㰵、歑、歎、歟、㰟、歔、㰴、㰦、歀、歊、歟、歆、歍、欧、㰱、歜、㰶、歠、㱃、欣、㰸、歎、㰺、歒、歡、㰼、欭、㰷、㱎、敌、㰰、欽、歑、赦①、歖、㰦、歐、歡		

① “赦”赤部、欠部重出，但“赤也”自《玉篇》有此義項，故此處算為新增字。

序號	部首	实际字数	字头字位	新增字数	新增字	新增併减	備注
112	食部	220	181	61	𩟊、饀、饝、𩟗、𩛠、䭘、𩛿、餇、餕、𩞈、饞、𩟖、餉、𩛨、饇、𩝣、𩚫、餜、𩛷、飼、餒、𩝙、𩚼、飣、餖、𩟄、餧、𩟧、𩟐、𩟿、饜、飳、𩚵、𩜒、𩟁、𩝺、𩜬、𩚏、𩚺、𩙺、𩛃、𩟧、𩞈、𩝹、𩜍、𩚁、𩠅、䬻、𩚝、𩚓、𩜠、饠、𩛶、𩚑、𩟐、𩞄、𩠓、𩚷、飢、䭶、𩛸		
113	甘部	12	9				
114	旨部	4	2				
115	次部	5	4				
116	㚔部	8	7				
117	夲部	9	6				
118	齐部	6	5				
119	彳部	110	107	47	徘、𢖶、徜、𢖸、𢓜、𢓭、徭、役、𢖽、𢔌、往、𢓴、𢖹、徆、𢖿、㣧、𢔛、㣝、徸、𢖡、㣣、𢕝、𢓱、𢓧、𢔦、𢓊、𢓋、他、𢒼、𢕗、𢖻、復、𢖑、𢔫、徖、𢓲、𧗼、彿、𢕡、𢕤、𢕇、御、㣇、𢓇、㣛、𢔩、𢓡		
120	行部	21	19	4	衛、𧗳、𧗿、𧘁		
121	尣部	2	2				
122	夂部	6	6				
123	久部	2	1				
124	攵部	21	13				
125	舛部	4	4	1	𢍉		
126	走部	157	151	44	𧽷、𧼮、𧾩、𧾏、𧽸、𧾁、𧾃、𧾈、𧾔、赺、𧺽、𧾋、𧽜、𧻔、𧽫、𧾧、𧾨、𧼘、赽、𧼵、𧻰、𧻸、越、𧾆、𧾮、𧻖、𧺴、𧾒、𧺾、𧻓、𧺻、𧾵、𧻷、𧻻、𧽇、𧻪、𧻵、𧺵、𧽉、𧾘、𧺸、𧾦、𧼐、𧽍		

序號	部首	实际字数	字头字位	新增字數	新增字	新增併減	備注
127	辵部	253	220	54	迋、遛、迱、𨘢、䢫、迍、邀、途、𨗴、𨒪、𨖍、迈、迎、遀、𨗹、𨘎、𨙍、𨘼、𨗈、𨓴、遚、沿、𨗉、遶、逌、逡、逕、迭、𨔂、逌、遠、迬、遏、𨗾、迠、𨙀、遈、𨘋、𨘺、适、逮、遺、𨘃、迠、迌、遯、𨙫、𨙉、𨒃、週、迸、𨗎、迸		注①
128	廴部	6	6				
129	癶部	4	3				
130	步部	2	2				
131	止部	30	28	9	歧、𡶈、𡸁、𡼼、𡽜、岾、𣥤、岜、岥		注②
132	𧆨部	3	3				
133	立部	49	45	16	竚、𥫡、竜、𥩍、竔、𥪂、𥪜、𥩡、𥩖、竎、𥩟、竧、𥩕、竴、竩、竷		
134	竝部	4	2				
135	此部	4	4				
136	正部	6	4				
137	是部	4	3				
138	宀部	132	109	20	家、寗、宔、寁、㝑、穹、宭、寐、宲③、寘、寲、寅、宜、宗、寥、曾、寣、憲、杏、𡧘		注④
139	宫部	2	2				
140	宁部	3	2				

---

①　“蓪”在“辵部”“艸部”重出，故此部不算字頭。“迈”字重出，不算字頭。“䕸”在本部兩見，故不算新增字頭。

②　“䒰”在“止部”、“刀部”重出，故此部不重復算作字頭。

③　“宲”是同形字，在此也算為新增字。“宲，補道切。藏也。或作寳。”//“宲，食質切。古實字。”

④　“寇”在“宀部”“攴部”重出，故此部不算作字頭。

序號	部首	实际字数	字头字位	新增字数	新增字	新增併減	備注
141	門部	130	119	47	閼、闟、閅、闌、闑、闈、闠、闞、闊、闥、闚、闅、閪、闒、闖、闋、間、闓、闆、閤、閰、閗、閖、闍、閳、閬、闇、闐、関、闋、闥、闞、閶、閦、閳、闑、閏、闟、閘、閦、関、閍、闥、閞、閧、闟、闉		注①
142	戶部	21	18	4	扂、扅、扃、扈		
143	尸部	53	45	11	屓②、屭、屆、屙、屋、屬、屑、屁、启、屫、㞋		
144	尾部	7	6	2	屘、屗		
145	尺部	2	2				
146	履部	17	13	1	屜		
147	老部	14	12				
148	疒部	272	248	67	疘、疹、痏、癀、瘡、癀、痃、痵、癥、瘨、㽹、瘑、痳、癬、癐、痓、瘊、瘤、瘴、痃、痞、瘍、疞、痄、痏、痸、痽、痈、瘴、瘒、癚、瘤、痃、痲、瘋、痳、瘧、瘍、疙、痎、瘓、癒、瘩、痢、癓、瘴、痽、疱、瘼、痴、癐、癃、癯、瘭、癀、瘵、癘、瘱、瘤、痞、瘞、癨、癔、瘨、痯、瘖、瘠		
149	奴部	7	5				
150	歹部	107	98	23	殅、殈、殤、殦、殍、殉、殝、殟、殜、殩、殨、殀、殰、殭、死、殍、殮、殲、殰、殧、殠、殐、殮		
151	死部	8	6				
152	歺部	4	3				

① “闓”兩部重出，故此處不算字頭。

② “屓”在“貝部”“尸部”重出，故只算一處新增。“貝部”為聯綿字“贔屓”之加。

序號	部首	实际字数	字头字位	新增字數	新增字	新增併減	備注
153	凶部	2	2				
154	穴部	110	101	29	窗、突、窪、𥨐、䆗、寥、安、富、宣、窶、字、窪、𥩘、寥、窩、豈、寧、牢、寵、弃、帘、弃、窃、完、宥、㝡、甯、㝣、寘		
155	丨部	7	4				
156	屮部	8	7				
157	木部	820	729	135	椡、桾、欈、楔、榶、槉、欐、楟、杌、楪、柛、棲、椈、𣘻、檪、檃、槄、椒、檓、樟、櫰、櫔、栱、椹、橧、棬、欖、楞、櫏、杋、樬、桻、槻、柁、梍、榅、檰、梅、樶、㯫、櫰、檶、榪、梛、檏、檎、檾、樢、橅、橺、梳、楄、榑、杴、橎、欗、㭱、桱、樞、梢、櫛、杒①、櫺、聚、柛、橒、椟、槐、桍、榾、栶、椶、架、檯、檑、榕、梛、欆、梸、椠、樴、棯、欒、梡、櫸、椅、桑、柭、權、椼、樐、柄、欄、檔、梜、梘、櫓、榅、樬、榁、欅、櫃、概、橞、榪、榨、樺、枫、柧、㭒、榑、椮、榗、檥、柁②、㯃、櫳、機、榛、椯、櫓、橺、橓、榑、椂、榒、栿、橈、杰、樹、朳、桴、樸、寨、柣		
158	東部	2	2				
159	林部	18	16	2	埜、楚		
160	巢部	2	2				
161	叒部	5	4				

① 木部"杒，木名。"與刀部"杒，杒桑。"為同形字。故算兩新增字。

② 同部異音義，故此為新增字。"柁，唐左切。船尾小梢也。//柁，徒計切。木盛皃。"

序號	部首	实际字数	字头字位	新增字數	新增字	新增併減	備注
162	艸部	1055	942	247	蓯、蔏、䕘、莤、蓿、蒩、幕、葢、芳、蔞、蘄、薀、芏、葀、蓏、薜、蘷、藥、葬、蘖、芚、董、葓、蘶、蘧、茳、蕘、葼、蓁、蒸、蕖、䓫、蔽、蓏、蘑、葝、䓙、莏、蘋、芼、蘞、蔯、䓾、菏、菖、蔄、蕕、蘡、蕟、蒜、菠、葰、苹、蔀、莫、菲、菴、蘹、蕺、蕭、蘡、茙、蓸、蒢①、蘗、蓌、茪、菵、茮、藸、蓈、蘳、苫、蕒、蘛、蘈、茱、䓴、葙、萱、萸、蕱、萎、蘰、蘘、蘊、蘋、蘛、蔻、蔑、藏、䒥、蘴、茂、蔣、芊、藎、葨、蕑、茧、莝、苎、蔓、蘑、蘅、蓜、蓦、莛、芸、芡、蘞、蘦、蓫、蔿、蕵、蓒、蔚、蒻、芦、蕻、芥、蘸、蓗、蕼、蘑、蘿、蘮、菇、蘷、藟、苲、蘗、蕬、蔻、蘂、蕢、蘣、蘈、蘟、蔺、藗、蔃、茆、芰、蔛、茵、苆、蔍、蔻、邁、蒃、菁、蔛、藷、薩、蔕、蕩、草、苯、落、蔌、蓫、蕜、蘾、蔽、蘅、蘟、苿、苴、苺、芤、蕒、葯、蘋、蕄、蕺、蘭、莚、蔞、蘭、蓊、萿、蔠、蔉、藸、莶、莡、蕠、蕹、葳、蔓、菻、莧、蔼、葽、蔴、蓎、蔎、菋、蘊、蓄、蕖、蘠、蘱、蔰、葩、莾、蔵、蔔、芥、蔡、菽、莜、蒴、蘿、蔂、萷、蘮、蓏、莒、蓀、莎、萳、蒒、蕺、蔦、蘛、苐、莊、蔏、蕀、蓓、蕾、藃、蓑、蒸、蘄、蓸、薯、蘋、蕹、茈、蘡、藤、(藤、蔾)、薩	(藤、蔾)-藏	1二同注②
163	䓝部	3	2				
164	茻部	6	4				
165	舜部	4	2				

① 本部重出，此處不知何來音義，可能是孫陳輩所妄加，故暫算為新增字。且漢大中未見此音義，應補之。

② "瓞"在"艸部""瓜部"重出，故在此部算作一個字頭。

序號	部首	实际字数	字头字位	新增字數	新增字	新增併減	備注
166	竹部	507	462	186	籏、簬、𥬥、篖、箖、箊、簰、𥴲、籉、籬、箁、篦、篒、𥳌、簗、𥳭、䉋、簵、管、𥶅、笄、篘、箜、䉐、箔、篜、篓、簪、籫、籐、笎、篔、笅、簿、篨、簣、箮、籅、箕、簶、籦、筚、笗、籛、笳、簡、箬、籌、篈、箛、簾、篓、籭、籥、籀、篼、笧、筮、篦、箂、笝、篛、筀、簢、笐、簦、箵、簫、篁、笌、筚、篟、笴、籮、篊、竽、箒、籋、笑、篷、篕、籩、箈、篤、籛、笓、篧、篙、笯、篓、笙、篲、籯、籓、篹、笶、篻、箸、簹、箹、箺、箹、笅(笈)、篪、笆、篫、簪、篺、箸、籃、笢、箕、篳、簩、箉、籲、笊、箪、箳、箎、篡、篸、篴①、篨、簂、篪、篘、簰、簦、篰、簵、籑、篓、簾、籁、篥、籩、篫、簣、篎、篇、篬、篅、箣、笲、簳、箈、箏、簪、篙、篋、箰、笏、篃、箌、箖、箵、箽、篼、篡、箕、篳、籚、籊、箸、箤、笛、篂、箙、箳、篆、篢、筣、簅、篕、簿、笔、箯、篛、筳、箚、筈、笅、簸、篸、籘、篷		笈(笺)“笺”不為新造字。注②
167	箕部	8	3				
168	才部	1	1				
169	朩部	12	8	2	皮攴、㱿		
170	乇部	1	1				
171	𠂹部	2	1				
172	𢎘部	2	2				
173	華部	3	2				
174	禾部	3	3				
175	稽部	3	3				
176	桼部	4	3				

① “篴”竹部、辵部兩部為新增字，音同義近，故此處保留一處為新增字。

② “笈”在皮部、竹部重出，故此部不再算做字頭。“篴”在辵部、竹部兩部重出，故此部不再算作字頭。

序號	部首	实际字数	字头字位	新增字數	新增字	新增併減	備注
177	丵部	6	4				
178	菐部	4	3				
179	马部	6	6				
180	㯻部	3	3				
181	㐭部	7	4				
182	束部	3	3				
183	朩部	12	10				
184	𣏟部	3	3				
185	麻部	14	12	5	䊶、𪎭、𪎧、䕻、䵟		
186	尗部	3	2				
187	韭部	7	6				
188	瓜部	26	23	3	瓟、瓡、瓹		
189	瓠部	2	2				
190	丯部	2	2				
191	來部	3	2				
192	麥部	53	43	11	麲、麫、麬、麶、麷、麱、麲、麯、麸、麭、麳		
193	黍部	23	21	4	黐、黏、黎、黏		
194	禾部	235	214	70	稠、穠、稒、穆、䄻、秮、稜、稭、秂、秥、稹、棚、秵、秩、穫、稖、稤、秓、秆、稸、秵、稲、穊、稧、稞、穗、秕、穌、秕、稭、䆉、稴、稀、稦、穧、稵、穏、稂、秺、秳、稧、䅢、穖、稄、䅑、穃、稛、穛、穥、秹、秡、稷、稞、䄺、稺、秴、稓、稡、穪、稪、稬、稭、穋、穚、䄯、稍、䅤、䄼、稫、粱		
195	秝部	3	3				
196	耒部	53	51	22	耧、耰、穖、秤、耩、耒、耜、耦、耨、耧、耔、穎①、秏、耠、耮、耱、耗、耦、穫、䎑、耠		
197	香部	17	14	3	馤、馩、馦		

① "穎"與頁部重出字音義不同，應為同形字，故算作新增字頭。

序號	部首	实际字数	字头字位	新增字數	新增字	新增併減	備注
198	㿝部	4	4				
199	鬯部	6	5				
200	米部	125	112	39	粜、麄、粊、糫、粡、糭、粷、粠、粺、粧、粱、粡、𥼶、粿、粔、粎、粫、粄、粿、糃、糔、糞、糯、糙、粸、粯、粅、粰、粯、糚、粷、糈、糗、糨、粍、糊、粞、糰、糙		
201	毇部	2	2				
202	臼部	21	18	6	䑗、𦥑、𦦶、㽞、𦦙、𦦼		
203	倉部	3	2				
204	亩部	4	4				
205	嗇部	6	2				
206	亼部	8	7				
207	會部	5	3				
208	亯部	7	4				
209	旱部	3	2				
210	畐部	4	2				
211	入部	8	6				
212	冖部	5	5	2	冋、㝉		
213	冂部	4	4				
214	冃部	15	12	2	冞、[illegible]		
215	㒳部	3	2				
216	㡀部	3	1				
217	襾部	8	7	1	覀		
218	网部	92	77	27	羇、罤①、罍、罛、罦、罺、罕、羉、羅、罴、罱、罶、罜、罺、罗、罝、羅、罝、罬、罶、羀、罖、羃、罨、羉、罛、罡		
219	華部	5	4				
220	冓部	3	3				

① 宋本《玉篇・弟部》"罤,古昏切。《說文》云:周人謂兄曰罤也。今作昆同。"與《玉篇・网部》"罤,徒犁切。兔罔。"為同形字,故此處仍為新增字。

序號	部首	实际字数	字头字位	新增字數	新增字	新增併減	備注
221	厶部	1	1				
222	去部	6	5				
223	北部	4	3				
224	西部	5	1				
225	鹵部	26	23	8	⿰鹵殳、⿰鹵艮、⿰鹵目、⿰亻鹵、⿰鹵亢、⿱鹵土、⿰鹵監、⿰鹵喬		
226	鹽部	4	2				
227	壬部	8	7				
228	皿部	71	56	15	盩、⿱丞皿、盠、⿱甾皿、盆、⿱夵皿、盃、⿱丕皿、⿱亼皿、⿰礻盍、⿱上皿、⿱敖皿、⿱列皿、⿱䜌皿、盡		
229	臥部	7	5				
230	㐆部	2	2				
231	琴部	8	4				
232	喜部	4	2				
233	壴部	6	6				
234	鼓部	21	19	5	⿱鼓土、⿱鼓衣、⿱鼓咅、⿱鼓缶、⿱鼓言		
235	豈部	3	3	1	凱		
236	豆部	25	20	1	⿰豆疋		
237	豊部	2	2				
238	豐部	3	1				
239	䖒部	3	3				
240	重部	3	1				
241	鼎部	5	4				
242	瓦部	105	96	20	⿰米瓦、⿰埶瓦、⿰畾瓦、甖、甌、甀、⿰粦瓦、⿰良瓦、⿰㲋瓦、⿰虒瓦、⿰舌瓦、⿰䜌瓦、⿰虛瓦、⿰瓦貝、⿰粦瓦、⿱冖瓦、⿱賏瓦、⿰麻瓦、⿰火瓦、⿰巤瓦		
243	缶部	43	37	9	⿰缶亥、⿰缶辟、⿰缶戔、⿱鬱缶、罐、⿰缶圭、⿰缶只、⿰缶舌、⿰缶周		
244	鬲部	23	20	1	⿱羊鬲		
245	䰜部	21	18	2	⿱䰜羔、⿱䰜米		
246	斗部	22	21	1	斜		
247	勺部	2	2				
248	几部	5	5	1	⿱癶几		
249	且部	5	4				

序號	部首	实际字数	字头字位	新增字數	新增字	新增併減	備注
250	匚部	39	32				
251	曲部	4	3				
252	壺部	8	4				
253	卮部	3	3				
254	甾部	15	9				
255	㫃部	38	32	2	旟、旝		
256	勿部	3	3				
257	矢部	29	24	6	矤、㚢、矡、矦、𥏫、𣥺		
258	弓部	75	64	19	弘、張、弫、弙、𢐴、弲、彇、弸、彍、彏、 彅、弪、弮、弹、弝、弹、彈、弞、弡		
259	弜部	6	3				
260	斤部	31	26	5	斯、斯、斷、新、斵		
261	矛部	28	24	6	矟、矡、矠、矦、矜、矝		
262	戈部	51	45	9	𢦔、戓、戲、戕、戳、戲、戩、戉、戚		注①
263	殳部	28	27	4	毃、毄、毇、殺		
264	殺部	6	2				
265	戉部	2	2				
266	刀部	196	173	51	杒②、剢、𠠝、劇、剌、刨、𠜾、㓹、刚、劐、 𠜱、𠡝、刕、𠞆、刪、𠛸、刡、刑、𠜘、𠞨、 剿、𠝹、刷、𠞴、剎、刋、剃、剡、剥、刿、 劃、劂、𠛋、刮、劚、别、刁、刚、劄、剆、 𠟭、劉、𠠹、刔、劉、剽、𠚧、剩、剞、劁、副		注③
267	㓞部	4	4	1	㓰		
268	刃部	6	5	1	𠠧		
269	金部	473	433	125	鉧、銗、鈷、鉾、鑢、鍈、鎚、鏒、鉉、鉤、 鋖、鎊、鑌、鍺、鑐、鍷、鋸、鉋、鎗、鍶、 鋹、鍷、鋼、鏽、鏒、鎦、鈚、鑨、鉖、鈋、		

① "𢧢"在戈部、丮部兩部重出，故此部不算作字頭。

② "杒"與《玉篇·木部》"杒，木名。"為同形字。

③ "𠛸"在"刀部""舟部"兩出，故此部不算作字頭。

序號	部首	实际字数	字头字位	新增字數	新增字	新增併減	備注
269	金部	473	433	125	鈽、鏠、銈、鐮、銂、鍿、鈊、銑、鏊、鑶、鏶、鑇、錂、鏞、鋑、鉮、鋌、鍖、鏋、鍽、釩、鎈、鈰、釪、鉙、鎾、鉄、鏙、鋖、釥、鐼、鉠、鏄、鍡、鈀、鋺、鍍、鐌、錊、鑛、鏴、鑭、鋚、鑫、鋥、鋠、鎘、鋇、鏨、錝、鐩、鉺、鐗、鑿、鉶、鉰、鑭、鋀、鐧、鐨、鐱、釟、釛、鍊、鈺、鏢、銉、鋓、鋸、鉞、鉘、鈅、鉑、鎌、鈼、鍎、釞、鍚、鈉、鋛、鑑、鋜、鈠、鐭、鎘、鑡、鋿、銆、鑯、鍓、釙、鎑、鏨、鈹、鎞		
270	攴部	177	165	39	攱、敍、𢾊、敲、𢾭、救、𢿱、敊、𣀔、斂、𣀀、𢿏、𣀤、𢽰、攺、娘、攼、𣀳、𢻱、𢼄、敮、𢽾、𣀖、𣀜、𢾦、敞①、𢾺、敁、數、𢿙、𢿦、敎、𣀎、𢻨、𣀮、敝、𣀼、𣁀		
271	放部	4	3				
272	丌部	11	8				
273	左部	4	2				
274	工部	6	4				
275	㠭部	2	2				
276	巫部	5	4				
277	卜部	8	7				
278	兆部	2	1				
279	用部	7	5				
280	爻部	3	3				
281	㸚部	4	3				
282	車部	248	218	65	轗、䡛、輡、庫、轇、軙、軥、䡠、輵、輤、輎、轣、𨎥、軯、輘、𨏡、軞、𨎌、軞、𨍭、輆、𨏤、軒、軦、輡、轔、𨏔、𨏶、𨏣、輍、轔、軖、軧、䡆、輥、轁、輭、輾、輪、輻、䡅、輐、轒、軓、輚、䡈、軛、䡀、輇、轎、		

① "敞"在攴部"敞，直孟切。磨光。//敞，昌掌切。高也。"為同形異義字，故此處算為新增字頭。

序號	部首	实际字数	字头字位	新增字數	新增字	新增併減	備注
282	車部	248	218	65	軴、䡇、轜、輦、䡖、䡟、䡂、朝、䡷、轉、䡜、轖、䡱、轡、䡘		
283	舟部	110	104	44	䑠、艚、艖、䑳、艗、䑧、艞、艫、艘、䑶、艠、艜、䑯、舠、艤、䑾、䑨、舵、䑸、艬、舲、艢、艝、䑲、艎、䑼、䑱、艑、舵、艥、艭、艴、舑、舩、艍、舵、䑣、䑴、艧、䑽、舶、艀、舠、艩		
284	方部	4	4				
285	水部	956	876	262	滗、澧、汴、淙、濺、汳、灩、溥、瀜、沶、漴、淞、涫、洢、漽、溪、溰、洂、潾、濜、瀊、沺、滾、淆、渦、浤、灑、涂①、湳、湯、澛、灋、瀑、濴、潨、灆、漻、添、湉、瀐、汯、浤、湄、沐、潰、溥、浅、渹、洴、涞、灟、澴、滋、潤、潯、浮、浓、湢、渢、灇、涌、潒、泟、泚、渘、洵、泩、瀧、泮、泂、澨、浥、滢、沫、洗、溵、涓、澢、泇、洀、溡、澀、滘、滐、湶、灘、瀿、浅、溼、瀴、洴、渢、潑、淀、泶、渼、浸、漸、淛、涑、湶、澑、滙、没、灆、淖、滤、灝、浪、淯、瀰、渺、汞、灄、湖、澤、泞、澅、湕、浛、瀾、濻、溫、瀉、涀、濼、瀑、瀨、濤、潛、瀢、濂、淏、泖、溤、潽、漆、潵、溇、瀴、溱、灑、浮、激、湏、灞、泹、汱、汰、瀚、澯、浣、涝、淛、漈、潊、汧、淀、洒、潄②、泗、溴、淮、潲、洽、瀆、泄、渣、瀗、涖、涓、泾、減、溍、潒、瀓、浒、洉、濾、潕、灊、湠、渲、港、湴、汌、灠、灢、潰、淌、漇、戊、澿、湏、灡、瀵、氵氣、沘、潡、溜、瀼、湣、潛、溶、瀔、澓、洸、潹、泥、濇、湖、滈、灟、涇、洁、滵、潲、澗、灛、灝、		

① 本部重出，義項不同，應為同形字，故算作新增字。

② 宋本《玉篇》本部兩出，從音義關係上來說，只是"漱鐵"義項為宋本《玉篇》該處所單獨貯存，基於此種差別，仍將宋本《玉篇》兩處"漱"作為兩個字來看待。

序號	部首	实际字数	字头字位	新增字數	新增字	新增併減	備注
285	水部	956	876	262	灦、滐、濇、浾、渏、潑、溵、渜、瀾、淂、溻、滵、澮、澒、潹、沷、汜、渫、潨、泐、瀀、渤、漈、澈、滈、汐、瀈、渚、湾、灘、汴、漫、澌、汸、淏、瀃、瀫、澰、涃、瀨、瀵、泚		
286	林部	4	4				
287	〈部	1	1				
288	巜部	2	2				
289	巛部	13	10				
290	井部	6	5				
291	泉部	3	3	1	原		
292	灥部	2	2				
293	永部	3	3				
294	𠂢部	5	3				
295	谷部	29	25	5	谻、䜭、谺、豃、谹		
296	冫部	52	49	20	冾、凄、㵟、凞、㴐、凎、涪、冱、凅、凟、洛、凙、㵞、凐、凓、凗、冲、决、减、凉		
297	雨部	151	127	52	霶、霬、霷、霠、霙、霵、霻、霦、雹、霄、霌、霘、雸、霳、零、霄、霂、雵、雽、霟、霪、霽、霋、霿、霫、霏、霈、霔、霧、霒、霃、霁、霿、霫、霮、霍、霑、雹、霥、霨、靇、霼、靋、靄、靊、靁、霶、靆、靃、靈、霣、霱		
298	雲部	11	7	4	䨺、䨻、靉、䨷		
299	風部	98	87	49	飀、飂、颩、颵、颾、飌、颴、飁、颰、飃、颭、颬、颹、颫、颱、颷、飀、颲、颺、飄、颽、飆、飌、飑、飕、飗、飐、颱、飉、飇、凤、䬙、飈、飅、飁、飈、飍、飆、飃、飇、飃、飈、飌、䬘、䬠、䬝、䬚、飍、飑		
300	气部	8	7	4	氲、氤、氭、吃		

序號	部首	实际字数	字头字位	新增字數	新增字	新增併減	備注
301	鬼部	69	64	37	魍、[illegible]、魏、魏、魼、魔、魁、魑、魖、魄、魄、魑、魀、魃、魋、魐、魖、魐、魊、魑、魏、魒、魋、魌、魐、魐、魑、魗、魌、魍、魑、魒、魓、魖、魗、魏、魑		
302	由部	4	3				
303	白部	43	37	18	皨、皖、皫、皕、皭、皫、皧、皜、皣、皵、皬、皭、皠、皢、皟、皝、皠、皪		
304	日部	242	207	75	昢、眡、睥、晭、暇、替、昦、昌、昐、曦、睡、昳、晪、晅、晘、暛、晪、晘、晲、暟、昑、曐、曬、暚、暍、晥、曘、昀、暌、曥、暥、暄、旼、曶、昭、昒、暚、晗、暚、曚、暰、眈、暝(暖①)、暪、曮、昨、晐、昪、晲、昆、晌、曕、昝、昦、晍、晫、曯、旰、昁、晩、曤、昝、昜、旺、曬、暝、晜、曙、昷②、昞、暩、㫚③、映、晷、昅		
305	旦部	2	2				
306	晨部	7	2				
307	倝部	6	5	1	乾		
308	晶部	5	4				
309	月部	23	17	6	胯、膷、膜、腑、朊④、肬⑤		
310	有部	3	3				
311	明部	3	2				
312	囧部	3	2				
313	冥部	2	2				
314	夕部	12	9				

① “暖”在日部兩處重出，認為“蝡”之新增異體字，故不算作字位。

② 《宋本·皿部》“昷”與《宋本·日部》“昷”雖為同形字，但字音義不同。故此處作為新增字頭。

③ “㫚，呼骨切。明。”//“惕，他的切。憂也，疾也，懼也。㫚，同上。”《宋本·心部》“㫚”和《宋本·日部》“㫚”雖同形，但意義差別較大，故此部作爲新增字頭。

④ 《宋本·月部》“朊”與《宋本·肉部》“朊”形同異義，故算為新增字頭。

⑤ 與肉部同形字“肬”，不算作一字頭。

序號	部首	实际字数	字头字位	新增字數	新增字	新增併減	備注
315	多部	26	25	6	䅻、䍩、㚇、㚊、㚈、䵘		
316	小部	6	6				
317	幺部	7	7				
318	丝部	4	4				
319	玄部	5	4				
320	丏部	1	1				
321	大部	56	51	11	奍、奭、奩、奨、奞、奆、奱、奮、奰、奈、奊		“奇”字不為新造字
322	奢部	2	2				
323	火部	294	252	65	燃、爗、烽、爖、灴、㷊、爐、爈、烊、炳、熒、炬、熡、烕、㶯、灯、炷、爙、熗、煄、炾、烶、爋、炓、颫、燇、焚、炢、熿、㶿、㷔、熝、爂、熼、爀、焞、萸、熆、炠、煵、熢、㶸、燆、㷦、爔、炣、㷬、飧、㸆、㸇、煍、熰、燗、煝、炌、爁、焝、烇、焰、㸌、奔、熣、賢、焀、煒		
324	炎部	10	9	2	䶁、䲘		
325	焱部	3	3				
326	炙部	7	5				
327	㸑部	4	3				
328	囱部	6	2				
329	黑部	88	82	24	黱、䵝、黊、黖、黼、黤、黸、黷、黲、黬、黚、黈、赭、野、黯、黣、黩(黜)、黶、黢、黮、黳、黧、黟、黕	黩(黜)	1同上
330	赤部	18	14	3	赮、赧、赦		
331	亦部	2	2				
332	夨部	8	7				
333	夭部	4	4				
334	交部	5	5				

序號	部首	实际字数	字头字位	新增字數	新增字	新增併减	備注
335	尢部	33	30	10	𡯁、尵、𡯷、𡯸、𡰄、𡰆、𡰉、𣢷、𡯅、𡰐		
336	壹部	3	3				
337	叀部	6	3				
338	丶部	5	4				
339	丹部	7	4				
340	青部	4	3				
341	氏部	2	2				
342	氐部	4	4				
343	山部	296	268	129	崪、嶫、峉、崚、嶒、𡶯、嵣、𡾋、嶑、𡵅、峞、嵳、嶬、㟅、嵬、峴、巇、嵯、峙、峈、嵺、嵿、嵲、𡵓、嶝、岠、𡾒、嘌、峼、峧、嶰、嬉、崛、峡、嶠、峲、嶚、峒、崍、嵦、嵋、巏、嵠、崠、嶜、嶊、𡼏、峆、嶇、峐、岯、嶈、嵚、嵱、嵾、岓、巑、嵢、峿、崴、岵、峭、岧、崅、嶗、峇、嶵、岈、崿、岍、崴、嶂、巔、嶹、崶、巊、嵤、嶗、嶆、嵁、嶙、嶂、嵃、崹、嵼、巖、嵄、岏、嶓、嶁、岉、嶟、嵖、崐、岏、巑、岨、巕、峅、嵮、崍、巘、嶨、崹、嶒、岎、巢、嵐、岝、崿、嵿、峪、嶫、嵑、峭、嵅、岀、屹、岦、崞、峇、嵦、峎、岇、岊、嶸、嬰、嵽、崱、嵥、岴		
344	屾部	4	4	2	嵍、嵏		
345	嵬部	3	3	1	嵔		
346	户部	8	8				
347	广部	167	157	70	庝、庾、廜、廬、庋、廙、庯、廥、庱、廮、庡、廓、廣、廇、庁、廂、廳、廮、庲、廥、廧、庂、庛、庄、庈、廚、庎、庩、庒、廲、廏、廞、廠、廌、庤、廢、庐、庤、廦、廇、庿、庈、庮、庬、庳、庨、廥、庍、庥、廧、庡、庙、庡、廡、廨、庝、庳、庥、庍、廗、庣、庨、廞、庘、庳、庀、庡、庝、庍、座		

序號	部首	实际字数	字头字位	新增字数	新增字	新增併減	備注
348	厂部	56	50	14	厗、厢、屏、厠、厦、厜、厥、㔟①、厲、厚、厍、厔、厬、厄		
349	高部	9	9	2	髚、髝		
350	危部	4	4				
351	石部	292	267	125	硖、碵、硛、硝、礐、硿、碋、砰、磎、碁、硡、礞、砒、碉、碉、磴、砯、磞、硜、碖、硼、破、礅、砹、磠、礦、硄、碙、碢、礆、礤、（礵、礬）、碐、碤、硐、砱、碵、磸、礈、矼、礮、碘、砭、碏、硾、硂、礏、砰、碱、礌、磈、礞、磈、碻、砂、硂、碧、礑、碀、硜、碤、硧、砲、碑、硤、硫、碘、（碤硊）、（碜硢）、礒、磉、砋、碜、硪、砐、碡、砄、磵、硬、硋、矴、硏、砟、碔、礹、礵、礅、碃、礵、砑、硃、硃、砩、礷、硉、矶、磜、磆、礁、礀、磡、砃、碧、礷、砮、磌、碱、砳、碦、硆、礦、砝、礸、礅、碉、碘、碉、砄、碗、砮、硤、礶、碋、礴、礧	（礵、礬） （碤硊） （碜硢）	3（1二同＋2聯綿）
352	磬部	9	7	2	磬、罄		
353	自部	2	2				
354	阜部	193	183	49	阰、陲、隲、陑、陖、隅②、陚、隞、陻、隵、陖、陙、陾、陝、陎、阽、阞、陁、陫、陝、隅、陓、阡、隮、陧、陡、隬、陧、隬、陖、陦、陷、隲、陾、阧、隢、隚、隕、陚、阨、隠、陌、陦、隮、陰、隗、阣、隩、阮		
355	𨸏部	4	4				
356	厶部	3	3				

① 《玉篇·厂部》:"㔟,居例切。地名。"與《玉篇·刀部》:"㔟,唯芮切。籀文鋭。"為同形字,故不算同一字位删去。

② 阜部兩處重出:"隅,牛俱切。廉也,角也,陬也。//隅,語俱切。地名。"應為同形字,故此字認為新增。

序號	部首	实际字数	字头字位	新增字數	新增字	新增併減	備注
357	馬部	278	257	83	駬、駝(馳)、驥、騋、驅、驟、驩、駍、钝騄、䮍、駏、驉、騮、騟、騗、騑、騙、驚、駟、駒、騂、騻、騁、騆、驤、騜、馯、騞、駯、犡、騂、驚、駐、罵、駀、騻、騩、驖、騗、騞、駆、驃、騺、駺、騂、騳、騳、䮐、馼、駾、馬、騴、驁、騈、騙、驅、駈、騂、騄、驠、騲、騣、騑、騋、騟、騇、騳、騾、騬、驙、騲、騳、駄、騙、騎、駭、駐、騔(驨)、馲、駍、騲、駹、騙	駝(馳)騔(驨)	2(1同上+1二同)
358	牛部	144	133	57	犐、犇、犖、犪、犪、犝(犆)、犤、犧、犨、犺、犬、犳、犻、犪、犡、犹、犱、犲、犱、犲、犴、犵、犽、犾、犿、牀、牁、牂、牃、牄(牊)、牅、牆、片、版、牉、牊、牋(牌)、牍、牎、牏、牐、牑、牓、牔、牕、牖、牗、牘、牙、牚、牛、牜、牝、牞、牟、牠、牡	犝(犆)牄(牊)牋(牌)	3同上
359	犛部	3	3				
360	羊部	67	62	12	羸、羴①、羫、羬、羚、羭、、羲、羳、羵、羷、羺、羼		
361	𤼾部	2	2				
362	𦫳部	4	4				
363	萈部	1	1				
364	犬部	263	237	103	犺、犳、犻、狭、狮、狴、獼(猕)、獵、獻、獏、狸、獭、獿、猍、獭、犲、獑、猢、獱、狦、獂、猚②、猯、獮、狿、狑(獵)、猧(猥)、狼、猽、獈、猣、猪、猫、獅、狳、獼、狆、猾、猺、狆、猻、猅、猅、獉、猄、獩、猏、狜、猡、猫、獍、獴、獒、狡、獬、狎、猀、犯、獵、猕、猾、猦、狘、獳、獮、獛、獬、獚、獶、獷、獵、獵、猕、獏、狭、	獼(猕)狑(獵)猧(猥)	+3同上−1(重复字"獔")注③

① "羴"我部重出，但音義不同，故認為是新增字。

② 隹部重出，音義不同，為同形字，故此處算作新增字。

③ "獔"在"犬部""㲋部"部重出，故此部不做字頭出現。

序號	部首	实际字数	字头字位	新增字數	新增字	新增併減	備注
364	犬部	263	237	103	猬、猘、狖、犹、獛、猭、𤢊、獹、狟、𤝞、𤢻、猒、猼、獮、獁、獍、狔、㺌、獢、𤠟、犱、𤡹、獯、狽、狢、猜、𤠺		
365	狱部	3	3				
366	豕部	79	72	34	豶、豰、豇、𧰹、豥、豵（猣①）、豞、豨、豟、豧、豬、豘、豯、豮、豩、豛、豝、豜、豯、豰、豥、豭、豴、豶、豲、豷、豵、豱、豰、豸、豕、豬、豳	豵（猣）	1同上
367	㣇部	4	2				
368	希部	8	5				
369	彐部	3	3				
370	罟部	2	2				
371	罾部	5	5				
372	鹿部	56	45	10	麛、麞、麈、麁、麅、麆、麃、麏、麇、麐		
373	麤部	4	2				
374	㲋部	7	5				
375	兔部	9	8				
376	㕣部	12	7				
377	兕部	3	1				
378	象部	3	2				
379	能部	2	2				
380	熊部	5	2				
381	龍部	9	7	2	攏、龘		
382	虍部	15	11	1	虑		
383	虎部	30	28	11	虪、虩、虪、虓、虤、虦、虘、虒、虢、虣、虥		
384	虤部	3	3				
385	豸部	66	62	31	貏、豻、貗、貅、貉、豹、貔、豜、貀、豽、貐、貘、豾、貑、貂、貊、貜、貆、貋、貌、貄、貊、貍、貂、貅、貓、貌、貘、貛、貏、貁		
386	烏部	4	3				

① 此處與犬部"猣，子公切。犬生三子也。"應為同形字，故此處算為新增異體字。

序號	部首	实际字数	字头字位	新增字數	新增字	新增併減	備注
387	几部	4	3				
388	乚部	3	3				
389	燕部	2	2	1	鷰		
390	鳥部	422	377	108	鸒、鸐(鸐)、鴹、鷒、鳿、鴒、鴵、鳷、鶾(鶾)、鵚、鶰、鷁、鵖、鶔、鶾、鶕、鶒、鷩、鴂、鵮、鴒、鷮、鵬、鷉、鸑、鷴、鶺、鶵、鷸、鵩、鴩、鶌、鶇(鷱)、鶘、鶍、鶬、鳾、鵃、鸃、鷗、鸋、鵨、鶬、鷡、鵖、鶖、鸖、鷏、鴑、鴿、鷍、鶡、鶺、鸑、鸜、鵙、鶮、鴹、鷚、鷓、鴾、鴴、鵤、鷗、鴐、鵟、鳼、鵫、鵠、鵧、(鵺鵺)、鶩(鴔)、鸃、鷌、鷖、鷬、鸇、鵧、鶮、鳵、鶪、鷅、鶡、鸓、鶇、鳲、鴨、鷮、鶵、鸛、鷷、鵂、鸞、鵤、鶬、鳨、鷂、鳩(鳺)、鵦、鵂、鸛、鷓、(鷞鶈)、鴬、鵟、鴊、鷂(鵍)、鵼、鷭	鸐(鸐)鶾(鶾)鶇(鷱)鶩(鴔)鳩(鳺)鷂(鵍)(鷞鶈)(鵺鵺)	8(6同上＋2联绵)
391	隹部	75	69	8	雂、雗、雔、雡、雩、雝、帷、雌		
392	奞部	3	3				
393	雈部	6	5				
394	瞿部	2	2				
395	雔部	3	3				
396	雥部	3	3				
397	魚部	321	290	94	鮧、鱱、鮾、鱸、鰊、魮、鮃、鰍、鯈、鱡、鰣、鮮、魧、鰈、鰤、鰓、鱕、鯡、鱑、鯖、鰡、鱜、鮏、鱨、魄、鯠、魨、鯜、鱔、鮃、鱦、鮶、鰦、鰄、鱶、魜、鮢、鵌、鱟、鮹、鮋、魶、鱧、鰢、鱌、鱭、鮑、鱏、魦、鮵、鯖、鱮、鱭、鱝、鰵、鮌、鮍、魹、鱓、鰾、鰶、鮚、鱼、鰟、魱、鮤、鯛、鱶、鮄、鱀、鯡、鱩、鱇、鯃、鰷、魦、鯣、鱓、鯥、鯥、鱺、鰈、鰕、鮢、鯌、魤、鰏、鰼、鱉、鰴、魺、鯽、鰊、鶻	－魮(重出)	

序號	部首	实际字数	字头字位	新增字數	新增字	新增併減	備注
398	㣇部	2	2				
399	鼠部	58	54	12	𪕬、𪖇、𪖈、鼵、䶄、𪖊、𪕰、𪖃、鼓、𪖋、𪖌、𪕊		
400	易部	2	2				
401	虫部	523	465	135	蠑、蝕、虮、蝦、蛩、螋、蚜、蟑、蝁、蛥、蚽、蜂、蜱、蚑、蠘、蠏、蚢、蝖、蛱、蟳、蝦、蛃、蛨、蝡、蜣、蠖、蟢、蚤、蝺、螞、蜯、蝥、蠓、蠼、蝥、蝪、蟪、蝤(蜼)、蜩、蠎、螯、颯、蜈、蛾、赨①、蠸、蚷、蜊、蠼、蛟、蛦、蚤、蠹、蟹、蠵、蟮、衕(蛹)、蝄、蟈、蟒、螻、蟄、蚄、蜡、蠙、螠、蝐、蟦、蚉、蝹、蠹、蟆、蝣、蠎、蝂(蟚)、螐、蟨、蛶、蟆、虮、蛇、蝃②、蝱、蜇、蚇、蜠、匧、蟯、蜐、蠍、蝢、蚐、蠐、蚡、蛆(蠘)、蝝、蚰、蜂、蚍、螺、蝗、蚪、蚪、蝨、蚶、蜤、蟺、蜓、蝍、蠊、虻、蝛、蚚、蛭、蠹、蟓、蠊、蜵、蟊、蜡、蟞、蠿、蝓、蜊、蛴、蟪、蝤、蜪(蝶)、蝴、蠻、蠶、蛺、蚼、蚔、(蠒)	蝤(蜼)衕(蛹)蝂(蟚)蛆(蠘)(蠒)蜪(蝶)	5(4同上+1二同-1(蚷重出)+1(蠒俗)。注:蟲部“繭”在糸部兩見,且非新增字,此處應刪。“蠒”為俗字,作異體歸入“繭”下,做為新增异体字。)

① 赤部重出,但音義不同,應為同形字,故本部算作新增字。漢大此處音義歸類有錯,應為同形字,分屬兩音 tóng、xióng,而漢大同屬為一音 tóng,故應改之。

② 本部重出,音義不同,為同形字,故此处為新增字。因說文未收,其實最早見于《爾雅》等,故此為《玉篇》相對于《說文》字書新增字。

序號	部首	实际字数	字头字位	新增字數	新增字	新增併減	備注
402	蚰部	42	36	2	蠹、蝨		
403	蟲部	7	6				
404	它部	3	2				
405	龜部	5	4	1	黿		
406	黽部	18	14	1	鼉		
407	卵部	5	5	1	孵		
408	貝部	144	130	33	贉、賚、賂、貹、贓、贜、貥、賗、賥、蕢、貶、賟、贔、貟、贉、贇、贚、賱、瞜、賧(賕)、瞰、貥、覼、賵、賶、賘、贎、賱、賫、賉、貤、贙、賮、贋	賧(賕)	1 同上
409	羽部	123	110	35	翑、翿、翍、翀、翐、翪、翃、翝、翮、翻、䎀、翞、翴、翍、翷、翔、翠、翦、翗、䎐、䎐(翍)、翎、翭、翻、翭、翞、翙、翻、翼、翋、翽、翻、翸、翢、翩	䎐(翍)	1 二同。注：「䎐」為「䎐，古文飛字。」所以不應放在「翽」字頭下，此字不算異體。
410	飛部	3	3				
411	習部	3	3	1	翫		
412	卂部	2	2				
413	非部	6	6				
414	不部	3	2				
415	至部	10	9	2	臺、臸		
416	毛部	78	71	28	㲔、毴、毶、毷、毿(毸)、毬、毱、氈、毵、毰、毢、毨、毻、毹、毼、毧、氄、氃、毾、氀、毯、氉、氅、氋、毽、毭(毵)、毞、氍	毿(毸) 毭(毵)	2 同上

序號	部首	实际字数	字头字位	新增字數	新增字	新增併減	備注
417	毳部	2	2				
418	冄部	1	1				
419	而部	2	2				
420	角部	105	89	29	觲、舡、衡、觼、觃、觛、觟、觤、舵、觨、觵、觞、觿、觛、觹、觓、觥、觫、觻、觥、觸、觽、觱、艦、觚、觛、觝、觰、觶		
421	皮部	41	37	16	皽、皲、皻、皵、皼、皶、皷、皸(皹)、皾、皱、皰、皳、皺、皴、皻、皾	皸 (皹)	1俗
422	甏部	4	3				
423	革部	200	173	57	鞭、鞼、鞓(鞮)、鞨、鞧、鞠、鞲、鞍(鞦)、鞴、鞳、鞞、鞱、鞯、鞪、鞦、鞰、鞬、鞶、鞵、鞘、鞹(鞿)、鞛、鞚、鞲、鞖(鞻)、鞋、鞝、鞼、鞕、鞫、鞛、鞪、鞭、鞍、鞰、鞱、鞀、鞅、鞨、鞯、鞬、鞮、鞴、鞼、鞢、鞭、鞫、鞣、鞊、鞿、鞗、鞚、鞳、鞥、鞶、鞬、鞡	鞓 (鞮) 鞍 (鞦) 鞹 (鞿) 鞖 (鞻)	4同上
424	韋部	58	51	21	韡、韛、韍、韎、韨、韝、韒、韐、韏、韗、韤、韜、韥、韟、韞、韠、韡、韢、韣、韦、韫		①
425	糸部	460	409	67	繁、絨、緶、緺、紜、緢、紋、縫、緣、緺、纇、緮、緈、繦、繻、緸、緎、緥、緟、綯、紅、紃、紶、纏、緽、緶、緣、縼、絽、紭、繸、纆、紁、繿、絡、緆、綧、繊、綀、繗、縷、紭、紏、繕、紻、紲、緯、絉、纗、絝、緺、縹、紹、綾、繝、綸、纈、辮、縵、繾、絈、纖、縶、絮、縈、纊、綰		
426	系部	5	4				
427	素部	9	7				
428	絲部	7	6				

① “韎”兩部重出。

序號	部首	实际字数	字头字位	新增字數	新增字	新增併減	備注
429	黹部	7	7	1	𪓍		
430	率部	1	1				
431	索部	3	3				
432	巾部	171	157	39	帑、㡗、帺、彬、帎、帩、帆、帎、幡、幏、帎、帹、幁、幞、幉、帥、幁、帆、幌、幓、幜、帹、幰、幑、帉、幢、幅、帄、幌、帵、帽、帍、幗、帕、帙、帾、幬、幃、幅		
433	市部	2	2				
434	帛部	6	6				
435	衣部	295	253	48	裓、褈、褷、衼、褺、襴、褼、哀、襹、袻、松、襁、袈、裟、褑、衽、褄、褔、裀、襀、褡、裶、褄、襐、褪、褵、褐、衶、褫、褑、衶、襾、襀、裍、襕、褭、襯、袋、褟、裋、褑、襻、褙、褸、袦、褥、衹、裷		注①
436	裘部	4	2				
437	卩部	13	13				
438	印部	2	2				
439	卯部	2	2				
440	辟部	3	3				
441	茍部	3	2				
442	勹部	35	29	8	𠣞、匒、匑、匋、匔、匒、匂、匓		注②
443	包部	2	2				
444	長部	16	13	1	镸支		
445	乇部	5	4				
446	匕部	10	8				
447	比部	3	2				
448	从部	5	3				
449	𠂈部	4	4				

① “褷”“衣部”重出，故只算一個字頭。
② “𠣞”在“勹部”“糸部”重出，故不算做字位。

序號	部首	实际字数	字头字位	新增字數	新增字	新增併減	備注
450	共部	4	3				
451	異部	3	2				
452	史部	3	2				
453	支部	7	5				
454	叒部	12	9				
455	聿部	6	3				
456	聿部	3	3				
457	書部	7	3				
458	隶部	4	3				
459	臤部	5	4				
460	市部	3	2				
461	出部	12	11	2	𪊲、嵩		
462	之部	3	2				
463	生部	8	6				
464	耑部	1	1				
465	毌部	3	3				
466	束部	9	9	4	𣗭、𣗫、𣗪、𣚅		
467	橐部	10	8				
468	囗部	61	55	20	圝、𡈽、圈、圇、困、圂、𡇞、圚、𡇣、圔、 𡇈、圅、囲、圔、圜、圞、𡆸、囶、𡇅、圝		
469	負部	3	2				
470	齊部	4	3	1	齎		
471	干部	3	3				
472	幵部	1	1				
473	片部	39	39	12	牊、𤖽、𤗉、𤖺、𤖹、牘、𤗕、𤘇、𤘊、𤗷、 牘、𣢂		
474	爿部	1	1				
475	毋部	3	3				
476	克部	4	1				
477	丿部	5	4				
478	厂部	1	1				

序號	部首	实际字数	字头字位	新增字數	新增字	新增併減	備注
479	弋部	4	4				
480	乁部	3	3				
481	亅部	2	2				
482	句部	9	8				
483	丩部	4	3				
484	ㄴ部	4	3				
485	亾部	6	4				
486	匸部	9	9	1	匾		
487	先部	2	2				
488	旡部	5	3				
489	皃部	6	3				
490	钽部	2	2				
491	先部	3	3				
492	秃部	2	2				
493	厶部	4	4				
494	單部	2	2				
495	录部	1	1				
496	四部	3	1				
497	叕部	3	2	1	豰		
498	亞部	6	5	3	凹、凸、凸		
499	五部	2	1				
500	六部	1	1				
501	七部	1	1				
502	八部	14	13				
503	釆部	7	5				
504	半部	2	2				
505	九部	3	2				
506	丸部	4	4				
507	十部	8	8				
508	卅部	3	3				
509	古部	2	2				

序號	部首	实际字数	字头字位	新增字數	新增字	新增併減	備注
510	寸部	10	10				
511	丈部	3	3	2	叐、䞴		
512	皕部	2	2				
513	甲部	5	5	1	畉		
514	乙部	6	6				
515	丙部	1	1				
516	丁部	2	2				
517	戊部	3	2				
518	己部	4	3				
519	巴部	2	2				
520	庚部	1	1				
521	辛部	8	7				
522	辡部	3	3	1	辦		
523	辛部	4	3				
524	桀部	5	3				
525	壬部	1	1				
526	癸部	3	1				
527	子部	40	33	8	孆、孲、孖、㜽、孫、孙、孿、孢		
528	了部	4	4				
529	孨部	4	3				
530	㐬部	5	3				
531	丑部	4	4				
532	寅部	2	1				
533	卯部	3	1				
534	辰部	3	2				
535	巳部	3	3				
536	午部	3	2				
537	未部	1	1				
538	申部	9	7	2	畃、䎘		

序號	部首	实际字数	字头字位	新增字數	新增字	新增併减	備注
539	酉部	169	149	47	醳、醛、酮、酡(𨡅)、醎、𨣈、𨣿、醹、醁、𨢿(醡)、酘、𨢷、醚、䣱、醟、𨣧(𨣧)、酐、酥、醭、酸酟、酓、𨠮、醾、酐、醋、酠、醰、醛、𨣝、醪醥、䤂、醑、醐、醽、醼、𨣱、酡、酻、𨣬、𨣶、醲、醛、䣱、醯、酏、醬、醛	酡(𨡅) 𨢿(醡) 𨣧(𨣧) (酸酟) (醪醥)	5(1同上俗+2同上+2联绵)
540	酋部	4	2				
541	戌部	1	1				
542	亥部	2	1				
合計		3	18 411	5 298			

附表4.1

宋本《玉篇》字頭未見字（共760個）

字頭	字頻	字頭	字頻	字頭	字頻	字頭	字頻	字頭	字頻	字頭	字頻
莫	456	鄉	39	寬	18	孫	12	蠹	7	衹	5
亡	277	毒	39	懸	18	爛	12	呪	7	裙	5
郎	162	積	37	奔	18	粟	12	蜂	7	虜	5
光	149	后	36	智	17	喚	11	懺	7	清	5
葉	90	散	34	釡	17	沒	11	黑	6	停	5
樂	85	歲	34	原	16	髮	11	鬬	6	溺	5
百	83	毗	34	濫	16	敷	10	賫	6	駢	5
舉	77	夂	33	幸	16	胥	10	鞍	6	乏	5
前	73	拜	33	別	16	糜	9	雍	6	兮	5
皆	73	遥	31	宜	15	韓	9	悅	6	札	5
魯	73	更	30	亘	15	搖	8	劒	6	呉	5
即	70	卓	30	羣	15	惛	8	蠟	6	鎮	5
母	64	報	29	康	15	蜃	8	臀	6	架	5
栗	59	打	28	爵	15	朋	8	狙	6	涓	5
候	58	兹	25	慧	15	耿	7	黎	6	準	4
華	56	執	22	曾	14	竇	7	旴	6	蚓	4
内	54	川	21	纏	13	虔	7	犁	6	廳	4
卧	53	脊	21	研	13	羹	7	幡	6	恕	4
出	49	义	20	巷	13	舩	7	翌	5	艮	4
服	46	頼	20	乞	12	截	7	穆	5	靻	4
陰	45	關	19	冤	12	鬬	7	秘	5	奎	4

字頭	字頻
熏	4
樊	4
絕	4
䖷	4
藝	4
崙	4
朕	4
虡	4
嵗	4
麫	4
醫	4
搖	4
戞	4
鑪	4
獘	4
斥	3
椰	3
篗	3
坯	3
脊	3
漾	3
敲	3
刷	3
慎	3
繚	3
浄	3
擁	3
汚	3
鵝	3

字頭	字頻
卬	3
卭	3
厠	3
撅	3
督	3
甜	3
互	3
已	3
覃	3
柸	3
孽	3
晩	3
衍	3
媱	3
倨	3
禄	3
號	3
兎	3
塍	3
泂	3
遶	3
螋	3
蔫	2
揉	2
禀	2
杇	2
猒	2
戟	2
步	2

字頭	字頻
猪	2
朞	2
蠹	2
瘞	2
㳂	2
靁	2
牂	2
晢	2
槔	2
糊	2
査	2
爇	2
氈	2
潜	2
燭	2
冦	2
暨	2
汚	2
盗	2
渭	2
蚤	2
寕	2
鎛	2
鎻	2
享	2
觳	2
鈆	2
乗	2
褭	2

字頭	字頻
軛	2
嫫	2
崪	2
丰	2
鷀	2
盡	2
嶲	2
禂	2
祕	2
耄	2
嘷	2
却	2
叟	2
鹺	2
鷳	2
鴡	2
鞅	2
皃	2
寇	2
騾	2
倏	2
噓	2
莾	2
踊	2
截	2
圓	2
禹	2
攡	2
崑	2

字頭	字頻
骶	2
蛷	2
艘	2
菹	2
菱	2
叵	2
藾	2
殲	2
皐	2
蔆	2
舅	2
峻	2
臾	2
彜	2
闌	2
聯	2
彀	2
罕	2
徵	2
刁	1
冴	1
寫	1
党	1
尉	1
𠛑	1
替	1
刼	1
矓	1
腗	1

字頭	字頻
㬎	1
袈	1
旃	1
冊	1
膘	1
剋	1
剕	1
㨾	1
邮	1
匝	1
菻	1
矗	1
芻	1
闆	1
亏	1
醋	1
袂	1
陳	1
㺄	1
䴌	1
𧞫	1
鵑	1
碏	1
肈	1
廞	1
䮵	1
諄	1
獻	1
醎	1

字頭	字頻	字頭	字頻	字頭	字頻	字頭	字頻	字頭	字頻	字頭	字頻
氂	1	敹	1	𣏟	1	慕	1	鋻	1	輆	1
冄	1	散	1	容	1	磚	1	醎	1	蒴	1
眄	1	數	1	害	1	恭	1	醺	1	芙	1
債	1	敞	1	婞	1	隱	1	轉	1	艓	1
額	1	敔	1	娶	1	愕	1	軛	1	艖	1
甑	1	隸	1	媸	1	猝	1	轙	1	厥	1
郾	1	椕	1	娓	1	殍	1	丕	1	臑	1
梐	1	𥃩	1	玫	1	羃	1	怽	1	脾	1
舀	1	𧜵	1	夰	1	廚	1	忝	1	蕩	1
粘	1	裕	1	攤	1	皮	1	帕	1	瞋	1
体	1	袨	1	圓	1	庈	1	嶷	1	蓁	1
篋	1	碭	1	幕	1	惓	1	寘	1	羿	1
惣	1	瞜	1	兟	1	簍	1	婚	1	羑	1
穮	1	罬	1	勑	1	悖	1	塼	1	胥	1
併	1	暚	1	劃	1	赫	1	囒	1	縲	1
瞰	1	脱	1	罯	1	髩	1	髻	1	辥	1
氀	1	氍	1	棗	1	髓	1	曳	1	屛	1
毴	1	疐	1	森	1	驥	1	兩	1	欄	1
毐	1	派	1	侳	1	麟	1	儁	1	轟	1
殸	1	甌	1	尒	1	驟	1	鵜	1	鹹	1
殉	1	𤡟	1	墜	1	颸	1	齵	1	肴	1
址	1	犅	1	怢	1	顛	1	鸍	1	祚	1
欿	1	甕	1	擿	1	須	1	鵬	1	稷	1
粿	1	綫	1	搖	1	鼠	1	鷗	1	豔	1
擕	1	煩	1	扫	1	雛	1	駮	1	谺	1
杞	1	瀟	1	拒	1	鬼	1	鼻	1	讓	1
渥	1	滄	1	跕	1	隱	1	貔	1	諮	1
唶	1	擯	1	卮	1	闖	1	啾	1	訑	1
旼	1	晁	1	戋	1	驤	1	聯	1	詆	1

字頭	字頻	字頭	字頻	字頭	字頻	字頭	字頻	字頭	字頻	字頭	字頻
襶	1	藻	1	夆	1	饁	1	隍	1	掆	1
舐	1	辧	1	盰	1	餡	1	豉	1	噢	1
裂	1	蠚	1	繊	1	殗	1	鶵	1	蟓	1
瞔	1	穀	1	繫	1	顋	1	裂	1	截	1
衧	1	輵	1	形	1	頤	1	槩	1	恃	1
蠬	1	輝	1	懾	1	鞟	1	㕤	1	畢	1
蟼	1	躃	1	绽	1	奮	1	轒	1	属	1
蜋	1	踢	1	茶	1	隝	1	鐫	1	庽	1
蠡	1	跅	1	蔭	1	隠	1	蝦	1	幻	1
蚉	1	裲	1	蔂	1	犨	1	鍬	1	幙	1
虧	1	禎	1	蒱	1	颼	1	鍦	1	惨	1
蔓	1	蕁	1	萄	1	鶉	1	錣	1	帡	1
隧	1	鬲	1	蒡	1	齪	1	錄	1	强	1
褏	1	听	1	萛	1	齱	1	鉤	1	嵳	1
蠏	1	糞	1	耋	1	齓	1	酵	1	彝	1
藁	1	嫂	1	荊	1	鬷	1	邦	1	稽	1
裩	1	謫	1	逹	1	鼕	1	惠	1	崗	1
裍	1	謠	1	卄	1	竈	1	柅	1	峽	1
袘	1	趚	1	舘	1	鮎	1	陁	1	峩	1
袎	1	豠	1	舍	1	鵜	1	閏	1	峗	1
蠣	1	蔦	1	贏	1	陋	1	閙	1	嶝	1
褻	1	翶	1	臑	1	鷄	1	很	1	憑	1
蠐	1	狗	1	膌	1	鴟	1	緍	1	紊	1
禨	1	伯	1	脚	1	鴞	1	鑈	1	攮	1
蟒	1	裱	1	菙	1	鴇	1	縞	1	擆	1
蟆	1	䠜	1	顏	1	鳫	1	數	1	揳	1
蛺	1	肦	1	陘	1	鳦	1	粦	1	抸	1
薂	1	沛	1	鬣	1	默	1	鼇	1	抣	1
蘚	1	胚	1	髡	1	鍕	1	毀	1	廩	1

字頭	字頻
憻	1
尿	1
龕	1
慤	1
[illegible]	1
惧	1
[illegible]	1
或	1
扙	1
嗅	1
岢	1
坪	1
垭	1
嚠	1
囉	1
䩞	1
垈	1
噀	1
堡	1

字頭	字頻
唅	1
咲	1
呃	1
吣	1
収	1
嚮	1
姉	1
厎	1
庭	1
宂	1
嫻	1
嫮	1
嫩	1
垛	1
姍	1
斳	1
姁	1
妳	1
奺	1

字頭	字頻
奬	1
壠	1
壖	1
憻	1
媄	1
珋	1
熈	1
瘇	1
疊	1
睮	1
畆	1
畀	1
癲	1
瑙	1
皡	1
獐	1
犴	1
犠	1
牾	1

字頭	字頻
牱	1
教	1
瑤	1
裨	1
籯	1
籖	1
簡	1
簒	1
篌	1
笙	1
癯	1
秤	1
煮	1
票	1
祛	1
磵	1
碾	1
碟	1
眹	1

字頭	字頻
鞁	1
竒	1
柏	1
燻	1
檝	1
棰	1
栖	1
来	1
欄	1
柝	1
欸	1
林	1
朩	1
暤	1
昞	1
盱	1
既	1
栂	1
浣	1

字頭	字頻
烹	1
烷	1
為	1
澼	1
潛	1
潔	1
橛	1
溰	1
厦	1
涉	1
淚	1
滓	1
毴	1
毑	1
豎	1
殻	1
漲	1

附表4.2

《千字文》與宋本《玉篇》字頻對照表

字頭	頻次	漢字等級	備注
切	20 959	常用字	
也	17 713	常用字	
文	2 272	常用字	
曰	2 038	通用字	
同	1 866	常用字	
作	1 836	常用字	
上	1 806	常用字	
古	1 652	常用字	
二	1 573	常用字	
之	1 467	常用字	
力	1 426	常用字	
云	1 412	常用字	
名	1 373	常用字	
說	1 361	常用字	
音	1 315	常用字	
亦	1 096	常用字	
於	960	通用字	
子	939	常用字	
大	774	常用字	
水	738	常用字	

字頭	頻次	漢字等級	備注
不	650	常用字	
居	573	常用字	
木	558	常用字	
以	557	常用字	
魚	527	常用字	
口	500	常用字	
人	487	常用字	
草	461	常用字	
所	460	常用字	
莫	456	常用字	
聲	432	常用字	
而	425	常用字	
有	423	常用字	
似	421	常用字	
一	413	常用字	
行	412	常用字	
五	408	常用字	
丁	407	常用字	
公	398	常用字	
與	395	常用字	

字頭	頻次	漢字等級	備注
字	380	常用字	
下	360	常用字	
如	322	常用字	
思	309	常用字	
謂	303	次常用字	
女	302	常用字	
方	300	常用字	
鳥	296	常用字	
中	293	常用字	
禮	290	常用字	
火	288	常用字	
石	287	常用字	
地	286	常用字	
書	285	常用字	
言	281	常用字	
詩	280	常用字	
亡	277	常用字	
雅	273	常用字	
出	273	常用字	
器	269	常用字	

字頭	頻次	漢字等級	備注
扶	261	常用字	
衣	259	常用字	
者	258	常用字	
無	256	常用字	
玉	253	常用字	
羊	251	常用字	
多	248	常用字	
在	246	常用字	
巨	246	常用字	
戶	246	常用字	注①
其	245	常用字	
直	244	常用字	
生	243	常用字	
周	241	常用字	
車	241	常用字	
縣	241	常用字	
色	239	常用字	
渠	234	常用字	
俗	231	常用字	
食	225	常用字	
長	224	常用字	
見	221	常用字	
白	220	常用字	
都	215	常用字	
目	214	常用字	
相	212	常用字	
去	209	常用字	

字頭	頻次	漢字等級	備注
步	209	常用字	
可	204	常用字	
高	200	常用字	注②
結	199	常用字	
才	195	常用字	
時	187	常用字	
明	183	常用字	
息	179	常用字	
楚	179	常用字	
天	179	常用字	
布	178	常用字	
傳	176	常用字	
本	176	常用字	
語	173	常用字	
安	170	常用字	
交	166	常用字	
尺	166	常用字	
屬	166	常用字	
物	165	常用字	
何	162	常用字	
獸	162	常用字	
九	161	常用字	
東	157	常用字	
達	157	常用字	
足	156	常用字	
乎	156	常用字	
知	154	常用字	

字頭	頻次	漢字等級	備注
美	151	常用字	
止	150	常用字	
合	150	常用字	
且	149	常用字	
光	149	常用字	
田	144	常用字	
故	144	常用字	
氣	144	常用字	
國	142	常用字	
市	140	常用字	
門	138	常用字	
盛	137	常用字	
酒	136	常用字	
正	134	常用字	
左	132	常用字	
南	131	常用字	
並	130	常用字	
流	130	常用字	
赤	127	常用字	
初	125	常用字	
利	123	常用字	
飛	123	常用字	
平	122	常用字	
來	122	常用字	
日	121	常用字	
道	121	常用字	
善	119	常用字	
果	119	常用字	

① 《玉篇》为“戸”。

② 《玉篇》为“髙”。

字頭	頻次	漢字等級	備注
易	118	常用字	
兩	117	常用字	
土	117	常用字	
千	117	常用字	
旦	115	常用字	
四	113	常用字	
心	113	常用字	
王	113	常用字	
金	113	常用字	
祭	113	次常用字	
立	113	常用字	
毛	112	常用字	
仕	112	通用字	
餘	111	常用字	
乃	111	常用字	
陽	110	常用字	
耳	109	常用字	
孔	108	常用字	
移	107	常用字	
遠	107	常用字	注①
月	107	常用字	
林	106	常用字	
老	106	常用字	
動	105	常用字	
廣	105	常用字	
列	104	常用字	
曲	104	常用字	
和	103	常用字	
虛	102	常用字	注②
良	102	常用字	
雨	102	常用字	
罪	96	常用字	
手	95	常用字	
黃	95	常用字	
入	94	常用字	
官	94	常用字	
容	93	常用字	
的	93	常用字	
經	93	常用字	
好	93	常用字	
形	92	常用字	
深	92	常用字	
連	92	常用字	
廉	91	常用字	
象	91	常用字	
葉	90	常用字	
海	90	常用字	
面	90	常用字	
八	89	常用字	
取	89	常用字	
外	88	常用字	
昆	88	常用字	
後	87	常用字	
感	87	常用字	
實	87	常用字	
寔	87	常用字	
諸	86	常用字	
武	86	常用字	
得	85	常用字	
章	85	常用字	
薄	85	常用字	
堅	85	常用字	
樂	85	常用字	
神	84	常用字	
甘	83	常用字	
治	83	常用字	
百	83	常用字	
欲	83	常用字	
具	82	常用字	
髮	81	常用字	
閒	81	常用字	
自	80	常用字	
辭	80	常用字	
是	78	常用字	
禹	78	通用字	
仁	77	常用字	
玄	77	次常用字	
當	77	常用字	
舉	77	常用字	
士	77	常用字	
通	77	常用字	
谷	75	常用字	

① 《玉篇》为“逺”。

② 《玉篇》为“虚”。

字頭	頻次	漢字等級	備注
張	75	常用字	
巾	74	常用字	
引	74	常用字	
冬	74	常用字	
緣	74	常用字	注①
西	73	常用字	
持	73	常用字	
夫	73	常用字	
從	73	常用字	
皆	73	常用字	
空	73	常用字	
鳴	72	常用字	
成	72	常用字	
彼	71	常用字	
吉	71	常用字	
重	71	常用字	
則	71	常用字	
登	71	常用字	
即	70	常用字	
事	70	常用字	
用	70	常用字	
羽	70	常用字	
理	69	常用字	
起	69	常用字	
漢	68	常用字	
分	68	常用字	
歷	68	常用字	
必	68	常用字	
惡	68	常用字	
夜	68	常用字	
雞	68	常用字	
首	67	常用字	
對	67	常用字	
寒	66	常用字	
菜	66	常用字	
絲	66	常用字	
落	65	常用字	
覆	65	常用字	
莊	65	常用字	
律	64	常用字	
母	64	常用字	
宜	64	常用字	
主	64	常用字	
龍	64	常用字	
履	63	次常用字	
丸	63	常用字	
身	63	常用字	
蓋	62	常用字	
及	62	常用字	
定	62	常用字	
勞	62	常用字	
笑	61	常用字	注②
父	61	常用字	
婦	61	常用字	
勿	61	常用字	
始	61	常用字	
兒	60	常用字	
邑	60	次常用字	
東	60	常用字	
垂	60	常用字	
敕	60	通用字	
甲	60	常用字	
充	59	常用字	
肥	59	常用字	
非	59	常用字	
求	59	常用字	
恭	58	常用字	
意	58	常用字	
典	58	常用字	
此	57	常用字	
京	57	常用字	
會	57	常用字	
卑	56	次常用字	
華	56	常用字	
猶	56	常用字	
世	56	常用字	注③
短	56	常用字	
萬	55	常用字	
次	55	常用字	
帝	55	常用字	
陟	55	通用字	

① 《玉篇》为“縁”。

② 《玉篇》为“笑”。

③ 《玉篇》为“丗”。

字頭	頻次	漢字等級	備注
往	55	常用字	
使	54	常用字	
郡	54	通用字	
吊	54	常用字	注①
敢	54	常用字	
法	53	常用字	
盈	53	常用字	
秦	53	次常用字	
敬	53	常用字	
鼓	52	常用字	
朗	52	常用字	
藏	52	常用字	
熟	51	常用字	
聚	51	常用字	
悲	51	常用字	
秋	50	常用字	
轉	50	常用字	
城	50	常用字	
助	50	常用字	
節	50	常用字	
論	50	常用字	
河	50	常用字	
解	49	常用字	
滿	49	常用字	
甚	48	常用字	
問	48	常用字	
益	47	常用字	

字頭	頻次	漢字等級	備注
貴	47	常用字	
君	47	常用字	
兵	47	常用字	
罔	47	通用字	
唐	47	常用字	
營	46	常用字	
福	46	常用字	
答	46	常用字	注②
近	46	常用字	
盡	46	常用字	
野	46	常用字	
過	46	常用字	
驚	46	常用字	
服	46	常用字	
指	46	常用字	
輕	45	常用字	
亭	45	常用字	
謹	45	常用字	
受	44	常用字	
委	44	常用字	
夏	44	常用字	
孝	44	常用字	
傷	44	常用字	
德	44	常用字	
杜	43	常用字	
升	43	常用字	
常	43	常用字	

字頭	頻次	漢字等級	備注
索	43	常用字	
能	43	常用字	
星	43	常用字	
少	43	常用字	
巧	43	常用字	
精	42	常用字	
義	42	常用字	
家	42	常用字	
極	42	常用字	
陳	42	常用字	
隱	42	常用字	
改	41	常用字	
熱	41	常用字	
困	41	常用字	
年	41	常用字	
我	41	常用字	
載	40	常用字	
飯	40	常用字	
塞	40	常用字	
史	40	常用字	
右	40	常用字	
伯	39	常用字	
恥	39	常用字	
尹	38	通用字	
背	38	常用字	
稱	38	常用字	
終	38	常用字	
根	38	常用字	

① 《玉篇》为“弔”。

② 《玉篇》为“荅”。

字頭	頻次	漢字等級	備注
軍	38	常用字	
懼	37	常用字	
倫	37	次常用字	
積	37	常用字	
伏	37	常用字	
工	36	常用字	
信	36	常用字	
規	36	常用字	
振	36	常用字	
矢	36	次常用字	
帶	36	常用字	
丹	36	常用字	
領	36	常用字	
惟	35	通用字	
表	35	常用字	
寸	35	常用字	
雲	35	常用字	
職	35	常用字	
命	35	常用字	
密	35	常用字	
樹	34	常用字	
佳	34	常用字	
散	34	常用字	
微	34	常用字	
晉	34	常用字	
民	34	常用字	
難	34	常用字	
離	33	常用字	
拜	33	常用字	
疑	33	常用字	
封	33	常用字	
若	33	常用字	
體	33	常用字	
摩	33	常用字	
儀	32	常用字	
招	32	常用字	
庶	32	次常用字	
化	32	常用字	
逸	32	次常用字	
逼	32	常用字	
別	31	常用字	
枝	31	常用字	
府	31	常用字	
洛	31	次常用字	
聽	31	常用字	
姑	31	常用字	
業	31	常用字	
師	31	常用字	
孟	31	常用字	
念	31	常用字	
筆	30	常用字	
池	30	常用字	
據	30	常用字	
將	30	常用字	
更	30	常用字	
慈	30	常用字	
真	30	常用字	注①
州	30	常用字	
弗	30	通用字	
男	30	常用字	
路	29	常用字	
令	29	常用字	
恐	29	常用字	
虞	29	通用字	
處	29	常用字	
愛	29	常用字	
端	29	常用字	
照	28	常用字	
珠	28	常用字	
牆	28	常用字	
冠	28	常用字	
靡	28	次常用字	
發	28	常用字	
溫	28	常用字	注②
焉	28	通用字	
浮	27	常用字	
歸	27	常用字	
綺	27	通用字	
房	27	常用字	
矩	27	常用字	
吹	27	常用字	
約	26	常用字	
施	26	常用字	

① 《玉篇》为“眞”。

② 《玉篇》为“温”。

字頭	頻次	漢字等級	備注
基	26	常用字	
宗	26	常用字	
政	26	常用字	
異	26	常用字	
沙	26	常用字	
位	25	常用字	
席	25	常用字	
量	25	常用字	
朝	25	常用字	
踐	25	常用字	
臣	25	常用字	
因	25	常用字	
孤	25	常用字	
召	25	常用字	
黍	25	次常用字	
宮	25	常用字	注[①]
習	25	常用字	
累	25	常用字	
勒	25	常用字	
守	25	常用字	
射	24	常用字	
貢	24	常用字	
嚴	24	常用字	
紙	24	常用字	
獲	24	常用字	
篤	24	通用字	
湯	24	常用字	

字頭	頻次	漢字等級	備注
素	24	常用字	
妙	23	常用字	
弱	23	常用字	
垣	23	通用字	
飽	23	常用字	
衡	23	常用字	
滅	23	常用字	
維	23	常用字	
推	23	常用字	
致	23	常用字	
堂	23	常用字	
仰	23	常用字	
景	22	常用字	
戎	22	通用字	
功	22	常用字	
毀	22	常用字	
惠	22	常用字	
比	22	常用字	
被	22	常用字	
執	22	常用字	
獨	22	常用字	
伐	22	常用字	
賤	21	常用字	
欣	21	常用字	
廟	21	常用字	
川	21	常用字	
阮	21	通用字	
靜	21	常用字	

字頭	頻次	漢字等級	備注
晝	21	常用字	
新	21	常用字	
親	21	常用字	
伊	21	次常用字	
任	21	常用字	
學	20	常用字	
皇	20	常用字	
假	20	常用字	
囊	20	常用字	
慮	20	常用字	
茂	20	常用字	
染	20	常用字	
耽	20	常用字	
特	20	常用字	
閏	20	次常用字	
賴	20	常用字	
頓	20	常用字	
造	19	常用字	
奉	19	常用字	
厥	19	通用字	
跡	19	常用字	
垢	19	次常用字	
接	19	常用字	
愚	19	常用字	
威	19	常用字	
建	19	常用字	
靈	19	常用字	
畏	19	常用字	

① 《玉篇》为“宫”。

字頭	頻次	漢字等級	備注
露	19	常用字	
桓	18	通用字	
壁	18	常用字	
懸	18	常用字	
收	18	常用字	
腸	18	常用字	
羅	18	常用字	
俊	18	常用字	
仙	18	常用字	
願	18	常用字	
永	18	常用字	
扇	18	常用字	
等	18	常用字	
性	18	常用字	
臨	18	常用字	
殷	18	次常用字	
傾	18	常用字	
察	17	常用字	
庸	17	常用字	
調	17	常用字	
駭	17	次常用字	
聖	17	常用字	
聞	17	常用字	
農	17	常用字	
疏	17	常用字	注[13]
宣	17	常用字	
歌	17	常用字	
煩	17	常用字	
傍	17	常用字	
歲	17	常用字	
豫	17	次常用字	
并	16	常用字	
幸	16	常用字	
旱	16	常用字	
庭	16	常用字	
隨	16	常用字	
釋	16	常用字	
詳	16	常用字	
逐	16	常用字	
御	16	常用字	
遵	16	常用字	
退	16	常用字	
馳	16	常用字	
宿	16	常用字	
審	16	常用字	
承	16	常用字	
弦	16	常用字	
康	15	常用字	
勉	15	常用字	
冥	15	通用字	
忘	15	常用字	
己	15	常用字	
爵	15	次常用字	
宇	15	常用字	
刑	15	常用字	
匪	15	常用字	
捕	15	常用字	
銀	15	常用字	
辟	15	常用字	
園	15	常用字	
弟	15	常用字	
夕	15	常用字	
紫	15	常用字	
稅	15	常用字	
茲	15	通用字	
榮	15	常用字	
啟	15	常用字	注[14]
條	15	常用字	
環	15	常用字	
殊	15	常用字	
碑	15	常用字	
磨	15	常用字	
育	15	常用字	
荒	15	常用字	
資	15	常用字	
玩	14	常用字	
陶	14	常用字	
帳	14	常用字	
濟	14	常用字	
階	14	常用字	
藍	14	常用字	
運	14	常用字	
晚	14	常用字	
鐘	14	常用字	

字頭	頻次	漢字等級	備注
翦	14	通用字	
稷	14	通用字	
巖	14	常用字	
顛	14	常用字	注[15]
松	13	常用字	
迴	13	常用字	
横	13	常用字	
懷	13	常用字	
駕	13	常用字	
要	13	常用字	
裳	13	常用字	
遐	13	通用字	
游	13	常用字	
溪	13	常用字	
斯	13	常用字	
侍	13	常用字	
讓	13	常用字	
尊	13	常用字	
英	13	常用字	
鞠	13	常用字	
斬	13	常用字	
續	13	常用字	
燭	13	常用字	
貞	13	常用字	
再	12	常用字	
矯	12	次常用字	
阜	12	通用字	
莽	12	次常用字	
絜	12	常用字	
瑟	12	次常用字	
墳	12	常用字	
鹹	12	常用字	
凋	12	通用字	
稽	12	次常用字	
最	12	常用字	
輦	12	通用字	
貌	12	常用字	
誠	12	常用字	
賢	12	常用字	
效	12	常用字	
羌	11	通用字	
勸	11	常用字	
佐	11	通用字	
墨	11	常用字	
竭	11	常用字	
辨	11	常用字	
拱	11	次常用字	
宅	11	常用字	
禍	11	常用字	
投	11	常用字	
荷	11	常用字	
李	11	常用字	
杯	11	常用字	
樓	11	常用字	
絳	11	通用字	
寐	11	通用字	
豈	11	常用字	
霸	10	常用字	
辱	10	常用字	
兄	10	常用字	
蘭	10	常用字	
淵	10	次常用字	
鳳	10	常用字	
珍	10	常用字	
曜	10	通用字	
植	10	常用字	
務	10	常用字	
闕	10	通用字	
鬱	10	次常用字	
柰	10	通用字	
侈	10	次常用字	
盜	10	常用字	
祀	10	通用字	
機	10	常用字	
賊	9	常用字	
誰	9	常用字	
坐	9	常用字	
矜	9	通用字	
給	9	常用字	
魏	9	次常用字	
盤	9	常用字	
哉	9	通用字	
蒙	9	常用字	
膳	9	次常用字	

字頭	頻次	漢字等級	備注	字頭	頻次	漢字等級	備注	字頭	頻次	漢字等級	備注
韓	9	次常用字		牒	8	通用字		騰	6	常用字	
驢	9	常用字		號	8	常用字		瞻	6	次常用字	
琴	9	常用字		慶	8	常用字		增	6	常用字	
洪	9	常用字		率	8	常用字		宙	6	常用字	
觀	9	常用字		慕	7	常用字		綏	6	通用字	
遙	9	常用字		盟	7	常用字		場	6	常用字	
設	9	常用字		訓	7	常用字		躍	6	常用字	
適	9	常用字		疲	7	常用字		薪	6	常用字	
超	9	常用字		桐	7	常用字		紡	6	常用字	
洞	9	常用字		省	7	常用字		殿	6	常用字	
辰	9	常用字		阿	7	常用字		黎	6	常用字	
顧	9	常用字		刻	7	常用字		恃	6	次常用字	
存	9	常用字		杷	7	通用字		鈞	6	次常用字	
筍	9	常用字		弁	7	通用字		納	6	常用字	
競	9	常用字		策	7	常用字		誅	6	通用字	
箱	8	常用字		麗	7	常用字		嗣	6	通用字	
眠	8	常用字		籍	7	常用字		糟	6	常用字	
幾	8	常用字		禽	7	常用字		嘉	6	常用字	
讀	8	常用字		彩	7	常用字		談	6	常用字	
轂	8	通用字		尋	7	常用字		組	6	常用字	
肆	8	常用字		綿	7	常用字		優	6	常用字	
翳	8	通用字		興	7	常用字		集	6	常用字	
宰	8	常用字		紛	7	常用字		悅	6	常用字	
帷	8	通用字		卿	7	次常用字		攝	6	常用字	
奏	8	常用字		箴	7	通用字		棠	6	次常用字	
寡	8	次常用字		俠	7	次常用字		槐	5	常用字	
叔	8	常用字		俯	7	常用字		清	5	常用字	
富	8	常用字		晝	7	常用字		丙	5	常用字	

字頭	頻次	漢字等級	備注
悚	5	通用字	
詠	5	常用字	
惶	5	次常用字	
沛	5	次常用字	
唱	5	常用字	
鉅	5	常用字	
寧	5	常用字	
芥	5	次常用字	
鑒	5	常用字	
董	5	常用字	
姿	5	常用字	
枇	5	通用字	
徊	5	次常用字	
涼	5	常用字	
釣	5	常用字	
修	5	常用字	
禪	5	通用字	
趙	5	常用字	
叛	4	常用字	
竟	4	常用字	
箋	4	通用字	
畝	4	常用字	注[16]
漆	4	常用字	
攸	4	通用字	
謝	4	常用字	
嶽	4	次常用字	
舊	4	常用字	
軻	4	通用字	

字頭	頻次	漢字等級	備注
夙	4	通用字	
抽	4	常用字	
霜	4	常用字	
誠	4	次常用字	
虧	4	常用字	
遺	4	常用字	
徘	4	次常用字	
戚	4	常用字	
情	4	常用字	
杳	4	通用字	
僚	4	常用字	
稼	4	常用字	
奄	4	次常用字	
曠	4	常用字	
績	4	常用字	
譽	4	常用字	
纇	4	通用字	
劭	4	通用字	
纓	4	次常用字	
藝	4	常用字	
寂	4	次常用字	
翔	4	次常用字	
祿	3	通用字	
乂	3	通用字	
慎	3	常用字	
匡	3	通用字	
俶	3	通用字	
凌	3	次常用字	

字頭	頻次	漢字等級	備注
稿	3	常用字	注[17]
孰	3	通用字	
映	3	常用字	
妍	3	通用字	
晦	3	次常用字	
寫	3	常用字	
想	3	常用字	
颯	3	次常用字	
恒	3	常用字	
淡	3	常用字	
敦	3	次常用字	
烝	3	通用字	
忠	3	常用字	
祜	3	通用字	
圖	3	常用字	
嘯	3	次常用字	
羔	3	次常用字	
笙	3	次常用字	
祇	3	通用字	
宴	3	常用字	
寥	3	次常用字	
澄	3	次常用字	
縻	3	通用字	
默	3	常用字	
躬	2	常用字	
寶	2	常用字	
操	2	常用字	
惻	2	通用字	

字頭	頻次	漢字等級	備注
逍	2	通用字	
途	2	常用字	
岱	2	通用字	
梧	2	次常用字	
銘	2	次常用字	
恬	2	次常用字	
觴	2	通用字	
糧	2	常用字	
秉	2	次常用字	
騾	2	常用字	
睦	2	次常用字	
眺	2	通用字	
崑	2	常用字	
暉	2	通用字	
浴	2	常用字	
賞	2	常用字	
歡	2	常用字	
楹	2	通用字	
誌	2	常用字	
謙	2	常用字	
貽	2	通用字	
傅	2	常用字	
圓	2	常用字	
驅	2	常用字	
友	2	常用字	
妾	2	通用字	
厭	2	常用字	
鞶	2	通用字	
骸	2	通用字	
飫	2	通用字	
每	1	常用字	注[18]
潔	1	常用字	
璣	1	通用字	
崗	1	常用字	
內	1	常用字	注[19]
猷	1	通用字	
群	1	常用字	
犢	1	通用字	
剋	1	常用字	
簡	1	常用字	
煌	1	常用字	
陪	1	常用字	
漠	1	常用字	
雁	1	常用字	
淑	1	次常用字	
牧	1	常用字	
磻	1		
紈	1	通用字	
鱗	1	次常用字	
糠	1	常用字	
筵	1	通用字	
昃	1	通用字	
穡	1	通用字	
製	1	常用字	
迴	1	通用字	
潛	1	常用字	
贊	1	常用字	
沉	1	常用字	
碣	1	通用字	
馨	1	通用字	
邙	1	通用字	
陛	1	通用字	
魄	1	常用字	
翠	1	常用字	
聆	1	通用字	
嵇	1	通用字	
為	1	常用字	
養	1	常用字	
陰	1	常用字	
渭	1	通用字	
劍	1	常用字	
頗	1	次常用字	
既	1	常用字	
煒	1	通用字	
床	1	常用字	
弊	1	常用字	
寓	1	次常用字	
嫡	1	次常用字	
霄	1	通用字	
嘗	1	常用字	
岫	1	通用字	
隸	1	常用字	
驤	1	通用字	
寵	1	次常用字	

字頭	頻次	漢字等級	備注	字頭	頻次	漢字等級	備注	字頭	頻次	漢字等級	備注
陋	1	次常用字		黜	1	通用字		鯤	1	通用字	
斡	1	通用字		青	1	常用字		餐	1	常用字	
璇	1	通用字		誚	1	通用字		催	1	常用字	
廊	1	常用字		輶	1			舍	1	常用字	
暑	1	常用字		饑	1	常用字		賓	1	常用字	
烹	1	次常用字		虢	1	通用字		飄	1	常用字	
殆	1	通用字		譏	1	次常用字		駒	1	次常用字	
曦	1	通用字		抗	1	常用字		慼	1		
邈	1	通用字		皋	1	通用字		涇	0	通用字	

注：《千字文》中有“輶”、“磻”、“慼”三字不屬于7 000通用字范圍，另有“涇”字見于《說文》、《名義》，而宋本《玉篇》漏收，故“涇”字頻爲0次。此處統計字頻爲1次者皆是只出現在字頭位置，其余爲除字頭外全篇釋文中出現的頻率。如“切”字除作字頭及字頭下釋文各出現1次外，其余出現皆爲作反切用字及作爲常用釋義字，是《玉篇》中出現頻率最高的高頻字。

附表4.3

宋本《玉篇》在現代漢語7 000通用字對應字頻表（6 384字）

字頭	等級	字頻
切	常用字	20 960
也	常用字	17 714
又	常用字	2 560
文	常用字	2 273
曰	通用字	2 039
同	常用字	1 867
作	常用字	1 837
上	常用字	1 807
古	常用字	1 653
二	常用字	1 574
之	常用字	1 468
力	常用字	1 427
云	常用字	1 413
名	常用字	1 374
說	常用字	1 362
音	常用字	1 316
亦	常用字	1 097
於	通用字	961
子	常用字	940

字頭	等級	字頻
胡	常用字	848
大	常用字	775
水	常用字	739
不	常用字	651
徒	常用字	639
居	常用字	574
木	常用字	559
以	常用字	558
魚	常用字	528
或	常用字	519
口	常用字	501
山	常用字	496
人	常用字	488
小	常用字	481
草	常用字	462
所	常用字	461
今	常用字	461
呼	常用字	458
聲	常用字	433

字頭	等級	字頻
而	常用字	426
有	常用字	424
似	常用字	422
一	常用字	414
行	常用字	413
五	常用字	409
丁	常用字	408
公	常用字	399
與	常用字	396
字	常用字	381
他	常用字	379
竹	常用字	367
下	常用字	361
牛	常用字	352
馬	常用字	336
如	常用字	323
思	常用字	310
余	常用字	307
謂	次常用字	304

字頭	等級	字頻
女	常用字	303
方	常用字	301
鳥	常用字	297
許	常用字	296
中	常用字	294
禮	常用字	291
火	常用字	289
石	常用字	288
地	常用字	287
書	常用字	286
七	常用字	284
言	常用字	282
詩	常用字	281
雅	常用字	274
出	常用字	274
器	常用字	270
六	常用字	269
扶	常用字	262
衣	常用字	260

字頭	等級	字頻
者	常用字	259
無	常用字	257
烏	常用字	255
玉	常用字	254
羊	常用字	252
多	常用字	249
在	常用字	247
巨	常用字	247
爾	次常用字	247
其	常用字	246
直	常用字	245
生	常用字	244
角	常用字	244
縣	常用字	242
車	常用字	242
周	常用字	242
色	常用字	240
渠	常用字	235
視	常用字	235
苦	常用字	234
俗	常用字	232
于	常用字	229
食	常用字	226
丑	常用字	225
長	常用字	225
先	常用字	223
見	常用字	222
白	常用字	221

字頭	等級	字頻
丘	常用字	218
都	常用字	216
目	常用字	215
相	常用字	213
步	常用字	210
去	常用字	210
蒲	次常用字	209
可	常用字	205
疾	常用字	201
結	常用字	200
奴	常用字	200
才	常用字	196
匹	常用字	192
病	常用字	192
時	常用字	188
普	常用字	187
蟲	常用字	185
明	常用字	184
息	常用字	180
楚	常用字	180
天	常用字	180
布	常用字	179
傳	常用字	177
本	常用字	177
籀	通用字	176
皮	常用字	175
語	常用字	174
計	常用字	171

字頭	等級	字頻
安	常用字	171
尺	常用字	167
弋	通用字	167
交	常用字	167
屬	常用字	167
物	常用字	166
各	常用字	165
何	常用字	163
獸	常用字	163
頭	常用字	162
九	常用字	162
東	常用字	158
達	常用字	158
骨	常用字	158
三	常用字	158
足	常用字	157
乎	常用字	157
侯	次常用字	155
知	常用字	155
美	常用字	152
止	常用字	151
補	常用字	151
合	常用字	151
且	常用字	150
氣	常用字	145
故	常用字	145
田	常用字	145
氏	常用字	145

字頭	等級	字頻
刀	常用字	144
國	常用字	143
俱	常用字	143
除	常用字	142
市	常用字	141
記	常用字	141
門	常用字	139
盛	常用字	138
酒	常用字	137
正	常用字	135
江	常用字	134
左	常用字	133
南	常用字	132
流	常用字	131
兮	通用字	130
式	常用字	128
赤	常用字	128
初	常用字	126
利	常用字	124
犬	常用字	124
飛	常用字	124
來	常用字	123
走	常用字	123
平	常用字	123
甫	次常用字	123
道	常用字	122
日	常用字	122
至	常用字	121

字頭	等級	字頻
善	常用字	120
耕	常用字	120
果	常用字	120
易	常用字	119
千	常用字	118
風	常用字	118
土	常用字	118
兩	常用字	118
回	常用字	117
革	常用字	117
側	常用字	117
旦	常用字	116
立	常用字	114
四	常用字	114
心	常用字	114
金	常用字	114
王	常用字	114
祭	次常用字	114
肉	常用字	114
仕	通用字	113
毛	常用字	113
十	常用字	113
亂	常用字	112
乃	常用字	112
餘	常用字	112
陽	常用字	111
耳	常用字	110
支	常用字	110

字頭	等級	字頻
加	常用字	110
擊	常用字	110
孔	常用字	109
移	常用字	108
月	常用字	108
林	常用字	107
老	常用字	107
動	常用字	106
廣	常用字	106
列	常用字	105
曲	常用字	105
急	常用字	104
齒	常用字	104
和	常用字	104
虛	常用字	103
禾	常用字	103
吕	次常用字	103
雨	常用字	103
良	常用字	103
姓	常用字	102
北	常用字	99
孚	通用字	98
含	常用字	97
罪	常用字	97
手	常用字	96
屋	常用字	96
黃	常用字	96
入	常用字	95

字頭	等級	字頻
官	常用字	95
經	常用字	94
容	常用字	94
好	常用字	94
的	常用字	94
連	常用字	93
深	常用字	93
形	常用字	93
象	常用字	92
廉	常用字	92
面	常用字	91
海	常用字	91
里	常用字	91
八	常用字	90
取	常用字	90
由	常用字	90
昆	常用字	89
外	常用字	89
感	常用字	88
實	常用字	88
後	常用字	88
武	常用字	87
進	常用字	87
諸	常用字	87
香	常用字	87
得	常用字	86
薄	常用字	86
章	常用字	86

字頭	等級	字頻
堅	常用字	86
船	常用字	86
鬼	常用字	85
神	常用字	85
治	常用字	84
欲	常用字	84
注	常用字	84
甘	常用字	84
芳	常用字	84
弓	常用字	84
乙	常用字	84
具	常用字	83
穴	常用字	83
元	常用字	83
到	常用字	83
舒	常用字	83
閒	常用字	82
髮	常用字	82
自	常用字	81
豆	常用字	81
蒼	常用字	81
辭	常用字	81
然	常用字	81
奇	常用字	80
陵	常用字	80
是	常用字	79
禹	通用字	79
細	常用字	78

字頭	等級	字頻
米	常用字	78
憂	常用字	78
通	常用字	78
士	常用字	78
仁	常用字	78
紅	常用字	78
當	常用字	78
玄	次常用字	78
救	常用字	77
豕	通用字	77
刃	常用字	76
蘇	常用字	76
谷	常用字	76
張	常用字	76
冬	常用字	75
巾	常用字	75
引	常用字	75
午	常用字	75
忍	常用字	75
鼠	常用字	75
夫	常用字	74
持	常用字	74
齊	常用字	74
麥	常用字	74
空	常用字	74
從	常用字	74
西	常用字	74
狄	通用字	73

字頭	等級	字頻
鳴	常用字	73
成	常用字	73
則	常用字	72
登	常用字	72
怒	常用字	72
重	常用字	72
郭	次常用字	72
吉	常用字	72
虎	常用字	72
彼	常用字	72
飾	常用字	72
丈	常用字	72
奚	通用字	71
事	常用字	71
類	常用字	71
羽	常用字	71
太	常用字	71
用	常用字	71
起	常用字	70
涉	常用字	70
理	常用字	70
庚	通用字	69
分	常用字	69
必	常用字	69
雞	常用字	69
漢	常用字	69
惡	常用字	69
歷	常用字	69

字頭	等級	字頻
夜	常用字	69
對	常用字	68
首	常用字	68
尾	常用字	67
活	常用字	67
絲	常用字	67
菜	常用字	67
从	常用字	67
寒	常用字	67
落	常用字	66
莊	常用字	66
覆	常用字	66
律	常用字	65
主	常用字	65
宜	常用字	65
龍	常用字	65
丸	常用字	64
履	次常用字	64
桑	常用字	64
朱	常用字	64
掌	常用字	64
身	常用字	64
尸	常用字	64
雉	通用字	63
蓋	常用字	63
及	常用字	63
勞	常用字	63
定	常用字	63

字頭	等級	字頻
洽	常用字	62
婦	常用字	62
父	常用字	62
鹿	常用字	62
始	常用字	62
死	常用字	62
勿	常用字	62
敕	通用字	61
代	常用字	61
垂	常用字	61
束	常用字	61
邑	次常用字	61
甲	常用字	61
兒	常用字	61
脂	常用字	61
衆	常用字	61
彌	次常用字	60
眉	常用字	60
充	常用字	60
求	常用字	60
留	常用字	60
夷	次常用字	60
肥	常用字	60
志	常用字	60
非	常用字	60
典	常用字	59
恭	常用字	59
几	常用字	59

字頭	等級	字頻
幺	通用字	59
意	常用字	59
會	常用字	58
此	常用字	58
京	常用字	58
強	常用字	57
卑	次常用字	57
了	常用字	57
頻	次常用字	57
略	常用字	57
短	常用字	57
數	常用字	57
瓜	常用字	57
猶	常用字	57
萬	常用字	56
春	常用字	56
次	常用字	56
陟	通用字	56
尤	常用字	56
盍	通用字	56
勇	常用字	56
帝	常用字	56
往	常用字	56
教	常用字	55
敢	常用字	55
瓦	常用字	55
郡	通用字	55
使	常用字	55

字頭	等級	字頻
没	常用字	55
吐	常用字	55
徐	常用字	54
痛	常用字	54
格	常用字	54
法	常用字	54
盈	常用字	54
敬	常用字	54
灼	次常用字	54
咸	常用字	54
秦	次常用字	54
藏	常用字	53
乾	次常用字	53
鼓	常用字	53
朗	常用字	53
養	常用字	52
舟	常用字	52
盧	次常用字	52
熟	常用字	52
句	常用字	52
鄭	常用字	52
聚	常用字	52
悲	常用字	52
制	常用字	51
城	常用字	51
秋	常用字	51
究	通用字	51
戈	次常用字	51

字頭	等級	字頻
轉	常用字	51
論	常用字	51
昨	常用字	51
穀	通用字	51
味	常用字	51
邪	常用字	51
節	常用字	51
助	常用字	51
河	常用字	51
藥	常用字	50
壯	常用字	50
汝	通用字	50
滿	常用字	50
解	常用字	50
未	常用字	50
斷	常用字	50
甚	常用字	49
厚	常用字	49
圭	通用字	49
告	常用字	49
博	常用字	49
問	常用字	49
井	常用字	49
縛	次常用字	49
罔	通用字	48
鐵	常用字	48
兵	常用字	48
貴	常用字	48

字頭	等級	字頻
豬	常用字	48
益	常用字	48
久	常用字	48
唐	常用字	48
君	常用字	48
過	常用字	47
驚	常用字	47
盡	常用字	47
指	常用字	47
近	常用字	47
福	常用字	47
營	常用字	47
賦	次常用字	47
野	常用字	47
亭	常用字	46
飲	常用字	46
謹	常用字	46
葛	常用字	46
輕	常用字	46
劣	常用字	46
孝	常用字	45
鼻	常用字	45
傷	常用字	45
德	常用字	45
受	常用字	45
箭	常用字	45
夏	常用字	45
割	常用字	45

字頭	等級	字頻
賣	常用字	45
委	常用字	45
浪	常用字	45
少	常用字	44
杜	常用字	44
忽	常用字	44
常	常用字	44
升	常用字	44
度	常用字	44
星	常用字	44
索	常用字	44
兼	常用字	44
巧	常用字	44
管	常用字	44
亮	常用字	44
能	常用字	44
隱	常用字	43
陳	常用字	43
極	常用字	43
昌	常用字	43
半	常用字	43
婢	通用字	43
義	常用字	43
決	常用字	43
精	常用字	43
家	常用字	43
頂	常用字	43
齧	通用字	42

字頭	等級	字頻
年	常用字	42
吏	次常用字	42
困	常用字	42
末	常用字	42
璞	通用字	42
改	常用字	42
我	常用字	42
喜	常用字	42
熱	常用字	42
開	常用字	41
莖	常用字	41
柯	通用字	41
飯	常用字	41
逆	常用字	41
塞	常用字	41
右	常用字	41
貪	常用字	41
史	常用字	41
卜	常用字	41
恨	常用字	41
載	常用字	41
私	常用字	40
恥	常用字	40
鳩	次常用字	40
腹	常用字	40
殄	通用字	40
戾	通用字	40
伯	常用字	40

字頭	等級	字頻
終	常用字	39
尹	通用字	39
稱	常用字	39
質	常用字	39
背	常用字	39
軍	常用字	39
根	常用字	39
危	常用字	39
著	常用字	39
協	常用字	38
波	常用字	38
醉	常用字	38
符	常用字	38
預	常用字	38
倫	次常用字	38
追	常用字	38
懼	常用字	38
伏	常用字	38
澤	常用字	37
滅	常用字	37
工	常用字	37
領	常用字	37
緩	常用字	37
丹	常用字	37
倚	常用字	37
帶	常用字	37
萌	常用字	37
均	常用字	37

字頭	等級	字頻
變	常用字	37
規	常用字	37
干	常用字	37
倉	常用字	37
振	常用字	37
韋	通用字	37
信	常用字	37
遇	常用字	37
司	常用字	37
牙	常用字	37
檢	常用字	37
矢	次常用字	37
蛇	常用字	37
削	常用字	37
飢	常用字	36
惟	通用字	36
職	常用字	36
表	常用字	36
密	常用字	36
命	常用字	36
寸	常用字	36
咨	次常用字	36
附	常用字	36
室	常用字	36
蠶	常用字	36
溝	常用字	36
雜	常用字	36
殺	常用字	36

字頭	等級	字頻
敗	常用字	36
雲	常用字	36
延	常用字	35
祖	常用字	35
難	常用字	35
鉤	常用字	35
佳	常用字	35
俞	通用字	35
繩	常用字	35
晉	常用字	35
樹	常用字	35
民	常用字	35
醜	常用字	35
微	常用字	35
若	常用字	34
汁	常用字	34
封	常用字	34
斤	常用字	34
紀	常用字	34
疑	常用字	34
花	常用字	34
淺	常用字	34
摩	常用字	34
錦	常用字	34
破	常用字	34
裂	常用字	34
滑	常用字	34
戰	常用字	34

字頭	等級	字頻
矛	常用字	34
離	常用字	34
體	常用字	34
吳	常用字	34
庶	次常用字	33
逸	次常用字	33
專	常用字	33
芮	通用字	33
邊	常用字	33
逼	常用字	33
儀	常用字	33
尚	常用字	33
招	常用字	33
化	常用字	33
失	常用字	33
姑	常用字	32
業	常用字	32
盂	常用字	32
板	常用字	32
買	常用字	32
泥	常用字	32
頡	通用字	32
府	常用字	32
泉	常用字	32
燒	常用字	32
堯	通用字	32
壞	常用字	32
念	常用字	32

字頭	等級	字頻
雷	常用字	32
枝	常用字	32
師	常用字	32
別	常用字	32
弄	常用字	32
聽	常用字	32
蜀	次常用字	32
洛	次常用字	32
粉	常用字	32
證	常用字	32
男	常用字	31
限	常用字	31
據	常用字	31
穿	常用字	31
將	常用字	31
織	常用字	31
筆	常用字	31
謀	常用字	31
蔽	常用字	31
池	常用字	31
州	常用字	31
慈	常用字	31
弗	通用字	31
劫	常用字	31
愛	常用字	30
哀	常用字	30
鹽	常用字	30
陷	常用字	30

字頭	等級	字頻
鼎	次常用字	30
乖	常用字	30
阻	常用字	30
叉	常用字	30
戟	通用字	30
界	常用字	30
絹	常用字	30
令	常用字	30
處	常用字	30
虞	通用字	30
猛	常用字	30
旱	常用字	30
紺	通用字	30
仄	通用字	30
路	常用字	30
旁	常用字	30
恐	常用字	30
端	常用字	30
折	常用字	30
占	常用字	30
焉	通用字	29
脛	通用字	29
照	常用字	29
嫁	常用字	29
冠	常用字	29
麻	常用字	29
牆	常用字	29
祿	通用字	29

字頭	等級	字頻
柄	常用字	29
旅	常用字	29
銜	常用字	29
幽	次常用字	29
發	常用字	29
靡	次常用字	29
越	常用字	29
珠	常用字	29
温	常用字	29
雀	常用字	29
沸	常用字	29
戴	常用字	29
鄙	常用字	29
銳	常用字	29
坎	次常用字	29
凶	常用字	29
望	常用字	29
歸	常用字	28
反	常用字	28
放	常用字	28
吹	常用字	28
禁	常用字	28
狂	常用字	28
向	常用字	28
矩	常用字	28
詞	常用字	28
浮	常用字	28
房	常用字	28

字頭	等級	字頻
柔	常用字	28
棺	次常用字	28
綺	通用字	28
雄	常用字	28
閉	常用字	28
置	常用字	28
介	常用字	28
屆	常用字	28
例	常用字	28
寄	常用字	28
漬	通用字	28
翼	常用字	28
施	常用字	27
遮	常用字	27
閭	通用字	27
曷	通用字	27
責	常用字	27
茅	常用字	27
沙	常用字	27
腫	常用字	27
約	常用字	27
舞	常用字	27
宗	常用字	27
基	常用字	27
血	常用字	27
版	常用字	27
籠	常用字	27
刮	常用字	27

字頭	等級	字頻
兆	常用字	27
斂	次常用字	27
刺	常用字	27
偃	通用字	27
政	常用字	27
依	常用字	27
防	常用字	27
召	常用字	26
備	常用字	26
吾	通用字	26
冉	通用字	26
但	常用字	26
宫	常用字	26
因	常用字	26
昭	次常用字	26
勒	常用字	26
枯	常用字	26
臣	常用字	26
仲	次常用字	26
財	常用字	26
冢	通用字	26
守	常用字	26
佩	常用字	26
量	常用字	26
累	常用字	26
踐	常用字	26
席	常用字	26
黍	次常用字	26

字頭	等級	字頻
冷	常用字	26
位	常用字	26
眼	常用字	26
負	常用字	26
習	常用字	26
朝	常用字	26
怪	常用字	26
孤	常用字	26
復	常用字	26
紙	常用字	25
鄰	常用字	25
俾	通用字	25
獲	常用字	25
淮	次常用字	25
須	常用字	25
賜	次常用字	25
篤	通用字	25
就	常用字	25
諫	通用字	25
聿	通用字	25
消	常用字	25
帛	通用字	25
苗	常用字	25
湯	常用字	25
輔	常用字	25
嚴	常用字	25
餅	常用字	25
射	常用字	25

字頭	等級	字頻	字頭	等級	字頻	字頭	等級	字頻	字頭	等級	字頻
貢	常用字	25	斫	通用字	24	靜	常用字	22	固	常用字	22
素	常用字	25	舌	常用字	24	賤	常用字	22	卵	常用字	22
葵	常用字	25	仰	常用字	24	任	常用字	22	畫	常用字	22
粱	常用字	25	瘡	常用字	23	訝	次常用字	22	隆	常用字	22
兔	常用字	25	迷	常用字	23	伊	次常用字	22	臂	常用字	22
縷	次常用字	25	健	常用字	23	新	常用字	22	阮	通用字	22
怨	常用字	25	送	常用字	23	差	常用字	22	染	常用字	21
鴈	常用字	24	惠	常用字	23	狀	常用字	22	焦	常用字	21
堂	常用字	24	季	常用字	23	臭	常用字	22	耽	常用字	21
斗	常用字	24	伐	常用字	23	孕	常用字	22	跛	次常用字	21
凡	常用字	24	很	常用字	23	陸	常用字	22	頓	常用字	21
春	通用字	24	歎	常用字	23	針	常用字	22	皇	常用字	21
衡	常用字	24	旗	常用字	23	閑	常用字	22	假	常用字	21
桂	常用字	24	毀	常用字	23	罵	常用字	22	迫	常用字	21
滅	常用字	24	全	常用字	23	爭	常用字	22	沃	常用字	21
致	常用字	24	吠	次常用字	23	慢	常用字	22	黠	通用字	21
鍾	常用字	24	功	常用字	23	蒿	次常用字	22	閏	次常用字	21
垣	通用字	24	景	常用字	23	親	常用字	22	聊	次常用字	21
弱	常用字	24	諧	次常用字	23	欣	常用字	22	繒	通用字	21
維	常用字	24	戎	通用字	23	徂	通用字	22	縫	常用字	21
推	常用字	24	叢	常用字	23	征	常用字	22	突	常用字	21
括	常用字	24	鄧	次常用字	23	柳	常用字	22	部	常用字	21
飽	常用字	24	獨	常用字	23	臥	常用字	22	特	常用字	21
庾	通用字	24	比	常用字	23	潰	次常用字	22	慮	常用字	21
妙	常用字	24	項	常用字	23	勢	常用字	22	祝	常用字	21
乳	常用字	24	被	常用字	23	廟	常用字	22	屑	常用字	21
麈	常用字	24	額	常用字	22	迴	通用字	22	役	常用字	21
采	常用字	24	欺	常用字	22	媚	次常用字	22	卦	次常用字	21

字頭	等級	字頻
黏	通用字	21
豉	通用字	21
狗	常用字	21
茂	常用字	21
梨	常用字	21
害	常用字	21
頸	常用字	21
詐	次常用字	21
絞	常用字	21
聾	常用字	21
囊	常用字	21
學	常用字	21
醬	常用字	20
貝	常用字	20
接	常用字	20
驕	常用字	20
弩	通用字	20
峻	次常用字	20
隕	次常用字	20
付	常用字	20
畢	常用字	20
刺	通用字	20
濁	常用字	20
厥	通用字	20
愚	常用字	20
撫	常用字	20
靈	常用字	20
旬	常用字	20

字頭	等級	字頻
垢	次常用字	20
畏	常用字	20
造	常用字	20
況	常用字	20
篆	通用字	20
待	常用字	20
祥	常用字	20
塗	常用字	20
暫	常用字	20
降	常用字	20
繫	常用字	20
露	常用字	20
跡	常用字	20
威	常用字	20
叶	常用字	20
吟	次常用字	20
唯	常用字	20
奉	常用字	20
建	常用字	20
与	常用字	20
鈍	次常用字	20
隴	通用字	20
瑞	常用字	19
雙	常用字	19
賀	常用字	19
暴	常用字	19
低	常用字	19
脯	次常用字	19

字頭	等級	字頻
永	常用字	19
拔	常用字	19
姚	次常用字	19
傾	常用字	19
跳	常用字	19
患	常用字	19
窮	常用字	19
屏	次常用字	19
等	常用字	19
扇	常用字	19
壁	常用字	19
龜	常用字	19
旨	常用字	19
性	常用字	19
炎	常用字	19
俊	常用字	19
臨	常用字	19
域	常用字	19
巳	通用字	19
殷	次常用字	19
羅	常用字	19
遘	通用字	19
輒	通用字	19
底	常用字	19
腸	常用字	19
貫	常用字	19
尼	常用字	19
仙	常用字	19

字頭	等級	字頻
桓	通用字	19
收	常用字	19
倒	常用字	19
恚	通用字	19
卷	常用字	19
示	常用字	19
爻	通用字	19
察	常用字	18
際	常用字	18
蟬	次常用字	18
宣	常用字	18
柱	常用字	18
傍	常用字	18
稻	常用字	18
聞	常用字	18
損	常用字	18
歌	常用字	18
厠	通用字	18
眷	次常用字	18
沼	次常用字	18
煩	常用字	18
牢	常用字	18
識	常用字	18
豫	次常用字	18
桃	常用字	18
駭	次常用字	18
攜	常用字	18
農	常用字	18

字頭	等級	字頻
監	常用字	18
厲	常用字	18
酉	通用字	18
滓	次常用字	18
蹇	通用字	18
暗	常用字	18
幼	常用字	18
錢	常用字	18
亥	次常用字	18
盇	通用字	18
篇	常用字	18
戲	常用字	18
聖	常用字	18
歲	常用字	18
夾	常用字	18
調	常用字	18
喪	常用字	18
庸	常用字	18
牡	次常用字	18
勤	常用字	17
訟	次常用字	17
審	常用字	17
早	常用字	17
釋	常用字	17
客	常用字	17
裹	常用字	17
訶	通用字	17
斧	常用字	17

字頭	等級	字頻
妻	常用字	17
護	常用字	17
快	常用字	17
并	常用字	17
御	常用字	17
拭	次常用字	17
弦	常用字	17
渡	常用字	17
承	常用字	17
庭	常用字	17
鮮	常用字	17
馳	常用字	17
帚	次常用字	17
申	常用字	17
隨	常用字	17
黯	常用字	17
炙	通用字	17
狎	通用字	17
旌	通用字	17
詳	常用字	17
畜	常用字	17
退	常用字	17
宿	常用字	17
麤	常用字	17
辛	常用字	17
蹋	次常用字	17
逐	常用字	17
休	常用字	17

字頭	等級	字頻
燕	常用字	17
曳	通用字	17
胥	通用字	17
喙	通用字	17
顯	常用字	17
愁	常用字	17
膏	常用字	17
叫	常用字	17
遵	常用字	17
辟	常用字	16
環	常用字	16
苟	次常用字	16
冥	通用字	16
夕	常用字	16
捕	常用字	16
紹	常用字	16
弟	常用字	16
瑕	通用字	16
猗	通用字	16
稅	常用字	16
盆	常用字	16
速	常用字	16
娛	常用字	16
衮	通用字	16
榮	常用字	16
竈	常用字	16
冰	常用字	16
激	常用字	16

字頭	等級	字頻
邦	次常用字	16
披	常用字	16
園	常用字	16
展	常用字	16
共	常用字	16
條	常用字	16
忘	常用字	16
貨	常用字	16
泰	常用字	16
匪	常用字	16
應	常用字	16
碑	常用字	16
勉	常用字	16
擣	次常用字	16
戒	常用字	16
允	常用字	16
秀	常用字	16
資	常用字	16
儉	常用字	16
殊	常用字	16
磨	常用字	16
偏	常用字	16
陌	次常用字	16
禿	常用字	16
軸	次常用字	16
紫	常用字	16
刑	常用字	16
換	常用字	16

字頭	等級	字頻
宇	常用字	16
琅	次常用字	16
銀	常用字	16
揚	常用字	16
荒	常用字	16
膝	常用字	16
臺	常用字	16
啓	常用字	16
棟	常用字	16
詡	通用字	16
育	常用字	16
悶	常用字	16
己	常用字	16
偶	常用字	16
筐	常用字	16
昔	次常用字	16
荏	通用字	16
魂	常用字	15
狼	常用字	15
缺	常用字	15
亞	常用字	15
違	常用字	15
恩	常用字	15
絡	常用字	15
把	常用字	15
藍	常用字	15
靳	通用字	15
薦	常用字	15

字頭	等級	字頻
檻	通用字	15
餌	次常用字	15
蒴	通用字	15
卒	次常用字	15
呻	次常用字	15
繼	常用字	15
篋	通用字	15
箕	次常用字	15
宋	常用字	15
稷	通用字	15
沓	通用字	15
階	常用字	15
參	常用字	15
汗	常用字	15
帳	常用字	15
鐘	常用字	15
冀	次常用字	15
狡	常用字	15
豐	常用字	15
巖	常用字	15
酸	常用字	15
遂	次常用字	15
詭	次常用字	15
險	常用字	15
障	常用字	15
蠻	常用字	15
玩	常用字	15
貧	常用字	15

字頭	等級	字頻
擾	常用字	15
陶	常用字	15
拘	常用字	15
拾	常用字	15
肖	次常用字	15
運	常用字	15
濟	常用字	15
渚	通用字	15
簞	通用字	15
枕	常用字	15
祛	通用字	15
頑	常用字	15
保	常用字	15
柴	常用字	15
班	常用字	15
剛	常用字	15
圜	通用字	15
妄	常用字	14
斯	常用字	14
賈	次常用字	14
侍	常用字	14
溪	常用字	14
溢	次常用字	14
杏	常用字	14
遐	通用字	14
闔	通用字	14
英	常用字	14
松	常用字	14

字頭	等級	字頻
緘	通用字	14
肩	常用字	14
燭	常用字	14
握	常用字	14
輪	常用字	14
紆	通用字	14
裳	常用字	14
股	常用字	14
妖	常用字	14
誘	常用字	14
迴	常用字	14
覓	次常用字	14
尊	常用字	14
錯	常用字	14
杖	次常用字	14
牽	常用字	14
便	常用字	14
鞠	常用字	14
皎	通用字	14
駕	常用字	14
游	常用字	14
剥	常用字	14
舜	通用字	14
坑	常用字	14
續	常用字	14
影	常用字	14
蹄	常用字	14
斬	常用字	14

字頭	等級	字頻
予	常用字	14
横	常用字	14
矣	通用字	14
牝	通用字	14
礙	常用字	14
岸	常用字	14
鳩	通用字	14
蟹	次常用字	14
欝	通用字	14
咽	常用字	14
羈	通用字	14
狹	常用字	14
妨	常用字	14
董	常用字	14
蜻	常用字	14
莧	通用字	14
讓	常用字	14
懷	常用字	14
弼	通用字	14
要	常用字	14
貞	常用字	14
誑	通用字	14
懈	次常用字	14
梅	常用字	13
朔	通用字	13
綏	通用字	13
材	常用字	13
矯	次常用字	13

字頭	等級	字頻
拙	次常用字	13
伸	常用字	13
郢	通用字	13
考	常用字	13
啼	次常用字	13
荆	次常用字	13
校	常用字	13
誤	常用字	13
最	常用字	13
貌	常用字	13
酢	通用字	13
蛤	次常用字	13
點	常用字	13
粥	常用字	13
獵	常用字	13
瑟	次常用字	13
逢	常用字	13
囚	次常用字	13
崩	次常用字	13
蘆	常用字	13
僕	常用字	13
蕩	常用字	13
刈	通用字	13
誠	常用字	13
涕	次常用字	13
洗	常用字	13
稽	次常用字	13
涯	次常用字	13

字頭	等級	字頻
斛	通用字	13
忌	常用字	13
輂	通用字	13
蹙	通用字	13
埽	通用字	13
阜	通用字	13
潤	常用字	13
效	常用字	13
再	常用字	13
築	常用字	13
液	常用字	13
楊	常用字	13
縮	常用字	13
糾	常用字	13
喻	次常用字	13
賢	常用字	13
免	常用字	13
央	常用字	13
酌	次常用字	13
軌	常用字	13
墳	常用字	13
戛	通用字	13
畦	次常用字	13
觜	通用字	13
凋	通用字	13
雪	常用字	13
廢	常用字	13
馮	次常用字	13

字頭	等級	字頻
莽	次常用字	13
薤	通用字	13
牲	常用字	13
希	常用字	13
包	常用字	13
迎	常用字	13
凝	常用字	13
梗	次常用字	12
拳	常用字	12
商	常用字	12
悉	常用字	12
遽	通用字	12
殘	常用字	12
項	通用字	12
漏	常用字	12
杯	常用字	12
李	常用字	12
怖	常用字	12
欠	常用字	12
荷	常用字	12
擇	常用字	12
測	常用字	12
避	常用字	12
闌	通用字	12
癸	通用字	12
噬	通用字	12
按	常用字	12
頻	次常用字	12

字頭	等級	字頻
郁	次常用字	12
羲	通用字	12
吻	次常用字	12
震	常用字	12
投	常用字	12
演	常用字	12
兜	次常用字	12
瓶	常用字	12
橘	常用字	12
邁	常用字	12
樓	常用字	12
甸	次常用字	12
覺	常用字	12
墨	常用字	12
羌	通用字	12
災	常用字	12
穢	次常用字	12
甑	通用字	12
旃	通用字	12
墮	次常用字	12
衫	常用字	12
蝦	常用字	12
殂	通用字	12
佐	通用字	12
猴	常用字	12
仆	常用字	12
棗	常用字	12
燥	常用字	12

字頭	等級	字頻
豈	常用字	12
禍	常用字	12
昊	通用字	12
獄	常用字	12
創	常用字	12
竭	常用字	12
蜴	通用字	12
睡	常用字	12
署	次常用字	12
厄	通用字	12
蜥	通用字	12
寐	通用字	12
蛄	通用字	12
雌	次常用字	12
隔	常用字	12
愧	常用字	12
戀	常用字	12
純	常用字	12
犯	常用字	12
瞎	常用字	12
郊	常用字	12
宅	常用字	12
筋	常用字	12
辨	常用字	12
詣	通用字	12
畔	次常用字	12
序	常用字	12
絳	通用字	12

字頭	等級	字頻
還	常用字	12
拱	次常用字	12
坂	通用字	12
鈴	常用字	12
絮	常用字	12
嬌	常用字	12
勸	常用字	12
獻	常用字	12
离	常用字	12
謁	次常用字	12
穫	常用字	12
胃	常用字	12
卯	通用字	11
盜	常用字	11
涇	常用字	11
驪	通用字	11
住	常用字	11
穎	通用字	11
芒	常用字	11
恣	通用字	11
笄	通用字	11
借	常用字	11
隄	常用字	11
狐	常用字	11
祀	通用字	11
圍	常用字	11
植	常用字	11
岳	次常用字	11

字頭	等級	字頻
竿	常用字	11
蘭	常用字	11
嫌	常用字	11
匿	次常用字	11
烈	常用字	11
豸	通用字	11
蕪	次常用字	11
務	常用字	11
嗟	通用字	11
柰	通用字	11
嬾	常用字	11
汲	通用字	11
該	常用字	11
訖	通用字	11
韭	次常用字	11
蔡	通用字	11
巴	常用字	11
掩	常用字	11
喉	常用字	11
俎	通用字	11
混	常用字	11
奢	次常用字	11
循	常用字	11
兀	通用字	11
妹	常用字	11
肱	通用字	11
單	常用字	11
踞	通用字	11

字頭	等級	字頻	字頭	等級	字頻	字頭	等級	字頻	字頭	等級	字頻
陂	通用字	11	焚	次常用字	11	宏	常用字	10	筍	常用字	10
韇	次常用字	11	機	常用字	11	蒸	常用字	10	膳	次常用字	10
坼	通用字	11	腳	常用字	11	洞	常用字	10	洪	常用字	10
鬣	通用字	11	闕	通用字	11	秩	常用字	10	街	常用字	10
翊	通用字	11	侈	次常用字	11	盤	常用字	10	剔	次常用字	10
瀆	通用字	11	擬	次常用字	11	薛	次常用字	10	距	常用字	10
吁	次常用字	11	曜	通用字	11	腐	常用字	10	遏	次常用字	10
練	常用字	11	碎	常用字	11	館	常用字	10	饒	常用字	10
棱	次常用字	11	瘦	常用字	11	態	常用字	10	髻	通用字	10
壅	通用字	11	辱	常用字	11	倦	常用字	10	葦	次常用字	10
霸	常用字	11	價	常用字	11	蒙	常用字	10	灌	常用字	10
涌	常用字	11	辯	常用字	11	觀	常用字	10	誰	常用字	10
淵	次常用字	11	袖	常用字	11	遺	常用字	10	号	常用字	10
趨	常用字	11	抒	次常用字	11	罟	通用字	10	哭	常用字	10
泛	常用字	11	珍	常用字	11	銅	常用字	10	橋	常用字	10
廩	通用字	11	弘	通用字	11	豪	常用字	10	爪	常用字	10
轡	通用字	11	煎	常用字	11	淨	常用字	10	鳧	次常用字	10
袂	通用字	11	揮	常用字	11	熾	通用字	10	述	常用字	10
吝	次常用字	11	鬱	次常用字	11	怠	常用字	10	苞	次常用字	10
儲	常用字	11	判	常用字	11	競	常用字	10	賊	常用字	10
兄	常用字	11	盂	通用字	11	鵠	常用字	10	驢	常用字	10
族	常用字	11	弭	通用字	10	遙	常用字	10	坐	常用字	10
駿	次常用字	11	選	常用字	10	矜	通用字	10	櫨	通用字	10
遊	常用字	11	斜	常用字	10	藩	通用字	10	襦	通用字	10
頤	通用字	11	椎	次常用字	10	琴	常用字	10	醋	常用字	10
贍	次常用字	11	忿	次常用字	10	驗	常用字	10	瓊	次常用字	10
噍	通用字	11	悌	通用字	10	冒	常用字	10	紐	常用字	10
完	常用字	11	超	常用字	10	脅	常用字	10	硬	常用字	10

字頭	等級	字頻
怯	次常用字	10
鮪	通用字	10
橐	通用字	10
設	常用字	10
炊	常用字	10
雖	常用字	10
顧	常用字	10
導	常用字	10
豹	次常用字	10
媛	通用字	10
翅	常用字	10
緝	通用字	10
翹	次常用字	10
克	常用字	10
蟻	常用字	10
蜉	通用字	10
魏	次常用字	10
虯	通用字	10
蹈	常用字	10
期	常用字	10
零	常用字	10
繞	常用字	10
蚌	次常用字	10
珪	通用字	10
系	常用字	10
哉	通用字	10
螻	通用字	10
俟	通用字	10

字頭	等級	字頻
泣	次常用字	10
辰	常用字	10
摸	常用字	10
給	常用字	10
緯	次常用字	10
墓	常用字	10
伺	次常用字	10
脾	常用字	10
奪	常用字	10
市	常用字	10
存	常用字	10
童	常用字	10
卻	通用字	10
盲	常用字	10
唾	次常用字	10
侫	通用字	10
彊	常用字	9
宰	常用字	9
順	常用字	9
謗	次常用字	9
飴	通用字	9
牒	通用字	9
豚	通用字	9
昧	次常用字	9
灰	常用字	9
脫	常用字	9
跋	次常用字	9
醢	通用字	9

字頭	等級	字頻
儒	次常用字	9
糞	常用字	9
融	常用字	9
編	常用字	9
裘	通用字	9
葱	常用字	9
揆	通用字	9
輞	通用字	9
宥	通用字	9
題	常用字	9
浩	常用字	9
鷹	常用字	9
漸	常用字	9
眠	常用字	9
議	常用字	9
夬	通用字	9
第	常用字	9
諦	通用字	9
喬	常用字	9
津	常用字	9
琰	通用字	9
稚	次常用字	9
讀	常用字	9
煙	常用字	9
侮	常用字	9
燎	次常用字	9
殤	通用字	9
幾	常用字	9

字頭	等級	字頻
臻	通用字	9
帷	通用字	9
棘	次常用字	9
挹	通用字	9
彬	次常用字	9
肯	常用字	9
闋	通用字	9
个	常用字	9
缶	通用字	9
隅	次常用字	9
沿	常用字	9
顓	通用字	9
稠	常用字	9
凍	常用字	9
顒	通用字	9
敵	常用字	9
蜜	常用字	9
苑	通用字	9
頷	通用字	9
鄉	常用字	9
局	常用字	9
薺	次常用字	9
講	常用字	9
富	常用字	9
鑿	次常用字	9
叔	常用字	9
耜	通用字	9
印	常用字	9

字頭	等級	字頻
仡	通用字	9
寺	常用字	9
眇	通用字	9
熊	常用字	9
翳	通用字	9
號	常用字	9
肝	常用字	9
蛙	常用字	9
虐	次常用字	9
掘	常用字	9
蔓	次常用字	9
塊	常用字	9
曉	常用字	9
軾	通用字	9
哲	常用字	9
滙	通用字	9
響	常用字	9
漿	常用字	9
奏	常用字	9
輿	次常用字	9
膺	通用字	9
冕	次常用字	9
率	常用字	9
敝	通用字	9
箱	常用字	9
槍	常用字	9
肆	常用字	9
轂	通用字	9

字頭	等級	字頻
膚	常用字	9
乍	次常用字	9
頃	常用字	9
軫	通用字	9
寡	次常用字	9
暮	常用字	9
慶	常用字	9
静	通用字	9
瞳	次常用字	9
气	常用字	9
綴	次常用字	9
瑜	通用字	9
哥	常用字	9
箸	通用字	9
淚	常用字	9
枉	次常用字	9
整	常用字	8
仗	常用字	8
轄	次常用字	8
蓼	通用字	8
噎	通用字	8
悔	常用字	8
寬	常用字	8
技	常用字	8
脉	常用字	8
副	常用字	8
淹	常用字	8
旋	常用字	8

字頭	等級	字頻
夢	常用字	8
莎	通用字	8
蠟	常用字	8
愠	通用字	8
覲	通用字	8
蕃	通用字	8
仍	常用字	8
械	常用字	8
閡	常用字	8
箠	通用字	8
策	常用字	8
万	常用字	8
晏	通用字	8
蒜	常用字	8
昏	常用字	8
祈	次常用字	8
盟	常用字	8
牟	通用字	8
牴	常用字	8
崖	常用字	8
絆	次常用字	8
簪	通用字	8
綿	常用字	8
興	常用字	8
堆	常用字	8
紂	通用字	8
桐	常用字	8
裁	常用字	8

字頭	等級	字頻
肺	常用字	8
僵	常用字	8
埋	常用字	8
遼	常用字	8
愈	常用字	8
杷	通用字	8
阿	常用字	8
麗	常用字	8
蠡	通用字	8
詰	通用字	8
娶	次常用字	8
刻	常用字	8
祖	次常用字	8
籍	常用字	8
繳	常用字	8
卿	次常用字	8
礪	通用字	8
竦	通用字	8
莞	通用字	8
紛	常用字	8
弃	常用字	8
彩	常用字	8
茵	次常用字	8
疫	常用字	8
輟	通用字	8
芬	常用字	8
匕	次常用字	8
箴	通用字	8

字頭	等級	字頻
鐮	常用字	8
俄	次常用字	8
輩	常用字	8
茹	通用字	8
癰	通用字	8
壇	常用字	8
袍	常用字	8
裾	通用字	8
訓	常用字	8
盾	常用字	8
彦	通用字	8
殞	通用字	8
葬	常用字	8
挂	常用字	8
鴟	通用字	8
鑑	常用字	8
俠	次常用字	8
析	常用字	8
尻	通用字	8
屠	常用字	8
喘	常用字	8
帥	常用字	8
噴	常用字	8
疲	常用字	8
叱	通用字	8
契	次常用字	8
玷	次常用字	8
逃	常用字	8
省	常用字	8
疊	常用字	8
扉	通用字	8
錐	次常用字	8
伴	常用字	8
弁	通用字	8
淫	次常用字	8
姜	常用字	8
樸	常用字	8
倍	常用字	8
滋	常用字	8
鍊	常用字	8
蛆	次常用字	8
槌	通用字	8
螯	通用字	8
壘	常用字	8
苓	通用字	8
滯	次常用字	8
亶	通用字	8
晝	常用字	8
蛸	通用字	8
滂	通用字	8
廷	次常用字	8
澗	次常用字	8
韜	通用字	8
拊	通用字	8
忝	通用字	8
胎	次常用字	8
詘	通用字	8
苴	通用字	8
蕭	次常用字	8
提	常用字	8
慕	常用字	8
妃	通用字	8
踵	通用字	8
尋	常用字	8
贈	常用字	8
浦	次常用字	8
窟	次常用字	8
筠	通用字	8
僮	通用字	8
濕	常用字	8
蜩	通用字	8
尒	次常用字	8
澮	通用字	8
撞	常用字	8
值	常用字	8
棄	常用字	8
禽	常用字	8
螬	通用字	8
俯	常用字	8
案	常用字	8
牖	通用字	8
枚	次常用字	8
罰	常用字	8
莢	次常用字	8
稈	常用字	8
滕	通用字	8
脹	常用字	8
跌	常用字	8
箇	常用字	8
錫	常用字	8
耑	常用字	8
輻	次常用字	8
陀	通用字	8
讒	通用字	8
屢	常用字	8
嗜	次常用字	8
茱	通用字	8
侶	次常用字	8
穰	通用字	8
臼	次常用字	7
彷	通用字	7
藪	通用字	7
徨	通用字	7
統	常用字	7
畎	通用字	7
笮	通用字	7
侵	常用字	7
鞭	常用字	7
隙	常用字	7
樞	次常用字	7
鬲	通用字	7
院	常用字	7

字頭	等級	字頻
釜	通用字	7
惑	常用字	7
鈎	次常用字	7
濡	通用字	7
迪	通用字	7
攘	次常用字	7
敘	常用字	7
寢	次常用字	7
末	通用字	7
串	常用字	7
集	常用字	7
坦	常用字	7
騰	常用字	7
社	常用字	7
磊	通用字	7
徹	常用字	7
鴻	次常用字	7
迹	常用字	7
酣	次常用字	7
逵	通用字	7
菲	次常用字	7
寤	通用字	7
洒	常用字	7
誅	通用字	7
岡	常用字	7
供	常用字	7
綏	通用字	7
權	常用字	7

字頭	等級	字頻
鋤	常用字	7
亢	通用字	7
鷂	通用字	7
邛	通用字	7
棠	次常用字	7
裹	常用字	7
穗	常用字	7
詹	通用字	7
壟	常用字	7
鷗	通用字	7
桀	通用字	7
糟	常用字	7
礼	常用字	7
勁	常用字	7
粗	常用字	7
熬	次常用字	7
複	常用字	7
億	常用字	7
鯉	次常用字	7
瓠	通用字	7
旰	通用字	7
莒	通用字	7
鹹	通用字	7
巽	通用字	7
誦	常用字	7
殿	常用字	7
濾	通用字	7
丕	通用字	7

字頭	等級	字頻
替	常用字	7
恃	次常用字	7
罄	通用字	7
菀	通用字	7
躍	常用字	7
嗣	通用字	7
蠢	常用字	7
裨	通用字	7
璧	次常用字	7
嘉	常用字	7
徽	通用字	7
塾	通用字	7
娥	通用字	7
栢	常用字	7
捻	次常用字	7
縱	常用字	7
憒	通用字	7
蜓	次常用字	7
宵	常用字	7
藻	次常用字	7
吮	次常用字	7
逅	通用字	7
壹	次常用字	7
趣	常用字	7
蚍	通用字	7
幅	常用字	7
霍	次常用字	7
葦	次常用字	7

字頭	等級	字頻
碧	常用字	7
蛉	次常用字	7
湖	常用字	7
梏	通用字	7
垓	通用字	7
場	常用字	7
繭	常用字	7
請	常用字	7
播	常用字	7
媧	通用字	7
搏	常用字	7
揖	次常用字	7
涂	常用字	7
摧	常用字	7
抵	常用字	7
蟾	通用字	7
繁	常用字	7
援	常用字	7
紡	常用字	7
櫟	通用字	7
闃	通用字	7
暇	次常用字	7
蟪	通用字	7
攝	常用字	7
蠅	常用字	7
妊	通用字	7
杠	常用字	7
橦	通用字	7

字頭	等級	字頻
鄂	通用字	7
納	常用字	7
菁	通用字	7
薪	常用字	7
優	常用字	7
呵	次常用字	7
范	常用字	7
瞻	次常用字	7
仞	通用字	7
談	常用字	7
挑	常用字	7
電	常用字	7
增	常用字	7
婁	次常用字	7
廩	通用字	7
橛	通用字	7
遲	常用字	7
函	次常用字	7
宙	常用字	7
鞋	常用字	7
疸	通用字	7
嚼	常用字	7
緒	常用字	7
蚣	次常用字	7
組	常用字	7
戍	通用字	6
闌	次常用字	6
塘	常用字	6

字頭	等級	字頻
隈	通用字	6
蜓	常用字	6
釵	通用字	6
琢	次常用字	6
蹕	通用字	6
殁	通用字	6
庫	常用字	6
廁	常用字	6
岐	通用字	6
蠲	通用字	6
劉	常用字	6
鄣	通用字	6
蒔	通用字	6
蓄	常用字	6
阡	通用字	6
蓍	通用字	6
庠	通用字	6
迸	通用字	6
剡	通用字	6
璽	通用字	6
羨	常用字	6
菊	常用字	6
裝	常用字	6
斛	次常用字	6
婉	次常用字	6
偷	常用字	6
廡	通用字	6
墟	通用字	6

字頭	等級	字頻
捎	常用字	6
菝	通用字	6
琮	通用字	6
嚨	次常用字	6
耗	常用字	6
枸	通用字	6
促	常用字	6
瓢	次常用字	6
阪	通用字	6
巢	次常用字	6
吞	常用字	6
萁	通用字	6
鴒	通用字	6
梵	通用字	6
騎	常用字	6
修	常用字	6
襄	通用字	6
藕	次常用字	6
螢	次常用字	6
夭	次常用字	6
扈	通用字	6
裴	通用字	6
鹵	次常用字	6
鐸	通用字	6
蚩	通用字	6
瑁	通用字	6
鯀	通用字	6
釣	常用字	6

字頭	等級	字頻
蝗	次常用字	6
荼	通用字	6
薑	常用字	6
瑚	通用字	6
檀	次常用字	6
嗑	通用字	6
宦	次常用字	6
悠	常用字	6
栖	次常用字	6
蚰	通用字	6
稀	常用字	6
壑	通用字	6
倩	通用字	6
麾	通用字	6
磬	通用字	6
吸	常用字	6
粱	常用字	6
螽	通用字	6
畿	通用字	6
崎	次常用字	6
啖	通用字	6
萊	次常用字	6
剖	常用字	6
埒	通用字	6
皿	次常用字	6
悸	通用字	6
瑰	次常用字	6
縮	通用字	6

字頭	等級	字頻
枷	次常用字	6
宛	次常用字	6
笠	通用字	6
憒	常用字	6
葭	通用字	6
憎	次常用字	6
旻	通用字	6
芥	次常用字	6
賃	次常用字	6
簣	通用字	6
株	常用字	6
捶	次常用字	6
究	常用字	6
撮	次常用字	6
摶	通用字	6
徇	通用字	6
晃	常用字	6
掃	常用字	6
帴	通用字	6
柚	通用字	6
沛	次常用字	6
轢	通用字	6
帽	常用字	6
唱	常用字	6
无	常用字	6
拉	常用字	6
眸	通用字	6
藤	次常用字	6

字頭	等級	字頻
排	常用字	6
匈	次常用字	6
試	常用字	6
斑	常用字	6
旄	通用字	6
慣	常用字	6
枇	通用字	6
拒	常用字	6
詠	常用字	6
幹	常用字	6
鞏	常用字	6
讙	常用字	6
皓	通用字	6
幕	常用字	6
匙	常用字	6
槐	常用字	6
棡	通用字	6
吃	常用字	6
蔑	常用字	6
滴	常用字	6
腦	常用字	6
洄	通用字	6
餓	常用字	6
梓	通用字	6
咎	通用字	6
沾	常用字	6
釀	常用字	6
挈	通用字	6

字頭	等級	字頻
培	常用字	6
趙	常用字	6
宕	通用字	6
沈	常用字	6
惶	次常用字	6
豎	常用字	6
髀	通用字	6
什	常用字	6
核	常用字	6
片	常用字	6
濯	通用字	6
脩	常用字	6
滌	次常用字	6
酷	常用字	6
徙	次常用字	6
愷	通用字	6
贅	次常用字	6
魁	次常用字	6
貳	次常用字	6
諳	通用字	6
癘	通用字	6
杼	通用字	6
姿	常用字	6
垠	通用字	6
迭	通用字	6
悚	通用字	6
恪	通用字	6
遷	常用字	6

字頭	等級	字頻
逶	通用字	6
徊	次常用字	6
挾	次常用字	6
巡	常用字	6
寧	常用字	6
丙	常用字	6
恢	常用字	6
羿	通用字	6
準	常用字	6
饋	通用字	6
擔	常用字	6
訴	常用字	6
衢	通用字	6
朐	通用字	6
跟	常用字	6
腊	常用字	6
罩	常用字	6
禪	通用字	6
婆	常用字	6
帖	常用字	6
蹴	通用字	6
徑	常用字	6
售	常用字	6
堵	常用字	6
塾	常用字	6
彭	次常用字	6
竊	次常用字	6
杓	通用字	6

字頭	等級	字頻
隰	通用字	6
忙	常用字	6
涼	常用字	6
祠	次常用字	6
佛	常用字	6
佗	通用字	6
捷	常用字	6
衝	常用字	6
栝	通用字	6
溉	次常用字	6
雕	常用字	6
獮	通用字	6
尉	次常用字	6
鑒	常用字	6
鑊	通用字	6
譬	次常用字	6
捋	通用字	6
漚	通用字	6
鎖	常用字	6
泫	通用字	6
羃	通用字	6
誹	次常用字	6
啾	通用字	6
鉼	常用字	6
詛	次常用字	6
檐	次常用字	6
區	常用字	6
逞	次常用字	6

字頭	等級	字頻
腓	通用字	6
勃	次常用字	6
蓮	常用字	6
樽	通用字	6
踊	次常用字	6
罄	通用字	6
誓	常用字	6
窒	次常用字	6
廬	次常用字	6
餉	通用字	6
楷	次常用字	6
柘	通用字	6
蕘	通用字	5
杳	通用字	5
逮	常用字	5
囟	通用字	5
攻	常用字	5
徉	通用字	5
疣	通用字	5
朽	常用字	5
蛾	常用字	5
僚	常用字	5
瘧	次常用字	5
瘠	通用字	5
痕	常用字	5
遣	常用字	5
穌	通用字	5
藉	通用字	5

字頭	等級	字頻
壬	通用字	5
佚	通用字	5
傲	常用字	5
齬	通用字	5
譯	常用字	5
虧	常用字	5
僅	常用字	5
羞	常用字	5
膂	通用字	5
刎	通用字	5
楨	通用字	5
棧	次常用字	5
芰	通用字	5
抽	常用字	5
苫	次常用字	5
磔	通用字	5
曹	次常用字	5
粒	常用字	5
聘	次常用字	5
譜	常用字	5
窈	通用字	5
羹	次常用字	5
配	常用字	5
刖	通用字	5
謬	次常用字	5
剽	通用字	5
歐	常用字	5
僻	常用字	5

字頭	等級	字頻
儼	通用字	5
叛	常用字	5
猝	通用字	5
榦	常用字	5
歇	常用字	5
誇	常用字	5
囑	常用字	5
竟	常用字	5
蝮	通用字	5
顙	通用字	5
膽	常用字	5
襠	次常用字	5
癢	常用字	5
幞	通用字	5
詔	通用字	5
裔	通用字	5
樣	常用字	5
縐	通用字	5
扃	通用字	5
芙	次常用字	5
榆	常用字	5
嘔	次常用字	5
嬪	通用字	5
鶻	通用字	5
喝	常用字	5
瘕	通用字	5
柩	通用字	5
喧	次常用字	5

字頭	等級	字頻
駝	常用字	5
迦	通用字	5
膜	常用字	5
膠	常用字	5
楫	通用字	5
幔	次常用字	5
簿	次常用字	5
蓐	通用字	5
鵠	通用字	5
鶴	通用字	5
鮑	通用字	5
蓽	通用字	5
鴰	通用字	5
塋	通用字	5
蔞	通用字	5
鵂	通用字	5
楸	通用字	5
翔	次常用字	5
禱	次常用字	5
縶	通用字	5
鴨	常用字	5
賄	常用字	5
傭	常用字	5
棣	通用字	5
枳	通用字	5
蔚	次常用字	5
稜	次常用字	5
鶉	通用字	5

字頭	等級	字頻
鶻	通用字	5
抑	次常用字	5
績	常用字	5
徘	次常用字	5
翮	通用字	5
帙	通用字	5
菹	通用字	5
褌	通用字	5
奧	常用字	5
殤	通用字	5
迅	常用字	5
纖	常用字	5
靴	次常用字	5
藜	通用字	5
貯	次常用字	5
寂	次常用字	5
簣	通用字	5
箋	通用字	5
情	常用字	5
寮	通用字	5
痢	次常用字	5
茈	通用字	5
塹	通用字	5
羸	通用字	5
奓	通用字	5
俅	通用字	5
悟	常用字	5
稼	常用字	5

字頭	等級	字頻
肅	常用字	5
恤	次常用字	5
螳	通用字	5
壺	常用字	5
簫	次常用字	5
蟋	次常用字	5
駁	常用字	5
帆	常用字	5
否	常用字	5
桔	通用字	5
杞	通用字	5
葶	通用字	5
蕤	通用字	5
玕	通用字	5
琇	通用字	5
筮	通用字	5
諂	通用字	5
萍	常用字	5
遭	常用字	5
惜	常用字	5
蛛	常用字	5
線	常用字	5
撻	通用字	5
跚	通用字	5
擠	常用字	5
蠋	通用字	5
蜚	通用字	5
纓	次常用字	5

字頭	等級	字頻
疽	通用字	5
璋	通用字	5
闊	常用字	5
蘢	通用字	5
粲	通用字	5
劬	通用字	5
嘖	通用字	5
嘵	通用字	5
覽	常用字	5
誨	次常用字	5
庖	通用字	5
涿	通用字	5
摯	次常用字	5
髑	通用字	5
段	常用字	5
薔	通用字	5
哮	次常用字	5
菥	通用字	5
摘	常用字	5
雹	常用字	5
偈	通用字	5
霜	常用字	5
鄒	通用字	5
毅	常用字	5
踔	通用字	5
甌	通用字	5
峨	通用字	5
髏	通用字	5

字頭	等級	字頻	字頭	等級	字頻	字頭	等級	字頻	字頭	等級	字頻
像	常用字	5	悵	通用字	5	疆	常用字	5	那	常用字	5
頎	通用字	5	攣	通用字	5	獪	通用字	5	猊	通用字	5
蘧	通用字	5	轤	通用字	5	境	常用字	5	芹	常用字	5
啜	通用字	5	惆	通用字	5	廓	次常用字	5	誅	通用字	5
嶇	次常用字	5	沖	常用字	5	狃	通用字	5	鋌	通用字	5
邸	通用字	5	汎	常用字	5	顱	次常用字	5	軒	次常用字	5
憶	常用字	5	攀	常用字	5	睢	通用字	5	郲	通用字	5
伍	常用字	5	黝	通用字	5	渾	常用字	5	仇	常用字	5
肴	次常用字	5	沮	次常用字	5	阜	常用字	5	鑄	常用字	5
倪	通用字	5	腋	次常用字	5	倡	常用字	5	企	常用字	5
泄	常用字	5	堇	通用字	5	敏	常用字	5	汨	通用字	5
拯	次常用字	5	儻	通用字	5	鐙	通用字	5	嬰	次常用字	5
僂	通用字	5	撥	常用字	5	臆	通用字	5	劭	通用字	5
汾	通用字	5	曠	常用字	5	臍	次常用字	5	誡	次常用字	5
珉	通用字	5	錘	常用字	5	腔	常用字	5	嵬	通用字	5
琨	通用字	5	吼	常用字	5	鎧	通用字	5	憐	常用字	5
蹂	次常用字	5	喈	通用字	5	晨	常用字	5	攸	通用字	5
釁	次常用字	5	謝	常用字	5	慨	常用字	5	滄	次常用字	5
蹲	常用字	5	嗾	通用字	5	蹀	通用字	5	炬	次常用字	5
焱	通用字	5	猾	常用字	5	婚	常用字	5	慄	常用字	5
蹬	次常用字	5	譽	常用字	5	墾	常用字	5	隊	常用字	5
隗	通用字	5	匱	通用字	5	鷺	通用字	5	荑	通用字	5
俳	通用字	5	璉	通用字	5	琶	通用字	5	戚	常用字	5
漆	常用字	5	夙	通用字	5	燿	常用字	5	嘈	通用字	5
惕	常用字	5	瓷	次常用字	5	庵	次常用字	5	淳	次常用字	5
佇	通用字	5	圻	通用字	5	源	常用字	5	份	常用字	5
墜	次常用字	5	奄	次常用字	5	軻	通用字	5	桴	通用字	5
傀	次常用字	5	尖	常用字	5	琵	通用字	5	潘	次常用字	5

字頭	等級	字頻
冤	常用字	5
嚅	通用字	5
鏡	常用字	5
焰	常用字	5
訛	次常用字	5
罷	常用字	5
貉	通用字	5
渴	常用字	5
碼	常用字	5
浸	常用字	5
茫	常用字	5
舊	常用字	5
碩	次常用字	5
貓	常用字	5
崔	次常用字	5
獺	通用字	5
鋒	常用字	5
崇	常用字	5
僬	通用字	5
瀉	常用字	5
爽	常用字	5
狻	通用字	5
澥	通用字	5
詵	通用字	5
漁	常用字	5
咳	常用字	5
抱	常用字	5
掇	通用字	5

字頭	等級	字頻
逝	常用字	5
竊	常用字	4
郛	通用字	4
惴	通用字	4
磨	通用字	4
坤	次常用字	4
婕	通用字	4
靻	通用字	4
疇	次常用字	4
妤	通用字	4
熙	次常用字	4
劇	通用字	4
茄	常用字	4
謨	通用字	4
芍	次常用字	4
娣	通用字	4
桎	通用字	4
挽	常用字	4
笛	常用字	4
閱	常用字	4
昂	常用字	4
踝	通用字	4
寥	次常用字	4
腱	通用字	4
閃	常用字	4
晴	常用字	4
曖	通用字	4
瓿	通用字	4

字頭	等級	字頻
蠱	通用字	4
曈	通用字	4
闋	通用字	4
跪	常用字	4
翕	通用字	4
彈	常用字	4
膊	常用字	4
磽	通用字	4
僭	通用字	4
弛	次常用字	4
麟	通用字	4
它	常用字	4
笙	次常用字	4
訪	常用字	4
啄	常用字	4
匐	通用字	4
幘	通用字	4
硝	次常用字	4
闐	通用字	4
弈	通用字	4
慌	常用字	4
軋	常用字	4
垸	通用字	4
邀	常用字	4
釘	常用字	4
枰	通用字	4
仟	通用字	4
鉛	常用字	4

字頭	等級	字頻
槎	通用字	4
攬	常用字	4
堲	通用字	4
銚	通用字	4
縈	通用字	4
鉞	通用字	4
扞	次常用字	4
誣	次常用字	4
銓	通用字	4
犺	通用字	4
捍	次常用字	4
掠	常用字	4
罥	通用字	4
姒	通用字	4
鏤	通用字	4
迢	通用字	4
貶	次常用字	4
戇	通用字	4
壽	常用字	4
嗉	通用字	4
峙	通用字	4
標	常用字	4
屎	次常用字	4
梢	常用字	4
綸	通用字	4
蹌	通用字	4
啾	通用字	4
巉	通用字	4

字頭	等級	字頻
繹	次常用字	4
嘌	通用字	4
掎	通用字	4
懃	常用字	4
挺	常用字	4
赴	常用字	4
坡	常用字	4
台	常用字	4
謫	通用字	4
鋸	常用字	4
讐	通用字	4
擲	次常用字	4
嗔	通用字	4
旒	通用字	4
笞	通用字	4
遑	通用字	4
椒	常用字	4
胖	常用字	4
灾	常用字	4
瓴	通用字	4
靶	次常用字	4
話	常用字	4
瓮	次常用字	4
悼	常用字	4
屐	通用字	4
瑩	次常用字	4
恒	常用字	4
探	常用字	4
搦	通用字	4
俸	通用字	4
湍	通用字	4
償	常用字	4
夔	通用字	4
認	常用字	4
諭	通用字	4
乂	通用字	4
臉	常用字	4
眄	通用字	4
鑣	通用字	4
估	常用字	4
畝	通用字	4
菔	通用字	4
沽	次常用字	4
掬	通用字	4
揣	次常用字	4
掾	通用字	4
酹	通用字	4
滔	常用字	4
插	常用字	4
涔	通用字	4
睿	通用字	4
祇	通用字	4
邏	通用字	4
豁	常用字	4
桶	常用字	4
邕	通用字	4
踣	通用字	4
牌	常用字	4
覬	通用字	4
瞼	通用字	4
沭	通用字	4
奐	通用字	4
泗	通用字	4
醮	通用字	4
詆	通用字	4
坻	通用字	4
欽	次常用字	4
酬	常用字	4
酋	通用字	4
菘	通用字	4
併	常用字	4
涸	通用字	4
姻	常用字	4
洲	常用字	4
渥	通用字	4
呢	常用字	4
村	常用字	4
笥	通用字	4
淋	常用字	4
盞	常用字	4
萃	通用字	4
浣	通用字	4
圖	常用字	4
妍	通用字	4
團	常用字	4
殃	常用字	4
圊	通用字	4
嘍	通用字	4
浼	通用字	4
蓿	通用字	4
苜	通用字	4
嘯	次常用字	4
泮	通用字	4
橇	通用字	4
番	常用字	4
咆	次常用字	4
儿	常用字	4
戊	通用字	4
眩	通用字	4
灩	通用字	4
亟	通用字	4
淅	通用字	4
笏	通用字	4
跨	常用字	4
漫	常用字	4
暢	常用字	4
拄	次常用字	4
攙	次常用字	4
嚚	通用字	4
囂	次常用字	4
祜	通用字	4
苣	通用字	4

字頭	等級	字頻	字頭	等級	字頻	字頭	等級	字頻	字頭	等級	字頻
淡	常用字	4	映	常用字	4	泝	次常用字	4	贔	通用字	4
澆	常用字	4	衽	通用字	4	級	常用字	4	販	常用字	4
只	常用字	4	吟	通用字	4	蹢	通用字	4	肚	常用字	4
喃	通用字	4	曼	次常用字	4	綢	常用字	4	宴	常用字	4
蹶	通用字	4	踉	通用字	4	忠	常用字	4	姣	通用字	4
饌	通用字	4	晦	次常用字	4	爰	通用字	4	靨	次常用字	4
澄	次常用字	4	曄	通用字	4	溟	通用字	4	槽	常用字	4
泓	通用字	4	絢	通用字	4	孰	通用字	4	霹	次常用字	4
伉	通用字	4	謾	通用字	4	憚	通用字	4	揠	通用字	4
朴	常用字	4	膀	常用字	4	冶	常用字	4	烝	通用字	4
杈	次常用字	4	迂	次常用字	4	聃	通用字	4	佻	通用字	4
漂	常用字	4	沫	常用字	4	倣	常用字	4	嶢	通用字	4
皺	通用字	4	躡	通用字	4	伽	通用字	4	嵫	通用字	4
倖	常用字	4	菖	通用字	4	拂	次常用字	4	蚊	常用字	4
淪	次常用字	4	蘿	常用字	4	咋	通用字	4	坊	常用字	4
皤	通用字	4	紳	次常用字	4	颯	次常用字	4	苡	通用字	4
款	常用字	4	訥	通用字	4	顥	通用字	4	髮	常用字	4
椑	通用字	4	範	常用字	4	滲	常用字	4	寫	常用字	4
忻	通用字	4	擘	通用字	4	溷	通用字	4	髦	通用字	4
疵	通用字	4	纂	通用字	4	丞	通用字	4	蜍	通用字	4
費	常用字	4	絛	通用字	4	魍	通用字	4	楯	通用字	4
偉	常用字	4	窀	通用字	4	遁	通用字	4	坷	次常用字	4
捫	通用字	4	梯	常用字	4	韁	次常用字	4	茗	通用字	4
魑	通用字	4	洫	通用字	4	贖	次常用字	4	螯	通用字	4
叩	通用字	4	萎	次常用字	4	潢	通用字	4	斑	通用字	4
沔	通用字	4	霧	常用字	4	捩	通用字	4	梔	通用字	4
佑	次常用字	4	啁	通用字	4	淩	次常用字	4	鮒	通用字	4
蹣	通用字	4	墉	通用字	4	曇	次常用字	4	裸	次常用字	4

字頭	等級	字頻
圯	通用字	4
嘘	通用字	4
蝙	次常用字	4
蝠	次常用字	4
踞	通用字	4
巫	次常用字	4
苕	通用字	4
圉	通用字	4
躅	通用字	4
嫪	通用字	4
撟	通用字	4
芭	次常用字	4
蜘	常用字	4
蕨	通用字	4
榻	通用字	4
喟	通用字	4
警	常用字	4
忮	通用字	4
餽	通用字	4
蜈	次常用字	4
蜿	通用字	4
玲	次常用字	4
缸	常用字	4
邯	通用字	4
祁	通用字	4
翰	次常用字	4
郇	通用字	4
陬	通用字	4

字頭	等級	字頻
邢	次常用字	4
褓	通用字	4
簍	次常用字	4
隘	次常用字	4
鍼	常用字	4
幟	常用字	4
頊	通用字	4
犀	次常用字	4
縊	通用字	4
犍	通用字	4
瞽	通用字	4
斕	通用字	4
哺	次常用字	4
蠡	通用字	4
蕉	常用字	4
螺	常用字	4
蹟	常用字	4
瓏	通用字	4
驟	常用字	4
炭	常用字	4
躁	常用字	4
鴝	通用字	4
駮	常用字	4
蟄	通用字	4
麋	通用字	4
儺	通用字	4
想	常用字	4
鄲	通用字	4

字頭	等級	字頻
穎	次常用字	4
輜	通用字	4
褊	通用字	4
燈	常用字	4
疼	常用字	4
芻	通用字	4
殯	通用字	4
滷	次常用字	4
懋	通用字	4
鐮	常用字	4
撣	次常用字	4
蘩	通用字	4
悢	通用字	4
猥	通用字	4
咿	通用字	4
諷	常用字	4
堪	常用字	4
鼬	通用字	4
埃	次常用字	4
劃	常用字	4
堤	常用字	4
鍵	常用字	4
蚯	次常用字	4
隍	通用字	4
菑	常用字	4
虉	通用字	4
科	常用字	4
奮	常用字	4

字頭	等級	字頻
戮	通用字	4
肌	常用字	4
戢	通用字	4
仳	通用字	4
琫	通用字	4
粕	通用字	4
蘺	通用字	4
係	常用字	4
舄	通用字	4
莆	通用字	4
茯	通用字	4
蕢	通用字	4
菩	次常用字	4
誕	常用字	4
麵	常用字	4
默	常用字	4
彪	次常用字	4
菌	常用字	4
莅	通用字	4
赧	通用字	4
荳	常用字	4
莘	通用字	4
芷	通用字	4
蒺	通用字	4
庤	通用字	4
諒	常用字	4
鬻	通用字	4
侑	通用字	4

字頭	等級	字頻
瑄	通用字	4
剜	通用字	4
廚	常用字	4
蝓	通用字	4
簹	通用字	4
蚨	通用字	4
芋	次常用字	4
蜡	常用字	4
庇	次常用字	4
鏃	通用字	4
惰	常用字	4
喫	常用字	4
螈	通用字	4
燧	通用字	4
兢	次常用字	4
芩	通用字	4
佰	通用字	4
㓷	通用字	4
艾	次常用字	4
蠖	通用字	4
鑣	通用字	4
銻	通用字	4
菀	通用字	4
蜂	次常用字	4
簸	次常用字	4
蜱	通用字	4
蟥	次常用字	4
嗇	通用字	4

字頭	等級	字頻
蝶	通用字	4
椽	通用字	4
獚	通用字	4
卞	通用字	4
麅	通用字	4
彤	次常用字	4
櫪	通用字	4
褚	通用字	4
岌	通用字	4
掣	通用字	4
櫳	通用字	4
術	常用字	4
瘞	通用字	4
荀	通用字	4
氓	次常用字	4
仿	常用字	4
敦	次常用字	4
稍	常用字	4
衿	通用字	4
衰	常用字	4
衙	次常用字	4
銷	常用字	4
羔	次常用字	4
祚	通用字	4
噓	通用字	4
祲	通用字	4
譁	常用字	4
驂	通用字	4

字頭	等級	字頻
怙	通用字	4
狩	通用字	4
佃	次常用字	4
鵻	通用字	4
匡	通用字	4
鸕	通用字	4
臧	通用字	4
緻	常用字	4
匠	常用字	4
鶩	通用字	4
猫	常用字	4
鴐	次常用字	4
掖	次常用字	4
緇	通用字	4
鏘	通用字	4
蓓	通用字	4
犖	通用字	4
俶	通用字	4
疥	通用字	4
唼	通用字	4
跗	通用字	4
筏	次常用字	4
鸛	通用字	4
嵯	通用字	4
歧	次常用字	4
犛	通用字	4
肛	次常用字	4
體	通用字	4

字頭	等級	字頻
罽	常用字	4
榜	常用字	4
栟	通用字	4
鴣	通用字	4
躕	通用字	3
劑	常用字	3
堠	通用字	3
羑	通用字	3
咀	通用字	3
顫	常用字	3
胝	通用字	3
齔	通用字	3
聳	次常用字	3
摒	通用字	3
捉	常用字	3
壚	通用字	3
琪	通用字	3
瓔	通用字	3
蹯	通用字	3
峴	通用字	3
髖	通用字	3
靦	通用字	3
瞑	通用字	3
踟	通用字	3
剄	通用字	3
躋	通用字	3
玎	通用字	3
躇	通用字	3

字頭	等級	字頻
怫	通用字	3
搌	通用字	3
毹	通用字	3
脞	通用字	3
剄	通用字	3
眺	通用字	3
鼙	通用字	3
膂	通用字	3
妒	次常用字	3
埴	通用字	3
鏝	通用字	3
孌	通用字	3
蹓	通用字	3
躬	常用字	3
遴	通用字	3
齋	次常用字	3
璠	通用字	3
赦	次常用字	3
蹁	通用字	3
楓	次常用字	3
樊	通用字	3
逯	通用字	3
髂	通用字	3
僥	次常用字	3
跂	通用字	3
侏	通用字	3
閬	通用字	3
嘻	通用字	3

字頭	等級	字頻
件	常用字	3
僦	通用字	3
僧	次常用字	3
偕	通用字	3
揭	常用字	3
撙	通用字	3
嫵	通用字	3
珈	通用字	3
剪	常用字	3
佾	通用字	3
瞢	通用字	3
亨	通用字	3
傴	通用字	3
軀	次常用字	3
慳	通用字	3
俘	常用字	3
伎	通用字	3
囁	通用字	3
靨	通用字	3
址	常用字	3
吨	常用字	3
嚀	通用字	3
倆	常用字	3
偲	通用字	3
友	常用字	3
彗	通用字	3
趄	通用字	3
賾	通用字	3

字頭	等級	字頻
嗚	常用字	3
搵	通用字	3
趑	通用字	3
觝	常用字	3
胞	常用字	3
麒	通用字	3
鄢	通用字	3
扣	常用字	3
髭	通用字	3
誥	通用字	3
噪	次常用字	3
噌	通用字	3
痄	通用字	3
搜	常用字	3
姘	通用字	3
叮	常用字	3
欖	次常用字	3
恬	次常用字	3
肓	通用字	3
婀	通用字	3
檣	通用字	3
枸	通用字	3
怔	次常用字	3
櫻	常用字	3
鎛	通用字	3
餛	通用字	3
睚	通用字	3
飩	通用字	3

字頭	等級	字頻
拈	通用字	3
娌	通用字	3
惺	通用字	3
膾	通用字	3
玻	常用字	3
橄	次常用字	3
畹	通用字	3
瑢	通用字	3
蒴	通用字	3
疃	通用字	3
妯	通用字	3
愿	常用字	3
邳	通用字	3
娑	通用字	3
盼	常用字	3
窅	通用字	3
娃	常用字	3
膩	次常用字	3
眊	通用字	3
骸	通用字	3
控	常用字	3
抓	常用字	3
姐	常用字	3
娉	通用字	3
忒	通用字	3
噢	通用字	3
俑	通用字	3
愕	次常用字	3

字頭	等級	字頻
掊	通用字	3
課	常用字	3
悴	次常用字	3
顬	通用字	3
聒	通用字	3
噯	通用字	3
秉	次常用字	3
頍	通用字	3
扁	常用字	3
坫	通用字	3
搥	次常用字	3
慗	通用字	3
堊	通用字	3
琛	通用字	3
踶	通用字	3
町	通用字	3
仔	常用字	3
瑗	通用字	3
髒	常用字	3
品	常用字	3
途	常用字	3
畸	次常用字	3
揩	次常用字	3
嫺	通用字	3
腥	常用字	3
鷸	次常用字	3
遒	通用字	3
姽	通用字	3

字頭	等級	字頻
姥	常用字	3
唧	次常用字	3
托	常用字	3
踽	通用字	3
吱	次常用字	3
郅	通用字	3
摟	常用字	3
咏	常用字	3
偶	通用字	3
躓	通用字	3
喔	通用字	3
撓	常用字	3
壓	常用字	3
軥	通用字	3
咼	通用字	3
摽	通用字	3
啗	通用字	3
恫	通用字	3
妾	通用字	3
悽	次常用字	3
婿	次常用字	3
媵	通用字	3
妲	通用字	3
膃	通用字	3
鶩	通用字	3
擷	通用字	3
押	常用字	3
髓	次常用字	3

字頭	等級	字頻
俁	通用字	3
操	常用字	3
壙	通用字	3
駐	常用字	3
摳	次常用字	3
駘	通用字	3
駔	通用字	3
佶	通用字	3
琦	通用字	3
躒	通用字	3
忪	通用字	3
抨	通用字	3
馭	通用字	3
懲	常用字	3
撼	次常用字	3
朓	通用字	3
搯	常用字	3
掐	次常用字	3
毳	通用字	3
哂	通用字	3
肪	次常用字	3
毯	常用字	3
瑋	通用字	3
嚇	常用字	3
瞰	通用字	3
启	常用字	3
覶	通用字	3
惻	通用字	3

字頭	等級	字頻
擐	通用字	3
珂	通用字	3
眦	通用字	3
胯	次常用字	3
憔	次常用字	3
肭	通用字	3
搶	常用字	3
詢	常用字	3
顴	通用字	3
拮	通用字	3
壤	常用字	3
搔	次常用字	3
斐	通用字	3
擅	次常用字	3
觴	通用字	3
搓	次常用字	3
妗	通用字	3
挪	常用字	3
懽	常用字	3
睽	通用字	3
諶	通用字	3
脈	常用字	3
嘰	次常用字	3
胖	通用字	3
埂	次常用字	3
訊	常用字	3
据	常用字	3
怩	通用字	3

字頭	等級	字頻	字頭	等級	字頻	字頭	等級	字頻	字頭	等級	字頻
鸚	次常用字	3	媲	通用字	3	膪	通用字	3	膨	常用字	3
忸	通用字	3	謚	通用字	3	艴	通用字	3	跎	通用字	3
僇	通用字	3	胼	通用字	3	塔	常用字	3	驅	常用字	3
傯	通用字	3	返	常用字	3	揄	通用字	3	脖	常用字	3
睦	次常用字	3	逡	通用字	3	懇	常用字	3	褉	通用字	3
倥	通用字	3	耵	通用字	3	圪	通用字	3	逍	通用字	3
璘	通用字	3	諉	通用字	3	懟	通用字	3	擻	通用字	3
邵	通用字	3	聹	通用字	3	鶉	通用字	3	蹭	次常用字	3
愴	通用字	3	瑤	通用字	3	躞	通用字	3	球	常用字	3
珧	通用字	3	膂	通用字	3	遨	通用字	3	姬	通用字	3
鶓	次常用字	3	趾	次常用字	3	抹	常用字	3	邂	通用字	3
拗	次常用字	3	悱	通用字	3	鶩	通用字	3	艱	常用字	3
啻	通用字	3	鮐	通用字	3	彰	次常用字	3	价	常用字	3
鴒	通用字	3	哨	常用字	3	迮	通用字	3	透	常用字	3
蹉	通用字	3	唏	通用字	3	詖	通用字	3	嬋	通用字	3
吡	通用字	3	眚	通用字	3	騂	通用字	3	迨	通用字	3
恍	次常用字	3	瞥	通用字	3	鮓	通用字	3	驥	通用字	3
墻	常用字	3	唁	次常用字	3	侗	通用字	3	呷	通用字	3
朧	次常用字	3	鄯	通用字	3	骼	通用字	3	臚	通用字	3
頷	通用字	3	怕	常用字	3	抖	常用字	3	踱	次常用字	3
趼	通用字	3	偵	常用字	3	傅	常用字	3	迄	次常用字	3
愆	通用字	3	咄	通用字	3	駱	常用字	3	媒	次常用字	3
鷚	通用字	3	騮	通用字	3	駸	通用字	3	倀	通用字	3
惚	通用字	3	邽	通用字	3	呦	通用字	3	齷	通用字	3
蹩	通用字	3	捺	次常用字	3	頒	次常用字	3	拚	通用字	3
矍	通用字	3	眵	通用字	3	詒	通用字	3	鵜	通用字	3
趟	常用字	3	腰	常用字	3	儷	通用字	3	騏	通用字	3
謙	常用字	3	胍	通用字	3	噱	通用字	3	悖	通用字	3

字頭	等級	字頻
跣	通用字	3
兟	通用字	3
梧	次常用字	3
羸	通用字	3
豨	通用字	3
洚	通用字	3
梟	通用字	3
蓉	次常用字	3
菩	通用字	3
菡	通用字	3
鸝	通用字	3
鯕	通用字	3
豳	通用字	3
洋	常用字	3
粘	常用字	3
蛹	次常用字	3
鶬	通用字	3
桄	通用字	3
毫	常用字	3
沂	通用字	3
猩	次常用字	3
籩	通用字	3
簋	通用字	3
朐	通用字	3
枘	通用字	3
洧	通用字	3
鯖	通用字	3
莩	通用字	3

字頭	等級	字頻
油	常用字	3
租	常用字	3
鴝	通用字	3
蕾	次常用字	3
鬻	通用字	3
崴	通用字	3
穩	常用字	3
瘛	通用字	3
嶔	通用字	3
攞	通用字	3
箬	通用字	3
漱	次常用字	3
湎	通用字	3
巔	通用字	3
浚	通用字	3
荔	次常用字	3
栩	通用字	3
陝	常用字	3
兕	通用字	3
耡	常用字	3
瀵	通用字	3
陲	通用字	3
隧	次常用字	3
汀	通用字	3
箍	常用字	3
濃	常用字	3
雇	次常用字	3
湝	通用字	3

字頭	等級	字頻
薹	通用字	3
鰈	通用字	3
蘋	常用字	3
閨	次常用字	3
淥	通用字	3
闢	常用字	3
蛞	通用字	3
蜷	通用字	3
螫	通用字	3
屣	通用字	3
蟮	通用字	3
蝌	次常用字	3
澳	次常用字	3
蚪	次常用字	3
柞	通用字	3
紲	通用字	3
綆	通用字	3
芎	通用字	3
汨	通用字	3
蘘	通用字	3
潦	次常用字	3
閍	通用字	3
繆	通用字	3
湜	通用字	3
蒟	通用字	3
裒	通用字	3
芽	常用字	3
闔	通用字	3

字頭	等級	字頻
縲	通用字	3
袈	通用字	3
裟	通用字	3
褡	通用字	3
孛	通用字	3
翁	常用字	3
櫛	通用字	3
薜	通用字	3
颭	通用字	3
耆	通用字	3
螟	次常用字	3
梃	通用字	3
薑	通用字	3
蝎	次常用字	3
蝤	通用字	3
蛲	通用字	3
蜆	通用字	3
蛺	通用字	3
泠	通用字	3
湛	通用字	3
闉	通用字	3
蝶	常用字	3
闖	常用字	3
猢	通用字	3
蝕	常用字	3
螭	通用字	3
澇	常用字	3
鏵	通用字	3

字頭	等級	字頻
虹	常用字	3
鏷	通用字	3
濛	常用字	3
浞	通用字	3
漊	通用字	3
蚕	常用字	3
柙	通用字	3
蠓	通用字	3
猿	次常用字	3
蓬	常用字	3
薩	次常用字	3
嵐	通用字	3
蕡	通用字	3
薯	常用字	3
颼	通用字	3
狸	常用字	3
簦	通用字	3
炮	常用字	3
霂	通用字	3
菇	次常用字	3
廈	常用字	3
稗	通用字	3
砌	常用字	3
爆	常用字	3
蔦	通用字	3
磕	次常用字	3
葑	通用字	3
硪	通用字	3

字頭	等級	字頻
碑	通用字	3
徵	通用字	3
磲	通用字	3
炯	通用字	3
簃	通用字	3
篔	通用字	3
凜	次常用字	3
秕	次常用字	3
霽	通用字	3
葆	通用字	3
櫝	通用字	3
暌	通用字	3
蕖	通用字	3
暈	常用字	3
曨	通用字	3
瘙	通用字	3
飫	通用字	3
晞	通用字	3
夸	常用字	3
芾	通用字	3
焚	次常用字	3
砦	通用字	3
厭	常用字	3
轟	通用字	3
氛	次常用字	3
茸	次常用字	3
囟	次常用字	3
皚	通用字	3

字頭	等級	字頻
蕁	通用字	3
菏	通用字	3
糧	常用字	3
魅	通用字	3
懿	通用字	3
糅	通用字	3
癉	通用字	3
粹	次常用字	3
氳	通用字	3
栽	常用字	3
暉	通用字	3
碁	常用字	3
灸	次常用字	3
奕	次常用字	3
鬯	通用字	3
磷	次常用字	3
痱	通用字	3
涎	次常用字	3
彳	通用字	3
硌	通用字	3
瀲	通用字	3
陜	常用字	3
蕓	通用字	3
菴	次常用字	3
穄	通用字	3
耘	次常用字	3
蔗	次常用字	3
湲	通用字	3

字頭	等級	字頻
杉	次常用字	3
榷	通用字	3
潺	通用字	3
楔	次常用字	3
爍	次常用字	3
燔	通用字	3
獒	通用字	3
汛	次常用字	3
稃	通用字	3
嶙	通用字	3
峋	通用字	3
蕆	通用字	3
崟	通用字	3
榿	通用字	3
榲	通用字	3
鄰	通用字	3
椭	通用字	3
[illegible]	通用字	3
獠	通用字	3
芰	通用字	3
岱	通用字	3
嵎	通用字	3
嶷	通用字	3
浴	常用字	3
箅	通用字	3
碌	常用字	3
岑	通用字	3
泯	通用字	3

字頭	等級	字頻
喦	常用字	3
嶸	通用字	3
藹	次常用字	3
尬	通用字	3
茨	通用字	3
湘	次常用字	3
炱	通用字	3
澌	通用字	3
橰	通用字	3
煤	常用字	3
渦	次常用字	3
煨	通用字	3
蛘	通用字	3
痿	通用字	3
罘	通用字	3
綜	次常用字	3
卉	通用字	3
樅	通用字	3
蘼	通用字	3
萇	通用字	3
术	常用字	3
毋	通用字	3
匾	次常用字	3
褰	通用字	3
醺	通用字	3
藺	通用字	3
彎	常用字	3
牘	次常用字	3

字頭	等級	字頻
靫	通用字	3
賁	通用字	3
賂	次常用字	3
旎	通用字	3
旖	通用字	3
匍	通用字	3
宄	通用字	3
匀	常用字	3
葳	通用字	3
篾	通用字	3
榭	通用字	3
艟	通用字	3
錮	通用字	3
賫	常用字	3
菠	常用字	3
艨	通用字	3
圄	通用字	3
艇	常用字	3
鉦	通用字	3
囹	通用字	3
萁	通用字	3
飼	常用字	3
纛	通用字	3
寘	常用字	3
輅	通用字	3
鐃	通用字	3
劇	常用字	3
蔬	常用字	3

字頭	等級	字頻
毐	通用字	3
瘲	通用字	3
轍	次常用字	3
幬	通用字	3
芃	通用字	3
闃	通用字	3
瘦	常用字	3
鞨	通用字	3
綆	通用字	3
鎡	通用字	3
冑	通用字	3
釧	通用字	3
襲	常用字	3
屯	常用字	3
鑰	常用字	3
縹	通用字	3
鞫	通用字	3
鉗	常用字	3
網	常用字	3
韉	通用字	3
繪	常用字	3
靺	通用字	3
賞	常用字	3
貽	通用字	3
賭	常用字	3
貸	常用字	3
窖	次常用字	3
銘	次常用字	3

字頭	等級	字頻
幢	次常用字	3
荻	通用字	3
韆	常用字	3
鞁	通用字	3
邃	通用字	3
茭	通用字	3
癥	常用字	3
莓	通用字	3
鑠	通用字	3
鏌	通用字	3
袋	常用字	3
菂	通用字	3
榴	常用字	3
甓	通用字	3
幣	常用字	3
緄	通用字	3
翻	常用字	3
窕	通用字	3
甄	通用字	3
綫	常用字	3
梳	常用字	3
薵	次常用字	3
槿	通用字	3
縺	通用字	3
凹	次常用字	3
箪	通用字	3
籃	常用字	3
殮	通用字	3

字頭	等級	字頻
篨	次常用字	3
柜	常用字	3
瓻	常用字	3
孽	通用字	3
皺	常用字	3
殳	通用字	3
戾	通用字	3
篁	通用字	3
滇	通用字	3
紗	常用字	3
醇	次常用字	3
鐺	次常用字	3
沱	通用字	3
銼	次常用字	3
歡	常用字	3
盥	通用字	3
翥	通用字	3
醴	通用字	3
殉	次常用字	3
殖	常用字	3
薔	通用字	3
圈	常用字	3
綣	通用字	3
汜	通用字	3
窘	次常用字	3
緋	通用字	3
鞅	通用字	3
漣	通用字	3
鑾	通用字	3
瀾	次常用字	3
綽	次常用字	3
囿	通用字	3
鋪	常用字	3
沆	通用字	3
鞏	通用字	3
筍	通用字	3
塹	通用字	3
鈇	通用字	3
鬟	通用字	3
鋃	通用字	3
糗	通用字	3
醯	通用字	3
艋	通用字	3
舷	次常用字	3
紱	通用字	3
般	常用字	3
萁	通用字	3
舴	通用字	3
桊	通用字	3
匏	通用字	3
蓑	通用字	3
蔣	次常用字	3
孺	通用字	3
翩	通用字	3
槲	通用字	3
凱	常用字	3
縋	通用字	3
苔	次常用字	3
酪	次常用字	3
闐	通用字	3
杵	通用字	3
宁	常用字	3
鏗	通用字	3
紼	通用字	3
廖	通用字	3
程	常用字	3
匣	次常用字	3
鄱	通用字	2
煌	常用字	2
渤	次常用字	2
討	常用字	2
濾	常用字	2
澾	通用字	2
潑	常用字	2
坳	通用字	2
舐	通用字	2
哇	通用字	2
灝	通用字	2
畦	通用字	2
搭	常用字	2
嗳	通用字	2
曝	通用字	2
煖	常用字	2
搒	通用字	2
盯	常用字	2
罣	常用字	2
昉	通用字	2
腩	通用字	2
銛	通用字	2
齜	通用字	2
晁	通用字	2
怍	通用字	2
憮	通用字	2
飄	常用字	2
跬	通用字	2
銲	次常用字	2
霞	常用字	2
噫	通用字	2
瞍	通用字	2
躐	通用字	2
遞	常用字	2
誚	通用字	2
髂	通用字	2
怡	通用字	2
僖	通用字	2
佬	通用字	2
毆	次常用字	2
敉	通用字	2
皂	常用字	2
氤	通用字	2
腈	通用字	2
鞶	通用字	2

字頭	等級	字頻	字頭	等級	字頻	字頭	等級	字頻	字頭	等級	字頻
豁	次常用字	2	撿	常用字	2	輳	通用字	2	伋	通用字	2
罾	通用字	2	暘	通用字	2	航	常用字	2	溶	次常用字	2
羃	通用字	2	阱	次常用字	2	濮	通用字	2	灘	常用字	2
魔	常用字	2	拇	次常用字	2	孀	通用字	2	轆	通用字	2
魄	常用字	2	腧	通用字	2	濼	通用字	2	滃	通用字	2
冽	通用字	2	腠	通用字	2	捨	常用字	2	湔	通用字	2
嘮	次常用字	2	娠	通用字	2	侉	通用字	2	浙	常用字	2
准	常用字	2	樟	次常用字	2	湨	通用字	2	哈	常用字	2
鎚	常用字	2	覰	通用字	2	潭	次常用字	2	淦	通用字	2
魑	通用字	2	臁	通用字	2	溱	通用字	2	瀨	通用字	2
禺	通用字	2	湞	通用字	2	澍	通用字	2	泳	常用字	2
偎	次常用字	2	溧	通用字	2	珮	常用字	2	瀧	通用字	2
澈	次常用字	2	轎	常用字	2	儋	通用字	2	嘲	次常用字	2
飀	通用字	2	沁	通用字	2	潼	通用字	2	沅	通用字	2
郵	常用字	2	嬙	通用字	2	浥	通用字	2	擎	次常用字	2
撐	常用字	2	[illegible]	通用字	2	瀰	次常用字	2	湄	通用字	2
錠	次常用字	2	涵	次常用字	2	摹	次常用字	2	滎	通用字	2
曙	次常用字	2	肘	次常用字	2	淑	次常用字	2	跏	通用字	2
暑	常用字	2	沉	常用字	2	揀	常用字	2	派	常用字	2
骶	通用字	2	胳	常用字	2	滸	通用字	2	吶	次常用字	2
鑚	通用字	2	肋	次常用字	2	睥	通用字	2	鬚	常用字	2
昱	通用字	2	淇	通用字	2	膻	通用字	2	[illegible]	通用字	2
澀	次常用字	2	胙	通用字	2	嗽	常用字	2	湃	次常用字	2
噴	通用字	2	畯	通用字	2	洌	通用字	2	哦	通用字	2
惲	通用字	2	遜	次常用字	2	踏	常用字	2	沍	通用字	2
鑯	通用字	2	洙	通用字	2	讖	通用字	2	漭	通用字	2
摜	通用字	2	澶	通用字	2	僑	常用字	2	罐	常用字	2
悃	通用字	2	珩	通用字	2	潏	通用字	2	軟	常用字	2

字頭	等級	字頻
玦	通用字	2
泊	常用字	2
淄	通用字	2
瀊	通用字	2
鏟	常用字	2
鈿	通用字	2
諾	次常用字	2
輸	常用字	2
瀛	通用字	2
肢	常用字	2
鏈	常用字	2
澎	次常用字	2
伶	常用字	2
坌	通用字	2
浡	通用字	2
潡	通用字	2
沌	通用字	2
鍇	通用字	2
弊	常用字	2
軥	通用字	2
剞	通用字	2
鋞	通用字	2
搪	次常用字	2
捌	次常用字	2
鍛	常用字	2
慵	通用字	2
喁	通用字	2
措	次常用字	2

字頭	等級	字頻
渝	通用字	2
泑	通用字	2
矧	通用字	2
睨	通用字	2
渙	次常用字	2
汭	通用字	2
泊	通用字	2
撩	次常用字	2
瀝	次常用字	2
拍	常用字	2
溥	通用字	2
漠	常用字	2
矬	通用字	2
懌	通用字	2
授	常用字	2
浯	通用字	2
胛	通用字	2
哽	通用字	2
祓	通用字	2
濺	次常用字	2
灑	常用字	2
溠	通用字	2
軨	通用字	2
涑	通用字	2
湫	通用字	2
摺	通用字	2
譎	通用字	2
澡	常用字	2

字頭	等級	字頻
抉	通用字	2
沐	次常用字	2
瀹	通用字	2
泔	通用字	2
罌	通用字	2
旆	通用字	2
掉	常用字	2
幃	通用字	2
捐	常用字	2
賑	通用字	2
纘	通用字	2
顴	通用字	2
裕	常用字	2
纔	常用字	2
綦	通用字	2
玳	通用字	2
袼	通用字	2
儆	通用字	2
喋	通用字	2
襤	通用字	2
袤	通用字	2
襁	通用字	2
儐	通用字	2
禳	通用字	2
禡	通用字	2
埏	通用字	2
襬	常用字	2
蜾	通用字	2

字頭	等級	字頻
璨	通用字	2
繕	通用字	2
衅	次常用字	2
絏	通用字	2
帑	通用字	2
鬢	通用字	2
翩	次常用字	2
繃	次常用字	2
辮	常用字	2
甾	通用字	2
瑾	通用字	2
黹	通用字	2
璵	通用字	2
衲	通用字	2
縝	通用字	2
躋	通用字	2
幗	通用字	2
衾	通用字	2
邮	常用字	2
邶	通用字	2
唆	次常用字	2
袜	常用字	2
堋	通用字	2
纍	常用字	2
懊	次常用字	2
蝰	通用字	2
蚱	通用字	2
侄	常用字	2

字頭	等級	字頻
蚤	次常用字	2
躑	通用字	2
蟒	通用字	2
螗	通用字	2
脘	通用字	2
褶	通用字	2
蚴	通用字	2
蜊	通用字	2
蝸	次常用字	2
蛟	通用字	2
墁	通用字	2
埭	通用字	2
蛻	次常用字	2
伾	通用字	2
蚱	通用字	2
蟠	通用字	2
尥	通用字	2
蟈	通用字	2
鄹	通用字	2
媪	通用字	2
嘽	通用字	2
咦	通用字	2
衹	常用字	2
褐	次常用字	2
裼	通用字	2
璃	常用字	2
珊	次常用字	2
紋	常用字	2

字頭	等級	字頻
蠊	通用字	2
翟	通用字	2
拓	次常用字	2
翠	常用字	2
衩	次常用字	2
倭	通用字	2
璜	通用字	2
琥	通用字	2
蚰	通用字	2
琬	通用字	2
蠼	通用字	2
緊	常用字	2
玢	通用字	2
髁	通用字	2
俵	通用字	2
個	常用字	2
倔	次常用字	2
酗	次常用字	2
釃	通用字	2
酴	通用字	2
估	常用字	2
凸	次常用字	2
緈	通用字	2
[illegible]	通用字	2
斌	通用字	2
竪	常用字	2
隸	常用字	2
堞	通用字	2

字頭	等級	字頻
塒	通用字	2
靿	通用字	2
齎	通用字	2
贅	通用字	2
摑	通用字	2
掏	常用字	2
录	常用字	2
辜	常用字	2
禰	通用字	2
加	通用字	2
孩	常用字	2
醿	通用字	2
禧	通用字	2
墀	通用字	2
醐	通用字	2
塡	通用字	2
墼	通用字	2
柬	次常用字	2
醒	常用字	2
碬	通用字	2
頌	常用字	2
醍	通用字	2
酤	通用字	2
聆	通用字	2
矗	次常用字	2
聵	通用字	2
圃	次常用字	2
擋	常用字	2

字頭	等級	字頻
郲	通用字	2
戌	通用字	2
韍	通用字	2
鞘	通用字	2
珞	通用字	2
珀	通用字	2
璀	通用字	2
靠	常用字	2
紈	通用字	2
緬	次常用字	2
繅	通用字	2
纕	通用字	2
瑄	通用字	2
絡	通用字	2
襖	常用字	2
撢	次常用字	2
冪	通用字	2
帔	通用字	2
黽	通用字	2
褥	次常用字	2
韞	通用字	2
韝	通用字	2
繇	通用字	2
螵	通用字	2
紇	通用字	2
綈	通用字	2
纈	通用字	2
鄘	通用字	2

字頭	等級	字頻
郫	通用字	2
貰	通用字	2
賓	常用字	2
倘	常用字	2
批	常用字	2
縟	通用字	2
繡	常用字	2
璣	通用字	2
縞	通用字	2
鞘	通用字	2
挫	次常用字	2
抵	通用字	2
襟	次常用字	2
撲	常用字	2
鼇	通用字	2
襻	通用字	2
胭	通用字	2
朦	次常用字	2
膿	次常用字	2
綾	通用字	2
峋	通用字	2
佯	通用字	2
嫉	次常用字	2
獮	通用字	2
座	常用字	2
猬	次常用字	2
拃	通用字	2
噤	通用字	2

字頭	等級	字頻
獬	通用字	2
砧	通用字	2
嶁	通用字	2
垛	次常用字	2
磋	通用字	2
爺	常用字	2
碓	通用字	2
甥	次常用字	2
陘	通用字	2
磴	通用字	2
嘹	次常用字	2
确	常用字	2
喇	常用字	2
烯	通用字	2
瑀	通用字	2
砮	通用字	2
撬	次常用字	2
搒	通用字	2
礦	常用字	2
嗌	通用字	2
哆	次常用字	2
砲	常用字	2
諄	次常用字	2
剡	通用字	2
垌	通用字	2
忖	通用字	2
堝	通用字	2
岫	通用字	2

字頭	等級	字頻
訐	通用字	2
巒	次常用字	2
蹤	常用字	2
跆	通用字	2
看	常用字	2
瞬	次常用字	2
圾	常用字	2
碡	通用字	2
嘶	次常用字	2
燼	通用字	2
猻	通用字	2
炷	通用字	2
爐	常用字	2
捅	次常用字	2
捧	常用字	2
攏	常用字	2
倌	通用字	2
砉	通用字	2
磧	通用字	2
烟	常用字	2
譖	通用字	2
煉	常用字	2
廝	通用字	2
廂	次常用字	2
庥	通用字	2
婭	通用字	2
昕	通用字	2
靚	通用字	2

字頭	等級	字頻
暖	常用字	2
呈	常用字	2
塏	通用字	2
夥	通用字	2
店	常用字	2
扠	常用字	2
廊	常用字	2
屹	次常用字	2
广	常用字	2
巍	次常用字	2
勵	常用字	2
炫	次常用字	2
岭	常用字	2
獯	通用字	2
詮	通用字	2
訕	通用字	2
厝	通用字	2
猕	通用字	2
狙	通用字	2
猷	通用字	2
眯	常用字	2
隉	通用字	2
獾	通用字	2
狽	次常用字	2
姑	通用字	2
硫	次常用字	2
咻	通用字	2
耶	通用字	2

字頭	等級	字頻
腦	通用字	2
鴿	常用字	2
恧	通用字	2
慚	常用字	2
鳲	通用字	2
毿	通用字	2
惝	通用字	2
矸	通用字	2
腡	通用字	2
腎	常用字	2
陣	常用字	2
隋	通用字	2
嫋	通用字	2
陴	通用字	2
阼	通用字	2
頗	次常用字	2
咷	通用字	2
瑛	通用字	2
碥	通用字	2
儡	次常用字	2
鼫	通用字	2
妣	通用字	2
嫖	通用字	2
姹	通用字	2
囈	通用字	2
臊	通用字	2
虫	常用字	2
邗	通用字	2

字頭	等級	字頻
齕	通用字	2
齬	通用字	2
貂	通用字	2
齟	通用字	2
魛	通用字	2
鼢	通用字	2
猱	通用字	2
獫	通用字	2
俺	次常用字	2
侚	通用字	2
倬	通用字	2
觖	通用字	2
肫	通用字	2
喑	通用字	2
齡	常用字	2
陰	常用字	2
嗒	通用字	2
碣	通用字	2
狒	通用字	2
砥	通用字	2
攉	通用字	2
廨	通用字	2
悒	通用字	2
煦	通用字	2
瞟	通用字	2
嘿	次常用字	2
嵋	通用字	2
狷	通用字	2

字頭	等級	字頻
硤	通用字	2
腴	通用字	2
睇	通用字	2
奩	通用字	2
鄹	通用字	2
鬥	常用字	2
闃	通用字	2
礬	次常用字	2
暄	通用字	2
睹	次常用字	2
壕	次常用字	2
羸	通用字	2
岈	通用字	2
赭	通用字	2
噉	通用字	2
黯	通用字	2
嶺	常用字	2
擢	通用字	2
庳	通用字	2
廛	通用字	2
礫	次常用字	2
岬	通用字	2
庀	通用字	2
崦	通用字	2
猜	常用字	2
脬	通用字	2
煥	次常用字	2
瓖	次常用字	2

字頭	等級	字頻
圬	通用字	2
婁	通用字	2
黷	通用字	2
黔	次常用字	2
峭	次常用字	2
茀	通用字	2
豊	常用字	2
芼	通用字	2
勺	常用字	2
柃	通用字	2
譴	次常用字	2
履	通用字	2
柠	次常用字	2
鈐	通用字	2
匙	常用字	2
籮	常用字	2
咫	通用字	2
筲	通用字	2
篩	常用字	2
桁	通用字	2
剃	常用字	2
麩	次常用字	2
莠	通用字	2
穹	通用字	2
閹	通用字	2
某	常用字	2
豬	通用字	2
櫃	常用字	2

字頭	等級	字頻
葫	次常用字	2
蘄	通用字	2
葠	常用字	2
来	常用字	2
鈕	次常用字	2
闟	通用字	2
閻	次常用字	2
闍	通用字	2
筵	通用字	2
奠	次常用字	2
鑲	次常用字	2
腌	次常用字	2
閥	常用字	2
妹	常用字	2
模	常用字	2
篝	通用字	2
鎬	次常用字	2
莜	通用字	2
迓	通用字	2
刹	次常用字	2
妥	常用字	2
娩	次常用字	2
嬈	通用字	2
粮	常用字	2
糈	通用字	2
嫘	通用字	2
劾	通用字	2
鏐	通用字	2

字頭	等級	字頻
悄	常用字	2
楣	次常用字	2
構	常用字	2
秫	次常用字	2
棹	通用字	2
杌	通用字	2
憨	次常用字	2
萑	通用字	2
饕	通用字	2
攔	常用字	2
蒯	通用字	2
茆	通用字	2
蘗	通用字	2
軑	通用字	2
穡	通用字	2
蕁	通用字	2
牧	常用字	2
邐	次常用字	2
簉	通用字	2
週	常用字	2
薟	通用字	2
簞	通用字	2
芪	通用字	2
腿	常用字	2
慰	常用字	2
慾	常用字	2
椿	次常用字	2
极	常用字	2

字頭	等級	字頻
柁	通用字	2
檎	通用字	2
懕	通用字	2
痴	次常用字	2
烜	通用字	2
慟	通用字	2
炅	通用字	2
憾	次常用字	2
舛	通用字	2
料	常用字	2
蕺	通用字	2
癖	通用字	2
腑	通用字	2
嫂	常用字	2
殀	次常用字	2
秧	常用字	2
腕	次常用字	2
臏	通用字	2
糠	常用字	2
催	常用字	2
戥	通用字	2
優	常用字	2
茬	次常用字	2
藎	通用字	2
簏	通用字	2
躋	通用字	2
橄	通用字	2
膈	通用字	2

字頭	等級	字頻
耬	通用字	2
錚	通用字	2
憫	次常用字	2
籟	通用字	2
筑	常用字	2
鐓	通用字	2
齏	通用字	2
耋	通用字	2
嗡	次常用字	2
勍	通用字	2
籌	常用字	2
檷	通用字	2
棚	常用字	2
葩	通用字	2
鄄	通用字	2
逾	次常用字	2
庳	通用字	2
殫	通用字	2
橢	次常用字	2
莞	通用字	2
耦	通用字	2
宬	通用字	2
詬	通用字	2
笊	通用字	2
竇	通用字	2
勱	通用字	2
痹	次常用字	2
筌	通用字	2

字頭	等級	字頻	字頭	等級	字頻	字頭	等級	字頻	字頭	等級	字頻
鱓	通用字	2	鵬	次常用字	2	餽	常用字	2	屆	常用字	2
梭	次常用字	2	篪	通用字	2	餒	次常用字	2	咬	常用字	2
瘑	通用字	2	犖	通用字	2	耐	常用字	2	層	常用字	2
氍	通用字	2	癬	次常用字	2	飧	通用字	2	櫓	通用字	2
餑	通用字	2	鶩	通用字	2	鵬	常用字	2	莒	通用字	2
鷟	通用字	2	駿	通用字	2	櫝	通用字	2	殛	通用字	2
貊	通用字	2	癆	通用字	2	椱	通用字	2	苹	常用字	2
鮫	通用字	2	魴	通用字	2	椅	常用字	2	嘆	常用字	2
鯨	次常用字	2	鳶	通用字	2	羝	通用字	2	艷	常用字	2
稂	通用字	2	歆	通用字	2	窣	通用字	2	竣	次常用字	2
秣	通用字	2	雋	通用字	2	萎	通用字	2	徭	通用字	2
鶚	通用字	2	痂	通用字	2	鉸	通用字	2	徜	通用字	2
鷓	通用字	2	椿	次常用字	2	茳	通用字	2	驊	通用字	2
瘃	通用字	2	瘳	通用字	2	甥	常用字	2	殪	通用字	2
蒠	通用字	2	鵩	通用字	2	餐	常用字	2	盪	常用字	2
萄	常用字	2	疢	次常用字	2	瘴	通用字	2	驍	通用字	2
疱	通用字	2	櫬	通用字	2	駒	次常用字	2	藿	通用字	2
艻	通用字	2	鶴	次常用字	2	呀	常用字	2	氈	次常用字	2
現	常用字	2	騲	常用字	2	寵	次常用字	2	麓	通用字	2
犢	通用字	2	瘤	次常用字	2	騅	通用字	2	森	常用字	2
欒	通用字	2	鴉	常用字	2	驃	通用字	2	棼	通用字	2
樗	通用字	2	雛	次常用字	2	竄	常用字	2	驪	通用字	2
樫	通用字	2	橈	通用字	2	篠	通用字	2	饁	通用字	2
枋	通用字	2	楗	通用字	2	筱	通用字	2	痍	通用字	2
鰈	通用字	2	鱺	通用字	2	簏	通用字	2	駙	通用字	2
麝	通用字	2	蘗	通用字	2	覡	通用字	2	鵃	通用字	2
鷥	通用字	2	柵	次常用字	2	闞	通用字	2	苯	通用字	2
鎢	通用字	2	芑	通用字	2	鐐	次常用字	2	篁	通用字	2

字頭	等級	字頻
飭	通用字	2
亍	通用字	2
癢	常用字	2
騁	通用字	2
茴	次常用字	2
饑	常用字	2
憝	通用字	2
椋	通用字	2
橙	次常用字	2
薇	次常用字	2
諜	次常用字	2
疹	次常用字	2
筒	常用字	2
稔	通用字	2
馴	次常用字	2
腒	通用字	2
靖	次常用字	2
鶩	通用字	2
疢	通用字	2
痞	通用字	2
錫	常用字	2
茇	通用字	2
粵	次常用字	2
銑	次常用字	2
傖	通用字	2
芴	通用字	2
偪	常用字	2
萩	通用字	2

字頭	等級	字頻
姨	常用字	2
机	常用字	2
蕘	通用字	2
姝	通用字	2
蕁	通用字	2
謎	常用字	2
媼	通用字	2
鄮	通用字	2
糖	常用字	2
薊	通用字	2
餾	次常用字	2
糝	通用字	2
蘗	通用字	2
菽	通用字	2
誼	常用字	2
萄	常用字	2
蹼	通用字	2
茳	通用字	2
榛	次常用字	2
棬	通用字	2
殆	通用字	2
睛	常用字	2
讌	常用字	2
佝	通用字	2
苛	次常用字	2
瘻	通用字	2
萋	通用字	2
瘉	通用字	2

字頭	等級	字頻
塢	次常用字	2
糲	通用字	2
瘭	通用字	2
堰	次常用字	2
鈑	通用字	2
蔟	通用字	2
龠	通用字	2
癀	通用字	2
蕈	通用字	2
檜	通用字	2
銖	通用字	2
歔	通用字	2
詼	通用字	2
蘅	通用字	2
韻	常用字	2
謳	通用字	2
秭	通用字	2
菼	通用字	2
韶	通用字	2
琚	通用字	2
蒹	通用字	2
郿	通用字	2
芝	常用字	2
蓯	通用字	2
痃	通用字	2
糰	常用字	2
讞	通用字	2
訃	通用字	2

字頭	等級	字頻
筅	通用字	2
錙	通用字	2
珣	通用字	2
枴	通用字	2
郜	通用字	2
埸	通用字	2
眶	次常用字	2
闋	通用字	2
蓊	通用字	2
苷	通用字	2
崽	通用字	2
窠	通用字	2
愉	常用字	2
樾	通用字	2
菅	通用字	2
窳	通用字	2
逗	常用字	2
楞	次常用字	2
瞌	通用字	2
軺	通用字	2
敖	通用字	2
祼	通用字	2
杴	次常用字	2
遛	通用字	2
儇	通用字	2
鉆	通用字	2
訣	次常用字	2
飪	通用字	2

字頭	等級	字頻
憩	通用字	2
燠	通用字	2
鎦	通用字	2
輬	通用字	2
媾	通用字	2
芄	通用字	2
莛	通用字	2
樵	通用字	2
輾	通用字	2
鉀	次常用字	2
鏑	通用字	2
鍍	次常用字	2
櫞	通用字	2
聶	次常用字	2
胥	通用字	2
苻	通用字	2
杭	次常用字	2
鯽	次常用字	1
棿	通用字	1
樺	次常用字	1
酥	次常用字	1
鯪	通用字	1
屭	通用字	1
槁	通用字	1
騙	常用字	1
隶	常用字	1
榨	常用字	1
栲	通用字	1

字頭	等級	字頻
听	常用字	1
鯤	通用字	1
酮	通用字	1
鬈	通用字	1
肆	次常用字	1
醭	通用字	1
瘁	通用字	1
嗖	通用字	1
啃	通用字	1
瘰	通用字	1
鹿	通用字	1
倓	通用字	1
孱	通用字	1
鼴	通用字	1
屙	通用字	1
尴	通用字	1
鼷	通用字	1
貅	通用字	1
椐	通用字	1
群	常用字	1
儂	通用字	1
嗤	次常用字	1
卅	通用字	1
郜	通用字	1
象	通用字	1
胜	常用字	1
臊	次常用字	1
鷗	次常用字	1

字頭	等級	字頻
雒	通用字	1
肤	常用字	1
邸	通用字	1
鱇	通用字	1
抃	通用字	1
棒	常用字	1
忏	通用字	1
糶	通用字	1
篆	通用字	1
積	次常用字	1
俚	通用字	1
憧	通用字	1
悝	通用字	1
獎	常用字	1
侃	通用字	1
畛	通用字	1
鰍	通用字	1
羚	通用字	1
奸	常用字	1
姆	次常用字	1
鷩	次常用字	1
媽	常用字	1
鰓	通用字	1
篡	次常用字	1
鯖	通用字	1
魨	通用字	1
鯡	通用字	1
鯧	通用字	1

字頭	等級	字頻
鰭	通用字	1
堙	通用字	1
犒	通用字	1
怦	通用字	1
醛	通用字	1
鵜	通用字	1
珥	通用字	1
适	常用字	1
棻	通用字	1
偌	通用字	1
屁	次常用字	1
痙	次常用字	1
欸	通用字	1
鰾	通用字	1
筧	通用字	1
琿	通用字	1
鰩	通用字	1
齲	通用字	1
穠	通用字	1
殍	通用字	1
楝	通用字	1
遲	通用字	1
鑲	通用字	1
酲	通用字	1
鶘	通用字	1
挳	通用字	1
窒	次常用字	1
齙	通用字	1

字頭	等級	字頻
牯	通用字	1
酐	通用字	1
坨	通用字	1
酎	通用字	1
竑	通用字	1
熵	通用字	1
燃	常用字	1
焌	通用字	1
砂	次常用字	1
馱	次常用字	1
榍	通用字	1
珙	通用字	1
瑭	通用字	1
酪	通用字	1
燉	通用字	1
酊	通用字	1
酳	通用字	1
龐	次常用字	1
砝	通用字	1
圣	常用字	1
鯢	通用字	1
扛	常用字	1
扮	常用字	1
嶓	通用字	1
穭	通用字	1
嵩	通用字	1
摭	通用字	1
楂	通用字	1

字頭	等級	字頻
墅	次常用字	1
鵪	通用字	1
埝	通用字	1
垟	通用字	1
鷁	通用字	1
峭	通用字	1
荐	常用字	1
崆	通用字	1
胲	通用字	1
醪	通用字	1
婞	通用字	1
荃	通用字	1
阢	通用字	1
煜	通用字	1
棉	常用字	1
煒	通用字	1
焯	通用字	1
猙	次常用字	1
卣	通用字	1
芸	通用字	1
瘉	常用字	1
园	常用字	1
鰭	次常用字	1
胥	通用字	1
囤	次常用字	1
酡	通用字	1
崍	通用字	1
炳	通用字	1

字頭	等級	字頻
瘊	通用字	1
顎	通用字	1
篷	次常用字	1
醮	常用字	1
医	常用字	1
碉	次常用字	1
砒	通用字	1
拏	通用字	1
瘥	通用字	1
簣	通用字	1
椴	通用字	1
猖	次常用字	1
叨	常用字	1
狍	通用字	1
癃	通用字	1
犹	常用字	1
撰	次常用字	1
框	常用字	1
饔	通用字	1
陪	常用字	1
岫	通用字	1
啉	通用字	1
嫣	通用字	1
箬	通用字	1
噩	次常用字	1
陞	常用字	1
鰻	通用字	1
寅	通用字	1

字頭	等級	字頻
陡	常用字	1
陛	通用字	1
醅	通用字	1
疳	通用字	1
犮	通用字	1
琤	通用字	1
阽	通用字	1
醚	通用字	1
孢	通用字	1
癔	通用字	1
栓	次常用字	1
貔	通用字	1
膘	次常用字	1
饜	通用字	1
耄	通用字	1
扰	常用字	1
摟	次常用字	1
忤	通用字	1
貘	通用字	1
鯇	通用字	1
疔	通用字	1
鷊	通用字	1
鱖	通用字	1
鯷	通用字	1
雁	常用字	1
垒	常用字	1
磬	通用字	1
鱒	通用字	1

字頭	等級	字頻
乩	通用字	1
廛	通用字	1
黢	通用字	1
麇	通用字	1
孿	通用字	1
鷁	通用字	1
峴	通用字	1
陔	通用字	1
奭	通用字	1
嶗	通用字	1
藟	通用字	1
嶼	常用字	1
睫	通用字	1
沓	通用字	1
箔	通用字	1
种	常用字	1
醆	常用字	1
嵌	次常用字	1
殣	通用字	1
郜	通用字	1
礓	通用字	1
芦	常用字	1
狺	通用字	1
顆	常用字	1
咭	通用字	1
礎	常用字	1
赫	次常用字	1
廠	常用字	1

字頭	等級	字頻
嶠	通用字	1
蓰	通用字	1
羆	通用字	1
婷	通用字	1
郯	通用字	1
噲	通用字	1
岍	通用字	1
豺	次常用字	1
酏	通用字	1
謇	通用字	1
筝	常用字	1
鄆	通用字	1
縵	通用字	1
邛	通用字	1
郗	通用字	1
宸	通用字	1
殲	常用字	1
諛	通用字	1
櫑	通用字	1
譚	次常用字	1
扔	常用字	1
黻	通用字	1
黼	通用字	1
撅	通用字	1
肷	通用字	1
絎	通用字	1
諼	通用字	1
袗	通用字	1

字頭	等級	字頻
楦	通用字	1
憷	通用字	1
棖	通用字	1
縈	通用字	1
茧	常用字	1
璐	通用字	1
諑	通用字	1
璇	通用字	1
綌	通用字	1
絨	常用字	1
疴	通用字	1
謖	通用字	1
瘵	通用字	1
紕	通用字	1
瘼	通用字	1
紵	通用字	1
遄	通用字	1
儕	通用字	1
諤	通用字	1
楠	通用字	1
柢	通用字	1
踴	次常用字	1
竽	通用字	1
縚	通用字	1
躂	通用字	1
惨	常用字	1
喂	常用字	1
侔	通用字	1

字頭	等級	字頻
睨	通用字	1
懔	通用字	1
叡	通用字	1
綯	通用字	1
鼉	通用字	1
嗝	通用字	1
怛	通用字	1
卸	常用字	1
徽	次常用字	1
讜	通用字	1
趵	通用字	1
跑	常用字	1
評	常用字	1
撤	常用字	1
療	常用字	1
詎	通用字	1
袢	通用字	1
玥	通用字	1
槧	通用字	1
裱	通用字	1
衷	次常用字	1
鄜	通用字	1
噥	通用字	1
杰	常用字	1
趾	通用字	1
頦	通用字	1
綃	通用字	1
襏	通用字	1

字頭	等級	字頻
疙	次常用字	1
襝	通用字	1
櫧	通用字	1
靭	次常用字	1
眥	通用字	1
逭	通用字	1
饉	通用字	1
悛	通用字	1
䚡	通用字	1
逑	通用字	1
撖	通用字	1
摞	通用字	1
闓	通用字	1
贊	常用字	1
縭	通用字	1
窄	常用字	1
邱	通用字	1
玖	次常用字	1
縉	通用字	1
璟	通用字	1
些	常用字	1
緦	通用字	1
饗	通用字	1
丐	次常用字	1
鞣	通用字	1
怵	通用字	1
达	常用字	1
慴	通用字	1

字頭	等級	字頻
寰	通用字	1
襯	常用字	1
購	常用字	1
賕	通用字	1
檬	次常用字	1
歹	次常用字	1
寓	次常用字	1
胺	通用字	1
闈	通用字	1
桅	次常用字	1
捆	常用字	1
締	次常用字	1
拽	通用字	1
拖	常用字	1
抗	常用字	1
繯	通用字	1
褸	通用字	1
翎	次常用字	1
懵	通用字	1
縑	通用字	1
样	常用字	1
忭	通用字	1
紉	次常用字	1
譫	通用字	1
杆	常用字	1
惋	次常用字	1
襉	通用字	1
慫	通用字	1

字頭	等級	字頻
幄	通用字	1
挨	常用字	1
吒	通用字	1
琳	次常用字	1
擺	常用字	1
閘	常用字	1
捭	通用字	1
邈	通用字	1
拼	常用字	1
搿	通用字	1
憨	次常用字	1
嶬	常用字	1
柈	通用字	1
宓	通用字	1
繄	通用字	1
遢	通用字	1
閩	次常用字	1
怏	通用字	1
贏	常用字	1
貿	常用字	1
蝣	通用字	1
憑	常用字	1
螃	次常用字	1
蟛	通用字	1
勳	常用字	1
贛	通用字	1
餞	通用字	1
朊	通用字	1

字頭	等級	字頻
慥	通用字	1
悍	次常用字	1
蛩	通用字	1
餮	通用字	1
蜮	通用字	1
惹	常用字	1
娼	通用字	1
蜇	通用字	1
玠	通用字	1
諢	通用字	1
螠	通用字	1
齦	通用字	1
嫜	通用字	1
鬃	通用字	1
愜	通用字	1
蜎	通用字	1
忡	通用字	1
屜	次常用字	1
槳	常用字	1
脆	常用字	1
蠍	次常用字	1
櫂	通用字	1
蜢	通用字	1
髻	常用字	1
瞿	通用字	1
螺	通用字	1
褘	通用字	1
娘	常用字	1

字頭	等級	字頻
紊	次常用字	1
孃	常用字	1
纏	常用字	1
誆	通用字	1
疝	通用字	1
茸	通用字	1
崧	通用字	1
蟯	通用字	1
噦	通用字	1
蛔	次常用字	1
蚋	通用字	1
歉	常用字	1
龔	通用字	1
蚝	通用字	1
禎	通用字	1
欏	通用字	1
仂	通用字	1
蛭	通用字	1
籤	常用字	1
徠	通用字	1
迤	通用字	1
迺	常用字	1
朵	常用字	1
註	通用字	1
歙	通用字	1
閿	通用字	1
蜆	通用字	1
緹	通用字	1

字頭	等級	字頻
祉	通用字	1
祺	通用字	1
窨	通用字	1
笪	通用字	1
靽	通用字	1
譙	通用字	1
詫	通用字	1
郾	通用字	1
床	常用字	1
杪	通用字	1
桀	通用字	1
訂	常用字	1
璆	通用字	1
諏	通用字	1
紓	通用字	1
裎	通用字	1
秈	通用字	1
褫	通用字	1
賻	通用字	1
黿	通用字	1
鞴	通用字	1
譭	常用字	1
塌	常用字	1
簇	次常用字	1
褘	通用字	1
慊	通用字	1
裬	通用字	1
鄖	通用字	1

字頭	等級	字頻
祧	通用字	1
筌	通用字	1
絀	通用字	1
襴	通用字	1
勛	次常用字	1
豢	通用字	1
緗	通用字	1
墦	通用字	1
酈	通用字	1
製	常用字	1
闃	通用字	1
兑	次常用字	1
綘	常用字	1
算	常用字	1
蚜	次常用字	1
孵	次常用字	1
捃	通用字	1
嫠	通用字	1
賅	通用字	1
嬙	通用字	1
臟	次常用字	1
綱	常用字	1
趁	常用字	1
賽	常用字	1
虮	通用字	1
螂	通用字	1
倞	通用字	1
蚶	通用字	1

字頭	等級	字頻
赳	通用字	1
楮	通用字	1
唉	常用字	1
螞	常用字	1
諺	次常用字	1
葵	通用字	1
閾	通用字	1
謚	通用字	1
紜	通用字	1
綑	常用字	1
蠹	通用字	1
譪	通用字	1
瑠	通用字	1
鄔	通用字	1
貼	常用字	1
賫	通用字	1
杻	通用字	1
翡	通用字	1
橡	常用字	1
幌	次常用字	1
贗	通用字	1
韙	通用字	1
萱	通用字	1
錕	通用字	1
炔	通用字	1
潞	通用字	1
扒	常用字	1
坏	常用字	1

字頭	等級	字頻	字頭	等級	字頻	字頭	等級	字頻	字頭	等級	字頻
漄	通用字	1	湊	常用字	1	洶	次常用字	1	泡	常用字	1
畋	通用字	1	憲	常用字	1	粽	通用字	1	滬	次常用字	1
湟	通用字	1	澧	通用字	1	佼	通用字	1	洱	通用字	1
泇	通用字	1	灃	通用字	1	櫸	通用字	1	浹	通用字	1
漳	通用字	1	湍	通用字	1	揞	通用字	1	瀕	次常用字	1
她	常用字	1	螯	通用字	1	鎏	通用字	1	漪	通用字	1
蘞	通用字	1	薏	通用字	1	泗	通用字	1	罹	通用字	1
潋	通用字	1	闔	通用字	1	燾	通用字	1	漕	通用字	1
劍	常用字	1	恁	通用字	1	叭	次常用字	1	潟	通用字	1
巩	常用字	1	瓣	常用字	1	燔	通用字	1	潸	通用字	1
刨	次常用字	1	洩	常用字	1	炒	常用字	1	滹	通用字	1
掀	常用字	1	迁	常用字	1	炖	通用字	1	耔	通用字	1
傘	常用字	1	湮	通用字	1	汕	通用字	1	拆	常用字	1
瀑	次常用字	1	涅	通用字	1	黇	通用字	1	膛	常用字	1
泱	通用字	1	淖	通用字	1	胴	通用字	1	秒	常用字	1
銕	常用字	1	溽	通用字	1	瀅	通用字	1	秆	常用字	1
傈	通用字	1	濇	次常用字	1	怊	通用字	1	渫	通用字	1
憊	次常用字	1	澹	通用字	1	洼	次常用字	1	秸	次常用字	1
粳	通用字	1	潯	通用字	1	蹺	次常用字	1	盔	次常用字	1
赶	常用字	1	拋	常用字	1	釩	通用字	1	淬	通用字	1
洹	通用字	1	鹼	次常用字	1	鈽	通用字	1	稷	通用字	1
漯	通用字	1	扭	常用字	1	胤	通用字	1	瀍	通用字	1
臁	通用字	1	胗	通用字	1	胄	通用字	1	瞠	通用字	1
甬	通用字	1	佟	通用字	1	鋅	次常用字	1	竺	通用字	1
汴	通用字	1	啞	常用字	1	沚	通用字	1	蕙	通用字	1
腆	通用字	1	茁	次常用字	1	涘	通用字	1	沘	通用字	1
瞞	常用字	1	嚙	通用字	1	剿	次常用字	1	濤	常用字	1
逖	通用字	1	眨	常用字	1	斡	通用字	1	軹	通用字	1

字頭	等級	字頻	字頭	等級	字頻	字頭	等級	字頻	字頭	等級	字頻
灑	通用字	1	洨	通用字	1	鄐	通用字	1	糙	次常用字	1
吭	次常用字	1	汶	通用字	1	眈	通用字	1	粞	通用字	1
戕	通用字	1	恙	通用字	1	灝	通用字	1	鉿	通用字	1
颬	通用字	1	邋	通用字	1	迴	通用字	1	璩	通用字	1
鏜	通用字	1	悳	通用字	1	罨	通用字	1	递	常用字	1
瓘	通用字	1	逋	通用字	1	鑫	通用字	1	焜	通用字	1
耨	通用字	1	懾	通用字	1	埡	通用字	1	彭	通用字	1
耩	通用字	1	淙	通用字	1	恂	通用字	1	鐔	通用字	1
潴	通用字	1	洵	通用字	1	忱	次常用字	1	舀	次常用字	1
髺	通用字	1	涫	通用字	1	鈀	通用字	1	弇	通用字	1
髾	通用字	1	愎	通用字	1	鏺	通用字	1	銃	通用字	1
粭	通用字	1	淤	次常用字	1	恝	通用字	1	璪	通用字	1
戩	通用字	1	滫	通用字	1	鍰	通用字	1	鉈	通用字	1
溘	通用字	1	鍠	通用字	1	錣	通用字	1	鋁	次常用字	1
輥	通用字	1	柒	次常用字	1	鏞	通用字	1	鏢	通用字	1
梆	次常用字	1	婺	通用字	1	慊	次常用字	1	搛	通用字	1
訌	通用字	1	諱	次常用字	1	网	常用字	1	埥	通用字	1
泌	次常用字	1	娓	通用字	1	鐲	通用字	1	惇	通用字	1
諞	通用字	1	嫡	次常用字	1	鑭	通用字	1	鋝	通用字	1
潮	常用字	1	這	常用字	1	迕	通用字	1	断	常用字	1
訇	通用字	1	溲	通用字	1	鈁	通用字	1	啡	次常用字	1
檑	通用字	1	謔	通用字	1	鉺	通用字	1	診	常用字	1
榕	次常用字	1	菰	通用字	1	鋇	通用字	1	匜	通用字	1
抔	通用字	1	汔	通用字	1	讕	通用字	1	敫	通用字	1
瀋	常用字	1	濂	通用字	1	瀾	通用字	1	鍪	通用字	1
淶	通用字	1	瀌	通用字	1	誶	通用字	1	傳	通用字	1
埯	通用字	1	瞵	通用字	1	鏊	通用字	1	殽	次常用字	1
泜	通用字	1	蓖	次常用字	1	彦	通用字	1	轔	通用字	1

字頭	等級	字頻
戔	通用字	1
佴	通用字	1
肈	通用字	1
鉻	通用字	1
咣	通用字	1
嗆	次常用字	1
炕	常用字	1
鑱	通用字	1
鈹	通用字	1
耷	通用字	1
闈	通用字	1
刊	常用字	1
鍋	常用字	1
戧	通用字	1
剴	通用字	1
鋈	通用字	1
鉑	通用字	1
鋌	通用字	1
匯	常用字	1
鄞	通用字	1
鈃	通用字	1
豌	次常用字	1
逛	次常用字	1
嫚	通用字	1
劂	通用字	1
僨	通用字	1
較	常用字	1
鈸	通用字	1
釙	通用字	1
匭	通用字	1
喤	通用字	1
鋦	通用字	1
鎘	通用字	1
鎰	通用字	1
鈉	次常用字	1
輯	次常用字	1
琱	常用字	1
弒	通用字	1
擴	常用字	1
舵	次常用字	1
儈	通用字	1
艤	通用字	1
艫	通用字	1
艚	通用字	1
舸	通用字	1
擯	通用字	1
莨	通用字	1
担	常用字	1
蓁	通用字	1
募	次常用字	1
勩	通用字	1
嬉	次常用字	1
羌	次常用字	1
舶	次常用字	1
茎	通用字	1
呱	通用字	1
軼	通用字	1
嚶	通用字	1
郝	通用字	1
鄺	通用字	1
仵	通用字	1
撳	常用字	1
濞	通用字	1
沄	通用字	1
渢	通用字	1
扳	次常用字	1
泚	通用字	1
捂	次常用字	1
瀏	通用字	1
厙	通用字	1
鈔	常用字	1
薌	通用字	1
涪	通用字	1
葯	常用字	1
胂	通用字	1
艦	常用字	1
舳	通用字	1
蓀	通用字	1
舫	通用字	1
汪	常用字	1
鸑	通用字	1
慪	通用字	1
怜	常用字	1
軔	通用字	1
鋼	常用字	1
鍶	通用字	1
鉋	次常用字	1
嗞	通用字	1
蹊	通用字	1
蔌	通用字	1
鱄	通用字	1
孜	通用字	1
敞	常用字	1
鈮	通用字	1
鉍	通用字	1
茲	通用字	1
蔫	次常用字	1
鍔	通用字	1
鑷	次常用字	1
鋏	通用字	1
澴	通用字	1
鎊	通用字	1
鬲	通用字	1
糯	次常用字	1
彀	通用字	1
忉	通用字	1
愔	通用字	1
忱	常用字	1
弧	次常用字	1
易	常用字	1
婧	通用字	1
瓿	通用字	1

字頭	等級	字頻	字頭	等級	字頻	字頭	等級	字頻	字頭	等級	字頻
噫	通用字	1	懶	常用字	1	鱺	次常用字	1	狴	通用字	1
着	通用字	1	蘸	次常用字	1	檽	通用字	1	鸃	通用字	1
輊	通用字	1	詁	通用字	1	諗	通用字	1	祟	次常用字	1
芏	通用字	1	膡	次常用字	1	猄	通用字	1	痓	通用字	1
鼐	通用字	1	訨	常用字	1	騤	通用字	1	尯	通用字	1
錨	次常用字	1	鷩	通用字	1	嶝	通用字	1	睞	通用字	1
錡	通用字	1	烘	常用字	1	灯	常用字	1	烴	通用字	1
鋈	通用字	1	磣	通用字	1	烊	通用字	1	峪	通用字	1
鉉	通用字	1	硯	次常用字	1	鷊	通用字	1	毫	通用字	1
唬	次常用字	1	砭	通用字	1	窗	常用字	1	礤	通用字	1
垤	通用字	1	檵	通用字	1	狨	通用字	1	黛	通用字	1
轟	常用字	1	駟	通用字	1	驩	常用字	1	黜	通用字	1
薨	通用字	1	廳	常用字	1	獍	通用字	1	砑	通用字	1
廩	通用字	1	鱸	通用字	1	桑	通用字	1	蕊	次常用字	1
砟	通用字	1	煽	通用字	1	碁	通用字	1	譏	次常用字	1
掄	次常用字	1	硼	次常用字	1	硜	通用字	1	篙	次常用字	1
摅	通用字	1	蛊	次常用字	1	鷟	通用字	1	鶩	通用字	1
笆	次常用字	1	鮭	通用字	1	熠	通用字	1	熄	常用字	1
鶯	次常用字	1	驛	通用字	1	垍	通用字	1	犨	通用字	1
笳	通用字	1	趺	通用字	1	脊	通用字	1	餚	次常用字	1
扑	常用字	1	鬣	通用字	1	叵	通用字	1	拷	次常用字	1
熏	通用字	1	砨	通用字	1	溏	通用字	1	唳	通用字	1
跖	通用字	1	庋	通用字	1	驤	通用字	1	囀	通用字	1
虑	常用字	1	鯛	通用字	1	慼	常用字	1	唄	通用字	1
盉	通用字	1	矻	通用字	1	熨	通用字	1	碭	通用字	1
寨	常用字	1	鶺	通用字	1	煬	通用字	1	氅	通用字	1
燁	通用字	1	篼	通用字	1	騷	次常用字	1	狠	常用字	1
勘	次常用字	1	砰	次常用字	1	黧	通用字	1	磺	通用字	1

字頭	等級	字頻	字頭	等級	字頻	字頭	等級	字頻	字頭	等級	字頻
拎	通用字	1	磯	通用字	1	槭	通用字	1	渣	常用字	1
餿	通用字	1	妞	通用字	1	狳	通用字	1	鼾	通用字	1
駛	常用字	1	隼	通用字	1	獅	常用字	1	溴	通用字	1
榔	通用字	1	磅	次常用字	1	笨	常用字	1	渲	通用字	1
礫	通用字	1	揎	通用字	1	恰	常用字	1	瀚	通用字	1
硐	通用字	1	鏗	通用字	1	崢	通用字	1	淌	次常用字	1
芈	通用字	1	崋	常用字	1	羯	通用字	1	淠	通用字	1
峒	通用字	1	觥	通用字	1	崛	通用字	1	荇	通用字	1
氂	通用字	1	岷	通用字	1	痳	常用字	1	酃	通用字	1
箐	通用字	1	孌	通用字	1	坩	通用字	1	灞	通用字	1
鬆	常用字	1	嶧	通用字	1	瑣	次常用字	1	潸	通用字	1
磁	常用字	1	氐	通用字	1	觚	通用字	1	泖	通用字	1
蕞	通用字	1	溜	常用字	1	鱗	次常用字	1	淏	通用字	1
鰱	通用字	1	猎	常用字	1	鯁	通用字	1	瀠	通用字	1
痤	通用字	1	吵	常用字	1	鰒	通用字	1	廋	通用字	1
燹	通用字	1	厂	常用字	1	屺	通用字	1	淀	次常用字	1
燬	常用字	1	眙	通用字	1	岵	通用字	1	湨	通用字	1
炟	通用字	1	爹	常用字	1	崞	通用字	1	况	常用字	1
奈	次常用字	1	爸	常用字	1	督	常用字	1	杲	通用字	1
奘	通用字	1	鰲	通用字	1	觳	通用字	1	沍	通用字	1
擂	次常用字	1	鯧	通用字	1	苘	通用字	1	凄	次常用字	1
撾	通用字	1	骰	通用字	1	痔	通用字	1	稟	次常用字	1
胶	常用字	1	髹	通用字	1	汰	次常用字	1	淞	通用字	1
莉	次常用字	1	檗	通用字	1	潡	通用字	1	頔	通用字	1
歛	次常用字	1	犧	常用字	1	跤	通用字	1	袒	通用字	1
异	常用字	1	搧	通用字	1	邴	通用字	1	型	常用字	1
踹	通用字	1	鰩	通用字	1	愀	通用字	1	扎	常用字	1
睢	通用字	1	琟	通用字	1	悻	通用字	1	灄	通用字	1

字頭	等級	字頻	字頭	等級	字頻	字頭	等級	字頻	字頭	等級	字頻
剸	通用字	1	淝	通用字	1	仉	通用字	1	夤	通用字	1
釗	通用字	1	潲	通用字	1	晟	通用字	1	瞰	通用字	1
汐	通用字	1	妝	次常用字	1	曆	常用字	1	睃	通用字	1
馨	通用字	1	捞	常用字	1	甯	常用字	1	笈	通用字	1
第	通用字	1	淆	次常用字	1	晅	通用字	1	暝	通用字	1
沏	通用字	1	汞	次常用字	1	昵	次常用字	1	旺	常用字	1
溻	通用字	1	渺	次常用字	1	暱	次常用字	1	鍥	通用字	1
洁	常用字	1	港	常用字	1	皋	通用字	1	晗	通用字	1
溯	次常用字	1	沟	通用字	1	鑌	通用字	1	昀	通用字	1
券	常用字	1	蕰	通用字	1	嘗	常用字	1	曦	通用字	1
糴	通用字	1	滁	通用字	1	曩	通用字	1	摻	次常用字	1
汿	次常用字	1	洴	通用字	1	昴	通用字	1	晡	通用字	1
麦	常用字	1	添	常用字	1	燮	通用字	1	曛	通用字	1
馥	通用字	1	濠	通用字	1	昃	通用字	1	晶	常用字	1
內	常用字	1	鋟	通用字	1	晷	通用字	1	霆	通用字	1
喏	通用字	1	冲	常用字	1	瘐	通用字	1	需	常用字	1
卟	通用字	1	卤	次常用字	1	鋈	通用字	1	嗄	通用字	1
噜	通用字	1	瞭	次常用字	1	劁	通用字	1	哩	次常用字	1
拌	常用字	1	瞪	次常用字	1	劐	通用字	1	苧	通用字	1
淞	通用字	1	洇	通用字	1	窯	常用字	1	霓	通用字	1
攤	常用字	1	瀘	通用字	1	鋙	通用字	1	霾	通用字	1
鋈	通用字	1	瓢	次常用字	1	搞	常用字	1	茜	通用字	1
攖	通用字	1	灘	通用字	1	妁	通用字	1	藐	次常用字	1
嬗	通用字	1	袄	通用字	1	嫿	通用字	1	旭	次常用字	1
準	通用字	1	[illegible]	通用字	1	廖	通用字	1	霄	通用字	1
洺	通用字	1	錟	通用字	1	頁	常用字	1	霪	通用字	1
妓	次常用字	1	檔	常用字	1	紗	常用字	1	涼	常用字	1
洣	通用字	1	郴	通用字	1	夠	常用字	1	侖	次常用字	1

字頭	等級	字頻
减	常用字	1
歛	通用字	1
啐	通用字	1
唇	常用字	1
搴	通用字	1
决	常用字	1
黥	通用字	1
霰	通用字	1
飂	通用字	1
攬	次常用字	1
攫	通用字	1
皖	通用字	1
划	常用字	1
莪	通用字	1
唪	通用字	1
儔	通用字	1
魃	通用字	1
凭	常用字	1
霏	通用字	1
劊	次常用字	1
霎	次常用字	1
憬	通用字	1
颺	常用字	1
颮	通用字	1
芊	通用字	1
喊	常用字	1
攄	通用字	1
霈	通用字	1
靄	通用字	1
晤	次常用字	1
剮	通用字	1

參考文獻

著作部分：

顧野王：《玉篇零卷》四冊，中華書局1985年版。

顧野王：《原本〈玉篇〉殘卷》，中華書局1985年版。

（日）釋·空海：《篆隸萬象名義》，中華書局1995年版。

顧野王：《玉篇》，《小學名著六種》四部備要縮印，中華書局1998年版。

顧野王：《宋本玉篇》，中國書店1983年版。

顧野王：《大廣益會玉篇》，中華書局1987年版。

顧野王：《大廣益會玉篇》，叢書集成初編，中華書局1985年版。

顧野王：《大廣益會玉篇》，四部叢刊初編，商務印書館，民國二十五年二次印（1936年）。

顧野王：《大廣益會玉篇》，小學匯函本，中華書局1998年版。

（明）樊維城：《玉篇直音》，叢書集成初編，中華書局1985年版。

（清）鄧顯鶴：《〈玉篇〉校勘札記》，咸豐元年湖南單刻本。

（清）鈕樹玉：《〈玉篇〉校錄》(撰附《說文解字》校錄後)。

胡吉宣：《玉篇校釋》，上海古籍出版社1989年版。

潘重規主編，國字整理小組編輯：《玉篇索引》，臺灣，國立中央圖書館1983年版。

王平：《〈說文〉重文研究》，華東師范大學2000屆博士論文。

朱葆華：《原本玉篇文字研究》，齊魯書社2004年版。

呂浩：《〈篆隸萬象名義〉研究》上海華東師範大學2003屆博士學位論文。

徐鉉等校訂：《說文解字》，中華書局1963年版。

段玉裁：《說文解字注》，廣陵古籍出版社1997年版。

朱駿聲：《說文通訓定聲》，武漢古籍書店1983年版。

徐鍇：《說文解字系傳》，中華書局1987年版。

桂馥：《說文解字義證》，齊魯書社1987年版。
王筠：《說文解字句讀》，中華書局1988年版。
王筠：《說文釋例》，中華書局1987年版。
臧克和、王平：《說文解字新訂》，中華書局2002年版。
臧克和：《尚書文字校詁》，上海教育出版社1999年版。
劉志基：《漢字體態論》，廣西教育出版社1999年版。
莫有芝：《唐寫本說文木部箋異》，貴陽文通書局民國二十五年。
梁光華：《唐寫本說文木部箋異注評》，貴州人民出版社1998年版。
陸德明：《經典釋文》，中華書局1983年版。
陳彭年：《宋本廣韻》，江蘇教育出版社2002年版。
丁度：《集韻》，上海古籍出版社1985年版。
司馬光：《類篇》，中華書局1984年版。
釋·行均：《龍龕手鏡》，中華書局1985年版。
釋·玄應：《一切經音義》，江蘇古籍出版社1988年版。
釋·惠琳：《一切經音義》，上海古籍出版社1986年版。
梅膺祚：《字彙補》，上海辭書出版社1991年版。
張玉書：《康熙字典》，中華書局1958年版。
《漢語大字典》（縮印本），湖北辭書出版社、四川辭書出版社1992年版。
冷玉龍主編：《中華字海》，中華書局1994年版。
封演：《封氏見聞錄》，學苑出版社2001年版。
周興嗣：《千字文》，岳麓书社2000年版。
張參：《五經文字》，叢書集成初編，中華書局1985年版。
顏元孫：《干祿字書》，叢書集成初編，中華書局1985年版。
唐玄度：《九經字樣》，叢書集成初編，中華書局1985年版。
秦公：《碑別字新編》，文物出版社1985年版。
秦公：《廣碑別字》，國際文化出版公司1995年版。
郭忠恕、夏竦：《汗簡·古文四聲韻》，中華書局1982年版。
鄭珍：《〈說文〉逸字》，貴州人民出版社2002年版。
鄭珍：《〈說文〉新附考》，貴州人民出版社2002年版。
鄭珍：《汗簡箋正》，貴州人民出版社2002年版。
任大椿：《字林考逸》，廣陵古籍刻印社1987年版。

錢大昕：《十駕齋養新錄》，江蘇古籍出版社2000年版。
強立開：《說文古籀三補》，武漢古籍書店1985年版。
吳大：《說文古籀補》，中華書局1988年版。
丁佛言：《說文古籀補補》，中華書局1988年版。
徐中舒主編：《甲骨文字典》，四川辭書出版社1981年版。
容庚主編：《金文編》，中華書局1985年版。
嚴慶祥：《中國楷書大字典》，江蘇古籍出版社1985年版。
沈道榮：《隸書辨異字典》，文物出版社2003年版。
啟功：《古代字體論稿》，文物出版社1999年3月第二版。
唐蘭：《中國文字學》，上海古籍出版社1986年版。
裘錫圭：《文字學概要》，商務印書館1998年版。
姜亮夫：《古文字學》，雲南人民出版社1999年版。
何琳儀：《戰國文字通論》，江蘇教育出版社2003年版。
高明：《中國古文字學通論》，北京大學出版社1996年版。
王力：《中國語言學史》，山東教育出版社1990年版。
濮之珍：《中國語言學史》，上海古籍出版社2002年版。
何九盈：《中國古代語言學史》，河南人民出版社1985年版。
胡奇光：《中國小學史》，上海人民出版社2005年版。
劉又辛、方有國：《漢字發展史綱要》，北京中國大百科全書出版社2000年版。
胡樸安：《中國文字學史》，商務印書館1998年版。
孫均錫：《中國漢字學史》，學苑出版社1991年版。
黃德寬、陳秉新：《漢語文字學史》，安徽教育出版社1990年版。
王鳳陽：《漢字學》，吉林文史出版社1989年版。
劉志成：《漢字學》，天地出版社2001年版。
蔣善國：《漢字學》，上海教育出版社1987年版。
劉葉秋：《中國字典史略》，中華書局2004年版。
錢劍夫：《中國古代字典辭典概論》，商務印書館1986年版。
張明華：《中國字典詞典史話》，商務印書館1998年版。
趙振鐸：《字典論》，上海辭書出版社2001年版。
馬敘倫：《說文解字研究法》，中國書店1988年版。

謝啟昆：《小學考》，漢語大詞典出版社1997年版。

王利器：《顏氏家訓集解》，上海古籍出版社1989年版。

劉志成：《中國文字學書目考錄》，巴蜀書社1997年版。

中國古籍善本書目編輯委員會編：《中國古籍善本書目》，上海古籍出版社1989年版。

張其昀：《說文學源流考略》，貴州人民出版社1998年版。

王啟濤：《魏晉南北朝語言學史考論》，巴蜀書社2001年版。

謝承仁主編：《楊守敬集》，湖北人民出版社1988年版。

葉德輝：《書林清話》，遼寧教育出版社1998年版。

王寧：《漢字構形學講座》，上海教育出版社2002年版。

王寧：《漢字學概要》，北京師範大學出版社2001年版。

李國英：《小篆形聲字研究》，北京師範大學出版社1996年版。

蘇培成：《現代漢字學綱要》，北京大學出版社1994年版。

蘇培成：《二十世紀的現代漢字研究》，北京書海出版社1996年版。

范可育等：《楷字規範史略》，華東師範大學出版社2000年版。

李建國：《漢語規範史略》，語文出版社2000年版。

翟萬林：《規範漢字講座》，北京師範大學出版社1991年版。

李宇明主編：《漢字規範百家談》，商務印書館2004年版。

蘇培成、尹斌庸：《現代漢字規範化問題》，語文出版社1995年版。

高更生：《現行漢字規範問題》，商務印書館2002年版。

"現代漢語規範詞典"編寫組：《語言文字規範使用指南》，上海辭書出版社2001年版。

語文出版社編：《語文文字規範手冊》（第三版），語文出版社1997年版。

陳原：《語言和人》，商務印書館2003年版。

于根元:《二十世紀的中國語言應用研究》，北京書海出版社1996年版。

劉雲漢：《語文規範化簡論》，河北大學出版社2002年版。

張書岩：《簡化字溯源》，語文出版社1997年版。

厲兵主編：《漢字字形研究》，商務印書館 2004年版。

史定國主編：《簡化字研究》，商務印書館 2004年版。

張書岩主編：《異體字研究》，商務印書館 2004年版。

張書岩：《姓名·漢字·規範》，北京廣播學院出版社2004年版。

章瓊：《現代漢語通用字對應異體字整理》，四川巴蜀書社2004年版。
周祖謨：《唐五代韻書集存》，中華書局1983年版。
周祖謨：《問學集》，中華書局1996年版。
周祖謨：《文字音韻訓詁論集》，北京大學出版社2000年版。
王力：《同源字典》，商務印書館1987年版。
王力等：《王力古漢語字典》，中華書局2000年版。
古漢語常用字字典編寫組：《古語常用字字典》，北京商務印書館1993年版。
劉又辛：《漢語漢字答問》，商務印書館1997年版。
劉又辛：《文字訓詁論集》，中華書局1993年版。
鄒酆：《辭書學探索》，湖北人民出版社2001年版。
陶秋英、姜亮夫校讀：《敦煌碎金》，浙江古籍出版社1992年版。
劉復、李家瑞：《宋元以來俗字譜》，文字改革出版社1957年版。
張湧泉：《漢語俗字研究》，岳麓書社1995年版。
張湧泉：《漢語俗字叢考》，中華書局2001年版。
楊寶忠：《疑難字考釋與研究》，中華書局2005年版。
趙平安：《隸變研究》，河北大學出版社1993年版。
徐在國：《隸定古文疏證》，安徽大學出版社2002年版。
王立軍：《宋代雕版楷書構形系統研究》，上海教育出版社2003年版。
陳淑梅：《東漢碑隸構形系統研究》，上海教育出版社2005年版。
劉延玲：《魏晉行書構形系統研究》，上海教育出版社2004年版。
易敏：《雲居寺明刻石經文字構形研究》，上海教育出版社2005年版。
徐時儀：《玄應眾經音義研究》，中華書局2005年版。
鄭賢章：《龍龕手鏡研究》，湖南師范大學出版社2004年版。
沃興華：《中國書法史》，上海古籍出版社2004年版。
國家語言文字工作委員會漢字處：《現代漢語常用字表》，語文出版社1988年版。
國家語言文字工作委員會漢字處：《現代漢語通用字表》，語文出版社1988年版。
貝貴琴等編：《漢字頻度統計》，電子工業出版社1988年版。
[英]戴維·克裏斯特爾編、沈家煊譯：《現代語言學詞典》，商務印書館

2002年版。

[德]哈杜默德・布斯曼著，陳慧瑛譯：《語言學詞典》，商務印書館2003年版。

論文部分：

臧克和：《字符・分類》，《天津師範大學學報》2003年第3期。

臧克和：《字符・結構》，《中國文字研究》（第四輯），廣西教育出版社2003年版。

臧克和：《〈玉篇〉的層次》，《中國文字研究》（第五輯），廣西教育出版社2004年版。

臧克和:《歷史漢字的貯存、傳播與變異》（一），《陸宗達先生百年誕辰紀念文集》，中國廣播出版社2005年版。

臧克和：《歷史漢字的貯存、傳播與變異》（二），《中國文字研究》（第六輯》，廣西教育出版社2005年版。

臧克和：《原本〈玉篇〉糸部比較》，《中國文字研究》（第七輯），廣西教育出版社2006年版。

李宇明：《搭建中華字符集大平臺》，《中國文字研究》（第四輯），廣西教育出版社2003年版。

路廣正:《我國第一部楷書字字書 ——〈玉篇〉》,《山東大學文科論文集刊》。

路廣正：《顧野王〈玉篇〉對許慎〈說文解字〉的繼承和發展》，《文史哲》1990年第4期。

黃孝德:《〈玉篇〉的成就及其版本系統》，《辭書研究》1983年第2期。

鄭師許：《〈玉篇〉研究》，《學術世界》1935年第1期。

吳旭民：《原本〈玉篇〉的發現和傳抄的時代》，《辭書研究》1984年第6期。

芻邑《原本〈玉篇〉的編纂成就與宋本比較研究》，《辭書研究》1988年第6期。

張應德：《〈玉篇〉的特點及其歷史》，《湖南師院學報》1984年第6期。

陳炳迢：《原本玉篇及其與中日文化交流》，辭書論集知識出版社1987年版。

胡吉宣：《〈玉篇〉引書考異》，語言文字研究專輯（上），上海古籍出版社1982年第2期。

胡吉宣：《唐寫原本〈玉篇〉研究》，《文獻》1982年第11期。

鮑鼎：《〈玉篇〉誤字考》，《學衡》1925年第44期。
張煦：《〈玉篇〉原帙卷數部第敍說》，《山東大學文史叢刊》1934年第1期。
呂琨樊：《〈玉篇〉的內容與訓釋方法》，《唐山師專·唐山教育學院學報》（社科版）1990年第2期。
陳建裕：《〈玉篇〉研究二題》，《平頂山師專學報》2002年17卷第3期。
陳建裕：《〈玉篇〉版本研究》，《西藏大學學報》(漢文版)1999年第8期。
陳建裕：《〈玉篇〉部首說略》，《陰山學刊》1999年第3期。
陳建裕：《〈玉篇〉研究綜述》，《贛南師範學院學報》1998年第4期。
陳建裕：《〈玉篇校釋〉簡評》，《平頂山師專學報》1998年第10期。
陳建裕：《〈玉篇零卷〉與〈說文〉的校勘》，《南都學壇》1998年第5期。
陳建裕：《〈篆隸萬象名義〉〈原本玉篇殘卷〉字形比較》，《北京師範大學學報》1998年增刊。
陳建裕：《〈篆隸萬象名義〉中的楷字及其類型》，《平頂山師專學報2000年15卷第3期。
劉友朋：《顧野王〈玉篇〉及〈玉篇〉對〈說文〉的匡正》，天中學刊1998年第6期。
朱聲琦：《〈玉篇〉中的古今字、通假字和異體字》，《江蘇教育學院學報》1995年第2期。
俞允海：《從〈玉篇〉考察古代的特殊文字現象》，《漢字文化》2003年第3期。
姚永銘：《顧野王之〈說文〉研究索隱》，《古漢語研究》2002年第1期。
曾昭聰：《原本玉篇中的語源研究》，《黔南民族師範學院學報》2001年第1期。
徐在國：《原本玉篇殘卷中的籀文初探》，《山東師範大學學報》1999年第1期。
朱葆華：《原本〈玉篇〉殘卷言部點校考證》，《青島大學師範學院學報》2004年第6期。
余炳毛：《試論原本〈玉篇〉的構成》，《陝西師範大學學報》1998年第9期。
馮方：《〈原本玉篇殘卷〉徵引〈說文·言部〉訓釋輯校(一)》，《古籍整理研究學刊》2002年第11期。
馮方：《〈原本玉篇殘卷〉徵引〈説文〉與二徐與異考》，《古籍整理研究學刊》2000年第2期。
侯小英：《從〈原本玉篇殘卷〉看段校〈説文〉》，《重慶三峽學院學報》2004年第3期。
陳燕：《〈玉篇零卷〉年代釋疑》，《天津師大學報（社科版）》1999年第3期。
楊秀恩：《〈玉篇殘卷〉等五種材料引〈説文研究〉》，《河北科技大學學報》2003年第6期。
李偉國：《俄藏敦煌〈玉篇〉殘卷考釋》，《中華文史論叢》，上海古籍出版社1999年總第52期。
單周堯：《讀王筠〈説文釋例·同部重文篇〉札記》，《古文字研究》（第十七輯），中華書局1989年版。
李國英：《楷書部分未識字》，《古汉语研究》2003年第2期。
楊寶忠：《大型字書“死字”的來源》，《語言文字應用》2004年第4期。
朱聲琦：《〈玉篇〉時代輕唇音尚未大量產生》，《江蘇教育學院學報》1991年第3期。
羅常培：《經典釋文和原本玉篇反切中的匣於兩紐》，《歷史語言研究所集刊》中華書局1998年第8期。
徐時儀：《唐寫本説文管窺》，《黔南民族師範學院學報》2002年第1期。
徐時儀《讀唐寫本説文解字木部箋異注評》，《貴州文史叢刊》2003年第1期。
楊寶忠：《楷書字典疑難字的注音問題》，民俗典籍文字研究第一輯商務印書館 2003年第10期。
張書岩：《〈規範漢字表〉對異體字的確定》，《中國文字研究》（第五輯），廣西教育出版社2004年版。
蔡夢麒：《從注音變動看宋本〈玉篇〉的來源》，《中國文字研究》（第七輯），廣西教育出版社2006年版。
丁鋒《〈大廣益會玉篇〉删改〈玉篇〉增補內容考》，《調查研究》2005年（日）。
丁鋒：《原本〈玉篇〉殘卷的版本源流及其與〈篆隸萬象名義〉的傳承關

系》，《文學•言語學論集》第8卷，熊本學園大學，2001年。
閆玉山：《宋本玉編（篇）短長談》，《古籍整理研究學刊》1989年第3期。
張涌泉：《大型字典编纂中与俗字相关的若干问题》，《中国社会科学》1997年第4期。